Im Gedenken an Eva Strittmatter, die diese Edition anregte, aber nicht mehr daran mitwirken konnte. Nach schwerer Krankheit starb sie am 3. Januar 2011.

1954

[1. Juli 1954]

Nach Schulzenhof mitnehmen:
- ~~Lampenkabel~~
- ~~Sämereien~~
- ~~Geld~~
- ~~Fahrradscheine~~
- ~~Wasch- und Rasierzeug~~
- ~~Altbrot~~
- ~~Kater~~
- ~~Hella~~
- ~~1 Decke~~

[...]

Nach Buckow:
Notizen über Kreidekreis
Katzgraben
Wasserprojekt
»Tinko«-Fahnen
Wegen Theaterhonorare mit Brecht sprechen.

[...]

7. VII. 54

Garten

Mangold 40 cm-Reihen
Möhren 20 cm mit Salat oder Radies mischen
Herbstrüben säen
Winterendivien erst aussäen
Kohlrabi säen
Winterrettich
Blumenkohl pfl.
Grünkohl pfl.

[...]

17. VII. 54

Aus dem Konsum:
 Mundspülglas
 Natron
 Feuerzeugbenzin
 Hundenapf
 Spankorb
 Butter

18. VIII. 54

»Es ist besser klein zu sein, denn die meiste Arbeit ist unten«, sagte die kleine Frau Hoffmann, als sie beim Kirschenpflücken die höheren Äste nicht erreichen konnte. [...]

17. X. 54

Ich traf zwei Schauspieler vom Ensemble. Sie waren empört, dass sie bei der Volkswahl nur die Möglichkeit hatten, den ihnen überreichten Wahlzettel mit den Kandidaten des Friedens in die Wahlurne zu stecken. »Seid ihr denn nicht für den Frieden?« fragte ich sie. »Ja«, antworteten sie, »aber so nicht.« »Na, wie denn?« [...]

18. X. 54

[...]
   Die Eva-Mutter fuhr fort. Die sie am liebsten haben, standen am Weg und winkten: Der Vater und Ilja, Pit rannte sogar ein Stück hinter Eva-Mutters Fahrrad her. [...]

20. X. 54

Sonne, gelbe Baumkronen, die sich lichten. Ich pflücke die bunten Äpfel. Aus den Haselbüschen schreit der Tannenhäher. Mein kleines Pferd grast neben mir. Sein Rupfgeräusch hat etwas beruhigendes. Ab und zu schaut das Pferdchen zu mir herüber. Ich pflücke die bunten Äpfel in einen blauen Kescher. Ein Handwagen voll reifer Früchte. Der blaue Herbsthimmel darüber. Leise rauscht der Wald. – Glück.

17. Juli – 29. Oktober

Der Apfeldieb

Als die Äpfel noch an den unteren Zweigen hingen, naschte Brandy gern einmal davon. Äpfel sind schließlich für die Winterabende und keine Pferdekost. Ich erntete die unteren Äste ab in der Meinung, Brandy die Gelegenheit, die Diebe macht, entzogen zu haben. Heute musste ich erleben, wie er trotzdem an die reifen Früchte zu kommen wusste: Er zog einfach an einem herabhängenden Ast, rüttelte ihn hin und her, und aus der Apfelbaumkrone fielen ihm die schönsten Äpfel vor's Maul. – Das war eine Erfahrung für Brandy und für mich. [...]

21. X. 54

[...]

Wir fuhren um Holz. Der Weg am Thörn-See war abschüssig. Der schmalspurige Wagen kippt. Wir kullerten die Böschung hinunter. Ich war sofort wieder hoch und sah, wie sich der Wagen in Stücke auflöste. An jedem Baum blieb etwas hängen. Brandy ging mit den Vorderrädern und der Schere durch. Schliesslich fielen die Vorderräder ab. Mit der Schere preschte das Pferdchen zwischen die Bäume hindurch. Ich rannte hinterdrein. »Wenn er nur nicht stürzt, wenn er sich nur nicht die Beine bricht«, jammerte es in mir. Erst während des Laufens dachte ich an Christa und Ilja, die mit auf dem Wagen waren. Es ist nichts und niemand etwas passiert, aber ich schämte mich, dass ich zuerst an das Pferd und dann an die Menschen gedacht hatte. [...]

29. X. 54

[...]

In Gransee gewesen. Beim Rat des Kreises, Abt. Materialversorgung versucht eine Bescheinigung zu erhalten, um im Sägewerk Abfallbretter kaufen zu können. Schulterzucken, Ausflüchte, Abweisung. Ich legte meinen Nationalpreisträger-Ausweis auf den Tisch. Da erhielt ich sogar nicht nur Abfallbretter, sondern gute Bretter. Wann endlich wird sich der Deutsche das Kriechen abgewöhnen? [...]

30. X. 54

[...]

Wenn du etwas sehen willst, was schöner glänzt als Seide, dann nimm die Taschenlampe und geh nachts in den Pferdestall. Da wirst du staunen, wie das Fell meines kleinen Hengstes glänzt.

31. X. 54

Beim Holzeinfahren sah ich von einer Höhe auf den grossen Thörnsee. Mit seinem gilbenden Schilf und den widerspiegelnden gilbenden Laubbäumen sah er aus wie ein alterndes Auge. Das alternde Auge der Erde.

Erziehung von Kindern und Dressur von Tieren ist eine Sache der Konsequenz. Kinder erziehen fällt mir schwer. Tiere dressieren leicht. Nicht, dass es mir in solchen Fällen an Konsequenz ermangele, aber Kinder beanspruchen einen auch dann, wenn man sich aus zeitlichen Gründen nicht mit ihnen abgeben möchte.

Eine stille Stunde im Walde, um meine bis zur Raserei gespannten Nerven zu beruhigen. In diesem Zustande muss ich mich vor Menschen hüten, weil ich dann ungerecht werde. [...]

Der letzte Tag für Glühwürmchen war bis jetzt der 10. Oktober. Das stand fest wie ein Termin, weil ich vor 22 Jahren am Geburtstag meines Bruders mit einem Mädchen durch den Wald ging, und die »letzten« Glühwürmchen »bewunderte«. Dieses Jahr sah ich die letzten am 28. Oktober, und es ist nicht heraus, ob es wirklich die letzten waren. [...]

13. XI. 54

Gedacht:

Wenn ich's in der Stadt mit meinen Künstlerkollegen zu tun habe, denke ich oft: Sie wissen allerlei in der Kunst, aber ich weiss davon auch fast soviel wie sie. Was wissen sie aber zum Beispiel von der Landwirtschaft, von der Viehzucht, der Waldwirtschaft, der Gärtnerei usw.?

Wenn ich's mit meinen Freunden unter den Bauern zu tun

habe, denke ich: Sie wissen allerlei von der Landwirtschaft, von der Viehzucht, der Waldwirtschaft, der Gärtnerei usw, aber ich weiss davon auch fast soviel wie sie. Was wissen sie aber zum Beispiel von der Kunst?

Dann drängt sich mir die Frage auf: Kann ich bei meiner universellen Veranlagung je in einem Fache Meisterschaft erlangen. Gehört zur Meisterschaft in einem Fache nicht Blindheit anderen Fächern gegenüber? [...]

19. XII. 54

Kann man im Flugzeug schreiben? – Man kann. Jetzt liegt Warschau, die erste Zwischenlandestation hinter uns.

[...] Ich warte gespannt auf den Augenblick, an dem wir nach unten gehen, die Wolkendecke durchstossen werden und eine ganz unbekannte Landschaft vor uns haben werden. [...]

Herzliche Begrüssung auf dem Flugplatz in Moskau. Alles küsst sich nach russischer Art. Stefan Heyms Frau ist zum Flugzeug gekommen. Ich steh ein wenig abseits und allein da. Ich habe hier noch keine Bekannten. [...]

An der Abendtafel will mich Verzagtheit beschleichen. Die Gespräche sind so intellektuell. Ich komme mir vor, wie einer, der nichts weiss. Alle, besonders die deutsch-sprechenden sowjetischen Genossen tragen ihre Meinungen über Dichter und literarische Werke vor, als ob es sich um geschriebene Gesetze handele. Alles wird abgemessen. Das werde ich wohl nie können. Willi B. hilft sich durch Spässe und Wortspiele. Anna Seghers scheint meine Beklommenheit zu spüren. Sie lobt mich, nennt mich ein tüchtiges, neues deutsches Talent und weiss nicht, dass sie mich damit in Verlegenheit stürzt und meine Lage verschlimmert. Aus Verzweiflung ziehe ich Flugzeugwatte aus der Rocktasche und kündige zu Anna gewandt an, dass ich mir damit die Ohren verstopfen werde. Einen Toast muss ich trotzdem über mich ergehen lassen. [...]

Ach, hätte ich Evchen hier, um mich allabendlich mit ihr über das Gesehene und Gehörte zu verständigen! Wie sehr ich diese tägliche »Einordnung« nötig habe, fühle ich jetzt noch mehr als sonst. [...]

1955

1. Januar 55

Die Nacht ist Schnee gefallen. Die Schneeschicht ist noch dünn; man durchtritt sie. Der Himmel ist bis 2^h nachmittags schneegrau-wolkig. Nach 2^h tritt für eine halbe Stunde die Sonne durch. Das Sonnenlicht wird durch ganz dünne Wolken gefiltert. Der Neuschnee glitzert. Es ist nicht kalt, vielleicht 1–2°. Um drei Uhr hat sich der Himmel wieder bezogen. Zwischen $16 + 17^h$ dunkelt es.

Wir gingen mit Evchen zum grossen und kleinen Thörn-See und freuten uns über die Stille. Zweimal flogen Wildgänse über den Wald. Einmal waren es mehr als hundert Stück. Sie flogen in der bekannten Winkelform, nur war der eine Schenkel des Winkels lückenhaft. Die Gänse hielten jedoch trotz der Lücken eine gerade Schenkellinie ein. Einmal sahen wir etwa 50 Gänse aus dem Grossen Thörnsee aufsteigen. Sie flogen zuerst dicht an dicht und wirr durcheinander. Über dem Wald aber konnten wir sehen wie sie sich zu formieren begannen. Der Abstand von Gans zu Gans wurde grösser.

13. Jan. 1955

Betriebsgruppen-Sitzung

Parteileitungswahl. Zwei Tage wird diskutiert. Rechenschaftsbericht. Kandidatenvorschläge. Es stellt sich heraus: Das Vertrauen der gesamten Belegschaft gehört solchen Leuten, die schon mehrere Funktionen haben. Andere Funktionen kann man ihnen nicht abnehmen. Wird's also wieder so, dass die Arbeit der Leitung nur halb gemacht werden kann. Ein teuflischer Kreis! Es mangelt an »Menschen«.

15. Jan. 55

Einen Tag nicht geschrieben – einen Tag nicht gelebt.
[...]

26. VI. 55

[...]
Ich sehe:
Sehr oft die Losung: »Der Marxismus ist kein Dogma ...«
Trotzdem gibt es gerade in unserer Kommunistischen Partei in der DDR überwiegend Dogmatiker, »Parteikatholiken«. [...]
Zugegeben, in den ersten Jahren nach 1945 gab es weniger Parteibürokratismus. (Parteikatholiken waren sofort da!) Mit den Jahren aber wird immer weniger überzeugt und mit den »Massen« gesprochen, sondern kommandiert. Diese Methode kommt den »Parteiunteroffizieren« entgegen. Sie »schaffen« in Wirklichkeit nichts. Die Einschüchterung ist gar nichts (das zeigte der 16. und 17. Juni 1953). Überzeugen an Hand von ökonomischen Verbesserungen der Lebenslage des zu Überzeugenden ist alles. Ja, es gibt viele Menschen, die nehmen sogar vorübergehend ökonomische Verschlechterungen ihrer Lebenslage in Kauf, wenn man ihnen (nachhaltig) erklärt, weshalb das nicht anders sein kann. Gegen Ungereimtheiten und Zwecklügen, wie sie in der Argumentation unserer Funktionäre gang und gäbe sind, sind sie misstrauisch. Es widerstrebt ihnen, sich verdummen zu lassen! Das sollte man bei ihrer Vergangenheit als Positivum werten.

20. VII. 55

Ich sehe:
Bei uns ist der Sozialismus oder der Anfang dazu eingerichtet worden. Die sowjetischen Einrichter wie die deutschen Einrichter betrügen sich ein wenig selbst. Menschlich. Die wirkliche Verfassung der Einrichtung ist wohl den wirklich führenden Genossen in der SU am 17. Juni 1953 klargeworden. [...]

[Ende August 1955]

Bei Brecht besprechen:
Revolutionäre Situation in Westdeutschland usw.
Jugoslawien
Der Fall Nico Rost
Einstein als lit. Vorwurf
Bericht über Westdeutschland

31. VIII. 55

Stimmungsbild

Die ersten ausgiebigen Morgennebel. Heini zwei Tage hier. Wir fahren Lehm und Sand für den Töpfer. Machen eine Belastungsprobe mit Pony Pedro. Knut richtet eine neue Taubenzucht ein.

Grummet noch nicht gemäht. Alle Tage Gurken. Pilze wachsen immer noch nicht. [...]

Doll. 4. IX. 55

Stimmungsbild

Gestern morgens zogen noch einmal die Kraniche über den Hof. Die jungen Schwalben hocken nur noch nachts im Nest.

Immer noch Spätsommer. Die schönen Buchen im Naturschutzgebiet am Nehmitz-See! Evchen und ich auf dem Klipper-Klapp. Die untergehende Sonne strahlt Kiefern und die Buchenlaubschirme von unten an. »Wenn man bedenkt, dass das hier immer so schön ist, ob wir vorbeifahren oder nicht«, sagt Evchen.

Füttern schon im Dunkel. Knut geht mit der Stallaterne hin und her. Duft von verbranntem Petroleum. Kindheitserinnerung. – Man freut sich schon auf die abendliche Stube

16. IX. 55

[...]

Der Apfelbaum

Wir rannten zur Bahnstation. Der Zug war schon abgefahren. Da wir schweissnass waren, und da es Februar und Winter war, liefen wir an den Schienen entlang bis zur nächsten Station, um die Schweisskühle loszuwerden. Die Station war eine Bretterbude. Wir froren. Der Zug liess auf sich warten. Wir sammelten Holz am

Waldrand und machten Feuer im Öfchen der Station. Eva schlief sogar in der sanften Wärme, an meine Schulter gelehnt, ein.

Das war vor fast zwei Jahren, als wir ein Landhäuschen für uns suchen gingen.

Den Apfelbaum in der Nähe der Bretterbude sah ich erst heute, obwohl ich damals sicher auch von seinen Fallzweigen für unser Öfchen genommen haben werde.

So etwas von einem Apfelbaum! Seine Krone war wie ein Berg rotbäckiger Äpfel mit grünen Blättern dazwischen. Er gehört zu den Bäumen, die ein Gesicht haben, die man nie vergisst. Jetzt werde ich immer diesen Baum haben, wenn ich dort vorüberfahre. Ich werde sehen, wie er sich zu allen Jahreszeiten benimmt.

Doll. 3. X. 55

[...]

Ernte

Höchste Maisstaude 3.10 m
Höchste Topinamburstd. 2.50 m

und

eben kam ein Telegramm, das besagte, es sei mir für meinen Roman »Tinko« der Nationalpreis verliehen worden. [...]

Doll. 16. X. 55

Stimmungsbild

Herbstnässeln. Tropfen auf letzte Baumblätter im Dunkel. Der Duft des modernden Laubes auf dem Rasen. Das Pferd am Halfter. Sein warmes Schnauben und der scharfe Duft der nassen Pferdehaut. Die verbündete Pferdekraft an meiner rechten Hand, der ich mich jederzeit bedienen kann. Auf den Tierleib schwingen, davonjagen.

Auch wenn der Regen prasselte, auch wenn es stürmte, wo immer und in welchem Lande diese Dinge zusammenkämen und kommen, dort wäre und ist Heimat. Das sind die Düfte, die Geräusche und die Gefühle der Kindheit. Wo sie wieder ersteht, ist Heimat. [...]

1955

Berl. 25. X. 55

Tagwerk

Nach Berlin. Wir haben uns über acht Tage nicht gesehen. Da wir intensiv erleben, zählt jetzt jeder Tag zehn frühere Tage unseres Lebens. Bis hoch in die Nacht haben wir uns Erlebnisse, Erfahrungen, Erkenntnisse mitzuteilen.

Berl. 27. X. 55

Tagwerk

Besorgungen. Nachmittags Jury-Sitzung im Kulturministerium. Freundschaftliches Wiedersehen mit *Peter Huchel*. In Dramatik sind lauter undiskutable Arbeiten eingereicht worden. In der Epik glaube ich einen *Martin Selber* entdeckt zu haben.

Abends *Kurt Stern* bei uns. Vordergründige Gespräche, die sich meist auf den Schematismus im politischen Leben beziehen. Man lernt sich erst langsam kennen.

Doll. 30. X. 55

[...]

Trotz gegenteiliger Meinung ist man mit einem Kunstwerk noch so ziemlich allein. (Eva ausgenommen; denn Eva ist ich, und ich bin Eva). Entweder es ist ein Kunstwerk oder es ist keines.

Man versuche zum Beispiel sein Werk, nachdem man es für einigermassen fertig hält, nach den vielen (oft sogar gut gemeinten), aber sich widersprechenden Ratschlägen von Freunden und Genossen zu »verbessern«, und man wird alles andere als ein Kunstwerk übrig behalten; und wenn es zuvor eines war, dann kann man danach die Trümmer zusammenlesen.

Doll. 13. XI. 55

Ausgebrannt und ausgedorrt scheinen Herz und Hirn. Man musste in den letzten Tagen soviel ausgeben, soviel reden.

Daneben aber wurden Erkenntnisse gewonnen. Ich studierte Aphorismen von Tagore und Aufzeichnungen von Einstein. Beiden ist das gemeinsam, was Einstein »kosmische Religion« oder »Religiosität« nennt. Mir wird immer klarer, wie richtig und wichtig Marxismus und Leninismus sind; für einen philosophisch basierten Kopf aber sind sie allerdings Nahziel – minimales Programm. Aber wie gut tut es, wenn man weiss, dass man den richtigen Weg zum Fernziel und zur Verwirklichung des Maximalprogramms geht.

21. XI. 55

Tagwerk

5^{30} hoch. 1 Seite Novelle »Der Ball fand nicht statt«. Abschrift der ersten 50–60 Seiten vom »Wundertäter« für die NDL. Dabei noch stilistisch gefeilt und umgeschrieben. 5 Briefe geschrieben. Jauche geschöpft. Komposthaufen gerichtet. Topinambur-Knollen gehackt. Gelesen: Hamsun »Die Liebe ist hart«. Lenin »Empiriokritizismus«. Zeitungen.

Berl. 24. XI. 55

Tagwerk

$8^{\underline{00}}$ hoch. Den ganzen Tag Sitzung beim Künstler-Aktiv in der Akademie. Abends mit Dudow in seine Wohnung. Sein Drehbuch »Der Hauptmann von Köln« geholt und später den Anfang gelesen.

28. XI. 55

Arbeit und Befriedigung

Bei der Arbeit an einem Kunstwerk kommt man [an] einen Punkt, an dem es einem fertig zu sein scheint. Zu diesem Zeitpunkt stellt sich Zufriedenheit mit dem Werk ein. Das ist der höchste Punkt, den man bei der jeweiligen Reife erlangen kann. Mit zunehmender Reife und Erkenntnissen verliert sich die Zufriedenheit mit dem Geschaffenen wieder, dann aber mag das Werk als Meilenstein und Wegmarke für unsere Entwicklung stehen bleiben. Ausdruck des neuen Reife- und Erkenntnisstandes möge dann ein neues Werk werden. Die Hauptsache ist, dass man bei dem Werk, das man gerade unter den Händen hat, solange seine Kraft ansetzt – bis Zufriedenheit einsetzt.

Doll. 7. XII. 55
Der Wind

Dieser Wanderer aus dem Weltall stürzte sich auf mein kleines Haus und brachte Botschaften. Sie liegen noch unentsiegelt in mir. Die ganze Nacht fuhr er durch's kleine Fenster und rüttelte an der Kammertür. Ich lag und wälzte mich unruhig im Bett. Die ungelösten Aufgaben meines Lebens gingen in mir hin und her, und der leise Schlaf gegen Morgen brachte keine Erquickung. Ich musste an Rilkes Ausspruch denken: »Alles Wachsen ist schmerzhaft«.

Berl. 8. XII. 55
Tagwerk

$7^{30\,h}$ hoch / Preisbegründungen für die Jury geschrieben / Besorgungen / Jury-Sitzung – Festlegen der Preisträger / Vor der Jugendgruppe des ZK aus »Stanislaus« gelesen. Festgestellt, was diese sich wissenschaftlich gebärdenden jugendlichen Greise doch in bezug auf das wirkliche Leben für Kinder sind. Etwa 80 Zuhörer, viele leuchtende Augen – ein guter Erfolg. / Nachts Besprechung mit Regisseur Ballmann. Der erste noch sehr tastende Schritt zum »Tinko«-Film.

Berl. 10. XII. 55
Tagwerk

$7^{\underline{30}}$ hoch. Gelesen Dudow »Hauptmann von Köln« Drehbuch. Allerlei Murksarbeiten. [...]

Abends bei Brecht mit dem jungen aus Westdeutschland gekommenen Dramatiker Peter Hacks. – Brecht wirkt abgespannt und müde. Ich habe ihn nie so von persönlichen Sorgen angegriffen gesehen wie an diesem Abend. Die Machtkämpfe seiner Frauen um ihn herum scheinen ihn doch mehr zu belasten, als man gemeinhin annimmt.

Eva sehr ausgewogen, sehr klug. Wir freuen uns aneinander und dass wir uns haben.

7.–10. Dezember

Brecht

»Bei uns wird kollektiv gefaulenzt – in Sitzungen.«

Er erzählte eine Episode: Einmal als die Hemden mit angenähten Kragen aufkamen, sei er mit so einem neuen Hemd zu einer Gesellschaft bei Feuchtwanger (in der Emigration in den USA) eingeladen gewesen. Man habe daraufhin erzählt, er sei in einem Nachthemd in dieser Gesellschaft erschienen. So kam es, dass er nicht mehr eingeladen wurde, wenn »ehrenwerte« Gäste erwartet wurden. Schliesslich sei er besonders um die Besuche von Kardinal Paccelli gekommen, der bei Feuchtwangers des öfteren Gast gewesen sei. Paccelli aber sei heute Papst und es sei ihm sogar Jesus erschienen; etwas, was seit Paulus kein Papst mehr fertig bekommen habe. Brecht schloss die Episode mit der Bemerkung: »Das Hemd mit dem angenähten, weichen Kragen aber hat sich durchgesetzt. (Mit viel Nachdruck und Schalkhaftigkeit in der Stimme): Und das epische Theater wird sich auch durchsetzen.«

Wir sprachen über das Literaturinstitut in Leipzig. Brecht steht auf dem gleichen Standpunkt wie wir: eine Schriftstellerschule – unmöglich. Man kann junge Menschen, die keine Grundkenntnisse in Grammatik, Literatur usw. haben, wie auf der Universität schulen. Ein Schriftsteller aber sollte einen persönlichen Meister haben.

Frage von anderen. Es müsste möglich sein zu lehren, wie man Spannung erzielt. Brecht tat das vordergründig ab, obwohl er es besser weiss: Man müsse nicht sofort (in einer Szene zum Beispiel) alles sagen. Ein dunkler Punkt, ein vorerst Unausgesprochenes müsse bleiben, um den Leser, den Zuschauer in Spannung zu halten.

Hacks verwies auf die sieben ersten Szenen in der »Courage«, wo er festgestellt habe, dass Brecht so arbeite. Brecht tat erstaunt und liess es hingehen. Ich konnte das nicht hingehen lassen, er sollte wissen, dass ich wohl wusste, womit er Spannung erzeugt: »Wenn man etwas dialektisch vorträgt, entsteht notwendig Spannung.« Er sagte nichts, aber er wusste, dass ich ihn verstehe.

1955

Berl. 16. XII. 55

Tagwerk

8ʰ hoch. Besorgungen in der Stadt. Markthalle besucht, Händler und Käufertypen studiert. Im Antiquariat gekrämert. 4 Bände Tagore und Sammelbände der »Jugend« von 1905 und 1906 ergattert. Dazu ein Tagebuch über Böcklin und ein Werk von Justi über Michel Angelo/Nachmittags Weihnachtspaketpackerei für die Bohsdorfer, für die Kinder in Cottbus. Der Tischler nimmt Mass für eine neue Arbeitsbank und ein Bücherregal. / Hie und da wie ein Feinschmecker in den erworbenen Büchern gelesen. Zurüstungen für die Fahrt nach Dollgow. Ein schön vertrödelter Tag.

Doll./Berl. 21. XII. 55

Tagwerk

6$^{\underline{30}}$ hoch / versucht, am Vortrag für Schriftstellerkongress zu arbeiten. Keine Einfälle, Krach in der Küche und im Hause stört mich. Warum muss man unbedingt am Kongress reden, wenn man nichts zu sagen hat? Verfluchte Schablonen!

In den Wald gegangen. Dabei ist mir leider nur ein wenig besser geworden. / Tiere gefüttert / Obstbäume verschnitten / Mist gefahren / Bei Schmidts gewesen, Telegramme gekommen, dass ich nach Berlin soll. / Nach Berlin gefahren – was sollt ich auch sonst mit mir anfangen? Unterwegs Tagore »Sadhana« gelesen. Der Erfolg: Gleich Krach mit Evchen, als ich hier ankam. [...]

29. XII. 55

Tagwerk

6ʰ hoch. Mild und Sprühregen. Mit der Umarbeitung der Novelle »Das grosse Fest« begonnen. Mit der Korrektur und Reinschrift für »Paul und die Dame Daniel« begonnen. Evchen arbeitet vor. Wir besprechen ihre Korrekturvorschläge und nach erzielter Einstimmigkeit schreibe ich Absatz für Absatz ins Reine. Eine gute Methode, bei der wir uns schöpferisch aneinander entzünden.

16.–29. Dezember

Alle Tiere gefüttert./Nachmittags wieder Arbeit an »Paul und die Dame Daniel«/Einige Briefe geschrieben/Pony wie jeden Tag longiert und bewegt./Gelesen: Laxness »Salka Valka«, »Eulenspiegel«, Tageszeitung.

1956

I. I. 56
Gleichgewicht
Morgens lag eine dünne Schneedecke auf Feldern und Wegen. Ich fuhr sehr zeitig zur Post, um Brecht meine Neujahrsgrüsse telefonisch zu sagen. Meine Fahrradspur war die erste, die aus dem kleinen Ort führte. Auf dem Rückweg konnte ich sehen, wie ich mich da im Gleichgewicht gehalten hatte. Im dünnen Neuschnee war das deutlich abzulesen. Das Hinterrad meines Fahrrades hatte eine gerade Zeile hinterlassen, aber das Vorderrad hatte durch viele Schleifen nach rechts und nach links dem Hinterrad erst seinen geraden Weg ermöglicht. Das schien mir am ersten Tage des neuen Jahres ein gutes Symbol und eine gute Vorschrift, wie das Gleichgewicht im Leben zu halten sei. [...]

Berl. 5. I. 56
Tagwerk
7^{30} hoch. Den ganzen Tag Nebel, Düsterkeit./Morgens allerlei Murks/Zur Arbeit ins Verbandsbüro./In der Auslandsabtlg. Dolmetscher und Betreuer für die ausländischen Gäste organisiert./Am Abend Kurt Stern bei uns./Evchen und er meine Kongressrede verworfen. Sie sei zu negativ./Werde wahrscheinlich überhaupt nicht sprechen./Kurt Stern sehr unruhig und zerfahren. Seine alte Krankheit belästigt ihn wohl, ohne dass er es vor sich und der Welt zugeben möchte.

Berl. 6. I. 56
5^h hoch. Kongressrede neu begonnen. Evchen hilft dabei ausdauernd und liebreich./Gegen Mittag ins Verbandssekretariat. In der Auslandsabteilung gearbeitet bis 17^h, dann Partei-Aktiv-Sitzung

des Vorstandes in der Akademie der Künste. (Sache Tschesno-Hermlin. Scheusslich und Hermlin tut mir leid. – Kurt Stern und Bernhard Seeger bei uns. Bernhard übernachtet bei uns.

Berl. 21. Jan. 56

Tagwerk

8^h hoch. Besorgungen. Bücher gekauft. Ein wenig in den Büchern gerüsselt. Nachmittags am Tinko-Film mit Eva und Regisseur Ballmann gearbeitet. Zur Probe in B.s Wartburg-Wagen gefahren./Am Abend Djacenkos bei uns. Gesprochen: Was kann man darstellen und gestalten? Ist es erlaubt, ein Thema zu behandeln, wo die Partei eine Weile Unrecht hat, der einzelne aber, den sie ausschliesst, bekämpft, hat recht. Ist es möglich, zu zeigen, wie die Partei begangenes Unrecht einsieht und am Fehlverurteilten wiedergutmacht?

Zwischenzeit

In der Zeit, in der ich hier keine Notizen machte, fanden die letzten Vorbereitungen und schliesslich der Schriftstellerkongress statt. Die Tage nach dem Kongress waren noch voll von Unregelmässigkeiten und liessen uns nicht gleich zu der Ruhe und dem Quantum an Beschaulichkeit kommen, die nun einmal zum Tagebuchführen nötig sind. Oder ist das falsch? Soll man auch seiner Unruhezeiten mit einigen Worten gedenken?

Am Donnerstag, dem 19. Jan. 56 begannen wir (Eva und Regisseur Ballmann) am Tinko-Film zu arbeiten. Schon bei diesen ersten Arbeitsstunden sehe ich, dass mein Roman ins Hintertreffen kommen wird. Dieser Umstand bringt mich in keine gute Stellung zu diesem Film.

Montag den 16. Jan. und Dienstag, den 17. Jan. 1956 waren wir in Bohsdorf. Im Elternhause scheint die Zeit still zu stehen. Mir kam dort alles kalt und düster vor.

Knut, den wir auf Besuch nach Westdeutschland zu seiner Mutter geschickt hatten, kam zurück. Wir hatten ein wenig daran gezweifelt.

1956

Doll. 24. Jan. 56

Kindsliebe

Nun sitze ich hier in der Morgendämmerung und kann kaum erwarten, bis mein kleiner Sohn erwacht. Es ist das erste Mal in meinem Leben, dass ich ein Kind so innig liebe wie diesen Spross der liebsten und grössten Frau, die mir bis nun begegnete.

Man muss nur hören, wie innig und girrend dieser kleine Mensch zu den Tieren spricht, die er ansieht wie seine Brüder. Man muss nur sehen, wie er mit seiner Mutter liebelt und schmeichelt, als wäre er immer und immer bei ihr gewesen.

Doll./Berl. 26. Jan. 56

Tagwerk

7^{30} hoch. Verschlafen. Gefüttert. Zum Friseur nach Dollgow, Pferdepflege. Murksarbeiten bis mittags. Mittags kam Kurt Stern mit dem Auto. Erzählt: Über das Verhältnis der Schriftsteller, die aus der Emigration kamen, zu den jungen, die hier nach 1945 heranwuchsen. Die meisten Emigrationsschriftsteller lassen – wie wir alle so oft – die Dialektik aus dem Spiel: Was wären wir ohne sie? Was wären sie ohne uns?

Mit Kurt Stern im Auto nach Berlin. Streitgespräch über Brecht mit Evchen und Kurt in unserer Wohnung. (Organon).

Berl. 6. Febr. 56

Tagwerk

7^h hoch/Notizen/1 Seite Roman/Arbeit mit Eva und Ballmann am Film./Am Nachmittag Sitzung der Nachwuchskommission und allerlei Arbeiten im Verband. Der Eindruck, dass die ganze Verbandsarbeit Selbstzweck und Vereinsmeierei ist, verstärkt sich mehr und mehr. Sie verursacht mir fast körperliche Übelkeit. Wie lange wird's noch dauern, bis ich meinen Protest und Widerwillen offen herausschreie?

Am Abend Helmut Hauptmann mit seiner Frau bei uns. Ehrliche offene junge Leute, die sich bemühen zu reifen, und die man deshalb lieben muss. H. H. leidet ebenso wie ich unter der Verbandsmeierei.

Gelesen: Kisch »Schreib das auf, Kisch!«

Berl. 7. II. 56

[...]

Brecht (Nachtrag)

Auf einer Friedenstagung in Brüssel wurde er mit Anna Seghers und anderen Künstlern zur Königin-Mutter geladen, die der Weltfriedensbewegung angehört. Brecht weigerte sich eigensinnig wie ein kleiner Junge, dieser »Tante« einen Besuch abzustatten. Er sagte: »Bei der ist eine Schraube locker, das ist doch klar, wäre sie sonst für den Frieden?« [...]

9. Febr. 56

Liebe

Es war eine grosse Arbeitszeit, war aber auch eine grosse Liebeszeit. Sobald das Evchen mit seinen Bärchenbeinen in Pelzschuhen in der Wohnung einherging und plauderte, verliebte ich mich jeden Morgen auf's neue in das gute Kind. Das aber war keine vordergründige Liebe, sondern eine solche, die das Herz hüpfen macht und einen Dank an das Leben auf die Lippen lockt.

Berlin/Sachsendorf/Neuzelle 10. Febr. 56

Tagwerk

6^h hoch. 7^h Abfahrt nach Sachsendorf, Kreis Seelow mit Peter Nell./Kulturtagung mit Becher dort auf der MTS. Eindruck: Für Becher war das ein Ausflug nach Hinterindien. Er und seine Mitarbeiter vom Kulturministerium standen den Kulturproblemen auf dem Lande völlig hilflos gegenüber.

Nach Neuzelle, um vorzulesen. Aus dem »Wundertäter« gelesen. 300–350 Zuhörer, die gut mitgingen, viel lachten und lange Ovationen darbrachten. Macht mich immer verlegen, denn das Schreiben fällt mir leicht, viel leichter als etwa Grasmähen. [...]

1956

Doll. 18. Febr. 56

Tagwerk

[...] Den ganzen Tag im Bett verbracht. Die Zeitung bringt die ausserordentlichen Berichte vom XX. Parteitag in der Sowjetunion. Die meisten neuen Erkenntnisse, besonders die der Revolution ohne Bürgerkrieg sind für mich nicht neu, wohl bemerkt: ich habe dabei nicht an das reformistische Hineinwachsen in den Sozialismus gedacht. – Leider habe ich sie weder schriftlich niedergelegt, noch ausgesprochen, weil man das angesichts der Menge von »Talmudisten« und Scholastikern, die unsere Partei bevölkern, nicht hätte wagen können. – Aber, was wäre eigentlich passiert? so frage ich heute. Mehr als ein Hinauswurf aus der Partei hätte es nicht werden können, und das wäre – so zeigt's sich – ein vorübergehender gewesen.

Also, – von nun an: Erkenntnisse nicht mehr unterdrücken. Eine grosse Zeit bricht an, will mir scheinen – das wird sich besonders in der Kunst bald spiegeln. Indien rückt uns näher.

Doll. 21. Febr. 56

[...]

Sowjetische Literatur

Endlich die Wahrheit also über die sowjetische Literatur. Nur wenige Werke können Anspruch erheben, Literatur zu sein. Scholochow hat das ausgesprochen. Weshalb nicht ich, weshalb nicht sonstwer, der das lange wusste? Weil wir feige waren und uns fürchteten, weil wir keine Unannehmlichkeiten auf uns laden wollten, weil wir den »Parteikatholiken« der Mittelmässigkeit das Feld liessen. Dadurch wurden wir selber zu Mittelmässigen und werden jetzt nachbeten, was wir zuvor nicht auszusprechen wagten. – Was uns fehlt ist Mut, ohne ihn zu erwerben und zu zeigen, sollten wir in Zukunft lieber darauf verzichten, uns Schriftsteller zu nennen. Ohne Mut dienen wir der Menschheit nicht, sondern verhindern zusammen mit den Mittelmässigen ihr Glück und quälen sie. – Ich kenne nur einen, der seine Bedenken gegen die Masse der sowjetischen Literatur im kleinen Kreise auszusprechen wagte: Brecht.

Berl. 24. Febr. 56
Tagwerk

7³⁰ hoch / 2½ Seiten Roman / Notizen / Besprechung mit Eva und Ballmann über Film und Fortgang der Arbeit. Eine »Nebenlinie«, die des zweiten Heimkehrers, fallengelassen.

Nachmittags Parteigruppensitzung. Die meisten Mitglieder haben die Berichte über die XX. Parteikonferenz noch nicht einmal gelesen! Sie gehen ganz in der eingebildeten Wichtigkeit ihres täglichen Schlendrians auf.

Abends bei Brecht. Jakob Walcher war da. Freude über die Ergebnisse der XX. Parteikonferenz.

[...]

2. März 56
Tagwerk

6³⁰ hoch. Starke Föhnwinde, die den Schnee verlecken und in den Himmel tragen. Notizen. [...]

14ʰ Sitzung (Präsidium) beim Schriftstellerverband. Interessant, wie die Leute sich auf die neue entkatholisierte Atmosphäre nach dem XX. Parteitag einrichten. Speichellecker, Befehlsempfänger, Schuhspitzenküsser scheint es kaum gegeben zu haben. Alle haben es natürlich schon lange gewusst, dass es so kommen würde. Bredel hatte sich schon ein- und umgestellt. Claudius aus Gründen des Existenzberechtigungsnachweises als Verbandssekretär noch nicht. [...]

Berl. 3. III. 56
Tagwerk

6³⁰ hoch / 2 Szenen Film geschrieben. / Nichts am Roman getan. / Mittags mit Ballmann die ersten Szenen durchgesprochen. Von jetzt ab werden wir mit Evchen allein am Szenarium arbeiten. / Nachmittags Henrik Bereska und Nachbar, zwei junge Schriftsteller. Unterhaltung über die bessere Luft, die nach dem XX. Parteitag herüberweht. Künstlerische Themen hin und her.

Dann eine Stunde zu Brecht. Er musste sich legen. Am Bett bei ihm gesessen, über dies und das gesprochen. –

Am Abend Kurt Stern bei uns. Mit ihm über den Filmfahrplan gesprochen. Er hat einige nützliche Hinweise zum Bau und die Aneinanderreihung der Szenen gegeben.
Gelesen: Tagore »Persönlichkeit«.

[...]
Doll. 5. III. 56

Brecht
Unser Gespräch sprang wie ein Heuhüpfer von Ding zu Ding:
Die politische Lage zum XX. Parteitag der KPdSU:
»Die Reise der sowjetischen Staatsmänner nach Indien und alles, was sonst Asien und die Befreiung der dortigen Völker betrifft, war der erste Schlag der sowjetischen Diplomatie gegen die Westmächte. Der XX. Parteitag und seine Deklarationen wird einen Einbruch nach dem Westen hin erzielen und dort die Einheit anbröckeln.« –
»Man sollte unsere Parteikonferenz in der DDR nicht gleich folgen lassen wie geplant!«
Das war auch meine Ansicht. Wie peinlich, wenn die gleichen Leute, die gestern noch dem Personenkult huldigten, Büsten von sich anfertigen und verkaufen liessen, morgen gleichsam auf dem offenen Theater ihre Büsten zu Gipsmehl zertreten. Wenn die Leute, die gern einmal nach Stalins (mir scheint hier wirklich bewährtem) Muster Feldherrn gewesen wären, die beständig mit dem Säbel rasselten und in der Nähe des grossen Bruders Kriegsdrohungen in die westliche Welt schmetterten, heute wie Osterlämmer von der unkriegerischen Möglichkeit der Revolution sprechen – wie peinlich.
Brecht: »Wir brauchten jetzt mindestens ein halbes Jahr Bewährung und Arbeit, damit man sehen könnte, welche unserer Politiker den rechten Ton für die neuen kollektiven Erkenntnisse finden. Drüben (er meinte in der Sowjetunion) hat man immerhin schon zwei Jahre nach den neuen Erkenntnissen gearbeitet und kann etwas vorweisen.«
Ich drückte meine Verwunderung aus: Wenn es wirkliche Stalinisten (viele haben sich so bezeichnet) gegeben hat, wo sind sie jetzt? Weshalb steht niemand auf und bezeichnet die neue kol-

lektive Leitung um Chrustschow als opportunistisch, als vom revolutionären Wege abgewichen?

Brecht mit feinem Lächeln: »Das ist nicht der Charakter eines echten Stalinisten.«

In der Tat: Man sieht auf Schritt und Tritt wie gross die Befehlsempfängerei und die Heiligenanbeterei in unserer Partei waren.

Wir gingen sehr spät auseinander. Ich glaube, es ging schon auf 12 Uhr nachts zu. Ich bemerkte, dass es spät sei und unsere Unterhaltung einem Exzess gleichkomme. Er lachte. »Ich möchte hoffen, dass wir in der nächsten Zeit manchen Exzess dieser Art miteinander haben.«

Doll. 7. III. 56

[...]

Neues vom Kater Pitt

»Der Pitty ist lahm, kann sich kaum bewegen und frisst nicht«, sagte Knut. Der Pitt lag auf einem Kissen in Christas Stube und tat apathisch. – Was wird er haben? Das Bein hatte man ihm bei seinen Hochzeitsfahrten zerschlagen. »Jetzt hat der Pitt auch noch das Bein ausgerenkt, o weh, o weh!« barmte Eva zwei Tage später. Tatsächlich, da war eine Beule am oberen Gelenk des Vorderbeines. Du gerechter Schreck! Nun sollte der Pitt zum Tierarzt gebracht werden. Nein, so geht das nicht weiter. Die Quälerei! – Aber es schneite, es regnete und Christa traute sich nicht durch das Wetter. Am nächsten Tage, was soll ich euch sagen. ist die Kaule verschwunden und ein tiefes, offenes Wundloch am Gelenk. Was war los? Die Kaule war eine Eiterbeule. Der Kater hatte sich die Beule über Nacht aufgeleckt. Schrotkörner sind aus der Beule geeitert. Und heute fand ich die Patrone am Dorfrand. Es war eine hiesige Jagdpatrone. Der Kater liebt. Der Jäger jagt. Beide frönen einer Leidenschaft.

1956

Berl. 13. III. 56
Tagwerk
6³⁰ hoch/kein Roman/am Filmexposé gearbeitet/Ballmann kam nicht zur Besprechung./Karl-Marx-Buchhandlung/Antiquariat. Bücher eingekauft.

Am Nachmittag: Präsidiumssitzung im Schriftstellerverband. Erste Lockerung der Befehlsempfängerei. Manche Kollegen, die sich bisher als ehemalige Spanienkämpfer grosstaten, erweisen sich jetzt als feige, als Diener und Arschlecker von Leuten, die nichts von Kunst verstehen.

Später mit Georg Maurer in der Kantine des Berl. Ensemble. Wir sollen im Herbst zusammen nach China. Unser Gespräch hüpfte, wurde auch dauernd von Guten-Tag-Sagern unterbrochen.

Daheim ein bisschen in den neuerworbenen Büchern herum gelesen. Spass machen mir immer zu dicken Bänden gebundene alte Zeitschriften. Ich blättere darin, schau mir die verschiedenen Bilder an und bin so glücklich wie in der Kinderzeit.

Doll./Berl. 23. III. 56
Tagwerk
6³⁰ hoch/gelesen/nicht am Roman geschrieben/»Tragischer Mord« des Hofhahns/Evchen will davon/Versöhnung/Notizen/Vorbereitung zur Reise nach Berlin.

Fahrt nach Berlin zur Parteikonferenz. [...]
Parteikonferenz
Die Kinder sind aus den lichtlosen Häusern der Nebenstrassen gekommen. Sie kreiseln, sie wühlen im Bausand, sie freuen sich ihrer Stimmen, als hätten sie sie lang nicht gehört. Die Arbeiter machen mittags Feierabend. Es ist Sonnabend. Die Frauen kaufen ein. Sie stehen nach Eiern an. Es wird Ostern. Der Frühling ist in die Stadt gekommen. Spärlich. In den Kindern ist er am eifrigsten.

Das und diese prächtig aufgezogene Konferenz wollen mir nicht zusammen stimmen. In der Seelenbinder-Halle ersetzen sechzig grosse Scheinwerfer die Frühlingssonne. Es wird gefilmt und gefilmt und jedes Wort (auch das banalste) ins Radio genommen und die schwarzen einäugigen Fernrohre der Fernsehkameras tasten die Delegierten und vor allem die führenden Politiker ab.

W. U. spricht über den kommenden Fünfjahrplan. Zahlen, allerdings kaum direkte – Prozentzahlen. »Auf 150 Prozent gesteigert das und das.« Ja, was? Wovon hat man auszugehen. Nichts Greifbares. Woran soll man sich halten? Manchmal will mir scheinen, als ob uns die Zukunftsberauschtheit wie eine Krankheit im Hirn sitzt. Plan, Perspektive, Weltniveau. Die Worte schwirren. Die Kleinen Dinge werden ignoriert, verachtet, aber die Kleinen Dinge verursachen die grossen Unzufriedenheiten.

Haben wir aus den mutigen Bekenntnissen des XX. Parteitages in der Sowjetunion gelernt? Es scheint nicht so. Es wird schon wieder geplappert, gephrast, copiert, beteuert. Die wohltuenden Stösse und Erschütterungen, die von dort kamen, scheinen hier manchen Genossen nicht bis unter die Haut gegangen zu sein. Grosssprecherei, Lügen in die eigene Tasche, Übertreibungen sind noch an der Tagesordnung. Sehr viel Sattheit unter den kleinen Bezirks- und Kreisfunktionären. Man muss auf die nächsten Tage gespannt sein. Werden die Praktiker sprechen? Werden sie die Furcht vor den Theoretikern, die Furcht, »schief zu liegen« aufgeben? Hier ist alles Abstraktion, Pseudo und nur wenn es hoch kommt wirkliche, trockene Wissenschaft. Die grossen Arrangements herrlicher Gewächshausnelken an der Tribüne, an den Pfeilern, fühlen sich fremd und unnütz und übersehen. Der Mensch plant die Stillung seiner zivilisatorischen Bedürfnisse. Er wird nicht ewig ohne die Schönheit der Nelken auskommen.

Ich komm mir vor, als sei ich durch ein Feld trockner Nesseln gegangen. Ich habe den halben Tag lang so wenig von den Menschen gehört, die mich allein interessieren. Die Zahl und die These haben sich verselbständigt. Zahl und These, die dienen sollten, sind zu Herrschenden geworden. Aber das Leben lässt das auf die Dauer nicht zu. Lenin muss das gewusst haben. Ich muss mich mehr um ihn kümmern. Der, der ihn zitierte, nahm ihn nur als eben modern gewordenen Schmuck um, nachdem er

Stalin abgelegt hat. Man muss eine neue menschliche Komödie schreiben und sich dabei von nichts und niemand beirren lassen. [...]

Tagwerk vom 26.–31. III. 56

Ich wollt mich nicht übermannen lassen vom eifernden Zorn über die Dumpfheit und Geistlosigkeit dieser Konferenz, die in etwa vorauszusehen war. Es ist aber doch geschehen. Man mischt sich nur zu gern ein, man prellt mit seinen Wünschen und Erwartungen voraus. Was kann sich denn in den meisten Köpfen in der kurzen Zeit seit dem XX. Parteitag geändert haben. Einige Leute wähnen bei uns überhaupt, dass man diese tiefgreifenden Veränderungen so nebenbei neben den ökonomischen Dingen mit erledigen kann.

Der grösste Mangel der Konferenz: Es wurde nicht von Menschen gesprochen. Abstrakte sprachen über Abstraktionen. Der Sozialismus wurde um der Sache, nicht um der Menschen willen »vorangetrieben«.

Das alles hat mich unlustig und bauchkrank gemacht. Unlust und Bauchschmerzen haben mich bis auf den heutigen Tag verfolgt. Ich schrieb nicht. Ich las kaum. Ich arbeitete im ganzen schlecht. Ich hätt nur schlafen und wieder schlafen können. Den Zorn verschlafen, die Missstimmung verschlafen. –

Evchen kam nach Berlin. Wir kauften das Auto. Mir ist immer noch nicht wohl bei dem Gedanken, ein Autobesitzer zu sein.

Ich war bei Djacenkos. Ich war bei Brecht. Überall die gleiche Unzufriedenheit über die Unfähigkeit unserer derzeitigen Politiker, mit dem Volke in ein wirklich menschliches Gespräch zu kommen.

Am Karfreitag fuhren wir wieder nach Schulzenhof. Die letzten zwei Tage der Konferenz schenkte ich mir.

Die Bauchschmerzen und die Unlust gingen mir nach. Erst ganz allmählich lagere ich mich unter dem kommenden Frühling hier im Waldrauschen harmonisch. Die fortgelaufene Weisheit kehrt zurück. Sie hasst nichts so sehr als die Griesgrämigkeit und die Neugier auf vordergründige Angelegenheiten, die einen Dichter erst an zweiter Stelle interessieren sollten. Unser Platz ist nicht die politische Tribüne. Alle gegenteiligen Erklärungen der

Politiker sind Demagogie. In Wirklichkeit betrachten sie uns als Hilfsknechte. Ein Dichter hat auf der Konferenz gesprochen, nur ein wenig ehrlicher und deutlicher als die anderen Redner – schon nahm man es ihm übel, schon liess man einen zweiten nicht mehr sprechen oder sorgte dafür, dass er nicht mehr sprechen wollte. Ja, ihr Dichter, was macht ihr nicht die Menschenherzen zu eurer Tribüne. Der politische Lorbeer blüht schnell und leicht – wie aber habt ihr es nicht doch ein wenig auf das Ewige abgesehen?

Berlin 16. IV. 56

Tagwerk

6^{30} hoch/Notizen, Korrespondenz/Zum Zahnarzt/Auto-Ausreiseschein aus dem »demokratischen« Berlin nach der »Demokratischen Republik« besorgt. Den ganzen Vormittag auf Amtsstellen dabei verbracht. Dabei den Überbürokratismus in unseren Breiten »bewundern« können. Wer macht das nur alles so kompliziert. Wer hat Interesse daran, willige Menschen zu verbittern. Bis heute kann mir noch niemand sagen, wozu dieser Auto-Ausfahrt-Erlaubnis-Schein nötig ist, was er für einen Sinn hat. Mir wurde er »grosszügigerweise« für ein Vierteljahr ausgestellt, weil ich doch Nationalpreisträger ... na! Andere – die meisten – müssen diesen Schein für jede Fahrt neu erwerben und stundenlang Zeit auf der Polizei hinbringen.

Mit Ballmann eine Abänderung unseres Szenariums besprochen.

Präsidiumssitzung beim Schriftstellerverband. Lang und unerheblich. Viel Gequatsche, Wichtigtuerei, Vereinsgetümmel.

Danach am Abend daheim versucht zu arbeiten. Wieder Zahnschmerzen bekommen. Ein bisschen in Büchern geblättert.

Berlin 17. IV. 56

Tagwerk

7^{h} hoch/Murksarbeiten [...]

Vorstandssitzung beim Schriftstellerverband. Ergebnis der wirklich einmal ganz offenen Diskussion unter den Genossen:

1956

Eine Delegation der Schriftsteller soll einige Genossen des Politbüros bitten, mit uns über einige sehr, sehr aktuelle Fragen zu sprechen. Tenor: Mit der Taktik des Verheimlichens und Herumredens entfernen sich unsere Politiker täglich mehr von den Massen. Wir wollen warnen.

In alten Jahrgängen der »Jugend« geblättert.

Brecht in der Charité besucht. Er sieht wohler und ausgeruhter aus. Hat immer noch etwas Fieber. Hab ihm einen weiss-leinenen Maureranzug gebracht, dazu eine entsprechende Mütze. Er war gerührt über die Auffrischung einer Jugendmarotte. (Einmal wollte er in so einem Anzug in das Kurhaus von Baden/Baden und wurde vom Portier hinausgeworfen.)

Berlin den 29. April 56
Tagwerk

8^h hoch/Wenig Schlaf, Kopfschmerzen, Tabletten genommen, wieder hingelegt./Zeitungen – Parteiverlautbarungen gründlich gelesen. Die Parteiführung gibt zu, Fehler gemacht zu haben, aber nur kleine, und sie sagt nicht welche. Die Parteiführung behandelt uns wie Priester die Gläubigen in der alten Geschichte – im Mittelalter. Den vollen Wortlaut mit der vollen Wahrheit über die Untersuchungen im Falle Stalin enthält sie uns vor. Man muss also damit rechnen, auch ferner wie ein Unmündiger behandelt zu werden.

Am Film gearbeitet.

Am Abend: Den Film von Berta Waterstratt »Die Buntkarierten« angesehen. Das ist gelungen verfilmter Roman. Ich hatte den Film schon vor Jahren gesehen und in Erinnerung behalten, dass er gut ist. – Damals wurde also bei uns sehr wohl Kunst gemacht. Die Unsicherheit und die befohlene Verlogenheit in der Kunst kamen erst mit den falschen Theorien und Kunstdogmen, an denen auch Stalin schuld ist. Dieser Zusammenhang wird bei uns vorläufig nur in den seltensten Fällen begriffen. – Es wäre interessant in diesem Zusammenhang zu untersuchen, wieviele Künstler aus wirklicher künstlerischer Verantwortung nach dem Westen gingen, obwohl sie wussten, dass man dort nicht auf sie wartet. [...]

17. April – 3. Mai

Berlin 1. Mai 56
Tagwerk
6^h hoch/Eine Weile am Film gearbeitet. Zum Umzug mit dem Schriftstellerverband. Soweit ich sah, trug man die verzerrten Zeichnungen der Politiker nicht mehr auf Stangen mit. Man klatschte auch nicht vor der Tribüne. Die Intelligenz hat den Personenkult von Herzen satt.

Nachmittags: Buchbasar. Kühles Wetter, Regenschauer. Es wurde trotzdem gut gekauft. Ich glaub, von allen Jahren war es dieses Jahr mit dem Verkauf am besten. Man hat sogar schon 1. Mai-Stammkundschaft.

Am Abend Isot Kilian, Käthe Rülicke und Otto Rohde bei uns. Allerlei Theater- und Parteiklatsch. Evchen noch immer matt und blass, doch immer freundlich.

Im Regen nachts zu Käthe in die Wohnung. Dort den Geheimbericht über Stalins Misstaten gelesen. Der Bericht kam aus Polen.

Berlin 2. Mai 56
Tagwerk
7^h hoch. Um acht, wir waren gerad beim Kaffetrinken, kamen Heini und Martin zur Hochzeit. Wir wollten ursprünglich am 2. Mai heiraten. Die Papiere sind jedoch noch nicht zusammen.

Um 11^{30} Sitzung im Politbüro. Versteifung. Ulbricht ist der kleine Stalin. Das wird sich nicht mehr lange halten. Die Delegation der Schriftsteller bestand aus: Becher, Bredel, Claudius, Abusch, Kuba, Inge v. Wangenheim und mir. Wir wurden zynisch abgefertigt, ausgelacht. (Dazu noch Sonderbericht!)

Den Rest des Tages zornig, aufgewühlt. Djacenkos bei uns. Mit ihnen und den Brüdern Hochzeit gefeiert. [...]

Berlin 3. Mai 56
Tagwerk
Mit den Brüdern in die Markthalle, dann ins Kaufhaus am Alex/ Um 10^h zu Brecht ins Krankenhaus. Er ist gespannt auf meinen Bericht. Wie immer weiss er Rat und Trost: Keine Verbitterung, Arbeit. Das Erlebte für die Kunst ausnutzen!

[...] Wir fahren in den Abend nach Dollgow. Endlich Dollgow! Wieder Ruhe, grünes Gras und Sammlung.

Zeitschriften und Zeitungen gelesen.

11. V. 56
Beim Mistfahren

Siebenundzwanzig Fuhren Mist auf das Kartoffelland. Wir fahren mit Wechselwagen wie die richtigen Bauern. Evchen und Knut laden auf. Ich fahre mit Pony Brandy und lade auf dem Feld Häufchen bei Häufchen ab.

Das Wetter ist maischwül. Einmal stechende Sonne, dann wieder tintenblaue Wolken, die die Sonne überklecksen, aber es regnet nicht.

Der Pirol ist diese Nacht gekommen. Nun sind alle Zugvögel da. [...]

Hella, unsere Hündin, wird immer steifbeiniger. Sie kann kaum noch die Stufen vorm Haus herauf. Wir nennen sie »die Rentnerin«. Ich trage sie manchmal ins Haus.

Selbst in den Zwergziegenbockkastraten Müller Muck ist der Frühling ein wenig gefahren. Er setzte sich mit einem rollenden Kartoffelkorb auseinander. Er stiess ihn mit den kleinen krummen Hörnern vor sich her.

Zwei Kaninchen springen auf einen Stuhl, der in ihrem Stall steht, und von dort auf das breite Stallfenster. Dort lassen sie sich die Sonne auf den Pelz brennen. Von aussen sieht's aus, als sässen sie im Schaufenster.

Ich weiss nicht, ob ich schon über den Igel Popidor schrieb. Hella brachte im vorigen Jahr gegen den Herbst zu einen Jungigel. Er war noch so naiv und menschenunkundig, dass er sich nicht einrollte, sondern sich offen in der Hand herumtragen liess. Er ging auf meinem Schreibtisch spazieren und frass Leckerbissen aus Evchens Hand.

Als der Winter kam, gaben wir ihm ein Heuversteck hinterm Tellerregal in der Küche. Er fiel lange nicht in den Winterschlaf. Eines nachts kroch er gar in den Küchenherd und trieb als »Schornsteinfeger« wochenlang sein Unwesen darin. Abends begannen die Herdringe zu wackeln, und man hörte seine Stacheln in den Ofenzügen rasseln wie die Kehrbürste des Schwarzen Mannes.

Endlich überlisteten wir ihn eines nachts, als er den Herd verliess, um nach Nahrung im Hundenapf zu suchen. Dann rollte er sich in seiner Heuecke ein und schlief mit ganz kurzen Unterbrechungen bis Anfang Mai. Jetzt poltert er wieder in der Küche umher. Wenn wir beim Abendbrot sitzen, kommt er hervor und holt sich seine Wurstbrotbrocken. Knut füttert ihn mit Maikäfern. Es ist ein Schaltjahr, ein Maikäferjahr. Eines abends frass der kleine Schmatzer über siebzig Maikäfer. Jetzt beginnt sein Stachelfell zu glänzen. Recht anmutig sieht es aus, wenn er sich mit seinem rosa Zünglein den Bauch putzt. Gestern sah ich übrigens, dass es sich bei ihm nicht um einen Popidor, sondern um eine Popidora handelt.

Berlin-Dollgow 9.–13. Mai 56

[...] Am schönsten ist es in Schulzenhof, wenn wir unser geregeltes Pensum an schriftstellerischer Arbeit haben, dann aber draussen sind. Wir fahren Mist, stecken Kartoffeln, pflügen, haben unsere Freude an den Tieren und sind glücklich, wenn wir draussen alles wachsen und sich zum Blühen vorbereiten sehen. Die Maimorgen gehen so tief ins Herz, so tief in die Erinnerung ein.

Letzten Sonntag holten wir unsere Jungen aus Neuruppin. Das war für sie und für uns ein Festtag. Mit Evas Mutter scheint sich eine gewisse Harmonie herzustellen. Wie überhaupt auch Knut und Christa jetzt von uns gerechter angeschaut werden. Wir werden reifer. Es wird harmonischer in uns und damit auch um uns.

Evchen ist die allzeit Liebende, Verstehende. Ihre innere Unruhe scheint zu weichen. Sie scheint, obwohl noch so jung, zu begreifen, wo ihr Platz in der Welt ist.

Ich fiebere innerlich ein wenig, wieder an meinen Roman zu kommen. Für den Verband fingiere ich eine Krankheit. Meine Grossmutter hätte gesagt: »Mal den Teufel nicht an die Wand, Junge!« Diese Verbandsmeierei aber ist eine so unnütze Arbeit, dass man die Notlüge anwenden muss, um sich davon fern halten zu können. Unsere Parteibeamten lernen so schwer um.

Noch immer sehen sie – leider auch im Künstlerischen – alles Heil aus dem Kollektivismus kommen. Wann werden sie einsehen, dass grosse schöpferische Leistungen nicht befohlen und organisiert werden können?

Doll. 19. Mai – 4. Juni 1956

Ich wurde krank. Eine heftige Grippe mitten im Mai. Fieber, Husten, Schnupfen, die heute noch nicht gehen wollen. Das Herz raste. Bei der leichtesten Arbeit war ich in Schweiss gebadet.

Ich war unzufrieden, war mir selber nicht gut. Evchen war eine geduldige Pflegerin, war ach, so lieb. [...]

Am 27. Mai kamen die Eltern. Martin brachte sie in seinem Wagen. Sie blieben bis zum 3. Juni. Da brachte ich sie in unserem Wagen nach Hause.

Wir fuhren im Auto an den Tietzen-See, an den Stechlin-See und nach Zechliner Hütte. Das waren grosse Erlebnisse für Mama. Ihr kindliches Staunen, ihre naive Freude! Das machte das Auto zu einer sinnvollen Einrichtung. Das der alten, guten Frau, die meine Kinderjahre so gut in ihre Hände nahm, noch zu vermitteln, war meine grosse Freude. [...]

In den acht Tagen, da die Eltern da waren, auch wieder festgestellt, was für ein negativer Schwätzer und Faulpelz der Vater ist. Die Mutter behandelt ihn wie ein ungeratenes, ältestes Kind. Mir sind in den acht Tagen manche Eigenheiten aufgefallen, die ich vom Vater ererbte. Das geht bis in manche Körperbewegungen, Gesten, Mienen usw. Aber auch die sich schnell einstellende Resignation, der Skeptizismus und eine gewisse Rechthaberei, Eitelkeit und Streitsucht sind – wenn auch in verminderter und etwas verdeckterer Form – Erbteile vom Vater. Nun, nachdem ich das Muster »so deutlich vor Augen« hatte, werde ich mich besser beobachten und nicht ablassen, alle jene Neigungen zu unterdrücken. Das verstehende und allzeit durch seine Güte und sein Verstehen sich auszeichnende Evchen wird mir dabei eine gute Hilfe sein.

Inzwischen ist auch das Filmszenarium fertig geworden. Ich habe es in Jamben gebracht. Es zeigte sich, dass dadurch jeder Satz sitzt, dass kaum ein Wort zuviel darin steht. [...]

Für den Verband bin ich krank geschrieben. Es scheint, dass die Intelligenz, durch die starre Haltung von W. U. bestärkt, so etwas wie passiven Widerstand leistet. U. und seine »Getreuen« – das merkt man jetzt immer deutlicher – wollen zu den »alten Gewohnheiten« des Herrschens, Diktierens und des geistigen Polizeisystems zurückkehren. Das wird nicht möglich sein. Es wird bei uns jedoch ein langer Kampf sein, bis sich die wahre Demokratie durchsetzt. Das Herrschen muss eines der grössten Lustgefühle sein, deren ein primitiver Mensch teilhaftig werden kann. [...]

Doll. 12. Juni 56

Tagwerk

5^{30} hoch/Eine schaurige Feststellung: In der Nacht war unser niedlicher, zahmer Igel Popidora im Tierkäfig, der sein Paradies werden sollte, ertrunken. Wir hatten ein flaches Waschbecken als Miniaturteich in den Käfigboden eingelassen. Der Igel hatte sich voll Maikäfer geschlagen, die ihm Knut gefangen hatte. Sicher wollte das Tierchen nach dieser strammen Mahlzeit ausgiebig trinken und rutschte dabei in das Becken. Das Wasser stand bis an den oberen Rand und doch erreichte das Iglein den Rand nicht. Die Emaille war wohl zu glatt. – Armer kleiner Kerl, der uns den Winter über als Hausgenosse und Ofenfeger soviel Freude gemacht hat. – [...]

Doll. 13.–17. Juni 56

Tagwerk

Durchschnittlich um 5^h hoch. Wenig Arbeit am Manuskript. Keine Ruhe, fühle mich nicht wohl. Bei der Handarbeit draussen schwitze ich, aber mir ist wohler, und ich rede mir die Täuschung ein, doch etwas vollbracht zu haben. [...]

Am *14. Juni* schon bei Tagesgrauen nach Berlin. Ich fand ein frisches, liebes Evchen vor.

Um 11^h dieses Tages heirateten wir. Wir waren allein. Man braucht keine Zeugen mehr, und wir waren froh. Der Tag verging wie alle anderen Arbeitstage. Nur ein Strauss Pfingstrosen stand auf dem Küchentisch. [...] Am Abend den packenden französischen Film »Gefährtinnen der Nacht«. Leider beantwortete der Film die Frage nach dem Woher der Huren nicht. –

Am *15. Juni* vielerlei Besorgungen. [...] Wir fahren am Abend nach Schulzenhof zurück. Das Haus duftet nach Hochzeitskuchen. Erna ist beleidigt, dass wir das nicht wollen. –

Am 15. Juni wird der Tierkäfig bedacht. Lachtauben und Wellensittiche ziehen am Sonntag-Morgen ein. Das ist ein Familienfest. Nun kann man hinter der Scheune sitzen und den Tieren bei ihren Beschäftigungen zuschauen. Unser Leben scheint reicher und bunter geworden zu sein.

Am *16. Juni* holen wir unseren kleinen Erwin aus Neuruppin. Er wird eine Weile bei uns bleiben. Mit Meister Schmidts Hilfe ist hinter der Scheune aus alten Wagenrädern auch ein Kinder-Karussell entstanden. Evchen hat's mit bunten Bändern geschmückt. Ei fein!

Doll./Berlin 22. Juni 56
Tagwerk
4^h hoch. Mit Evchen im Auto nach Berlin. Allerlei Besorgungen. Trüber Tag. In der grossen Stadt mutet der Sommer stets wie krank an. Evchen und ich haben sehr oft die gleichen Empfindungen. Wir sind zwei Menschen, die durch den gleichen Garten gehen und die gleichen Gedankenblumen pflücken.

Brecht angerufen. Er meldete sich nicht am Telefon. [...] Er liess mir durch die Kilian sagen, dass er sich zwischen 12 und 14^h mit mir treffen wolle. Ich hatte keine Lust dazu, wurde widerborstig. Der Besuch unterblieb. [...]

Doll. 25. VI. 56 (Montag)
Tagwerk
[...] Bobby und Erna kribbeln herum. Sie warten auf ihr Auto. Der Besuch war nicht eben sehr erspriesslich. Es gab ernste politische Auseinandersetzungen. [...] Es ist traurig, wenn zwei Menschen, die einmal – auch politisch – befreundet waren, sich nichts mehr zu sagen haben, weil der eine den anderen nicht mehr versteht. [...] Man war jung in der Partei. Man hatte Respekt vor älteren Genossen und liess sich den »erhobenen Zeige-

finger« bei jeder Gelegenheit ganz gern gefallen. Das allerdings immer in dem Gefühl einer Art von Kollektivschuld, an der man trug, weil man in der Hitlerzeit hier in Deutschland war, und Schandtaten zuliess. [...] Eine Frage gibt's für mich und die können mir die ältesten Genossen, wenn sie keine Schwätzer, Protzer und eitle Kerle sind, nur mit Schulternzucken beantworten: Ich habe durch meine politische Ignoranz in der Nazizeit zugelassen, dass hier in Deutschland in den Konzentrationslagern Kommunisten von Faschisten umgebracht wurden. Ihr aber habt zugelassen, dass in der Sowjetunion Kommunisten von machtgierigen, verfolgungswahnsinnigen Diktatoren umgebracht wurden. Wer hat mehr Schuld auf sich geladen?

Am Nachmittag mit Evchen und dem kleinen Erwin Bohnenstangen aus dem Wald geholt. Wir waren eine heitere Familie und küssten uns abwechselnd auf dem Ponywagen. Auf den Rückweg schlug wie ein Blitz der Zank ein. Ich schrie heftig und verlor beinahe die Beherrschung. Wir luden in Wut die Fuhre auf dem Hofe ab. Ich setzte mich ins Auto, fuhr an den Stechlinsee. Irrte am windgepeitschten See umher. Ich bekam Hunger. In das »Fontane-Gasthaus« in Neu-Globsow wollt ich nicht gehn. Ich vermutete Bekannte darin. Also beschloss ich, nach Fürstenberg zu fahren, um dort etwas zu essen. Mitten in einem mächtigen Tannenwald zwischen Menz und Fürstenberg versagte das Gaspedal. Ich sass da und resignierte. Eigentlich wollte ich im Auto schlafen und mich am nächsten Tage abschleppen lassen. Ich konnte nicht schlafen, fror. Die Wut packte mich wieder. Ich riss das Auto auf und fand bei Notbeleuchtung den Fehler. Ich konnte ihn beheben. In der Nacht um 1^h war ich daheim. Die Wut war verraucht und der Hunger gross. Was ist man doch für ein Mensch!

Dienstag, Mittwoch, Donnerstag, den 26., den 27. und den 28. Juni 1956

Wie die Tage so gehn

Natürlich hatte ich Kopfweh nach dem Nachtausflug. Ich schlief länger als sonst. Das Evchen kam an mein Bett und machte alles wieder gut. Sie ist eine Spezialistin im Verzeihen und Beschämen.

Da liegt dann so ein Tropf und redet nicht, lässt sich streicheln bis er schnurrt, und mit einem Male ist auch die Sprache wieder da, die Harmonie und die grosse Liebe. Dieses Weib ist ein Segen für mich. [...]

28. Juni 56
Der Sack mit der Wahrheit
Als Stalins Untaten mehr und mehr offenkundig wurden, zuckten die Sowjetgenossen zusammen. Alle hatten was zu- und durchgehen lassen. Alle hatten den grossen Despoten begünstigt. Wie würden sie dastehn vor allen Genossen der Welt, denen sie Stalin mit Zuckerglasur reichten?

Zwei Jahre fast wurden gebraucht, um den Sack mit den Wahrheiten zu öffnen. So lang durfte nur der oder der mal hineinschaun. XX. Parteitag. Ausgeschüttet der Sack, aber da hielten Genossen die Zipfel des Sacks. In den Zipfeln aber waren die ihnen peinlichen Wahrheiten. Jetzt aber haben die Parteikinder die ausgeschütteten Wahrheiten sortiert. »War da nicht noch was? Blieb da nicht etwas drin im Sack?« Schüttelt ein wenig, Genossen aus Moskau. Wenn ihr nicht schüttelt, dann werden wir fragen: »Wer war dabei? Wer half da mit? Wie erklärt ihr das?« Ihr habt in der letzten Zeit viel Bekennermut an den Tag gelegt, so dass den Genossen aus den Führungen der kleinen Länder kalt und heiss [wird], dass sie von einem Bein auf das andere treten und sich am liebsten die Zungen abbeissen möchten, aber nun habt auch noch den Mut zur Restwahrheit. Nun schüttelt den Sack und klopft ihn, damit kein Körnchen Unkrautsamen im Sack bleibe.

Also ist die Situation jetzt im Lager unserer Partei. [...]

2. VII. 56
Das Leben
»Das Leben ist vergangen wie ein Pfiff durch's Fenster«, sagte die vierundsiebzigjährige Ernstine Wohlgemuth.

29. Juni–4. Juli 56
Tagwerk
Meine Tage beginnen wie immer um 4^{30}. Ich sitze bis 7^h am Manuskript, füttere dann, versorge die Tiere, frühstücke und sitze dann bis 10^h oder 10^{30} am Manuskript. Keine rechte Freude. Die Zwischentexte zum Film halten mich auf. Sie sind nichts Neues, sie sind nichts Altes für mich. Immer wieder müssen die Gedanken um den »Tinko«-Stoff kreisen. Man wird es leid, auf den eigenen Spuren herum zu schnüffeln, das bereits Gemachte zu beriechen. Es entsteht Unlust und Unzufriedenheit. Man möchte lieber im Roman sein, neue Gedanken denken, neue menschliche Kombinationen und Haltungen herausfinden und aufzeichnen.

Evchen ist krank. Ihr Bronchialasthma plagt sie wieder. Die Witterung ist wohl zu feucht. Ich bin noch nicht gesund. Dauernd gereizt und übel gelaunt. Die Schilddrüse. Viel Missverständnisse, viel Übelnehmen im Haus. Die Arbeit am Manuskript wird nur mit grössten Anstrengungen bewältigt. Zwischendurch immer wieder Anfälle von Lebensangst bis zu Selbstmordgedanken.

[...]

Am 3. VII. waren die Filmleute wieder hier und brachten Landschaftsmotive (Fotos). Sonst gab [es] viel Geschwätz und wenig Tiefe.

Knut hat Ferien. Er arbeitet im Hof und im Garten, um sich Geld für ein Rennrad zu verdienen. Er arbeitet langsam und versonnen. Die erste Liebe und die Pubertät sind da.

[...]

Heute am 4. Juli endlich die ersten neuen drei Seiten am »Stanislaus« geschrieben. Es geht – aber unter grossem Kraftaufwand. Die »Mücken« vorm Fenster stören mich.

Gelesen in den letzten Tagen: Irving Stone »Zur See und im Sattel« (Biographie von Jack London). Viel ähnliche und verwandte Charakterzüge bei London gefunden.

5. VII. 56

Wir dachten: Bolschewismus sei Beten. Und wir wollten lieber das, als uns noch einmal an Menschen schuldig zu machen. Also wurden wir Bolschewisten und vertrauten den alten, den bewährten Genossen und ihren Rezepten. Was aber ist jetzt? Wir haben »den Führer der Deutschen« nie geliebt, angebetet oder auch nur ein Quäntchen verehrt. Wir hatten nicht einen Funken Respekt vor ihm. Er war uns zuwider.

Aber wir begannen Respekt und Verehrung für Stalin zu hegen, weil wir den alten Genossen vertrauten. Sie sagten: »Was er tut ist recht und geschieht zum Wohle der ganzen Menschheit.«

Aber, was ist jetzt? So frage ich noch einmal. Wir waren euch die liebsten Kinder, wenn wir unser Denken in den Sonntagsschrank stellten. Dann nanntet ihr uns: »Parteiverbunden, parteiergeben, neue Menschen, gute Bolschewiki«! –

Jetzt aber kommt ihr, wollt uns schon wieder belehren, entscheidet schon wieder darüber, was »parteitreu«, was »parteiverbunden« ist.

Nein!

Ihr wisst es nicht. Ihr habt geirrt und sollt jetzt sehr, sehr still und bescheiden sein. Ihr hiesset uns einen Menschenschlächter verabscheuen und einen anderen verehren. Wie könnt ihr glauben, dass wir in euch noch eine Minute die »Erfahrenen« sehen? Uns geht es wirklich um den Menschen.

9. und 10. Juli 56

Tagwerk

Wie gewöhnlich 4^{30} hoch. Eine halbe Stunde im Garten bei Pflanzen und Tieren. Atemübungen. Die Unruhe beginnt zu weichen, das innere Gepeitschtsein lässt nach. Ich schreibe wieder. Um 7^h beginnt Geklapper und Gewese im Hause. Dann liegen meist drei neue Seiten für den »Stanislaus« vor mir.

Am 9. fuhr ich mit Christa, Klein-Erwin und Frau Schmidt nach Rheinsberg. Meister Schmidt fuhr mit dem Pony zur Schmiede. Familienausflug – Besorgungen in der kleinen trägen Stadt. Der kleine Abbes zog in jedem Laden die Hosen herunter und wies sein neues, blaues, kurzärmeliges Trikothemd vor.

Sechs neue Teile zur Erweiterung des Tierkäfigs kamen an.

Zwei Stunden Schlaf an den Nachmittagen. Dann geht's ins Heu. Immer die ganze Familie dabei. [...]

Viel Zuspruch und Aufmunterung kommt mir aus Goethes und Schillers Briefwechsel. Jeden Tag lese ich ein paar Seiten darin, bis mich die Müdigkeit mit ihrem Netz überzieht. Dort in den Briefen sind sie ausser Reichweite von heroisierenden Literaturprofessoren. Man hört sie über ihre kleinen und grossen schöpferischen Sorgen sprechen und man spürt sie gegen die vielen kleinen Widerstände, gegen alle Marktschreierei und Vordergründigkeit zu Meistern heranwachsen.

Gestern las ich seit langer Zeit wieder einmal – mir war so danach – Rilkes »Requiem für Paula Becker-Modersohn«. Erst jetzt wurde ich gewahr, dass er manches aus dem Buddhismus gewusst haben muss. Oder gelangen alle, die beständig in sich hinein lauschen, zu diesen Erkenntnissen? [...]

10. und 11. Juli 56

Tagwerk

Am 10. abends fuhr ich nach Berlin, um Evchen abzuholen. Evchen soll diese moderne Rückenwirbelkrankheit haben. [...]

Ich schlag nicht ein Würzelchen in der Berliner Wohnung. Erst auf dem Heimweg am nächsten Morgen finden wir uns mit Evchen in guten Gesprächen.

Wir fahren das letzte Heu der Haupternte ein und verplaudern eine lange Nachmittagsstunde. Unsere Welt wird wieder lichter. Wir dürfen keinen Tag versäumen, uns über das Eigentliche des Lebens auszutauschen, sonst wird uns die Welt schal, und wir spüren uns nicht.

Wir werden nun doch nach Mamaia an das Schwarze Meer fahren. Wir wollen einmal den Familienballast, alles, was wir notgedrungen mit uns schleppen müssen, hinter uns lassen. Wir werden die Unbill einer Gesellschaftsfahrt auf uns nehmen. Wir werden uns stark machen und absondern, wo wir können.

14. VII. 56

Die Trompete der Kraniche

Und wer nicht gehört hat, wenn die Kraniche hier an den Seen zukehren und ihre Einkehr an einem Sommermorgen laut verkünden, der kennt den Sommer nicht. Und wer bei den Trompetentönen, die sie sich bei aufgehender Sonne zuschmettern, nicht unruhig wurde und sich von diesen Naturlauten weit forttragen liess, der wird die Welt nicht begreifen. –

Stanislaus wird klarer
Es ist schon wahr: Der ganze zweite Teil des »Stanislaus« ist in die Breite gelaufen. Ein Zugeständnis an die »historische Treue«. Von ihr wird bei uns viel brambarisiert. Lauter Unrichtigkeiten!

Das Evchen scheint den breitlaufenden Plinz früher »gerochen« zu haben. Ich aber bin zu manchen Zeiten unnahbar. Es kommt mir vor, als müsste ich erst schreiben, bis Pegasus hinkt, damit ich selber den Nagel in seinem Hufe gewahre.

Jedenfalls gab's ein gutes, schöpferisches Gespräch zwischen uns. Das aber sind meine höchsten Glücksaugenblicke mit meiner fein-klugen Frau. [...] In solchen Augenblicken fühl ich dann, wie sehr sie doch für mich und das Werk da ist und lebt! Der Roman soll ihr gewidmet sein! [...]

15.–18. Juli 56

Tagwerk
Wie gewöhnlich um 4³⁰ hoch. Der »Stanislaus« beginnt mich wieder innerlich ganz in Anspruch zu nehmen. [...]

Am Montag nach Berlin. Zwischen der Post ein Schreiben: Für die Reisegesellschaft nach Rumänien soll eine Parteigruppe gebildet werden, die das Tun und Lassen der anderen Reiseteilnehmer überwacht. Anordnung des ZK. Was soll das?

Fahre ich in Ferien oder nicht. Und überhaupt – dieses andauernde Lenken, Leiten und Überwachen von Gesprächen. Ich hatte keine Lust mehr für diese Reise.

Wir beschlossen, die Ferien (es ist das erste Mal seit 1945, dass ich wirklich Ferien machen will) in der Republik zu verleben. Eva kaufte sich ein Schlauchboot. Ich kaufte mir eine gute Kamera und habe damit meine Pläne.

Einen Tag noch trieben wir uns in Berlin herum, bis wir alle Formalitäten erledigt hatten, um die Reise nicht antreten zu müssen.

14.–26. Juli

Und am Mittwoch, den 18. VII. beginnen wir langsam mit den »Ferien«. Unser Boot erschliesst uns unseren Haussee, den Thörnsee. Am Nachmittag bringen wir unseren kleinen Goldvogel, den Abbes, zur Grossmutter nach Neuruppin. Die Grossmutter ist nicht da und wir bringen den kleinen standhaften Mann, der so ungern von »Schulzenhof« weggeht, nach Frankendorf zu den Urgrosseltern. [...]

19.–25. Juli 56
Tagwerk

Urlaubstage daheim auf den Seen. Daheim tut man alles, was man schon lange hat tun wollen. Der Umgang mit der neuen Kamera macht Spass. Man lernt besser sehen, erfasst Schönheiten eindringlicher, wenn man sie als »Ausschnitt« der Welt im Sucher der Kamera betrachtet hat. [...]

Buckow 26. VII. 56
Bei Brecht

Da ist der Park mit den schönen alten Bäumen. Unter ihnen steht das Gärtnerhaus. Brecht hat es damals (vor vier Jahren), als er das Haus erwarb, umbauen lassen. Oben zwei, drei Fremdenzimmer, unten seine Zimmer. Ein grosses Arbeitszimmer. Er liess auf der Hausecke, die zum See hinausgeht, zwei sehr grosse Fenster ausbrechen. Wie Schaufenster. Als sie fertig waren, mochte er sie nicht. Er kam sich vor, als ob er im Schaufenster sässe und fühlte sich von der Aussenwelt, von den Menschen, die auf dem See vorüberfuhren, gestört. Da liess er grosse Vorhänge aus chinesischer Rohseide anfertigen. Er zog sie zu und sass meist im gedämpften Licht. Wir arbeiteten in dieser Fensterecke oft oder sprachen dort miteinander.

Diesmal waren die Gardinen geöffnet. Er nahm sogar seinen unumstösslichen Mittagsschlaf dort ein. Man konnte ihn sogar vom Park aus dort liegen sehen.

»Haben Sie sich an die Fenster gewöhnt, Brecht?«

»Ja, wenn ich hier sitze, so werde ich wenigstens durch das, was draussen immerzu geschieht, abgelenkt. Man kommt nicht so ins *tiefe Grübeln*.«

So einen Satz habe ich von ihm noch nie gehört. Denken – ja, aber »tiefes Grübeln«?

Da gehen jetzt Veränderungen oder Versteifungen bei ihm vor. Nach dem gestrigen Besuch möchte ich das letztere behaupten. Auch das scharf beobachtende und gut fühlende Evchen hatte diesen Eindruck.

Wir fanden ihn sehr müde und zerfahren. Wir hofften nach einigen Wochen ruhigen Lebens in Buckow unter den alten Bäumen, die er liebt, ohne davon zu reden, einen frischen arbeitsfähigen Brecht vorzufinden. Am Telefon sagte er mir, er begänne wieder zu arbeiten. Ich hatte nicht den Eindruck: Im Zimmer sah es aus wie bei Arbeitsvorgeplänkel. Materialsammeln. Das übliche Durcheinander von Zeitungen, Zeitschriften, Ausschnitten, aufgeschlagenen Büchern.

Seine Augen hatten nicht das gefährliche, kluge Blitzen. Es kam nur herauf, wenn er sich über ungesetzliche Handlungen, die in der Vergangenheit von unserem Staat an Menschen begangen wurden, erzürnte. Es war ein Flackerfeuer. Sein Gesicht war etwas gedunsen, die Züge verbreit. Er machte viele Vorschläge, wie die Unzulänglichkeiten in unserem Staate zu beheben seien. Aber eben nur Vorschläge, kein Wille dahinter, die Veränderungen mit dem Gewicht seiner Persönlichkeit einzuleiten. [...]

[...]   27. VII. 56

Brecht

Er sagte, es sei zweifelhaft, dass die Sowjetunion das Primat in der geistigen Führung des sozialistischen Weltlagers behalten werde. Man habe dort gute Wirtschaftler usw., aber wenige oder keine verhandlungsgewandte Männer. Die geistig fähigsten Köpfe, solche zum Beispiel, die [mit] Mao-Tse-Tung verhandeln könnten, seien Stalin zu klug, dem Stalinismus zu gefährlich und deshalb abgeschlachtet worden.

Er sieht jetzt plötzlich im jugoslawischen System einen gangbaren Weg auch für uns. Weshalb nicht früher? Wäre es ihm durch seine Beziehungen in aller Welt nicht früher möglich gewesen, sich über das jugoslawische System zu informieren?

26. Juli – 2. August

Brecht

Ein neues intellektuelles Modewort ist entstanden. Es heisst »Apparatschik«. Eine Bezeichnung für *die* Funktionäre, die den Sozialismus zu einem mechanischen Vorgang herabwürdigten. Parteiapparat. Bediener des Parteiapparats. Maschinisten.

Brecht gebrauchte dieses Wort im Verlaufe unseres Gesprächs recht häufig. Es war neu in seinem Vokabular. Er gebrauchte es, wie mir schien, mit etwas verächtlicher Wollust. Es stiess mich ab. Es war seiner unwürdig. Später hörte ich auch Eisler und die Weigel (sie ist ja immer ein Echo von Brecht) dieses Wort benutzen.

»Man müsste«, sagte Brecht, »ein Stück schreiben, in dem ein normaler Arbeiter mit ganz normalem und kritischem Denkvermögen und Verstand sich zum ›Apparatschik‹ verwandelt.«

Es ist möglich, dass es sich um den Stoff handelt, an dem er jetzt arbeitet. Er will ja immer zunächst einmal »hören«, wie andere seine Vorhaben beurteilen.

Ich sagte ihm, dass eine solche menschliche Wandlung bzw. eine Wandlung vom Menschlichen ins Unmenschliche der Vorwurf des zweiten Teiles meines »Stanislaus« werden würde. Er horchte auf. Nach einer Weile fügte er hinzu: »Stellen Sie das aber nicht am Lebensweg eines Schriftstellers dar. Wir Schriftsteller zählen nicht, ebenso wenig wie Zigarrenhändler. Es muss ein Arbeiter sein, an dem Sie das darstellen.« [...]

Flecken Zechlin, 2. August 56

[...]

Der Hundekauf

Die Hella wird alt. Was, wenn sie eines Tages stirbt oder auf ihren Waldhatzen bleibt? Ein junger Hund müsste ins Haus, damit der mögliche Schmerz gemildert wird, wenn …

Ein Chow-Chow-Rüde, ein Boxer, ein Kuvazs oder gar ein Terrier gegen das Mäusegeziefer? So gingen unsere Wünsche. Der Zufall arbeitete. In der Geflügelzeitung – junge Boxer aus Leistungszucht angeboten. Ganz in der Nähe – in Flecken Zechlin. Beschluss am Mittagstisch: Evchen und ich fahren hin, sehen uns die Boxerchen an. [...]

Die Wahl wird schwer. Lange schwankt das Evchen. Zwei Rüden sind da: Ajax und Axel. Und Ajax mit völlig dunkler Maske, Axel mit einer weissen Schnippe auf dem Nasenbein, freundlich wirkend, zu unserer Hella passend. Endlich nehmen wir den. Wohl eine Stunde haben wir gewählt und immer wieder gewählt. Schon im Auto wurde er für das Evchen der schönste Junghund der Welt. Und er ist auch schön und edel. Ein ästhetischer Genuss, ihn anzuschauen. Auch ich bin verliebt. Am Abend erhielt er in der Küche den Namen Pan.

[o. D.]

Brecht ist tot.
Bei dem wird er sein, der am wenigsten klagt.

26. August 1956 Sonntag-Nachmittag
Es kostete Kraft, mich wieder an das Tagebuch zu setzen. Wie war das nur alles? Nach dem 7. August, an dem ich noch mit Freude eingeschrieben hatte, nahm die Lust, Eintragungen zu machen, von Tag zu Tag ab.

Djacenkos reisten nach zwei Tagen wieder. Wir hatten gründlich über Brecht gesprochen, über die Tragik seiner Rolle nach 1945 bei uns in der Republik. Es war »seine Republik« gewiss und er schimpfte viel über politische Fehler, die wir machten, aber er verhinderte sie zu wenig. Aus Nachsicht? Aus Bequemlichkeit? Das war die Frage.

Mit Djacenkos gingen wir mit dem Gefühl, eine wachsende, gute Freundschaft vor uns zu haben, auseinander.

Unser »selbstgenommener« Urlaub ging langsam zu Ende. Wir besuchten für zwei Tage die Eltern und den Bruder in Bohsdorf. Wir grämten uns über den stetigen Zerfall des dortigen Familienrestes und der beiden Anwesen. [...]

Mein Geburtstag kam. Das Evchen hatte einige Tage davor wieder einmal einen ihrer Unbeständigkeitsanfälle. Sie leidet und leidet daran, dass ihre Buben nicht hier bei uns sein können. Sie liebt aber auch mich, und so wird sie hin und her gerissen bis zur Verzweiflung und möchte ausbrechen. Sie glaubt sich von mir vergewaltigt. Sie weiss aber auch nicht, wie sie sonst leben will. All das ist seit zwei Jahren eine Quelle nicht geringen Leids. Immer wieder bin ich froh, wenn sich die Gute nach so einem »Anfall« wieder gefangen hat. Ich muss gestehen, mit ein wenig Misstrauen geniesse ich danach ihre grosse, reine Liebe.

Zum Geburtstag nun schenkte mir das Evchen in einem leisen Anflug von Reue ein schönes Mikroskop.

Am Abend meines Geburtstages sass ich Blumensamen und Wasserproben untersuchend vor diesem neuen Mikroskop bis in die Nacht hinein. Um diese Zeit aber starb mir der Freund Brecht, ohne dass ich ihn seit dem Besuche in Buckow wiedergesehen hätte.

Die Nachricht von Brechts Tod aber erreichte uns, die wir uns gerade begannen in unserer Schulzendorf-Heimat glücklich zu fühlen, am übernächsten Mittag durch die Zeitung.

Ich seh noch die starren Augen des Evchens, das mir die Zeitung aus dem Flur in die kleine Küche brachte. Zunächst eine grosse Erstarrung. Was? Wie? Nein!

Dann gingen wir umschlungen in den Garten hinunter und weinten.

Eine halbe Stunde nach dem Eintreffen der Nachricht sassen wir im Auto und fuhren nach Berlin.

Wie dann alles war, wie viel Grausamkeiten anstelle von Pietät, wie viel Missbrauch – das werde ich wohl einmal niederschreiben, wenn ich ruhiger über alles denken kann.

Jetzt kam es nur darauf an, das Tagebuch-Schweigen zu durchbrechen.

[...]

Jeden Morgen nach dem Pilzgang arbeite ich bis Mittag am »Stanislaus«. Zunächst mache ich sehr eingehende Korrekturen und Striche im bereits Geschriebenen. Das hilft mir sehr, mich wieder ganz in die Arbeit und ihr Milieu einzuleben. Dazwischen werden ganze Seiten neu hinzugeschrieben, andere umgeschrieben. Ausser Brechts Grabrede, die mir wie alle Reden zu schaffen machte, sonst nichts geschrieben. (produziert?)

4. Septr. 1956
*Zusammenkunft der Schriftsteller mit Genossen
aus dem Politbüro*
[...]
Eindrücke am Rande
Ich kam zu spät. Ullbrichts Schutzmannschaften wollten mich nicht in den Saal lassen. Dann kam ein Sekretär, der ja auch ein wenig schriftstellert und »ideologisch klare Romane« schreibt (Gottschee) und übernahm die Verantwortung für mich.

Das Treppenhaus, der Vorraum vor dem Versammlungslokal selbst waren von Schutzmannschaften eskortiert. Im Versammlungsraum selbst standen sie hinter einem Wandschirm. So also lässt sich der (die) Arbeiterführer vor seinen Arbeitern schützen. Man hält sich für besonders wertvoll und will sich dem Volke erhalten. Das ist eine ganz schöne Eitelkeit.

Mindestens 20–30 Leute lümmeln stundenlang nichtstuend herum, wenn sich die Genossen vom Politbüro unters Volk begeben. Hier feiert der Stalin'sche Grössenwahn immer noch fröhliche Urständ.

Ich beobachtete, wie der ganze Bewachungshaufen hin und her schwärmte und in dienststeifrige Bewegung geriet, als die Sitzung zu Ende war. Vor dem Hotel (Gästehaus der Regierung) war die Strasse von Menschen leergefegt. Ein weisser Verkehrspolizist stand dort und die »Schutzmänner« eilten hin und her wie Hunde, wenn der Herr ausgeht – die Treppe rauf, die Treppe runter. Der riesige Personenwagen mit den Schutzgardinen war vorgefahren. Der Motor lief. Vor dem Wagen stand eine Art Zeremonienmeister und rief immerzu zum Fahrer: »Achtung, Achtung, fertig!« Dann kam Er und stieg ein. »Los!« hiess es. Der Wagenschlag wurde aufgerissen und zugeklappt. Der Motor heulte auf. Das Auto fuhr im Blitztempo davon. Drinnen bei der Sitzung aber hatte U. sich volkstümlich und jovial gegeben. Unkritische und ekstatische Schriftstellerweiber (Berta Waterstradt) schrien sich sogar zu: »O, er hat ja sogar Charme! Das hätt ich gar nicht erwartet!«

Kann ein König mehr Gewese um sich machen? Kann sich ein Kaiser und Despot eingehender schützen lassen? Ein Kennzeichen grosser Charaktere ist Furchtlosigkeit! Dann kamen die »kleinen Us« und bestiegen unter Bewachung ihre Riesenwagen mit den Spiessbürger-Gardinen am Heck. Was dem grossen U recht ist, ist den kleinen Us. billig.

Langsam kamen nun auch die Schriftsteller, fast durchweg sehr befriedigt von der Tatsache, dass »ihr König« sich so eingehend mit ihnen unterhalten hatte. Der alte Marchwitza, einmal radikaler Kumpel und Ruhrkämpfer, kam angehumpelt, zufrieden und mitleidig wie eine alte Grossmutter: »Gottchen, Gottchen, wenn da einige Genossen in solchen Sitzungen doch nicht immer so querschiessen wollten. Das sind doch arme, geplagte, übermüdete Menschen. Man kann sie doch nicht noch mit der Kunst und den Künstlerbauchschmerzen traktieren. Sie haben doch andere, wichtige Arbeiten!«

Ja, ja Hänschen Marchwitza, und du bist schuld, dass diese Genossen keine Verbindung mehr mit der arbeitenden Bevölkerung haben und du bist schuld, dass der Personenkult weiterblüht. Du bist von einem Schreiber für Kumpels zu einem Schreiber für Bonzen geworden.

Wie es mit der kollektiven Führung im ZK aussieht, erhellte vortrefflich eine Bemerkung des Ober-U-Speichelleckers Schirdewan. Er antwortete auf eine kritische Anfrage eines Schriftstellers und begann die Antwort so: »Ich denke, der Genosse Ullbricht wird mir gestatten, dass ich das hier sage ...« [...]

Während dieser Sitzung glaube ich die Charakteristika für das grosse U gefunden zu haben: Oberlehrer mit feistem Genick. Halb gebildet und rechthaberisch. Keinen Widerspruch vertragend. Wüterich – das spiegeln besonders die Falte oberhalb der Nase und die Augen. Ein Prügler mit Klemmer. Einer von jenen Oberlehrern, die den Kindern die Ohren ausreissen.

Was war der Grund des ganzen jovialen Manövers? Bei der Polit-Büro-Sitzung im Mai dieses Jahres, an der nur ganz wenige Schriftsteller teilnahmen (ich als unumgänglicher amtierender Vorsitzender des Schriftstellerverbandes), benahmen sich die Mitglieder des Polit-Büros zu uns wie die Rowdies, behandelten uns wie dumme Jungen. Die Folge war ein grosses Schweigen unter den Schriftstellern – ein illegaler Streik. Damals hatte U. sogar offen gedroht: »Bis jetzt haben wir noch nichts gegen euch unternommen, aber das kann noch passieren!« Man hatte den ganz bestimmten Eindruck, dass sich U. wie Rakosci in Ungarn zwei, drei Schriftsteller heraussuchen würde, um sie öffentlich zu »verprügeln« und bei den Jasagern und Mitläufern unmöglich zu machen.

Inzwischen war Rakoszi in Ungarn soweit gegangen, dass er an zweihundert Intellektuelle, die nicht »fügsam« waren, einsperren lassen wollte. (Nach dem XX. Parteitag der KP[d]SU also!) Das aber hat Rakosci endlich »das Genick gebrochen«. Er musste seinen 1. Sekretärsposten verlassen. Das grosse U aber will ihn um jeden Preis behalten.

Berl.-Doll. 3.–7. Sept. 1956
Tagwerk

Den 3. IX. (Montag) verbrachten wir mit den verschiedenartigsten Besorgungen. Am Abend mit Bodo Uhse und Stefan Hermlin bei Sterns. Das sollte eine Vorbesprechung für die Zusammenkunft mit den Pol.-Büro-Leuten sein. Es war aber keine. Allerlei politischer Klatsch, Künstlerklatsch. Die Arbeiter sind verlassen, wenn ich mir solche Dichter und Schriftsteller ansehe. Alle stecken nicht in der Jetztzeit, sondern halten sich immer noch etwas auf ihre Kampfzeit oder Emigration zugute. Sowohl Uhse als auch Hermlin (Stern weniger) sind mit einem intellektuellem Hochmut gesegnet, der ihnen wie eine Krankheit anhaftet. [...]

Doll./Frankendorf 8.–11. Septr. 56
Tagwerk

8. Septr. Hoch wie üblich. Arbeit am Roman, gründliche Pferdepflege. Am Nachmittag über Neuruppin nach Frankendorf, um Evchens Grosseltern zum Besuch zu holen. Die Strassen um den Flugplatz in Neuruppin werden immer schlechter, immer aufgewühlter. Grosse Landflächen sind Übungsplätze, Bombenabwurfsgelände. Dagegen wäre nichts zu sagen, denn unsere Welt ist leider noch gezwungen, sich wehrhaft zu erhalten. Dumm aber ist unsere Agitation in den Zeitungen, die von der Landverschwendung, der Landverwüstung durch amerikanische Truppen in Westdeutschland berichteten. Die Landbevölkerung lächelt nur darüber, wenn sie auf den von sowjetischen Panzern zerwühlten Wegen einherfuhrwerken muss. [...]

Die Grosseltern gehen in Haus und Hof umher und lassen sich alles zeigen und vorführen. Dabei bleiben sie abschätzend und kritisch. Überall wird ihr Nützlichkeitsdenken betätigt.

»Das Pferd is also nun blos so zu Zierde und Vajnüjen«, stellt die Grossmutter mit den Adleraugen fest. [...]

Am Abend kommen die Wohlgemuths auf eine Tasse Kaffee. Dieser Kontrast zwischen den beiden alten Paaren! Die Berners fest ins Leben gepflanzte, schöne alte Menschen mit Selbstvertrauen und Sicherheit. Solange sie keine Krankheit umwirft, werden sie das Leben bemeistern und bewalten, wie's auch kommen möge. – Die Wohlgemuths – besonders Ernstine – hektisch, voll Lebensangst, ihrer Fähigkeit, das Leben zu zwingen, keineswegs sicher [...], voller Berufung auf Vergangenes.

Doll. 10. Septr.
Morgens Arbeit am Roman.

Nachmittags auf den Wiesen. Einfahren, Heu reuten. Der Grossvater hilft freudig. Die Grossmutter bewacht das Haus. [...]

Am Abend wieder Plauderei mit den Grosseltern. Erstaunt, wieviel richtige und gute Gedanken die kleinen Leute zeitlebends mit sich herumtragen. Die Grossmutter ist ein Lexikon für Menschenschicksale in ihrer Umgebung, der Grossvater ein stiller Philosoph. – Ich schreibe mir einige Liedertexte auf, die mir die Grossmutter diktiert.

Doll. 14. Septr. (Freitag)
Hoch 5[30]. Arbeit am Roman. Tagebuchaufzeichnungen. Pferdepflege.

Am Nachmittag nach *Zernikow*. Verwelkter Holunderbusch mit reifen Dolden vor dem Gutshauseingang eingepflanzt. Traurig. Die *Filmleute* stehen herum. Das übliche Warten. Das wäre mir der Vorhof der Hölle: Auf einen Handgriff warten müssen. – Die Dorfleute halb neugierig, halb gespannt auf grosse Dinge. Es geschehen keine grossen Dinge. – Auf der Dorfstrasse der Schauspieler und Thälmann-Darsteller Simon, der im »Tinko«-Film den Heimkehrer spielen wird, mit der polnischen Schauspielerin Krasnodemskaja o. ä., die die Frau Clary zu spielen hat. Schon schön im Flirt. Auf den Feldern der Duft des sterbenden Kartoffelkrauts. Bauern in der fronend-knieenden Haltung beim Kartoffelhacken. Ganze Berge Kartoffelfrüchte leuchten gelblichhell neben den Hackern.

Ballmann, der Regisseur, sehr beflissen und mit seinem Gehabe eine Unstimmigkeit zuscharrend. Er hat uns immer noch nicht ein Stückchen des Films vorgeführt. Was ist los? Ich fahre gleich wieder ab. [...]

In Schulzenhof die neue Hühnerstalltür zusammengenagelt. Das war was Reales. Fütterung. Kleine Hofarbeiten. [...]

Doll.-Zernikow 16. Septr. (Sonntag)
Frühmorgen wieder vertan. Gegen 8^h mit Evchen, Knut, Christa nach *Zernikow*. Es wird auf dem Felde gedreht. Die Pferdeausspann-Szene.

Auf Sonne warten. Tinko und der kleine Schuricht, der alte Kraske, Ballmann und der grosse Schuricht Knut und die Maskenbildnerin spielen Fussball. Ich langweile mich. Habe eigentlich schon alles gesehn. Ich komme scheint's langsam in den guten Zustand von *Brecht*. Mit einem Blick alles erfassen. Noch aber habe ich seine Konsequenz und Härte nicht: Sofort nach dem Gesehen-Haben zu gehen. Keine Minute zu vertrödeln und dranzugeben. An diesem Morgen bleibe ich zum Beispiel der Kinder wegen da. Sie sollen sich das Getümmel noch ansehen. Was kann ich da schon eingreifen oder helfen. Etwa, herausstellen, dass der Kutscher beim Gespann auf der falschen Seite geht, wie's geschah? Das kann ihnen jeder Bauer besser erklären. Man müsste selber Regie führen. Dazu verspür ich grosse Lust, aber man muss genau prüfen, ob das richtig ist. Wenn man nicht vorhat stilrevolutionierend zu wirken wie Brecht, hat's wohl wenig Sinn. Man soll wohl lieber in dieser Zeit literarisch etwas Gutes, Impulseverteilendes machen. (Übrigens scheint mir das Theater in den letzten Jahren bei Brecht der Punkt gewesen zu sein, an

dem er Zeit vertrödelte, an dem er sich nicht rechtzeitig losriss und zu wichtigerer Arbeit ging.) [...]
Am Abend Fototagebuch.

Doll. 17. Septr. (Montag)

[...]

Am Nachmittag mit *Christa* nach Holz. Schwarze Wolken und dazwischen oder davor wie Schwefeldampf etwas hellere kommen hinter Schmidts Haus aus den Wäldern hoch, verfolgen uns und leeren sich schliesslich über uns aus. Christa schulmädchenhaft hübsch und rührend, weil das Hungerkind immer noch aus den Konfirmandenkleidern guckt. Nass und fröhlich springt sie neben der Holzfuhre einher.

Wir brauchen eigentlich keine Tochter. Sollten uns Christa viel mehr zuwenden und zuschauen, dass sie ein voller Mensch wird und sich bei uns ganz entfaltet.

Am Abend Briefe, Fototagebuch. Ein lindes Feuer im Stubenofen tut schon gut und lässt den Winter appetitlich erscheinen.

Berl./Doll. 22. Septr. (Sonnabend)

6^h hoch. Nach Dollgow. Schöner Sonnentag. Jedoch in gereizter Stimmung. Vertrage die Stadt nicht mehr.

Allerlei Trödelarbeiten; Fotokartei begonnen, in neuen Büchern geblättert. Reitunterricht für die ganze Familie im Hofe.

Ein neuer Kochtopf, der in 5 Minuten ein vollständiges Mahl kochen soll (Überdruck-Dampf), hält die ganze Familie mehrere Stunden in Aufregung und beim Rätselraten. Wie funktioniert das Ding?

Geruhsamer beschaulicher Abend mit neuen Büchern, hauptsächlich über Tier- und Pflanzenzucht. Fotos.

Und wieder nichts am Hauptwerk getan. So vergeht die Zeit! –

Doll. 27. Septr. (Donnerstag)

$5^{\underline{30}}$ hoch. Am Roman bis gegen $11^{\underline{h}}$. Fütterung und allerlei kleine Arbeiten.

Am Nachmittag wieder einmal seit langem geritten. Weshalb tu ich's nicht öfter? Ich glaube, das Pferdchen trägt mich ohne zu grosse Anstrengungen.

Reiten verleiht ein Gefühl von Sieghaftigkeit.

Ich werde mich für längere Strecken abhärten, vielleicht eine etwas grössere Stute dazu kaufen.

Sonnenrosenkerne ausgepellt. Auf dem Dachboden ist es heimelig. Pilze, Hafer, Gerste, Mais – wie auf einem Bauernboden.
[...]

Berlin/Doll. 29. Septr. (Sonnabend)

[...]

Mit Djacenkos nach Dollgow. Im Auto: Evchen in ätzender Satire über das Stück »Entdeckung des indischen Zeitalters« des jungen »Konvertiten« Peter Hacks. Ein Brecht-Epigone, der Brecht'sche Form und Diktion benutzt, um Afterweisheiten unter die »lechzende östliche Menge« zu streuen. Man muss ihm zugute halten, dass er jung und eben Konvertit ist. Nach zwei Jahren, denk ich, wird man sehn. [...]

Berl. 2. Oktober (Dienstag)

[...]

$9^{\underline{h}}$ Kapitelüberschriften für den »Wundertäter« erfunden. Die nächsten 150 Seiten können in die Abschreiberei gebracht werden. Man muss versuchen, diese Überschriften im biblischen Ton zu halten. Das schafft Abstand und »verfremdet« das in den Kapiteln Gesagte auf's Beste.

$9^{\underline{h}}$–$10^{\underline{30}}$ Markthalle. Fischgeruch und Kamillenduft. Aufdringlicher Seifenduft und der Nussduft der Chrysanthemen. Hier ist eine Stelle in der Grossstadt, an der sich die Jahreszeiten widerspiegeln. Wenn ich zwei Tage in der Stadt bin, muss ich in die Markthalle. Hier leben alle Düfte und Gerüche aus dem Vollen.
[...]

$14^{\underline{h}}$ Präsidiumssitzung beim Deutschen Schriftstellerverband. Anna Seeghers verliess diese Sitzung unter Protest gegen Kuba.

Was ist los? Eine bestimmte Clique von Stalinisten, der lauteste, eifrigste aber auch dümmste ist Kuba, versucht nach wie vor selbstgefällig zu herrschen. Sie verteidigt das aufgeblähte Büro, das um seiner selbst willen existiert. (Die Angestellten werden z. T. als persönliche Diener dieser Herrschaften benutzt, fahren sie mit den Wagen des Verbands umher, bringen ihre Grossmütter in die Badeorte usw.)

Anna Seeghers scheint den ehrlichen Willen zu haben, fürderhin die demokratischen Spielregeln zu achten. Die Clique Claudius, Uhse, Bredel, Kuba hatte einmal wieder in geheimer Absprache einen neuen Sekretär (anstelle von Claudius, der weggeht) »gewählt«. Ganz unter sich. Die eigentlichen Vorsitzenden Seeghers, Marchwitza, Strittmatter erfuhren so nebenher gestern in der Sitzung davon. Der neue Sekretär sass schon drin. (Zimmering) Das war denn nun nach dem XX. Parteitag der Anna zuviel. Sie ging. Nun aber sollen am Donnerstag die Vorgänge in der Wohnung von Bredel »geklärt« werden. Mir ist alles klar. [...]

Doll./Berl. 4. Okt. (Donnerstag) 6^h hoch. Der Himmel wie grauer Marmor mit hellgelben Streifen. Die Stare fliegen hoch, und die Spatzen tragen Zänkereien im Kirschlaubschirm aus. Die Erde hat den grossen Regen der letzten Tage noch nicht verdaut.

[...]

Ich mache mich fertig, um nach Berlin zu einer Sitzung zu fahren. Hast will sich in mir breitmachen. Eine innere Stimme sagt: Wäg am Weltgang, ob deine Hast begründet ist. Natürlich ist sie es nicht. Deshalb schreib ich ihr hier entgegen.

[...]

Bei Bredels: Viele Bücher, dass man sich schämt, weil man wenig davon hat und einige immer wieder liest. [...]

Zur Besprechung waren: Anna Seeghers, Wandel, Claudius, Bredel.

Alle guten Stalinisten, denen es schwerfällt, demokratisch zu verfahren oder einen solchen Anschein zu wahren. Immer wieder geschielt: Was macht Moskau für ein Gesicht? Können wir dies, dürfen wir das? [...]

Immer geht's ihnen um Sachen, Kampagnen, Erfüllung von

Aufgaben und Befehlen, bei denen oftmals nicht der Endeffekt überprüft wird. Man macht sie, weil sie zu machen sind! [...]

Sozialismus – das ist für mich etwas Gutes, etwas, wofür ich mit freudigem Herzen kämpfen will. Sozialismus ist für mich – etwas Gutes für die kleinen Leute, für die Unterdrückten tun. – Aber in solchen Besprechungen wird mir alle Freudigkeit genommen. Ich fühle mich »eingebaut«, beschränkt. Die Musen kriechen scheu unter den Tisch. Ihnen wird das eigene Leben abgesprochen.

Die Musen sollen für sie Dienstmädchen sein.
Die wirkliche Welt steht auf dem Kopf.

Berl./Zerbst/Doll. 5. Okt. (Freitag)
6^h hoch/Grauer Stadtmorgen. [...] Gleich werden wir uns ins Auto setzen und zu einer Hengstkörung nach Zerbst fahren. Dort steht ein Island-Pony zum Verkauf. Den wollen wir uns ansehen. Wir hoffen Händlertypen studieren zu können. [...]

Das Wetter hellt auf. Wir sausen die Autobahn entlang. Sind voll Harmonie und um uns steht der Herbst mit angegilbten Birken, vollreifen Berberitzen und Apfelgärten. [...]

Hengstkörung in Zerbst. Etwa fünfzehn grosse und fünf Pony-Hengste, die alle schon gekört waren, werden wieder angekört. Nur der Hengst nicht, auf den wir aus sind. Es ist natürlich kein Island-Pony, sondern ein schon etwas altersschwacher sehr kleiner gewöhnlicher Pony-Hengst. Der Besitzer, ein Kramladenbesitzer und Händler, sieht sehr nach einem verschlagenen Betrüger aus. Wir nehmen gar keine Verhandlungen auf.

Interessante Bauerntypen. Der Grossmann aus »Katzgraben« ist durchaus kein »überlebter« Typ.

Typen von weich-korrupten Verwaltungsbeamten aus der Tierzuchtinspektion. Reithosen, die nie einen Pferderücken, nur den Büroschemel sahen.

Aber auch gute Bauerngesichter mit Liebe und Leidenschaft zum Tier und besessen davon, gute Tiere zu züchten. [...]

Abends um 8^h kuscheln wir uns bereits wieder in unser Schulzenhof-Nest ein. [...]

Doll. 7. Okt. (Sonntag)

[...]

17^{h} / Schauerregen wechselt mit Sonne. Langer Ritt durch den tropfenden Wald. Die Luft wird herb. Das Pony lernt. Rehe springen über den Weg. Wenig scheu. Auf dem Pferde sitzend ist man zum Zentauren geworden, wird von den Waldtieren mehr als eines der ihrigen, vierbeinigen Wesen betrachtet. [...]

Im Anschluss reitet Evchen. Ich lasse das erste Mal die Zügel los. Sie reitet an meiner Seite dahin. Wir kommen aus dem sonntäglichen Wald in die sonnigen Wiesen wie ein mexikanisches Paar aus der Kirche.

[...]

Gegen Abend arbeiteten wir im Garten. Der Abendhimmel war organgenrot.

»Hör, was ist das!« sagte das Evchen und stutzte beim Tomatenpflücken.

Dann sahen wir sie am östlichen Horizont überm Wald am Thörn-See auftauchen. Eine Kette, ein Keil von grossen Vögeln, die einander halb quarrend, halb klagend zuriefen.

Zuerst sagte ich: »Gänse«, dann als sie näher kamen, erkannte ich den Kranichruf.

Nun fuhren sie über uns dahin wie eine Schneeschleppe aus Vogelleibern, die den Wolkenschnee pflügt. Jedesmal, wenn der riesige Keil einen See überflog, kam Unordnung in die Linien. Zeitweilig formte sich ein zweiter, kleiner Keil, der im grossen Keil drin flog. Das Spitzentier aber trieb mit durchdringenden Rufen an und strebte vorwärts. Es müssen über hundert Kraniche gewesen sein, die da bald als Perlschnur, bald als Schlange, aber immer die Keilform einhaltend, über uns hinweg segelten.

Der ganze Zug aber strömte Ruhe aus wie die meisten Naturvorgänge.

Wir sahen dem Kranichskeil nach, bis wir nurmehr noch die Schreie hörten. Sie klangen über die stillen Wälder hin. Das Evchen schüttelte sich und sagte: »Das war das grösste Schauspiel, das ich bisher erlebte.«

1956

Berlin/Babelsbg. 12. Oktober (Freitag)
[...] Die bisher gedrehten Filmstreifen vom »Tinko«-Film in Babelsberg angeschaut. [...] Ich selber stehe, wie ich bemerkte, der filmischen Umsetzung unseres Szenariums ziemlich hilflos gegenüber, obwohl ich deutlich merke und sehe, wo in der Gestik grob und ungefähr gearbeitet wurde.

Abends bei *Djacenko*. Wir erzählen über die Sitzungen der Schriftsteller und die Engherzigkeit unserer Politiker. Plötzlich, wenn ich das alles glossiere und vorspiele, gewahre ich, wie komödienhaft es ist, und dass man nicht recht tut, die Dinge sehr ernst zu nehmen und bis ins Herz vorzulassen, wo sie Bitterkeit absondern.

Dollgow/Frankendorf 14. Okt. (Sonntag)
6$\underline{^{30}}$ hoch/Es geht ein feiner Regen, und es war ein tiefer Schlaf nach zwei unruhigen Nächten in der Stadt. Gegen Morgen allerdings böse Träume von rohen ⚡-Leuten, die mich und eine Gruppe illegaler Arbeiter abführen. Wir schaun uns an, und jeder weiss: es gibt kein Zurück ins Leben mehr.

Nach so einem Traum stimmt einen das trübe Wetter nicht traurig. Der Rieselregen ist Leben. Man ist froh, leben zu dürfen, arbeiten zu dürfen, sich freuen zu dürfen.

[...]

Fahrt nach Frankendorf. [...] Evchens Grossmutter kommt atemlos von einer Sonntagnachmittag-Visite aus dem Dorf gerannt. »Ein feines Auto fuhr vorbei und euer Evchen hat drin gesessen«, sagten ihr die Dorfleute. – Sie hat eine schwarze Seidenschürze mit vielen Troddeln und Bommeln umgetan. Sie lacht wie ein junges Mädchen und bewegt sich, als wäre sie zwanzig Jahre. – Ich wünsche etwas von dieser Energie wäre auf Evchen gekommen, das sich wieder einmal völlig gehen lässt, nicht arbeitet und voll inneren Widerstreits einhergeht. Und der Widerstreit zwischen Intellekt und Natürlichkeit wirkt wie eine Bremse im Innern.

12. – 19. Oktober

Dollgow 15. Okt. (Montag

[...]

Grossvater Berner hat seine Brille vergessen. Er kann nicht lesen. Man muss sich nach dem Abendbrot bis seine Schlafenszeit heran ist, mit ihm unterhalten. Manchmal aber taucht man in seine Erzählungen aus seinem schweren Handlangerleben ein, als machte man diese harten Zeiten selber mit. Seine grösste Genugtuung ist, jetzt im Alter noch jemand begegnet zu sein, der die Schwere seines Lebens nachempfindet und würdigt. Wieviel Ansätze zur Philosophie, welch ein Abklopfen des Lebens nach seinen Ursachen in einem solchen Manne!

Dollgow 16. Okt. (Dienstag)

Grossvater Berner sitzt in der warmen Herbstsonne auf dem Dach des neuen Schuppens und nagelt. Er ist innerlich froh gestimmt und geniesst, wie es scheint die Tage von Schulzenhof und seine Gesundheit. »Ick leb hier uff«, sagt er. »Ich wär Muttern schreiben, sie soll meine Rente hierher überweisen. Hier hab ick et besser.« [...]

Wir entblättern am Abend *Maiskolben*. Die gelben Perlkolben kommen aus ihrer Hülle papierdünner Blätter und leuchten im zarten Dottergelb. *Christa* will helfen. Christa soll aber Feierabend haben und lieber lesen.

»Ich will aber Maiskolben pellen«, sagt Christa.

»Du sollst etwas für dich tun und lesen und nicht nur immer für andere da sein«, sagen wir.

»Ich habe aber Freude am Maispellen, und wenn ich Freude habe, dann tu ich auch was für mich«, sagt Christa und das war klug.

Berl./Weimar 19. Okt. (Freitag)

Fahrt mit Evchen durchs herbstliche Land nach Weimar. Ich leider so wenig empfindungsfähig, weil ich Zorn im Leib habe über einen Bericht, den ich kommende Woche im Verband geben soll. Die Stalinisten schoben mir diesen Vortrag über die »ideologische Lage im Verband« zu, weil sie glaubten, hinter mir stehe eine Gruppe von Unzufriedenen, die sich »entpuppen« möge. Gut denn – ich weiss nichts von einer Gruppe. Andere brauchen vielleicht dieses Vereinsleben. Ich nicht.

Unterwegs diktierte ich mir den Zorn vom Leibe. Es war eine Erleichterung. Das Evchen schrieb meine hingespuckten Sätze auf. So kam ich erleichtert in Weimar an.

Guter Leseabend mit jungen und alten Lehrern – wohl an die hundert Stück. Die meisten hatten eine total »verwissenschaftlichte« Vorstellung von Literatur und Kunst. Es bestätigten mir zum Schluss einige, dass ich sie von starren Vorstellungen in bezug auf die Literatur befreit hätte. Immerhin etwas, was mir da gelungen wäre!

Nachts mit Evchen an Goethes Gartenhaus. Es war Vollmondnacht und in den Ilm-Wiesen war Elfenstimmung wie in nächtlichen Wiesen oft. Wir waren zwei gute Kumpane und näherten uns einander nach einer Zeit innerlicher Trennung wieder.

Erfurt/Saalfeld 21. Oktober (Sonntag)
[...]

In Saalfeld kamen wir am Nachmittag an und besuchten die alten Arbeitsstätten. Die Zellwollfabrik sahen wir aus der Ferne. Dann Beulwitz – den »Edelhof«, die Gärtnerei. Eine alte Frau sass unter der Blutbuche. Sie war in Schwarz gekleidet und hatte weisses Haar. Das war Hedwig Ruetz – die alte Herrin.

Wir konnten uns nirgendwo zu erkennen geben, nirgendwo nach alten Bekannten forschen. Wir hatten nur diesen einen Nachmittag, und der sollte ganz unseren gemeinsamen Betrachtungen gehören.

Reschwitz-Hühnerfarm, Mauxion-Gut, die Saalwiesen, das Elendsquartier. Immer noch von Menschen bewohnt, immer noch Geldquelle für den Besitzer – ohne Veränderung. Abendbrot im »Loch«. Spaziergang zum »Obstgut Gehlen«. [...] Seltsam – diese Knechtstationen meines Lebens nun als freier Mann mit einer verständnisvollen, lieben Frau an der Seite wiederzusehen.

Das war wohl der an Erlebnissen prallste Tag dieses Jahres!

22. Oktober bis 5. November 1956
Am Montag nach Berlin zurück. [...]

Am Dienstag einen Brief an den Vorstand geschrieben. Mitgeteilt, dass ich Referat nicht halten werde, weil es mir aufgezwungen wurde. Werde dort nicht mehr erscheinen – bis mein Roman fertig ist. Evchen half beim Formulieren. Wir sind uns innerlich wieder näher.

Am Nachmittag nach Schulzenhof. Ich versuche zu arbeiten, schreibe am Roman weiter und hoffe die innerliche Unruhe niederzukämpfen. Diese öffentlichen Ämter sind mir ein Unbehagen, nötigen mir soviel Kraft ab, machen mich unruhig und untauglich zur wirklichen Arbeit. Wenn das die Kollegen doch nur einsähen.

[...]

Dann brechen die Ereignisse in Ungarn los. Dumpfe Lähmung will mich befallen. Ich muss mit viel Kraft dagegen ankämpfen. Ich denke wie damals am 17. Juni 1953: Sind wir so verletzlich, dass uns alles so schnell aus den Händen rutschen kann?

Ich warte jeden Augenblick darauf nach Berlin gerufen zu werden, denn dass bei uns die Nazis, die Verrohten und die Aufgehetzten Ruhe halten werden, ist kaum anzunehmen.

Mitten in der Nacht vom 30. zum 31. Oktober kommen Eva und Boris mit einem Taxi aus Berlin. Ich lag gerade im ersten Schlaf und konnte mir die Tatsachen schwer zusammen reimen. Nein, es war nichts passiert. Boris hatte ein wenig Weltuntergangsstimmung in seiner dumpfen Stadtwohnung bekommen.

Wir verbrachten Tage mit schöpferischen Gesprächen, wurden aber immer wieder durch die wirklich für unsere Sache nicht glänzende Lage in Ungarn daran erinnert, dass das Leben kurz sein kann, dass alle schöpferischen Pläne für den Wind sein können. Trotzdem fühlten wir wohl beide, wie gut es ist, einen wirklichen Freund zu haben.

Am Sonnabend brachte ich Boris nach Berlin zurück.

[...]

Mit Evchen am Sonnabend-Nachmittag wieder nach Schulzenhof.

Ich fühlte die ganze Zeit, dass ich zu den Ereignissen in Ungarn nicht schweigen konnte. Die halbe Nacht lag ich halbwach und suchte nach der gültigsten Form und formulierte.

Der ganze Sonntag verging mit dem Niederschreiben und Ausfeilen einiger Aphorismen zur Lage. Evchen half beim Schleifen und war trotz körperlicher Schmerzen gut und lieb. [...]

Doll. 19. Nov. (Montag)

5^{30} hoch. Schlimmer Traum: Hatte zwei Frauen. Eine wusste nicht von der anderen. Jede war mir in ihrer Art lieb. Der Punkt kam, wo die Begegnung und die Auseinandersetzung unvermeidlich wurden. Schwere Situation meines früheren Lebens. In mir war Todesschwere. Darüber wachte ich auf. Der Vollmond schien in meine Kammer. [...]

Doll. 20. Nov. (Dienstag)

[...]

11^{h} Evchen zum Bahnhof gebracht. Ich sehe das schmutzige Auto. Alles verdüstert sich in mir. Alle grobe Arbeit wartet auf mich. Ich finde, dass ich eigentlich allein dastehe mit meinem Werk. Ständig muss ich meine Umgebung bei guter Laune halten, damit sie mir einigermassen das Schreiben gestattet. Sollte man nicht doch lieber ganz für sich und allein leben?

Die dunkle »Gemütswolke« bekämpft. Am Nachmittag den Wagen gewaschen. Das Wasser friert unter den Händen am Wagenlack fest. Knut das Satteln von Pferden gezeigt.

Ein schönes Bild: Der schlanke Jüngling auf dem puppenhaften Hengst. Der Jüngling verliebt und singend. Das Pferdchen voll Lust an der Bewegung. Dunkelbraun das Fell. Hellgelb das neue Sattelzeug, unter dem der braun-rote Woilach leuchtet. [...]

Doll. 25. Nov. (Sonntag)

7 h hoch. [...]

Eine Weile in meinem Roman. Bis ich an eine schwierige Stelle komme. Allzuleicht geneigt, mich in Boris »Herz und Asche« – zweiter Teil – zu vertiefen. Evchen hat vorausgelesen. Macht

Andeutungen. Bedenklich. Ich bekomme Angst, Katastrophenangst, als hätt' ich den Roman selber geschrieben.

Beginne sofort zu lesen. Nach und nach festgestellt: Boris ist der verbohrte Junge geblieben. Will mit dem Kopf durch die Wand. Arbeitet seit zwei Jahren an diesem Romanteil. Hat Erkenntnisse, meist politischer Art. Stopft diese Erkenntnisse in seinen Roman. Pflanzt sie in Form von Gesprächen Figuren auf, die nicht im mindesten damit zu tun haben. Wir hatten Bücher die waren »Stopfgänse« aus Schematismus. Der ganze Marxismus sollte »drin sein«. Boris schreibt »Stopfgänse« aus ebengehabten Erkenntnissen. Stopft diese Erkenntnisse in seinen Roman.

Buch dürfte zu reparieren sein. Streichen – alles Aufgesetzte raus. Es dürfen nur Erkenntnisse drin bleiben, die sich aus der Handlung des Romans ergeben. [...]

Doll./Jessen/Treuenbrietzen 29. Nov. (Donnerstag) 4^{30} hoch. Fast schlaflose Nacht. Die Pferdeleidenschaft zwackt mich. Was geht da in mir vor?

6^{00} Abfahrt nach Jessen mit Meister Schmidt und Knut.

Es schneit. Schweres Fahren auf der Autobahn. Glatt. Meister Schmidt immer in froher Laune.

11^{h} sind wir in Jessen. Ponyzüchter Petzold nicht daheim. Warten bis nachmittags 3^{30h}. Haben Zeit uns umzusehen und unter den vierzehn Ponys zu wählen. [...] Bei einbrechender Dunkelheit wird der Handel abgeschlossen. Wir nehmen ein Stutfohlen vom Mai dieses Jahres.

In der Dunkelheit auf schlechten Wegen nach Treuenbrietzen. [...]

Fast schlaflose Nacht ohne Buch in einem mehr als kahlen und dürftigen Gasthofzimmer. Und die Pferdeleidenschaft brennt in mir. Der Plan eines Shetland-Pony-Gestüts wird bis ins einzelne durchdacht. Wo wird das hingehn?

1956

Treuenbrietzen/Doll. 30. Nov. (Freitag)
7^{30} hoch. Wenig geschlafen. Frühstück in der öden Gaststube. Viehtransporteur noch nicht da.

In die Stadt – ein merkwürdiges Dreigespann: Der Junge Knut, der laute schwadronierende Meister Schmidt und ich, der grosse Pferdepläne wälzt.

Besichtigen in der Stadt den Hengst, einen Apfelschimmel. Vater unserer gekauften Stute.

Dann trotten wir durch die Stadt. Ich mit gespannten Nerven. Nichts ist noch klar. Wir wissen nicht, wann unsere Pferde wirklich transportiert werden. Wir sitzen bis Mittag in einer Kneipe und erzählen Pferdegeschichten.

Am Mittag ist der Viehtransporteur endlich da. Wir werden schnell handelsein. [...] Endlich können wir mit Knut abfahren. Meister Schmidt bleibt bei den Pferden.

Bei Einbruch der Dunkelheit in Dollgow. Hunger. Nur zwei Brötchen am Morgen gegessen.

Dann gleich einen Fohlenverschlag im Pferdestall gebaut. Allerlei Vorbereitungsarbeiten. Sehr müde ins Bett. Kann doch nicht lange schlafen. Die Vorfreude auf die Ankunft der Pferde hält mich wach. Es ist wie ein Rausch.

Doll. 2. Dez. (Sonntag)
6^h hoch. Das Wetter mild. Grosser Pferdetag beginnt. Hier und da muss noch gebaut werden. Die neuen Pferde kommen in die Koppel. Nun sieht man sie endlich richtig in der Bewegung. Auf einmal sehe ich auch, dass wir uns nicht bekauft haben. Die Schimmelstute [...] wird ein mittelgrosses Pferd werden. Ihr Gang ist weich und elastisch. [...] Es wird ein schönes Pferd herauswachsen. Nun kommt es darauf an, die Stute nicht zu verderben. [...]

Die Shetland-Stute ist wie ein Kind. Auch dem verstocktesten Menschen muss das Herz aufgehn, wenn er sie sieht. Voll Anmut wirft sie die Trippelbeinchen und folgt der grösseren Artschwester artig durch den Garten in die Koppel.

Die Pferde erhalten nach langem Familien-Ratschluss Namen. Sherry – die grosse – Kitty – die kleine Stute.

30. November – 5. Dezember

Nun ist mein Pferdestall voll. Ich bin glücklich. Das warme Schnauben, das runksende Fressen, die weichen Mäuler, wenn sie die Zuckerstücke aus der Hand nehmen. [...]

Doll./Berl. 5. Dez. (Mittwoch)
[...]
Nach Berlin. Sitzung der Schriftsteller mit dem Politbüro. Auch die Bezirkssekretäre des Kulturbundes sind dabei. Es geht um die Verhaftung von Prof. Wolfgang Harich. Er soll Agent sein. Da er nicht nur intelligent, sondern auch ehrgeizig und zuweilen sehr hysterisch war, besteht die Möglichkeit, dass er mit Ausländern gesprochen hat, als er hier nicht gehört wurde. Es stellt sich heraus, dass er auch mit Ullbricht gesprochen und Vorschläge gemacht hat. Tut das einer, der den Staat gewaltsam umstürzen will?

Die Verlautbarung über seine Verhaftung war in einem demagogischen, verlogenen, faschistischen Stil verfasst. Um diese Verlautbarung, aus der einen die Lüge ansah, ging es den Schriftstellern hauptsächlich. Becher sagte: »Rückfall in die schlimmsten Zeiten des ›Berianismus‹«. Es sei ihm kalt den Rücken heruntergelaufen! Grotewohl war – nach seiner eigenen Äusserung – überrascht von dem Ton der Verhaftungsverlautbarung, wollte in einer Ministerratssitzung darüber sprechen, er durfte nicht, »angeblich«, um dem Fall Harich nicht besonderes Gewicht zu verleihen. Grotewohl war bereit, die Forderung der Schriftsteller, diese »berianische«, sprich faschistische Verlautbarung, durch ein neues Kommuniqué zu reparieren, ihre demagogische Art abzuschwächen bzw. die Verfasser zur Verantwortung zu ziehen.

Nachher kam U., trat sehr diktatorisch auf. »Man fühlte sich eingeeist«, wie Hermlin sagte. Vom »berianischen« Ton der Verhaftungsverlautbarung – »Inhalt und Form bedingen einander«, sagte Becher – war nicht mehr die Rede. U. schien das ganz in der Ordnung zu finden. Die Vermutung, dass U. diese Art der Verlautbarung sanktioniert und gebilligt hat, war sehr stark. Die Schriftsteller gingen sehr deprimiert auseinander. Nie war so klar zu sehen, als in dieser Sitzung, dass U. auf einem alten Kurs steuert bzw. ihn nie verlassen hatte. Alle wollen eine Explosion wie in Ungarn, bei der dem Gegner Chancen erwachsen, vermeiden, aber U. treibt dazu, komprimiert den Zündstoff, wenn er so weiter verfährt.

Berl. 7. Dez. (Freitag)
7^{30} hoch. Müde. Besorgungen. Am frühen Nachmittag erscheint der junge Autor Herbert N. bei uns und teilt mit, dass der Direktor des Aufbau-Verlags, Walter Janka – verhaftet wurde.

Wir sind betroffen. Wir kennen J. nur als guten Kommunisten. Jetzt beginnt wohl jemand Amok zu laufen. Man denkt auch an bewusste Provokationen. Wenn man so »Zündstoff« wegschaffen will, schafft man gerade Zündstoff unter den Intellektuellen.

Sterns kommen zu uns. Wir waren verabredet. Auch sie wissen schon von der Verhaftung. Wir überlegen flugs, was zu machen sei. Jeanne, Kurt und ich fahren, ohne uns anzumelden zu Anna Seeghers. Sehr ungewiss, ob sie ausweichen wird wie früher oft. Sie hat den weitreichendsten Namen von uns allen. Wenn sie nicht sieht, nicht sehen will, dass da Ungeheuerlichkeiten geschehen, verkleinert sie unsere Bedenken, sanktioniert sie das amokhafte Tun in der Parteiführung.

Sie zeigt sich aufgeschlossen. Jetzt weiss keiner von uns mehr: Wann bist du dran verhaftet zu werden? Auch Annas Telefon steht schon unter Kontrolle. Später kommt Erich Wendt, der »Held der Arbeit« zu unserer Beratung. Wir rufen Bredel an. Er zeigt sich bereit, die Genossen des Vorstandes – soweit erreichbar – für den nächsten Tag zu einer Sitzung und Besprechung zusammenzurufen. Es darf nicht sinnlos weiter verhaftet werden.

Berl./Doll. 8. Dez. (Sonnabend)
7^h hoch./Um 10^h Sitzung der Genossen des Vorstandes im Verbandshaus. Einmütigkeit. Alle sind unzufrieden mit dem Ergebnis der letzten Politbüro-Sitzung. Mit der Verhaftung von Janka ist die Unzufriedenheit gestiegen. Es wird beschlossen: Der Kreis der versammelten Genossen wird mit (auf's neue) Mitgliedern

des Politbüros und der Regierung sprechen. Diesmal hoffentlich entschiedener warnen.

Am Nachmittag nach Dollgow zurück. Warten auf die Einladung zu der geforderten Sitzung.

Zeitungen gelesen. Briefschaften geordnet. Mich der Stille erfreut, die aus den Wäldern herüberströmt.

Doll. 11. Dez. (Dienstag)

[...]

Bis gegen Mittag am Roman gearbeitet. Eine neue Szene geschrieben. [...]

Einen Balkenrost auf dem Hausboden gebaut. Meister Schmidt holt mit dem Gespann von Nachbar Füllster unsere diesjährige Futterzuteilung aus Gross-Woltersdorf: 13 Zentner Hafer, 6 Zentner Kleie.

Säcke tragen. Unsere enge Bodentreppe! An einer Stelle muss man mit der Last in die Kniebeuge gehen. Schon beim zehnten Sack beginnen mir die Knie zu zittern. Schweissgebadet. Toter Punkt. Wenn man ihn überwindet, beginnt sich die Körperkraft zu regenerieren. Die beanspruchten Muskeln führen die erforderlichen Bewegungen mechanisch aus. Bedeutung des Trainings! Ich konnte mir kaum glauben, dass ich als Achtzehnjähriger schon Zweizentnersäcke mit weniger Anstrengung schleppte. [...]

Doll. 12. Dez. (Mittwoch)

[...]

Evchen scheint sich echt für die Pferde zu interessieren, fühlt sich gesünder, ist wieder fröhlich. Die kleine Shetland-Stute Kitty hat dem Evchen wohl den Schlüssel zum Pferdereich gebracht. Wir sind eine heitere Familie. Christa lieb wie eine Tochter. In solcher Atmosphäre sind die grössten Leistungen möglich.

Abends mit dem Ponywagen durch die Hauswälder. Evchen lernt kutschieren. Zunehmender Mond, wolkenverschleiert. Und immer noch nicht wie Weihnachten, sondern wie Vorfrühling. Der kleine Wagen klirrt. Der Hufschlag des Ponys klingt voll und satt auf dem Halbpflaster. Warmes Schnauben, Pferdegeruch und das Wissen um die warme Kate mit der kleinen Studier- und Schreibstube. Zukunftspläne. Das ist Glück.

Jeder hat einen Glücksbegriff – so verschieden von dem anderer Menschen wie die Linien seiner Daumenhaut.

Doll. 15. Dez. (Sonnabend)
[...]

Von der »Literaturnaja Gazeta« kam ein Telegramm mit der Einladung, für die Neujahrsnummer etwas über »die Zukunft« zu schreiben.

Das macht mich unruhig. Ablehnen möchte ich nicht, als »poetischer Kommentator« der augenblicklichen Parteitaktik aufzutreten, habe ich keine Lust. Dazu haben wir uns lange genug in Unkenntnis der Kunst missbrauchen lassen.

Zukunft – überhaupt Zukunft. Das hat so etwas von Prophetie an sich.

Ich mach mich völlig gedankenleer. Das bewährt sich immer – wenn man »Einfälle« haben will.

Tausend Worte sollten es sein. Tausend Worte über die Zukunft können leicht in Gequassel ausarten. Es sind an die sechzig geworden. Das Evchen hat fein formulieren geholfen und hat ihren scharfen Verstand aus dem Weihnachtskästchen gezogen.

Bis Mittag – dann waren die sechzig Worte Zukunft geschafft. Mir war wieder wohler. Literarische Aufträge machen mich krank.

Die Maurer sind da, heben Gräben für das Fundament der Garage aus, mischen Sand mit Zement, harken alles fein durch, begiessen das Gemisch mit Wasser und stellen die jetzt so rare und begehrte Zementmischung her. [...]

Der Maurermeister kommt aus Gransee von der Moped-Prüfung und ist nicht abgeneigt, einen Schnaps zu trinken. Er erzählt: In dieser meiner Stube habe er schon vor vierzig Jahren gesessen. Seine Frau sei in diesem Häuschen geboren. Er sei hier (den Thörnsee-Weg) herunter »auf die Heirat« gekommen. Das Haus (unser Haus) stehe schon an die 150 Jahre und mehr. [...]

12.–18. Dezember

Doll. 16. Dez. (Sonntag)
[...]
Ein Hofbild, das man nicht vergisst: Evchen steht in ihrer ganzen Mädchenschönheit – rote Jacke, Kapuze, Skihose, Bärchenbeine auf dem Hof und verteilt Leckerbissen. Herum stehen wie um die Tante im Kindergarten: Pony Kitty, Boxer Pan, die alte Hella und Müller-Muck, der Zwergziegenbock. Das Evchen rennt spielerisch in den Garten hinunter – der kleine Tier-Kindergarten hinterher. Am Gartentor muss Müller-Muck zurückbleiben und meckert beleidigt, gekränkt. Pony Kitty trabt mit waagerecht gehaltenem Schwanz hinter dem vorausrennenden Evchen her. [...]

Doll./Berl. 17. Dez. (Montag)
[...]
Fahrt nach Berlin. Allerlei Besorgungen.
Vom Erfolg der Sitzung der Genossen vom Vorstand des Schriftstellerverbandes nichts mehr zu hören.
[...]
Am Tage waren noch zwei Telefongespräche nach Schönthal im Erzgebirge gemacht worden. Dort war eine tragende Braunschecken-Stute inseriert worden. Evchen war diesmal der »treibende Keil«. Jetzt ist auch sie von meiner Pferdeleidenschaft angesteckt worden. [...] Die beiden Telefongespräche ergaben: Das Pony war noch zu haben.

Berl./Schönthal/Berl. 18. Dez. (Dienstag)
4^{30} hoch. Mit Evchen auf der Autobahn Dresden bis kurz vor Karl-Marx-Stadt – dann rechts ab ins Mittelgebirge hinein.
Evchen fährt das erste Mal längere Strecke mit dem Auto. Ich schlafe sogar dabei ein.
Serpentinen, Kurven, schwierige Strecke nach Schönthal bei Hennersdorf. Im Flusstal der Zschope – zu beiden Seiten ziemlich steile Hänge – lag das Anwesen der Pony-Leute. [...]
Zwei Stuten und ein Hengst. Wir liessen uns die Tiere vorführen. [...] Zuletzt fiel unsere Wahl auf Silva. [...]
Noch am gleichen Tage wieder nach Berlin. Wir kommen spät

abends dort an wie zwei Verschworene. Kaum jemand von unseren Bekannten soll wissen und erfahren, wie sehr wir beide der Pferdeleidenschaft frönen. Die meisten unserer Bekannten sind so weit von der Natur und vom Natürlichen entfernt, dass sie unser »rustikales Verhalten« belächeln, bespötteln, wenn nicht gar politisch als »kapitalistisch« zu diffamieren versuchen.

Wir aber sind voll Glück und freuen uns über das geschickte Stutchen, das wir da erstanden haben. Wir sehen es schon auf unserem Hofe als unseren stillen, treuen Hausgenossen.

Immer wieder denken wir auch an den schönen Hengst, an die Braunscheckenstute; aber können wir unsere »Leidenschaft« so weit treiben?

Berlin 19. Dez. (Mittwoch)

Ich wachte nachts auf. Dachte an das Pferdchen und freute mich. Plötzlich fühlte ich mich wie ein Dummkopf. Weshalb hatten wir die Braunscheckenstute, die schon im Februar fohlen soll, nicht gekauft. Ich holte meine Postscheck-Konto-Auszüge und rechnete eine Weile, dann weckte ich Eva, um mich mir ihr zu beraten. Können wir geldmässig, können wir nicht. Wir beschlossen, ein bisschen knapper zu leben, und uns das Braunschecken-Stutchen auch noch zu kaufen.

Ich rief sofort nach Schönthal an. Es war noch sehr zeitig am Morgen. Der Käufer, der nach uns kommen wollte, war noch nicht dort gewesen. Ich kaufte das Stutchen telefonisch und überwies das Geld sofort.

Wir waren froh – in einer beschissenen Vorweihnachtszeit – wälzten keine politischen Wenn und Abers mehr. Oft fragen wir uns, wenn wir uns in der Wohnung begegneten, wenn wir zusammen ausgingen:

»Weißt du was?«

»Ja, zwei kleine Scheckenstuten.« [...]

1957

[1. Januar 1957]
[...]
Eine Haupterkältung scheint in mir zu sitzen. Ich schlucke Vitamin-C-Tabletten. Das Zahn-Rheuma hat nachgelassen.

Keine Arbeitslust, keine Leselust. Todesgedanken. Die Töne einer kleinen Kinderblechspieldose bewegen mich, tragen mich fort.

Doll. Jan. (Donnerstag)
Lange im Bett.

Die Arbeitslust scheint jedoch wieder zu kommen. Also werde ich nicht kranker als ich war.

Kleiner Krach mit Knut. Er soll tüchtiger sein. Ich will keinen Sohn mit »zwei linken Händen« in die Welt schicken.

Knut reisst seinen Tauben heulend die Köpfe ab. Das habe ich nun davon: Eine Szene, die mir bis an mein Lebensende nachgehen wird. Wenn ich mich aus Grilligkeit oder Jähzorn zu Krächen und Ausfällen gegen Mitmenschen hinreissen lasse, ist das Ende stets Scham und Selbstzerfleischung.

[...]
Achtzehn Tagebuch-Hefte vom vorigen Jahr liegen vor mir. Die richtige Form der Eintragungen scheint mir jedoch immer noch nicht gefunden zu sein. Die Aufzeichnungen (ich las zwei Hefte vom Anfang des Vorjahres durch) enthalten noch viel Unwesentliches.

[...]
Doll. 9. Jan. 57 (Mittwoch)
Verschlafen. Erst nach sieben Uhr hoch. Erschrocken. Misslaune. Böse auf jedermann. Mich von der Hast einschüchtern lassen.

Das wirkte sich natürlich auf den sowieso nicht guten Arbeits-Elan aus.

1957

Endlich – das Evchen durchstrahlte mich mit ihrer Liebe, redete mir zu wie einem bockigen Kinde – führten wir das lange ausstehende Gespräch über den Roman.

Es ist so schwer, wenn man sich mitten in der Kleinarbeit von Nuancenänderungen und Verteilung von Akzenten befindet, ständig die gesamte Komposition und die Einheit des ganzen Werkes vor Augen zu haben. Da kann ein liebender, sich mitfreuender, kluger und künstlerisch fühlender Mensch wie Evchen von so grossem Wert sein, Hilfe und Antrieb geben, dass mit einem Gespräch von ein, zwei Stunden alle Steinblöcke der Unlust vom künstlerischen Weg geräumt sind.

Und das war heute der Fall. Es wurde ein guter, harmonischer Tag, an dem wir wieder einmal stark fühlten, was für eine Einheit wir in bezug auf die Kunst und die Arbeit bilden. [...]

[...]
Doll. 10. Jan. (Donnerstag)

Die Arbeit am Roman ging gut voran. Mühelos wurden zehn Seiten umgeschrieben und bereichert. Die grossen Gefühle, aus denen dieser Roman nur leben kann, sind wieder da. Ich fühle meine Gabe wieder, Impulse in Worten einzuschachteln, um sie an meine Mitmenschen weiterzureichen.

Durch die Erledigung eines festen Pensums an der Grundarbeit (dem Roman) bekommt der Tag einen gediegeneren Charakter. Alles, was man dann noch tut, tut man überdies. Vor allem ist wohltuend, nach Belieben über den Rest des Tages zu verfügen. Wird morgens bis Mittag das Pensum nicht erreicht, so läuft man den ganzen Tag mit dem Eindruck einher, nicht genug getan zu haben. Das wirkt sich dann auch schleppend auf alle anderen Arbeiten aus.

Berl. 16. Jan. (Mittwoch)
Vormittags Postscheckamt. Parteibeitrag bezahlt. Hysterisches Menschengewimmel. Ich seh's mir wie eine Ausstellung an.

Brechts Galilei-Aufführung, die er vor seinem Tode zu inszenieren begann, die Engel fortsetzte, hat viele Ausländer herbeigelockt. Unsere Presse trompetet uneingeschränktes Lob. Wie aber war's, als er lebte?

Noch immer gehört das Sterben zum vollkommenen Ruhm. Man sah all seine Feinde (die kleinen Wadenbeisser) in den ersten Reihen sitzen und am heftigsten applaudieren.

Doll./Berl. 22. Jan. 57 (Dienstag)
[...]
Sehr müde. Herumgeschlafen. Kleine Besorgungen, dann zur Sitzung bei P. W.

Sie haben mir vorgerechnet, dass ich nur zwei Funktionen habe. Die Nachwuchskommission wird mir abgenommen, aber den dritten Vorsitzenden soll ich weitermachen. Nun gut, ich lege eine neue Mappe an: »Schriftstellerverband 1957«. Als ich die von 1956 abschloss, glaubte ich, es würde die letzte sein. Wenn sie doch wüssten, wie mir diese leeren Sitzungen widerlich sind! [...]

Berl. 10. Febr. (Sonntag)
Dritter Sitzungstag. Wahl. Ich erhalte 81 von 89 möglichen Stimmen. Ein neues Jahr der »Verbandsqualen« beginnt.

Eine Resolution, die endlich einmal so aussieht, wie man es von Schriftstellern verlangen kann. Wo kam sie auf einmal her? Hat man endlich gelernt, mit wenig Worten viel zu sagen.

Am Nachmittag Bernhard Seeger und Erich Loest bei uns. Wieder festgestellt, dass die Jungen skeptischer und verbitterter sind als die Alten.

Loest steht vor seinem dritten Parteiverfahren. Etwas undurchsichtig. Engagiert er sich nicht doch vielleicht zu sehr für den Nihilismus unter den Intellektuellen. Oder liegt es wirklich daran, dass er es immer noch mit dem alten Partei-Bezirks-Sekretär zu tun hat, der keinen guten Eindruck auf mich machte. Typ: Versoffener Fleischermeister, verkommener Gastwirt. [...]

1957

20. Februar bis 4. März 1957

[...]
Der Vorstand des Schriftstellerverbandes hat sich konstituiert. Ich bin den Posten des 3.Vors. nicht losgeworden. Wozu das? Mein Wort gilt dort nichts. Es gibt so viele Besserwisser und Scharlatane, die die gewünschte Betriebsamkeit zur Zufriedenheit herstellen. [...]

Doll./Berl. 21. März (Donnerstag)

[...]
Mittag nach Berlin zur Sitzung der Parteigruppe. [...] Das Intrigenspiel unter den Frauen ist ausgebrochen. Wie lange wird das Berliner Ensemble noch bestehen? Nach Brechts Tod schiessen die Fehler und die Unfähigkeiten der Weigel ins Kraut. Brecht hatte sie stets niedergehalten und verdeckt. Was mir längst klar war, nämlich, dass die Weigel kein Theater leiten kann, wird jetzt so recht offenbar.

Der Artikel über das Brecht-Archiv findet den Beifall der interessierten Mitarbeiter Brechts, aber das ist nicht massgeblich. Nur weil Evchen sagt, er sei gut, glaube ich's.

Einige sachliche Änderungen am Brecht-Artikel (am Abend) in Berlin gemacht.

Doll./Berl. 25. März (Montag)

Zeitig nach Berlin. Der Frühling ist wieder da. Er war zwei Tage in die Waldwinkel gegangen, um dort nach dem rechten zu sehen.

[...]
Wir haben Gelegenheit, uns in Johannisthal den fertigen »Tinko«-Film anzusehen. Viele Szenen rühren mich an. Eva ist unzufrieden, schimpft: »Operette!« Vielleicht ist's bei ihr die Unduldsamkeit beim Erstlingswerk. Der Verfasser ist immer beleidigt, wenn gestrichen oder gekürzt wird. Was mir auffiel: Es wurden zu viele politischbezügliche Stellen gestrichen, um den Film nicht »verdächtig« zu machen. Ja, dieser Opportunismus missfällt mir sehr. Ausserdem fürchte ich, dass die Fabel durch falsche Nuancierungen und Spielbetonung nicht mehr herauskommt.

1.–12. April 1957
Noch immer weiss ich nicht, woran es liegt, dass man zu Zeiten überhaupt keine Neigung verspürt, etwas ins Tagebuch zu schreiben.

Es ist eine ziemlich gleichmässige Arbeitszeit eingezogen. Anforderungen zu Sitzungen usw. nach Berlin bleiben erträglich.

Die Tage verlaufen üblich: 5^h hoch. Arbeit am Roman bis etwa 11^h. Dann Beschäftigung mit den Pferden. Mittagsfütterung. Die kleinen Pferde gehen meist um 9^h in die Elektroweide und bleiben bis gegen Abend draussen.

Am Nachmittag meist Arbeit auf dem Hofe oder in Garten.

Am Abend Briefe, Korrekturen, doch meist Unterhaltungen. Mit Herbert Nachbar und Evchen waren diese Abendunterhaltungen über Kunst und schöpferische Probleme z. T. ganz erspriesslich.

Herbert Nachbar vom 2.–9. April bei uns.

Edith Rimkus vom 10.–12. April. [...]

Berl./Doll. 20. April (Sonnabend)
[...] Zeit in Berlin vertrödelt. Ein Paket Bücher gekauft. Grosse Lust verspürt, in der »stillen Wohnung« in Berlin zu bleiben. Soweit ist es nun mit meinem »Arbeitssitz« Schulzenhof gekommen.

Mittags zurück nach Dollgow. [...]

Evchen mit den Kindern von der Bahn abgeholt. Das Haus beginnt zu leben und zu beben.

Doll. 8. Mai (Mittwoch)
Fast den ganzen Tag mit kurzen Unterbrechungen geschrieben. 28 Seiten.

»Der Wundertäter« ist fertig.

Abends gegen 22^h kann ich Evchen, die mir die Seiten aus der Maschine zieht, melden: »Fertig.«

Wir freuen uns. Plaudern bis hoch in die Nacht hinein. Ich bin festlich gestimmt. Evchen ist mit ganzem Herzen dabei, als wäre es ihre eigene Arbeit.

Doll. 14. Mai (Dienstag)
[...]

In der Nacht war *Mondfinsternis*. Sah durch's Fernrohr, wie sich der Erdschatten langsam über die Mondlandschaft ergoss. So wie bei uns auf der Erde, wenn sich dicke Gewitterwolken langsam vor die Sonne schieben. War's der Schatten von der Afrika-Seite, war's der Schatten unseres Erdteils, den ich da so verkleinert und zusammengedrängt sah. War ich selbst in diesem Schatten drin? [...]

Doll. 18. Mai (Sonnabend)
5^h hoch. Korrektur am *Roman* bis Mittag. Angenehme, doch nervös machende Arbeit. An 180 Seiten sind geschafft. Es wird jetzt jeder Satz gewogen. Später beim nächsten Durchgehen für die Buchfassung kommt jedes Wort an die Reihe. [...]

Doll. 19. Mai (Montag)
5^h hoch.
Im Schlauchboot mit Ev auf dem Thörnsee.
Der *Pirol*. Gelb zwischen Citrone und Apfelsine. Die Sonne stand drauf. Die Bäume noch nicht dicht belaubt. Man sieht ihn selten so. Flog zur Insel hinüber, sang dort weiter. An den stumpfen Seiten der Flügel ein ins Grau gehendes Schwarz. Er muss sich verborgen halten und scheu sein, weil er so schön ist.
[...]
Brechts frühe Augsburger Theaterkritiken. Offene Angriffe auf Dummköpfe. Später (bei uns) hörte man diesen Ton nurmehr in Gesprächen über Dummköpfe. Unsere Ordnung schützt Dummköpfe vor wirklich vernichtender Kritik. Wir sind unter Genossen. In der Familie wird peinlich verschwiegen, wenn einer ein Dummkopf ist. Es dauert zu lange, sie dürfen zuviel Schaden machen, bis wir uns ihrer entledigen.

Doll. 2. Juni (Sonntag)

[...]

Gemeinschaftsarbeit. Die Einwohner von Schulzenhof schütten den Keller und die Grundmauern des ehemaligen Herrenhauses zu. Dort war ein Gerümpelplatz entstanden.

Die gemeinsame Arbeit mit ihren nicht ausbleibenden Scherzreden bringt alle einander näher. [...]

Doll. 3. Juni (Montag)

[...]

Es begann zu regnen. Meister Schmidt fuhr nach Sägespäne.
»Nehmen Sie nichts über?« fragte ich.
»Wenn ick wat övertreck, rejnet et ant Ende doch weddeer nech«, antwortete Schmidt.

Berl. 21. Juni (Freitag)

Berliner Ensemble. Ein wenig bei der Verfilmung von »Katzgraben« zugeschaut.

[...]

Am Abend vors Publikum im Theater »Berl. Ensemble« getreten. Nur einige Sätze gesagt. Anstrengung. Mir zitterten hernach die Knie. Stand schlotternd hinter den Kulissen, während der Schauspieler Martin Flörchinger den »Psalm unserer Tage« sprach. Ich weiss nicht, ob er wirkte.

»Katzgraben« kann ich nicht mehr aushalten. Wir gingen nach der Pause. Immer wieder packt mich die gleiche Angst wie bei der Premiere. Jetzt weiss ich dazu, was ich hätte besser machen können. Ich muss ein neues Stück schreiben, um diesen Alpdruck loszuwerden.

Doll. 25. Juni (Dienstag)

[...]

Begräbnis in Weimar, Nachwuchstagung in Leipzig, Lesen in Dresden, Theaterprobe in Potsdam und dazu noch die Arbeit am Roman. Das wurde mir zuviel. Ich versende Telegramme mit Evchens Unterschrift, dass ich krank bin. Nur so kann man sich vor den Betriebsmachern unserer Zeit retten.

1957

Doll. 27. Juni (Donnerstag)

5 ʰ hoch.

Romankorrektur. Die »Klippe« vom Vortag überwunden. [...]
Am Nachmittag mit Evchen Gras breitgeschlagen. Familie Füllster fährt nebenan mit Emil ein. Emil zieht seine Urgroßväter-Witze ab. Schöne Dorfharmonie. [...]

Doll. 7. Juli (Sonntag)

[...]

Roman

Vormittags um 9ʰ wurde ich mit der Generalkorrektur fertig. Grosses Aufatmen. Nun steht das Werk meinen anderen an Strafheit nichts nach. Die Hauptsache ist getan. Jetzt kommen nur noch die kleineren »Hobelgänge«. Die Wortwägerei. Ferienstimmung! Es ist ein grosses Gefühl, mit einer umfangreichen Arbeit fertig geworden zu sein, den Stoff bezwungen zu haben.

Wittenberg/Pretzsch/Berlin 19. Juli (Freitag)

[...]

Nach Pretzsch, wo ich einst Bäcker lernte. Wiedersehn nach 25 Jahren. Hier war (ein seltenes Mal) noch alles so anzutreffen, wie es in meiner Vorstellung lebte. Die konservative deutsche »Kleinstadt«, in der ein Mauerstein nur mit behördlicher Genehmigung versetzt werden kann. Alles ist »eingetragenes Altertum« bis zur schlechten Skulptur des Hofnarren der »Königin Eberhardine von Pretzsch«. [...]

Gerade beim Schreiben des »Wundertäters« habe ich oft und oft an dieses Städtchen gedacht. Viele Stanislaus-Geschichten des Romans tragen sich in den Backstubenwinkeln dieses Städtchens zu. In der Tat hatte der Hintereingang zur Backstube noch den gleichen Anstrich wie vor 25 Jahren. Die Gasse und die Gärten, aus denen Stanislaus Besenhund und Pfarrerstochter sieht. Den Hof sah ich vom Pissoir aus. Alles unverändert bis auf die ausgetretenen Backsteine. Mein Kammerfenster, ein schmaler Schlitz auf der Ecke der Hofwand. Im Café, in dem ich einst als Konditorkellner die Gäste bediente, noch die alten Polsterbänke, die alten Tische mit den gusseisernen Ständern. Nur das elektrische Klavier fehlte.

Ich erkundigte mich nach alten Bekannten. Auch sie waren noch vorhanden, doch ich suchte keinen von ihnen auf.

Die Elbfähre wie früher, jedoch die ganze Zeit keine Schlepper und Kähne auf dem Flusse. Wir filmten und fotografierten und fielen mit unserem »Wartburg« natürlich überall auf. [...]

Doll./Berlin 22. Juli (Montag)

5ʰ hoch.

Nach Berlin. [...]

Am Abend zurück nach Dollgow. Den neugekauften Film-Vorführ-Apparat bis in die Nacht hinein ausprobiert. Die Bilder stehn Kopf. Es dauert, bis wir es heraushaben. Dann erfreuen wir uns an unseren ersten Filmstreifen. Das gibt neue Möglichkeiten interessante Menschentypen, die man draussen herum eingefangen hat, nachzustudieren.

Doll. 28. Juli (Sonntag)

[...]

Pony-Buch (Schwemme)

Am Nachmittag ging's mit Axel und Silva zum Titzen-See in die Schwemme. Evchen und Christa ritten Axel und Silva. Ich führte die schwache Mary. Die Rimkus fotografierte. Ich filmte. Evchen ritt das erste Mal Galopp und war stolz darauf. Ihr Selbstbewusstsein stieg. Allmählich verliert Evchen die Angst auf dem Pferderücken gänzlich.

Ein schönes Bild Evchen und Christa auf den Pferdchen. Evchen im bunten Umhang, den ich einmal aus Ungarn brachte. Christa südländisch mit Zöpfchen – lila Haarschleifen darin. [...]

Evchen und Kitta reiten am seichten Wasser entlang. Sie traben. Das Wasser perlt und spritzt. Das müsste gute Aufnahmen ergeben. Das Evchen lässt sich, an Axels Mähne hängend, aus dem Wasser ziehen.

Ein voller Tag. Sonne, Wasser, Pferde – Beschaulichkeit und Schönheit, wohin man auch blickt.

1957

Doll./Berlin 5. August (Montag)
7ʰ hoch.
Nach Berlin. Dort allerlei Besorgungen.
Letzte Verhandlungen mit Caspar vom Aufbau-Verlag. »Der Wundertäter« wird also wohl doch noch zu Weihnachten als Buch erscheinen.
Kurt Stern am späten Nachmittag. [...] In aller Intellektuellen-Munde der Janka-Prozess und das hohe Strafmass. Im Falle Janka musste die Dummheit bestraft werden. Wie konnte er sich als erfahrener Genosse mit so politisch unreifen Bürschchen zusammentun und an Umsturz-Ideen berauschen!
Die Strafvollstreckung in solchen Fällen sollte anders geschehn. Etwa wie jetzt in China. Zurück zur Handarbeit mit dem Lohn einfacher Handarbeiter auf Staatsfarmen. [...]

Doll. 10. August (Sonnabend)
[...]
Sechs Filme kamen an. Wir schliessen am Vormittag die Fensterläden in Evchens Stube und geben uns dem Zauber der von uns gedrehten Filme hin. Es ist von eigenartigem Reiz zu sehen, wie durch die Ausschnitte, die der Film bringt, die täglichen Dinge einen Ton höher gehoben und poetisiert werden. [...]

Doll./Berl. 11. August (Sonntag)
5ʰ Allerlei Murks
Um 7³⁰ nach Berlin. [...]
Empfang für »Kulturschaffende« mit Mikojan, Grotewohl, Becher etc. Die alten Gesichter. Die Leute, die alles mitmachen; jedes Hosiannah, jedes Kreuzigt-ihn.
Mikojan plaudert. Mit Spässchen durchsetzt. Die Chrustschow-Art macht Schule. Die Aufgüsse werden jedoch fad. Man kann auch jeden Tag damit rechnen, dass unsere Politiker damit anfangen.
Freunde sagen: »Doch ein neuer Zug, dass er (Mik.) die abgesetzte Molotow-Gruppe nicht mit Dreck bewarf, nicht zu ›Feinden‹ stempelte«.

5.–24. August

So selbstverständlich also ist das »Dreckwerfen« unter uns schon, dass seine Unterlassung wie ein Fortschritt anmutet! Ob's je nötig war und zum Klassenkampf gehörte? [...]

Mit Slatan Dudow. Vor dem »Frankfurter Tor« in der Stalin-Allee gesessen. Über gestaltungswürdige Stoffe gesprochen. Sehr einig, sehr freundschaftlich. Er ist der Einzige mit dem man sofort auf das Wesentliche, das Künstlerische zu sprechen kommt. Er hat seine Maximen. Das tut gut.

Abends zurück nach Dollgow. Evchen, Christa, Nachbarssohn Manfred kommen mit brennenden Laternchen vom Thörn-See. Der Vollmond scheint. Leiser Wind in den Bachbäumen. Abbes singt. Ein anmutiges Bild. So – wie man sich eine schöne Kindheit träumt. Das Evchen trotz Zahnkrankheit glücklich. Rote Stola. Bei den Hüften geknotet. Schöne Frau. Schöne junge Mutter.

Doll. 24. August (Sonnabend) 5^h hoch.

In der Art, wie ich die ersten 30 Seiten *Pony-Buch* schrieb, ging's nicht weiter. Ich schrieb in der Ich-Form, als ob Christa schriebe, die auf den Fotos mit dem Kleinpferd-Hengst zu sehen sein wird. Von mir schrieb ich als von dem dazugehörenden Vater. Alles zusammen sollte sich in einer Gärtnerei abspielen. Alles das ging nicht, wie sich zeigte, es wurde zu sehr »Tinko«-Stil. Christa wirkte dafür auf den vorhandenen Fotos schon zu erwachsen. Durch die Verlegung der Handlung in eine Gärtnerei ergab sich etwas Restauratives in der Behandlung. Es nahten Fragen (in bezug auf den Privat-Betrieb usw.), die sich nicht hätten lösen lassen, ohne blanke Agitation usw.

Das alles spürte ich schon seit zwei, drei Tagen. Nun sprach es Evchen aus. Damit war's eine offene Tatsache. Den ganzen Tag suchte ich nach einer neuen Möglichkeit der Darstellung meiner gesammelten Pony-Geschichten. Ich erlebe wieder das Wunder: Der Stoff sucht sich seine Form. Er gärt wie eine chemische Flüssigkeit in mir, sucht nach Verbindungen und Möglichkeiten, sich zu kristallisieren, niederzuschlagen.

Das war gestern. Heute am Morgen setzte ich mich an die Ma-

schine und schrieb 4 Probeseiten nieder. Die Form scheint da zu sein. Ich schreibe von mir, von uns, von allen Anfeindungen, Bedenken etc., die mir aus der Haltung von Ponys erwuchsen. Das wird am ehrlichsten, am poetischsten, am humorvollsten und ergibt Möglichkeiten, mit leiser Ironie dumme Anfeindungen zu parieren. Ich bin glücklich wie der Bootfahrer, der den Schilfgürtel passiert hat und den offenen See vor sich hat, wo er nur noch gleichmässig zu rudern und leise zu lenken braucht.
[...]

Doll./Berl. 27. August (Dienstag) 5^h hoch.

Zeitig nach Berlin Besorgungen.

Alfred Kantorowiez ist nach dem Westen gegangen.

Einmal, als unsere eigene Presse, die von Leuten mit kleinbürgerlichem Literaturverstand geleitet wurde (und noch heute z. T. geleitet wird) meinen ersten Roman sozusagen auf den Misthaufen befördern wollte, stand er auf und verhalf dem »Ochsenkutscher« mit einer längeren, lobenden Besprechung zum Durchbruch. Das rührte mich damals zu Tränen. Die Schriftstellergilde schwieg – wie zu allen meinen Arbeiten bisher.

Wir lernten uns trotzdem nur flüchtig kennen und sahen uns im Laufe der Jahre hin und wieder zufällig bei Veranstaltungen.

Ich las, was er im »Tagesspiegel«, dieser berüchtigten westberliner Hetzzeitung über seinen Abgang schrieb.

Er war seit langem krankhaft verbittert. Das war bekannt. Mir will heute scheinen, dass seine Bescheidenheit gespielt und sein Geltungsdrang sehr gross war. Tatsache ist, dass [er] wenig Freunde hatte. Niemand konnte sich seine Klagelieder auf die Dauer anhören. Tatsache scheint aber auch zu sein, dass ihn W. U. nicht leiden konnte, denn die konstante Nichtbeachtung seiner Arbeit verrät Prinzip. Zuletzt hat sich K. in eine Märtyrerrolle hineingesteigert, litt an halbem Verfolgungswahn. Der militante Ton, dessen sich viele bedienen, die nur oberflächlich umgeschult sind, verletzte ihn beständig. Die geistige Ignoranz vieler Funktionäre missfiel ihm. Er hat das nicht (auch wenn's lange

Zeit braucht) als Übergangserscheinung gewertet, woran nicht nur er litt.

Verschiedene Wendungen in seiner Erklärung beim Übertritt ins Westlager sind unverzeihlich. Sie machen ihn wirklich zum Feinde. Soweit darf der persönliche Hass nicht gehen. Da war also ein Mangel bei K. – den Zusammenhang der Dinge und die Ansätze zu Wandlungen bei uns zu erkennen. Er lebte in seiner Studier-Stube wie die meisten unserer Intellektuellen. [...]

Doll. 1. Septbr. (Sonntag)
[...]

Ponys

Zweihundert Meter vom Häuschen entfernt liegt eine vernachlässigte Waldwiese. Dort weiden zuweilen abends zwischen Disteln und Binsen die Hirsche, auch die Rehe. Weshalb sollen die Ponys nicht dort weiden? Ich gehe von Zeit zu Zeit nachsehn, ob die kleinen Kerlchen schön am Platz bleiben, denn hinter einem kleinen Waldhügel liegt die schnittreife Grummet-Wiese des Nachbarn Füllster. Sie bleiben. Ich schau ihnen zu. Meine Gedanken fliegen beim Anblick der grasenden Tiere in alle Welten. Hirtengedanken. Urgefühle. Ich halte meinen Mittagsschlaf am Wegrand. Fremde Menschen, Pilzsucher kommen vorüber, wundern sich über das Pferdchen-Idyll im Walde. Mich sehen sie nicht. Ich bin wohl schon ein Baum, ein Stein – ein kleiner Erdhügel. Das ist gut so.

Die Pferdchen benötigen fünf ganze Stunden, um sich am guten Gras satt zu fressen. Dann werden sie unruhig, beginnen zu wandern. Silva zupft sich zum Nachtisch violette Distelblüten. Ich treibe heimwärts.

Doll. 5. Septr. (Donnerstag)
6^{30} hoch. (Was ist das für ein Luderleben, Strittmatter?)

Der Tag ist grau wie ein junger Vogel. Er weiss noch nicht, was er aus sich machen wird.

Manche Tage sind so, dass man von früh an das Gefühl hat: Heute entscheidet sich etwas. Natürlich entscheidet sich jeden

Tag etwas, denn die Grenzen sind fliessend und irgendwo wächst stets etwas an, häuft sich Schicksal, das man durch konstante Fehler, Bös- oder Guttaten ausgesandt hat. Alles das meine ich nicht, sondern solche Tage, wo sich sichtbar etwas entscheidet. Heute scheint mir so ein Tag zu sein. Man wird sehen.

[...]

Am Nachmittag bis Abend der Chefredakteur von der »Wochenpost«. Unser Brief hat Eindruck gemacht. Ehe sie eine Vertragsstrafe zahlen, ohne einen Gegenwert zu erhalten, wollen sie den »Wundertäter« lieber drucken. Sie gehen sogar so weit, mir zwei ganze Zeitungsseiten einzuräumen, durchbrechen aus Angst vor finanziellen Verlusten ihre starren Prinzipien. [...]

Den Abend mit Evchen plaudernd über Zeitprobleme verbracht. Es mehren sich die guten Genossen, die da einsehen, dass man der unterirdisch fortschreitenden Amerikanisierung unserer Kinder und der Jugendlichen Einhalt gebieten muss. Die Erwachsenen müssen aufhören, Zivilisation, »Fortschritt« und die »ständig wachsenden Bedürfnisse« als Lebensprogramm anzusehen. Steckt nicht in der Phrase von den »ständig wachsenden Bedürfnissen« bereits der Amerikanismus? Ein amerikanisches Geschäftsprinzip lautet so: »Kaufmann sein, heisst Bedürfnisse schaffen und sie dann restlos befriedigen.«

Doll. 19. Septbr. (Donnerstag)
6^h hoch

Nichts gearbeitet. Die Pferde Meister Schmidt übergeben. Den ganzen Tag in Gesprächen mit Boris und Evchen verbracht. Dabei gespürt, dass Boris (nach Brecht) der einzige Freund ist, mit dem man sich über Schaffensprobleme wirklich auseinandersetzen kann.

Evchen und er weisen mir nach, dass in meinem Pony-Buch Unrichtigkeiten enthalten sind. Die Seitenhiebe auf ganz bestimmte dumme Menschen gemünzt, wenden sich letzten Endes gegen unsere Sache im ganzen. Da wurde mir bestätigt, was ich schon leise spürte.

Boris sagte: »Was musst du dich entschuldigen für deine Pferdenarrheit. Du bist so und fertig. Es sind nur Dummköpfe, die dich damit zwacken, die dich missverstehn.«

Das hat mir gut getan und wird sich auf die Arbeit auswirken.

Am Abend erzählte er uns die Fabel seiner Komödie »Bockums Höllenfahrt«. Dabei konnten wir ihm dies und das raten. So muss eine schöpferische Freundschaft sein.

Doll./Berl. 20. Septbr. (Freitag)

[...]

Zur Partei-Gruppen-Sitzung des Vorstandes vom Schriftstellerverband mit dem Gen. Wandel. Es ist eine interessante Sitzung, in der man gewahr wird, wie viele Schriftstellerkollegen ihre persönliche Abneigung gegen einige führende (oft nur gegen einen, nämlich W. U.) mit der Sache im allgemeinen verwechseln und dadurch zu leicht benutzbaren Helfern des Klassenfeindes werden.

Das Schürfen im eigenen Herzen (viele Kollegen taten es bei dieser zweitägigen Sitzung) wirkte oft beklemmend, oft befreiend, und man gewann den Eindruck, dass alles aus ehrlichem Herzen geschah und das war das Positive an diesen zwei Sitzungstagen. Von der ewigen Überheblichkeit der älteren Kollegen war wenig mehr zu spüren. Jeder schnürte sein Paketchen von Fehlern auf. Sonst war man nur stets dabei, in den Fehlerpäckchen der jungen Genossen zu kramen und »weise« zu beurteilen und zu verurteilen.

Am Abend bei Sterns. Versucht, sie von der Schuld Jankas zu überzeugen. Bei Kurt gelang mir's im Zusammenhang mit Bredels Prozessbericht. Bei Jeanne gelang mir's noch nicht. [...]

Doll. 24. Septbr. (Dienstag)

5^{30} hoch.

Still und mild. Der Regen hängt schon am Himmel. Zaunkönige und ein Rotkehlchen schwirren im Kirschbaum. Die Reiher fliegen in halber Dämmerung und krächzen. Die Stare pfeifen wie im Frühling. Eines Tages sah ich sie den Kasten räumen –

auch das wie im Frühling. Ob sie sich wirklich durch die Frühjahrs- und Herbstwitterung, die sich zuweilen sehr gleichen, täuschen lassen?

Anfang des Pony-Buches umgeschrieben. Das Polemische wird herausfallen. Langsam komme ich zu dichterischen Überhöhungen. Man kann nicht so dicht an den Tagebuch-Notizen bleiben, sonst erhält man einen Tatsachenbericht.

Beim Friseur
»[...] Die dicke Berta ham se beit Pilzeverschieben jegriffen. Die Polizei müsste anders vorjehn bei die Kontrollen. Sie müssten mit een Drehrad int Abteil kommen. Jeder müsste drehn wie uff'm Rummelplatz. Wer z. B. Rot jedreht hat, is dranne und muss sich kontrollieren lassen. Dann is et mehr von't Glück abhängig, und jeder wird sich sagen: ›Mensch, wenn ick keen Glück habe, wär ick kontrolliert, nehm ich also lieber keene Schieberware mit.‹«

14. Oktober bis 26. Oktober
Bis 19. Oktober grippekrank in Berlin. Evchen kommt nach Berlin selber kinderkrank und pflegt mich lieb. [...]
23. und 24. X. Partei-Kulturkonferenz. Gut. Wir waren als sozialistische Künstler vielfach zu lasch. Wenn die Konferenz zur Folge hat, dass wir wieder offensiver arbeiten und allen Liberalismus, der sich vielfach in unser Verhalten eingeschlichen hat, ablegen, so war diese Konferenz entgegen meiner Aversion gegen Konferenzen ein Erfolg.

Am 25. allerlei Besorgungen, Verlagsverhandlungen (um die Buchausstattung des »Wundertäters«) in Berlin, nach Dollgow zurück. Zwischendurch die ersten 40 Fahnen für den »Wundertäter« korrigiert. Die Krankheit macht sich langsam davon, der Arbeitsmut wächst an.

Unterwegs von Berlin die Idee zum Genossenschaftsroman. Gleich gehen wir mit Evchen daran, das Thema nach vielen Seiten hin abzutasten und auszuloten. Ich habe die feste Gewissheit, dass es die Geburtsstunde des neuen Romans war!

24. September – 5. November

27. Oktober bis 3. November
[...]
Am Sonntag wird der zweite Sputnik mit einem Hund als Besatzung in die Stratosphäre geschossen. Evchen bringt uns atemlos die Meldung auf's Feld, wo wir mit unserem Pferdchen pflügen wie die Bauern vor zweitausend Jahren.

Doll. 5. Nov. (Dienstag)
6^h hoch
Immer noch mild. Die Enten auf dem Bach plärren und ratschen leise. Ganze Scharen fallen in der Dämmerung ein und verbringen die Nacht fischend und gründelnd auf dem offenen Gewässer. Unsere Hochflugbrutenten in der Voliere antworten aufgeregt, wenn sie das Geplauder ihrer wilden Schwestern im Wiesengrund hören. Auch sie möchten frei sein und fliegen, doch zunächst müssen sie sich an ihren Käfig und ihren Standort gewöhnen.
Über den Menzer Wald zieht Morgenrot herauf. Das kündet meist schlecht Wetter an.
[...]
Der Rundfunk kommt. Übertragungswagen steht auf dem Hof, das Redakteur-Auto vor der Tür. Was für ein Aufwand. Ich lese für 2 Sonntagsveranstaltungen. Zweimal 20 Minuten. Es will zuerst nicht klappen, da mein derzeitiger Zustand meine Stimme müde macht. Dann schauspielere ich, und es wird besser. Illusionen für's Ohr.
Stets, wenn ich in letzter Zeit beim Einschreiben ins Tagebuch rekapituliere, was ich täglich tat, so will's mir zu wenig erscheinen. Ich vergass aber, dass ich in den letzten vierzehn Tagen auch die Korrekturfahnen für den »Wundertäter« durchsah. Heute gingen die letzten Fahnen über den Schreibtisch. Eine wirkliche Meinung über diesen Roman habe ich immer noch nicht. In meinem jetzigen Zustand beängstigte er mich etwas. Wird man mich verstehn? Sind die Lehrlingserlebnisse des Stanislaus nicht zu absurd, langatmig und eigenwillig? Werden die Leser Lust haben, sich die Entwicklung eines Dichters von so nahe anzuschaun?

1957

Berl. 7. Nov. (Donnerstag)
Besorgungen in Berlin. Knut kommt mit der Bahn aus Rheinsberg und wird von Kopf bis Fuß frisch eingekleidet.

Am Nachmittag Demonstration zum 40. Jahrestag der Oktoberrevolution. [...]

Zum Abendbrot bei Sterns. Boris erscheint dort. Etwas angesoffen und nicht gut beieinander. [...]

Erst bei uns wird Boris normaler. In ihm sitzt schon wieder Angst und Verkrampfung. Wird die Druckerlaubnis für seinen Roman erteilt? Wenn er das Thema künstlerisch nicht besser bewältigt als die Fassung, die ich kenne, kann man damit rechnen, dass keine Druckerlaubnis erteilt wird.

Es wird spät.

Berlin 10. Nov. (Sonntag)
Feier zum 70. Geburtstag Arnold Zweigs. Ich muss die Gratulation des Schriftstellerverbandes überbringen und die Gäste begrüssen. Das macht mir mehr Kopfzerbrechen, ist eine grössere Last, als eine Erzählung zu schreiben. [...]

Doll./Berl. 15. Nov. (Freitag)
5^h hoch

Einigermassen mild. Etwas dunstig. Ganz, ganz feiner Rieselregen fällt. Der Hahn kräht laut und ausdauernd, als sollte es nicht Winter, sondern Frühling werden.

Jetzt beginnt die Verschwiegenheit und Verschworenheit der dunklen Wintermorgen, an denen mir oft mancherlei Gutes gelang. Dieses Jahr jedoch sind Musse und Arbeitsstimmung teils durch die Krankheit, teils durch die Sitzungsbürokratie, die drinnen in der Stadt ausgebrochen ist, noch nicht vorhanden.

Das Pony-Buch liegt erst sehr grob vor mir. Ich weiss noch nicht einmal, ob es die jetzigen Umrisse behalten wird.

Im Kopfe der Plan eines Romans über das Genossenschaftsproblem auf dem Lande. Ferner ein Stück über den Kirchenkampf, der sich teils offen, teils versteckt in der Republik abspielt.

Gegen 11^h mit Christa nach Berlin. Christa hat frei und wird sich in Berlin Theatervorstellungen und Ausstellungen ansehen. Sie lernt immer mehr aus unserer Welt verstehen. Es wird für sie immer schwieriger passende Freundschaften zu finden.

Sitzung beim Schriftstellerverband um den Etat. Eine ungeheure Menge Geld (fast eine Million) muss der Staat hergeben, damit er die Schriftsteller organisiert hat und ideologisch beobachten kann. [...]

Doll. 17. Nov. (Sonntag)

Evchen ist krank. Vereiterte Mandeln. Die Buben sind hier. Christa in Berlin. Der Tag vergeht damit, den Haushalt zu bestreiten, das kranke Evchen und die Kinder zu versorgen. Dabei hilft mir willig, doch linkisch Knut.

Es ist nicht schlecht, wenn man einmal wieder wahrnimmt, wie viel Hin und Her mit der Haushaltsarbeit verbunden ist. Allerdings macht man natürlich viele unnütze Gänge, weil man die einzelnen Arbeiten nicht durchorganisiert hat.

Am Abend bin ich leer und geniesse die Stille im Hause.

Berl./Doll. 20. Nov. (Mittwoch Buss- und Bettag)

[...]

Nach Dollgow. Unterwegs erkundige ich mich nach dem ehemaligen Schmied der Genossenschaft. Er hatte sich bei Birkenwerder einer anderen landwirtschaftlichen Produktionsgenossenschaft angeschlossen, weil's ihm hier nicht gefiel. Er hatte ein nettes Neubauernhaus bezogen. Ich lieh ihm 500.– DM zum Einkauf von Vieh. Jetzt erfuhr ich, dass er nach dem Westen ging. Das Geld ist weg, doch mein Genossenschaftsroman wird, so hoffe ich, durch diesen Mann eine Variante menschlicher Verhaltensweisen mehr haben. [...]

28. Nov. bis 14. Dez. 1957

Immer wieder einmal tritt der Zustand ein, dass man fast eine Woche nichts ins Tagebuch geschrieben hat. Steht's erst einmal so lange an, kann man sich schwer zum Nachholen des Versäumten aufraffen. Man fürchtet sich in der uns eigenen Trägheit, das Gedächtnis strapazieren zu müssen. Dann kommt der Augenblick, wo man sich fragt: Wozu eigentlich dieses tägliche Kassabuch? Hat es überhaupt Sinn? Wo steckt der Nutzen. Anderentags meldet sich hinwiederum der Bürokrat, der in den meisten Menschen steckt. Die Pflicht, die man sich mit dem Tagebuchschreiben selber auferlegt hat, stösst einen innerlich. Zum Schluss aber vergeht doch ein Tag nach dem anderen. Man wartet auf den günstigen Zeitpunkt für den pauschalen Nachtrag. Inzwischen sind viele kleine Episoden des Lebens den Fluss des Vergessens hinuntergeschwommen. [...]

12. XII.
Das erste ausgedruckte Exemplar des Wundertäters wird mir vom Verlag zugeschickt. Welch eine wohltuende Verfremdung ist doch so ein Buch! Als ich die Korrekturfahnen las, widerte mich das ganze Buch an. Es war eben eine Überarbeitung des x-mal überarbeiteten Stoffes. Jetzt im Buch las ich mit Genuss. Der Augenblick trat ein, in dem man sich über sich selber wundert: Das hast du also alles geschrieben?! Nun liegt das Buch da wie eine ausgereifte artistische Leistung. Man spürt das Ächzen nicht, riecht den Schweiss nicht, den es einen abforderte.

Am Nachmittag las ich im Sendehaus Oberschöneweide bereits aus dem Buch. Eine Sendung für den Abend des zweiten Weihnachtstages. Ich las die Hypnotiseur-Szene aus der Bäckereiküche.

13. XII.
Mit der Weigel und verschiedenen Mitgliedern des »Berliner Ensembles« den »Katzgraben«-Film angeschaut. Die Grossaufnahmen zum Teil recht interessant. Das Spiel vor Karl von Apens Prospektkulissen gibt manchen Szenen den eigenartigen Reiz, den die ersten Stummfilme (etwa Chaplin-Filme) hatten. Endlich ist durch die unbestechlichen Tonbandaufnahmen auch einmal der Text fast durchweg zu verstehen. Die Total-Aufnahmen leiden an grosser Unschärfe. Zuweilen kann der unbefangene Zuschauer kaum ergründen: Wer sagt was. Der Schlussakt ist in Farbfilm gedreht. Misslungen. Bruch – Stilbruch – Himbeersosse. [...]

Berl. 18. Dez. (Mittwoch)

[...]

Die Wassers mit einer polnischen Schriftstellerin bei uns auf Abendbesuch. Maria Szulecka, ein graues Eulchen, dicke Brillengläser. Die Brille so gross, dass sie die kleine Nase vergewaltigt und fortwährend das rechte Nasenloch zudrückt. [...]

Die Szulecka weiss zu berichten: Von 11 000 landwirtschaftlichen Produktionsgenossenschaften sind in Polen etwa 8000 aufgelöst worden.

Auf dem Lande herrscht die Kirche mit Gewissenszwang. Es ist im Augenblick durchaus nicht gesagt – wer wem?

Viele Parteigruppen auf den Dörfern existieren nicht mehr. Es werden dort nicht einmal Beiträge kassiert.

Über 3 Monate lang war man sich nicht klar, ob die LPG nicht überhaupt aufgelöst werden. Weder die Bauern noch die Journalisten wussten, woran sie waren. Gemeinschaftsställe wurden abgerissen. Die Bauern verteilten das Inventar der Genossenschaften unter sich. Vieh wurde abgeschlachtet. Ernteerzeugnisse wurden verkauft. [...]

Die ehrlichen Parteigenossen setzen alle Hoffnungen auf den angekündigten Parteitag, der bereits mehrmals verschoben wurde.

Die Landwirte-Partei arbeitet gegen die Regierung. Bauern-Delegationen gehen zur Regierung und verlangen den Import amerikanischer Maschinen für Kleinlandwirte.

Die Künstler taumeln umher. Unter der Losung: »Der sozialistische Realismus ist der Stalinismus in der Literatur« arbeitet der Feind. Surrealismus und abstrakte Kunst, l'art pour l'art schiessen ins Kraut.

Im ganzen wird sichtbar, was eine kurze Zeit des Liberalismus dem Volke kostet. Es wird um Jahre in der Entwicklung zurückgeworfen.

Doll. 21. Dez. (Sonnabend)

[...]

Ich werde zu Wohlgemuths geholt. Dort sitzt *der kleine Köhler, den sie Meisterbauer nennen*. Seine Tochter kaufte sich (natürlich in Westberlin), wie kann es anders sein, ein Kleid für eine Hochzeit. Sie wurde von den Angestellten des Amtes für Zoll- und Warenkontrolle gefasst. Man liess sie einen Tag lang in Untersuchungshaft. Da gestand das 19jährige Mädchen ihre Verfehlung. Für 150.– Deutsche Mark Westeinkäufe gemacht. Devisenvergehen. Das wird jetzt endlich strenger bestraft. Nun der Bauer aus Angst, seine Tochter könnte ins Gefängnis gesteckt worden, erfindet einen Onkel, der dem Mädchen das Kleid geschenkt haben soll. Bei der zweiten Vernehmung auf der Kreispolizei erzählt das Mädchen diese vom Vater erfundene »Onkel-Geschichte« und verwickelt sich in ihren Lügen. Tatbestand: 150.– DM sind im Westen und bis jetzt nicht zurück, obwohl der Onkel das Kleid »geschenkt« hat.

Nun soll ich helfen. Die Leute erwarten entweder von mir Wunder oder sie halten mich für korrupt. Ich muss dem Manne sehr deutlich sagen, dass ich diese Gesetze mitverfasst habe. Er glaubt mir nicht oder glaubt gerade deshalb, dass ich in seinem Falle erwirken kann, das Gesetz nicht in Anwendung zu bringen. Fehlgedacht. Im Grunde tut's mir wohl, zu sehen, dass die Bauernlist an der Unabdingbarkeit unserer Gesetze scheitert. [...]

Doll. 24. Dezbr. (Dienstag)
6^h hoch

Gegen 8^h nach Gransee zur Kreisleitung der Partei. Über das Kulturleben im Kreise mit dem 1. Kreissekretär und einigen Mitarbeitern des Sekretariats gesprochen.

Einkäufe

Evchen fährt nach Neuruppin zu den Kindern

Christa fährt zu ihren Eltern

Arbeit mit den Pferden. Am Abend bei Familie Wohlgemuth.
[...]

Weihnachtsabend. Diese Stille

Beim Pferdefüttern komme ich mir vor wie der einzige Mensch, der auf dieser Erde arbeitet. In den Fenstern der Häuser sanftes Licht von Weihnachtsbäumen. Unser Baum, den Christa aus dem Wald holte, steht vergessen neben der Häckselmaschine. Ein dünnes Mondachtel am durchsternten Frühabendhimmel.

Ich geh zu den *Wohlgemuths*. [...]

Doll. 25. Dez. (Mittwoch)

Ich versorg meine Tiere, hocke herum, lese ein wenig. Eine Erkältung steckt in mir.

Hole das Evchen von der Bahn. Das Evchen erzählt vom Weihnachtsfest unserer Buben in Neuruppin. Der Spuk vom vergangenen Weihnachtsabend verlässt mich allmählich. [...]

Am Abend Filmvorführung in Evchens Stube. Meister Schmidt und Frau, Familie Füllster mit Grossmutter und Manfred. Immer wieder die Spannung, die Heiterkeit, wenn sich die Leute auf der Leinwand sehen. [...]

Oma Füllster erzählt: Von Wundermännern und Krankenheilern. Der alte Dorfbarbier bespricht auch die sogenannte Rose. Er schlägt mit einem Messer Kreuzchen über die kranken Stellen und murmelt etwas dabei. Barbier Allesmacher Bulke aus meinem »Ochsenkutscher« lebt noch.

Doll. 27. Dez. (Donnerstag)

[...]

Gestern war der LPG-Vors. da. Er sass, feiertäglich geputzt, guter Anzug, Schlips und Kragen auf meiner Ofenbank. Drei neue »Bauern« sind in die Genossenschaft gekommen. Zwei, die nicht weiter wussten. Einer, dem die Scheune mit Erntevorräten niederbrannte. [...]

Der Tiefpunkt in der Genossenschaft ist überwunden. Man spricht schon respektvoller im Dorf über das »Unternehmen«.

Der Vorsitzende machte nur zögernd den Vorschlag, der LPG als »förderndes Mitglied« beizutreten. »Als moralische Stütze«, sagte er. Er war überrascht, dass ich unumwunden zusagte.

1957

Doll. 29. Dez. (Sonntag)

[...]

Freund Bobby schreibt einen Dank für den »Wundertäter«. Er hat ihn während der Weihnachtstage gelesen. Langsam kommen Nachrichten von da und dort, dass der »Wundertäter« unter die Menschen kommt und zu wirken beginnt.

Das macht mich froh und stolz. Meine kleine Schulzenhof-Stube, die ich liebe, wird zur Zauberwerkstatt. Von hier aus ziehen meine Gedanken in die Welt und geben Anstösse. Was kann man mehr verlangen? Das Leben ist wert gelebt zu werden.

Am Nachmittag ein besinnlicher Ritt auf Brandy durch die Wälder. Auf der Strasse zaust uns der Wind und das Dorf liegt in tiefer Gräue wie am Ende der Welt.

Doll. 31. Dez. (Dienstag)

[...]

14 Tagebücher aus dem Jahre 1957. Ich war also mit Aufzeichnungen nicht so fleissig wie jahrs vorher.

Kleine Entschuldigung: Dafür liegt der »Wundertäter« als fertiges Buch vor mir auf dem Stapel der Lexika und Wörterbücher.

Sylvesterabend bei Schmidts

Meister Schmidt und Frau

Der Urgrossvater

Die Tochter Erika

Christa und Evchen

Meister Schmidt erzählt: Mutter, Mutter, jetzt wird ick bald een Mann kriejen, die Burschen hem schon mit Kuhmist nach mir geschmissen, sagte das Mädchen.

[...] So vergeht der Abend. Das Evchen glüht, trinkt Grog und erzählt. Christa kritisch, halb traurig, wie immer [...]. Ich fotografiere die ganze Sylvestergesellschaft durch.

1958

Doll. 1. Jan. 58 (Mittwoch)
[...]
Am Abend die beiden Hoffmanns und Frau Hundt aus dem Nachbarhaus zum *Filmansehen*. Wieder das gleiche Erlebnis: Sobald sich die einfachen Menschen selber auf der Leinwand sehen, werden sie interessiert, ja zuweilen begeistert. Sollte man daraus nicht Rückschlüsse in bezug auf die Kunst machen dürfen? Immer wieder bemerkt man auch, dass sie durch die Auswahl der Motive die Schönheit ihrer ländlichen Umgebung entdecken, für die sie – bedingt durch die schwere Arbeit – draussen schon unempfänglich geworden waren. [...]

Doll. 3. Jan. 58 (Freitag)
Rückkehr vom Schilfmähen
Der Mond kommt hell hoch. Am Tage schien die Sonne ausgiebig. Sie verglüht sacht hinter den hohen Kiefern. Ich habe ein Bündel grünes Schilf auf die Mistgabel gespiesst. Emil trägt die Sense. Wir staken den zerfahrenen, fest gefrorenen Winterweg nach Schulzenhof. Tausende von Holzhauern werden diesen Weg gegangen sein. Die Landschaft war die gleiche gewesen. Wälder, Sümpfe, blinkende Seen, der heraufkommende Mond, der kneifende Frost. Vor uns das warme Licht aus den Fenstern der Schulzenhof-Häuschen. Daheim malmen die Pferdchen das grüne Schilf, das ich ihnen mitbringe.

Doll. 5. Jan. 58 (Sonntag)
[...]
Günter Caspar schrieb im »Sonntag« eine gute *Kritik* über den »*Wundertäter*«. Der »Sonntag« brachte unter »Thema der Woche« eine ganze Seite. [...]

1958

Der Bann des Wartens auf das »erste Echo« ist gebrochen. [...] Man bekommt Ruhe und Kraft für den nächsten Roman.

Der Rundfunk brachte in seinem Jugendmagazin als Ausschnitt die Hypnotisier-Szene in der Bäckerküche.

Radio DDR schrieb, man möchte mit dem »Wundertäter« die Reihe »Romane in Fortsetzungen« wieder aufnehmen. Man will sechs oder mehr Ausschnitte senden.

Wenn man so sieht, wie einem jedes neue Werk förmlich aus den Händen gerissen wird, dann überkommt einen grosse Freude. Es ist ein guter Beruf, Schriftsteller in unserer Zeit und in einem sozialistischen Land zu sein!

Berl. 17. Jan. (Freitag)

Lange geschlafen. Immer mehr kommt man aus seinem gesunden Dorfrhythmus heraus.

Verhandlungen bei der *DEFA*. Ich soll einen lustig-kritischen Kurzfilm *(»Stacheltier«)* schreiben. Ich möchte auch, um zu lernen und mir grössere Klarheit über die Gesetze des Films zu verschaffen. Die Leute aber zahlen für viel ehrliche Arbeit wenig Geld. Davon mache ich die Anfertigung des Films abhängig.

[...]

Am Abend zum zweiten Male im »*Guten Menschen von Sezuan*«. Die Reichel lässt besonders den Poeten Brecht so von der Bühne sprechen, dass ich beständig seine Nähe fühle und aufschluchzen muss. Ich muss mich sehr zusammennehmen, um nicht das ganze Stück hindurch zu weinen. [...]

Güstrow 26. Jan. (Sonntag)

Dritter Konferenztag. Mit viel Lampenfieber *spreche ich* zu den 1300 Landwirtschaftsfachleuten ein wenig über Kulturarbeit auf dem Lande. (Die ist leider arg vernachlässigt.) Beim dritten oder vierten Satz ernte ich die Lachsalve, die ich brauche, um mein Lampenfieber los zu werden. Dann geht's besser, dann bekomme ich die Zuhörer »in die Hand«.

Am Nachmittag eine grosse Kulturveranstaltung mit dem Erich-Weinert-Ensemble, Armeekapellen, Volkschören usw. Ich schwitze beim Vortrag meiner »Traktorenwäsche«. Vor acht Jahren habe ich sie in einer Nacht geschrieben. [...] Die Vorgänge stimmen nicht mehr, die Fabrikmarken der Traktoren sind längst überholt. Solche Erzeugnisse für den Tag müssten eingezogen werden, wenn sie ihre Schuldigkeit getan haben. [...]

Berlin 3. Febr. (Montag)
8^h hoch.
Einige Szenen zum »*Stacheltierfilm*« geschrieben.

Szenarium verfassen kommt mir vor wie Schul-Rechenaufgaben. Man rechnet im Kopfe und schreibt die Ergebnisse auf Papier. Auf's Papier kommt beim Filmszenarium immer nur das, was sich mutmasslich filmisch sichtbar machen lässt. [...]

Berlin 5. Febr. (Mittwoch)
[...]
10^h *Willi Lewin vom ZK.* [...] Er hält sich für den »*Parteikritiker*«.
Nun sass er bei uns auf dem Sofa und fragte: »Ist die Arbeiterbewegung in ihrer ganzen Breite in deinem Roman wirklich dargestellt?«

»Nein, ich wollte einen Roman und kein geschichtliches Kompendium schreiben. Wenn man in einem Roman ganze Kapitel lang Geschichtsschreibung betreibt, muss man damit rechnen, dass *der* Leser, der einen Roman, kein Geschichtsbuch lesen wollte, das Buch zur Seite legt. (Scholochows ›Stiller Don‹ Tolstois ›Krieg und Frieden‹.) Ich will durch meinen Roman ›Wundertäter‹ dem Leser die notwendigen historischen Reflexionen über das Schicksal meines Helden vermitteln, ja, geradezu aufzwingen. Welche von beiden Methoden ist besser?« [...]

So ging's hin und her. [...] Lange Gespräche mit Lewin also. Ob sie etwas genützt haben, wird sich zeigen. Das Evchen schlug sich dabei tapfer wie stets.

1958

Berlin 7. Febr. (Freitag)

[...]

Wieder *W. Lewin bei uns.* Es geht um den Roman von *Boris Djacenko.* Nun kommt das, was wir lange befürchteten. B. hat das, was er für die »Wahrheit« hielt, was er glaubte, schreiben zu müssen, künstlerisch nicht bewältigt. Nun erscheinen diese Dinge, ganz wie vorauszusehen war, als politische Fehler. Der Verlag wird das Buch nicht herausgeben. Der Zeitungsvorabdruck wird eingestellt. Boris soll eine Erklärung in der »Berl. Illustr.« abgeben, dass er an dem Roman noch arbeiten muss – daher die Einstellung des Vorabdrucks. Das alles ist natürlich schmerzlich – besonders bei Boris' übersteigerter Eitelkeit. Er will Erklärung zunächst nicht abgeben. Er droht: »Wenn der Roman hier nicht erscheint, wird er ›anderswo‹ erscheinen!« ZK – das heisst Lewin bekommt Angst, dass wie bei Dudinzew im Ausland gedruckt wird. (Pasternak in Italien.)

Wir sollen mit Boris Djacenko reden. Wir sind aber gerade dieses Romans wegen mit Boris etwas verkracht. Also Neubeginn. Wir werden mit ihm reden. Ich schicke Blitztelegramm.

Übrigens: Der *Chefredakteur der Berl. Illustr.* wurde *entlassen* (beurlaubt) und im Verlag werden ähnliche Massnahmen erfolgen. (Verlag »Neues Leben«.) Die Lit. Kommission im Kultur-Ministerium (Leiterin) erklärte, sie habe die Druckerlaubnis gegeben, ohne den Roman gelesen zu haben. Wieso hat er dann dort solange gelegen? Feiges Pack! All das wäre nicht nötig gewesen, hätten sich unsere Kultur- und Literaturinstanzen früher um Boris gekümmert. Musste das erst ein »Fall« werden?

Boris am Abend *bei uns.* Nimmt die Sache sehr ruhig. Leider weiß man bei ihm in einem solchen Falle nie, ob das Maske, Schauspiel ist. [...]

B. bleibt trotz einiger Gläser Weins gelassen, so dass ich zum Schluss fast den Eindruck von »echter Haltung« gewinne.

Ob eine echte Freundschaft fürderhin (sie hat dauernd Brüche und Schläge erhalten) möglich sein wird, muss man abwarten. Es kommt drauf an, was er aus allem gelernt hat.

Berl./Doll. 8. Febr. (Sonnabend)
[...]

Nun will uns unsere *Christa* endgültig verlassen. Der Frühling sitzt ihr im Blut. Wie wird das alles werden. Ich seh vor allem meine Arbeit für die nächste Zeit gefährdet.

Doll. 13. Febr. (Donnerstag)
[...]

Bis gegen Mittag am *Pony-Buch* gearbeitet. Heute mit der Korrektur des Vorgearbeiteten fertig geworden. Über fünfzig Seiten. Einige Geschichten und Betrachtungen bleiben noch zu schreiben. Damit begonnen.

Evchen las das Korrigierte und war einigermassen zufrieden. Das ist stets beruhigend und die beste Grundlage zum Weiterarbeiten. Evchen ist mein zweites literarisches Gewissen. Es tritt *sofort* in Tätigkeit. Das eigene braucht viel Zeit und Abstand, um das Nichtgelungene an der Arbeit zu erkennen.

[...]

Lese: Die Fahnen von *Boris* Djacenkos *Roman:* »Herz und Asche« II. Teil. Bin empört über soviel künstlerisches Unvermögen. Dabei kann er stundenlang klug über Kunst »schwätzen«. Das ist verdächtig.

Doll. 16. Februar (Sonntag)
[...]

Lese Schluss von *Boris' Roman*. Seit mein ältester Sohn nach Westdeutschland ging und uns quasi verriet, hat mich nichts wieder so erschüttert wie dieses erkrampfte, gehässige, wenn nicht feindliche Buch von Boris.

Ich schreibe mir in einem sechs Seiten langen Brief meine ganze Enttäuschung über den »Freund« und sein »Werk« nieder. Ob ich den Brief abschicke, weiss ich nicht. [...]

1958

Doll./Berl. 17. Febr. (Montag)

[...]

Noch immer im Zweifel, ob ich den kürzeren *Brief an Boris* (gestern früh verfasst) abschicken soll. Tu es dann doch, weil ich glaube, dass es richtig ist, ihm einmal unumwunden die Wahrheit zu sagen.

Berl. 18. Febr. (Dienstag)

[...]

Zum ersten Male kommt eine *Stenotypistin* (Frau Geng). Ich diktiere ihr an zwanzig Briefe. Daraus wird sich eine Erleichterung ergeben. Ich werde meine Abendzeit in Dollgow (hoffentlich) musischer nutzen können. [...]

Berl. 20. Febr. (Donnerstag)

7^h hoch.

Evchen krank. Starke Grippe. Aus Neuruppin »importiert«. Hohes Fieber. Ich bekomme Angst und werde, wie immer in solchen Fällen, hilflos, mache den Kranken Vorwürfe, weil sie sich nicht in achtnahmen, raunze herum.

Arbeite, nachdem Evchen daran gearbeitet hat, wieder an unserem »Stacheltier«-Film. Vor allem Dialoge!

Fahrt in die Stadt, Postscheck-Amt. Besorgungen. Ein grosser Bildband über Diego Rivera fällt mir in die Hände. Diesem mexikanischen Maler fühle ich mich verwandt.

Der Wagen immer noch nicht ausrepariert. Es heisst: Morgen. Dazu Evchens Krankheit. Die Ungeduld nach draussen zwackt mich. [...]

Doll. 9. März (Sonntag)

[...]

Wir machen *Schnee-Festtag*. Ich renne mit der Filmkamera umher und versuche dies und das aus dem Reich der Schneekönigin zu erhaschen. Die bepulverten Bäume. Pitt, der mit hochgezogenen Pfoten durch den Schnee schnürt. Füllsters Kühe, die am Bach saufen. Meister Schmidt mit dem Handschieber usw.

[...]

17. Februar – 14. März

Arbeit bei den Pferden.

Am Abend wieder Filme beschnitten. Diese Arbeit hat mich jetzt gepackt.

Doll. 10. März (Montag)

[...]

In der Nacht pocht's leise ans Fenster. Unsere *Christa* ist wieder da. Die neue Stellung im Kinderheim hat ihr nicht zugesagt. Krank, abgezehrt und blass steht sie vor uns. Wieder hat sie eine Lehre erhalten. Sie kam nach Hause zurück wie eine Tochter. Nun will sie uns nicht mehr verlassen, bis sie heiratet, sagt sie.

Doll. 13. März (Donnerstag)

[...]

Mein Zugführer aus dem Krieg schrieb einen Brief. Er hatte sich so forsch hochgeschnauzt. Ich höre noch: »Strittmatter, wie halten Sie das Gewehr.« Er war ein nachgemachter Preusse aus dem Sudetenland. Die waren oft schlimmer als die echten. Ehrgeizlinge. – Jetzt ist der Schröfel Bruno wieder Friseur und rasiert Glatzen gegen Trinkgelder. Ob ich ihm nicht Auslandsbriefmarken schicken könnte. Er baut seine Briefmarkensammlung wieder auf. Alles verloren, ja, ja. Er wird sich wundern, wenn er den »Wundertäter« liest. Er habe sich ihn in einer Buchhandlung bestellt, schrieb er. [...]

Doll. 14. März (Freitag)

[...]

Am Abend mit Evchen den *neuen Wohnungsplan* besprochen. Es soll eine grössere Wohnung in Berlin genommen werden. Die Kinder sollen aus Neuruppin von der Grossmutter weg. Christa soll mit den Kindern am Rande von Berlin leben. Wir werden die Wohnung in der Stalin-Allee aufgeben. Schulzenhof soll während unserer Abwesenheit die neue Frau Völkel bewirtschaften.

1958

Berlin 20. März (Donnerstag)

[...]

Am Nachmittag *Sitzung* des geschäftsführenden Vorstands.

[...]

Hans Marchwitza. Wir waren zu Beginn der Sitzung allein im Raum. Er machte ein giftiges Gesicht.

»Was hast wieder, Hans?«

Da stürzte er auf mich los.

»Ich werde einen ›Wundertöter‹ schreiben.«

»Weshalb bist du so giftig, Hans?«

Er: »Ich werde dir sagen: du missbrauchst dein Talent. So leicht war es nicht. Der Kampf der Arbeiterklasse waren Blut und Tränen. Du witzelst über alles. Und in Frankreich waren nicht nur lauter Huren, Bürschchen. Du machst dir die Sache zu leicht bei deinem Talent. Alle schmeicheln dir, wenn sie den Roman loben. Ich allein sag dir die Wahrheit. Los, setz dich hin!«

Ich setzte mich nicht. Sagte kein Wort. Ging ans Fenster und blickte hinaus. Musste meinen Jähzorn niederringen. Konnte ich dem verrückten Alten sagen, was ich über ihn dachte, ohne überheblich und undankbar zu erscheinen? [...]

Doll. 22. März (Sonnabend)

6^h hoch.

Das *Kükengepiepse* und Gesterbe macht mich nervös. Das Haus ist in Aufregung. Ich weiss nicht, wie's kommt, dass mich der Zorn so beutelt. Renne hinaus an den Thörnsee, in den Wald. Geh auf Umwegen in das Dorf. Dort zum Barbier. Der hat noch nicht geöffnet. Es ist erst halb acht in der Frühe.

Daheim streicht mir das *Evchen* den Zorn weg. Fort ist er! Ich kann arbeiten. Woher fliegt einem nur solch ein Zorn zu. Man könnte in dieser Stimmung ungehemmt Selbstmord begehen.

[...]

Doll. 26. März (Mittwoch)
[...]

Pony-Geschichten überarbeitet. Mit einem *Spiel* für das *Erich-Weinert-Ensemble* begonnen. »Katzgraben 1958«. Es soll vorher ein Akt aus dem grossen Stück gespielt werden: »Katzgraben 1948«. Die Pendants für die Jetztzeit zu finden macht Spass. Natürlich muss alles gut durchdacht und ausgewogen werden. Den »Katzgraben-Stil« wieder aufzunehmen, bereitet keine Schwierigkeiten. [...]

Doll./Berl. 28. März (Freitag)

6^h Abfahrt von Dollgow.
[...]

Abends bei den *Nachbars*. Herbert hat inzwischen Heinrich Mann gelesen und sich den Standpunkt angelesen: Es hat in der Geschichte stets Machtkämpfe zwischen Politikern gegeben. Das in bezug auf die Gruppe Schirdewan – Wollweber bei uns im ZK. »Das wird immer so sein.« Da hat er sich wieder festgefahren. Wir benutzen den Abend, um ihn davon zu überzeugen, dass es nicht immer so sein wird. Gerade in unserer Zeit büssen diese feudalen-bürgerlichen politisch-moralischen Regeln ihre Starre ein. Das schliesst nicht aus, dass sie hie und da noch zu sehen sind.

Berlin/Bohsdorf 29. März (Sonnabend)

7^h hoch.

Allerlei Besorgungen für die *Fahrt nach Bohsdorf*. Ich hole 5 Italiener-Küken zur Blutauffrischung für den Hühnerstamm der Eltern aus der Markthalle. Evchen besorgt Schleckereien für die Oma aus der Stadt.

Um 13^h fahren wir ab. Zwei Stunden später sind wir auf dem Hof in Bohsdorf.

Der *Mama* bemächtigt sich ein so freudiger Schreck, dass sie heftige Schmerzen in der Wirbelsäule bekommt. Sie muss sich setzen und kann kaum sprechen. Tränen und Schmerzen vom Übermass an Freude.

Wie geht's? Wie steht's. Wir erzählen. Die Alten erzählen. Alles wirr durcheinander. Zwischendrein erhalte ich Auskünfte über einige Dorfbewohner. Ich kann ihre *Schicksale* verfolgen.

Gegen Abend kommen in *Martins* Auto: Heini, seine Gerda (die beiden haben inzwischen geheiratet) und Martin. Martin mit einem gebrochenen Fussknöchel. Das Bein in Gips. [...]

Heini und Gerda optimistisch. Nicht nur, weil sie junge Eheleute sind, sondern, weil sie politisch in der Zukunft stehen.

Wir führen die *Schulzenhof-Filme* vor. Das gibt viel Freude. Besonders die Mama empfindet alles. Sie taucht in ein Märchen. – So vergeht der Abend angenehm. Unsere Filmchen strahlen soviel Optimismus aus, dass alle Klagen gebannt werden.

Bohsdorf 30. März (Sonntag)

Es wurde ½ 3^h morgens, eh ich zu Bett kam. Es musste immer und immer noch etwas erzählt werden.

Erst gegen 9^h aus dem Bett. Wie immer: das ewige Vorbereiten des Frühstücks, überhaupt alle Mahlzeiten. Sakrale Handlungen. Dabei wurde seit meiner Jugend in unserem Hause viel, viel Zeit vertrödelt. Dann *die Dauer der Mahlzeiten*. Wie bei englischen Lords, die sonst nichts zu bestellen haben.

[...] Immer wieder neue Gespräche. Alle Sorgen der kleinen Leute, die sich jedoch konsequent gegen »ihre Zeit« stemmen, *ihrem* Staat misstrauisch gegenüberstehen, werden ausgebreitet. [...] Alle glauben, in diesen beiden Heidedörfern wird nie eine landwirtschaftliche Genossenschaft entstehen. Dabei ist zumindest auf dem Vorwerk noch nicht einmal der Versuch gemacht worden. Und diese kleinen Leute stemmen sich und krabbeln gegen unsere Zeitläufte, gegen die Revolution, ohne zu wissen, dass sie längst überholt sind. [...]

Bohsdorf/Berlin 31. März (Montag)

Um 6^h Abfahrt. Wir nehmen Heinis Gerda nach Cottbus mit. *Cottbus* in seiner morgendlichen Tristheit. Das Liebliche muss man in dieser Stadt aus der Gründerzeit suchen. Dazu gehört Liebe, die ein Fremder für diese Gräue nicht aufbringen kann.

Erst auf der Autobahn fällt mir ein, dass in dieser Stadt zwei meiner Söhne aufwachsen. Eine ehemalige Frau geht dort hin und her. Mich fröstelt's beim Denken an jenes Stück Vergangenheit.[...]

Doll. 6. April (Ostertag)

$6^{\underline{30}}$ hoch

Kühl und kahl. Kühle Ostern gab's oft, so kahle kaum.
Tagebuchaufzeichnungen.

Die kleinen Kerle suchen im Garten ihre Osternester. Später ziehen sie in die Nachbarbarschaft und tragen Unmengen von gefärbten Eiern und Süssigkeiten zusammen. Viel zu viel! Ilja sieht durch ein Kinder-Opernglas, das in seinem Nest lag, auf die Krähe in der Erle. Die Krähe hat durch den Regenbogenschimmer des schlechten Glases ein buntes Gefieder. Ilja freut sich und sieht in der Buntheit den Sinn des Fernglases. Oh, du gute Kinderfreude!

[...]

Am Nachmittag *Kinovorführung*. Für unsere Familienbelegschaft, für Kinder aus der Nachbarschaft und Meister Schmidt. Das geduldigste und aufmerksamste Kind ist dabei Meister Schmidt. Für die Kinder ist es durchaus nichts Ungewöhnliches, sich im Film zu sehen. Sie sind so in die moderne Technik hineingewachsen, dass sie »Anspruch« haben, im Film zu sehn zu sein.

Von Arbeit kann bei dem Familiengetümmel natürlich keine Rede sein.

Arbeit mit den Pferden.

Doll 7. April (Montag Ostertag)

[...]

Auf je ein sorbisches Osterei hatte ich die Namen unserer Kerlchen Abbes und ILLA gemalt. Heute sagte der kleine Erwin ganz beiläufig: »Der Osterhase hat das nicht richtig mitgekriegt.«

»Was?«

»Na Abbes und ILLA. Erwin und Ilja müsste es heissen.«

Man hat den Eindruck, sie glauben längst nicht mehr an den unsinnigen Osterhasen. Sie lassen den Alten die Freude. [...]

1958

Doll. 11. April (Freitag)
[...] Am letzten Teil des Pony-Buches korrigiert. Dazu in das Dachstübchen gezogen. Unten stört mich der Lärm der Kerlchen. Ich bin der Vater mit dem zwiegespaltenen Herzen.
[...]

Doll. 18. April (Freitag)
[...]
Endlich »Katzgraben 58« beendet. Nun ist bei meiner Rückkehr aus Ungarn der Weg frei für das Bühnenstück. [...]

Berlin/Prag/Budapest 23. April (Mittwoch)
6^h hoch.
Fahrtvorbereitungen.
Abschied von Evchen. [...]
Am Flugplatz in Budapest ein grosses ungarisches Empfangskomitee. Da war auch Michail Ronnai. *Herzliche Begrüßung* und wirkliche Freude über das Wiedersehn auf beiden Seiten.

Ins Hotel auf der Margareteninsel. Festliches Mittagsmahl. Wir tauschen mit *Michail* Erinnerungen aus. Fast fünf Jahre sahen wir uns nicht. Mich freut am meisten, dass er während der Konter-Revolution trotz aller intellektuellen Verwirrung, die hier herrschte, standhaft blieb.
[...]
Am Abend erhalten wir vom Genossen Godá, dem Vorsitzenden des Literarischen Rates, die ersten Informationen über die Lage (politisch) unter den Schriftstellern. Es sind sehr wenige standhaft geblieben.

Budapest/Berlin 8. Mai (Donnerstag)
Etwa gegen 9^h fliegen wir (Bredel, Helmut Hauptmann) von Budapest ab. [...]
Flug bei klarer Sicht. Die Piloten fliegen besonders niedrig. Sie wollen die Friedensfahrer (Radrennfahrer) sehn. In der Gegend von Görlitz gewahren wir dann wirklich ein paar kribbelnde

Käfer, die von viereckigen Kieseln (Autos) verfolgt werden: Die Rennfahrer.

Evchen, Ulla Hauptmann [...] und die Fahrer vom Schriftstellerverband erwarten uns auf dem Flugplatz. Evchen mit dem dicken Tochter-Bauch. Es sieht so gut aus. Das Evchen wirkt wie eine junge Braut in der ersten Schwangerschaft.

Berichte. Erzählen. Plaudern. Liebevolles Bemustern und Wiederhaben. Wie gut, dass wir einander haben. Jede Trennung bestätigt, wie sehr wir zueinander gehören.

So vergeht der Rest des Tages. Unten auf der Stalinallee viel Getümmel. Man begrüsst die »*Friedensfahrer*«.

Doll. 12. Mai (Montag)

6^h hoch

Begonnen mit *Aufzeichnungen über die Ungarn-Reise*. Arbeitstitel »Budapester-Impressionen«. [...]

Berlin 23. Mai (Freitag)

7^h hoch.

Man hat schon wieder Sehnsucht nach draussen. Die Rechte will Pferden über die Kruppe streichen, Erde berühren und schreiben. Das Ohr will den Kuckucksruf hören. Die Nase will Fliederduft. Das Auge sehnt sich nach der Wiesenweite vorm Stubenfenster.

In der Stalinallee gibt's einen Teppich aus Stiefmütterchen. Gross und prächtige Farben. Aber so unnahbar. Herantreten verdächtig – verboten.

Den ganzen Tag in der *Vorstandssitzung*. Wir geben unseren Reisebericht aus Ungarn. Wir ziehen Parallelen auf die Verhältnisse bei uns in der DDR. Einigen Kollegen (Hermlin, Stefan Heym, Schreyer usw.) ist das nicht ganz recht.

[...]

Am späten Nachmittag bis zum Abend *beim Fernsehfunk*. Diskussion mit sechs Jungendlichen. [...] Wieder bekam ich eine hohe Meinung von einem Teil unserer Jugendlichen. Ein Teil tanzt allerdings amerikanisch herum und wartet auf das »Geführtwerden«. Viele aber sitzen und studieren, haben bereits sehr reife Meinungen und entwickeln sich zielstrebig zu Menschen des neuen Typs. [...]

Doll. 28. Mai (Mittwoch)
5^h hoch
Von einem Gewitter geweckt.
[...]

In *Frankreich* ist unseren Leuten der Generalstreik nicht geglückt. Wieder einmal wirkt sich die Uneinigkeit der Arbeiter sehr, sehr ungünstig aus. Der Faschismus ist keine deutsche Eigenart. Viele glaubten das lange Zeit. Er ist in jedem Lande möglich, wo der Kapitalismus sich nicht mehr mit Parlamentarismus halten kann. – Einigkeit der Arbeiter – Binsenwahrheiten, die eben deshalb so grosse Wahrheiten sind.

In diesem Augenblick (6^h morgens) gibt unsere Regierung eine ausgedehnte Verbesserung der Lebenshaltung bekannt. Wir schaffen die Rationierung der Lebensmittel ab. Die Verbraucherpreise werden erhöht, die HO-Preise gesenkt. Dahinter steckt eine ungeheure rechnerische Arbeit. Das Beste: Die bisher niedrigsten Löhne in der DDR werden erhöht.

Knut fährt durch den Regen zu seinem mündlichen Abitur, er ist ohne Lampenfieber [...].

Doll. 1. Juni (Sonntag)
[...]
Der Vorsitzende der *LPG*. Er bleibt einige Stunden. Wir sitzen im Vollmondlicht in der Stube. Viele Einzelheiten werden durchgesprochen. Ich weiss wieder über alles Bescheid.

Im *Wiesental* liegt watteweicher Nebel. Der Mond steht glitzernd darüber. Man möchte nicht zu Bett; so schön ist die Nacht. Ich gehe noch einmal zu den Pferdchen und bring ihnen Leckerbissen.

Berlin 6. Juni (Freitag)
1. Konferenztag. Theoretische Konferenz (Realismus-Konferenz) des Deutschen Schriftstellerverbandes.

Ich beschliesse den ersten Konferenztag mit der längsten öffentlichen Rede meines bisherigen Lebens:

Die Schriftsteller sollen hinaus gehen. Sie sollen die Dialektik der Lebensvorgänge und der gesellschaftlichen Veränderungen »vor Ort« studieren.

Der zweite Teil:

Wir wollen unsere Klugheit nicht mehr mit dem Bespötteln von Funktionären beweisen, nicht mehr das eigene Parteinest bekleckern. Wir wollen wieder lauter ja zur Partei und zur gemeinsamen Sache sagen.

Die Rede hat grossen Beifall. Sie wird auch später als der Höhepunkt der Konferenz bezeichnet.

Das kam, weil ich wirklich das aussprach, was mich bedrückte, was ich seit langem auf dem Herzen hatte.

Dabei eine für mich angebrachte *Redetechnik* entwickelt: Die Sätze mit weitem Abstand auf das Papier geschrieben. So eine Satzgruppe kann ich fast mit einem Blick erfassen. Daraus ergibt sich, dass ich halb frei und doch präzis spreche.

Am Abend *Martin Viertel* bei uns. Der Eindruck, dass da ein Dichter ist, der noch von sich reden machen wird, verstärkt sich.

Berlin 7. Juni (Sonnabend)

[...]

Die Sterns sind erschüttert. Sie wollen schleunigst eine Aussprache mit mir. Sie beziehen viele Kritiken aus meiner Rede auf sich selber. Das ist nicht ganz richtig.

Berlin 9. Juni (Montag)

Bei der »NDL«. Mit H. Hauptmann und Christa Wolf das Konferenz-Ergebnis besprochen.

[...]

Mittenhinein das weinende Evchen am Telefon. Der gute alte Opa in Frankendorf ist gestorben. Schon tags zuvor wurde er begraben. Die Nachricht erreichte uns zu spät. Wir hatten es immer hinaus gezögert, ihn zu besuchen. Das alles rührt mich sehr an. Ich muss es jedoch Evchens wegen verstecken. Das kommende Kind!

1958

Doll./Berl. 13. Juni (Freitag)
[...]
Um 9^h Telegramm von Evchen. Sie ist 4^{30} in die Klinik gegangen.

Noch schnell mit Christa und Knut ein Beet mit Topinambur besteckt.

Unruhig nach Berlin gerast. Am Telefon eine etwas zaghafte Auskunft der Säuglingsschwester aus der Klinik. [...]

Nachmittags gegen 2^h bei Evchen in der Klinik. Alles wohlauf! Grosse Schlappheit zieht in mir ein. Der Matthes ist da! [...]

Berl./Doll. 17. Juni (Dienstag)
4^{30} hoch.

Heute der denkwürdige 17. Juni von 1953. Man möcht's kaum glauben, dass bereits fünf Jahre vergangen sind. [...]

Doll. 18. Juni (Mittwoch)
[...]
Mit Ach und Krach ein paar Schwaden gemäht, da muss ich die Maschine anhalten. Die Transmissionskette war heruntergeflogen. Dann sprang der Motor nicht wieder an. Ich liess den Vergaser nicht leer laufen. Nach vergeblichen Versuchen heim.
[...]
Unruhe in mir. Sie beruht auf mangelndem Selbstvertrauen. Das beschleicht mich oft bei praktischen Arbeiten, die ich noch nicht sicher beherrsche. Diese Aufgeregtheit muss durch Erfahrung überwunden werden. Nicht aufgeben und nachlassen, bis Sicherheit und Erfahrung vorhanden sind. Den Vater in mir (den schwachen Kapitulanten!) überwinden. [...]

Doll. 22. Juni (Sonntag)
[...]
Am Nachmittag mit Christa auf der Wiese. Geheut und dazwischen ein wenig im Grünen beim Waldrauschen geschlafen. Axel

und Silva mit dem Fohlen grasen seitab. In dieser Stimmung möchte man einmal sterben. Man befindet sich in Harmonie mit der ganzen Welt.

[...] Genossenschaftsbäuerin Klein von nebenan. Wir besprechen den künftigen Wiesenplan. Sie will eine Kuh halten. Der Mieter Pfuhl weigert sich, den Stall zu räumen. Die Bürgermeisterin unternimmt nichts. Ich muss wieder hingehen und Krach schlagen. Das ist so widerlich!

Doll./Berl. 23. Juni (Montag)

$3^{\underline{30}}$ hoch
$6^{\underline{00}}$ nach Berlin. [...]

Nachmittags das Evchen und den neuen Sohn Matthes aus der Klinik geholt. Da ist auf einmal ein Mensch mehr, mit dem man rechnen muss, der einem bis zum Tode verbunden sein wird. [...]

Berlin 25. Juni (Mittwoch)

6^h hoch.

Abbes hat Geburtstag. Vor fünf Jahren, als er geboren wurde, hallten die Schüsse des 17. Juni 53 durch die Nächte. Ich konnte Evchen nicht einmal bis zum Auto des Rettungsamtes begleiten, als sie zum Gebären ins Krankenhaus nach Lichtenberg fuhr.

Doll. 1. Juli (Dienstag)

Arbeit auf den Wiesen. Arbeit im Hof, im Garten. Aussprache mit dem Genossenschaftsvorsitzenden.

Die Kinder sind aus Neuruppin gekommen. Sie feiern Iljas Geburtstag. Die Schwiegermutter kommt mit. Ich gehe wie auf Eiern. Ich muss den ganzen Tag darauf achten, dass ich ein freundliches Gesicht mache, damit ich niemand »verletze«. Lärm im Hof und im Garten.

1958

Doll./Berl. 9. Juli (Mittwoch)

[...]

Gegen Abend nochmals zum ZK. Muss Fragebogen ausfüllen, Lebenslauf schreiben. Das geht bis in die Nacht hinein. Weshalb?

Berl./Doll. 13. Juli (Sonntag)

Vormittags Parteitag. Am späten Nachmittag nach Dollgow. Nach dem Rechten gesehen. Ponyweide umgesetzt. Am nächsten Morgen wieder nach Berlin.

Berl./Doll. 24. Juli (Donnerstag)

6^{15} hoch. Sehr müde.

Noch Werkstattkorrespondenz geordnet. Aufzeichnungen. Ein Pferdetagebuch eingerichtet.

Ich soll einen Text für Hannes Eisler machen. Ein Buchenwald-Lied. Es soll bei der Einweihung der Buchenwald-Gedenkstätte gesungen werden. Bis jetzt habe ich noch keine rechte Idee gefunden. Das beunruhigt und quält mich.

Aufzeichnungen.

Doch einen Entwurf für ein Buchenwald-Lied gemacht. [...]

Doll. 28. Juli (Montag)

[...]

Wieder am Buchenwald-Lied gearbeitet. Es ist langsam ein Lied mit drei Strophen geworden. Noch immer will mir alles zu spröde erscheinen. Sobald der Tod mitspielt, wie in Buchenwald, fällt's schwer intim zu sein. [...]

Doll. 4. August (Montag)

[...] Es kommt der Grafiker Hans Baltzer. Ich hole ihn mit dem Ponygespann vom Bahnhof ab. Er soll die Zeichnungen für das Pony-Buch anfertigen.

Am Nachmittag führe ich ihn herum und zeige ihm die nähere Umgebung. Das ist eine meiner Rekonvaleszenz angemessene Beschäftigung.

Auf dem Krankenlager habe ich endlich die endgültige Fabel für das Stück gefunden. Jetzt wird die Arbeit Spass machen, da die Fabel stimmt. Nun warte ich fiebernd auf das Anfangen-Können. Leider ist bei dem zu erwartenden Besuch etc. kaum dran zu denken.

Am Abend kommt Benno Besson mit einer Freundin zur Erntehilfe in die Genossenschaft. Bennos Frau Yva bringt das Liebespaar mit dem Auto. Sie zelten am Thörnsee.

Berl. 8. August (Freitag)
Wieder vielerlei Besorgungen. Einkaufsbummel mit Evchen. Untersuchung, damit ich Ilja adoptieren kann.

Am Nachmittag wegen des Buchenwald-Liedes bei Hanns Eisler. Eisler, den ich früher seiner Geistreicheleien wegen nicht leiden mochte, gefiel mir an diesem Nachmittag sehr gut. In seinem Verhalten anderen Menschen gegenüber ist viel Unsicherheit, viele Komplexe. Es herrscht in unseren Unterhaltungen so etwas wie Brecht-Atmosphäre.

Mein Buchenwald-Lied nennt er einen Song. Er hat recht damit. Den Text müsste Busch singen, wenn er Wirkung haben soll. Eisler stellt sich einen Hymnus vor. Ich habe Vorurteile gegen sowas, weil's mit Pathos verbunden ist. Er macht mir Mut: »Schreib einfach neun oder zehn Zeilen gute Prosa – das kannst du doch!« [...]

Berl./Doll. 9. August (Sonnabend)
[...]
Am späten Nachmittag kommt Herbert Franke zum Helfen. Wir stellen das Gartenhäuschen auf. Das Dach will noch nicht richtig schliessen. Es besteht aus vier Fertigteilen. Beim Einbruch der Dunkelheit brechen wir den Bau ab. Nun steht da mitten im Garten ein Häuschen. Darin soll also geschrieben werden.

Doll. 11. August (Montag)

Nochmals am Buchenwald-Hymnus gefeilt. Ihn an Eisler abgesandt.

Im Laufe des Vormittags kommt der Grafiker Herbert Sandberg mit seinem Söhnchen. Er will mich malen für ein Sammelwerk von Künstlerporträts, das er herausgibt. [...]

Zwischendrein holen wir Irma Harder mit ihren Kindern und Hans Baltzer, der wieder Pferde zeichnen kommt, von der Bahn ab. Das Haus ist voll. Es gibt eine grosse Mittagstafel. Rührkartoffeln, frische Pilze, gebratene Eier, gefüllte Paprika-Schoten. Allen schmeckt's. Eine lustige Gesellschaft.

Am Nachmittag Arbeit mit den Pferden. Zwischendurch Unterhaltungen mit dem Besuch.

Nachtrag:

Am Sonntag-Nachmittag waren wohl sechs kleine Dorfjungen zum Pony-Reiten gekommen. Es war eine gute Stunde, diese kleinen unverbogenen Kerle zu beobachten. Bei jedem war zwar schon der Keimling des künftigen Charakters zu erkennen, aber auch alle Möglichkeiten, die in ihnen schlummern. Da hatte ich ein Weilchen Lust, Lehrer zu sein!

Doll. 13. Aug. (Mittwoch)

[...]

Ein interessantes Buch, von Baltzer geliehen, ist seit Tagen meine Bett-Lektüre. »Der Araber und sein Pferd«.

Ich werde immer begieriger, ganz tief in die Pferdezucht einzudringen. Wo das hinführt, weiss ich nicht.

Doll. 15. August (Freitag)

4^{30} hoch.

Nun soll's wieder angehen mit der alten straffen Arbeitsordnung. Genug mit der Faulenzerei und dem Warten auf günstige Schreibumstände. Vom Sommer ist nicht mehr viel zu erwarten. Man muss sich mit dem Herbst vertraut machen.

Ich sitze im Schlafkämmerchen am kleinen Zelt-Tischchen. Neben mir liegt die Mappe mit dem Theaterstück. Nun lasst uns sehen, wie es weitergeht! Ich habe zehn Seiten geschrieben. Es beginnt das Herantasten an den Stil. Ich will versuchen, je ein Novellen-Kapitel zu schreiben und daraus sofort das entsprechende Bild für das Theaterstück zu formen.

Was für ein glücklicher Zustand, wenn man sein tägliches Arbeitspensum gut hinter sich gebracht hat. Nun kommt man sich vor wie ein zeitreicher Mann, der über einen Nachmittag und den Rest des Vormittags nach Belieben verfügen kann.

Doll. 26. August (Dienstag)

[...]

Gestern kam Abbes mit der Grossmutter. Ein lebenslustiger Junge! Alle Welt sagt, er sähe mir ähnlich; nur ich finde das nicht. [...]

Berl./Doll. 30. August (Sonnabend)

$5^{h.}$ hoch.

Schöner Tag. Alles ist noch einmal sehr sommerlich. Aber die Schwalben und die Kraniche sammeln [sich]. Die Bauern staken auf den Feldern hellbraune Hafergarben. [...]

Vielleicht muss einmal gesagt sein, was sich hinter der Formel: Arbeit mit den Pferden verbirgt:

Morgens, wenn ich schreibe, säubert Meister Schmidt die Ställe, striegelt die Pferde und füttert. Dann ist sein normaler Pferdedienst beendet.

Um 9^h unterbreche ich meine Arbeit und gebe den Pferden, die aus irgendeinem Grunde besonderer Aufmerksamkeit bedürfen, ein Nachfutter. Dann wird wieder eine Stunde geschrieben. Um 10^h werden die Pferde auf die verschiedenen Koppeln gebracht. Das sind meist drei Gänge (dazu muss ich des kleinen Hengstes wegen zweimal gehn). Fünf Sheties kommen auf die grosse Koppel. Der grosse Blausilber-Hengst Malek-Adel kommt jeweils mit einer Stute zusammen in die Bach-Koppel. (Ohne die Gesellschaft einer Stute bricht er aus.)

Am Mittag werden die Pferdchen auf der grossen Koppel, wenn's warm ist, getränkt.

Der Hengst Malek und die kleine Stute Sonja oder Tanja werden herein geholt und bekommen ein Kraftfutter.

Am Nachmittag gehen der Hengst Malek und die kleinen Stuten im Garten oder am Waldrand auf die Weide.

Die Ställe werden gesäubert und frisch mit Sägespänen gestreut.

Das Futter (für die meisten Tiere Kraftfutter) wird in den einzelnen Futterschüsseln vorgerichtet.

Die Pferde werden (meist in zwei Gruppen) von den Weiden geholt.

Dann wird Kraftfutter gegeben. Nach dem Abendbrot wird Grünfutter oder Heu nachgegeben.

Die Pferde werden (wenn irgend Zeit dazu ist) auf ihr körperliches Aussehen und ihren Gesundheits- und Wachszustand beobachtet. Das ist eine schöne halbe Stunde. Man lauscht der »Fressmusik«. Jedes Pferd hat beim »Malmen« einen anderen Ton. Das ergibt eine richtige Symphonie. [...]

Doll. 1. Septbr. (Montag)
5^{30} hoch.

Blasse Sonne. Taugräser. Nun sollen Tage der grossen Stille kommen. Gestern zog Knut in seine Lehrstelle. Er war sachlich und ruhig, sich des »historischen« Augenblickes vielleicht doch bewusst. Er ging wie abschiednehmend im Hof und im Garten umher. [...]

Doll. 4. Septbr. (Donnerstag)
5^h hoch.

[...]

Nachts hatte ich einen meiner quälenden Standard-Träume. Mit Kopfschmerzen wachte ich auf. In jenem, von Zeit zu Zeit wiederkehrenden, Traum soll ich auf dem Theater in einem Stück, das ich nicht kenne, eine Rolle spielen. Ich kenn meinen Text nicht. Mein Auftritt rückt immer näher. Ich quäle mich. Meinen Text habe ich vergessen. Was werde ich sagen? In der höchsten Not erwache ich.

Diesen Traum möcht ich den Lebenstraum nennen. Wer weiss wirklich, welche Rolle er zu spielen hat? Wer kennt seinen Text? [...]

Evchen wurde von Mstr. Schmidt mit dem kleinen Matthes (im Kinderwagen) zur Bahn gebracht. Nun soll der kleine Mann drei Wochen bei der Oma sein. Wir werden allein sein und viel arbeiten können. Zu keinem meiner grösseren Kinder hatte ich schon in den ersten Wochen ihres Lebens eine so innige Beziehung wie zum Matthes, der nach dem Grossvater (mütterlicherseits) benannt wurde. [...]

Doll. 6. Septbr. (Sonnabend)

5^{30} hoch. Verschlafen. Wie stets in solchen Fällen beginnt der Tag lasch. [...]

Beim Dorfbarbier. Fritz philosophiert über die Fliegen, die ihm den grossen Spiegel vollpunkten. »Vor wat müssen se ja nützlich sind. Woll für den Haushalt in die Natur. Ick hab jehört: Die Heringe fressen die kleen Bakteriens und Algen. Die Walfische fressen die Heringe. Det is ooch ulkig mit det Meer: Wenn man so vorsteht, denkt man et is gerade, aber et is krumm. Die Erde is doch rund. Det et da nich ausschwappt wundert mir.« [...]

Doll. 10. Septr. (Mittwoch)

5^h hoch.

Das sind die kühlen Morgen des Herbstanfangs, an denen man gern liegen bleiben und schlafen würde.

Alles ist noch grün, und doch spürt man den Herbst, die Neige des Sommers.

Das Evchen lauscht ein wenig verstört in solche Morgen hinein. Sie hört wohl wieder Kindergetrappel. Ausserdem quält sie die Sehnsucht nach Baby Matthes. [...]

Doll. 11. Septbr. (Donnerstag)

5^h hoch.

Schlechte Stimmung. Evchens verhaltener Widerstand reizt mich. Sie hat wieder Sehnsucht nach der Stadt.

Gründliche Aussprache – sehr ernsthaft – über die Umorganisation unseres ganzen Hauswesens. Hoffentlich ist das nun endgültig: Wir haben uns entschlossen, unsere Schulzenhof-Kate um- und auszubauen. [...]

Doll. 16. Septbr. (Dienstag)

5^h hoch.
[...]
In Lederjacke und Gummistiefeln schleiche ich durch den regennassen Garten in mein neues Häuschen. Die Welt der morgendlichen Hofgeräusche bleibt hinter mir.

Dies sind die ersten Zeilen, die im neuen Gartenhäuschen geschrieben wurden. Der Regen trommelt auf das Holzdach. Von den sich färbenden Äpfeln tropft der Regen wie Tränen aus rotwangigen Kindergesichtern.

In der Hütte ist's heimelig. Etwas vom Gefühl der Knabenjahre tut sich auf: Man hat sich auf dem Feld eine Hütte aus Kartoffelkraut gebaut. Hier lebt man. Niemand hat dreinzureden oder zu verbieten.

Hinterm Wald hört man das Getöse von Panzern. Da weiss man, dass diese Hütte kein romantischer Platz ist. Auch von hier aus muss und wird (mit verstärkter Konzentration) gegen den Krieg gearbeitet und geschrieben werden. [...]

Doll. 17. Septbr. (Mittwoch)

[...]
Am Nachmittag mehrere Stunden zwei Genossen vom Ministerium des Innern. Verbandsfragen. Wie soll das neue Sekretariat des Schriftstellerverbandes aussehen? – Weshalb ging Heinrich Knolle nach dem Westen?

In Hast zum Bahnhof, um Kitta abzuholen. Sie kommt braun wie eine Mulattin heim und ist umweht von einem halb-romantischen Liebesverhältnis. [...]

Doll. 18. Septbr. (Donnerstag)

5³⁰ hoch.

Regnerischer Tag. Ich soll nach Gransee. Von der Kreisleitung aus das ZK anrufen. Das sollt ich gestern schon. Wer weiss, was da wieder für Aufgaben kommen.

Für Vormittag haben sich Genossen von der Bezirksleitung angemeldet. Der Arbeitstag ist futsch.

Nach Gransee zur Kreisleitung. Die Abt. Agitation und Propaganda wünscht zum Tag der Republik von mir einen Beitrag für die PRAWDA. Thema: Der neue Mensch in der DDR. Das wird nicht ganz einfach sein. Ich werde es jedoch übernehmen, weil es gleichzeitig eine wertvolle Studie für meine Arbeit abgeben kann.

Auf die Genossen von der Bezirksleitung gewartet. Sie kommen und kommen nicht. In solchen Augenblicken wird man nervös von jedem Autogebrumm drüben auf der Strasse.

Ich zwinge mich zur Arbeit und erledige einen Teil der dringlichsten Post.

Auch am Nachmittag noch Briefe geschrieben. Die Genossen kommen nicht. Wenn sie sich in den nächsten Tagen nicht für ihr Ausbleiben entschuldigen, dann ist das eine Flegelei. [...]

Doll. 19. Septbr. (Freitag)

[...]

Der neue Mensch. – Ist der Begriff überhaupt vertretbar? Ich glaube nicht, dass ich vom »neuen Menschen«, sondern von neuen gesellschaftlichen Haltungen schreiben werde.

[...]

Berlin 2. Okt. (Donnerstag)

[...]

Spät am Nachmittag. Sitzung der Wahlkommission beim Schriftstellerverband. Die es so eilig hatten, die so betriebsam waren, als der Vertreter des ZK in der vorigen Sitzung zugegen war, fehlen. Es ist nur der impertinente Stefan Heym von den »Beratern« anwesend. Man muss stets an sich halten, dass man Heym gegenüber nicht grob wird. Er hat eine zu herausfordernde Art.

Freilich legt er sehr oft den Finger auf die »wundesten Stellen« des Verbandslebens. Das hat sein Gutes. Dieses Wechselspiel zwischen guter Organisation und guter Arbeit fällt stets zu ungunsten der »guten Arbeit« aus. Was also wird dabei gewonnen. Stets sollen einige etwas veranstalten und die Berufskollegen politisch und fachlich interessant unterhalten. Die das tun sollen, sind aber gerade die, die literarisch und politisch gut arbeiten. Wann und wie wird sich dieses Missverhältnis ändern? Ich seh keine Anzeichen.

Wieder zeitig zu Bett. Dem Schnupfen zuliebe und gelesen.

Berl./Doll. 3. Okt. (Freitag)
[...]
In Dollgow alles gesund. Gleich in die Arbeit mit den Pferden gestiegen. [...]

Am Nachmittag Äpfel gepflückt. Man ist wieder richtig daheim.

Der kleine Matthes ist noch hübscher geworden

Wir reiten durch den schummrigen Wald. Abbes auf der Tanja. Ich auf der Silva. Ich führ die Tanja an langer Leine hinter mir. Abbes plaudert:

»Ist der Kai (der Hengst) ein Mann?«

»Er ist ein Pferdemann.«

»Dann darf er keinen Schwanz haben. Nur Pferdefrauen dürfen Schwänze haben.«

Da spielt er auf die Pferdeschwanzfrisur seiner Mutter an.

Berl. 14. Okt. (Dienstag)
Vormittags allerlei kleine Arbeiten. Buchpäckchen ins Ausland usw.

12^h 5 Minuten Ehrenwache am Sarge Bechers. Das was da im Sarge liegt, ist nur noch ein Rest der Gestalt Bechers. Aber tiefen Frieden, Beurlaubung von lebenslangem Kampf strömt dieses feierliche Daliegen aus.

Alle solche öffentlichen Aufbahrungen mit den unvermeidlichen konventionellen Gepflogenheiten zeugen so viele humoristische Momente, dass der Tod zur Groteske wird. [...]

Doll. 19. Okt. (Sonntag)

Wieder *Äpfel* gepflückt und eingelagert. Die Äpfel gehen zu Ende. Im Keller ein Berg, auf dem Boden ein Berg. Die ganze Nachbarschaft und viele Genossen in Berlin wurden versorgt.

Weitere Vorbereitungen zur grossen Fahrt durch die Republik.

Wir warten auf Christa, die nachts von Berlin kommen soll, um die Schulzenhof-Geschäfte zu übernehmen.

Doll. 2. Nov. (Sonntag)

6^h hoch. Noch dunkel, doch draussen ist's mild.

Tagebuchaufzeichnungen nachgeholt. Das tat ich auch gestern schon.

Der kleine Erwin rekelt sich nebenan. Er will nicht wieder nach Neuruppin zur Oma. »Die Frau gefällt mir nicht«, sagt er. [...]

Am Nachmittag eine Stunde mit *Malek-Adel* gearbeitet. Ich habe eine stille Freude an diesem sanften, leicht erziehbaren Pferd. Mit niemand kann ich so recht über diese Freude sprechen. Das wirkt gar zu närrisch. Ausser der Freude am Schreiben (wenn ich richtig im Fluss bin), die Freude an der Entwicklung der Kinder, gibt es kaum eine grössere Freude für mich, als die der Beschäftigung mit den Pferden, besonders aber mit Malek-Adel, diesem schönen Tier. [...]

Doll./Berl. 4. Nov. (Dienstag)

Um 7^h Abfahrt nach Berlin.

Der kleine Erwin als Fahrgast. Er ist die ganze Zeit ein eifriger Beobachter. Das Evchen sagt, er bekäme dabei bereits meinen strengen Ausdruck, der auf Leute, die mich nicht kennen, wie Bösheit oder Verbissenheit wirke. Besonders interessieren den kleinen Erwin Flüsse und Bäche, die wir bei unserer Fahrt überqueren. [...]

17ʰ Sitzung des geschf. Vorstands im *DSV*. Es geht hauptsächlich um den Fall *Pasternak*. Wieder kann man (wie beim Fall Lucacs) eine gewisse intellektuelle Ritterlichkeit beobachten. Wieder glauben einige Kollegen, es sei bei ihnen, untersuchen zu müssen, ob sich da die führenden Genossen (diesmal in der Sowjetunion) die Sache nicht zu leicht machen und Ungerechtigkeiten zuschulden kommen lassen. Wieder liebäugeln sie mit dem Begriff: Freiheit für den Künstler.

Anna S. will mir das Verfassen einer Resolution zuschieben, damit sie sich später distanzieren kann, wenn sie nicht nach dem Geschmack bestimmter Kollegen ausfiel. [...]

Doll. 9. Nov. (Sonntag)
[...]

Auf den Torfwiesen die Koppel umgesetzt. Da ist ein Wiesenstück, auf dem die Genossenschaft den zweiten Schnitt nicht erntete.

Stille ringsum. Wenn man in diesem Wiesental arbeitet, kommt sofort das Gefühl auf, als sei man weitum allein. Das macht, weil die Ansiedlungen hinter der Hügelkette verborgen liegen. Der Wald raunt. Die Meisen ziepeln hin und wieder. Es tropft von den Bäumen. Meine Schritte im Gras sind schon ein grosses Geräusch. Steh ich still, hör ich mein eigenes Blut singen wie etwa die Kellerpumpe in einem grossen, stillen Hause.

Die Sonne zwingt durch den Novemberdampf. Der Himmel wird frühlingsblau. Die Wolkenballen fahren über die Hügel davon.

[...]

Die Mittagsstunde fällt aus. *Ein Funktionär* (Ingenieur) vom Atomkraftwerk. Er wird der politische Pate des Dorfes Dollgow sein. Hoffentlich recht lange und ausdauernd. [...]

Wieder ein Auto: *Benno Besson* und *Käthe Reichel*. Dazu Bennos achtzehnjährige Geliebte, die sich Imma nennt, um nicht Emma zu heissen.

Sozusagen zwei arbeitslose Theaterkünstler, die sich nun an mein Stück klammern. Mir wird unheimlich. Es ist noch zuwenig daran getan, als dass man von diesem Stück wie von einer fertigen Sache sprechen kann.

Benno fährt zunächst für 2½ Monate nach China. Wenn er zurückkommt, werden wir weitersehn.

Bennos Anwesenheit legt in mir stets Ideen frei. Das ist etwas Merkwürdiges, Gutes. Dieses gute Gefühl hatte ich früher nur beim Zusammensein mit Brecht oder bei Gesprächen mit Dudow. Diesen Umstand muss man nutzen. Benno ist moralisch verquert wie die meisten Theaterleute. Künstlerisch unduldsam und was wollend. Eine Zusammenarbeit mit ihm könnte erspriesslich werden, vor allem, weil ihm jede Kleinlichkeit abgeht.
[...]

Doll./Berl. 13. Nov. (Donnerstag)
7^h Abreise nach Berlin.
Allerlei Besorgungen. Terminbesprechungen.

Sterns auf Mittagsbesuch. Jeanne hat Arbeitskleidung eingekauft. Nun geht sie für ein Vierteljahr ins Kunstseidenwerk nach Premnitz.

Nachm. Sitzung der *Parteigr.* beim *Berl. Ensemble*. Es geht um die Chrustschow-Rede: Das Potsdamer Abkommen ist überholt, von den westlichen Mächten längst gebrochen. Aber Westberlin ist ihnen angenehm als Trojanisches Pferd im sozialistischen Lager.

Es soll eine öffentl. Parteiversammlung stattfinden. Die Westberliner, die sich sonst nicht für Politik interessieren, fragen plötzlich: »Wird's Krieg geben?« Beim Berl. Ensemble gibt's viele solcher westlich-apolitischen Frager.

Der *Spiegel* – jene britisch liz. Intellektuellen-Zeitschrift im Westen bringt einen Artikel (mit Foto) über meinen »Wundertäter«. Etwas ketzerisch, jedoch kaum hetzerisch. Man kann zwei Gründe vermuten:

1. Man kann ihn (literarisch) nicht umgehen, wenn man nicht unmodern sein will.

2. Man will mich streicheln, damit der zweite Band west-like ausfällt.

(Lemmersche Kontakte!)

1958

Ein Verlag aus Konstanz bewarb sich um den Abdruck. Erfolg der Spiegel-Reklame. Den zweiten Band werden sie sicher nicht abdrucken wollen.

Am Abend *Hausversammlung* zur Wahl. Genossen Agitatoren agitieren Genossen Agitatoren, die Kandidaten der Nationalen Front zu wählen. – Nach diesem Pflichtpensum innerhalb eines Wettbewerbs – »Welcher Bezirk macht die meisten Hausversammlungen« – Prämie ein Fernsehgerät, versickerte der Abend im Kleinbürgergewäsch. »Wer warf den Zigarettenstummel im Fahrstuhl weg?« »Wer schliesst die Haustür nicht?« [...]

Dollgow/Berlin 18. Nov. (Dienstag)
[...]
Nachmittags die Abnahme unseres *Stacheltier-Films* »Darf der das denn?« [...]

Die Einwände der Komm.-Mitglieder – ausser denen von Kurt Stern – sind recht dumm. Selbst der stellvertr. Kulturminister lässt sich von der Meinung der Bürokraten zur unbegründeten »Vorsicht« verführen. – Auf diese Weise kann man keine Satire machen. Ich lehne ab, jemals wieder etwas für's »Stacheltier« zu schreiben.

Diese Unsicherheit in Kunstdingen bis zu einzelnen Leuten im Kulturministerium macht mich traurig. [...]

Berl./Doll. 22. Nov. (Sonnabend)
»Wacht auf Gesinde, Weib und Mann,
Der grosse Jackentag bricht an«, singe ich am Morgen.

Wir holen meinen *neuen Lederanzug* ab. Nach Mass gemacht. Eine schwarze Jacke (Lumberjack) aus Rossleder. Woher nur meine Leidenschaft für Leder? [...] Wenn ich neue Sachen erwarte oder anziehe, bin ich wie ein Kind. Wie mancher ernste Leser würde mich für närrisch halten! [...]

Doll. 25. Nov. (Dienstag)

5⁰⁰ hoch.

Endlich erreicht, meine alte Aufstehzeit wieder einzuhalten. Körperpflege-Programm wieder in Vollständigkeit aufgenommen.

Arbeit am Roman. Zum ersten Male kommt das gute Gefühl, dass die Arbeit jetzt von der Hand zu gehen beginnt. Man braucht eine Reihe gleichmässig fliessender Tage, um sich in die darzustellenden Charaktere und Situationen einzuleben. Sie dürfen nicht stets von neuen Eindrücken und Ereignissen beiseite geschoben werden. Eine ruhige, mechanische, körperliche Arbeit an den Nachmittagen hingegen fördert das Werk. Neue Einfälle kommen. Die Gedanken umkreisen, ob man will, ob nicht, das in der Stube gelassene Werk. Die Nerven aber erholen sich draussen an der Luft. [...]

Doll. 26. Nov. (Mittwoch)

[...]

Am Abend kommt das Evchen. Es war über acht Tage in Berlin. Es nimmt mir meine Sicherheit in bezug auf den Roman. Diesmal zu Unrecht, wie mir scheint. Es hat schon manchmal Situationen gegeben, da ich mich gegen E. durchsetzen musste. Z. B. bei der Verwendung von Ironie im »Wundertäter«. Es gibt also künstlerische Bezirke, die meine ureigensten sind. Elementare Inseln, auf denen mich kein noch so guter und lieber Rat erreicht. [...]

Doll. 28. Nov. (Freitag)

[...]

Zwei Erzählungen. Eine von Hemingway, die andere von einer jüngeren amerikanischen Autorin mit Vornamen Shirley... Was hat das noch mit Kunst zu tun. [...] Es werden Alltäglichkeiten naturalistisch aneinandergereiht, um zu einer knalligen Mordpointe zu kommen. Aufruf zum Morden mit der linken Hand. Motto: Unsere Zeit ist so, dass man morden muss wie frühstücken. Vorbereitung zum amerikanischen Faschismus. »hardboiled« hart gesotten nennen sie diese Schreibart. Wir sind froh, dass es bei uns diese Ernst Jüngerei nicht mehr gibt. Dort wird sie als letzter literarischer Modeschrei serviert. [...]

Doll. 30. Nov. (Sonntag)
[...]
Der Maurermeister aus Menz war da. Es wurde beraten, wie unser Häuschen im kommenden Sommer auszubauen sei, damit wir Platz für die Kinder bekommen. Der Meister schätzt, die Arbeiten werden eine Zeit von etwa vier Wochen in Anspruch nehmen. Ich schätze mehr. – Nun sollen die Laufereien zum Kreisbau-Amt etc. beginnen. Materialzuweisung einholen u. s. f. Glück zu! Ich fürcht mich vor der Unruhe, die sich da für den nächsten Sommer zusammen braut. [...]

Doll. 7. Dez. (Sonntag)
[...]
Die Wahlen in Westberlin liefen ungünstig für uns aus. Stimmverlust gegenüber 1954. SPD und CDU-Chauvinisten drüben nutzen die politische Unaufgeklärtheit der Menschen aus. Sie benutzten die sowjetische Note zur Berlin-Frage, um den politisch Naiven den »bolschewistischen Teufel an die Wand zu malen«. Eine Losung der SPD (!) hiess: »Wer nicht wählt, wählt SED«.
Trotz allem will mir scheinen, dass auch wir einen taktischen Fehler begingen. Der agitatorische (sicher auch finanzielle) Kraftaufwand stand für eine solche Randfrage nicht dafür. Mir scheint, wir haben bei unseren Genossen, die vor der Wahl drüben arbeiteten, viel falsches Heldentum produzieren helfen. Das massierte (z. T. plumpe) Auftreten schlug gegen uns aus.
Evchen aus Berlin mit viel guten Vorsätzen in bezug auf Schulzenhof zurück. Wieder einmal hat die Ev eingesehen, dass hier draussen unser Arbeitsort, unser Arbeitsklima ist. Nun kuschelt sie sich in die Stübchen.

Berl. 19. Dez. (Freitag)

[...]

Am Abend längeres Gespräch mit einem Vertreter des ZK. Heinrich Knolle hat drüben im Westen in der Agentenzeitung, der sogen. Freiheitlichen Juristen einen widerlichen Hetzartikel, hauptsächlich gegen mich gerichtet, geschrieben. Man sieht zwar deutlich, wie die Redakteure daran mitgeschrieben haben, aber, was hilft das alles. Ich hätt ihn nicht für so schäbig gehalten. Der Artikel strotzt vor Lügen. Knolle hat mich sozusagen für 250.– Mark Westgeld verkauft.

Die Weissblatt-Figur im »Wundertäter«, zu der mir K. als »Vorlage« diente, war also von Anfang an richtig konzipiert. Es stand von Anfang an in mir der Plan fest, dass Weissblatt im zweiten Band als Verräter in das Lager der Feinde überwechselt.

Es wurde sehr spät diesen Abend.

Doll. 22. Dez. (Montag)

[...]

Dann kamen Benno (Besson) und seine Imma. Von Rostock. Dort soll Benno seine Inszenierung »Mann ist Mann« (Brecht) fertigmachen.

Benno wieder voll mit neuen Plänen. Die Inszenierung eines französischen Stückes, wozu er meine Mitarbeit zu benötigen glaubt.

Sprechen auch über »Holländerbraut«. Vorschlag von Benno nicht unerheblich. Ist nicht grösser, wenn der Leutnant (Erdmann) die Vernichtung seines Kindes anordnet? Wenn man es sieht? Wenn man dem Stück etwas die »kriminalistische Zweideutigkeit« nimmt?

Jedenfalls gehen von Benno stets schöpferische Impulse aus. Ich werde belebt und beginne sofort, wie früher oft in Brechts Gegenwart, zu improvisieren. Die Einfälle kommen nur so angetanzt. Ich werde, was ich sonst wenig bin, witzig. [...]

1958

Doll. 24. Dez. (Mittwoch)
[...]
In einer Abteilung meines Innern mit der Aufschrift »Eva und Familie« ist alles verkrampft und verhärtet. Ich suche gegen die Sinnlosigkeit des häuslichen Weihnachtsgetümmels anzuarbeiten. Das kostet viel, viel Kraft. Ich stehe wie ein Klotz im Strome des Familienlebens. Jeder Schwimmer trägt Unsicherheit im Gesicht, wenn er meiner ansichtig wird. Ich bin der in den Taubenschwarm geworfene Stein. [...]

Mit gemischten Gefühlen zur Weihnachtsbescherung. Die Kinder sind glücklich. »Schöne Weihnachten, nicht Vater?« fragt der kleine Erwin mehrmals.

Mit Eva tauschen wir keine Geschenke. Wir sind uns gram und ziehen vor, nicht den Konventionen zu huldigen.

Doll. 25. Dez. (Donnerstag)
Am Spätnachmittag auf Ponysuche. Der Hengst mit allen vier Stuten ist auf und davon. Wir finden sie nicht an den üblichen Plätzen. Bei beginnender Dunkelheit müssen wir die Suche einstellen.

Filme angeschaut. Schallplatten angehört.

Doll./Rheinsberg 26. Dez. (Freitag)
Lange geschlafen. Draussen diesig-grau. Während des Kaffeetrinkens erscheint ein dick-vermummter Mann. Der spricht in allerlei Mundarten. Das macht mich stutzig. Es ist der Nachtwächter von der Grossbaustelle in Rheinsberg. Er hat unsere Ponys in der Nacht eingefangen.

Im Auto quer durch den Wald nach Rheinsberg. Bei mir Wolfgang R. und Knut. Die Pferdchen stehn in der Kantine der Bauarbeiter an einen Holzpfeiler gebunden. Daneben die mit weissen Papierdecken bezogenen Esstische.

Ich muss 50,– DM »Fängerlohn« bezahlen. Kai ist erregt vor Wiedersehensfreude. Er mistet und uriniert noch schnell in die Kantinenbaracke. [...]

Doll. 29. Dez. (Montag)

[...]

Arbeit mit den Pferden. Arbeit auf dem Hof.

Am Spätnachmittag die ganze Gesellschaft wieder zur Bahn gefahren. Nun wird es ruhiger im Hause. Es ist, als habe das Geräusch einer grossen Maschine ausgesetzt. [...]

Doll. 31. Dez. (Mittwoch)

[...]

Beschaulicher Abend mit Evchen. Zuerst versuche ich, auf dem grossen neuen Radiokasten ein heiteres Programm zu finden. [...] Überall Klamauk, Klamauk. [...] Es macht uns ein wenig traurig, dass sich unsere Sylvestersendungen so in gar nichts von den westlichen unterscheiden.

So rückt die Mitternachtsstunde heran. Wir küssen uns lieb. Ich wünsch Evchen schöne Märchen und einen guten Kinderfilm; sie wünscht mir eine schöne »Holländerbraut«. Wir vergessen das Anstossen und Trinken. Weshalb auch nicht? [...]

So kommt das neue Jahr auf uns. Wir schauen ihm fest in die Augen und wissen, es wird so sein, wie wir wollen; denn wir wollen nichts von ihm als Arbeit, aus der uns unser reales Glück von selber zuwächst: Arbeit mit dem Lohn schon während der Arbeit. Alles Wackelige und Vage wünscht man sich schon seit Jahren nicht mehr.

1959

Doll. 1. Jan. (Donnerstag)
6ʰ hoch.
Frühlingswetter wie seit Tagen. Schwere Wasserwolken hängen tief. Im Laufe des Tages kommt jedoch mehrmals die Sonne durch; denn gegen Mittag tut sich ein heftiger Südwestwind auf.

Ich mache *Tagebuch*aufzeichnungen. Hole meine bisher vollgeschriebenen Heftchen aus der Lade in der kleinen Schlafkammer. Über 50 Heftchen mit Aufzeichnungen sind's schon. Im Jahre 1958 waren es 19 Stück. Evchen hört sich auf der Ofenbank einige Auszüge aus alten Tagebüchern an. [...] Wenn ich lese oder schreibe komme ich mir »sündig« und »verbrecherisch« oder faul vor. Das ist ein alter Komplex. Er sitzt sehr tief. Ich trag ihn seit der Kinderzeit mir mir, da *mein Vater* einherging und alle Menschen seiner Umgebung scheel ansah, wenn sie nicht gerade das taten, was er tat. Arbeit war dem Vater stets eine Plage. Am liebsten sass er mit Freunden zusammen, schwatzte klug, versuchte alle Welt mit Worten von seiner »Tüchtigkeit« zu überzeugen und trank Bier dazu, bis er müde und stänkerig wurde.

Die Nachbarn kommen zur *Neujahrsgratulation*. [...]

Doll. 11. Jan. (Sonntag)
[...]
So »Sonntagsarbeiten« gemacht. Die Stiefel geschmiert, hier und da aufgeräumt. Locker und fröhlich gewesen.

Aber dann kam der telegr. angekündigte Besuch aus Berlin: *Michael Tschesno und Helmut Hauptmann.*

Der armer Helmut Hauptmann kam sich recht unglücklich als Adjutant vor.

Michael Tsch. hat parteilich stets gute Ideen, will das Beste. Da er aber jede Idee mit einer bis ins Lächerliche reichenden Verbohrtheit vorträgt und für nur kurze Zeit verfolgt, wird's den Zuhörern dabei unheimlich. – Bald aber hat Tsch. wieder eine neue Idee. Stets aber braucht er Menschen, die diese Ideen in die Tat umsetzen. Er selber kann keine, auch nicht die kleinste Sache zielstrebig verfolgen. Er kann nicht zuhören, wenn andere etwas sagen. Er wird unfreundlich, ja aggressiv, wenn andere auch nur vorsichtig widersprechen. Meist verdächtigt er sogar den Widersprechenden des Opportunismus, der Klassenfeindlichkeit usw. Ein Mensch also, der schwer zu ertragen ist. Ein Mensch, der deshalb keine Freunde hat. [...]

Michael Tsch. neue Idee: Ich soll den 1. Sekretär des Schriftstellerverbandes abgeben. Und er weiss mit Engelszungen zu beweisen, weshalb das richtig und notwendig ist.

Darum dreht sich der Besuch, auf den ich mich ein wenig gefreut hatte. Aber es war kein Mensch zu Besuch gekommen, sondern eine Idee auf Autorädern. Eine Idee, die traumhaft ein bisschen im Fleisch des extra besorgten Hechtes herumstochert; eine Idee, die höflicherweise die Ponys betrachtet, ohne sie zu sehen, eine Idee, die weil das so üblich ist, nach dem Alter unseres Matthes fragt. [...]

Doll. 15. Jan. (Donnerstag)
[...]
Am Abend der Vorsitzende und der Agronom von der *LPG*. Wir sitzen bis 1^h nachts und machen den Massnahmeplan für 1959/60 fertig.

Der Vorsitzende Walter hat Phantasie und denkt freudig in die Zukunft. Mit dem Geld 1500 DM, das ich zum Ankauf des Fernsehgerätes herlieh, das ich jedoch der Genossenschaft schenken will, soll eine Sauna für die LPG-Mitglieder und die Dorfbevölkerung gebaut werden.

Walter eröffnete den Plan zu einer grossangelegten Düngekalkgewinnung am Rande des Dollgower Sees. Das ist ein Plan, den er bereits als Privatmann ausführen wollte. Jetzt übergab er ihn gewissermassen der LPG. [...]

1959

Doll. 16. Jan. (Freitag)

[...]

Von einem *Westsender* wieder einen Vortrag der Vortragsreihe »Der Einfluss *Kafkas* auf die Literatur der Länder Westeuropas« o. ä. angehört. Diesmal ging's um Kafkas Einfluss auf die englische Literatur. Es wurden Kurzgeschichten von Kafka-beeinflussten englischen Autoren vorgelesen. Scheusslich. Der Todeskampf, ja die Todessehnsucht des Bürgertums, das an seinem eigenen Kapitalismus und seinen Lebensäusserungen leidet. Keiner der Autoren vermag den Teufelskreis zu durchbrechen.

Wie schön jung, wenn auch zuweilen noch primitiv, sind wir dagegen. Da erteilt man gern jedem schematischen Kunstwerk Absolution, wenn es nur von wirklichem Optimismus durchdrungen ist!

Berl. 23. Jan. (Freitag)

[...]

Sehr kribbelig, da sich auch über meine künftige Arbeit *Wolken* zusammenziehen. Nun steht mir bevor, mich von den Mitarbeitern der Kulturabteilung im ZK »überzeugen zu lassen«, dass ich der richtige Mann für den *Sekretär* des Schriftstellerverbandes sei. Und ich bin es nicht. Sie täuschen sich. Ich bin, wenn ich will, ein unermüdlicher Arbeiter, aber ich werde niemals, selbst wenn ich wollte, ein unermüdlicher Organisator sein. [...]

Berl. 24. Jan. (Sonnabend)

Die Aussicht, als *Verbandssekretär* organisierend, von Sitzung zu Sitzung eilend, den Schriftstellerverband zu leiten, lähmt mich. Alle literarischen Pläne drosseln, alle anderen Lebenspläne umwerfen – das ist hart. [...]

Berl. 26. Jan. (Montag)

Tagebuchaufzeichnungen nachgeholt. Draussen dünne Schneedecke. Es ist kälter geworden.

»*Holländerbraut*«. Die zuletzt geschriebenen Szenen überarbeitet und ins Reine geschrieben. Keine rechte Ruhe und Konzentration. Die in Aussicht stehende Veränderung durch die Übernahme der Sekretärsstelle im Schriftstellerverband macht mich unruhig, lähmt mich.

Morgen soll die entscheidende *Aussprache beim ZK* darüber stattfinden. Wie werde ich daraus hervorgehen? Aber liegt das nicht bei mir?

[...]

Berl. 27. Jan. (Dienstag)

[...]

Der Augenblick, der alles in meiner Lebensbahn für mindestens ein Jahr (natürlich für länger) ändert und meine literarischen Pläne auf Eis legen hilft, *ist gekommen*. Gen. Siegfried Wagner von der Kulturabteilung im ZK tut, als wäre schon alles beschlossene Sache. Die Parteiführung wünscht. Mit der Partei handelt man nicht.

Ich gebe zu bedenken, dass es bei mir Kurzschluss geben kann, wenn ich etwas tun soll, was meiner Natur so zuwider ist wie Geschäfte eines Verbandes zu führen.

Man sagt mir freundlich, ich müsse mich dann eben melden, wenn ich den Kurzschluss nahen fühle, aber vorläufig ... keine andere Möglichkeit ... die Parteileitung wünsche eben.

Ich hatte bisher bei allen derartigen Anträgen schon zuviel davon gesprochen, wie ich mir eine Umorganisierung des Verbandes vorstelle. Die Vorstellung von etwas und seine Verwirklichung sind zweierlei.

Zunächst aber glaubt man beim ZK wohl, das seien kleinlich-eitele Ausreden von mir. Geh nur und schwimme! Wir werden dich beobachten. Also ging ich, um im Aquarium zu schwimmen.

Sofort setzte meine Gabe ein, aus dem Unumgänglichen das Beste zu machen.

Da aber setzte Widerstand ein von einer Seite, die ich nicht ins Kalkül gezogen hatte. *Eva*. Sie wurde hart wie ihre kleinbürgerliche Frau Mutter. (Ein Zug, der in letzter Zeit immer häufiger auftaucht.) Sie nannte mich indirekt einen Scheisser, weil ich mich nicht eindeutig genug gegen die Übernahme dieser Funktion gestemmt hätte.

Das war hart und schwer. Zum ersten Male fühlte ich mich sehr allein, seit wir mit Eva zusammen sind. Sie hatte nur eines im Sinn: Schnell zu den Kindern und zum Geburtstag der Grossmutter. Ich hatte sie gebeten, vor der Aussprache im ZK, noch einen Tag zu warten. Das – so schien mir – war für sie ein sehr verlorener Tag. Sollte ich mich täuschen? [...]

Berlin 28. Jan. (Mittwoch)

[...]
Tagebuch-Aufzeichnungen.

Ein wenig am Letztgemachten der »Holländerbraut« gefeilt. Dann ins Karl-Liebknecht-Haus. *Sitzung* der Genossen vom geschäftsführenden Vorstand des *Schriftstellerverbandes*. Nun wird bekanntgegeben (vom ZK), dass ich also den Sekretärsposten übernehmen werde. Man sieht, oder hat das Gefühl, den Genossen in der Kulturabteilung fällt es nicht ganz leicht, mich aus meiner Arbeit und meinen Plänen herauszureissen. Das tröstet etwas.

[...]

Also dann am *Nachmittag* die *Sitzung* im *Schriftsteller*verband. Mein Hirn arbeitet, dass ich zuweilen fühle, es brummt. Tausend Fragen: Wo überall ist anzusetzen, um die Arbeit des Verbandes zu beleben und politisch in die richtigen Bahnen zu leiten? [...]

Berlin 29. Jan. (Donnerstag)

[...]

Bis etwa 15. Februar wurde mir noch *Zeit gegeben*, gewissermassen hauptberuflich an meinem Stück zu arbeiten. Nachher wird's mehr oder weniger illegal geschehen. Das Vertiefen, das sprachliche Polieren usw. werden meine stillen Freuden sein, wenn ich nachher »amtiere«. Das heisst also: Bis zum 15. Februar muss die Hauptarbeit am Stück beendet sein.

[...]

Mehrere Stunden Unterhaltung mit zwei Genossen vom ZK über den künftigen Aufbau des Verbandes und die Zusammenarbeit. [...]

Berl./Doll. 30. Jan. (Freitag)
[...]

Die *erste Sekretariatssitzung im Verband*. Mal beobachtet, wie W. V. residierte. Familiensekretariat. Umständlich. Viel Kleinigkeitskrämereien. Diese Telefoniererei von Zimmer zu Zimmer, als hätten die Sekretäre und Sachbearbeiter die Beine verloren.
[...]

Meister Emil musste von den kommenden Veränderungen unterrichtet und befragt werden, ob mit seiner Hilfe als Hofverwalter zu rechnen sei. Er stimmte zu und fing die Zusicherung sehr hochtrabend an: »Wenn Sie mi dat Vertraun schenken, so well ick dat wohl moken ...«
[...]

Doll. 31. Jan. (Sonnabend)
[...]

»*Holländerbraut*« gearbeitet. Das XV. Bild umgeschrieben. Den Schluss neu verfasst. Den Dialogen fehlt vor allem Poesie. Ich freue mich auf das Überarbeiten.

Eva deutete gestern vorsichtig an, meine »Stärke« liege eben im Roman. Das find ich unüberlegt und nachgeplappert.

Also muss ich auch noch gegen den leisen Widerstand von Evchen her arbeiten! [...]

Doll. 2. Febr. (Montag)
[...]

Mit Evchen Beethoven gehört. Eine Stunde schönster Harmonie. Es ist schwer, mit anderen zusammen, die anders empfinden, Musik zu hören. Mit Evchen kann ich es. Ins Konzert kann ich nicht gehen, weil zu viele Blasierte dort sitzen und solche, die Empfindungen heucheln oder zum Besten geben. [...]

Berl. 4. Febr. (Mittwoch)
[...]

Abends Volksbühne. »Das Schwitzbad« von Majakowski. Eine Vorstellung von Theater-Anrechts-Kleinbürgern. Sie lachen gegen uns über die Bürokraten. Sie haben eine vorgefasste Meinung, die von bei uns gewesenen bürokratischen Zuständen herrührt. Es wird noch eine Weile brauchen, bis diese Leute merken, dass bei uns diese Zustände verändert werden. Es braucht Zeit, bis in den Kleinbürger-Hirnen die Zeiten der Super-Bürokratie »historisch« geworden sind. Deshalb meine ich, kommt für uns ein Stück wie »Das Schwitzbad« zu früh. [...] Das ZK hat's in diesem Falle nicht leicht. Der Regisseur kam aus der Sowjetunion. Er ist leider nicht erstklassig und neigt sehr zur Schmieren-Komödie. Was also machen?

Berlin 5. Febr. (Donnerstag)
Von früh bis Abend Sitzung der erweiterten Kulturkommission in der Akademie der Künste. 10½ Stunden.

Es ging um die künftige Arbeit auf dem Gebiete der Kultur. Das Tempo, die Intensität müssen gesteigert werden. [...]

Am Abend ausgelaugt. Daheim ein wenig gelesen. Das Evchen kam nach Berlin und war sehr nett und lieb.

Berlin 6. Febr. (Freitag)
[...]
Aus Dollgow telefonierte Christa: »Meister Schmidt beim Sägespäneholen verunglückt!« Auch das noch!

Wir werfen den Plan um, über Sonntag zum 70. Geburtstag zu fahren.

1960

23. Juni 1960

Nach anderthalb Jahren wieder Tagebuch.

Der Schock den mir die Übernahme der Funktion versetzte, war so groß, daß alle Poesie in den Adern gerann, daß alles *Bedenken* der Dinge außerhalb dieser Funktion ins Stocken geriet. Was man mir mit diesem Akt antat, kann keiner von den Leuten, die mich zum Sekretär machten, ermessen. Am wenigsten Tschesno, der zum Verwirklichen seiner organisatorisch-politischen Intensionen stets andere Menschen braucht. Er selber ist nicht in der Lage irgendeine Funktion über einen längeren Zeitraum zu bekleiden, ohne daß es zu verzerrenden Differenzen kommt, die meist seinem Charakter entspringen.

Die jungen Männer in der Kulturabteilung sind froh, die Funktion besetzt zu wissen, den Verband ohne große politische Anstößigkeiten laufen zu wissen. Wenn man nur die Rolle des »Briefträgers« ohne große Sperenzchen spielt, ist für sie die Sache in Ordnung und wohl für lange Zeit abgetan.

Alles in dieser Abteilung wird nur »ungefähr« gemacht.

Die große Lehre für mich: Unter keinen Umständen, auch bei Androhung einer Parteistrafe oder vorübergehender Diffamierung mehr eine Parteifunktion zu übernehmen, in der ich der Partei nach *meinem Ermessen* nicht helfen kann.

Nach anderthalb Jahren innerer Unruhe, ja Krankheit beginnt sich nun in mir eine gewisse Gleichgültigkeit in allen Dingen, die diese Funktion betreffen, auszubreiten.

Der Dichter gewinnt wieder die Oberhand.

Ich muß schaffen. Ich muß etwas geben können, mit dem die Genossen, die Nachbarn, meine Leser was anfangen können.

Das »Wasserschöpfen in einen Sack« hat mich ermüdet. Alle

Illusionen, als Sekretär an der kulturpolitischen Front vielleicht doch etwas vorwärts zu bringen, sind verflogen. –

Mahlow 9. 7. 60 (Sonnabend)

DIES KÖNNTE DIE FORTSETZUNG DER EINTRAGUNG VOM 23. 6. 60 SEIN:
NUN LIEGE ICH HIER.
»EINGELIEFERT«
KRANKENHAUS.
LOCH IN DER LUNGE
SCHWINDSUCHT – DIE SUCHT ZU ENTSCHWINDEN.
MAN MUSS SICH NACH EINEM AUFPRALL IN EINER ANDEREN WELT ZURECHTFINDEN:
MAN IST MIT EINEM RUCK AUSSÄTZIG GEWORDEN.
EIGENEN LÖFFEL, EIGENE TASSE
RAUCHEN AUS!
NICHT MEHR AUF DIE DINGE ZUGEHN DÜRFEN.

11. 7. 60

Dass ich eine herrliche Frau habe, wusste ich, solang ich sie habe. Nun seh ich: Sogar eine heldische Frau habe ich.

Morgens nach dem Waschen ist man eigentlich schon fertig. Was jetzt von einem als Leistung verlangt wird: Dasein. [...]

12. VII. 60

Mein »Marokkanisches Pferd« ist dabei. Es steht auf dem Schrank unter Rosen von Evchen. Kaum standen die Rosen auf dem Schrank, da woben sich Beziehungen zwischen dem Kunstwerk, dem Rosenlaub und den verschiedenen kleinen Schatten.

13. 7. 60

[...]
Von einer grossen Fotografie an der Wand schaut mich mein kleiner Junge an und scheint beständig zu fragen: »Wollen wir was ausfressen?«

14. 7. 60

[...]

Wenn ich nur dem Oberarzt ausreden könnte, dass man mich bronchioskopiert. Das muss eine Viecherei sein. Man bekommt eine Sonde durch die Luftröhre in die Bronchien eingelassen. Verflucht!

Gefahr von allen Seiten. Gotsche will wieder andere Fachärzte auf mich hetzen. Wenn sie sich erst von »dort« um mich kümmern, bin ich bald wieder ein »verwendungsfähiger Kader«, aber kein Künstler mehr.

17. VII. 60

Die Zeitungsfrau bot mir mit anderen Heften aus ihrer Botentasche den »Wundertäter« an. Ich sagte: »Den hab ich schon gelesen.« [...]

21. VII. 60

Drei rote Rosen beim schönen Pferd. Ich glaube, Evchen liebt mich.

22. VII. 60

[...]

Seit zwei Tagen habe ich nachmittags eine halbe Stunde Ausgang. Da gehe ich heimlich Pfeife rauchen wie ein Schüler. Ich rauche hastig, damit ich fertig werde, bevor jemand vom Krankenhauspersonal kommt. Und die Pfeife schmeckt mir dadurch nicht.

Wie kommt es, dass ich mir wieder eine Frau vorzustellen suche, die es nicht gibt. Ich fühle mich so allein gelassen. Beständig denke ich, es müsste jemand kommen, der mich versteht, lieb zu mir ist, immer bei mir ist. – Das alles kommt wohl vom Umherliegen.

25. VII. 60

[...]

Nun ist endgültig heraus, dass ich keine Tbc habe. Es war eine verschleppte Lungenentzündung vom Februar her. (Damals spuckte ich Blut, nahm mir aber nie Zeit zum Arzt zu gehen.)

Was bin ich froh!

Am Freitag kann ich das Krankenhaus verlassen. Es ist mir als sei mir ein neues Leben geschenkt worden.

Und das neue Leben will ich mit viel Weisheit führen. Mir ist, als hätte ich der Menschheit doch noch was zu sagen.

Schulzenhof 18/VIII/60

Es ging doch nicht alles so glatt. Acht Tage war ich in Schulzenhof. Schon den dritten Tag musste ich mich wieder legen. Meine eigene Diagnose: Rippenfell-Entzündung. Das stimmte nachher auch. Verwachsungen am Rippenfell, die mir starke Schmerzen bereiteten. Dann lag ich bis heute wieder in Berlin.

Geburtstag in Berlin mit viel Rosen, einer lederbezogenen Reiterflasche und einem Shetland-Wollschal von Evchen.

Nun habe ich die ganze Krankheit über und über satt. Das Gefühl, nicht mehr Sekretär des Schriftstellerverbandes sein zu müssen (jetzt ganz offiziell), macht mich taumelig. Mir ist, als begänne ein neues Leben.

Schulzenhof 24./VIII./60

Artur

Artur, der ehemalige Bürgermeister geht wieder auf Freiersfüßen. Er ist siebzig Jahre alt oder noch älter. Sein Haar ist weiß. Er ließ es sich schwarz färben. Schwarz ist aber nur sein langes Haar auf dem Oberkopf. An den Seiten des Kopfes, wo der Dorfbarbier Arturs Haar schneidet, ist es silbergrau und weiß. Artur ist eine Schecke. So geht er durch seinen Liebesfrühling.

Nun hat er seiner Frau Ernestine, der reputierlichen Großbürgerstochter, einen Grabstein setzen lassen. »Hier ruht meine liebe Frau ...« steht auf dem Grabstein. »War Ihre Frau Ihrem Sohn nicht auch eine liebende Mutter?« fragt Frau Franke.

»Er hat zum Kauf des Steines nichts dazugegeben«, sagt Artur. [...]

[Ende 1960]
Kleiner Zwischenbericht

Die nächsten Wochen und Monate verbrachte ich viel in Berlin. Die Proben zur HOLLÄNDERBRAUT unter Benno Besson waren in ein Stadium gekommen, wo Benno meine Ratschläge benötigte. Bald war ich vollständig engagiert. Die Theateratmosphäre hatte sich meiner bemächtigt. Alle anderen Dinge wurden zweitrangig. So auch meine Kurrreise in die Sowjetunion, die ich immer mehr hinausschob.

Zum Tag der Republik war dann endlich die Premiere. Zwischendurch hat's auch noch eine Verzweiung mit dem nervös gewordenen Benno gegeben.

Die Premiere schien ein Erfolg des Stückes zu verheißen. Doch nach Tagen stürzte sich die Kritik auf die Art der Inszenierung und versuchte Autor und Regisseur voneinander zu trennen. Es wurde sehr, sehr viel Dummes in den Zeitungen geschrieben. Nun begann der Kampf gegen diese Dummheiten.

Fast hätte ich meine Reise in die Sowjetunion deswegen aufgegeben. Da aber riet Michel Tschesno vernünftig. Um den 25. Oktober herum fuhr ich dann doch.

Die Tagebuchaufzeichnungen von Moskau und Sotschi befinden sich in einem gesonderten Briefumschlag.

Nach der Rückkehr aus der Sowjetunion ging der Kampf mit den »Kritikern« weiter. Er hält zur Stunde noch an.

Es wurde Weihnachten. Es wurde Neujahr. Die Kinder sind im Schulzenhofer Häuschen. Es gibt Spannungen mit dem großen Sohn Knut [...].

Das Schulzenhof-Häuschen wurde während der Herbstzeit und während der Reisezeit von außen renoviert und innen umgekrempelt. Jetzt ist genügend Platz im Hause. Ich bin nach oben gezogen und kann so ziemlich ungestört von den häuslichen Angelegenheiten arbeiten, auch wenn die Kinder hier sind. [...]

Wieder vergingen über sieben Wochen, bis ich mich auf den Pferderücken setzen konnte.

Jetzt beginnt sich [...] alles zu normalisieren. Ich taste mich zu den Gestalten meiner ENTENSUCHE vor. Ich schreibe eine neue Fabel. Die vorige – stets in »Amtspausen« angefertigt – stellte sich als nicht zulänglich heraus.Ich schreibe für die Hauptpersonen wieder Lebensläufe wie bei der Vorarbeit zum TINKO. Ich versuche, auch eine sehr straffe Fabel und einen ebenso straffen Aufriß herzustellen.

1961

6. Jan. 1961

[...]

Bienen unterm Mikroskop

Der ehemalige LPG-Vorsitzende und jetzige Genossenschaftsimker brachte eine Kunststoffschachtel voll toter Bienen. Wir betrachteten vor allem Bienenflügel, um an bestimmten Winkeln und Abständen von Flügeladern der toten Bienen ihre Zugehörigkeit zur echten Krainer-Rasse festzustellen. Es gibt bei dieser Rasse einen sogenannten Flügel-Index, der die Rasseneinheit ausweist.

Das Haar des Imkers ist in den letzten Jahren weiß geworden. Seine Begeisterung für das Forschen aber ist jugendlich.

Seine Frau verlacht ihn. Wieso benimmt er sich im Großvater-Alter, da andere den Ofen und die Geruhsamkeit lieben, so närrisch mit seinen Bienen? Sie schimpft über die Fachbücher, die er sich kauft. Jetzt will er die Bücher zu mir senden lassen, damit seine Frau nicht merkt, daß er wieder welche gekauft hat.

Walter ist beglückt wie ein Kind zu Weihnachten, wenn er unter dem Mikroskop ein Schema aus seinen Lehrbüchern wiederfindet.

9. Januar 1961

[...]

Negative Strömungen

Eva erzählt (fast mit etwas Wollust, weil sie auch der Meinung war) im Schriftstellerverband habe ihr *Hauser* erklärt, wie unmöglich ich mich bei der Diskussion mit den Kritikern zur HOLLÄNDERBRAUT benommen hätte. Das war vor ungefähr vier Wochen. Ich hatte den Kritikern gesagt, ich wünschte ihre Dummheiten, die sie über das Stück gesagt hätten, als Anhang für die literarische Fassung des Stückes mit abzudrucken. Das war die Ungeheuerlichkeit. Das ließ auch die anwesenden Kollegen aufheulen. Eva ist der Meinung, ich hätte nach diesem Abend voll Feindseligkeit von einer bestimmten Seite her, überhaupt nichts sagen dürfen, um eine »Figur von Höhe« abzugeben.

Die betreffenden Kollegen, die anwesend waren und auch vielleicht andere Gönner oder Mißgönner, waren sicher der Meinung, ich hätte Dankbarkeit gegen meine Kritiker äußern sollen, hätte mich »bußfertiger« zeigen sollen.

Ich konnte mich nicht entschließen, für Dummheit zu danken. Ich redete erregt, stotterte und meine wutbelegte Stimme war brüchig. Das ist alles richtig. Aber trotzdem sehe ich nicht ein, daß, was ich sagte, verkehrt gewesen sein soll.

Oft bin ich nach Tagen soweit, gemachte Dummheiten klar zu erkennen. In diesem Falle will's mir auch nach vier Wochen noch nicht gelingen. Da kann etwas nicht stimmen. [...]

16. Januar 1961

Mit der 3. Generalfassung der ENTENSUCHE begonnen.

Nach Neuruppin

Wir brachten schweren Herzens unseren kleinen Matti, den Zeitfraß, wieder zur Oma nach Neuruppin. Ach, der lustige, kleine Kerl! Nun gehen wir im Hause umher wie maunzende Katzen, denen man das Junge nahm. [...]

KLEINE ZWISCHENPREDIGT

[Ende Januar]

Das Tagebuch verführt zum Naturalismus. Eine Weile schreibt man nur das Wichtigste ein. Später hält man immer mehr Tagesbegebenheiten für wichtig. Das Organ für das Auswählen versagt seinen Dienst. Der Ansturm der Gegenwart erdrückt. Schließlich kann man die Fülle nicht mehr bewältigen. Man schreibt gar nicht mehr ein.

Man muß erreichen, daß man zielsicher jeden Tag das Wichtigste für das Tagebuch abgewinnt. Man muß den Buch- und Sonntagsstil auf das tägliche Leben übertragen.

27. II. 61

In den neun verflossenen Tagen ist folgendes geschehen:

Tapfer an der ENTENSUCHE gearbeitet. Weiß nicht, wohin es führt. Nur noch fünf Seiten täglich. Dafür aber gleich Hauptkorrektur jeden Tag. [...]

30 Kraniche bei Lindow. Am Abend sah ich 4 davon am Zeuthen-See. Hatten sich schon verteilt. Also auch sie sind hier.

Am gleichen Tag die ersten Frösche (Grasfrösche) in den Wiesen. Scheinen im Wald überwintert zu haben. [...]

Am 27. II. 61 die Kinder nach Neuruppin zurückgebracht. Die Ferien sind zu Ende.

[...]

Die Brunnenbauer. Die Wasserleitungsleger. Der Hof sieht aus wie nach einem Bombenangriff. Es wurde für die Hauswasserversorgung ein neuer Brunnen gebohrt. Die alte Holzpumpe fiel. Schade. Nun steht eine grüne eiserne Pumpe auf dem Hof.

An mehreren Abenden für die Kinder gezaubert. Zauberzeug schicken lassen. Habe auf einmal Freude, rote Billard-Bälle verschwinden zu lassen. Übe noch abends im Bett, um vor den Kindern bestehen zu können. [...]

1. Juni 61

DER KONGRESS DER SCHRIFTSTELLER ist zu Ende. Wieder in Schulzenhof. Meine Sekretärszeit ist nun auch offiziell erledigt. Bisher schwebte diese Funktion noch wie eine Gewitterwolke über meinem Kopfe. Gut möglich, daß noch ein Blitz hätte herausfahren können.

1. Juli 1961

[...]

Und das geschah inzwischen:

Der Schriftstellerkongreß fand statt.

Unliebsame Auseinandersetzungen mit Hermlin. Parteialter.

Jeden Abend das Haus voller Gäste [...].

Der kleine Matti einige Wochen bei uns.

Erwin und Ilja kommen jetzt regelmäßig auf Wochen-End-Besuch.

Geburtstagsfeier der Kinder.

Richtfest mit Maurern, Zimmerleuten, die Schmidts, die Franckes im Garten.

Daneben wächst der Stall. Bis heute ist das halbe Dach gedeckt.

Die Heuernte ist beendet. Das Heu blieb in Schobern und Reutern auf den Wiesen. Es soll schon in die neue Scheune.

[1. bis 15. Oktober 1961]
[...]

Ein Fuchs zwischen Löwenberg und Teschendorf im Scheinwerfer. Der Autoscheinwerfer reisst die Dinge aus der gleichmachenden Dunkelheit: Einen Baum, einen weissen Prellstein, eine schmärende Katze, Verkehrsschilder, einen Radfahrer auf unbeleuchtetem Fahrrad.

So ähnlich muss sich in einem Menschen die Welt spiegeln, der die Zusammenhänge nicht denkend herzustellen vermag. Nur das, worauf sein Auge trifft, ist für ihn vorhanden.

In Potsdam. Theater. Hauptprobe *Holländerbraut*.

Brecht sagte: »Jedes Prinzip ist tödlich.«

[...]

Richtig hohl vor Müdigkeit. Man muss den Hohlraum mit Schlaf füllen.

Das eigentliche Schaffen an einer literarischen Arbeit als Primäres und eine solche »Ehrung« wie gestern für die sichtbar gemachte Leistung sind wohl die Höhepunkte im Künstlerleben.

Dann taucht ein solcher Mann wieder unter in Einsamkeit und Auseinandersetzung mit der Umwelt.

Was ist er z. B. innerhalb der Familie? Ein Hindernis im Familienleben. Er sitzt im Wege und schreibt. Gibt's nicht so genug schmutzige Wäsche zu waschen? Da macht er auch noch welche. Er wünscht zu alldem noch, dass man ihm Knöpfe annäht und verlangt mutwillig zu essen.

[...]

Premiere *Holländerbraut* in Potsdam. Meine alte Wirkungsstätte P. von ein Dutzend Jahren zuvor. Alte Erinnerungen an Menschen und Situationen aus dieser Zeit. Bobby R. und seine

Erna waren da. Die einzigen beiden Menschen, mit denen ich über all die Jahre in Kontakt blieb.

Eine gute Aufführung. Spannend. Man hört Seufzer und Stöhnen im Publikum. Die Fabel kommt gut heraus. [...] Die Sicherheit: Die *Holländerbraut* ist wirklich ein Volksstück. Auch das kleinste Theater wird daran nichts entzweimachen können. Man könnte eine Menge Rollen mit Laienspielern besetzen. [...]

[25. Oktober bis 13. November 1961]

[...]

Krise beim Schreiben von »Ole Bienkopp«. Man möchte mit dem Kopf gegen einen Baum rennen. Der neue Wagen, der neue Stall – nichts erfreut mich mehr. Alles scheint mir unverdient. Ich fühle mich wie ein Nichtskönner und Schmarotzer. Möchte fortrennen, mich als Viehpfleger in einer Genossenschaft verdingen.

Nachts auf Malek unterwegs. Auch das Reiten, das mich sonst schnell »zurechtrückt«, bringt keine Änderung meiner Stimmung.

In der Nacht endlich klärende Aussprache mit dem einzigen Freund – Eva. Wir suchen gemeinsam zu ergründen, woher mein Unbehagen kommt; was getan ist; was gültig am Roman ist; was getan werden muss, um zügiger weiterzukommen.

[...]

Früh auf SABAH mit RAWANAH unterwegs. S. soll und will nicht durch Pfützen. Nicht gut – das Exerzieren – in solchen Tagen der Unausgeglichenheit. Der »Kunstdämon« in mir sucht beständig Anlässe, sich auszutoben. Ich lass Unschuldigen Ungerechtigkeiten widerfahren und schäme mich, ekele mich danach vor mir selber. Was ist das nur für eine Kraft, die einen bis zur Selbstzerstörung treiben möchte!

[...]

Von 11–14^h Gen. Götte. Viele Episoden aus dem Leben eines Leiters in der soz. Landwirtschaft. Manches davon wird sich auch im BIENKOPP verwenden lassen. Man hat nur nicht Zeit, alles sofort zu notieren. Trotzdem bleibt Entscheidendes aus diesen Gesprächen wohl im Gedächtnis haften und steht später als Stoff zur Verfügung.

[...]

OLE BIENKOPP. Wieder erhebliche Krise. Komme zu dem Schluss: Auch die 9. Fassung muss abgesetzt werden. Eva hat mich irregeführt. Das breite Auserzählen der Vorgeschichte würde den Roman in mindestens fünf ungleichwertige (in bezug auf die Dramatik) Teile zersplittern.

Sehr unglücklich. Der Kopf fühlt sich wund an. Die Marterei: Die zweite Nacht kaum geschlafen. Dazu keine ruhige Stelle im Haus. Die drei Jungen auf Feiertags-Urlaub.

Die neue Fassung muss sich, wie mir scheint, an die Fassungen sechs bis acht anlehnen.

Das Haus voll Lärm. Ich fast verrückt. Muss mich zusammennehmen, dass ich's nicht zu Tobsuchtsanfällen oder zum Ausreissen kommen lasse.

[...]

Bei anderen Leuten nennt mich MATTI »mein Mann«, wie er es von Eva hört. Er sagt z. B.: »Herr Franke, wollen Sie mit meinem Mann ausreiten?« [...]

Vater baut eine Schuppenwand. MATTI macht Bekanntschaft mit der Säge. Er bekommt einen Kratzer an die Hand. »Nun brauche ich ein Pflaster!« (Das hat er bei den Maurern gesehen.) Die MUTTI verpflastert die kleine Hand. »Hat der Vater nicht geschimpft?« »Er hat gesagt: ›so geht's den unartigen Kindern, die alles anfassen müssen. Zur Strafe dürfen sie nicht mit nach Neuruppin fahren‹!« (Das Letzte hatte ich nicht gesagt. MATTI hat gleich einen Vorteil für sich herausgeschlagen. Er will nicht gern zur Oma nach N. zurück.

[...]

Ich las einiges über Purzeltauben. Das sind Tauben, die sich aus grosser Höhe herabpurzeln lassen und sich oft erst über dem Erdboden abfangen. Diese Art Tauben interessierte mich. Noch ehe ich daran dachte, solche T. zu halten, verwendete ich das Bild der purzelnden Tauben für die Gedanken eines meiner Haupthelden (Anton Dürr) im Roman OLE BIENKOPP.

Nachdem ich das Bild verwendet hatte, wurde ich unsicher:

13. November – 3. Dezember

Ich hatte das »Purzeln« solcher Tauben nie gesehen. Also liess ich ein Paar Purzeltauben (Elsterpurzler) kommen. Es sind junge Purzeltauben. Sie purzeln noch nicht. Jeden Morgen treibe ich sie aus dem Schlag und jage sie zu den niederen Wolken auf. Ich warte Tag für Tag auf das Purzeln. Ich will wissen und die Genugtuung haben, dass ich mir das literarische Bild nicht nur angelesen habe.

Von solch umständlicher Art sind viele Stellen in meinen Arbeiten. Der Leser macht sich später keine Vorstellung davon. Meine Umgebung, meine Freunde halten mich für kindisch, für schrullig – was weiss ich – wenn ich mit Pflanzen, mit Tieren – leider auch mit Menschen – experimentiere. Schon lange studiere ich Volltrunkene. Noch immer wage ich nicht sicher zu behaupten, dass allen Volltrunkenen bestimmte Handbewegungen eigen sind. Eva wird nervös, wenn ich in den abendlichen Berliner Strassen Gespräche mit Betrunkenen führe. Es geht mir aber darum, die psychischen Motive für ihre Handlungen zu überprüfen.

[...]

In Rheinsberg auf der Strasse will und will ein Mann nicht glauben, dass ich nicht *Geschoneck* bin. Das fünfteilige Fernsehspiel »AUFRUHR DES GEWISSENS« mit G. in der Hauptrolle hat die Leute verrückt gemacht. [...]

[14. November bis 3. Dezember 1961]

In Berlin
Beim Verband
1. Sitzung für Büste bei Prof. Cremer
Allerlei Besorgungen
Abends mit Inge, Gerhard und Eva im Zirkus.
Nachher Plauderstunde bei uns.
Hauptgesprächsthema unter den Intellektuellen Berlins
XXII. Parteitag der KPdSU
Personenkult.
Das Stalin-Denkmal an der Sporthalle ist über Nacht verschwunden. Die Stalin-Allee umgenannt in Karl-Marx-Allee und Frankfurter Allee.

1961

Stalinstadt heisst Eisenhüttenstadt.
O, du lieber Augustin!
[...]
Internationales Schriftstellertreffen. [...]
Renn hat eine nüchterne Resolution mit ein bisschen Schiller als Würze verfasst. Es wird stundenlang im Johannishof beraten, wie man den »teutschen« Schiller aus dem Aufruf herauskriegt, um einen »familiären« Satz der Anna Seghers über die »Härte« der Trennmauer in Berlin hinein zu bekommen.

Bus- und Bettag. Zu schön dieser Begriff neben »Epoche der breiten Entfaltung des Sozialismus!«
[...]
Als Gast auf dem ZK-Plenum. [...] Überall auf ökonomischen, aussenpolitischen u. a. Gebieten hat man das Gefühl von Klarheit in den Perspektiven. Nur in der Kulturpolitik vermisst man's. Da leben wir von der Hand in den Mund und von Zufall. Der Zufall ist ein launischer Gesell, weiss man. Im Augenblick sind wir in der Kulturpolitik wieder einmal schön provinziell. Was wird, wenn wir uns wo werden messen müssen?
[...]
Zweite Sitzung bei Cremer. Gute Gespräche über Kunst dabei. C. ist sehr zufrieden, dass ich jetzt gerade zu ihm kam. Man macht ihm Schwierigkeiten, weil er sich vor eine Gruppe junger Maler stellt, die schlecht »kacken« können. Nun sorgt die Kulturabteilung mit dem Grobknüppel für eine bessere Verdauung jener kellerkeimigen Künstler. C. fühlt sich mit verprügelt und nimmt seine zur Genüge glossierte Bullenhaltung an. Zuviel Ehre für die »Käcker«. – Ich rate C. zu arbeiten. Weniger reden und theoretisieren. Es hilft. Er beginnt mit einem Mahnmal für Mauthausen.

Im steifen Nebel endlich nach einer fast vertanen Woche – die Heimfahrt. Grosse Freude bei Hunden und Pferden.
[...]
Dieser scheussliche innere Kampf hat wieder begonnen: Soll ich meine Arbeit unterbrechen, zwei Tage auf der Vorstand-Sitzung des Schriftstellerverbandes verbringen, mich mit organisatorischen Dingen beschäftigen, oder soll ich zügig weiterarbeiten.

14. November – 3. Dezember

In welchem Falle tue ich mehr für die Gesellschaft?
Theoretisch ist die Frage sehr schnell entschieden: »Schreib lieber ein Buch!«
Auf dem XXII. Parteitag haben einige Schriftsteller gesprochen. Mehr als einer hat gesagt: Die literarischen Werke entstehen nicht auf den »ewigen« Sitzungen im Schriftstellerverband.
Das hilft vielleicht ein bisschen.
[...]
Jetzt entdeckte ich TSCHECHOW. Von ihm kann ich noch lernen. Hinter das Geheimnis seiner Prägnanz und seiner Verkürzungen muss ich kommen.
Nicht, dass ich früher nichts von ihm gelesen hätte. Hier und da eine Geschichte. Jetzt lese ich einen Band seiner Geschichten im Zuge. Die Verwandtschaft (Züge davon) im Stil werden mir sichtbar.
Manchmal ist's wohl so, dass man selber erst an einen gewissen Punkt (in der Mach-Art) gekommen sein muss, um ähnliche Bestrebungen bei »Vorgängern« zu entdecken. Man findet das, was in einem selber latent ist (?)
[...]
Am Abend Bruno Skodowski mit Frau und frühreifer Tochter. Bruno erzählt interessante Geschichten aus seiner Ministertätigkeit. Viele dieser Geschichten zeigen mir, dass ich im BIENKKOPP Wesentliches über die Genossenschaftsarbeit der Bauern erfasst habe.
Hoch am Abend rückt Bruno mit einem Brief heraus. Er wurde im Minister-Rat verfasst. Es ist ein Brief an die Genossenschaftsbauern, die schlecht wirtschaften und auf Staatszuschüsse lauern. Staatszuschüsse sollen 1962 nicht mehr gezahlt werden. (Unsere Verteidigungsbereitschaft hat uns eine kleine Stange Geld gekostet!) In dem Brief des Ministerrats wird den schlecht wirtschaftenden Bauern empfohlen, Ordnung in ihre Genossenschaft zu bringen. Es werden auch Wege dazu angegeben.
Der Brief ist in einem unmöglichen Bürokraten-Deutsch geschrieben. Die Bauern würden sich kaum die Mühe machen, ihn zu entziffern. Ich soll den Brief (natürlich ist er 4 Seiten lang) stilisieren.

[4. bis 23. Dezember 1961]

[...]

Den ganzen Tag so herumgegluckt und mich vom dicken Schnupfen beeindrucken lassen. [...]

In letzter Zeit stimmt mich oft tröstlich, dass Evchen und Sohn MATTI mein Werk oder meine Absichten weiterpflegen werden, wenn ich einmal davongehe. Das denk ich, obwohl ich (verstandesmässig) weiss, dass es ein Irrtum ist. Von diesen lieben Menschen verlangt die Welt etwas anderes als von mir. Wie die Seele sich doch mit Irrtümern zu trösten weiss!

[...]

Seit Jahren wieder einmal in Rilke-Briefen gelesen. Sie rufen neues Interesse wach, wenn man sie so liest: Rilkes Beziehungen zu Gorki, zu Pasternak, zu Rodin, zu Clara Rilke usw.

Es ist nicht gut, sich Rilkes Gefühlswelt als Lebensform zuzulegen. Doch ist's gut, sich zu vergewissern, dass einem diese Gefühlswelt nicht absolut fremd ist, ja dass man sie neben der marxistischen und polit-ökonomischen Durchdringung seiner Umwelt durchaus als »Gleichgewicht« gelten und in seine Tage und seine Arbeit einfliessen lassen kann. In dieser Weise wird Rilke für uns be-erb-bar.

[...]

Immer noch allein im Haus. Die Stille summt. Es ist nicht übel, wenn man mit den Mahlzeiten, mit dem Aufstehen und Zubettgehen, mit den Launen auf niemand Rücksicht zu nehmen und nur die Tiere zu versorgen hat. Bis jetzt hatte ich all die Tage lang nicht über das Auftreten von Launen zu klagen. Resultieren sie etwa doch aus den geheimen und offenen Widerständen derer, mit denen man unter einem Dache lebt?

[...]

Ich bereite mich auf eine Lesestunde im Rundfunk vor. Zum ersten Male soll in den Weihnachtstagen der Anfang des BIENKOPP in seiner wohl endgültigen Form zu den Hörern und Lesern gehen.

[...]

16 Säcke Futter die steile Leiter zum neuen Schüttboden hoch geschleppt. (Der Aufzug ist immer noch nicht fertig!)

4.–23. Dezember

Das hätte ich vor zwei Jahren nicht vermocht. Mein körperlicher Zustand ist seither durch Diät und konsequentes Reiten, so es der Arbeitstag nur zulässt, besser geworden.

[…]

Der Frost hält an. Ich versuche, mich auf *Sabah* warm zu reiten. […]

Am Nachmittag meldet sich der Cheflektor des westdeutschen Fischer-Verlages zu Besuch an.

Am Abend kommt dieses Männchen Wagenbach im tiefen Frost aus dem ungeheizten Auto geklettert. »In Frankfurt a. M. ist's wärmer«, behauptet es.

Dreissig, zweiunddreissig Jahre vielleicht. Kurzes, dünnes amerikanisches Affenmäntelchen. Smart mit kurzen Unterhosen und nackten Waden unter den schlotternden Oberbeinkleidern.

Was will der Wagenbach? Sich entschuldigen, für sich persönlich »gut Wetter« machen. Er sei nicht schuld, wenn S. Fischer-Verlag den WUNDERTÄTER aus politischen Gründen zurückgezogen hat. Canossa-Gang!

[…]

Der Tag wird kritisch. Die neue Heizung macht Scherereien. Evchen übellaunig. Frau Franke mit knurrigem Gesicht.

Ich habe grosse Lust zornig zu werden, aus der Rolle zu fallen.

Kurz entschlossen ins Auto gesetzt und nach Berlin gefahren. Nun bin ich allein, kann gegen niemand ungerecht sein. Wenn es mit der Arbeit am BIENKOPP nicht vorangeht, liegt's bei mir allein. Die üble Laune löst sich in der eigenen Säure auf. Ich verproviantiere mich und igle mich für die Arbeit ein.

Die Geräusche im »hellhörigen« Hause und auf der Strasse gehen mich nichts an.

[…]

Aber dann kommt ein Eilbrief von Evchen. Er enthält drei Liebesgedichte von mir, die sie nicht kannte. Verjährte Tagesbegeisterung. Aber Evchen will gehen, will nicht mehr wiederkommen. Termin: Freitagabend. Das ist so albern und abgenutzt.

Dem Brief aber liegen einige Aphorismen und ein Gedicht bei. Aphorismen aus einem wunden Herzen. Aber Tiefe!

Das Gedicht ist tief und macht mich weinen, obwohl ich noch gar nicht weiss, ob es von Evchen ist.

Ich denke den ganzen Abend über das abgeschmackte Ehe-Ultimatum und das fühlsame Gedicht nach.

An Arbeit nur noch mit größter Konzentration zu denken.

Glatte, glatte Strassen, denn über Nacht fiel Schnee in die Frostlandschaft.

Mit sehr zwiespältigen Gefühlen nach Dollgow.

Ich find Evchen gefangener und vernünftiger, als ich vermutete.

Das ist gut. Szenen hätte ich nicht ausgehalten, wäre wieder davongefahren, zumal sich die drei Gedichte auf ganze acht Tage Vergangenheit beziehen. Ich war so allein damals mit meiner Arbeit und auch sonst.

Ich habe keine Lust, den »reuigen Sünder« zu spielen, mich anzuklagen. Solche Kurzschlüsse bei einem oder dem anderen Partner muss eine grosse Liebe aushalten; ansonsten war sie nicht gross, sondern Dunst.

Natürlich gibt's Tränen, aber die gelten wohl mehr der Überwindung.

Evchen sagt mir einige Gedichte, die sie in den letzten Tagen gemacht hat (aber das kann man nicht sagen). Die Gedichte sind ihr zugeströmt. Die grosse, unbekannte Kraft der wirklichen Dichtkunst ist am Werk gewesen. Was ich lange vermutete; was ich lange erwartete – Evchen möge zur wirklichen Schöpferkraft hinfinden – ist eingetreten.

Nur behutsam jetzt, behutsam!

Was ist das Leid für eine Kraft, selbst wenn es durch ein ungeeignetes Objekt aus uns hervorquillt!

[24. Dezember 1961 bis 7. Januar 1962]

WEIHNACHTSTAG

Die Kinder sind aufgeregt. Immerzu flammen kleine Streitfälle auf. Erwin und Ilja schmücken schon den Fichtenbaum.

Die Weihnachtspyramide kreist vorn in der Stube auf dem hellen Tisch. Die Kinder wissen nicht, womit zuerst spielen.

23. Dezember – 7. Januar 1962

[...]

Sylvester. Die milde Witterung hält an.

Ich schreibe nicht. Es haben sich allerlei Hofarbeiten angesammelt.

Mittendrin kommen die Beselers schon am Vormittag zur Sylvesterfeier. Es ist das erste Mal wohl seit wir hier draussen wohnen, dass wir zu Sylvester Gäste haben. Diese Tage vor und zwischen Weihnachten und Neujahr waren bisher den Kindern vorbehalten.

[...]

Sonntag. Hofarbeiten, aber da kommt *Götte* mit Frau und dreijährigem Sohn und bleibt bis zum späten Nachmittag.

So wenig optimistisch haben wir G. noch nicht erlebt. [...]

Durch die Annullierung der Staatszuschüsse haben die Genossenschaften keine Mittel, um beispielsweise Schweine (Läufer) von den Volksgütern zur Weitermast anzukaufen.

Es hat den Anschein, als hätten wir unsere Devisen in diesem Jahre für andere Dinge (Schwermaschinenbau oder Rüstung) ausgegeben und könnten keinerlei Futtermittel für die Landwirtschaft importieren.

Leider machen wir den alten Fehler und erklären der Bevölkerung die Ursachen von Mängeln nicht. Wir rufen nicht das Verständnis der Bürger auf, sondern verkaufen sie für dumm und schieben die Schuld allein auf die schlechte Wirtschaftsführung der Bauern usw.

Die Bauern jedoch, die ja wissen, dass sie nicht allein schuldig an den Missständen sind, schimpfen auf die Unfähigkeit der Landwirtschaftspolitiker. Das ist der Erfolg des Vertuschens: Man erreicht genau das, was man nicht wollte.

Wann hören wir mit der Unterschätzung der geistigen Fähigkeiten des Volkes endlich auf. Wir halten das Volk für dumm und sind selber die Dummen dabei.

1962

9. Januar
[...]
Am Vormittag keine zügige Arbeit am BIENKOPP.
Der Architekt mit dem Klempner und dem Bautischler um noch vorhandene Mängel am Neubau zu beseitigen.
Ich erfahre von entsetzlicher Lotterwirtschaft im Kuhstall der LPG. Die Kühe sollen halb verhungert im Dreck bis an die Knie stehen. Die neuen Ställe sind verwahrlost. Man hat die Warmwasserheizung platzen lassen. Die Kohlen sind verschwunden.
Das regt mich so auf, dass erst recht nicht an Arbeit zu denken ist. [...]
Am Nachmittag versage ich mir den Ausritt und erzwinge sieben Seiten BIENKOPP.

10. Januar
Das Evchen reist im Nieselregen mit dem Postauto »durch die Taiga« nach Berlin.
Immer noch geht's um den Bruder. [...] Seit (Oktober wohl schon) sitzt er in Lpzg. in Untersuchungshaft.
Die Frage bleibt auch bei mir: Hat unsere Staatssicherheit nach dem 13. August vorigen Jahres (Abriegeln der Berliner Sektorengrenze) in einer gewissen Panik-Situation zu viele negative Schwätzer und Contra-Revoluzzer verhaftet oder liegt bei den Leipziger Studenten der Journalistik wirklich organisierte Staatsfeindschaft vor.
[...]
Die Kreisverwaltung hat sich nach anfänglichem Sträuben nun doch bereit erklärt, mir 20 Ltr. Mischfutter für die Pferde zu liefern.
Die Futterlage ist diesen Winter noch schlechter als im Vor-

jahr. Vielleicht haben wir zuviele Devisen für Armeeausrüstung und Waffen ausgegeben? Es wird darüber fälschlicherweise nicht gesprochen. Jedenfalls waren wir bis jetzt nicht in der Lage, Kraftfutter zu importieren. Nicht korrekt sind dann die Ablenkungsmanöver in der Agitation und in der Presse. [...]

Aus dieser Lage ergab sich, dass die Landwirtschaftsabteilung des Kreises sich verstieg, meine Pony-Zucht als ungesetzlich zu bezeichnen. Was für ein bürokratischer Angst-Unsinn!

Unsere Shetland-Ponie sind bei der Tierzucht-Inspektion als Herdbuch-Zucht geführt. Die Übersetzungen meines Pony-Buches in Bulgarien und in der Tschechoslowakei bringen dem Staat Devisen. Das wird auch bei dem nächsten Pony-Buch, das ich schreiben werde, so sein. [...]

11. Januar

[...]

Christa ist tot.

Die Nachricht kam von einer unbekannten Frau aus Bautzen, die Christas Schwiegermutter hätte werden sollen.

Christa tot, von der auf den Seiten älterer Tagebücher so oft die Rede war.

Christa tot, die über die Seiten der Pony Bücher hüpfte, die mir den literarischen Namen des Ponys PEDRO finden half.

Christa tot – der Tod einer eigenen Tochter hätte mich nicht tiefer niederschlagen können!

Christa tot – die unsere beiden letzten Jungen aufziehen half und liebte. Die von den Jungen so eifrig und eifersüchtig wiedergeliebt wurde. Was werden sie sagen? Wie werden sie es in ihr kleines Leben einordnen?

Christa tot – die sich nun trotz unglücklicher Liebe auf ihr eigenes Kind freute. Das Kind lebt. Christa gab ihm von ihrem eigenen kleinen Leben ab. Es war nicht genug Vorrat da. Sie starb.

Und ich wusste nicht meiner Trauer Herr zu werden. Ole und die anderen Leute im BIENKOPP-Roman durften mir meine Verfassung doch nicht anmerken.

Keine Ruhe. Wie der Tod eines nahen Menschen doch alles in

Frage stellt! Die Sinnlosigkeit des Lebens erhebt ihre irreführende Stimme, wächst an und sucht ihren Schatten auf alles Tun zu werfen.

Ich musste etwas sehr Wildes tun, um die Mächtigkeit des Lebens zu fühlen.

Ich spannte die Hengste MICHA und MALEK ein. Seit einem Jahr konnten wir sie nicht mehr im Gespann fahren. Sie bissen sich, kämpften im Fahren miteinander und brachten Kutscher und Fuhren in Gefahr.

Das eben sollte mir recht sein: mich dem Kampf und Lebenswillen dieser beiden Hengste entgegenzustellen, sie wieder einzufahren, sie zu bändigen.

Es war eine wilde Fahrt! Schweisstriefend ich, schweisstriefend die Hengste – so fuhren wir wieder im Hof ein, an dessen geöffnetem Tor Christa so oft gestanden und auf uns gewartet hat. –

13. Januar
TAGEBUCH

HELMUT HAUPTMANNS Tagebuch. Teilvorabdruck in der NDL Nr. 1/62. [...]

Gelernt daraus, dass auch meine bisherige Tagebuchform, sofern es sich um BREITE REFLEXIONEN handelt, SCHUND ist. Das ist nicht auszuhalten. Wahrscheinlich schielen alle Tagebuchschreiber mit einem Auge auf die *GENEIGTE NACHWELT*.

»Was der Mann alles gedacht hat! Womit er sich beschäftigte! Wie er zu seinen Denkergebnissen und Erkenntnissen kam!«

Denkste! – Gar nicht interessant. Interessant sind »vielleicht« die Denkergebnisse aphoristisch niedergelegt; auch Episoden, die was über die Mitmenschen und den Wandel der gesellschaftlichen Verhältnisse aussagen.

Vor allem Kürze, Prägnanz. Aussparen. Dem Leser Raum für die eigenen Gedanken lassen.

Schmierzettel im Kopf – Lösung der Denkaufgabe auf's Tagebuchpapier! [...]

15. Januar

[...]

GASFLASCHEN

Propangas im Haushalt spart Holz und den Bearbeitungsprozess des Brennholzes ein. Dafür muss man aller 14 Tage zehn Kilometer weit fahren, um die Gasflaschen füllen zu lassen. Waschmaschine und Trockenschleuder, Staubsauger, Warmwasserheizung und Spülklosett; all das haben wir nun hier draussen. Man gewöhnt sich sehr schnell an die zivilisatorischen Bequemlichkeiten. Wenn sie dann aber versagen, hat man »moderne Motive« unglücklich zu sein. Neue Sorgen, wie man diese Dinge repariert bekommen wird. Also, gehopst wie gesprungen. [...]

18. Januar

[...]

Das Evchen reist mit dem Postauto ab. Es will nach Bautzen, um über den Verbleib von Christas Kind zu entscheiden. Grosse Verantwortung. Ich bin nicht sicher, dass das Evchen sich das Kind – von Mitleid überfallen – sich selber zuschreibt.

24. Februar

In Bohsdorf feiern die Eltern und die Geschwister heute
Goldene Hochzeit
und warten auf uns. Wir konnten uns nicht entschliessen. Mit den Eltern sind wir gern zusammen und plaudern angenehm und nützlich in bezug auf die »Erforschung der Vergangenheit«. Familienfeste aber ertragen wir nur mühsam. [...]

7. März

[...]

MEISTER EMIL BEIM FOTOGRAFEN

Meister Emil benötigt ein Passbild. Er geht mit einem anderen Waldarbeiter zu einem Fotografen nach Rheinsberg. »Wie wolln us knipsen loatn, Härr Lehmann.«

Der Fotograf: »Hier wird nicht geknipst. Hier wird fotografiert.«

Meister Emil: »Joa, denn sind wie hie nicht richtig. Koam wech, Hermann!«

Sie gehen durch die Stadt zum Fotografen am anderen Stadt-Ende.

»Wie wolln uns knipsen loatn.«

Der Fotograf: »Bitteschön, nehmen Sie Platz!«

Meister Emil: »Hie sin wie richtig, Hermann, sett di daal!«

WALDVÖGEL

Der Winter ist heuer lang. Noch Schnee und Winterfröste jetzt im Märzen. Vier Vogelfutterstellen haben wir eingerichtet. Jeden Tag kommen mehr Vögel aus den Wäldern ringsum. Wie verständigen sie sich? Beobachten sie einander?

Heute tauchte zwischen Kohl- und Blaumeisen, Buch- und Grünfinken, Sperlingen, Amseln, Goldammern und Eichelhähern, auch [ein] Gimpel, ein starengrosser bunter Vogel, auf, den ich für einen Kreuzschnabel hielt. Bei näherer Betrachtung aber wurde ich unsicher. War's nicht ein Kirschkernbeisser? Beide Arten gehören zu den Finkenvögeln. Man weiss zu wenig. Was müsste man noch alles lernen!

15. März

[...]

BRECHT

Es ging um Egon Monk, einen Regieschüler. Er ging schon zu Brecht's Zeiten nach dem Westen. Brecht war traurig darüber. Er versuchte durch »Abgesandte« Monk von seinem Irrtum zu befreien. M. sollte zurück. Er kam nicht.

»Dabei ist er ein Arbeiterjunge«, sagte jemand.

Ich spontan: »Der sieht aber nicht so aus!«

Brecht empört und etwas zurechtweisend: »Es sieht mancher nicht *so* aus, müssen Sie sich merken!«

Er wollte, dass ich mir abgewöhne, jemand nach der Physiognomie und dem Äusseren zu beurteilen. Ich habe es mir nicht abgewöhnt, weil ich im Laufe unseres Zusammenlebens erkannte, dass Brechts Menschenbeurteilung nicht entwickelt war.

19. März

Nach Berlin.
Kramarbeit, Telefonate.
Mehrstündige Sitzung in der Akademie. Parteigruppe.
Langer Polit-Büro-Beschluss wird verlesen.
Die Arbeit der Akademie soll reorganisiert werden, die Zeitschrift SINN UND FORM wirksamer für unsere literarischen Arbeiten genutzt werden. Höchste Zeit.
Bredel soll neuer Präsident der Akademie werden. Na?
Alles das ist gut und zu begrüssen. Nicht gut ist »der ideologische Tanz«, der mit Fritz Cremer veranstaltet wird. Tanz ohne Musik, ohne ersichtlichen Anlass. F. C. kann sich nicht dazu bequemen, den SOZIALISTISCHEN Realismus als ein Dogma anzuerkennen.

20. März

Mit Walter Dachwitz einen Fernseh-Apparat für uns gekauft. So wird denn nun auch dieses moderne »Guck-Möbel« bei uns stehen und wahrscheinlich beanspruchen, dass man es zuungunsten von Brief-Schreib-Abenden oder Stunden des Nachdenkens oder erspriesslicher Gespräche seinen Tribut zollt.

Walter D. sitzt lange bei mir und erzählt mir den Verbandsklatsch. Demnach wäre ich also der »ideale Sekretär« gewesen. Ich bin nicht naiv und eitel genug, das zu glauben. Damals war ich ihnen viel zu streng und energisch!

22. März

[...]

LIEBE

Peinlich, dumme und doch schmerzende Auseinandersetzung mit Evchen. Missverständnisse und meine Inkonsequenz Menschen gegenüber, die mir mal etwas bedeuteten.

Wieviel solcher Leute schleppe ich mit durch mein Leben. Ich kann sie mir nicht brüsk vom Halse halten. Weil sie mir doch, wie ich meine, für einen Lebensabschnitt, auch wenn es nur Monate, Wochen, Tage oder gar Stunden waren, wichtig, unausweichlich und unerlässlich waren. Wenn aber der Mensch, den ich in dieser Art Treue und Anhänglichkeit mit auf die Reise nahm, ein junges Mädchen ist, dann sind alle Türen und Tore zu Missverständnissen offen. Ich behäufe Evchen mit Leid. Übrig bleibt ein Katzenjammer, Resignation aus denen ich mich nur durch harte Arbeit retten kann.

30. März
1. Stallarbeit, Heizen, Waldvogelfütterung.
2. 5 Seiten *Bienkopp*
3. Beerensträucher im Garten verschnitten, Rosen etc.
4. Hengste in der Manegen-Koppel zusammendressiert.
5. Abends am Fernseher geklebt; nichts gelesen und nichts getan.

Studiert: Wie psychologisch raffiniert die westliche Geschäftsreklame vorgeht: Bedürfnisse einreden; besonders den Frauen, aber auch den Kindern. Der Federhalter (Kugelschreiber), der keine Kleckse ins Schulheft macht! Die Männer werden bei der »Männchen-Eitelkeit« gepackt: Tabak X – das Zeichen für »männliches« Rauchen. [...]

1. April
[...]

PESSIMISMUS

Es gibt Tage, da packt einen der Weltjammer. Man zweifelt an der wirklichen Entwicklung der Menschheit. Überall gewahrt man verdächtiges Machtstreben. Man fürchtet, gleich wird jemand aufstehen und schreien (wie gehabt): »Wollt ihr den TOTALEN KRIEG?«

»Ja, ja« wird die Menschheit brüllen, obwohl die einzelnen Menschen versichern, dass sie mit dem Krieg nichts mehr zu schaffen haben möchten.

Vor einem Jahr war die »Ökonomische Hauptaufgabe« das A und O unserer Politik. Was das war? Westdeutschland sollte bis zu einem gewissen Termin in der Produktion (pro Kopf) überholt werden. Wer das bezweifelte, war politisch verdächtig.

Der Termin näherte sich. Es war nicht zu schaffen, was die Zweifler (oder die Realisten) vorausgesagt hatten.

Irgendwo in einem Dörfchen nahm W. U. diese Forderung

zurück. Die Meldung erschien (schamhaft vergraben) in einem Redebericht. Von da an hinkte hinter der Zeit zurück, wer noch mit dem Begriff ÖKONOMISCHE HAUPTAUFGABE operierte.

Ähnlich war's mit dem Rinder-Offenstall. »Bist du nicht für den Rinderoffenstall (den Fischgrätenmelkstall) dann bist du gegen den Frieden.«

Heute ist man gegen den Frieden, wenn man den Offenstall, der sich für die Haltung von Milchkühen nicht bewährt hat, nicht stillschweigend zugemauert hat.

Jetzt sind wir im Begriff, eine neue Dummheit zu machen: In jedem Kreis soll eine Mustergenossenschaft entstehen. Die Kreisbürokraten werfen sich drauf, dieses Kreisschaufenster auszustatten. Für wen? Für die Funktionäre der nächsthöheren Dienststelle. Was aus den anderen Genossenschaften des Kreises wird, ist ihnen jetzt höchst gleichgültig. Sie sind von der nächsthöheren Dienststelle zur Zeit ja nicht gefragt. Muss man nicht müde und pessimistisch werden?

5. April

1. Heizen, Stallarbeit, Waldvogelfütterung
2. Tagebuch
3. 1 Seite BIENKOPP
4. Den ganzen Tag Mist aus der Manegenkoppel auf's Haferland gefahren. Dabei Malek als Einspänner dressiert.
5. Der alte Mews schneidet mir das Haar. Als Begleitmusik seine Geschichten. Er wiederholt sich. Das ist für mich als »AUFSCHREIBER« nicht schlecht.
6. Fernsehen. Müde. Körperliche Müdigkeit tut wohl.

10. April

[...]

DIE RUHR

In Berlin wütet die Ruhr. Der Genuss chinesischer Import-Butter soll sie hervorgerufen haben.

Ein- und Ausreise nach Berlin unterbunden.

Alle Versammlungen und Veranstaltungen fallen aus. Man fühlt sich befreit und von allem entbunden und so berechtigt, alles, was in Berlin veranstaltet wird, zu versäumen, als ob man selber krank wäre.

MORGEN KOMMT mein kleiner Sohn. Ich habe mir den Bart verschnitten, damit er mich küsst.

15. April (Sonntag)
[...]

STURZ

Weg am Kölpin-See. Ich trabe flott auf SABAH und pfeife mir eins. Hinterher trabt RAWANAH mit dem Fohlen RUSSALKA. Die Stute stutzt, bleibt mitten im Trab stehen. Ich stürze über den Kopf der Stute hinweg zu Boden. Vor mir liegt ein grosses Stück Kiefern-Rinde. Ich nehme an, dass SABAH davor scheute und strafe sie in meiner Wut. Aber da seh ich auf dem Weg – dreissig Meter vor mir – eine Wildsau stehen. Die Sau ist klein. Sie hat das Rückenhaar gesträubt. Ihre Ohren stehen steil und wachsam. Sie sieht aus wie ein kleiner Saurier mit Hornkämmen auf dem Rücken. Dann sehe ich: Die Sau überwacht winzige Ferkel beim Überqueren des Waldweges. Die Ferkel sind noch ganz jung, nicht grösser als Meerschweinchen. Sie schwanken noch beim Laufen, so ungeübt sind sie darin. Trotzdem bohren sie die kleinen Rüssel schon wühlend in den weichen Wegsand. Von der Streifenzeichnung der Frischlinge ist an den Ferkeln noch nichts zu gewahren.

Die Sau steht solange kampfbereit mitten auf dem Wege, bis das letzte Ferkel schwankend den Weg überquert und die jenseitige Schonung erreicht hat.

Ich hadere mit mir: SABAH war zehnmal wachsamer als ich. Ich habe sie in verfluchtem Jähzorn gestraft.

16. April (Montag)
1. Heizen, Stallarbeit
2. Die Möbeltischler eingewiesen. Sie bauen Regale und Schränke in meine neue Stube ein.
3. BIENKOPP-Korrekturen. Es liegen wohl an 30 Seiten vor, die noch ohne erste Korrektur sind.

10.–28. April

4. ASTRA geschoren.
5. Garagentor gestrichen.
6. Hofbirke gepflanzt (mit Meister).
7. Die Wellms auf Überraschungsbesuch im Leih-Auto. Literarische Gespräche anhand unserer Arbeiten. Ich lese Passagen aus dem BIENKOPP vor.

20–23. April Ostertage

19. auf 20. April in der Nacht schlafe ich das erste Mal in meiner neuen Stube über dem Pferdestall.
Am Karfreitag war der Hauptumzugstag.
[...]

DRAUSSEN

Die Wiesen am Kölpin sind immer noch überschwemmt. Verlust für die Landwirtschaft. Gewinn für die Romantik. Unzählige Frösche quaken in den Wiesentümpeln. Sumpfdotterblumen allüberall. [...]
Überfülle. Man weiss nicht, was zuerst beobachten. Und immer die Furcht, etwas zu verpassen, und die Angst, er könnte der letzte Frühling sein.
[...]
Auf meinem Schreibtisch steht eine winzige Vase mit Veilchen. Die hat Klein-Erwin auf der Wiese am Bach für mich gepflückt.

28. April (Sonnabend)

Werner Baum vom Ministerrat überreicht mir Urkunde und Medaille HERVORRAGENDER GENOSSENSCHAFTSBAUER.
Anschließend ein feierlicher Plauder-Kaffee bei uns in der Küche.
Rückfahrt von Berlin.
Einkäufe in Gransee.
Ackern mit den Schecken. Frankes Kartoffelland.
Abends mit Meister und Frau Schmidt in den kleinen Zirkus ALBERTI nach Gransee.
Es macht mir immer wieder Spass so einen kleinen Zirkus zu sehen. Es riecht zuweilen nach Mühe. Vieles am Zelt und an den

Requisiten ist von den Familienmitgliedern selber gebastelt. Die grösste Zahl der Nummern sind Pferdenummern und werden von der Familie Schmidt-Alberti gestellt. Einmal heissen sie Reitertruppe FRANKELLO; dann wieder sind sie Jongleure und nennen sich DIE ELANOS usw. [...]

2. Mai (Mittwoch)

1. Stallarbeit
2. Endlich mit viel Mühe und Nervosität 3½ Seiten BIENKOPP
3. Mit Evchen die Umstellung der Arbeitsweise geplant. Ich will jetzt gleich wieder früh am Morgen an die Arbeit. Keine Stallarbeit und kein Ausritt vorher. Kein gemeinsames Kaffeetrinken, bei dem wir stets ins Plaudern und Philosophieren geraten.
4. Kartoffeln (Saat) für die LPG verladen.
   Balken und Zubehör für die Motorenschleppe verladen. Der Dorfzimmermann Fischer wird uns diese Schleppe herstellen.
5. Mit Herbert bei Schmidts Kartoffelacker gepflügt.
6. Vollbad. Sehr müde.
7. Hingelegt und gelesen: LANDSTREICHER.

BILANZ

Der Tag fragt dich:
»Lebst du dein Leben, lebt das Leben dich?«
Du musst ihm Antwort geben.

5. Mai (Sonnabend)

Zum Geburtstag des Vaters nach Bohsdorf.

Der Vater dick. Rentner- und fernseh-krank. Freut und freut sich, wie ich's bei ihm noch nie erlebte.

Die Mutter war grippekrank, lag mehrere Wochen. Auch sie ist dick, wohlgenährt und fernseh-krank. Ihr Gesicht, die Müdigkeit darin wollen mir nicht gefallen. Ist's schon der Tod? Man untersagt sich daran zu denken. Die Eltern und der Bruder Heini gehören zum Leben wie das Evchen und das eigene Ich. [...]

31. Mai (Donnerstag)

[...]

Wenn das Evchen seine Trägheit, seine Schreibfaulheit oder Schreib-Angst überwindet, ist es grosser Leistungen fähig. Man darf vom Evchen unbedingt etwas erwarten.

Ich bin stolz auf meine Frau. Die LIEBE, die uns zusammentrieb, war wahrlich nicht BLIND.

4. Juni (Montag)

[...]

Nachricht: Sohn Uwe ist beim polytechnischen Unterricht mit dem Unterarm in einer Cottbuser Tuchfabrik in eine Maschine geraten. Es steht noch nicht fest, ob der Arm nicht amputiert werden muss.

Zehn Jahre habe ich nichts mit diesem Sohn zu tun gehabt. Nur einmal sah ich ihn in der Zwischenzeit. Dieses Jahr wurde ihm erlaubt, zu uns auf Ferienbesuch zu kommen.

Trotz allem muss ich den ganzen Tag an Uwe denken und spüre die Schmerzen, die er sicher zu tragen hat. [...]

11. Juni (2. Pfingsttag)

[...]

ALS DIE KLEINEN PFERDE AUF DIE INSEL ZOGEN

Das war eine lustige Pfingstfuhre! Der Blauschimmel-Scheck MICHA zog den kleinen Rollwagen. Meister Emil war der Kutscher. Neben ihm auf dem Bock sass Mutter Eva. Der Wagen war beladen mit Kindern und Pferdeführern. Die Shetland-Ponys warteten – es war früher Nachmittag – in der Koppel nah beim Schulzenhof-Häuschen auf's Heimholen.

Die Pferdeführer gingen an die Arbeit. Ilja koppelte Silva, Erwin koppelte seine Astra an. Herbert, der Nachbarmann, und unser Schäfer-Sohn Knut stellten die Koppel der Ponys zusammen. Der Vater filmte.

Die Pferdeführer setzten sich mit baumelnden Beinen hinten auf den Wagen hin. »Hü, MICHA« – Die Reise der Ponys ins Sommerland begann. [...]

1962

Die Reise geht zu einer Halbinsel des grossen Tietzen-Sees. Einmal war dieses Halb-Eiland eine wirkliche Insel – getrennt vom Land, umspült vom See. Allmählich bauten dort Sumpfpflanzen, Sträucher und endlich auch Bäume mit ihren starken Wurzeln eine natürliche Brücke. Das Eiland wurde zur Halb-Insel.

Dorthin wurden die Ponys gebracht. Auf dem schmalen Inselhals zwischen Festland und der ehemaligen Insel steht ein hohes Holzgatter. Es ist gegen Hirsche und Rehe angelegt. Sie sollen nicht auf die Insel, denn dort sind junge Pappeln angepflanzt.

Jetzt wird das Gatter unsere Ponys daran hindern, abends, wenn sie satt sind, heimzurennen.

Auf der Insel wächst das Gras üppig. Ilja und Erwin reicht es bis an die Brust. Ein Futterparadies für die Shetländer bis in den Winter hinein. [...]

15. Juni (Freitag)
5 Seiten BIENKOPP
Gartenarbeit.

Evchens Mutter (schon am 15. 6.) überraschend aus Neuruppin. Seit den Pfingsttagen ist Evchens Bruder wieder frei.

Wir erfahren, wieviele polit. Häftlinge wegen Geringfügigkeiten seit dem 13. August vorigen Jahres in den Gefängnissen sitzen. Wer veranlasste das? Wer trägt die Schuld?

(Freitag) Evchen mit den Kindern und der Schwiegermutter zur Bahn gebracht.

Am Nachmittag Evchen mit MATTI wieder abgeholt.

25. Juni (Montag)
Ich kann nicht arbeiten. Das Haus und der Hof! Dort wimmelt's immer noch von Kindern und Gästen. Türenschlagen, Abreisevorbereitungen.

Bin ich der Chauffeur der Kinder und Verwandten?

Eva geht in Contra-Stellung. Spannungen.

Die Kinder verpassen den Zug, versäumen die Schule.

Eva verhärtet sich, reist mit MATTI den Kindern nach. Veranstaltet in Neuruppin eine kleinbürgerliche Familien-Geburtstagsfeier.

Schreibe das Gedicht AUCH EIN REITERLIED mehrmals um. Bin müde. Die Welt scheint so verwirrt, dass der Tod etwas Verlockendes hat.

Zur Akademie-Sektions-Sitzung. [...]

Eiertanz um die Veränderungen der Zeitschrift SINN UND FORM. Auf keinen Fall soll dem jetzigen Redakteur PETER HUCHEL wehgetan werden. Die Westpresse lobt ihn, weil er diese bürgerlich-linke Insel SINN UND FORM geschickt, mit Geschmack und Anstand besetzt hält. Beiträge von Mitgliedern unserer Akademie werden in SINN UND FORM selten abgedruckt. Von einigen Mitgliedern wie Marchwitza und Kuba überhaupt nichts.

Wie rücksichtsvoll und zartfühlend wir doch mit einem Mann wie Huchel umgehen, damit wir den Westdeutschen die Zunge rausstecken können: »Bäh, er ist noch bei uns.«

Wenn wir nur auch den Genossen Schriftstellern etwas von dieser Rücksicht zuteil werden liessen!

LUDWIG RENN setzt sich in den Akademie-Sitzungen in der Regel zu mir. Er hört schwer. Vielleicht hat er's gern, wenn ich ihm sarkastisch erkläre, was vorn verhandelt wird. Meist lacht er nach einer solchen Erklärung laut.

Gestern erzählte er mir: »Weisst du, ein Ausspruch von dir hat mir mal ungeheuer imponiert.« Ich war gespannt. Welcher Ausspruch sollte das sein? LUDWIG: »Es ist schon einige Jahre her. Wir fuhren zusammen in irgendeinem Omnibus. Du fragtest mich: ›Ludwig, weisst du, was ich vor fünf Jahren noch war?‹

›Nein.‹

›Vor fünf Jahren war ich noch ein schlechter Funktionär.‹« [...]

27. Juni (Mittwoch)

[...]

Evchen zurück. Alles verkompliziert. Wieder einmal glaubt das Evchen unsere Liebe sei zu Ende.

Wahr ist: Der Roman macht mir mehr zu schaffen, als alles, was ich bisher schrieb. Er beschäftigt mich, wo ich gehe und stehe. Alles, was mich ihm längere Zeit fern hält, macht mich ungehalten und ungerecht. So z. B. Besuche, anspruchsvolle Verwandte etc.

Es ist mir unmöglich, den Roman zu leisten und daneben noch ein ausgeglichener Familienvater zu sein.

Knut auf Studienferien.

4. Juli (Mittwoch)
[...]

DER NEUE SCHREIBTISCH wird gebracht. Eigentlich sind's zwei Kommoden mit zusammen zweiunddreissig Schubfächern. Auf die kam's mir an. Über die beiden Kommoden wird eine Platte gelegt. Ein halbes Scheunentor. Alles zusammen sieht aus wie ein Riesenschreibtisch. Ich erschrecke davor. Lass mir aber nichts anmerken. Geh aber gleich an die Arbeit, um dieses Lastauto in meinen Werktag einzubeziehen. [...]

6. Juli (Freitag)
[...]

RITT

Mit Evchen (SABAH und MALEK) zur Pony-Insel. Stiller Abend. Die Holunderblüten duften. Evchen sehr schön. Das rote Kopftuch quer über der Schulter. Der Schimmelhengst in der Dämmerung. Der Duft. Die Stille. Das alles ist wie die Erfüllung eines alten Traumes. [...]

7. Juli (Sonnabend)
BIENKOPP. Ein Morgen, der mir zunächst den Atem verschlägt. Ich denke an Selbstmord, weil ich glaube, dass mich meine künstlerischen Kräfte verlassen haben.

Eva hat von den bis jetzt geschriebenen 580 Seiten die Fabel herausgezogen. Sie kam zu der Feststellung, die Fabel ist schwach, bzw. schwach entwickelt. Stilistisch sei das meiste schon glänzend. Aber ...

Ich muss mich sehr zusammennehmen, dass ich keine Panikhandlung begehe, nicht schimpfe, randaliere oder gar das tapfere und unbestechliche Evchen beleidige.

Ich fühle bald, dass ich mich zusammenhalten werde; ähnlich wie man fühlt, ob man ein durchgehendes Pferd noch in die Gewalt bekommt oder nicht.

Es lohnt sich: In einer Stunde stellt sich mir das, was ich zunächst für eine Katastrophe hielt, normaler dar.

Auch beim WUNDERTÄTER war es schliesslich nicht anders: Möglichkeiten der Fabel zeigen sich erst, wenn man den grössten Teil der Arbeit, des Handlungsablaufs vor sich auf Papier hat. [...]

Jetzt muss erst mal alles wieder in Frage gestellt werden. Ein Berg Arbeit türmt sich auf, wie die Berge Unbewältigtes in Fieberträumen!

Trotzdem lockt die Aussicht auf die Annäherung an die Vollkommenheit. [...]

17. Juli (Dienstag)

NACH COTTBUS

den Sohn UWE gesucht. War schon aus dem Krankenhaus entlassen. Besuch bei der früheren Frau MARIA. Maria und die ehemalige Schwägerin – zwei Tantchen. Zergrämt, zerraucht und von nutzloser Betriebsamkeit aufgebraucht. Ich fühle mich jung und frei. Die beiden »Zerzausten« scheinen mir wie Eichhörnchen in der Trommel.

Den Sohn UWE doch nicht gefunden. Er war wahrscheinlich mit seiner Braut verabredet.

NACH BOSDORF

und von dort endlich mit den Eltern nach Berlin. [...]

NACH SCHULZENHOF

Die Eltern können sich nicht genug über den Umbau und alles Neue hier wundern.

In Gedanken hat man diesen Augenblick lange herbeigesehnt. Man will den Eltern zeigen, rein äusserlich, weil sich das Innerliche ihrer Beurteilung entzieht, dass man »vorwärts« kam, dass man ihre Hoffnungen nicht enttäuschte. Wie kindlich!

7. August (Dienstag)

Morgens 4³⁰ hoch.

Mehrere dringende Briefe.

Kritischer Tag.

Evchen hat die überarbeiteten hundert Seiten BIENKOPP gelesen und findet den geänderten dramaturgischen Aufbau wieder nicht gelungen.

Der »Arbeitsberg« einer vierzehnten Fassung droht mich zu zermalmen. Ich verliere die Nerven. Lebensmüde, kein Selbstvertrauen mehr.

Eva, die gute Kameradin, hilft. Alle Worte sind im Augenblick zu dünn als Dank.

8. August (Mittwoch)

[...]

BIENHAUS

Fast gegen meinen Willen baut der Genossenschafts-Imker Walter, während ich mich mit dem BIENKOPP plage, hinter der Stallkoppel ein Bienenhaus. Es soll dort ein Bienenvolk aufgestellt werden.

Auf diese Weise trachtet W., mich als Verbündeten in Sachen Imkerei zu gewinnen. Er hat es nicht leicht, sich bei den Genossenschaftsmitgliedern mit der Imkerei durchzusetzen. Alles, was nicht Feldarbeit und Grossvieh-Zucht ist, gilt dem Durchschnittsbauern als Spielerei. [...]

13. August (Montag)

BERLIN

Einkäufe zur »geheimen Geburtstagsfeier«.

MARKTHALLE

Dort meiner Leidenschaft gefrönt: Menschen beobachtet. Mir erscheint's nirgendwo sonst so günstig. Dort geht niemand unbeschäftigt und theatralisch spazieren. Wer dort hingeht, will etwas erwerben.

GLÜCKWÜNSCHE

zum 50. Geburtstag liefen schon in Dollgow und laufen in Berlin ein. In Berlin war schon der ganze Kasten voll.

Was soll mir das. Es macht mich nicht wehmütig. Mir kommt vor, als ob alle mit ihren Glückwünschen übertreiben. Das in der Hoffnung, auch einmal so beglückwünscht zu werden. Rückzahlung.

ZU BESELERS
nach Wensickendorf ins alte Pfarrhaus mit dem zementkühlen Klostergang. Wirkliche Freude bei den Beselers über die Idee des »versteckten Geburtstages«. Herzlichkeit und gute Gespräche. [...]

15. August (Mittwoch)

[...]

In Schulzenhof, das wir am Abend endlich erreichen, wieder Telegramme, Blumen, Gratulationsmappen der Institutionen. [...]

Gratulationen von Schriftstellerkollegen wenig, aber Schauspieler, unbekannte Leser. [...]

Nun wird allen auf irgendeine Weise Dank gesagt werden müssen. Das wird mir viel Zeit kosten, die dem Roman entzogen werden müsste.

Nein; das darf nicht sein! Man wird's nachts tun müssen.

22. August (Mittwoch)

[...]

SCHLECHTE LAUNE ist eine Nervensache. Sie kann (bei mir) durch Übermüdung oder sonstiges körperliches Unbehagen ausgelöst werden.

Man sucht die Anlässe für die »schlechten Launen« jedoch stets in der Aussen- und Umwelt.

In der letzten Zeit half mir die Autosuggestion gegen die schlechte Laune anzukämpfen.

Wichtig ist, dass man solcher Art Verstimmungen zunächst in sich selber bereinigt, ehe man (morgens zum Beispiel) mit der Umwelt in Verbindung tritt. [...]

1962

23. August (Donnerstag)

EMERSON

Ich lese ihn wieder einmal mit neuem Genuss.

Ausgezeichnet die Essays über Poesie und Imagination. E. ist der Mann, der mir wirklich das Wesen der bildhaften Sprache erklärte.

Die alte Tatsache: Beim Wiederlesen wertvoller und mehrschichtig geschriebener Bücher, kann man erkennen, ob man gereift ist. Man muss adäquate (innerliche) Erfahrungen gemacht haben wie der Autor, von dem man liest. Passagen, über die man vor einiger Zeit hinweglas, ohne sie aufzuschlüsseln, werden nach solchen Erfahrungen zu entsiegelten Briefen.

UND JEDEN TAG ZEHN DANKSCHREIBEN: DIESER SCHEISS-GEBURTSTAG!

4. September (Dienstag)

BIENKOPP Zwei Kapitel bearbeitet.

HEU eingefahren und gereutet

RITT mit Gerhard B. zur Pony-Insel. Obwohl G. B. Grossstadtjunge ist, finde ich ihn aufgeschlossen für alles Schöne auf dem Lande: Blumen, Tiere, Pilze, Vögel, Fische. Das Landleben, die Stimmungen am Wasser und in den Wäldern begeistern ihn; auch das ländliche Essen und der gewollte und ungewollte Humor der Landleute. – Das gefällt mir an ihm so. Ein guter Freund ist er.

8. September (Sonnabend)

[...]

IN PERSIEN ein Erdbeben von kaum bekannten Ausmassen. Zwanzigtausend Menschen tot. Wohl an hundert Ortschaften vom Erdboden verschwunden.

MAN IST IN UNSERER ZEIT geneigt, Unregelmässigkeiten der Witterung und solche Erderschütterungen als Auswirkungen der Atombomben-Spielereien anzusehen. [...] Ein Hexenring, ein Bannring!

Die einfachen Menschen verfallen in Atom-Wahn, in Hexenglauben. Die Ebene ist nicht entscheidend, sondern die Ängste und die Lebensunsicherheit, die im Durchschnittsmenschen ausgelöst werden. Rückfall in die Barbarei: Das bringt uns der einseitige Vortrieb in der Wissenschaft. Das bringt uns diese Ausschaltung der menschlichen Seelenkräfte im Weltmass-Stab.

Wir Kommunisten können noch soviel arbeiten und versichern, dass wir was anderes wollen, diese weltzerstörenden Kräfte für's Glück der Menschen nutzbar machen möchten. Es nutzt uns nichts. Wir werden getrieben. [...]

Es liegt durchaus nahe, dass bereits durch die Atomversuche und Spielereien, die Witterung, das Klima, die Lebensvorgänge der Erde so in Unordnung gebracht werden, dass keine Ernten und damit keine Nahrungserzeugung mehr möglich sind.

Man neigt sehr dazu, den alten indischen Weisen zu glauben, die vor der einseitigen Anbetung der Verstandeskräfte warnten. [...]

12. 9. 62 (Sonntag)

[...]

Am *11. September* fuhren wir abends nach Berlin. Die Versorgung an Fleisch und Wurst ist mehr als mangelhaft. Es sind sogenannte KUNDENKARTEN eingeführt worden. Jeder Bürger erhält seine Fleischwaren nur bei dem Schlächter, bei dem er seine KUNDENKARTE abgegeben hat. Auf dem Dorfe erhalten die Leute weniger an Fleischwaren als bei der Kriegs- und Nachkriegs-Rationierung. Wer ist schuld? Die Regierungs- und Partei-Spitze nicht. Die sind bei uns leider niemals schuld. Die Schuldigen werden stets in der Bevölkerung gesucht. Diesmal sind die Bauern die Prügelknaben. Partei- und Staatsbürokratie scheint es bei uns nicht zu geben. Dieser Mangel an Offenheit wird sich eines Tages rächen.

[...]

Jetzt fällt mir übrigens ein, dass ich am Sonntag eine Anekdote von Brecht und Eisler niederschrieb; denn *HANNS EISLER* starb dieser Tage. Es macht mich froh, dass er die Katzgraben-Musik schrieb, auch das Liedchen von der Holländer-Braut.

Durch Brecht und Eisler habe ich noch ein wenig von der

schöpferischen Zeit dieser Kommunisten in den zwanziger Jahren mitbekommen. Das waren die schöpferischen Zeiten von Eisler, Brecht u. anderen.

Was hat sie in unserer Zeit beengt? War ihnen der Weg mehr als das Ziel? [...]

23. September (Sonntag)

[...]

BESUCHER

Ein Besucher ist Arbeit.

Zwei Besucher sind Schwerarbeit.

Ein egozentrischer Besucher ist eine Plackerei! [...]

30. September (Sonntag)

Die Shetlands unters Hufmesser genommen.

Zaumzeug mit farbigen Verzierungen bemalt.

Mit den BAUMERTS zu WELLMS nach Rüthnick.

Gute literarische Gespräche, auch seit langer Zeit wieder einmal ein wenig gesungen.

Es wurde sehr Abend, und die Kastanien auf der breiten Dorfstrasse rauschten.

15. Oktober (Montag)

Früh Fahrt nach Neuruppin.

Erwin zur Schule. MATTI zur Grossmutter.

Nach Berlin. Besorgungen. Eröffnung des Parteilehrjahres. Streit mit Tschesnow-Hell. Ich bin überempfindlich. Es wird Zeit, dass ich mit meiner Arbeit am Roman zu Ende komme.

Schlechte Nacht. Kann nicht schlafen.

16. Oktober (Dienstag)

[...]

BESUCH: Bruno Apitz. Gutes politisches und literarisches Gespräch. Bruno leidet ebenso wie wir an der Scholastik in der Partei-Arbeit, an der Partei-Bürokratie. Auch er will sich in seinem neuen Roman dagegen wenden.

Rückfahrt spät abends nach Schulzenhof.

Gelesen wie oft: über Michel Angelo. Immer noch glaube ich, dass da ein Thema für mich steckt.

18. Oktober (Donnerstag)

BIENKOPP – Überarbeitung des 1. Buches. Manchmal erschreckt über den schmucklosen Stil, doch ich muss und muss so schreiben, wenigstens in diesem Roman. Was weiter wird, muss man sehen. [...]

24. Oktober (Mittwoch)

Evchen teilt mit: Es kommt ein Kind. Der September ist stets der Monat, welcher!

BERLIN [...]

25. Oktober (Donnerstag)

Noch BERLIN

Bei Fritz Cremer. Gute Unterhaltung beim SITZEN.

Der Kopf ist nun fertig. Er will jetzt erst einen Gips-Abguss machen. Dann will er weiter daran arbeiten.

Markthalle – Einkäufe. [...]

1. November (Donnerstag)

[...]

Mich in alte Tagebücher vertieft. Erstaunt, was da alles aufgeschrieben und vergessen wurde.

Sitze bis nach 12^h nachts.

2. November (Freitag)

TAGEBUCH-ETÜDEN zum Abdruck in der NDL vorbereitet und überarbeitet.

8. November (Donnerstag)

[...]

RITT mit Evchen (Rawanah und Sabah) zur Rheinsberger Chaussee. Dort Holunderbeeren gepflückt. Es ist wieder wenig zum Essen zu Hause. Keine Eier, kein Fleisch, keine Wurst im Hause. Nach Berlin zu fahren um derlei Dinge will sich mir nicht. Zustand der Rationierung erinnert ein wenig an 1946. Wann trennt sich die Partei von den dummen Kadern, die das verschuldeten? Die Partei bin auch ich. Mit meinem neuen Roman versuche ich die Schuldigen zu markieren. Wie aber wird er aufgenommen werden? Es gibt eine zähe Clique von Partei-Bürokraten bei uns, deren Macht nicht gering ist. [...]

11. November (Sonntag)
[...]
BESUCH: DIE BESELERS. Schaffensfragen mit Horst diskutiert. Horst will keine Filme mehr machen. Er meint, Filme werden, wie journalistische Arbeiten, sehr schnell vergessen. Er möchte wieder ein Buch schreiben. Die Frage: Kann er aufschreiben, was er fühlt und denkt? Es fehlt an Mut. Den Jungen muss Mut gemacht werden! Jemand muss anfangen, das zu sagen, was er sieht und fühlt, sonst kommen wir nicht heraus aus der Sackgasse, in die die gesamte Kulturpolitik bei uns von unfähigen »Ideologen« hinein manövriert wurde.

12. November (Montag)
BIENKOPP. Klärende Unterhaltung mit Eva. Die Mädchenfigur war mir immer noch nicht vollblütig genug. Sie drohte auch jetzt in der Endfassung spröder als alle anderen Figuren zu werden. Das wäre ein grosser Schade für den Roman geworden.

Eva glaubte, dass der künstliche Name Alia (von Rosalia) daran schuld hätte. Wir suchten nach einem herberen, unverspielteren Namen und kamen auf MÄRTKE. Dieser Name verbreitete sofort Poesie und fing an, der Gestalt Dichte zu verleihen.

Der Name einer Figur macht im Roman ihr ganzes Schicksal.

Märtke – dieser Name löst sofort schöpferische Associationen aus. Es steckt die erste Silbe von Mär-chen darin, auch der März klingt hinein, und unseren zur Zeit kleinsten Jungen nennen wir Mättke. [...]

30. November (Donnerstag)

Nach Berlin.

Sitzung.

Etwa sechzig Künstler und Theaterleute sind zu W. U. befohlen!

Er gibt vor, sich von uns beraten lassen zu wollen. Programm, Kulturpolitik, VI. Parteitag.

Einige Künstler-Kollegen glauben daran. Sie »schütten ihr Herz aus«, klagen über die Enge in der Kulturpolitik, über eine gewisse Tendenz, die Fortschritte in der Sowjet-Union zu missachten.

Seegers

Regisseur Wolf

Paul Wiens, Helmut Beierl

Fritz Cremer, Helene Weigel

Einige Komponisten, usw.

Was für schlechte Psychologen sie sind!

Man sieht wie die Wut W. U.'s anschwillt.

Der kleine Diktator macht sich auf.

Man erkennt, wie dumm er ist.

Der preussische Oberlehrer.

Gehorsam.

Der hinter dem Rücken versteckte Stock.

Er prügelt.

Man erkennt, dass kein Sperling in der Kunst schilpt, ohne dass Er mit seinen kleinbürgerlichen Kunstansichten es ihm erlaubt hätte.

Die Künstler gehen bedrückt nach Hause.

Noch am Abend nach Schulzenhof zurück. [...]

1.– 8. Dezember (Sonnabend bis Sonnabend)

[...]

Am Montag Irm Minetti und Lisa Warnke. Lisa macht ihre Journalisten-Prüfung. Sie hat sich Strittmatter in Literatur zum Thema gewählt und will dies und das wissen.

L. gibt einen interessanten Einblick. Das Leben in einem gewissen Städtchen. Die jungen Frauen dürfen keine grauen Kleider tragen. Die oberste Dame hält sie sofort an. Grau ist unserer Lebensauffassung nicht angemessen.

H. ist stets bewacht, auch bei Spaziergängen mit L. im Park des Städtchens. [...]

H. darf sich nicht ins Auto setzen, wenn L. chauffiert. Ihr wird Hs. Leben nicht anvertraut. H. trug sich nach seinem 60. Geburtstag mit Selbstmordabsichten. Das Leben – so scheint ihm – oft unerträglich. Manchmal will er auch ausbrechen und möchte es nach vierzig Jahren Kampf auf einen Hinauswurf ankommen lassen.

Die Bewohner des Städtchens mögen einander nicht mehr sehen.

H. geht in letzter Zeit nicht mehr in den Park, nicht an die Luft. Er will krank werden, er will alt und pensionsreif werden, weiss aber nicht, ob's ihm gelingt.

H. züchtet Ziervögel. Das ist seine einzige Freude. Er füttert und versorgt sie am Abend selber.

Kein Mensch weiss, wie lange das noch weitergehen soll.

L. ist beim Fernsehen beschäftigt. Daher weiss sie, was draussen wirklich geschieht. Die meisten Bewohner des Städtchens nähren ihre Kenntnis von »draussen« mit gefilterten Berichten.

Woher wird die Lösung kommen? [...]

10. Dezember (Montag)

[...]

Mit Sätteln und Pferdegeschirren beschäftigt. Gedacht: Wäre vielleicht ein guter Sattler geworden. Leder inspiriert mich. Ob man nicht noch Sattler lernen sollte? Die Geschirr-Sattler sterben aus. [...]

12. Dezember (Mittwoch)

[...]

ÜBERFALL
Ich sei zum Delegierten gewählt worden.
Ich soll auf den Parteitag.

Ein Bote bringt einen Fragebogen.
Ich fülle ihn aus.
Ich bin Delegierter.
Ob ich das will?
Niemand hat mich gefragt.
Es sei eine Ehre, heisst's.
Aber ich bin nicht ehrsüchtig.
Der Bote lässt einen zweiten Fragebogen da.
Ich soll ihn ausfüllen.
Es ist ein langer Fragebogen.
»Wie ist's Ihnen ums Herz?«
Das wird nicht gefragt.
Wie ich mich fühle, will niemand wissen.
Nach inneren Nöten fragt niemand.
Ich soll vielleicht ins ZK.
Ich soll vor der Ehre stramm stehen.
Ich kann es nicht.
Ich fülle den Bogen nicht aus.
Ich gebe ihn leer zurück.
Was wird geschehn?
[...]

13. Dezember (Donnerstag)

[...]

Eva mit MATTI nach Neuruppin. Der kleine Sohn gibt mir auf dem Bahnhof viele Küsse. »Morgen bin ich wieder da. Ich muss ja bei dir sein und die Pferde versorgen«, sagt er mir. Ich weiss, dass er in Neuruppin bei der Grossmutter bleiben muss. Wir gewöhnen die Kinder zeitig an unsere Lügen. [...]

18. Dezember (Dienstag)

[...]

DER ABGESANDTE
Der alte Freund Bobby kommt.
Er ist vom Bezirkssekretär geschickt.
»Du hast deinen Fragebogen nicht ausgefüllt.«

»Nein, ich habe ihn nicht ausgefüllt.«
»Du bist als Kandidat für das Zentralkomitee vorgesehen.«
»Ich kann das nicht leisten. Ich muss schreiben.«
»Du kannst die Genossen im Polit-Büro nicht vor den Kopf stossen.«
»Das will ich nicht, aber ich werde nicht mehr schreiben können, wenn ich im ZK mitarbeiten soll.«
»Wie das?«
»Ich kenne mich.
Ich habe mich als Sekretär des Schriftstellerverbandes erprobt.
Ich schreib keine Zeile mehr.«
Keine Antwort.
»Die Genossen im Polit-Büro müssen entscheiden, ob ich schreiben oder ZK-Mitglied sein soll! Ich will schreiben.
Als Schriftsteller kann ich der Partei mehr nützen, denn als ZK-Mitglied. Ich will Schriftsteller sein.«
»Ich werde das bestellen. Man wird das nicht verstehen.«
»Verstehst du mich wenigstens, alter Freund Bobby?«
»Ich versteh dich, aber verlass dich: Ich werde nicht dein letzter Besuch in dieser Angelegenheit gewesen sein.«
Das war das Gespräch.
Ich warte, was weiter kommt.

Gelesen: Immer noch in den »49 Geschichten« von Hemingway.
Sehr müde. Aber schlafen kann ich nicht. Es friert draussen. Eine dünne Schneedecke liegt. Die Pferde sind stallmutig, weben, scheuern und klimpern mit den Ketten oder an den Boxen-Gittern. Ich bin halb-glücklich.

20. Dezember (Donnerstag)
[...]
VIELLEICHT
Vielleicht geht »der Kelch vorüber«.
Der Bezirkssekretär liess anrufen,
Er billige meine Bedenken.
Schriftlich könne er mir das nicht übermitteln,
Aber er sei einverstanden mit meiner Ablehnung.

Das wäre wirklich ein Weihnachtsgeschenk.
Ein Stück Leben – zur eigenen Verfügung zurück. [...]

24. Dezember (Montag)
BIENKOPP. – Das 28. Kap.
Noch nicht geglückt. Naturalistische Züge. Man muss das anders vortragen.
[...]
Die Kinder vor der Bescherung bei mir. Was musste ich alles aufstellen für eine Stunde!
Spiel-Uhr, Mandola spielen, singen, Geschichten erzählen, Tonband-Aufnahmen machen. Der alte Meister kam aus dem Stall, setzte sich dazu und wartete wie ein Kind auf Evas Bescherung – den »niegen« Manchester-Anzug, die Hemden, die Buddel und die Dose Zigarren.

1963

7. Januar (Montag)
Stimmung zum Selbstmord.

Nach Berlin. Sollte an Sitzung Polit.-Büro teilnehmen. Vorlage der Kultur-Abt. zum Parteitag über Lage bei den Schriftstellern.

Konnte nicht. Der Kopf war so verquer. Fuhr wieder nach Schulzenhof.

Herrlicher Sonnentag, aber kalt und glatt.

Briefe geschrieben. [...]

Vom 15.–21. Januar auf dem VI. Parteitag
Siehe die Protokolle.

Viele bekannte Genossen getroffen.

Mir war nur immer eins wichtig: Aus den Meinungen der befreundeten Genossen heraus zu hören, ob ich mit meinem Roman Aussicht habe, politisch nicht missverstanden zu werden. Über den Roman an sich sprach ich dabei nicht.

[...]

Freitag, 19. 1. todmüde ins Bett. Der Parteitag geht täglich von 9^h bis 20^h.

Die Leute in der Strassenbahn schimpfen. Sie kommen nicht rechtzeitig an ihre Arbeit. Die Strassenbahnen werden von den Parteitag-Autokolonnen aufgehalten. Die Arbeiter in den Strassenbahnen murren:« Soll das Sinn des Parteitags sein, dass auch wir nicht arbeiten?«

Die Berliner Kleinbürger hatten erwartet, dass Chruschtschow »die Mauer« einreisst, wie der Engel des Jüngsten Gerichts. [...]

21. Januar (Montag)
Letzter Sitzungstag. Wahl des ZK. Neben Gutem viel Ritual und Schauspiel. Endlich ist der Druck von mir genommen: Die Gebete (nach meiner Art) sind erhört. Ich werde nicht in das ZK gewählt. Ich kann weiter schreiben, darf das Leben und die Menschen aus der Perspektive des normalen Staatsbürgers weiter betrachten.

Der Kreissekretär von Jüterbog sitzt links von mir. Er gibt zu, dass in seinem Kreisgebiet durch die Offenstallhaltung mindestens siebzig Kühe umkamen. (Roman!) [...]

23. Januar (Mittwoch)
BIENKOPP. In der Reinschrift der letzten hundert Seiten gefielen mir einige nicht. Die arbeitete ich wieder um und schrieb sie ab.

Eva hat (während ich in Berlin war) alles bisher Geschriebene nochmals gelesen. Ihr Urteil: Hundert Prozent zauberhaft. Das darf ich bei Evas sonstiger Unbestechlichkeit wohl glauben.

Erwin und Ilja haben zwei Tage Kälteferien. Plötzlich sind sie da und kuscheln sich im warmen Schulzenhof ein.

Die Decke über meinem Zimmer mit Sägespänen isoliert. Die beiden Jungen helfen. Das ist ein schönes Gefühl, mit seinen Söhnen zu arbeiten. [...]

28. Januar (Montag)
5^h hoch.
Gerüstet.
Fahrt nach Berlin.
Es hat wieder etwas geschneit.
Die Romantik des Wintermorgens.
In den Dörfern die frierenden Frühaufsteher.
Melkerinnen mit Eimern.
Die einsame Radfahrerspur zur Stadt.
Das Schneeglitzern im Scheinwerfer.
Zwei Mädchen tragen gemeinsam eine Tasche und stapfen wohl zu Omnibusstation.
Den ganzen Tag Sitzung der Parteigruppe im DSV. Sie fand in der Bezirksleitung statt. Haus des ZK. Sie dauerte zehn Stunden.

1963

DIE LANGE SITZUNG

Der Feind soll Bazillen ausgestreut haben.
Oder er hat Sauerteig seiner rüchigen Kunst über die Stadtmauer geworfen.
In den Gedichten einiger junger Dichter war Sauerteig zu finden.
Die jungen Dichter haben schlecht geträumt.
Sie haben schlechten Stuhlgang.
Der Parteitag hat beschlossen, die feindlichen Bazillen zu vernichten.
Der Parteitag?
Man meint die Delegierten des Parteitages.
Ich sass unter ihnen.
Nur wenige wussten, um welche sogenannten Kunstwerke es ging.
Nur wenige haben die Bazillen gesehen.
Vor allem einige Redner.
Einige Bazillen mögen echt gewesen sein.
Andere waren nicht echt.
Es waren Säuren, die sich in Stubenhockern von Dichtern gebildet hatten.
Jedenfalls vertrauten die Delegierten den Rednern, die echte Bazillen gesehen hatten.
Sie stimmten ab.
Heraus mit den Bazillen aus den Hirnen der Dichter!
Die Parteigruppe der Schriftsteller verfasste eine Resolution.
Darin waren zwei Bazillenträger mit Namen genannt.
Einer war dort.
Er konnte nicht nachweisen, wo er die Bazillen aufgelesen hatte.
Viele Leute hatten ihn und einen Komponisten zu einem Opern-Experiment ermuntert.
Auch Schostakowitsch.
Er gab den jungen Künstlern ein Diplom für die Oper.
Die Oper wurde im Fernsehen aufgeführt.
Das Publikum lehnte die Oper ab.
Die Ermunterer verzogen sich.
Der junge Dichter stand allein im Feuer der Kritik.

Der andere »Dichter« war ein Klägling.
»Ein großes Talent!« hatten früher viele Leute behauptet.
Auch die Genossen aus der Kulturabteilung.
Nun ist er's nicht mehr.
Er hat die Bazillen von jenseits der Mauer mitgebracht.
Aber das war doch bekannt!
Wir sollten uns nun von den beiden sogenannten Werken distanzieren.
Die meisten konnten das beim wirklichen Bazillenträger.
Aber die Oper hatten die meisten nicht gehört und nicht gesehen.
Blind verurteilen?
Wie kann man das verlangen.
Sind da nicht alte, stalinistische Methoden im Spiele?
Sind auf diese Weise nicht in der Stalin-Zeit viele zu Feinden gemacht worden, die es nicht waren?
Ich will mir mein eigenes Urteil bilden und dann verurteilen, wenn ich's verurteilungswürdig finde.
[...]

1. Februar (Freitag)

[...]

Eine Weile auf Band diktiert, da kommen die BESELERS. Sie waren letzten Sonnabend tatsächlich mit ihrem Autochen in den Schneewehen auf der Menzer Strasse stecken geblieben. Horst im Pelzmantel mit seelischen »BAUCHSCHMERZEN« nach dem Parteitag.

»Was darf man denn nun noch machen?« Die Frage stellen die meisten Schriftsteller beharrlich.

Alles darf man machen, wenn man's kann. [...]

4. Februar (Montag)

[...]

Mittags nach Berlin.
Parteilehrjahr im Betrieb ELEKTROKOHLE.
Nicht übel. Man erfährt etwas aus einem Industriebetrieb der Hauptstadt und vertieft seine ökonomischen Kenntnisse.

Einkäufe. Rasch. Dann wieder bei anziehender Kälte und Rauhreif-Nebel nach Schulzenhof.

Görlich kündigte den Besuch von Leuten aus der Kultur-Abteilung des ZK an (Gen. Wagner).

Der liebe Lew Kopelew hat in der SOWJETLITERATUR meine bisherige Arbeit wohlwollend besprochen. Der Artikel scheint zu wirken. Er wird mir jedenfalls sehr zur Hilfe sein und mich vor bösartigem Missverstehen schützen, wenn der BIENKOPP unter die Menschen gehen wird. [...]

12. Februar (Dienstag)

BIENKOPP. Das Unbehagen steigert sich. Ich lese im vorderen Teil des Bienkopp. Gefällt mir nicht. Lese im WUNDERTÄTER. Gefällt mir auch nicht mehr. Alles erscheint mir breit und latschig. Ahne, dass ich versäumte, irgendwo beim Geschriebenen der letzten Wochen an der richtigen Stelle zu schneiden.

Eva hilft suchen. Sie lässt ihre Arbeit liegen, ist unermüdlich und freundlich. In solchen Augenblicken erscheint sie mir wie eine Lebensretterin.

Wir finden die Stelle, an der hätte vor einigen Wochen geschnitten werden müssen. Erleichterung. Vieles, was geschrieben wurde und auf sich gestellt durchaus gut war, muss ausgemerzt werden. Die Fabel war verschüttet. Der Spannungsbogen der Hauptlinie war angenagt. Daher das Unbehagen! Wichtig, ausserordentlich wichtig sind bei meiner Erzählweise die rechtzeitigen Schnitte. Minutiöses Erzählen von Einzelheiten ist für meine Technik wie eine Krankheit. Nur das Unentbehrliche sagen. Mit der Klugheit des Lesers rechnen!

Unentbehrliche Einzelheiten lassen sich in einer Rückblendung viel straffer erzählen. Immer auf das Hauptschiff, die Fabel achten. Es darf sich nicht zwischen den Häfen der Erzählung mitten auf hoher See müde manövrieren. [...]

13. Februar (Mittwoch)

[...]

Baumerts und unsere Kinder feiern Fasching. Der kleine Matti mit einem Angora-Kanin-Pelz um den Hals. Eingeschwärztes Gesicht. Dabei so kindlich ernst. Ilja und Kolja mit angemalten Räuberbärten als TEXANER. Klein-Erwin als zarter Prinz im Ukrainer-Hemd. Die kugelrunde Constanze mit offenem Haar als Prinzessin. Das Evchen strahlt. Sie ist die gute Mutter, die gute Tante und bei allem selber wieder Kind und glücklich. Der Gast Th. tanzt linkisch mit MATTI. MATTI holt alle Erwachsenen und Verwachsenen in seine Kinderwelt. Niemand kann sich entziehen. [...]

19. Februar (Dienstag)

Briefe auf Band diktiert.

Fahrt nach Berlin.

Keine Glühbirnen für Auto-Scheinwerfer. Kann also vorläufig bei Dunkelheit nicht mehr fahren.

ZK. Wagner in der Partei-Sitzung der Akademie. Ich dorthin. Sitzung geht bis nach sieben Uhr. Der alte Trott. Einige wie Bredel machen formale Selbstkritik. Nachher wird alles weiterlaufen, wie es bisher lief. Alle verteidigen Hermlin. Keiner, der dessen falsche Position für wahr haben will. H. schweigt. Die Sitzung wird abgebrochen.

Alle halten den Atem an: Was wird H. der Partei sagen, wenn die Sitzung nächste Woche fortgeführt wird? Schon verkehrt. [...]

11. März (Montag)

Der grosse Tag.

Der BIENKOPP wurde fertig.

[...]

Nachmittag gegen 17^h habe ich die letzten Szenen vom Band abgeschrieben. Ein grosses Weinen schüttelt mich bei Bienkopps Tod. Auch Eva kann den Schluss des Romans nicht ohne Tränen lesen.

Man möchte rennen und wenigstens seinen Freunden mitteilen: »Der Bienkopp ist fertig.« Ich sage es wenigstens dem LPG-Imker, der gerade um eine Elektro-Zaun-Batterie kommt, als ich die letzten Zeilen schreibe.

Eva freut sich mit mir. Sie hat alle Höhen und Tiefen während der Arbeit mitgefühlt und mitgetragen, als wäre es um ihr eigenes Werk gegangen.

Das Beste: Ich habe jetzt endlich das volle Bewusstsein, dass der BIENKOPP neben meinen früheren Romanen bestehen kann. Er ist aber auch, für sich genommen, wieder etwas Neues.

Nun beginnt die schöne Zeit des letzten Schliffs. [...]

14. März (Donnerstag)

Tagebuch-Aufzeichnungen.

Nach Berlin. Besorgungen.

Sitzung der Sektion DICHTKUNST in der Akademie. Hermlin kein Sekretär mehr. Er hatte hingeworfen, ohne die Gruppe zu fragen. Man liess das nicht durchgehn. Er wurde offiziell abgewählt. Gewählt wurde Kurella. Ich bin froh, denn diese Funktion lauerte auf mich.

BEI HAUPTMANNS

Nachträglich zu Helmuts Geburtstag.

Leider nur Partei-Tratsch. Helmut sehr misstrauisch, wenig optimistisch. Ich sitze mit dem fertigen BIENKOPP in der Tasche wie ein Glücks-Kapitalist.

23. März (Sonnabend)

Feilen am BIENKOPP.

Nachmittags nach *Rüthnick zu den Wellms*. Ehrliche Freude um den Überraschungsbesuch.

Lese (wohl zwei Stunden) Schluss des BIENKOPP. Überprüfe Wirkung. Die Fabel läuft jetzt gut verzahnt. Das Ende schafft die beabsichtigte Erschütterung.

Die Kinder spielen gut und unaufdringlich miteinander.

Ein heimeliger Lese-Abend. Man spürt Freundschaft.

Auf dem Heimweg auf dem Feldweg in einem Morast-Loch stecken geblieben. Die ganze Familie hilft. Sehr schön, die einstehenden Söhne. Stolz. Freude. [...] Nie gedacht, dass ich einmal so Freude an Familie haben werde.

25. März bis 16. April 1963
Plötzlich versiegte die Lust, etwas in's Tagebuch zu schreiben.
Das Jahr schien auf der Stelle zu stehn. Der Frühling machte wenig Fortschritte.
Sonnentage wurden von Frostnächten abgelöst. Das Gras kommt ganz, ganz zögernd. Noch heut sind die zwei Krokus im Garten nicht da. Die kleinen Cyllas im Vorgarten halten die Knospen ängstlich verschlossen. Der Flieder hat dicke Knospen. Sie sprangen bisher nicht auf.
Die Stare bauen und bauen ihre Nester, lassen sich im übrigen vom Evchen mit Nudeln und Küchenabfällen ernähren.
Im Garten ist noch nichts getan.
Auf den Feldern ist noch nichts getan.
[...]
Mit dem Nahen des Frühlings kamen auch wieder häufiger Gäste von allenthalben auf »Überraschungsbesuche«.

25. April bis 6. Mai
Die Pferde versorgt, solange Meister unterwegs war. Die wenigen Freistunden auf dem Acker verbracht. Für Kartoffeln und Mohrrüben gepflügt. Das Topinamburfeld in diesem Jahr umgepflügt. Bei Franckes zu Kartoffeln gepflügt.
Die grossen Jungen waren über den 1. Mai hier und halfen im Pferdestall. Sie haben zwei Tage die Schule geschwänzt, wie sich herausstellte.
Zwei Tage hielt der Berliner Bezirksverband Versammlung ab. Ich war nur am zweiten Tag dort. Auch das war noch zuviel. Die alte Rederei. Die alten Immersprecher. [...]

7. Mai (Dienstag)
Seit ich mit dem BIENKOPP fertig bin, is't's noch nicht gelungen, meine Tage wieder unter einen festen Arbeitsrhythmus zu stel-

len. Das wirkt zurück auf die »innere Verfassung«. Das muss geändert werden. Keine Lebensstunde darf unbewusst vertropfen.

Auf dem Kartoffel-Acker gearbeitet. [...]

9. Mai (Donnerstag)

Nach Berlin.

BESPRECHUNG BEIM AUFBAU-VERLAG

Der sogenannte Cheflektor CASPAR.

Die Hausfrauen-Redakteurin VOIGTLÄNDER.

Der Hans-Dampf-Verlagsleiter GYSI.

Sie wollen den BIENKOPP nicht drucken. Sie sind politisch unsicher. Sie haben vor dem VI. Parteitag mehrere Bücher in Produktion gehabt, die dekadent waren oder sogenannte IDEOLOGISCHE KOEXISTENZ ausstrahlten. Sie wurden ob dieser politischen Instinktlosigkeit getadelt. Ihre Sessel wackelten. Die Sessel von Literatur-Bürokraten.

Nun der BIENKOPP, der mit Parteibürokratie ins Gericht geht!

Es war quälend und amüsant zugleich, wie z. B. CASPAR seine Unsicherheit hinter herangezerrten künstlerischen und politischen Argumenten zu verstecken suchte.

Nachdem ich gesprochen hatte, wurde zunächst der Verlagsleiter GYSI sehr unsicher und bedang sich eine Bedenkzeit von vierzehn Tagen aus.

Ich verlangte, dass man mir die »politisch nicht tragbaren« Stellen des Romans (den Finger drauf!) bezeichnen solle. – Das soll nächste Woche geschehn.

O, diese Angst um Sessel und Posten!

NACH BOHSDORF

[...] Ich gehe im Maimondschein durch mein altes Dorf. Die Erinnerungen fliessen aus Bäumen, Wegen und Steinen. Und wie sentimental: Ich sitze eine Weile mitten in den Feldern am Bächlein im Wäldchen, an dem ich einer fremden Frau meinen ersten Kuss gab. Der kleine Bach ist versiegt, aber die mageren Bäume stehen noch am leeren Bachbett. Sie sind wenig gewachsen in den fünfunddreissig Jahren. Die Erde ist dort karg. [...]

10. Mai (Freitag)
Wir bleiben noch den ganzen Tag in BOHSDORF. Einmal ein Besuch ohne Hast bei den Eltern. [...]

Ich fuhr bei leisem Rieselregen ganz früh in das Dorf meiner frühen Kindheit. GRAUSTEIN. Wieder lass ich mich von Erinnerungen tragen. Sitze im leisen Regen im Auto vor dem Haus, in dem ich als barfüssiger Vierjähriger mit der Mutter wohnte. Vieles hat sich verändert (wurde geändert) in den fünfundvierzig Jahren. Manches überhaupt nicht. Der Apfelbaum, unter dem ich eigenhändig zum ersten Male ein junges Pferd hütete, stand noch in dem Grasgarten des Onkels. Das alte Hoftor des Nachbarn! Die Schule, in die mein Vater ging! Da sassen immer noch Kinder. Eine blaue Pionierfahne, ein Fähnchen aus Papier, das man durch die Scheiben der Schulstube erkennen konnte, schien die einzige »Veränderung« zu sein. Auch meine Schule, in der ich das erste Schulhalbjahr verbrachte, stand wie eh und je. Die alte Kastanie auf dem Schulhof, unter der das Foto »Zur Erinnerung an mein erstes Schuljahr« entstand! Die Strassengräben, in denen ich Blumen für die Mutter pflückte! Die alte Kirche im halbschwedischen Stil mit dem Holzvorbau! Aber die Gräber des alten Kirchhofes waren verschwunden. Dort hatte ich der Mutter einen Handwagen Maiglöckchen gepflückt. Ich verstand das Entsetzen der Mutter über die »KIRCHHOFSBLUMEN« nicht.

Im Hause der Eltern die Eiersammelstelle. Von morgens bis abends werden Eier gebracht. Man kann kein lückenloses Gespräch führen. Alte Bekannte und Jugendfreunde bringen Eier. Alles wird säuberlich in Listen eingetragen. Erinnerungsgespräche. Die alten Freunde, wie Freund Adolf, sind fürsorgliche Rentner und Grossväter geworden. Ich fühle mich jung, mitten im Lebenswerk und komme mir fast unanständig vor.

17. Mai (Freitag)
[...]
AKADEMIE (Sektionssitzung)
Man kommt sich verbrecherisch jung gegen diese alten Herren vor. Aber man ist doch seine fünfzig Winter alt.

Bruno Apitz versucht in letzter Zeit seinen Worten Gewicht zu verleihen. (Er ist mit seinem Roman NACKT UNTER WÖLFEN zur Zeit der literarische Export-Artikel!)

APITZ kommt unter diesen alten Hähnen nicht anders an als ein krähender Junghahn (Spätbrut).

APITZ ereifert sich: Die Mitglieder der Akademie müssten doch arbeiten, einen gesellschaftlichen Arbeitsnachweis bringen. Sollen sie nur Kaffee trinken, sich anrauchen, kleine Kuchen und belegte Brötchen essen?

Mehrere Altherren, darunter leider auch ABUSCH, beweisen ihm, dass das durchaus »akademiegemäss« sei.

Es sei durchaus in Ordnung, hier zu sitzen, sich über Kunstfragen zu unterhalten und ein Gremium kaffeetrinkender KUNSTGÖTTER zu sein.

Da staunt der APITZ. Ich staune nicht. Ich weiss, dass es genügt, hier zu sitzen und den Rahmen für Gespräche zwischen ABUSCH, KURELLA und RODENBERG abzugeben. Man braucht vielleicht wirklich zwei bis drei Altherrenstunden monatlich. Ich nutze sie als Jungborn, um festzustellen, wie frech und tatenlustig ich noch bin.

23. Mai (Donnerstag)
Der erste Sitzungstag der Delegierten-Konferenz des Deutschen Schriftstellerverbandes. War der Aufwand von drei Tagen nötig, um einen neuen Vorstand zu wählen? [...]

LESEABEND
Wieder salonfähig gemacht wurde der Revoluzzer und Konter-Revolutionär Heiner Müller. Die Aktion leitete Paul Dessau. (Ein »Genie« glaubt einem »Genie« helfen zu müssen.) Beide trumpfen gar zu sehr mit ihrer Genialität.

Das Gedicht war ausgeklügelt, nach Zeitungsmeldungen geschrieben. Schall trug es mit grossem Können vor. Da hörts sich's nach was an. [...]

Ich las die Parteibuch-Szene mit den nachfolgenden (für die augenblickliche Stimmung in Kunstdingen) heiklen Sachen. Beifall auf »offener Szene«, mehrmals, besonders bei der Schilderung von Reporter-Methoden. Aber auch die Glossierung des Simson-Typs kam so an, wie ich hoffte. Viele Leute, auch unbekannte, drückten mir nach dem Lesen die Hände. [...]

24. Mai (Freitag)

Den ganzen Tag wurde auf der Konferenz ohne Leidenschaft diskutiert. Die angesetzte Diskussionszeit musste ausgefüllt werden. Vielleicht sind viele der Kollegen jetzt nach den monatelangen Diskussionen meiner Meinung: Man sollte weniger reden; mehr arbeiten!

Ich hatte am Nachmittag die Leitung der Diskussion. Das war mühsam bei diesen Wald- und Wiesenbeiträgen. [...]

OLE BIENKOPP

Alles ist ungewiss. Das Zögern des Aufbau-Verlags hat sich herumgesprochen. Gysi hatte den stellvertr. Kulturminister Wendt angerufen. Danach soll in meinem Roman das ganze Zentralkomitee der Offenställe wegen kritisiert sein. [...]

Ich sitze da wie ein Anfänger und warte wie jener auf das Urteil der Redaktion über mein erstes Gedicht. Wie wird das Urteil ausfallen? Das letzte Wort liegt, so seh ich schon heute, bei Prof. Hager. Wird er sich »der Weisheit« meines Volkshelden anschliessen, oder wird er sich auf die Seite der angestellten Funktionäre schlagen, die mit ihrer Betriebsamkeit die Weisheit des Volkes ersticken? Wird man dem »neu entdeckten« Produktionsprinzip auch in meinem Roman zustimmen oder nicht?

Prof. Hager wird den Roman in den Pfingstfeiertagen lesen. Alle anderen werden ihn vorher lesen. Bis nach Pfingsten werden meine Nerven also noch in Spannung sein. Woran soll man sich inzwischen halten? An das höchste Prinzip, das die Welt zusammen hält. [...]

25. Mai (Sonnabend)

Noch bis Mittag Delegiertenkonferenz. Schlusswort von Hans Koch. Wahlen. Ich werde wieder zum stellvertr. Vorsitzenden gewählt. [...]

1963

27. Mai (Montag)

[...]

NACH BERLIN

Mit Evchen zur Voruntersuchung und zur Anmeldung. Geburtenklinik. Prof. Kratz.

Einkäufe. [...] Meine Nerven sind gespannt. Immer wieder muss ich an das Schicksal meines BIENKOPP denken, der mich drei Jahre tagaus, tagein beschäftigte. [...]

28. Mai (Dienstag)

4½ hoch.

Ein paar Stunden Tagebuch-Aufzeichnungen.

SO SIND MEINE MORGEN

Der erste Gang in den Pferdestall.

Die Pferde begrüssen mich brummelnd.

Nicht alle erheben sich.

Manche sind schon die halbe Nacht wach.

Unergründlich ist die Schlafzeit der Pferde!

Der Zwerghahn klatscht mit den Flügeln und kräht.

Er drängt mit seinen Hennen hinaus in den Hof.

Die brütende Mutter-Ente bedeckt ihr Gelege mit Daunen.

Sie frisst das einzige Mal am Tage und entleert sich.

Der Erpel zieht, nachdem er eine Weile vergeblich auf sein Gesponst gewartet hat, einspännig und sehr verhalten hinunter zum Bach.

Die Tauben rollen und purzeln.

Sie verstehn ihrer Morgenfreude Ausdruck zu verleihen.

Ich schau ein wenig auf die wachsenden Gräser und Blumen.

Der Löwenzahn hat bereits die Kinderlaternen aufgesteckt.

[...]

30. Mai (Donnerstag)

Den ganzen Tag Sitzungen in der Akademie.

Parteigruppen-Sitzung und Plenartagung.

Es geht um eine Erklärung, die verabschiedet werden soll. Die Erklärung besagt, dass die Mitglieder der Akademie sich mit den

Ergebnissen der Kunstdiskussionen im letzten halben Jahr einverstanden erklären. Natürlich, das tu ich, besonders, wenn es heisst, dass der Fahne der Volkstümlichkeit in der Kunst wieder ein ehrenvollerer Platz eingeräumt werden soll. Aber kann man das mit Deklarationen? Das hängt doch von den Lebensumständen der Akademiemitglieder ab. Aber wie und wo leben sie? [...]

DIESE SITZUNG erhielt in den letzten zwei Stunden ihren besonderen Akzent durch das wilde Auftreten von Ernst Busch. Er fühlt sich seit Jahren ungerecht behandelt. Jemand »an höchster Stelle« mag ihn nicht leiden. (In Künstlertratsch gewickelt besteht die Meinung, dass es sich um die Frau unseres Staatsrats-Vors. L. U. handelt.)

Wie das bei uns so geht: Das Oberhaupt zieht die Stirn kraus, wenn die Rede auf einen ihm nicht sympathischen Menschen kommt. Ist das unerlaubt? Darf sich ein Staatsratsvorsitzender eine solche menschliche Regung nicht leisten?

Die Frage ist stets, was beflissene »Beamte« aus diesem Stirnrunzeln machen.

Leider machen sie auch bei uns noch ganze Bannflüche bis zur Existenzschädigung draus. [...]

Die alten Genossen scheinen nicht mehr abschätzen zu können, wie ihre oft banalen Zwistigkeiten, die z. T. noch aus der Emigrationszeit stammen, auf die jüngeren Genossen wirken. Wie sollen da Reste von Respekt und Verehrung bleiben.

Dieser Zank um Senatorenstellungen! Ist's ein Wunder, dass unsere Bevölkerung sich einen Scheiss um die Akademie der Künste kümmert? Bis jetzt und immer noch besteht mir diese Einrichtung von Akademie zu sehr als Selbstzweck.

Müssten und sollten wir nicht endlich das autoritative Gremium von Fachleuten in Kunstdingen werden? Das erwartet man doch mit Berechtigung von uns.

LUDWIG RENN
(Am Rande einer Akademie-Sitzung.)

Meist setzt er sich rechts von mir. Rechts ist sein brauchbares Ohr. Ich muss ihm ab und zu eine Zusammenfassung von dem geben, was am Vorstandstisch verhandelt wird. Er hält seine

Hand wie einen Schalltrichter an's Ohr, wenn's vorn am Vorstandstisch hitzig hergeht. In der Regel versteht er trotzdem nichts.

Meine Zusammenfassungen für L. R. sind meist überhöht und ironisierend. Aber gerade das liebt er.

Oft kümmert er sich gar nicht um den Fortgang der Sitzung und will sich mit mir unterhalten. Er tut's in der Lautstärke der Schwerhörigen. Es kümmert ihn nicht, ob die Kollegen, die er glossiert uns gegenüber sitzen oder nicht.

»Weißt du, was Guste Wieghardt von der Lea Grundig sagt?«
»Nein.«
»Sie sagt Lea mit den hängenden Gärten. Wie findest du das?«
Ich lache.
Ludwig: »So schlimm ist's wohl gar nicht, glaub ich, aber die alte Guste W. hat ein spöttisches Mundwerk.« [...]

31. Mai (Freitag)

[...]

BILLARD UM HALB ZEHN aufgegeben. BÖLL wollte das Alltags- und Geschäftsleben, seinen Kreislauf durch die bürgerlichen Jahrhunderte auf so exotische und unherkömmliche Weise schildern, dass auch satte Bundesbürger ihn lesen. [...] Es ist mühsam das Buch zu lesen; mühsam wie Christa Wolfs GETEILTER HIMMEL und Max Walter Schulz' WIR SIND NICHT STAUB IM WIND. – Ich verlange auch etwas Vergnügen beim Lesen.

1. Juni (Sonnabend)

[...]

Gelesen mit viel Genuss:
Tolstoi, AUFERSTEHUNG.

Und dieses Buch las ich, als ich fünfzehn Jahre alt war. Es ist eine Wiederbegegnung mit einem der ersten literarischen Erlebnisse in der Jugend.

10. Juni (Montag)

[...]

OLE BIENKOPP

Es rührt sich nichts. Alle, die ihn gelesen haben (siehe voriges Heft) schweigen, als ob sie sich bei der Lektüre verbrannt hätten. Man kann dies und das für das Schicksal des BIENKOPP erwarten. Er war sein Leben lang ein unbequemer Mitbürger; er scheint's erst recht nach seinem Tode zu sein.

11. Juni (Dienstag)

Morgens Gespräch mit Evchen: Wir müssen die Feld- und Gartenwirtschaft in Schulzenhof einstellen. Die Erzeugung der Gartenfrüchte und der Kartoffeln wird zu teuer.

[...]

12. Juni (Mittwoch)

Morgens auf dem Kartoffelfeld gekratzt. [...]

Mit Meister die Wiese unter Schmidts am Bach gemäht. Gras gleich breit geschlagen.

[...]

Pony-Insel

Mit Evchen im Auto dorthin. Ein so schöner Sommer-Abend. Wir füttern die Shetländer mit Brot, schaun in's Wasser, lauschen dem Abendgesang der Drossel. Ab und zu fällt der Kuckuck in den Drosselgesang ein. Ich pflücke einen Strauss Heckenrosen. Evchen ist froh, dass es ihr besser geht. – Hier ist unsere Heimat. Sie wird unsere Kinder ihr Leben lang begleiten.

[...]

13. Juni (Donnerstag)

[...]

IM ARBEITSZIMMER

Stille. Sonne.
Das sanfte Schnauben der Stuten.
Das Rot der Fuchsie im Fenster.

1963

BRIEFE SCHREIBEN

Manchmal kommt's mir vor, als ob ich mit allen Einwohnern der Republik im Briefverkehr stünde. Die Schübe am Schreibtisch werden nicht leer.

Noch lang nicht hab ich allen Lesern und Freunden geantwortet, da schreiben die schon wieder, denen ich antwortete.

Ich werde wohl mit einem Packen unbeantworteter Briefe drüben auf dem kleinen betannten Friedhof begraben werden müssen!

EINE GEBURTSTAGS-ADRESSE

Die Sache wurde lange hin und her geschoben.

Ein ganzer Stab schien damit beschäftigt zu sein: Wie kriegen wir die Künstler, die bei einer Gratulationskur nicht fehlen dürfen, zum Gratulieren.

Einige, wusste man, gratulieren freiwillig und laut mit hochtönenden Worten. Aber auf die kam es dem Stab und wohl auch dem »Geburtstagskind« nicht an. [...]

Endlich die Lösung: Jedes Akademie-Mitglied fertigt ein Blatt mit seinen spezifischen Kunstmitteln. Die Blätter sollen zu einer Mappe gebunden werden.

Meinen Beitrag entworfen. Trost: Auch Goethe verfertigte Gratulationsgedichte für seinen Landesfürsten und seine Familie. – Die Briefe Michel Angelos an seine Päpste!

[...]

EIN MERKWÜRDIGES ERLEBNIS

Ich sah mich wohl zwanzig Minuten lang im FERNSEHN. Da ging ich zum Podium. Elastisch. Staatsmännisch. Der Reiter macht sich wohl bemerkbar. Man hat ja sonst keine Vorstellung von seinem Gang, seiner Gestik, seiner Mimik.

Bei der Aufnahme war ich unbefangen. Die Kamera existierte an diesem Abend für mich nicht; denn da sass ein Saal voll Publikum, das gewonnen werden musste. Also, darf ich annehmen, dass ich mich so bewege, so lese, lächele und Gesichter schneide, wie ich mich da sah. Wirklich ein Erlebnis! Im Film sah ich mich, ohne mich zu hören. Ausserdem spürte ich da die auf mich gerichtete Kamera. Das machte mich linkisch, unsicher, verkrampft. Hier nun war ich locker. Ja, ja, ein merkwürdiges Erlebnis!

14. Juni (Freitag)

[...]

FAHRT NACH POTSDAM

Von Gransee nach Löwenberg zwei Lehrerinnen im Auto. Zimmtzicken, Kleinbürgerinnen, dicke Kuchen-Ärsche, ohne Flamme der Berufung in den Augen. Von solchen werden die unmöglichen Schülerbriefe zum TINKO inspiriert. [...]

LESEN

Vor angehenden Deutsch-Lehrern für Oberschulen. 2. Teil BIENKOPP. Anfang. Eine Stunde. Die jungen Menschen (18–24 Jahre) gehen gut mit. Haben Spass wenn unsere »Liturgie« ein wenig ironisiert wird. Ihre Fragen sind naiv. Einige junge Männer mit erkünstelten Snob-Gesichtern! Aber auch sie vergessen ihre mühsam angelernten Gesten. Sie lachen wie die anderen Jugendlichen auch. Sie können sich nicht mehr wehren.

[...]

15. Juni (Sonnabend)

Wohl bis 9^h geschlafen. Es hat sich eingeregnet. Ein stiller Tag. Das Heu der erstgemähten Wiese steht auf Schobern.

HEUTE WOHNEN WIR NEUN JAHRE HIER AUF SCHULZENHOF.

Aufzeichnungen.

Briefe.

[...]

17. Juni (Montag)

Zwei Araberstuten geputzt.

Aufzeichnungen.

Meister holt die Shetland-Stute Astra mit dem Fohlen von der Insel.

Unten brummt die Waschmaschine. Verleger Gysi soll kommen. Heute werde ich wohl etwas über das Schicksal des BIENKOPP erfahren. [...]

BIENKOPP

Aufbau-Verlag.

Caspar und Gysi.

Ich frage: »Ist der Roman parteifeindlich?«

Gysi: »So zu fragen, auch ob du parteifeindlich seist ist Unsinn.«

Ich: »Also was?«

Sie: »Wir lesen aus diesem Roman die Tendenz, dass unser Leben ohne Partei-Apparat und Staatsapparat auskommen könnte.«

Ich: »Also eine taktische Frage, ein taktischer Mangel?«

Sie: »Wenn man will.«

Ich hatte mir in den letzten Wochen die Möglichkeit überdacht, dem Kreissekretär Wunschgetreu eine gewisse Entwicklung nach dem »Stalin-Erlebnis« zuzubilligen. Das würde aber nichts am Schicksal BIENKOPPS ändern.

Nun denke ich die ganze Zeit, ob das wohl ein Kompromiss sei. Eva sagt nein. Es sei eine künstlerische Bereicherung.

Ich werde den BIENKOPP-Roman also an dieser Stelle aufbrechen.

GYSI

Super-intellektuell und ein geschickter kulturpolitischer Lavierer, entpuppte sich als einer mit Sehnsucht nach dem Landleben. Einmal hielt er – mitten in Berlin – Hühner, auch eine Ziege. Er trieb die Ziege selber zum Bock, wenn die Zeit heran war.

An ihm erlebte ich ein weiteres Mal die Tatsache: Viele Intellektuelle schauen auf das Landleben wie auf ein verlorenes Paradies. Sie werden es nicht mehr erreichen, wissen sie, weil sie nicht mehr imstande sind, einige Unbequemlichkeiten auf sich zu nehmen.

DIE KOSMONAUTEN fliegen. Diesmal auch eine Frau. Wieder haben es unsere Freunde in Russland verstanden, die americans zu überraschen.

DIE HEU-ERNTE

19. Juni 63

Soweit war ich.

Da kam ein Telegramm: »Evchen in die Klinik.«

Das Telegramm kam von Knut.

Ich fuhr los. Mittags war ich in Berlin.

17. Juni – 9. Juli

DER JAKOB WAR GEBOREN.

Das Evchen wohlauf.
   Lustig, wie nach dem Baden.
   Der Jakob kam vierzehn Tage früher, als wir ihn erwarteten.
   Jetzt haben wir vier Juni-Söhne.

24. Juni (Montag)

Früh hoch.
   Eine Stunde Tagebuch-Aufzeichnungen.

BIENKOPP

Aufgebrochen. Mit der Überarbeitung im beschriebenen Sinne (vorige Woche) begonnen. Alles, was ich hinschreibe, erscheint mir zunächst grob.
   Heu-Tag. Endlich wieder Heu-Wetter. Bei Schmidts und bei Frankes heuen geholfen. [...]

28. Juni (Freitag)

[...]

EVCHEN ABGEHOLT

Zum ersten Male den kleinen Jakob gesehn. Wenn man sich genau in seine noch undeutlichen Gesichts-Konturen vertieft, entdeckt man einen zweiten MATTI. Das Evchen hat ihn schon lieb. Wie sollte es anders sein! Er lauscht auf Stimmen hin. Lächelt auch schon. Die blinden Säuglingsaugen, die schon sehen und erkennen möchten, sehen dabei so bös aus. Sie scheinen zu fordern: Seid doch mal still; ich habe da was wahrgenommen, das muss ich ergründen. [...]

9. Juli (Dienstag)

Nach Berlin.

AUFBAU-VERLAG

Die umgeschriebenen Schluss-Kapitel abgeliefert. Die Lektoren lesen sofort. Sie ächzen, so nimmt sie der Schluss des Romans mit. Aber sie sind zufrieden. Die Wunschgetreu-Lösung stellt sie zufrieden.

Niemand kann mehr sagen, die Arbeiter im Partei-Apparat wären von mir zu abträglich gezeigt.

Ich habe meine eigenen Gedanken. Die ursprüngliche Fassung wird beim Manuskript niedergelegt. [...]

13. Juli (Sonnabend)
Tagebuch.
Briefe geschrieben.
Kunstdünger für den zweiten Schnitt auf die Wiesen gebracht.

KURT SEIBT
Er kommt nun schon wie ein Freund.

Von Mal zu Mal wird er lockerer. Wir berichten einander von unseren Erfahrungen und Beobachtungen in der Landwirtschaft.

Das Prämien-System in der Genossenschaft wirkt Wunder. Kurt nennt es einen »Zauberstab«.

In einer Genossenschaft kam nie die volle Heu-Ernte herein. Die Mitglieder waren stets darauf bedacht, zunächst ihre eigene Fuhre Heu für ihr Heim-Vieh gut und ohne Nährstoffverluste einzubringen.

Derweil verkam das gemeinsame, das Genossenschafts-Heu, auf den Wiesen.

Der neue Vorsitzende nahm den ZAUBERSTAB.

»Wenn das Genossenschafts-Heu gut und verlustlos in die Scheuer kommt, erhält jedes Mitglied eine Knall-volle Fuhre ins Haus gefahren!«

Das Wunder vollzog sich. Alle Wiesenstücke wurden abgeerntet. Sogar mit der Sense wurde gemäht. Die Genossenschaft hatte nie so eine füllige Heu-Ernte. Jedes Mitglied erhielt seine Pracht-Fuhre.

So der Kurt. Ein immer sympathischer werdender Freund des Hauses. [...]

19. Juli (Freitag)

[...]

ZIRKUS

Mit der Anja in den Zirkus Olympia. Gastierte in Pankow. Gegen Schluss der Vorstellung wurde ich vom Spielmeister entdeckt. Er verkündete, dass ich unter den Zuschauern sässe. Ich erhielt Beifall wie eine der besten Zirkusnummern. Recht schmeichelhaft für Mutters Jungen. Die Zuschauer riefen: »Ist Pedro auch hier?« – Nun kann ich wohl meinen Traum, doch noch einmal mit dem Zirkus zu fahren, streichen. Na ja, wenn ich ohnehin eine Zirkusnummer bin, mit dem, was ich schreibe.

29. Juli (Montag)

RITT

Am späten Nachmittag Rawanah. Russalka frei. Am Nehmitz-See entlang. Was Wehmütiges in mir. Abschied vom Sommer?

Die Reise steckt mir in den Poren. Dort, wo man hinfährt dringen so mannigfaltige Eindrücke an, dass man eigentlich nichts sieht; jedenfalls zu wenig genau. Aber hier verpasst man viel, so fühle ich.

Die Birken leuchten. Der See schimmert. Das Buchenlaub ist lauschig.

Die Stute ist rittig und im besten Sommerzustand.

NEUES BUCH

Ich machte die ersten Auszüge aus den Tagebüchern für das neue Kalenderbuch. Schon beim Abschreiben entdeckt man die Möglichkeiten, die in den kleinen Tagebuch-Geschichten stecken.

1. August (Donnerstag)

Krach um Wäschewaschen als Fahrt-Einstimmung.

Nachher wurde schnell alles gut. Ach, das liebe Evchen! Hinterher hab ich stets Katzenjammer, wenn ich grobe Worte zu ihm sagte.

Evchen so lieb, die Jungen so lieb! Man hat schon Sehnsucht nach ihnen, bevor man fortgefahren ist.

1963

Mit Hans Koch zum Flugplatz. [...]

Das erste Mal mit einem Düsenflugzeug. Hoch. Eis in der Kabine, an der Decke. Taut, als wir tiefer gehen.

Stehenski und Bashan holen uns ab. [...]

Hungrig und ungewaschen sofort in eine Lyrik-Veranstaltung der Ukrainischen Dichter.Gegen-Geste f. Bashan. [...] Zwei Stunden Vorträge, Lyrik. Verstehen kein Wort. Klatschen. [...]

2. August (Freitag)

[...]

Kurt Stern, Joho, Fühmann, Apitz, Wiens treffen ein. Grosse Umarmung mit Bruno und Kurt.

Fliegen gleich weiter nach Leningrad. 55 Min. Eingeklemmt zwischen altem Mütterchen und einem Grusinier.[...]

Nach Abendbrot. Bummel durch nächtliches Leningrad. Bisschen Seine-Paris, bisschen Donau-Budapest, viel altes Potsdam. Viel Vergangenheit. Moskau frischer, lebendiger.

Stern, Wiens und ich haben Gespräch am Newa-Ufer mit drei jungen Arbeitern. Einer Halbjude. Alle sehr wach, intelligent. Etwas Schuldeutsch. Deklamieren »Lorelei« Genrich Gene. Wollen mit uns sprechen. »Wenn weisser Bär auf Tisch frei sprechen; wenn schwarzer Bär auf Tisch diplomatisch sprechen.« Machen Termin für den nächsten Tag aus. Aber da sind wir in Peterhof. [...]

3. August (Sonnabend)

[...]

Nachmittags in Omnibussen nach Peterhof. Wasserspiele. Kaiserlicher Kitsch. [...] Die sowjetischen Schriftsteller sondieren mit viel freundlicher Schauspielerei die Meinung der einzelnen Delegationen. Ich spreche in einer Eishalle mit Godar und Frau. Ungarn. Tibor Dery aus dem Zuchthaus. Die Sensation der ungar. Delegation. D. spricht mich an, weiss plötzlich, wer ich bin. [...]

Wirkliche Freunde wenig. Dymschitz.

Begegnung mit Fedin auf d. Strasse in Leningrad. Sehr gealtert.

1.–6. August

Krummer Greis am Stock. Resigniert. Macht sehr kranken Eindruck. Man gibt ihm keine Ruhe. Muss immer noch »Fahne« spielen. [...]

5. August (Montag)
Tagung beginnt. Viel Tam-Tam und Höflichkeiten. Trotzdem Spannung. Wer wird das Streitschwert zücken? Vorläufig Nadelstiche.
Ganggespräche. [...]

6. August (Dienstag)
Zweiter Tagungstag.
Eine Biene muss Honig sammeln. Sie muss!!
Mir kommt vor: Die Intellektuellen reden die ganze Zeit vom Schriftsteller, der in unserem Jahrhundert mit Verstand und Gefühl gleichermassen ausgestattet sein müsse, um sich selber zu kreieren. Mit tiefen Gefühlen ist's bei ihnen nicht weit her. Ihr Verstand ist wie eine ätzende Säure, die selbstgenügsam und gefährlich zugleich in sich ruht.
[...]
Auf den Tagungen kann ich den Eindruck nicht los werden: Die sowjetischen Genossen stehen verwundert diesem Einbruch von intellektuellem Rowdytum aus der westlichen Welt gegenüber.
Wie stark wirkte gestern Simonow gegen diesen westdeutschen Schwätzer und ignoranten Klugscheisser Enzensberger. So standen wir als Dorfkinder dem Besuch aus der Grossstadt gegenüber. Eine Weile sahen wir zu, wie sie verächtlich in unsere heiligen Spiele und Dinge einbrachen. Am dritten Tag spätestens verprügelten wir sie.

MILLIONENFRIEDHOF
von Leningrad. Massengräber preussisch ausgerichtet. Totenpark mit schlechten Skulpturen und den anscheinend unerlässlichen Zementfahnen. Ewige Feuer aus Benzin. Trauermusik aus Riesenlautsprechern. Seht her, Ihr Deutschen, Eure Schande. Ihr liesset es zu. Ich schreibe dort ins Gästebuch: »Was in unserer

Kraft steht, werden wir tun, dass kein Krieg wieder von *Deutschland her* nach Leningrad dringe.«

Unsere Delegation unterschreibt. Auch Enzensberger, der westdeutsche Grünschnabel, für den der Faschismus »ein ungelöstes Mysterium« ist, unterschreibt.

Ich kann mich dem Ansturm von Kollektiv-Scham nur entziehen, wenn ich daran denke, dass den ganzen Krieg über keine Kugel meinen Gewehrlauf verliess. Auch muss ich hilfsweise daran denken, dass die Massengräber, die auf Stalins Konto kommen, nirgendwo gezeigt werden. Morde unter der eigenen russischen Bevölkerung. Die Bevölkerung aber musste es zulassen, bis der grosse Einzelmörder starb. Wer darf wem Vorwürfe machen? [...]

Moskau 9. August (Freitag)

Zimmer 3. Stock. Das tosende Moskau die ganze Nacht. Kopfschmerzen.

Kein Frühstück. Schade um die zwei Stunden jedes Mal. Einkaufsbummel. Allein. Gorki-Strasse, Gum. Schön. Viele Beobachtungen. Allein sieht man mehr. Kann ohne Rücksicht stehen bleiben, wo man will. Nur mit Eva ist's schön zu zweit, weil wir fast immer die gleichen Beobachtungen machen. [...]

Pressekonferenz Comes. [...] Ähnliche Stimmung wie auf Kongress: Meinungen möchten aufeinanderprallen, aber politisches Ziel: Hervorzuheben was uns eint. Antifaschismus. Ob alle wirklich Antifaschisten sind? [...]

13. August (Dienstag)

[...]

Kostja bringt uns [zum] Flugplatz. Flug wie auf allen Fahrten vorher Düsenmaschine.

9000 m hoch

800 km Geschwindigkeit.

Flugzeit Berlin – Moskau und umgekehrt 2 Std., 20 Min. [...]

Wohnung leer. Alles umpacken. Telefonieren. Bisschen Schlaf. Nach Dollgow. Grosse Freude. Evchen so lieb. Kinder lieb. Geschenke. Jubel. [...]

14. August (Mittwoch)

Geburtstag.

Kinder gratulieren.

Froher Tag.

Ilja und Erwin bemalte Gipsplatten: Pferdekopf, Blumen.

Matti hat Buch geschrieben und gemalt: »Vater und seine Pferde«.

Bestes Geschenk: Zu Hause sein. Gut und lieb sein.

[...]

Gäste: Beselers, Baumerts, Knut. Erzähle von Leningrad – Moskau. Heiterer Abend. Gerhard witzig und ganz auf der Höhe. Viel gelacht.

17. August (Sonnabend)

KRAMEN

Ein Packen Manuskripte und gedruckte Belege. Ich hole ihn aus meinem früheren Arbeitszimmer von drüben. (Jetzt Mädchenzimmer.) Er lag umher. Nahm Platz auf der Sitzbank weg.

Natürlich kommt man in's Lesen. Ist erstaunt, was man schon alles schrieb und vergass. Eine Arbeit, die viel gute Zeit frisst, aber gemacht werden muss. Ordnung wird mir immer mehr Bedürfnis. [...]

20. August (Dienstag)

BRIEFE

Wie eine Madenlarve sitzt die schlechte Laune in mir.

Wie kommt diese Larve nachts in mein Wesen?

Ich schlafe doch gut und fest.

Schlaf ich zu wenig?

Aus meinem Stiefelabsatz stehn Nägel.

Ich such nach dem Hammer.

Der Hammer ist nicht im Handwerkskasten.

Die schlechte Laune hat ihren Frass.

Ich nehm mir vor, die Laune zu besiegen.

Ich schimpfe mit ihr,

versuch sie zu vertreiben.

Ich tu, als sei sie ein wirkliches Tier.

1963

Eine Pappschachtel liegt auf dem Hof.
Der Regen hat sie zerweicht.
Die Laune versteckt sich hinter meinem Ordnungssinn.
Wieder nehm ich sie kurz an die Hundeleine.
Ich geh rasch an die Arbeit.
Die Laune scheint sich zu kuschen.
Ich schreibe Briefe.
Mittags schlaf ich ein wenig.
Jetzt ist die Laune ganz und gar schlecht und giftig.
Sie stürzt sich auf ein umherstehendes Fahrrad.
Sie verbeisst sich in eine offen stehende Hofpforte.
Im Keller rumort der Sohn Ilja.
Er kramt in meinem Handwerkszeug.
»Was machst du dort, Ilja?«
»Ich räume auf, Vater.«
Ilja hat ein bisschen gelogen.
Natürlich räumt Ilja nicht auf.
Er baut sich ein Spielzeug.
Die Laune verbeisst sich in die kleine Lüge.
Endlich hat sie etwas gefunden.
Sie zerreisst die Leine meines Willens.
Sie wird zum scheusslichen Dämon.
Sie besiegt meinen Verstand.
Sie ruft meinen Jähzorn zur Hilfe.
Dieser Rowdie liegt stets für Untaten bereit.
Ich prügele Ilja.
»Für's Lügen!« schreit's aus mir.
Bin ich's, der schreit?
Ist's meine Laune, der Jähzorn?
Das alles währt wenige Sekunden.
Die Laune und der Jähzorn besiegten mich.
Der Mensch in mir wurde vom Tier besiegt.
Ich bin müde nach schwerem Kampfe – lebensmüde.
Ich ekele mich vor mir selber.
Wie klein ist der Mensch in mir!
Hätt' ich eine Pistole, würde ich mich erschiessen.
Der Tag ist vertan.

20. – 24. August

Wie ein Tag nach einem Alkoholrausch.
Was muss ich tun?
Wie soll ich leben, dass schlimme Laune und böser Jähzorn
 nicht in die Gärten meines Lebens einfallen,
dass sie dort nicht wie Urwaldbestien
alle Blüten und Früchte vernichten?

SPRACHEN

Jeden Tag mindestens eine halbe Stunde Fremdsprachen. Russisch, Englisch, Französisch.
 Ob ich es durchhalte?

BELEGE SICHTEN

Was man so alles im Laufe der Jahre an kleineren Arbeiten schrieb! Wievieles, was zum politischen Tageskampf geschrieben wurde, wird langsam ungültig. Wie ist das zu verhindern? Ich suche Brauchbares für das geplante KALENDERBUCH heraus. Ich ordne die gedruckten Belege usw. Zeitfressende Kramarbeit. [...]

24. August (Sonnabend)
Family

Es gibt Tage, die werden einem von der Familie fortgefressen. Das ist nicht bös gemeint. Denn andererseits ist die Familie auch Humus für die Poesie. Ich darf nur an die Vertreter des »nouveau roman« denken, die ich in Leningrad auf der COMES-Tagung sah. Ihre Heimat sind die internationalen Hotels, ihre Schränke die Koffer. Ihr Werk zehrt von den pessimistischen, aber zumindest skeptischen Meinungen wurzelloser Intellektueller. Aber ihr Leben ist nicht das Leben der Menschheit. Sie schleifen ihre Wurzeln hinter sich her.

 Meine Nerven sind seit der Reise noch nicht zur Ruhe gekommen. Es hat seither noch keinen Tag gegeben, da ich mich mit ganzer Musse dem widmen konnte, was zu tun, und was allein wichtig ist. Da wird man leicht ungerecht. [...]

1963

3. September (Dienstag)
5ʰ los nach Bohsdorf. Vorherbst-Stimmung, aber das Grün der Bäume ist noch unangetastet. Die Lausitzer Heide. Birken und Flächen von lila Heidekraut. Die milde Wärme des Septembers!

Nach der Wohnung des Bruders Heini in Lübbenau gesucht. Nicht gefunden in dieser ameisenlebendigen jungen Industriestadt. Was ist aus der Stadt der Sauren Gurken und der Kahnpartien geworden!

Das Bahnhof-Hotel, in dem ich einst als Reisender für Vieh-Lebertran wohnte. Und dort in diesem Kleinstadt-Hotel überfiel mich zum ersten Male der Schreibdrang. Ich kümmerte mich nicht mehr um mein »Geschäft«. Setzte mich hin und schrieb für eine Kleintierzüchter-Zeitschrift eine Fortsetzungs-Serie. »Was ich mit Haustieren erlebte«. – Alles war ungeschickt, aber ich schrieb dort jeden Tag und so lange, bis ich kein Geld mehr hatte, die Hotel-Rechnung zu bezahlen. Dann kroch ich »demütig« wieder in Vaters Backstube zurück. Viehlebertran hatte ich nicht eine Kiste verkauft. Nun hielt ich ein Weilchen mit meinem »feinen« Auto vor diesem Hotel. Ich suchte nach dem Fenster, hinter dem ich damals sass und schrieb. Ein »feiner« Mann mit Hut und Schlips und Lederjacke, ein« reicher« Mann, aussehend an einem Morgen um 6ʰ wie ein vornehmer Nichtstuer. Rechts und links drängten die Arbeiter an meinem Auto vorbei. Sie kamen vom Bahnhof und drängten zum Riesenkraftwerk, Schornsteine und Kühltürme, wie Pilze nach ausgiebigem Regen, auf der blachen Heide geschossen.

Die Eltern noch im Bett. Auf dem Elternhof Gehämmer. Die Genossenschaft macht die Ställe und Vorratskammern für ihre Zwecke nutzbar.

Fahrt mit den wie Kinder in die sonnige Septemberwelt schauenden beiden Altchen. Eine Freude, die ich mir mache. Rast in Berlin mit Eis und reifen Birnen. Dann nach Schulzenhof.

Aber immer diese Unruhe im Herzen! Wie werde ich sie los?

5. September (Donnerstag)

Heute wäre Schwester MARGA fünfzig Jahre alt geworden. Sie geht immer noch neben mir her wie die kleine Schwester aus der Kindheit, die man bevormunden und necken muss.

Zuweilen war sie mutiger als ich; vielleicht, weil sie nicht genügend Intellekt hatte, sich die Folgen bestimmter Handlungen auszudenken.

Jetzt scheint sie mir mutig vorausgegangen und »drüben« zu leben. Ich kann sie nicht fragen, wie früher, wenn sie zuerst in den noch frühlingshaften kalten Dorfteich stieg: »Wie ist es?«

[...]

8. Septr. (Sonntag)

[...]

BIENKOPP

Zwischen den Arbeiten im Heu die zweite Sendung Korrektur-Bogen vom »Bienkopp« durchgesehen. Eindruck: Das ist wirklich das äusserste an Verknappung, was ich mir im Roman leisten kann.

10. September (Dienstag)

DIE MUTTER IN MEINER STUBE

Meine Stube ist mein literarisches Laboratorium. Manchmal wünsch ich, dass mich die Eltern sähen, wenn ich dort arbeite. Wie kindlich!

Der Wunsch kommt aus früher Kindheit. Aus einer Zeit, da ich den Eltern gern, zu gern bewiesen hätte, das andere Berufe und Gedanken in mir stecken, als die, zu denen sie mich hinlenkten.

Dieses Beweisenwollen ist als Rückstand des Verkanntseins in der Kindheit bei mir geblieben.

Meine Mutter quält sich die Treppe in mein Zimmer hinauf. Sie sitzt im grüngepolsterten Lederstuhl und schaut sich Fotos (einige aus dem grossen Kasten) an. Dazu lutscht sie Bonbons und lobt mich. So hat sie mich gelobt, als ich zehn Jahre alt war. Ich schäme mich. Was für ein dummes Unterfangen, der Mutter klar zu machen, was ich heute tue!

Sie hat vorsichtig an meine Fähigkeiten geglaubt, als Vater und

Brüder sie insgeheim verlachten. Sie war eine Mutter, die jedem ihrer Kinder gerecht werden wollte. Kinder sollen nicht stören. Ich störte am wenigstens, wenn einer an meine Träume glaubte oder wenigstens so tat.

Nun will ich meiner Mutter zeigen, dass ihr kleiner Liebesdienst von damals nicht verschwendet war. Sie scheint's nicht zu begreifen. Die kleinen seelischen Unkosten damals! Hier ernährt sich einer ihrer Söhne auf ausgefallene Art, nicht als Bäcker, nicht als Friseur. Weshalb nicht? Hoffentlich bleibt ihm die Kundschaft treu.

Wenn ich im Rundfunk aus meinem Roman lese, hat sie Mühe sich wach zu halten. Wenn das Fernsehen mit Schlagern, Kriminalspielen und konventionellen Filmen eingeschaltete wird, ist sie wieder wach, lauscht und sieht begierig. Vielleicht denkt sie: Schade, dass der Sohn nicht so etwas macht! Aber ich gehe beleidigt umher, weil ich doch stets ein »grosser« Sohn sein wollte. Noch immer bin ich für meine Mutter kein solcher.

26. September (Donnerstag)

Briefe geschrieben.

Sachen geordnet.

Dies und das gelesen.

Wagen gewaschen.

Lieder der Eltern, auch Gespräche auf Tonband aufgenommen.

PLATTENSPIELER

Gestern kaufte ich einen.

Nun ist meine Pferdestall-Stube voll Musik.

Beethoven, von dem ich immer noch Fabeln bauen lerne. Da ist keine Willkürlichkeit, nichts Ungefähres. Jede Variante eines Themas ergibt sich aus der vorigen.

Goethes Ästhetik

Der alte BODE hat sie mit Fleiss zusammengetragen. Ich lese sie.

Freude am Wiederfinden! Viele Erkenntnisse, die ich mir erschrieb, find ich von Goethe formuliert. [...]

1. Oktober (Dienstag)

[...]

DIE STERNS kamen am Nachmittag vorbei. Sie kamen aus dem schönen Carwitz.

Der Sommer ist zu Ende.

Jeanne und Kurt waren locker. Keine Bitterkeit, keine politischen Vorbehalte.

Die Gespräche waren frisch wie in den besten Tagen der Freundschaft.

Manchmal will's scheinen, als ob auch Freundschaften Welk- und Blühzeiten haben.

3. Oktober (Donnerstag)

[...]

URLAUB

Am ersten Oktober hab ich mir Urlaub gegeben. Wie sieht mein Urlaub aus? Ich durchbreche die Ordnung meiner normalen Arbeitstage. Ich fang meinen Tag von hinten an, reite schon morgens und schreib unterwegs meine Zeilen. »Du hast ja Urlaub!« red ich mir über Tag ein. Ich tu, was mir so in den Sinn kommt. Aber zwischendrein plagt mich das schlechte Gewissen. Evchen hat soviel Arbeit. Hilfsmädchen hat frei. Die Jungen sind in den Ferien. Der kleine Jakob will gesättigt und bewindelt werden. Sein Geschrei bestimmt die Stunden des lieben Evchens. Sie eilt hin und her, her und hin. Was für ein schlechter Mensch bin ich, wenn ich Urlaub mache.

11. Oktober (Freitag)

Verpfuschter Tag. Lange geschlafen. Müde. Weiss nicht recht was anpacken, wo beginnen. Lese Zeitungen. Richte einen Sattel f. Astra, die Shetlandstute. MATTI bestürmt mich täglich: Reiten will er wieder.

Die Shetlandstute läuft mir weg. Der kleine MATTI oben. Galopp. Er hält sich. Die kleine Stute hält ruckartig ein. MATTI stürzt.

Der gleiche (rechte) Arm wie im Frühling hängt schlaff herab. Das Evchen entsetzt. Tobt wie bei Christas Tod. Bei mir verklemmt sich alles. Spiele mit Selbstmord.

Wieder langes Warten auf Ergebnis vor dem Krankenhaus in Gransee. Zerreissprobe. Der Arzt geht erst zur Sitzung.

Armbruch Elle und Speiche ums Armgelenk herum. Ich darf mich nicht hineindenken.

Der kleine MATTI tapfer, auch das wieder ruhiger gewordene Evchen. Ich immer am Rande der Verzweiflung. Vorwürfe: Ich bin schuld, habe die Führleine gelöst, ohne zu berechnen, dass die Stute zur kleinen Herde zurückpreschen würde. [...]

14. Oktober (Montag)

[...]

NACHMITTAGS

Görlich und Walter D.

Soll nach Karlsruhe fahren. Beim Bundesgerichtshof protestieren.

Man hat den Verleger und Schriftsteller HOFÉ verhaftet. Drüben natürlich. H. fuhr zur Buchmesse nach Frankfurt/Main.

Ich sage zu.

16. Oktober (Mittwoch)

Nebel. Auto mit Rauhreif überzogen. Im Nebel über die Grenze. Den westdeutschen Grenzern sage ich frei, wo wir hin wollen und was wir dort tun wollen. Es ist am besten, von vornherein mit »offenen Karten« zu spielen.

Korrekt. Hören sich alles an. Lassen uns fahren. [...]

Mittagessen. Dann zum Bundesgerichtshof. Werden umhergeschickt und schliesslich abgewiesen. Steht in der Zeitung. Ich habe zwei, drei Mal die Einzelheiten erzählt. Im Rundfunk und im Fernsehen berichtet. Keine Lust mehr, sie niederzuschreiben. Goethe hat recht: Man soll nicht zuviel (besser gar nicht) über das reden, was man niederschreiben will. Schreiben ist schliesslich eine Art der Mitteilung. Mitteilungsart der Stimmen!

ABEND Fahren zurück bis Giessen. Unterwegs entwerfen wir Protestschreiben an Generalbundes-Anwalt. [...]

17. Oktober (Donnerstag)
Bis Mittag in Giessen. Suchen lange nach Schreibbüro, wo wir das Protestschreiben anfertigen können.
Von Giessen ohne Zwischenfälle nach Berlin. [...]
In Berlin sind gerade Gagarin und die Tereschkowa zur Hebung der Wahlstimmung eingetroffen. Pauken und Trompeten!

18. Oktober (Freitag)
Pressekonferenz und Aufnahmen für's Fernsehen. Ich stottere etwas zusammen. Sollen wir unsere Fahrt zur Heldentat aufbauschen?
Man ist mit unserer Konferenz nicht zufrieden. Wir hätten »zackiger« reden müssen. Leute aus dem Apparat, die Westdeutschland nie sahen, geben uns Ratschläge, was wir alles dort drüben hätten tun müssen. [...]

23. Oktober (Mittwoch)
Hier wird anschliessend zu lesen sein, was ich in nächster Zeit mit dem Roman zu erwarten habe:
BIENKOPP
Der Kulturminister und sein Stellvertreter haben mich eingeladen. [...]
Nun also das Gespräch. Es war quasi ein »Wiedergutmachungsgespräch«. Ich spürte nach den ersten Sätzen, dass der BIENKOPP auf beide Minister Eindruck gemacht hat. BENTZIEN sprach von einem Volkshelden BIENKOPP, der sei mir gelungen. Beide Minister haben durchaus erfasst, was ich mit dem Bienkopp »wollte«: Ein Loblied auf den schöpferischen Genossen singen. Gen. WENDT sprach von einer einprägsamen unverwechselbaren Figur. Eine Überraschung wie damals Gorkis Mutter. Die Minister verstanden auch durchaus, dass hier am individuellen Fall, an einer ganz und gar privaten Geschichte einige Unzulänglichkeiten unserer Arbeit im Partei-Apparat und bei der Staatsregierung beleuchtet werden. Das richtet sich aber nicht gegen die Beschlüsse von Partei und Regierung, sondern gegen die Art und Weise ihrer Umsetzung in der Bevölkerung.

Beide Minister stellten sich also hinter den Roman, insonderheit, als ich ihnen erklärte, dass ich die Figur des Wunschgetreu mit wenigen Strichen ummodelliert hatte.

Auch das ist klar und darüber sprachen wir: Es wird Diskussionen geben, Rückversicherungen von Überängstlichen. Und noch weiss man nicht, wie der Gen. HAGER entscheiden wird. Ist schon an der Zeit, den Notstand in der mittleren Parteikader-Ebene zur Kritik freizugeben, oder kann das erst geschehen, wenn ausreichend Ersatz für unzureichende Funktionäre vorhanden ist. Die Frage bleibt also offen: Wird der BIENKOPP (dann natürlich nur vorläufig) jenen Dogmatikern geopfert oder wird man den Dogmatikern empfehlen, diesen Roman zu schlucken.

Wie dem auch sei: Das Gespräch mit den Ministern war eine grosse Erleichterung für mich und natürlich auch für Eva, mein zweites Ich, das die ganze Zeit mit mir bangt, als habe es diesen Roman selbst geschrieben.

[...]

ABENDS BEI DEN KOCHS [...]

Hans Koch selber enttäuschte mich. Für ihn ist der BIENKOPP nur als neuaufgeworfenes »Problem«, nicht aber als Kunstwerk vorhanden. Er sieht jetzt drei Gruppen von Schriftstellern, über die »man diskutieren« muss. Jene, die objektiv vom »Feinde beeinflusst« schreiben und dazu zählt er HAUSER, BIELER, KUHNERT, MÜLLER. Eine zweite Gruppe, die an TABUS rührt, aber nicht feindlich gesinnt ist. Dazu zählt er Christa Wolf, Eric Neutzsch, Jakobs, wohl und vor allem mich. – Dann gibt's ausserdem noch eine Gruppe junger Lyriker, die aus Feindlichkeit heraus ihre Gedichte schreibt. Schöne Schubfächer, aber keine Frage, ob nicht vielleicht doch etwas Kritisierbares an unserer Arbeit in der Partei und im Staatsapparat sei. [...]

31. Oktober (Donnerstag)

[...]

Die unangemeldeten Besucher nehmen ab. Die Sonn- und Feiertage werden stiller. Auch daran spürt man, dass es Herbst und Winter wird.

4. November (Montag)

[...]

MATTI

Wir gehen in die Wälder. MATTI trägt seinen schwarzen Cowboy-Hut. Die weisse Kordel des Hutes hängt unter seinem kleinen Kinn. Er trägt Muttis alten Winterpullover. Dazu eine viel zu grosse blaue Arbeitskombination seines Bruders.

Wir suchen Pilze. Der Wald rauscht. Fern das Geräusch der Motorsäge. Wir finden Pfifferlinge und wir finden Grünlinge.

[...]

Wir finden viele Grünlinge. Matti ist der Lieferbertrieb. Er zieht die Grünlinge mit seiner freien Hand aus der Erde und legt sie auf Häufchen. Ich bin der Aufkaufbetrieb, beschneide die Pilze und sammele sie ein.

»Oh, Vater, was für ein grosser Stein! Ist es ein Findling?«
»Es ist mein Grabstein. Hier liegt er nun, und du weißt es.«
»Vater, Vater du, was erzählst du für Geschichten.«
Der kleine Hund Olch hat Wild erstöbert. Er kläfft fern im Wald.

»Aber nie bringt Olch einen Hasen heim, Vater, wie ist das?«
»Er erwischt wohl keinen Hasen; seine Beine sind zu kurz.«
MATTI überlegt eine Weile. »Olch müsste einen kleinen Gurt umgeschnallt bekommen, einen Gurt mit einem kleinen Messer dran.«

So plappern wir. Der Wald rauscht. Die gelben Birkenblätter rieseln auf's Moos. Wir sind fleissige Pilzsucher und sind glücklich.

5. November (Dienstag)

5^h hoch.

Aufzeichnungen, Briefe.

KALENDERBUCH

Aus dem Urlaub ist nichts geworden. Die Familienumstände sind schuld. [...]

Manchmal möchte ich dem Familienbetrieb den Rücken kehren, losfahren und mir dies und das ansehen.

Dann aber sitzt KLEIN-MATTI auf meinem Schoss und gibt mir

mit seinem Liebreiz, seiner Zärtlichkeit und Anhänglichkeit zu verstehen, dass er hier bei uns leben, sich entwickeln muss und nicht bei der Grossmutter in Neuruppin. Schau ich in den Kinderwagen und KLEIN-JAKOB lächelt mich verhalten an, so rührt auch das mich an und fesselt mich.

Nicht anders ergeht's Eva. Sie klagt nicht, sie stöhnt nicht offen, aber ich höre ihr Klagen und Stöhnen dennoch.

Und nun geh ich daran, das Material für das KALENDERBUCH zu sichten. All die Tagebücher müssen auf verwertbaren ROHSTOFF durchgesehen werden.

Manchmal kommen mir Zweifel. Hat so ein Büchlein einen Sinn? Wird das Lesepublikum so etwas mögen? [...]

10. Nov.

[...]

LESESTUNDE IN ALT REESE

Der Rat des Kreises bekam eine Empfehlung:

»Weshalb die WOCHE DES BUCHES nicht auf dem Lande eröffnen?«

Der Rat des Kreises eröffnete die WDB in Alt Reese, Kreis Waren.

Lorbeerbäume wurden aus der Stadt ins Dorf transportiert. Eine Buchhandlung legt Bücher auf weiss gedeckten Tischen aus. Die Tische stehen an den Wänden wie bei einer Weihnachtsbescherung.

Ich sehe zum ersten Mal den BIENKOPP-Roman als Buch.

Das Bild auf dem Schutzumschlag enttäuscht mich. Es ist nicht das, was ich mir beim Graphiker aussuchte. Das Grüblerische im Gesicht des Helden ist verschwunden. Ein »pfiffiger« Bienkopp grinst mich an. [...]

Dann lese ich. BIENKOPP. Die Zuhörer werden schnell warm. Das erste Lachen des Tages wellt durch den Saal. [...]

Ich sitze noch lange und schreib Autogramme in die nagelneuen BIENKÖPPE.

11. Dez. (Mittwoch)
Morgens bei leichtem Schnee und zunehmender Glätte nach Berlin. Evchen, Mättke.

Eilig in die SEKRETARIATS-SITZUNG des Schriftstellerverbandes. Hans Koch gibt den Anwesenden in Stichworten bekannt, was er auf der Vorstand-Sitzung über den Bienkopp zu sagen gedenkt.

Dabei stellt sich heraus, dass Hänschen KOCH sich nicht auf der »Höhe der Zeit« (ohne überhaupt von Bienkopp zu sprechen) befindet. H. K. zieht, immer unter der Spitzmarke »Künstlerisch-ästhetisch« Würmchen aus dem Grabacker.

Z. B. Der Tod des BIENKOPP sei nicht genügend vorbereitet. FRIEDA SIMSON sei eine Karikatur. Die »Königsebene« sei in den Roman nicht einbezogen. Der Ort der Handlung – BLUMENAU – sei bewusst eingeengt. Usw. [...]

Akademie-Sektions-Sitzung

[...]
Girnus legt die neue Konzeption von SINN UND FORM vor. Naja, wie schnell so ein allround Funktionär sich einarbeitet und theoretisch so tut, als habe er nie etwas anderes getan. Also Girnus ist jetzt Chef-Redakteur der Akademie-Zeitschrift. Was zum Teufel mit allen geschraubten und halb und halb hochgestapelten Konzeptionen! Am Inhalt der Zeitschrift wird man ablesen, was der Mann kann. Zumindest kann er schon mal nicht mit Schriftstellern umgehen.

Auf jeden Fall hat unsere Sektion und die Plenartagung einen »Belehrer« mehr. Die »Belehrerdiskussionsrunde« Rodenberg, Abusch, Kurella ist um das Mitglied Girnus erweitert. [...]

Unter anderem wurde verhandelt, ob man in den GESAMMELTEN WERKEN BECHERS auch jene Gedichte und Arbeiten bringen müsse und solle, die in der Zeit entstanden, als er unter Morphium-Einfluss stand. (Kokain – sagt Renn.) Das war wohl in den Jahren 1914–1918. Man habe es bei diesen Gedichten mit Wiederholungen und Wiederholungen zu tun.

Renn zu mir: »Auch im Spätwerk gibt's Wiederholungen und Wiederholungen, da hat der B. nämlich gesoffen!«

1963

Man einigt sich, sowohl die Wiederholungen der frühen als auch die Wiederholungen der späteren Periode aus den GESAMMELTEN WERKEN herauszulassen. [...]

16. Dez. (Montag)

Omnibus vom Alex. Nach *Halle*. [...]

In Halle trifft man sich mal wieder.

Der Vorstand berät über die künftige Auslandsarbeit. Bericht des Sekretariats über alles und nichts. 1965 soll bei uns in der Republik [ein] grosses internationales Schriftstellertreffen stattfinden. West und Ost.

[...]

Veranstaltung der »bezirkseigenen« Autoren von Halle. Lesen aus »Werken«, die sie in Arbeit haben. Prosa nichts. Alle talentlos, die da lesen. Aufgeschreibsel. In der Lyrik das »Dichterpaar« Kirsch verführt ein wenig zum Hinhören. Da ist was. Aber noch zuviel Worte. [...]

17. Dez. (Dienstag)

2. Tag in *Halle*.

Diskussion um den BIENKOPP. Hänschen Koch redet wohl drei Stunden, dann hat er erst die Hälfte seiner »Ausführungen« gemacht. Aber die Kollegen haben Hunger. [...] Hänschen errichtete eine grosse Lobesfassade, besser einen Lobesvorhang. Hinter diesem Vorhang dann manipulierte er, unterstellte und zerkritisierte und bewies, dass er wenig von wirklicher Kunst versteht. Ein Professor hielt eine Vorlesung. Der Interpret wurde wichtiger oder macht sich wichtiger als der Schöpfer. O, heilige »wissenschaftliche« Einfalt!

Ich konnt meinen Spott nicht zähmen; sagte: »Der Bitterfelder-Weg ist so: Man geht hinaus sieht sich alles gründlich an, und in Berlin bekommt man gesagt, was man draussen gesehen hat.« Ansonsten benahm ich mich »beglückt« von den Hinweisen, versprach jedoch keine Änderungen und liess mich auf keine Diskussion ein. Das macht sich (bei unseren Verhältnissen) stets gut. Einer der auf unrichtige Kritik entgegnet, will keine Lehre annehmen oder »verträgt« keine Kritik. So vulgär wird das gehandhabt. [...]

Otto Gotsche sagt zum Schluss, ich hätte den falschen Helden (BIENKOPP) gewählt. Den richtigen hätt ich mir selber erschlagen (ANTON DÜRR): Ich hätte es mir absichtlich schwer gemacht. Natürlich Ottchen, ich hätt nach seiner Meinung die Geschichte »illustrieren« sollen. Das wäre freilich leichter gewesen.

In der Mittagspause aber nimmt mich Otto beiseite: »Dass du dir ja nicht unterstehst, das Buch umzuarbeiten! Es ist aus einem Juss (Guss). Damit du's weest: Ich stehe in sonstigen Diskussionen hinter das Buch!«

Was sind das alles für Praktiken? In Wirklichkeit ist's so: Der BIENKOPP markiert die Frontlinie zwischen Dogmatisten und Antidogmatisten bis in das Polit-Büro hinein. Dazwischen tummeln sich die Überläufer und »Sicherheitsbeamten«, die da abwarten, wohin sich die Hauptdiskussion neigt.

Einige Schriftstellerkollegen aber bekannten sich mutig zu dem im BIENKOPP Gesagten und machten aus ihrer Meinung keinen Hehl: So Brezan, Görlich, Stern. [...]

24. Dez. (Dienstag)

Also Weihnachten!

Briefe geschrieben wie immer. Gelesen und die Pferde schon am Nachmittag durchgeritten. Klassisches Weihnachtswetter. Schnee, zunehmender Mond, eine klare Frostnacht. Die vorfreudigen Kinder warten in meiner Stube auf die Bescherung. Selbst Knut, der Laban, liegt lang auf dem Kokosläufer, tut als ob er liest, während wir mit den Kleinen uns Vogelstimmen, Beethoven und einen russischen Gitarristen auf dem Grammophon anhören. [...]

Die gute Eva rennt und eifert umher. Wenn alle Freude haben, so ist das ihre Freude, aber spät nachts liest sie noch in dem Buch über den französischen Teppichweber LURÇAT, das ich ihr schenkte. Das ist ein Mann, der weiss, wie sehr die Kunst vom MACHEN abhängt.

28. Dez. (Sonnabend)

Alles geht vorüber.

[...]

1963

FILME KLEBEN

Ilja und Vater kleben Filme: Die kleine Kamera schnurrt. Menschen, Tiere, Pflanzen, Landschaften und Stimmungen werden gefilmt. Was später auf dem entwickelten schmalen Zelluloid-Streifen erscheint, ist noch lange kein Film. Ganze Partien können über- oder unterbelichtet sein, oder die Stimmungsaufnahmen ergaben nicht, was beabsichtigt war. Der Film wird durch den Laufbildbetrachter gedreht. Die schlechten Stellen werden markiert und dann herausgeschnitten. Unter den Tisch mit ihnen. Unter unseren Füssen kringeln sich die Abfallstreifen und knistern. Die guten Stellen werden aneinandergeklebt. Manchmal setzen wir sogar Filmtitel, die wir selber machen, ein. Zwei, drei Stunden sichten, schneiden, kleben und es entsteht eine Filmrolle von sechzig Metern. Unsere Zuschauer werden eine Viertelstunde lang Schulzenhofer »Ereignisse« sehen. Ilja ist der Filmschneide- und Klebemeister.

30. Dez. (Montag)

NACHTS

Gegen 3^h weckt mich Eva. Ilja ist aus dem Bett gestürzt und verletzte sich heftig. Die Kinder schlafen in Doppelstockbetten. Ilja wollte nachts austreten gehen, vergass, dass er im oberen Bett lag, stürzte. Schlug sich an der Kante des unteren Bettes das Schienbein bis zum Knochen auf. Ich sehe zum ersten Male, wie Eva taumelt, fast zusammenbricht. Sie hatte die ganze Zeit Aufregung mit den zu Besuch weilenden Kindern, wenig Schlaf. Nun das!

Fahre mit Knut und dem verletzten Ilja nach Neuruppin. [...]

Am Krankenhaus-Eingang kein Pförtner. [...] Wir fahren um zehn Ecken und finden endlich die Unfallstation. Ilja hat zwei schmerzstillende Tabletten geschluckt, ist munter und marschiert eigenbeinig Treppen hinauf. Knut geht mit ihm. Mein Unvermögen: Wunden bei Menschen verursachen mir mehr Pein als dem Kranken. Überstarker Mitschmerz bemächtigt sich meiner. Bei Tieren hingegen kann ich alles sehen, kann auch eingreifen.

Ich sitze im Wagen, warte wohl eine Stunde. [...]

Ilja kommt zurück. »Trari, trara«, macht er, ist glücklich. Er kann wieder nach Hause. Die Wunde wurde genäht. [...]

28.–31. Dezember

31. Dezember (Dienstag)

[...]

Um 17^h die Beselers. [...] Mittendrein die Baumerts. [...]

Froh, dass ich mit Eva zuvor in aller Ruhe anstiess und ein Glas Wein trank. Unsere Bilanz: Ein Kind geboren, ein Buch kam heraus, neun Obstbäume gepflanzt. Die Forderung der Altvorderen ist mehr als erfüllt. Jedes der vier kleineren Kinder hatte es im verflossenen Jahr mit dem Krankenhaus zu tun. Klein-MATTI sogar zwei Armbrüche. Über solche Zwischenfälle schweigt die Faustregel der Altvorderen.

[...]

1964

2. Januar (Donnerstag)

Erwache benommen. Was ist mit mir los? Ich passe nicht mehr in die Welt. Ein geringfügiger Streit mit Evchen wird der Anlass. Ich bin sperrig, ganz und gar ANTI. Fürchte das Zusammentreffen mit Evas Bruder. Den sah ich bisher nie. Alles sträubt sich in mir, eine gute »Schwager-Figur« abgeben zu müssen. Weshalb soll ich mich quälen lassen?

Ich brülle wie ein Tier, weiss es, weiss es nicht, kann's nicht aufhalten. Ich will nicht sitzen, sitzen, Konversation machen, eine Rolle spielen. Ich will ich sein, allein sein, meinen Gedanken an die neue Erzählung nachhängen dürfen.

Nachher Zittern am ganzen Körper, Herzschmerzen. Find nirgendwo einen Anfang.

Dann schäme ich mich und weiss keinen Weg ins normale Leben. So also beginnt das neue Jahr! Lege mich, lese ein wenig, schlafe, lese, schlafe.

Erst am Nachmittag kann ich mit den Pferden arbeiten. Ein Stück hinausgeritten.

Geschirre geschmiert.

Sattel bemalt. Gelesen und gelesen.

Die Nacht vergeht einigermassen. Ich bin auf alle Welt böse, aber am meisten mit mir selber. Und nie wieder dieses konventionelle Silvesterfeiern!

7. Januar (Dienstag)

ERINNERUNG AN BRECHT

Es war in Buckow, da sagte er eines Tages zu mir: »Wissen möchte ich, was der *Bunge* und die *Rülicke* zum Beispiel mit mir gemacht hätten, wenn ich ihnen vor paar Jahren begegnet wär?«

Es war für B. ein Kuriosum, dass sowohl Bunge, der Wehrmachtsoffizier, als auch die Rülicke, eine BDM-Führerin, nun beide in seinem dramaturgischen Stab arbeiteten.

Und es wird noch kurioser, wenn man weiss, dass Bunge der ECKERMANN und die Rülicke eine der Geliebten Bs. in seinen letzten Lebensjahren waren.

Auch das war in Buckow: Zwei Holzkisten waren angekommen. Kraftfahrer hatten sie unterhalb des Gärtnerhauses am Seestrand abgeladen. Die Kisten enthielten Sessel. Brecht war neugierig auf die Sessel und schielte aus dem Fenster auf die Kisten. Er unterbrach die Arbeit und ging hinaus, rüttelte an den Kisten, als wollte er sie selber hoch zum Gartenhaus transportieren. Natürlich eilten die männlichen Kollegen der Dramaturgie hinaus, um dem Meister behilflich zu sein. Auch ich ging zuletzt hinaus. Palitzsch und Hubalek versuchten ungeschickt, die Kisten zum Gärtnerhaus zu schleppen. Man musste um ihre Finger und ihre Füsse fürchten. Ich nahm die zweite Kiste und kantete sie allein die Stufen zum Gärtnerhaus empor.

Brecht stand Zigarre rauchend dabei: »Schämt's eich Leut, der Strittmatter wird amal drüber schreib'n, wie deppert wir uns aufgeführt ham mit dere Kist'n.«

[...]

PARTEIHOCHSCHULE

Internat in der Heinrich-Mann-Str. 31. Pankow. Dort wohnen die Parteihochschüler. [...] Wir erfahren: Die LANGE übertraf sich an Mut. Sagte, als mein Buch eben erschienen war: »Wir wissen noch nicht, wie das Buch von OBEN her beurteilt werden wird, trotzdem wollen wir uns hier in den Seminaren eine eigene Stellung dazu erarbeiten.«

Wir erfuhren, dass vor allem die Landwirtschaftsabteilung im ZK (Grüneberg) gegen den BIENKOPP Sturm lief. (Auch Erich Mückenberger in Frankfurt/Oder, denn der B. spielt zu einer Zeit, da M. für die Landwirtschaft im Polit-Büro verantwortlich war.)

Genosse Hager, der den BIENKOPP befürwortete, habe die Hilfe W. Us. herbeigerufen. Genosse W. U. habe den BIENKOPP gelesen und soll gesagt haben: »Weshalb soll das Buch nicht gedruckt werden?« Zu den Landwirtschaftsgenossen aber soll er gesagt haben: »Kümmert euch um Eure Eier, aber nicht um die Kunst!«

Jedenfalls war's auffällig, dass auch die Leiterin der Parteihochschule, Genn. Prof. Hanna Wolf, an der Diskussion über BIENKOPP teilnahm. Drei oder vier Mal war ich schon mit verschiedenen Büchern zur Diskussion auf der Parteihochschule. Nie nahm die Genn. Wolf daran teil. Aber jetzt spielte sie sich sehr interessiert auf. Meldete sich als zweite Diskussionsrednerin. Eindruck: Säuferin. Tiefe innere Konflikte. Wird die Wendung aus dem Stalin-Dogmatismus nicht vollziehen. [...] Immer wieder streut sie in ihre Diskussionsbeiträge ein: »Man nennt mich eine Dogmatikerin, aber ich möchte doch fragen ...« Und sie fragt. Fragen, die zeigen, dass sie wenig von Kunst versteht. »Weshalb musste BIENKOPP sterben?« [...] Je länger die Genn. Wolf redet, desto finsterer und fragender werden die Gesichter der Parteihochschüler. So haben sie ihre Schulleiterin sicher noch nie erlebt. Sie spüren die Unsicherheit und das Manövrieren. [...]

Ein in jeder Hinsicht interessanter Abend. Die grösste Zahl der Schüler brachte ihre Sympathie für BIENKOPP durch heftiges Applaudieren zum Ausdruck. Einige Dogmatiker sprachen, wurden aber von lebenserfahreneren Schülern, die meist vom Lande kamen, gleich widerlegt. Gut sprach die stellvertretende Lehrstuhlleiterin. Und sie hatte eine wirklich Frage: Darf man eine Figur so überhöhen, dass sie zur Karikatur wird? Gibt's vielleicht auch eine Zwischenmöglichkeit? Das ist wirklich zu überlegen. (Gedacht war hier an die FRIEDA SIMSON im BIENKOPP.) [...]

Daheim essen wir und reden noch. Grosses Glücksgefühl: Der BIENKOPP ist nicht aufzuhalten. Er fordert jeden Leser zur Stellungnahme heraus. Die Front DOGMATISMUS oder die Wahrheit sagen geht bis ins Polit-Büro hinein.

8. Januar (Mittwoch)
Erzählen, Erwägen, Vermuten. Die Zeit rennt dahin.

Regen.

Nach Schulzenhof zurück. Wieder eine Menge Post. Wo soll ich nur überall an BIENKOPP-Diskussionen teilnehmen!

13. Januar (Montag)
Morgens
Schwerer Schlaf in den Nächten. Das Bett lullt. Man kommt nur mit einem Ruck aus den Federn, zieht sich rasch an und geht über den knirschenden Schnee. Man zieht die Asche aus dem Ofen, holt Holz, zündet Feuer an und spürt den vortägigen Ritt in den Gliedern. Man lauscht auf seine Stimmung, sucht zu erfahren, ob's innerlich klingt, oder ob der Alltag in einem klappert.

Das Feuer beginnt zu brummeln. Die Pferde erheben sich. Auch sie liegen länger auf ihren Spänen.

Nach Köpernitz. Die Autoschlösser müssen mit einem Föhn-Apparat aufgetaut werden.

Ilja, Erwin und Matti zur Bahn gebracht.

Die Autoscheiben sind sofort von einer Eisschicht bezogen. Man kratzt sich ein Sichtloch und fährt wie in einem Panzerwagen durch die Wälder. [...]

25. Januar (Sonnabend)
Mit dem Fahrrad ins Dorf. Die Wege sind weich und pfützig. Auf den Fuss-Steigen wurde der gepresste Schnee zu Eis.

Vollversammlung der Genossenschaft. Jahresabschluss. Jahresgeld wird ausgezahlt. Deshalb gut besucht. Wohl an neunzig Mitglieder. Die Diskussionen um den Rechenschaftsbericht sind schon lebhafter als vor Jahren, obwohl man sich durchaus noch mehr Lebendigkeit in der Aussprache wünschen würde. Aber die Frauen melden sich schon zu Wort.

Dafür halten »die Gäste vom Kreis« ihre unumgänglichen, besserwisserischen Ermahnungsreden. Mit irgendwelchen Zeitungsphrasen glauben sie den »grossen Bogen« zur Weltpolitik schlagen zu müssen. Ich beobachte bei solchen Passagen die Gesichter der Bauern. Sie lassen das über sich ergehen wie früher die Kirchen-Liturgie, sogar die dörflichen Genossen hören nicht hin. Wir müssen uns endlich von diesen dünnscheissenden Eulen in unserer Partei befreien. Sie helfen nicht. Sie füllen nur Funktionen (im abgezogenen Sinne) und Planstellen aus. [...]

Im übrigen ist Jahrmarkt-Stimmung. Alle warten auf ihre Jahresauszahlung wie Kinder auf WUNDERTÜTEN. Die meisten Genossenschaftsbäuerinnen sind wohl genährt. Der viele Kuchen aus dem KONSUM verrät seine Wirkung. [...]

Die beiden Eisenofen glosen. Der sonst kalte Saal wird nur halbwarm. Die Traktoristen besaufen sich schon am Vormittag in Intervallen nebenan im Thekenraum. Ein Frühstück wird ausgegeben. Zwei dicke Bockwürste, ein Klecks Mostrich und ein Weissbrötchen auf einem Papptablett. Die Bäuerinnen trinken und bezahlen Kaffee, die Bauern Grog und Bier. Wir schmausen still wie die Maden. Was soll die Rederei? Her noch mit einer Bockwurst! [...]

5. Februar (Mittwoch) bis 7. Februar (Freitag)
[...]

Oh, man muss schon einen breiten Buckel haben! In den Westzeitungen nennen sie mich einen Parteischreiber und Nichtskönner, in unserer parteiamtlichen BAUERNZEITUNG nennen sie mich einen Parteifeind und Lügner.

Und das um deinetwillen, mein lieber BIENKOPP. Was war das doch für eine Zeit, als wir uns drei Jahre lang miteinander schlugen!

Mein lieber RETTAM, nun darf sich wieder einmal zeigen, ob du ein Philosoph mit langem Atem bist. [...]

21. Febr. (Freitag)
Besorgungen in Berlin. *Lew Kopelew*, mein Freund und Übersetzer aus Moskau, hat seine Ankunft für nächste Woche angezeigt. [...]

BEKENNTNISSE
Ein ganzer Stoss Post ist inzwischen eingetroffen. Der BIENKOPP ermuntert viele Leute zu Bekenntnisbriefen.

1. März (Sonntag)
[...]

In Schwerin tagt der Bauernkongress.
Absichtlich nicht nach dort gefahren.
Die Genossen von der Landw. Abt. im ZK ziehen eine Kampa-

gne gegen den BIENKOPP auf. Ausgepichte STALIN-Demagogen fertigen »Volksmeinung« an. Bernhard Seeger schreibt mir von dort. Höchstens 80 % der anwesenden Delegierten kannten den Roman wirklich. Die anderen grölten in bewährter Kongress-Stimmung: »Nieder!« [...]

10. März (Dienstag)
Nach Bohsdorf, die Eltern begrüsst, dann nach SCHWARZE PUMPE.
Dort (nach dem Bauernkongress) distanziert man sich vom BIENKOPP. Man schickt uns in die Kantine eines Tagebaus. Muss mein Lesen unterbrechen und Ruhe schaffen. Völlig literaturrohes Publikum. Rege mich (innerlich) sehr auf. [...]
Zuvor aber machten wir noch einen Besuch bei Brigitte Reimann in der Neustadt von Hoyerswerda. Auch sie hat zu klagen. Nachdem sie sich einmal höherenorts über die Funktionäre beklagte, hat sie jetzt zu leiden. Sie machen ihr das Leben dort langsam unmöglich. Die Parteispiesser wollen unter sich sein.

17. März (Dienstag)
Nach Schulzenhof zurück. Tiefpunkt. Etwas Depression. Dieser Kampf und dieses Bangen um die Fortexistenz des BIENKOPP-Romans verschafft mir in der Tat die ersten grauen Kopfhaare. Das erste Mal sehe ich auch das Evchen mutlos. Im gleichen Augenblick aber schiesst bei mir neue Kraft ein. Man darf nicht aufgeben. Ich stürze mich in die Arbeit.

22. März (Sonntag)
[...]
Abends die *Baumerts* vom HAMMELSTALL. Sprechen über dies und das. HAVEMANN; aber wir wissen wenig von den Vorgängen auf der Universität. Wo ist die Stelle, an der sich Schriftsteller schnell, gründlich, zuverlässig informieren können, damit sie offensiv diskutieren können? Eine solche Stelle gibt es nicht. Schriftsteller zählen zu UNSEREN MENSCHEN, denen man die Wahrheit dosiert und langsam, langsam vorsetzt. [...]

1964

28. März (Sonnabend)
Briefe schreiben, fünf, zehn. Trotzdem nimmt die unbeantwortete Post nicht ab. Einladungen, Einladungen. Jeder Kulturbundvorsitzende oder Kulturhausleiter glaubt sich nicht auf der »Höhe der Zeit«, ohne eine Veranstaltung mit Strittmatter, dem derzeit umstrittensten Schriftsteller, gemacht zu haben. [...]

1. April (Mittwoch)
[...]
Die »Klugen« kommen gelaufen
Hast du etwas geschrieben und literarische Figuren in die Welt gesetzt, die zuvor nicht da waren, so kommen sie haufenweis gelaufen, die Klugscheisser. Jeder von ihnen hätt's besser gemacht. Aber keiner von ihnen hat's gemacht. Und kaum einer von ihnen wird's je machen. Blöd wie die Hofhühner rennen sie daher; ein befleischter Knochen wurd vor die Tür gelegt. Klaubt und hackt das Fleisch ab, ihr Spektakeltauben. [...]

4. April (Sonnabend)
Lustlos oder sterbenslustig. Wann kommt man heraus aus der Mühle? Wann kann man wieder schreiben, arbeiten?

Alle Funken sind verglost, liegen unter der Asche dieser öffentlichen Auftritte. Hin- und hergerissen von den Diskussionen, die oft mit viel Feigheit und Hinterlist geführt werden. Trotzdem ist nicht zu verhindern, dass das Volk den BIENKOPP zu seiner Sache macht. Aber man wird müde von der grossen KABALE. [...]

7. April (Dienstag)
Briefe geschrieben.
  Mit den Pferden gearbeitet.
  Alles wie alle Tage.
Ah, Mist fuhr ich. Das war mal was anderes. Man treibt die breite Kohlengabel in den Dunghaufen. Nebelgraue Dampfwölkchen steigen auf. Ammoniakduft steigt dir in die Nase. Den Schweiss treibt dir's Gabeln auf die Stirn. Der kleine Schimmel-

hengst legt sich in's Geschirr. Nordwestwind pfeift um die Waldecke. Der Schweiss auf der Stirn scheint zu gefrieren. Beim Mistausstreuen schwitzt du wieder. Arbeit reguliert dein Befinden.

Und gestern schrieb ich eine Seite Rohstoff aus den Tagebüchern für's KALENDERBUCH heraus. Was für eine Tat! Das ist ja fast, als sei ich ein Schriftsteller! [...]

19. April (Sonntag)

[...]

MOLCHE FANGEN

Mit den drei Söhnen ILJA, ERWIN und MATTHES geht RETTAM an den KLEINEN RHIN. Er will den Jungen zeigen, wo Molche sind und wie man sie fängt. Das Gras duftet, Gänseblumen leuchten. Molche finden wir keine, obwohl wir bäuchlings in den Wiesen liegen und ins ziehende Bachwasser starren. Aber Frösche sehen wir, viele kleine Fische – ganze Heerscharen davon, Wasserwanzen, Schwimmkäfer und die Larven der Köcherfliegen.

RETTAM hastet für eine Stunde in die Kindheit zurück. Über seinem Kopfe hängt (fast drohend) eine Beunruhigung, genannt: die 2. Bitterfelder Konferenz. [...]

24. April (Freitag)

BITTERFELD

Drei Omnibusse 6^{15} vom Alexanderplatz. [...]

Konferenz. Präsidium. Werde von Abusch aufgefordert nach vorn zu kommen, wo der Platz des Leipziger Bezirks-Sekretärs, Paul Fröhlich, leer blieb. Macht wohl schlechten Eindruck. So komm ich quasi neben W. U. zu sitzen, was sicher auch keinen guten Eindruck macht. Spätestens am Nachmittag nach meiner Rede hat's Abusch sicher bereut, dass er mich so placierte.

Referat von Bentzien nichts Neues. Oder um gerecht zu sein: Wir bewegen uns Millimeter um Millimeter von den alten langweiligen Kunstauffassungen weg.

Meine Rede am Nachmittag wird von einem Teil der Konferenzteilnehmer mit Knurren, von einem anderen mit starkem Beifall aufgenommen. Wie der BIENKOPP so macht auch diese Rede wieder zwei Fronten unter den Genossen sichtbar.

1964

Abends in Zörbig zum Film- und Theaterball.
[...]
Bezirkssekretär Alois Bräutigam (Erfurt) stänkert den halben Abend mit mir herum. Den BIENKOPP liebt er. Meine Rede habe ihn enttäuscht. Ich hätte den Klassenstandpunkt verlassen, hätte über Gross- und Mittelbauern geredet, nicht über die Arbeiterklasse. Was soll man zu so einer Sektiererei sagen?

Bräutigam ist natürlich besoffen und ich werd's auch langsam, um diesen Unsinn ertragen zu können.

Hanna Wolff tanzt Twist mit Geschonneck und Simonow schiebt Christa Wolf über's Parkett. [...]

25. April (Sonnabend)
2. BITTERFELD-TAG

[...]
Die Rede W. Us. Nichts Neues, aber ich bin schon zufrieden, dass er den BIENKOPP nicht gerade verdammte. In einer Reihenaufzählung gehöre ich zu denen, die auf der Strecke nach BITTERFELD interessante Kunstwerke schufen.

Na, gut. Was konnt ich mehr erwarten! [...]

26. April (Sonntag)

Morgens nach Schulzenhof. Nicht mal der neue Wagen vermag RETTAM zu erfreuen: Die Nerven, die Nerven sind doch sehr dünn geworden in der monatelangen BIENKOPP-Kampagne. Die Welt besteht aus lauter Scherben. Keine Aussicht, dass R. je wieder etwas schreiben könnte. [...]

27. April (Montag)
[...]
ENDLICH mit Herbert gesprochen. Er sagte zu: Er wird als Wirtschafter zu uns kommen und seine schwere Waldarbeit lassen. Es kommt, wie wir glauben, seiner Vorstellung von einer Altersarbeit sehr entgegen. Er ist ja hochprozentig invalid. Die Arbeit im Wald hätte er nicht lange mehr leisten können.

Ein Lichtblick also – und es sieht so aus, als sollten wir mit

24. April – 8. Mai

Herberts Hilfe aus Schulzenhof doch noch ein Mustergrundstück machen! [...]

1. Mai (Freitag)

Maifeier in Berlin.

Maiumzug (das wird immer mehr Routine-Angelegenheit, leeres Schema) mit dem Schriftstellerverband. Man trifft den und den. Ulkt und spottet. Viele Genossen stellen ihre Kinder vor. Natürlich Vorbeimarsch. Tribüne auf dem Marx-Engels-Platz. Aber dann lösen sich die Gruppen in höchster Eile auf. Alle haben Hunger, streben zu den Fleischtöpfen.

Nachmittags BASAR. Natürlich ist BIENKOPP Schlager Nr. 1. Er ist so lange nicht auf dem Markt gewesen. Viele Leser kommen. Regenschauer halten sie nicht ab. W. U. und seine Lotte. Begrüssung und konventionelle Worte. Paul Verner tut vertraut, als hätten wir früher im gleichen Betrieb gearbeitet. [...]

3. Mai (Sonntag)

[...]

FRÜHLING

An jedem lieben Platz – überall – möchte man sein, wenn der Frühling ausbricht!

GEDANKEN

Es kommen tagsüber eine Menge guter Gedanken. Man lässt sie vorüberziehn. Nützte man sie, könnte man Bücher »nebenbei« schreiben. [...]

5. Mai (Dienstag)

Der fünfundsiebzigste Geburtstag des Vaters. RETTAM schickt ein Telegramm. Wieder einmal schiebt er den Gedanken zur Seite, die Eltern könnten eines Tages nicht mehr leben.

[...]

8. Mai (Freitag)

Als man hier um Berlin herum vor 19 Jahren den TAG DER BEFREIUNG feierte, befand ich mich als Zivilist noch zwischen den Kanonen des verrücktesten Hitler-Generals Schörner und den

Kanonen der Amerikaner. Es erscheint mir noch heute wie ein Wunder wie ich dem Hexenkessel und der Hitler-Gendarmerie entkam. Ich hatte mit dem Leben abgeschlossen, da wurde es mir geschenkt. Als ich mich des Geschenks bemächtigte, wär's mir fast wieder genommen worden. [...]

17. Mai (Pfingstsonntag)
5^h hoch, wie in der letzten Zeit stets.
Tagebuchaufzeichnungen.
Seit Tagen übe ich wieder ein wenig »zaubern«. Ich weiß nicht, wozu das gut sein soll. Es macht mir einfach Spass.
[...]
Ritt zum Reiherhorst.
Mittag zum DEUTSCHLANDTREFFEN.
Fahrt durch's pfingstliche Land nach Berlin. Unterwegs viele Berliner, die den Rummel in der Stadt fliehen.

BUCHBASAR

Grosser Leseransturm. Signiere viele, viele BIENKOPPS. Zum Deutschlandtreffen gibt's echte Bockwurst ohne Kunstdarm und BIENKOPPS. [...] Es wären noch mehr zu verkaufen gewesen, wenn der stellvertr. Verlagsleiter nicht gestoppt hätte. Mittlerweile war's 8^h abends geworden.

Dann kamen Jugendliche und solche, die es gewesen sind. Sie hatten zum Teil 3 Stunden gewartet, um *Fragen zum BIENKOPP* zu stellen.

Es waren Fragen der genormten Art. Fragen der genormten Zeitungskritiker. Unsere Presse ist wirklich eine Beeinflussungsmacht. Sie benutzt sie aber, um ihre Leser zu exerzieren. Was für eine Macht könnte unsere Presse sein, wenn sie diese Macht benützte, das Denken der Genossen und Bürger anzuregen. [...]

Am Spätabend ein bisschen umgesehen in der Feststrasse (Frankfurter Allee bis Marx-Engels-Platz). Gemessen an den DEUTSCHLANDTREFFEN früherer Jahre sind die Veranstaltungen verkitscht und verspiessert. Da macht sich deutlich bemerkbar, dass die führenden Genossen in der FREIEN JUGEND wenig taten, ihren Geschmack zu bilden und Kunstverständnis zu erlangen.

Da war die aufnahmebereite Jugend – zu jeder Bildung bereit und man setzte ihr zur Unterhaltung (mit wenigen Ausnahmen) Spiesser-Klamauk und Schlagersänger vor. Schade, dass die führenden Genossen nicht einmal merken, was da für Opportunismus und »geistige Koexistenz«, die sie sonst so sehr fürchten, getrieben wird.

25. Mai (Montag)

Briefe auf Tonband diktiert.

Mittendrin kam ein Wagen von der KREISLEITUNG. Der zweite Wagen in der gleichen Sache. Ende voriger Woche kam ein Wagen von dort. Ein Mitglied der IDEOLOGISCHEN KOMMISSION überbrachte den BEFEHL: BEI SCHOLOCHOWS Ankunft Spalier stehen! Am Dienstag.

Der heutige Wagen brachte wieder ein Mitglied der IK mit dem BEFEHL: Heute, Montag, Ehrenspalier für SCHOLOCHOW stehen.

Ich liess meine Arbeit liegen und fuhr nach *Berlin*, um für SCHOLOCHOW *Ehrenspalier* zu stehen.

Auf dem Flugplatz waren drei Schriftsteller: Anna Seghers, Max Zimmering, ich. Aber die Menge Kulturfunktionäre, Minister, stellvertr. Minister, Leute aus der IK des Zentralkomitees, Botschafter usw.

SCHOLOCHOW stieg aus dem Flugzeug. Übernächtigt, wie es schien. Gerötete grossporige Säufernase. Dicker geworden. Aber noch immer bauernlistig und ein wenig verschlagen im guten Sinne. Brav hörte er sich die Reden vom Gen. Hager und Anna Seghers an. Ich glaub, er verstand nicht einmal die Übersetzung. Das Flugzeug dröhnte und dröhnte. [...]

Der Zug wälzt sich zum Flughafengebäude. Alle Kulturfunktionäre drängen sich um Scholochow – linkes Auge immer zu den Kameras. Die Schriftsteller werden nicht benötigt. Ich geh durch einen Seitenausgang davon. Ich habe genug. Ein wirkliches Fachgespräch mit Sch. wird nicht stattfinden. Wozu auch. Sch. hat nie ein Buch von einem Schriftsteller unserer Republik gelesen. [...]

1964

26. Mai (Dienstag)

Heute müsste ich zu einem *Staatsratsempfang* für Scholochow, anschliessend zu einem Essen mit ihm ins Sekretariat des Schriftstellerverbandes.

Man sah's gestern: *Man kommt gut ohne die Schriftsteller aus.* Also wird man mich auch heute dort nicht vermissen.

Ich werde arbeiten, wie es sich für einen Mann von fünfzig Jahren, der ein Ziel hat, gehört.

[...]

Das vorgesehene *Abendessen mit Scholochow* habe ich kosakenmässig zu Pferde verbracht.

28. Mai (Donnerstag)
GROSSMUTTERS HENKELKORB

Der viel gelästerte. Gestern sah ich ihn zufällig im Keller des Pferdestalles. Er war silbrig wie Grossmutters Haar zuletzt. Allerdings vom Kellerschimmel. Es ist ein aus Rohr geflochtener steifer Korb. Rechteckig, sich nach dem Boden zu verjüngend. Zwei Klappdeckel. Ich seh die kleine Grossmutter damit einkaufen gehen. Auf dem Wochenmarkt der brausenden Tuchmacher-Kleinstadt Spremberg. Damals, als sie noch in der Stadt wohnte und tagsüber selber in einem kleinen Grünkramladen in der Nähe der Stadtmühle stand. Dieser Duft nach frischem Kohl, Salat und Äpfeln! Den Korb fand ich in Grossmutters Bodenkammer. Ich nahm ihn mit hierher. Er wurde ein wenig herumgeschubst. Vom Hausboden purzelte er in den Keller. Als ich ihn gestern sah, kam ich mir undankbar vor. Grossmutter bewahrte alle kleinen Sachen, von denen sie wusste, dass sie mir lieb waren, auf, wenn mich plötzlich der Fernendrang packte. Kam ich enttäuscht aus der Fremde, holte sie die kleinen Dinge hervor.

Nun ist Grossmutter in der Fremde, und wie ging ich mit ihrem Korb um?

Je länger die Alten fort und drüben sind, desto mehr klammern wir uns an die Dinge, die sie zurückliessen. [...]

2. Juni (Dienstag)

[...]

HERBERT

Seit Herbert bei uns ist, brach in mir das Gefühl eines grossen, langwährenden Sonntags aus.

Die alte Musse kehrt zurück. Alle Kräfte werden wieder frei für das Schauen und Schreiben.

Ich brauche am Vormittag beim Schreiben nicht zehn Mal dran denken, was am Nachmittag, im Hof, auf Wiesen und dem Feld oder bei den Tieren am dringlichsten zu tun ist.

Bald werden sich Gedichte einstellen; des bin ich sicher.

3. Juni (Mittwoch)

[...]

HEMINGWAY

Wenn man erst heraus hat, dass er seine Gefühle hinter groben Soldatenflüchen, hinter Zoten und Obszönitäten, hinter Kraftmeiertum versteckt, findet man auch, was er sagen will. Vielleicht hat er Recht und hat wirklich die spezifische Wesensart des von grossen Kriegen und hektischer Zivilisation geprägten, »modernen« Menschen erfasst.

16. Juni (Dienstag)

BEIM SCHREIBEN bin ich noch, was ich je sein und werden wollte.

Den ganzen Tag eigentlich nichts Entscheidendes getan. Herumgelegen, mein Bein geschont. Gelesen. Das geht nicht so weiter. Muss mich wieder straffen.

24. Juni (Mittwoch)

Johannestag. Die Jugenderinnerungen drängen sich auf. Die hellen Nächte mit den ersten Küssen. Selbst die Vögel schliefen in diesen Nächten nicht. Sie schlummerten und sangen sofort, wenn man an ihren Sitz-Ast stiess. Die erste Liebe verfolgte mich bis in die Träume. Die Tage um Johannes waren ein einziger langer Tag. [...]

1964

30. Juni (Dienstag)
[...]
Sitzung der *Akademie*. Plenartagung: Realismus und Film.
Sogar mal was gesagt, um dem epischen Film bei uns eine Gasse zu bahnen. Es ging um den Film GETEILTER HIMMEL nach Christa Wolfs Erzählung. Er scheint mir ein guter Anfang, Prosa in Film umzusetzen.
3 Biographien von *Hemingway* mitgebracht, ausserdem die Erzählungen von *Babel*, nach denen ich lange suchte.
Den Abend genüsslich verlesen, mit Evchen am unabgeräumten Küchentisch.

1. Juli (Mittwoch)
Mich mit Sohn *Uwe* in Bln.-Buch getroffen. Er ist dort zur Behandlung seiner verletzten Hand.
Eigenartig. Zwölf Jahre nicht gesehen. Damals begann er zur Schule zu gehen. Jetzt junger Mann. 19 Jahre mit Bartwuchs und Pubertätspickeln. Man sucht sich selber im Sohn, lauscht nach anklingenden Seelensaiten. Ein gutmütiger, offenherziger Junge auf jeden Fall. Hilfsbereit und verständig. Es lohnt sich sicher, dass man sich mehr um ihn kümmert, nachdem die Beziehungen zum Ersatzvater, den sich die Mutter suchte, in die Brüche gingen. [...]

10. Juli (Freitag)
[...]
Rückfahrt nach Berlin. Gereizt. Nervenkraft verbraucht. Zank mit Eva um Bagatelle. Rase bis Berlin mit 100 und 110 km Stundengeschwindigkeit. Die Welt ist rot – das Leben scheint nicht mehr lebenswert. Esse – böse mit Eva – im Frankfurter Tor zu Abend.

11. Juli (Sonnabend)
Rückfahrt nach Schulzenhof. Immer noch wütend, am meisten über mein charakterliches Versagen. Halsschmerzen.
Else Franke beklagt sich über Sohn Erwin. Er habe ihr nicht gehorcht. Er habe heimlich den Fernseh-Apparat eingeschaltet

und dgl. mehr. Wut packt mich. Ich schlage den Jungen und beinahe auch Eva, die dazwischen geht.

Dann kommt der grosse Weltschmerz. Selbstmordgedanken, aber noch zu feige zur Tat. Es ist, als ob ich von mir im Leben noch etwas erwarten muss. Was denn?

Ins Bett geworfen. Starke Schmerzen im Hals. Schreiben, welch eine elende Verfassung! Bis Evchen kommt, weint und mich mit ihrer grossen Liebe erschüttert und heilt. Was für eine prachtvolle Frau! Und bei jeder anderen wäre es wohl aus mit mir.

Eva schickte Klein-Erwin sofort nach Neuruppin. Nun lauf ich umher mit diesem Stachel im Herzen.

16. Juli (Donnerstag)

Brief an Albert Norden entworfen. Verbesserung der journalistischen Zeitungs- und Rundfunkarbeit. [...]

19. Juli (Sonntag)

3^h hoch.

4^{30} Abfahrt nach Bohsdorf. Eva, Ilja, Erwin, Matti. Kurze Rast in Berlin. 9^{30} in Bohsdorf.

Papa, Heini, Gerda.

Mama ins Krankenhaus nach Spremberg eingeliefert. Es stellten sich starke Blutungen ein. Man weiss nicht, ob von Hämorrhoiden. Untersuchung erst nächste Woche. Mama grosse Angst vor dem Sterben. Darf nur Reisschleim essen. Das ist wohl das Schlimmste für sie. Dazu kommt, dass sie ihre häuslichen Gewohnheiten missen muss. Keine Leselampe, kein Nachtsitzen. [...]

22. Juli (Mittwoch)

SAODA weiter umgeschrieben.

Briefe auf Tonband diktiert.

Abends Ausritt mit Erwin, Ilja. Malek (Ilja), BELLA (Erwin), SAHBA.

Pferdekarambolage an der Waldpferdchenkoppel. Malek steigt und verletzt mir das Nasenbein.

Ausritt zu Ende.

1964

26. Juli (Sonntag)

Diese *Tagebuch-Statistik* erregt langsam meinen Widerwillen. Man muss seine Gedanken tagsüber festhalten. Was denkt man? Weshalb zeichnet man's nicht auf? Wo liegt der technische Fehler?

Wie sich *die Tage verläppern!* Manchmal könnte man wütend auf seine Umgebung werden, manchmal melancholisch. Aber es liegt doch alles bei mir!

Nun die rätselhafte *Krankheit der Mutter!* Telegramm vom Vater bringt keine Klarheit. Geht es zu Ende? Tagsüber tropfen diese Überlegungen und das, was womöglich eintreten könnte, in's Tun und lähmen es. Vieles, was ich tu, erscheint mir sinnlos, jetzt, da der Tod an die Tür der Mutter klopft. Man hat sich so auf »Ewigkeiten« eingerichtet gehabt. Wie unklug! [...]

28. Juli (Dienstag)

[...]

Jeden Abend ist also Besuch da. Jeden Tag freu ich mich auf's Reiten am Abend, aber der Besuch, der es verhindert, stellt sich alltäglich pünktlichst ein. Merde!

8. August (Sonnabend)

MEISTER

»Nu hebb ick mi die Been wascht un glik sinn de Woadens dinner.«

[...]

Gegen Abend

Kurt SEIBT mit Frau und Fahrerehepaar. Gespräche rund um die Republik. Der neue Minister richtet sich ein und tastet sein Arbeitsgebiet ab.

Der Kandidat des Polit. Büros Gen. Mückenberger hat ihn bereits »gefordert«. Kurt S. war Beschwerden über den Wohnungsbau in SCHWEDT nachgegangen. Man stellt dort Häuserfassaden auf, um dem Plan zu genügen. Die Kulisse ist da. Das Haus kann »gezählt« werden. Dann erst werden die Keller ausgebaut usw. Die Leidtragenden sind die Bewohner. Mückenberger verwahrte sich gegen die Einmischung von K. S. Sein »Fürstentum« ist ohne

Makel. K. S. habe die »Helden« von Schwedt beleidigt. [...] Machtkämpfe. Wird sie K. S. bestehen? [...]

11. August (Dienstag)

[...]

Den ganzen Tag sonst an SAODA gearbeitet. Das Schreiben wird von Jahr zu Jahr schwerer. Der naive politische Optimismus ist dahin. Die Worte wollen immer sorgfältiger gewogen werden. Natürlich nicht aus politischen Gründen. Politisch bleibt die Einsicht und die tief bedachte Forderung: Das Zusammenleben der Menschen muss neu geregelt werden!

Das Wie freilich ist die schwere Sache. Jedenfalls nicht mit Glauben. Jedenfalls ohne Sektiererei. Jedenfalls ohne Verzückung und Dummstolz. Jedenfalls ohne Phrasen. Jedenfalls ohne Bilderstürmerei. Wieviele Jedenfalls noch?

19. August (Mittwoch)

[...]

RITT in der sinkenden Dunkelheit. Vom Heuschober an der Rheinsberger Strasse hat man 2–3 Ztr. Heu gestohlen. Zuerst wütend über die Kaninchenzüchter, dann über mich selber gelacht. Die Sorgen des Besitzenden! Na, das wär' mir was! Im Reitrhythmus ordnet sich die Verfassung. Die kleinlichen Gedanken werden aus dem Hirn geschüttelt. Reiten erhöht; nicht nur um den einen Meter Pferdeleib.

Man muss viel mehr Jagd auf kleine und kleinliche Gedanken machen. Sie unter die Pferdehufe stampfen lassen!

Mit dem Abendprogramm mir treu geblieben. Der »Fernsehsucht« nicht erlegen. Lieber eine Lederhose gefettet und Fotos sortiert. Das kann man dann vom Häufchen des ewig Nichtgetanen absondern. Man fühlt sich immer wohler, wenn man sich – auch in den geringsten Vorhaben – treu bleibt. Lebensdiät.

24. September (Donnerstag)

Den ganzen Tag in Berlin. *Vorstand-Sitzung* des Schriftstellerverbandes. [...]

Die Schriftsteller haben das Bedürfnis, miteinander zu sprechen und der kleine Sekretär-Professor und seine Mannschaft haben das Bedürfnis, die Schriftsteller zu langweilen: Genossen wir müssen dies, Genossen wir müssen das. Man wird mit irrealistischen Zukunftsplänen genudelt, bis man kotzt: Wir müssen uns Gedanken machen, Genossen, wie der Leser in zehn Jahren sein wird, was er von der Literatur verlangen wird bei seinem höheren Bildungsstand! Ja was denn? Er wird immer gute Literatur verlangen, Literatur mit einprägsamen Charakteren, die ihn bewegen.

Es ist nicht zum Aushalten, welchen Unsinn man sich da anhören muss!

Die *Verträge* über BIENKOPP, WUNDERTÄTER und OCHSENKUTSCHER mit dem westdeutschen Verlag Sigbert Mohn wurden auf der Frankfurter Buchmesse abgeschlossen.

28. September (Montag)

Aufzeichnungen.
Briefe.
[...]

Am späten Nachmittag kam ALFRED WELLM mit seiner jüngsten Tochter auf dem Motorrad, und er kam hinunter in die Manegenkoppel, wo ich die Stute RAHWANA trainierte. Es war ein sanfter Abend mit vielen Sternen. Wir redeten auf A. W. ein und bedrängten ihn, seine Lehrergeschichte zu schreiben, weil sie jetzt zurecht käme und aufhorchen lassen würde in dieser allgemeinen Unsicherheit und Unzufriedenheit mit unserem Schulsystem.

29. September (Dienstag)

Wir fuhren nach Berlin zur *Parteiversammlung*. Die Versammlung war gut besucht, doch es wurde über das geredet, was nicht interessiert, und über das, was interessiert hätte, wurde aus Schisserie von Parteibeamten nicht gesprochen, weil noch auf keinem Parteiplenum darüber verhandelt wurde, und das ist das MEMORANDUM des Genossen TOGLIATTI, das er kurz vor seinem Tod schrieb.

Ich holte ein EINSCHREIBEN von der Post. Ich las es in einer Imbisshalle, und es war die Mitteilung, dass der *BIENKOPP* mit dem *Nationalpreis* ausgezeichnet werden soll. Alfred sass neben mir, und als ich es ihm sagte, hatte er Tränen in den Augen, und er freute sich tief und ehrlich mit mir. Es ist ein Sieg über die Dogmatiker aller Schattierungen und ein Zeichen, dass die Kräfte in unserem Staat schon stark sind, die aus der STALIN-Ära hinausdrängen. Das alles bedachten wir in diesem Augenblick und tranken Sprudel dazu und assen eine Bockwurst.

Aber am Abend tranken wir eine Flasche Sekt, die ein Pferdehändler dagelassen hatte und feierten so mit dem Evchen, meinem besten Freund, den Sieg.

3. Oktober (Sonnabend)

Morgens nach Berlin.

[...]

S. M. kommt vorbei und erzählt, dass er einen Mann abstellen musste, der für den STASI nach Westdeutschland zu fahren habe, und er ist der Vermutung, dass das mit unserer Reise nach Düsseldorf zu tun habe. Schon möglich, aber dumm. Denkt man wirklich, wir könnten »drüben« bleiben? Kennt man uns so wenig? Oder ist alles nur eine Routine-Angelegenheit?

Man hat mir nahegelegt, G. B. nach dort mitzunehmen, und das macht mich stutzig und bestärkt mich in meinen Vermutungen, die ich in Richtung G. B. lange anstelle.

5. Oktober (Montag)

Nach Westdeutschland

Zeitig hoch.

Zum DSV. Finanzen.

Innenministerium Westpässe.

Sind nur Papierzettel.

10^{30} Abfahrt von Bahnhof Friedrichstrasse.

Fahrt I. Klasse durch Westberlin. Eva sagt: »Fahrende Grenze«. Im ganzen werden wir wohl fast an zehn Stellen kontrolliert.

Man sieht aus der »fahrenden Grenze« auf's märkische Land,

in dem man fortwährend umher fährt, und es mutet fremd an, weil [man] zwischen Menschen sitzt, die ohne Interesse aneinander aus einer anderen Welt zu kommen scheinen.

Der West-Polizeier schreibt sich unsere Einladung ab und notiert eine Personalbeschreibung von mir in sein »Spiessbuch«.

Über die »Grenze« bei Helmstedt. Zuerst schaut man jede Hauswand, jedes Gärtchen eingehend an, um daraus zu erfahren, was »hier« anders ist. Und was fällt auf? Die Buntheit der Häuser und Zäune, die üppige Reklame an der Bahnstrecke, die etwas vom scharfen Konkurrenzkampf verrät.

Um 8^h abends in Düsseldorf. Auf dem Bahnsteig niemand, der uns abholt. Dann hinter der Sperre eine blonde Stenotypistin. Ein verhältnismässig junger Mann. Weisse Jacke, Jungpudel an der Leine. Starrt mich an: »Der Herr Strittmatter?« Das ist Max von der Grün. Branst zuerst sehr, will ein flotter Kerl sein. [...]

6. Oktober (Dienstag)
Düsseldorf

Spaziergang. Geschäfte und Auslagen angesehen. [...]

Abendveranstaltung. Werde mit Beifall empfangen. Natürlich auch Genossen im Saal.

Wohl an 400 Besucher. Auf dem Podium werde ich ganz ruhig und sicher. Es geht alles besser, als ich dachte. Provokationen kaum. Zwei Stunden Diskussion. VON DER GRÜN taumelt hin und her, hat keinen festen Standpunkt. [...]

8. Oktober (Donnerstag)

Taxe. Bahnhof. Heimreise. [...]

Hätten Bedürfnis mit Freunden zu sprechen. Wie so oft: Wo wir auch anrufen, niemand hat für uns Zeit. Wir aber sollen hier draussen jeden Überfall mit freundlichen Gesichtern quittieren.

Nationalpreis III. Klasse. Dreimal dritter Klasse. Das war die Rache der BIENKOPP-Gegner. Viele Gratulanten (schriftlich) spürten es und machen entsprechende Bemerkungen in ihren Gratulationstelegrammen.

5. Oktober – 30. November

Abendessen mit meinem treuesten Freund, Eva, im FRANKFURTER TOR. Froh wieder daheim zu sein. Man spürt: Unsere Republik ist wie eine Familie. Das hat zuweilen Nachteile, rutscht leicht, zumal in der Kunst, in's Provinzielle ab, aber die Vorteile scheinen, besonders nach so einer Heimkehr aus der »Fremde«, grösser zu sein.

15. Oktober (Donnerstag)

[...]

Chruschtschow zurückgetreten? Bald wird man's wieder hören: »Der Führer ist weg – es lebe der Führer!« »Unverbrüchliche Freundschaft!« »Klarer Kurs.«

Politische Schamlosigkeiten. Keine spürbare Verlegenheit. Nur still, nur still, damit die Regierten nicht stutzen!

17. Oktober (Sonnabend)

Allerlei Murks.

Zeitungen durchgesehen.

In der Politik – Windstille.

Die ersten »Treueerklärungen« für Breshnew. Wir natürlich bei den ersten »Treueerklärern«.

[...] Wer vor vierzehn Tagen gesagt hätte: »Chruschtschow muss weg!« hätte sicher ein Parteiverfahren bekommen, wenn man ihn nicht gar eingesperrt hätte.

[30. 11. 1964]

Vom 6. November bis zum 27. November liege ich also im Regierungskrankenhaus in Berlin. Station 2, Zimmer 106, mein Nachbar auf 107 ist Erich Wendt.

Es wurde allerlei mit mir aufgestellt, es wurde allerlei untersucht, ja. Am Herzen soll was sein; vielleicht hat ein kleiner Schlaganfall stattgefunden. [...]

Mir wurde da nicht besser im Krankenhaus; nur dass keine Anfälle mit Todesängsten mehr kamen. Das Kribbeln beschränkte sich auf den linken Arm.

Alles war gut, die Schwestern lieb, die Ärztinnen gaben sich

1964

Mühe, aber ich hatte das Gefühl, die Krankenhaus-Atmosphäre mache mich kränker.

Ich bat um Entlassung. Ich wurde entlassen. Man hatte ein Einsehn. Man empfahl mir, zur Kur zu fahren.

Ich fuhr zur »Kur« hierher in meine Schulzenhofer Wälder.

Es ist mir auch heute am 30. November nicht gut, aber ich habe Hoffnung und hier sind die vielen lieben Menschen und Dinge, die sie mir geben.

Und was für ein Weib ich habe, was für eine Kameradin!

Wie sie mich packt und aus dem süsslichen Luftstrom des Todes reisst, dem ich mich allzu willig überlasse.

21. Dez. 1964 (Montag)
[...]

Seit dem 6. November, da mich ein jammernder Krankenwagen durch das schon weihnachtselig werdende Berlin in das Hotel HERZINFARKT fuhr, rauche ich nicht mehr, aber fünfunddreissig Jahre lang tat ich es, und es war nicht leicht – besonders nach den Mahlzeiten nicht – auf die Zigarette zu verzichten. Vielleicht sind da in meiner Lunge und in meinem Blut, in meinem Körper überhaupt, winzige Stellen von Leere entstanden, an denen sich sonst die Rückstände des Tabakrauchs abzulagern pflegten, und diese leeren Stellen bestanden nun auf Füllung und peinigten mich. [...]

Und ich schrieb nichts, nicht einmal – oder kaum ein paar der leidigen Briefe, und ich kehrte all meine wirklichen und alle eingebildeten Pflichten aus meinem Bewusstsein. Nun vergeht, wie gesagt, die siebente Woche und die Arbeits- und Pflichtabstinenz, an die ich mich schwer gewöhnte, beginnen sich auszuzahlen. Leise und langsam weicht die schöpferische Pflicht der schöpferischen Lust früherer Altersabschnitte.

Während des Liegens las ich verschiedene Bücher und vertiefte mich in die schöpferischen Methoden ihrer Verfasser. [...]

Und so sei's, dass ich die alte Gewohnheit wieder aufnehm', hier in diesen Heften jeden Tag etwas einzuschreiben, wenngleich sich das nun zu Schreibende, wie ich hoffe, stark von dem, was ich früher aufschrieb, unterscheiden wird. [...]

24. Dez. (Donnerstag)
Seit 36 Jahren ein Weihnachten, an dem ich nicht rauchte. [...]

KIEFERNÄSTE

Manchmal wirkt der Wald wie tot, aber es ist nur meine Aufmerksamkeit, die ein wenig schläft oder sich nach innen kehrt und wie das Eichhörnchen an Nüssen, an Problemen knabbert, zum Beispiel an dem Rätsel, weshalb mein junger Schnauzer-Hund heute ein Bein hebt, wenn er sich erleichtert, und gestern tat er es nicht und hockte sich noch hin. Ist er über Nacht mündig geworden?

Ach ja, wenn ich merke, dass es nicht gerade ein WELTPROBLEM ist, an dem meine Aufmerksamkeit knabbert, so sitze ich ab, werfe der Stute die Zügel über den Kopf, so dass sie auf der Erde schleifen und harre der Dinge, die geschehen werden, denn das weiss ich aus Erfahrung: Sobald ich mich nicht mehr bewege, bewegt sich der Wald und seine Tiere. Irgendetwas geschieht, was wert ist, als kleine Arbeitsnotiz in mein kleines Reiternotizbuch geschrieben zu werden, das ich in einer besonderen Tasche – jederzeit greifbar – auf der Brust trage.

Aber an diesem Tage geschieht nichts. Keine Maus rührt sich, die Haubenmeisen scheinen ausgewandert zu sein und nicht eine Krähe belebt den trüben, schneelosen Wintertag. Hermann, der Waldarbeiter, fährt auf seinem Moped vorüber. Er nickt und lacht und vielleicht glaubt er, dass ich die kleinen Kiefern in einer Schonung zähle. Etwas später kommt der Förster auf seinem Motorrad vorüber, und er hat nicht vergessen, seine Schutzbrille aufzusetzen, obwohl ich ihn nie anders als im Radfahrer- oder scharfem Schritttempo fahren sah.

Nein, all das ist nichts für mein Notizbuch, und auch die Heidekraut knabbernde Stute ist nichts für mein Notizbuch, und es sieht wirklich so aus, als ob ich diesen Tag um Weihnachten herum ohne Notizbuchbeute nach Hause reiten müsste, aber da wird mein Blick von einer schön gewachsenen zehnjährigen Kiefer am Rand der Schonung gefesselt. Wie, eine junge Kiefer? Erstaunlich und du hast so etwas wohl in deinem fünfzigjährigen Leben nie gesehen, was?

Freilich habe ich mehr als eine junge Kiefer gesehen, tausende sogar, vielleicht Millionen und an ihren Ast-Etagen kann ich ablesen, wie alt jede einzelne ist, aber bis zu diesem Augenblick ist mir nie aufgefallen, dass ich auch an einem jeden ihrer Äste ablesen kann, vor wie viel Jahren er getrieben wurde. Die junge Kiefer gibt mir plötzlich nicht nur Altersauskunft von unten nach oben, sondern auch von rechts nach links oder von links nach rechts.

Die Mathematik einer jungen Kiefer kennenzulernen war's also, wozu ich auszog, und es war, wie gesagt, ein trüber, schneeloser Mittwintertag, und keine Krähe sagte ein Wort und die flinken Haubenmeisen schienen ausgewandert zu sein.

30. 12. 64 – 4. 1. 65 (Mittwoch bis Montag)
JAHRSWENDE
Nichts Beeindruckendes. Die Silvester-Nacht verbrachten wir mit unseren kleinen Kindern. Die Nacht war mild, der Schnee war hinweg getaut und vor zwölf Uhr gingen wir in die Garten-Koppel, hörten den Wald leise rauschen, der das ganze Jahr auf unser Tun und Lassen herübersieht, knallten etwas (nicht gar zu arg), liessen buntes Feuerwerk abbrennen und schlüpften – ein dankbares Rebhuhnvölkchen – wieder in's warme Haus. [...]

1965

22. Jan. (Freitag)

BESUCH BEIM HAGEREN DICHTER

Obwohl es Mittwinter war, waren die Wege trocken und an den Buchensträuchern raschelten die verdorrten Vorjahrsblätter, und sie waren messing- oder kupferfarben und manche waren tabakbraun. Es lag kein Schnee: nur hier und dort gab es eine leis vereiste Pfütze oder eine aufgeweichte Wegstelle. Wir fuhren den hageren Dichter besuchen, und wir trafen seine schwangere Frau beim Ausmisten des Pferdestalles; denn der Dichter war krank, hatte die Grippe und lag mit Kopfschmerzen und leisem Fieber im Bett.

Wir traten in's Arbeitszimmer des hageren Dichters, es war kalt darin; die Bücher standen vereinsamt in den Regalen und vor dem Fenster lag die angriffslustige Landschaft und sah uns an und man fühlte ihre Bereitschaft, uns sofort zu attackieren. Es handelt sich um ein Stück Landschaft, das einem zerstreuten Stern entglitten sein muss, der eines Abends zu lange in den liebherben See und seine Buchten schaute.

Wir gingen in's Schlafzimmer des kranken Dichters und Eukalyptusgeruch umwehte uns und der Dichter lächelte müde, doch unüberrascht; denn er hatte uns natürlich längst am kleinen Heiligtum seines Pferdestalles und auf der Treppe und im Arbeitszimmer lärmen hören. Es war gemütlich in dem kleinen Krankenzimmer – dunkelbraune Kachelofengemütlichkeit – und wir sassen in Sesseln und schwätzten quer durch unsere Welt, und der hagere Dichter vergass vielleicht für eine Weile sein Fieber und seine Kopfschmerzen. Der braungelbe Diktierapparat blinzelte vom Nachttisch, behaglich wie uns schien –; denn er hatte ein Romankapitelchen in sein Stirnband eingeritzt. Der hagere Dichter zwinkerte ab und zu zu diesem Apparat hinüber und freute sich über die dort gespeicherte, der Krankheit abgerungene Selbstbestätigung.

Wir tranken ein wenig Kaffee, und die Frauen tranken einen kleinen Grog, und wir redeten auf Eva ein, ihre Gedichte vorzutragen, und Eva hatte viel Hemmungen zu überwinden, weil es das erste Mal war, dass sie eigene Gedichte vortrug, und sie trank noch einen Grog, und sie rauchte nervös, und endlich trug sie die Gedichte vor, und wir drei Zuhörer wussten, dass etwas Grosses geschah, und dass in diesem Augenblick der Übertritt vom Gedachten zum Gemachten statthatte und die Erregung drückte leis auf unsere Augen, dort wo die Tränendrüsen sitzen, und kurzum es war feierlich.

7. Februar (Sonntag)
[...]
DIE TAGE VERGINGEN
Ich schrieb nichts ins Tagebuch. Mein Hirn war taub. Kein Strahl Poesie traf mich. Ich war mir ein unnützer Mensch auf dieser Welt, und das Wetter war vergebens mild, und die Meisen sangen vom Vorfrühling ohne mich. Ich ordnete meine Briefschaften von Jahren. Ich redete mir ein, dass es was Nützliches sei. Die Seele will Ordnung, auch in der nächsten Umgebung. Ich grub mich also in Papierberge, und ich las hin und wieder einen alten Brief und ich redete mir ein, dass ich weiser geworden seit ich ihn geschr. hatte. Aber es gab auch Augenblicke, da ich beim Anblick all der Briefantworten mein Leben wie eine Mühle sah, durch die beständig Briefe geleiert und mit Antworten versehen wurden, und ich wäre verzweifelt, wenn auf dem Bücherbrett nicht ein neues Buch gestanden hätte, das neben diesen Briefantworten entstand, die hinausflogen wie beringte Spatzen, von denen man selten wieder was hört. [...]

24. März (Mittwoch)
BERICHT
Die Tage fliessen ohne Wehre (Sitzungen und Versammlungen), ohne Stromschnellen (häusliche Ärgernisse) dahin.

Ich arbeite an den Skizzen (oder wer weiss wie man sie später nennen wird), und ich trachte dabei hinter das poetische Geheimnis von Sätzen zu kommen, die man im Text wiederholt und mit denen man auf diese Weise sofort Stimmung und Poesie schafft, und ich habe meine Freude, wenn beim Streichen aus VIEL ein MEHR wird. Und weshalb ist eine KRUMME NASE (bei einer Personenbeschreibung) mehr als eine KRUMME, SPITZE NASE? Langsam glaube ich, dass ich ein eigenartiges Buch schreibe [...].

Die alte Körperkraft ist zurückgekehrt; denn ich reite vierzig Kilometer und die Hälfte davon im Trab, und es macht mir nichts aus, die Muskeln schmerzen am nächsten Tag nicht, und ich reite wieder eine lange Tour. Ob ich nun an manchen Tagen zwei oder drei Pferde abreite und zwei davon schulmässig auf dem Zirkel, es tut mir nichts, und ich fühl mich wohl dabei. [...]

15. April (Donnerstag)
BERLIN IN DIESEN TAGEN

In den Vorgärten der Vorstadt ist's, als säh man Bäume, Sträucher und Rasenflächen durch grüne Schleier, und die gepflegten Vorgartenblumen Primeln, Krokusse und Steingartenpflanzen, diese Frühlingsherolde stossen in ihre Farbenfanfaren: Der Frühling ist da, Ostern wird's, und in der Mauer zwischen Abend und Morgen wurden ein paar Durchlässe geöffnet. Die Gute-Stuben-Autos der Grossbürger, der Spiesser und Stutzer fahren im Besichtigungstempo aus dem Abendland ein. Die Rentner gehen zu Fuss ein, und gleich hinter der Mauer werden sie von ihren hierseitigen Verwandten in Empfang genommen, und je nach Vermögen und Verstand spielen die Herübergekommenen Onkel oder Tante aus Amerika und scheinen direkt den diversen Witzblättern entstiegen zu sein.

Später sieht man die Gruppen in den repräsentativen Strassen unserer Hauptstadt; denn der Lokalpatriotismus wird bei den Hiesigen wach – das muss zu ihrer Ehre gesagt sein, und Tante Erna aus Westberlin soll doch nicht denken, dass man ganz doof ist, wenn man noch hier ist bei die Kommunistens, nee, nee, so is det nich, ooch hier tut sich was!

Ja, diese Gruppen auf den Strassen! Unmöglich, dass sie dem schlechtesten Beobachter entgehen, und jede Gruppe Ostler führt ihren Westverwandten wie einen frisch getrimmten und geföhnten und zurecht geschorenen Pudel spazieren. Die Gruppen begegnen einander und beäugeln und beschnuppern sich von weitem und vergleichen und kommen zu Schlüssen darüber, wer den wohlhabenderen Westpudel hat.

In den Geschäften fragt man sich gegenseitig: »Ist Ihr Besuch von drüben schon da?«

»Noch nicht da. Sie komm ja mit'n Auto.«

»Denn hamse ja – jute Ostan wünsch ick.«

»Jute Ostan is ja'n bissken ville, aber et is nun eema die Verwandtschaft; sonst muss ich schon sargen, et jeht nischt übern ruhijet Fest. Alle Ostan möcht ick det nich.«

»Genau, aber jenau!«

24. Mai (Montag)
DER WIND

Ein Ohr auf dem Kissen, das andere für zwei hörend und hinausgereckt in's Halbdunkel der Mainacht, lauschte ich dem Wind. Er kommt von Süd, hat das Gebirge beleckt, hat am Himmel der Hauptstadt die Rauchtücher zerrissen, hat die Stadt gestreichelt, und er fuhr regenverheissend über das Dorf hin und sprang über den Wall des halbhohen Kiefernwalds in unser Wiesental. Hier in den hohen Weiden am Bach, einer Wasserwurzel der Havel, die durch die Elbe zum Meer hinfährt, hör ich ihn das Lied von der grossen Geborgenheit raunen, in der meine Kindheit lag.

Und ich höre es gern, dieses Wehn aus den Gärten der Kindheit, doch ich bin nicht reaktionär, und ich lass mich nicht lullen ohne in mir nach Kräften zu schürfen, [die] mich in den Stand heben solln, das Zutraun von damals zur Welt wieder in meine Tage zu holen.

30. Juni (Mittwoch)
ÜBER THOMAS MANN

Der Mai ist der Monat der Blüten, aber der Juni ist der Monat der Blumen. Wir gehen mit Matthes zum Heuen in die Wiesen, und er ruft die Sommerblumen mit Namen, und es vergeht kein Tag, an dem er nicht mit einem Strauss von ihnen heim kommt: Federnelken oder Kuckuckslichtnelken, Kuhschelle oder Mauerpfeffer, Heckenrosen oder Feldmohn, Kornblumen oder Glockenblumen.

Ich lese die wortreichen umständlich gewebten, aber oft erbauenden Essays, Reden und Betrachtungen des THOMAS MANN. Und manchmal sind's wirklich wenig erregende und hinlänglich bekannte ERKENNTNISSE, die der Mann MANN kunstvoll verziert und um drei Häuserecken herum zum besten gibt. Und da man ja wohl auch ein MACHER ist, wird man ab und zu verführt, in einem Satz zu sagen, was da mit viel vorsichtigen Sprechgesten und nachdrücklichem Kostbarmachen in Sätzen, die über eine halbe Buchseite hin fliessen dürfen (müssen oder sollen?) gesagt worden ist.

Meine Freude am vom Thomas Geschriebenen kommt aus der Genauigkeit und Unbestechlichkeit, mit der er arbeitet, und meine Bewunderung gilt jenen bürgerlichen TUGENDEN, die vielleicht erst die Generation nach uns (nicht wir die Verstauchten und Halbkastrierten) wieder haben wird: Dieses von Sich-Selber-Überzeugtsein, dieses Sich-Sehr-Wichtignehmen und diese Unbekümmertheit und dieses Ignorieren aller sich anbietenden Denksysteme, diese Prophezeiungen, die die Selbstsicherheit des Propheten nicht berühren, auch wenn sie nicht eintreffen, ja dies alles und noch mehr!

Aber ich spüre auch die irreführende Wirkung dieser fein gewebten Worttücher auf die halbgebildeten Leser, die an diesen Mustern messen, ob auch ein anderer ein Dichter sei oder nicht. Kleine Leuchter alle die und keine Lampe, die nicht in den Puffhosen und Galastrümpfen Goethes daher kommen können oder wollen.

Und was ihn mir am sympathisch[st]en macht, diesen THOMAS MANN, dass er die fliessenden Grenzen zwischen Metaphysik und exakter Wissenschaft sieht und nennt und keinen Augenblick fürchtet, belächelt dazustehen, weil auf den gesellschaftlichen Verkehrsschildern des zwanzigsten Jahrhunderts noch kein Hinweis zu finden ist, dass der Rand unserer Strasse nicht dort ist, wo unser grobes Sehvermögen ihn uns anzunehmen gebietet.

21. Juli (Mittwoch)
BEMERKUNG

Nein, ich liebe den Herz-mit-Schnauze-Typ, wie ihn der Berliner nennt, nicht. Wirklich nicht! Er hat etwas Nivellierendes an sich und wünscht hinter der Biedermanns-Maske nichts weniger, als dass man sich ihm gleichmache; ausserdem verbirgt sich hinter ihm gar zu gern der Landser, jener DEUTSCHE MENSCH, der im Kriege, in den er sich nicht lange nötigen liess, überall in Europa sofort ZUHAUSE war, so ZUHAUSE, dass er nicht nur die Handtücher des unfreiwilligen Gastgebers unaufgefordert benutzte, nein, er suchte auch überall seine KULTUR einzuführen, die freilich nur im Händewaschen nach der Notdurft und aus dem TÄGLICHEN RASIEREN bestand, zu dem er sich das Wasser auf einem Feuer aus Tolstois Büchern auf der Veranda von jasnaja poljana wärmte.

22. Juli (Donnerstag)
JENE NACHT

Es waren Gewitter niedergegangen, und ein Teil des Regens war von den heissen Pflanzen verdampft worden und die Luft war schwer und wassersatt wie in einer finnischen SAUNA. Erst der Abend brachte etwas Kühlung, und ich tat dies und das, lauter kleine Alltäglichkeiten, und es war eine grosse Unruhe in mir.

Als ich mich zu Bett gelegt hatte und wie gewöhnlich noch las, fühlte ich mein linkes Bein und dann auch den linken Arm ertauben, und über eine Weile zeigte ein merkwürdiges Stechen in den Fingerspitzen an, dass mir auch der rechte Arm abstarb, und zu gleicher Zeit stieg eine Angst in mir auf, die Angst vor etwas Unbestimmtem, und mir war, als enthielte die Luft, die ich einatmete, nicht mehr genug Nahrung, mich am Leben zu halten. Ich stieg, so gut es gehen wollte, aus dem Bett, kroch mehr als ich ging die Treppe hinunter über den Hof, gewahrte die Schönheit des vom Vollmond beschienenen, mit Nebelpolstern bedeckten Wiesentals, doch mein Leib krampfte und zog sich zur Herzmitte hin zusammen, kaum, dass ich Kraft genug und mit dem ausgestreckten Arm Höhe genug gewinnen konnte, an den geschlossenen Fensterladen zu pochen, hinter dem die beste Freundin fest schlief.

21.–22. Juli

Ein Schüttelfrost packte mich und beutelte meinen gekrümmten Körper, und ich kroch auf allen Vieren die Treppe hinauf und hockte auf dem Bettrand und schüttete mir die vom Arzt für einen solchen Fall empfohlenen Tropfen eines NITRATS auf die Zunge und ich glaubte zu wissen, wie sich ein Taschenmesser fühlt, dessen Eigner eine Weile überlegt, ob er es zu- oder wieder aufklappen soll.

Die gute Freundin kam und redete sanft und besorgt auf mich ein, und es wurde mir möglich, mich zu legen, aber die scheussliche Angst vor dem Ungewissen wich nicht, und die Glieder flogen, und meine Zähne klappten und jede helfen wollende Berührung der lieben Freundin an den wie abgestorben sich anfühlenden Gliedern bereitete mir Schmerzen.

In all der Qual aber hörten wir ihn herantappen – nein, nicht den Tod, sondern das lebendige Leben in der Gestalt des Zwergen-Pferdehengstes, und es war ein eifriges Tappen in kurzen Takten, und es war im Stallgang unter uns, und die anderen Pferde in ihren Boxen brummelten freundschaftliche Töne des Wiedererkennens. Das Tappen verliess den Stallgang wieder und wurde dumpfer auf dem Hofgras und verlor sich im dampfenden Garten. Über eine Zeit kam es zurück und es war wieder im Stallgang und wieder im Hofe, und das hin und her wie die Angst, die in mir war und wellenweis abflaute und wieder zunahm.

Da war es, dass meine körperliche Not den Riegel des Verstandes an der verrammelten Tür des Mystischen verschob, so dass ich Fäden spann, die mich auf eine tröstende, beruhigende Weise mit dem Leben verbanden, das dieser sprühende, kleine Hengst mir versinnbildlichte, und es wuchs mir eine Gewissheit, dass dieser ekle Körperzustand, in dem ich mich befand, nicht das Ende von dem sein konnte, was ich in guten Stunden als MEIN LEBEN bezeichnet hatte.

Und der nächste Tag, an dem ich mich wohler befand, an dem der beklemmende Zustand jener Nacht in der Erinnerung zu gilben begann, brachte auch die Aufklärung jenes rätselhaften Hengstbesuches mitten in der Mondnacht: Der kleine Hengst war aus der drei Kilometer vom Haus entfernten Koppel ausgebrochen und war durch den nächtlichen Wald in seinen Heimatstall getrabt, aber die Herde der Stuten und Fohlen war ihm nicht gefolgt, und er war eine Weile unwillig auf sie wartend vom Stall auf den Hof und von dort wieder in den Stall und wieder auf den Hof getrabt. Und die Herde war nicht gekommen, und der Hengst war wieder durch den Wald zu ihr zurück getrabt, und am Morgen fand man ihn dort und stellte fest, dass er an seiner Ausbruchstelle wieder in das Gatter eingesprungen war.

Und doch und doch will mich, trotz aller nüchternen Aufklärung des Vorgangs, ein leiser Gedanke nicht verlassen, dass der kleine Hengst, so erklärbar sein nächtliches Erscheinen auch sein mag, heran trabte, mir das üppige Leben vorzuführen und meinem Willen, der dem eklen Krampfe klein geworden gegenüberstand, einen entscheidenden Kraftzuwachs heranzubringen. Und vielleicht, so frag ich mich noch heute nach Tagen, sind wir doch verwoben mit den Welten, die uns umgeben. In Gedanken zumindest, das wird kein denkender Mensch leugnen. Oder bin ich noch geschwächt?

28. Juli (Mittwoch)

[...]

IN DER BERLINER WOHNUNG

Es regnet und regnet, und die Landleute, die ihren Urlaub in der Stadt verbringen, kaufen sich Regenmäntel und gehen geduckt durch die Strassen.

Ich steig aus dem Fahrstuhl, und der Nachbar sitzt auf dem Flur neben einem Berg Fensterflügel, und er streicht sie mit weissem Lack, und er sitzt dort mit weissen Farbflecken auf der Kleidung wie ein Vogelrupfer neben einem Haufen Gänseflügel. Er redet auf mich ein, erzählt von seinen Krankheiten und seinen Klugheiten, und ich kann kaum mehr stehen, denn die zehnmal gehörten Berichte sacken mir in die Füsse.

Durch die Frankfurter Allee rumpeln die Autos, die Personenwagen summen unaufhörlich, unaufhörlich, und die Lastwagen knattern, klappern und klimpern, die Dumper scheppern, aber unausstehlich knarren und schmettern die ungarischen Ikarus-Omnibusse, die ich so hasse, wie ich ihr Herkunftsland liebe.

Den ganzen Abend verbring ich am Telefon und suche den

russischen Freund, Lew Kopelew, und ich führe wohl an fünfundzwanzig oder dreissig Gespräche, und ich finde den Freund nirgendwo in der Stadt. Manchmal steigt der Lärm der Kraftwagen unten auf der Strasse noch spät am Abend so an, dass ich kaum erfassen kann, was man mir durch's Telefon sagt, und als ich mich unverrichteter Dinge zu Bett leg, kommt's mir vor, als hätt ich den Spätnachmittag lang mit voller Körperkraft schwer gearbeitet.

2. September (Donnerstag)
TRÄUME

Lauer Nachtwind weht; Wind der ersten Septembernacht. Vielleicht hat ein Fensterflügel geklappt, vielleicht hat eine Maus auf dem Heuboden geraspelt. Man erwacht und wird gewahr, dass man aus einem Traum kommt.

Und manchmal sind's schreckliche Träume, aus denen man kommt, und man ist froh, dass man erwachte. Manchmal sind's schöne Träume, und man bedauert's, dass man aus ihnen hinaus musste.

Wieviel Gewesenes und wie viel Seiendes birgt jene kleine Zellkammer im Hirn, aus der unsere Träume hervorgehen?

Wer da meint, es gäbe kein Fortleben derer, die sich dem Zugriff unserer Augen entzogen, als sie von uns gingen, sich auflösten und sich zu anderen Zellverbänden gruppierten, findet, so er will, in jener Hirnzelle den Gegenbeweis.

Da tritt BRECHT aus jener Kammer meines Hirns hervor und lässt keinen Zweifel zu, dass er nie fort war, und man bedauert es leis (im Traum), dass man sich seiner Gegenwart so lange (Zeit) Jahre nicht bediente. Er bittet mich, die Fabel meines Schauspiels HOLLÄNDERBRAUT und die Fabel des BIENKOPP-Romans zu erzählen. Alles ist so, als hätte unsere Zusammenarbeit nie eine Unterbrechung erfahren.

Eine frühe Geliebte kommt und ist schön und einmalig wie damals im Rausch der ersten Verliebtheit, als jene ihrer Charakterseiten, die den meinen widersprachen, noch unentdeckt waren.

Man muss wieder in den Krieg und der quälende Abschied,

von dem man nicht weiss, ob er nicht ein Abschied für immer sei, hat nichts von seiner Schwere eingebüsst.

Tiere treten hervor und nicht nur so, wie sie waren, sondern gemagert und mit Vorwürfen darüber im Blick, dass man sie solange vernachlässigte.

Der sorgende Grossvater kommt und fragt beharrlich wie damals, ob man jetzt eine Arbeit »unter Dach« habe und nicht mehr den Winden und den Wettern ausgesetzt sei.

Das sind die Träume, die die Vergangenheit rein und annähernd unvermischt mit der Gegenwart reproduzieren, aber da gibt es andere, die sich anscheinend nicht aus den Stapeln und Speichern jener Hirnzellenkammer zu lösen vermochten, ohne Teile anderen Speichergutes, mit dem sie draussen im Leben nicht kausal zusammen gehörten, mit sich zu reissen.

Und so kann's sein, dass BRECHT und eine meiner frühen Geliebten zusammen sitzen; die Geliebte mit Worten und Fragen mein Leben, das später ohne sie verlief, erforschend, und BRECHT auf meine Aussagen darüber lauernd.

Noch merkwürdiger kann's sein, wenn offenbar gespeicherter LEBENSFILM so miteinander verklebt ist, dass Gestalten, die im Leben nie etwas miteinander zu tun hatten, ineinander übergehen – und Doppelwesen aus heterogensten Menschenwesensteilen bilden.

Manche der ausfahrenden Traumsituationen und Traumgestalten mischen sich mit dem Erlebnis von gestern, von Tags zuvor, das vielleicht noch an der Eingangstür jener Hirnkammer stand, in der unsere Erlebnisse eingewabt werden.

Vieles aus unserem Traumleben gilt heute als erforscht und ist biologisch oberflächlich erklärbar. Ich sehe aber nicht, dass irgendwo Schlussfolgerungen im Zusammenhang mit dem EWIGKEITS-Begriff daraus gezogen werden, jener EWIGKEIT alles Lebens, die die Alten lange vor uns erahnten. [...]

15. September (Mittwoch)
DRAUSSEN UND DRINNEN

Die Tage vergehn. Unwiederbringlich. Man weiss nicht, wo die Stunden bleiben, die über den Reisevorbereitungen vergehn.

Wir bereiten dies und das in Berlin vor, fahren wieder nach Schulzenhof und wieder nach Berlin. Dann nach Magdeburg, um einen Ponytausch noch vor der Abreise in die Wege zu leiten. Morgen geht's zu den alten Eltern in die Heimat.

Und immer ist in mir eine tiefe Unruhe, und immer ist's mir, als sei's verschwendete Arbeitszeit, vier bis sechs Wochen durch Russland zu reisen.

So müssen die alten Christen gefühlt haben, wenn sie SÜNDIGTEN. [...]

Am 18. September fuhren wir in die Sowjetunion und wir blieben dort an verschiedenen Orten bis zum 21. Oktober, und einiges, was wir dort erlebten, ist in einem besonderen Tagebuch aufgezeichnet.

Reise nach Moskau, Suchumi vom 20. 9. 65
Fragen, die von der Redaktion der Zeitschrift FRAGEN DER LITERATUR gestellt wurden:
[...] 3. Ihre Schaffenspläne?
Antworten: [...] 3. Ich arbeite an einem Buch, das Skizzen und kurze Geschichten enthalten wird. Poetische Prosa, wie sie Turgenew und Prischwin schufen, die jedoch in meinem Lande wenig Tradition hat. – Sodann werde ich den zweiten Teil meines Romans DER WUNDERTÄTER schreiben. [...]

PASTERNAK, PASTERNAK

[...] Die Intellektuellen aus Moskau haben Bedürfnis nacheinander, kaum dass sie sich ein paar Tage nicht sahen; Bedürfnis nach intellektuellen Neuigkeiten und Gemeinsamkeiten. [...] Und das Meer ist schön, so schön wie ein südliches Meer ausgang des Sommers zu sein hat. Es schimmert perlmuttfarben nach Kräften, und die Sonne geht vorschriftsmässig rot und glühend unter, und die ganze Stimmung ist malreif und bereit, sich auf Ölbilder bannen zu lassen, die sich manche Leute in die GUTEN

STUBEN hängen mögen. Das hafenansteuernde Schiff fehlt nicht und der Mond trägt mit einem Scheibchen seiner selbst zur Märchen- oder Bilderbuchstimmung bei.

Fast unausdenkbar, dass in einer grossen Stadt fern von diesem Meer und diesem Abend Zimmer durchsucht und womöglich Skeptiker oder Ketzer verhaftet werden. Und doch ist's so, wie ich's den Gesprächsfetzen, die sich die Freunde zuraunen, entnehme.

Der Vorhang der Nacht entzieht unseren Augen das Schauspiel des Meeres. Unterm Licht einer schwachen Glühbirne versammeln wir uns auf der luftigen Veranda des Gastgeberhauses hoch über den Kronen der Nuss- und Feigenbäume. Ein herber Duft von Eukalyptusbäumen, deren Rinden wie abgezogene Tierhäute herabhängen, dringt zu uns herüber und die Weintrauben wachsen uns in den Mund.

Max, der Chemiker, rezitiert aus einem Buch, das nicht grösser als seine Handfläche ist, Gedichte von Pasternak. Lew, unser guter Freund, der Germanist, übersetzt sie ins Deutsche, und er liest sie nach der Übersetzung nochmals in Russisch.

Ich seh die verzückten Gesichter von Raja, Lews Frau, von Max' Frau, der Historikerin, von der armenischen Literaturwissenschaftlerin, die mit ihrer Nichte, der armenischen Chemiestudentin bei uns sitzt. Die Frauen formen mit ihren Mündern die russischen Worte mit, so als schlössen sie damit die ihnen innewohnende Poesie auf. Vor meinen Augen werden die Gesichter naiv und jung und fromm, auch einfältig, ähnlich denen, die ich bei einem Meeting, auf dem Gedichte vorgetragen wurden, bei den Studenten der Lomonossow-Universität sah. [...]

Und was ist's was Pasternak in den Stand setzt, die Alten jung und schwärmerisch zu machen? Alte, überzeitliche Weisheiten, zwanzig Mal ausgesprochen in Büchern, die jedem, der drauf aus ist, zur Verfügung stehn: Weisheiten Salomos, Weisheiten der alten Rishis, Weisheiten, die Schopenhauer auf seine Weise und Lao-tse auf seine Weise aussprach, Weisheiten, die schliesslich Tagore poetisierte, den Pasternak, wie gesagt wird (wahrscheinlich) aus Konkurrenzgründen nicht gelten liess.

Die Erkenntnis von Gesetzen, denen sich niemand, der über

diesen Planeten wandert, auf die Dauer entziehen kann ohne Schaden an seiner Seele zu nehmen, ist das eine, das andere aber ist, sie zu poetisieren und sie dadurch mit zwingender Gewalt zu versehen.

Das blieb wahr bis auf den heutigen Tag, und es wird wahr bleiben. Auch in unserer Zeit werden Erkenntnisse gemacht, doch ist's wichtig, sie unter den Pseudo-Erkenntnissen heraus zu finden. Das Poetisieren wirklicher Erkenntnisse bleibt die Pflicht der Dichter, selbst wenn sie sie mit dem Leben bezahlen müssen. Das ist es, ja, das ist es. [...]

26. Oktober (Dienstag)

DAHEIM

Durch den trüben Moskauer Morgen zischelte der Treibschnee, und ich zog meinen dicken Rollkragenpullover an, als wir zum Flugplatz fuhren.

Wir taten einen Sprung, und wir blieben nicht ganz zwei Stunden in der Luft, und als wir uns niederliessen, standen wir mitten in einem goldenen Herbsttag der Heimat. Die Baumblätter leuchteten in hundert verschiedenen Gelbs, und es war, als ob wir in ein Gemälde von van Gogh hineinfuhren, und der Tag blieb so, bis die Abendkühle ihn beschwichtigte, und die Abendkühle wurde schliesslich vom leichten Silbergrau des Herbstnachtreifs verdrängt.

Der nächste Tag wurde warm um den Mittag herum, und am Nachmittag fuhren wir in die Waldheimat, und ich konnte das Gefühl nicht beschwichtigen, dass wir etwas versäumt hatten: Das Zurüsten der Bäume und Tiere auf den Herbst, und ich kam mir wie ein Faulenzer vor, der nicht mitgearbeitet hat am Beginn des grossen Herbstes der Heimat.

Die Postkarte, die unsre Ankunft melden sollte, war noch nicht eingetroffen, doch *MATTHES*, der kleine Waldhüter, hatte das Geräusch unseres Wagens gehört, und er kam auf dem Fahrrad den kleinen Hügel vom Nachbarhause herunter, und er sprang ab und warf das Fahrrad weg und flog der Mutter an den Hals.

Wir fanden unser Häuschen, den Hof, den Stall, die Tiere sauber, geordnet und gepflegt. Eine grosse Dankbarkeit gegen unsere Nachbarn stieg in uns auf, die während unserer Abwesenheit von fünf Wochen alles in der Reihe gehalten hatten.

Am nächsten Tage sattelte ich die Stute DESERTA, und ritt hinaus zur kleinen Herde der Shetlandpferde. Ich fand auch sie gesund und schon in die dicken Winterpelze gehüllt. Die Pferdchen sahen mich an, und sie erinnerten sich meiner, eines nach dem anderen.

Am Sonntagmorgen ritt ich mit Ilja in die Wälder. Ilja ritt die junge Stute RUSSALKA, die bisher nur ihn und niemand sonst getragen hat.

Wir ritten am See entlang, und Ilja wusste noch nicht, dass ich nicht sein Vater bin; aber am Nachmittag sagte es ihm die Mutter, und er wusste es.

Ich erwartete, dass er mich mit anderen Augen ansehen würde, doch er sah mich nicht mit anderen Augen an, und unser Verhältnis zueinander blieb so, wie es vorher gewesen war. [...]

27. X. 65

NACH TBILISSI

Nun sitz ich wieder daheim in meiner Arbeitsstube und mit dem Tagebuch, das mit den Reiseerlebnissen aus Tbilissi ausgestattet werden soll, will's nicht recht vom Fleck.

Vor meinem Stubenfenster steht Nebel und Nebel, nichts als graue Nebelmilch. Ich seh die Baumgruppen in den Wiesen, den Himmel und die Ferne nicht; nur manchmal sehe ich Vögel, eine Kohlmeise oder einen verspäteten Star, wenn sie dicht genug am Fenster vorüberfliegen.

Eigentlich hätt' ich die Pflicht, mich nach der Sonne Kaukasiens zu sehnen, aber ich sehne mich nicht. Welch ein kulleriger Mensch!

Mein Leben, mein Brot und meine Hauptmahlzeit sind hier, und die sonnigen Tage Tbilissis sind Garnierung und Kompott gewesen, und in meinen fünfzig Jahren habe ich's nicht erlebt, dass Kompott zur Hauptmahlzeit wurde.

26. Oktober – 7. Dezember

4. Dez. (Sonnabend)
DIE UMKEHRUNG
An manchen Tagen bin ich soweit, dass mein Verhältnis zum Leben eine Umkehrung erfährt. Ich erwarte nichts mehr von ihm; denn es hat mir nichts mehr zu bieten als das Glücksgefühl, wenn ich meine speziellen Erfahrungen mit ihm in ästhetisch gelungener Form zu Papier bringe.

Das Geschrei oder Gejammer über zu erwartende grosse Kriege und den Weltuntergang, das vor allem die Spalten unserer Zeitungen füllt, obwohl wir uns so gern Sozialisten und Optimisten nennen, schreckt mich an solchen Tagen nicht mehr, vermag mich nicht in Bängnis und Unruhe zu versetzen. Kein fatalistisches Gefühl. Oh nein, weit entfernt davon! Ich glaube, das Leben in der Hand zu haben, und ich glaube weit mehr, dass nicht ich ihm, sondern es mir verpflichtet ist, wenn es irgend Wert darauf legt, etwas über sich aus meiner speziellen Sicht zu erfahren.

7. Dez. (Dienstag)
DAS LEBEN KORRIGIERT DIE THEORIE
Beim Staatsrat fand eine Konferenz statt. »Der Humanismus in der Literatur und im Roman in der DDR« hiess das Thema. Man stellte fest, ein gewisser Strittmatter habe sich erlaubt, den Helden in einem sozialistisch-realistischen Roman umkommen zu lassen. Dieser Zug in der DDR-Literatur sei unerwünscht und dürfe unter keinen Umständen Schule machen.

Eine Woche später erschoss sich der Kandidat des Polit-Büros, Dr. Erich Apel. Er war Minister für Planung und Stellvertreter des Ministerratsvorsitzenden. Im ärztlichen Bulletin über den Selbstmord stand etwas über Nervenzerrüttung durch Überlastung.

1966

3. Januar 1966 (Montag)
SUMMA SUMMARUM

Eine Woche vor Weihnachten fuhren wir nach Berlin. Ich wollte meine alljährliche Weihnachtssendung für den Rundfunk lesen; als wir jedoch in Berlin ankamen, musste ich mich legen, weil ich Fieber hatte und weil ich einen Gripperückfall, mit dem ich mich zwei Tage herumgeschlagen hatte, nicht besiegt hatte.

Ich lag bis einen Tag vor dem Weihnachtsabend in Berlin und wurde eines leichten Fiebers, eines schweren Schnupfens und schlimmer Schmerzen in der Stirnhöhle nicht Herr. Und als wir einen Tag vor dem Weihnachtsabend nach Schulzenhof fuhren, musste ich mich auch dort legen.

Die Kinder kamen, und wir feierten das Weihnachtsfest mit ihnen, und sie waren lieb und spannen sich mit Theaterspiel und anderem Schnickschnack in Weihnachtsstimmung, obwohl draussen schneeloses Vorfrühlingswettert herrschte.

[...]

Zu Silvester kamen, wie nun schon manches Jahr, die Beselers.
[...]

Geschwätz über das 11. Plenum der Partei wucherte, und Evchen und ich hatten alle Hände voll zu tun, dass es nicht auch unseren Optimismus überwucherte.

[...]

Am zweiten Weihnachtstag waren Lew Sheinin, Arkadij Poltorak und der sowjetische Botschaftsrat für Kultur bei uns. Gerhard Baumert und seine Inge kamen, und der verscheuchte Alfred Wellm kam und wand sich, und ihm und den Baumerts versuchten wir Hoffnung und Optimismus einzupflanzen, als hätten wir sackweis davon.

Aber jetzt muss und soll es ruhiger werden! Die Lust und die

Kräfte zur Arbeit regen sich. Und die Arbeit ist das einzige, was hilft, was neue Selbstbestätigung bringt und zu Buche schlägt.

18. Januar (Dienstag)

SUMMA SUMMARUM

Seit Anfang Januar arbeite ich schön und gleichmässig. Die Krankheit macht mir nur mässig zu schaffen.

Jeden Tag eine Seite WUNDERTÄTER und eine Seite PONYBUCH. Ich diktiere zunächst auf Tonband, schreib sodann in die Maschine und mache gleich die erste Korrektur dabei. Ich stehe (wie in guten Arbeitszeiten) 4^{30h} auf. Um 7^{30h} etwa bin ich mit dem Diktieren und Abschreiben fertig. Dann Kaffee und nachher bis Mittag Arbeit an der Fertigstellung des Kalenderbuches.

Nachmittag (nach einem Mittagsschlaf) Pferde longieren, reiten. Am Frühabend Briefe schreiben, dann zuweilen fernsehn (leider!) oder lesen.

Ein wohltuender Rhythmus! Das geht eine Woche, zwei Wochen, und ich bin schon verwundert, dass es so ohne Zwischenfälle und Störungen geht.

16. Februar (Mittwoch)

TAGESABLAUF

4 Seiten »Wundertäter II«

Am REITERBUCH gearbeitet.

Eva hat mich von den Postbergen befreit. Ein gutes Gefühl.

2 Stuten longiert.

RAWANAH geritten, Evchen auf MALEK.

Abends Fernsehn: Diskussion um den »Katzgraben«-Film in Eichwege. Dann der Film selber. Interessant jetzt nach 15 Jahren. Ging bis nachts 1^h.

Gel.: Wie am Vortage.

23. Februar (Mittwoch)

TAGESABLAUF

4 Seiten »Wundertäter II«

Am Kalenderbuch gearbeitet. Nun doch für Titel SCHULZENHOFER KRAMKALENDER entschieden. [...]

1966

27. März (Sonntag)

TAGESABLAUF

Sentenz f. bes. Buch. Nochmals die letzten Geschichten für den KRAMKALENDER durchgesehen. ABSCHRIFTEN davon auf Band gesprochen.

Schreibtischfächer geordnet.

2 Stuten longiert.

Besuch: DIE WOLFS mit Kindern

Gespräche über WAS KANN MAN HEUTE SCHREIBEN

Obligater Spaziergang zum Thörn-See. Gewitterregen. Durchnässt.

Gel.: KARENINA

WIND

Nun lebe ich über fünfzig Jahre mit ihnen und noch immer nötigen sie mir Aufmerksamkeit ab – die Winde.

20. April (Mittwoch)

[...]

MANUSKRIPTABGABE

Bald zwei Jahre habe ich geschrieben und probiert, war glücklich und unglücklich und wieder glücklich beim Anfertigen eines Kalenderbuches, genannt SCHULZENHOFER KRAMKALENDER.

Jetzt denn war es fertig, das Kalenderbuch, und ich nahm es mit nach Berlin. Hier draussen mit Worten eingefangene Erlebnisse auf zweihundertundvierzig Seiten Papier: Glück, Wehmut und aus unserem Leben filtrierte kleine Weisheiten.

Zwei Redakteure (Lektoren) meines Verlages kamen in die Berliner Wohnung, und sie waren halb betrunken, weil sie das zwanzigjährige Jubiläum der Partei gefeiert haben. Sie blätterten im Manuskript, als ob es sich um zweihundertundvierzig Seiten Papier handele und um nichts weiter, und sie begannen sich sofort die halbtrunkenen Hirne darüber zu zermartern, wie sie aus den Schreibmaschinenseiten ein gedrucktes Buch herstellen könnten, und in diesem Augenblick war mir's, als hätte ich die zweihundert kleinen in Geschichten eingefangenen Erlebnisse in einen Papierkorb geworfen.

26. April (Dienstag)

[...]

ZUM KRAMKALENDER
Caspar (der Cheflektor) rief an. Das war so etwas wie eine Entschuldigung für sein unmögliches Verhalten beim Manuskriptabholen. Er gratulierte. Der Chef habe den KRAMKALENDER gelesen und fände ihn gut. Die erste Auflage wurde sofort von 10 Tausend auf 20 Tausend erhöht. Die ersten 20 Tausend ohne Illustrationen, damit man schnellstens drucken und herauskommen kann. Sodann 2. Auflage mit Illustrationen. Ferner 60 Tausend illustrierte Exemplare für den Buchklub als Geschenkausgabe. Das Manuskript wird auch dem westdeutschen Verlag (Sigbert Mohn) sofort angeboten. [...]

8.7.66

WEIMAR
Wozu fährt man nach Weimar? Wozu? Wozu?

Mir deucht, man hat zwei Gründe: Der erste: Man war mal HERRSCHAFTSCHAUFFEUR in Thüringen. Man fuhr zwei begüterte Damen. Damen mit ererbtem Geld. Kunstbeflissene Damen. Malerin die eine, Kammersängerin die andere. Beide ohne sichtbaren Ehrgeiz, etwas Überragendes zu leisten. Die eine malte, weils ihr Spass machte, und sie hatte bei Liebermann studiert. Weil sie Geld oder weil sie Talent hatte? Man weiss es nicht. Die andere sang, weil es ihr Spass machte. Sie sang sehr hoch und laut. Aber sie gab Mädchen, die sie für begabt hielt, unentgeltlich Gesangstunden.

Manchmal fuhr ich die Damen nach Weimar, weil es beim Fleischer in Saalfeld nicht *die* Wurst gab, die sie gern assen. Wir kauften, kauften – den Kofferraum voll Wurst und Schinken. Manchmal musste ich, wenn sie Besuche machten, mich stundenlang in Weimar herumdrücken. Den Wagen durfte ich nicht verlassen, damit er bereit war, wenn die Damen Lust hatten heimzufahren. Ich beobachtete die Fremden, die teils mit echter, teils mit gespielter Ergriffenheit, die HEILIGEN STÄTTEN von Weimar bepilgerten.

1966

Forts. WEIMAR 9. 7. 66

Gern hätte ich in die Stübchen der Weimarer Dichter gesehn. Ich las viel und ich schrieb damals schon. Allein, ich musste das Auto bewachen. Und wenn ich es nicht gemusst hätte, hätte ich kein Geld gehabt. Und wenn ich Geld gehabt hätte, hätte ich mich nicht zwischen die »vornehmen« und »gelehrten« Leute getraut, obwohl ich sie gar nicht für so vornehm und gelehrt hielt. Aber ich traute meinem »anmassenden« Urteil nicht.

Auf einer der sanften Anhöhen um Weimar stand die Villa der »Dichterin« Toni Schwabe. Ich bezweifele heute, ob sie überhaupt eine gute Schriftstellerin war.

Forts. WEIMAR 10. 7. 66

Aber im Hause »meiner DAMEN« verkehrte sie als DICHTERIN. Sie hatte einen Goethe-Roman geschrieben. Was unausgefüllten reichen DAMEN, mittleren Alters, manchmal so einfällt! Diesen Roman bekam ich damals nie zu sehen. Ich musste es schon glauben, dass die TONI SCHWABE ihn geschrieben hatte; denn »meine DAMEN« sagten es mir. Auch jetzt forschte ich bisweilen, wenn ich nach W. kam nach diesem Roman. Die Goethe-Experten von den Forschungs- und Gedenkstätten kennen ihn nicht. Vielleicht haben ihn noch ein paar alte Weimarer Jungfern im Nachttisch.

Aber ich fuhr damals die Dichterin des öfteren von Weimar zum »Edelhof« MEINER DAMEN nach Beulwitz. Und die DAMEN tranken dort Kaffee oder starken russischen Tee. Meine DAMEN stammten aus Riga. Und eine meiner DAMEN sang ein bisschen. Sehr hoch und laut. Und die andere meiner Damen zeigte vielleicht ein bisschen ihre Bilder. Es gab eine Dachkammer, die war vollgestopft mit Fräulein Hs. Bildern. Leinewand an Leinewand. [...]

Forts. WEIMAR 11. 7. 66

[...] Na, und die Dichterin TONI SCHWABE las vielleicht aus ihrem Goethe-Roman. Die DAMEN lebten ihr gemütliches Leben, und die Konzentrationslager in Deutschland füllten sich. Aber auch Fräulein H., die Malerin, war so gut wie verfemt, weil sie eine Liebermann-Schülerin war. Sie war eine sogenannte ARIERIN,

9. – 11. Juli

aber diese besorgten NAZIS fürchteten vielleicht, dass Fräulein H. »jüdischen Malstil« übernommen haben oder gar »Rassenschande« mit diesem Liebermann getrieben haben konnte. So besorgt waren die um die Reinheit des germanischen Bordells.

Und ich fuhr die DICHTERIN TONI SCHWABE wieder heim auf ihre Hügelhöhe nach Weimar. Sie sprach natürlich den ganzen Weg über kein Wort mit mir. Sie war eine DICHTERIN, und ich war ein Chauffeur. Es herrschte klassische Stille im DKW-Auto. Ich hielt unter dem Villen-Hügel. Es führten Treppen und ein schmaler Gehweg zur Villa hinauf. Die DICHTERIN stieg aus, und sie sagte weder Dankeschön noch Aufwiedersehn. Und sie stieg in Dr. Lahmanns Gesundheitsstiefeln bergan zu ihren Manuskripten, die, wie ich heute sicher richtig zu vermuten glaube, nichts als schriftlicher Schwulst waren.

Nun kann man sich schon denken, weshalb und wozu ich nach Weimar fahre, alle zwei Jahre oder so. Es ist ein merkwürdiger Kitzel, die Stätten meiner damaligen Erniedrigung zu bewandern und niemand ausser mir hat etwas davon.

Und der zweite Anlass, nach Weimar zu fahren, hat praktischere Gründe: Ich studiere die Arbeitsweise des Geheimrates Goethe und komm Jahr um Jahr zu nüchterneren Ergebnissen. Die lieben Bürger und Goetheverehrer aller Zeiten haben uns so hübsch weismachen wollen, dass das da alles, was er uns an Arbeiten auf verschiedenen Gebieten hinterliess, von seinen Händen bewerkstelligt worden sei. Da hätte er der zwanzighändige Buddha von Weimar sein müssen. Nein, nein er hatte hochbegabte Mitarbeiter, und schon vor seiner Italienreise beschäftigte er als Junggeselle im Gartenhaus fünf dienstbare Geister. Davon konnte der eine sogar freihändig dichten. Den Philipp Seidel meine ich. Seine Erfahrung im Dichten hat sogar für den Wieland'schen TEUTSCHEN MERKUR gereicht. Dann dieser Ekkermann, war er nicht auch sowas wie ein Zubringedichter im Goetheschen Manufakturbetrieb? Und der Geheimrat konnte sogar auf Diener zurückgreifen, die seine Handschrift nachahmten. Er war ein guter, ein ausgezeichneter Arbeitsorganisator, der Geheimrat. Und das ist nun wieder interessant, diese Gabe, viele Menschen zum grössten Teil freudigen Herzens, für sich oder in seinem Sinne arbeiten zu machen. Das konnte Goethe, jawohl und die self-made Abstrampelei nachts und hinter verschlossenen Türen eines Balzac war ihm fremd. Nein in dieser Hinsicht war ihm Tolstoi verwandter, dem es allerdings, seiner sozialen Ambitionen wegen, etwas an Skrupellosigkeit fehlte.

Ob so eine Fabrik für Dichtung und diverse amüsante Forschungen heutigen Tages noch irgendwo, ausser bei Verfassern von Kitsch- und Schundromanen – also Grossverdienern – möglich ist? Ich glaube nicht, denn die Aversion gegen die Ausbeutung scheint heute auch bei den Kunstbegeistertsten und Verehrungssüchtigsten vorhanden zu sein. Sowas macht kaum noch jemand mit ohne entsprechende Bezahlung. [...]

1. August (Montag)

[...]

Fahrt nach Berlin

4–5 Stunden unterwegs, ein neues Auto abzuholen.

Nachm. Besorgungen.

Alten Wagen in die Garage usw.

Arthur Wasser, sehr gealtert, getroffen.

Gel.: Nach stilistischen Eigenheiten untersucht: Laxness FISCHKONZERT, Salinger, FÄNGER IM ROGGEN.

3. September (Sonnabend)

[...]

MATTHES gesucht, der seit Mittag unterwegs und in der Dämmerung nicht zurück war. Die schlimmsten Vermutungen. In einer Stunde um ein Jahr gealtert. Er kam bei Dunkelheit (ganz allein) von einem »Forschergang«.

Fernsehn zur Ablenkung.

Gel.: RING SCHLIESST SICH.

12. September (Montag)

[...]

Grossmutter Füllster nahm sich im Thörn-See das Leben. Sie war 82 Jahre.

14. September (Mittwoch)

Gelesen: Zeitschriften usw.

10ʰ Knut mit seinem Chef, Dr. Mertins von der Tierzuchtinspektion in Potsdam./Kaufen unser altes Auto/2½ Std. Tierzuchtgespräche. Wagen übergeben.

Nachm. Caspar und Schubert vom Aufbau-Verlag. Das KRAMKALENDER-Manuskript (Umbruch) nochmals durchgegangen. Über- und Mangelzeilen beseitigt. Bleiben bis gegen Abend. Die zähen Gespräche wie immer.

Zeitig gelegt. Gelesen: Bobrowski, ERZÄHLUNGEN.

Alexander Granach, DA GEHT EIN MENSCH.

19. September (Montag)

[...]

Parteigruppensitzung im DSV. Gysi, der Aal, produziert sich und weiss alles.

Das dauert fünf Stunden. Nach einer Pause von zwei Jahren die erste offizielle Sitzung, an der ich teilnehme. Viele Kollegen begrüssen mich, erkundigen sich.

Mit Kurt Stern in's »Frankf. Tor«. Wiedersehensgespräche.

Zeitig zu Bett.

Gel.: NDL, Zeitung

Granach, »Da geht ein Mensch«.

23. September (Freitag)

Sentenzen f. bes. Buch

8ʰ Abfahrt nach Neuruppin. Jakob zur Grossmutter. Er weinte so sehr. Wir mussten ihn enttäuschen.

Nach Berlin.

14ʰ Sekr. Stzg. DSV. Mir mein Herz leichter gemacht. Mal gesagt, was ich von der ganzen Konferenzbetriebsamkeit halte. Ging bis 19ʰ. [...]

1966

3. Oktober (Montag)

Nach Berlin

Ilja und Matthes bleiben in Schulzenhof unter der Aufsicht von Frankes.

Berlin. Besorgungen f. d. Reise. [...]

4. Oktober (Dienstag)

Immer noch Reisevorbereitungen. In solchen Situationen erkennt man, mit wie viel Fäden man mit der Umwelt verbunden ist. Vieles muss in den kommenden Wochen ohne uns weiterlaufen, und wir müssen die Bedingungen schaffen, dass es das auch tut.

Gegen Mittag wird uns Gerhard Baumert mit seinem Wagen zum Flugplatz bringen.

Weitere Aufzeichnungen von der Reise in einem besonderen Heft.

26. 10. 66

Zwölf Tage hatte ich kaum ein Wort geschrieben. Man »verlernt« das Schreiben schnell, wie ich spüre. Die Hand gehorcht nicht mehr gut. Man findet nur konventionelle Formulierungen.

27. Oktober (Donnerstag)

Auspacken. Aufräumen.

Wieviele Dinge da nach einer solchen Reise wieder an ihren Platz gebracht werden müssen!

Eine Menge Post! Sortieren. Tagebücher neu einrichten. [...]

4. Nov. (Freitag)

3. Konferenztag

Wieder auf der Konferenz. Ich spreche nicht, obwohl ich vielfach bedrängt werde.

Klärende Gespräche mit Gen. Hager. Ich halte ihm seine Zwischenrufe auf dem 11. Plenum vor. Er bedauert sie. Er ist viel toleranter und gelassener in Sachen Literatur als seine »Zwischenträger«. Grosse Beruhigung für mich.

9. November (Mittwoch)
Noch in Berlin.

Spät auf. Gang in die Stadt. Die ganze Allee hinauf und hinunter. Einkäufe. Schaun. Die Weihnachtstanne vor der Sporthalle schon aufgestellt. Die Arbeiter: So, das wär geschafft und vorfristig.

[...] Zeitig zu Bett. Nicht wohlbefunden.

Überraschung: Buch: Lafcadio Hearn, KOKORO (Herz) Essays um 1900 geschrieben. Über Japan, Land, Menschen, Religion.

Das Buch stand schon seit Jahren zwischen den Büchern in Berlin. Zweimal angelesen. Jetzt war Eva drauf gestossen. Sagte: »Muss doch was für dich sein; ähnlich Thoreau.«

Las. Fand Essay »Die Idee der Präexistenz«. Gedanken über Mystik und Wissenschaft, die mit den meinen übereinstimmen.

Bücher haben ihr eigenes Leben. An manchen geht man jahrelang vorbei, selbst wenn man im gleichen Raum mit ihnen lebt. Plötzlich machen sie auf sich aufmerksam. Wenn man ihnen innerlich nahegekommen ist, machen sie sich bemerkbar, als ob sie die Hand aufhöben: Hier!

19. November (Sonnabend)
Sentenzen f. bes. Buch

Tagebuch

Erzählung über Köhlers Grossvater. Geschichte noch immer ohne Titel. Ich wollte, dass es mir da gelänge zu zeigen (an einem sehr einfachen Beispiel), wie der elektrische Strom in das Leben eines alten Mannes eingreift, ohne dass jemand weiss, was elektrischer Strom ist.

Nachm.

Sehr finster, sehr diesig. 3 Stuten longiert und jede ungesattelt ein Stück geritten.

Eine (humoristische?) Erzählung EINE FLIEGE fast zu Ende geschrieben. Vielleicht kommt dabei heraus, dass uns die Dinge, die wir für Plagen halten, lebendig machen und zur schöpferischen Tätigkeit reizen. [...]

5. Dezember (Montag)

Wir fuhren im Morgendämmern nach Berlin. Wir kamen nicht weit. Auf dem Waldweg zur Strasse hatte die Schneelast Bäume einer mittleren Schonung über den Weg gedrückt. Ich stieg aus dem Auto, drückte die Bäume hoch, rutschte auf glatten Stiefelsohlen in eine gefrorene Traktorspur, mein Bein verdrehte sich, ich brach mir den rechten Knöchel.

Wir bekamen (das tapfere Evchen!) den Wagen aus dem Schnee. Ich fuhr nach Hause.

Der Fuss schmerzte schon sehr, besonders beim Bremsen. Wir wollten zur Wahlberichtsversammlung der Parteigruppe nach Berlin. [...]

1967

6. Dezember 1966 bis 15. März 1967
Der Knöchelbruch brachte alle meine Gewohnheiten durcheinander. Vielleicht war es gut, was die schlechten Gewohnheiten wie das Hocken vorm Televisor oder den Pflichteifer für Sitzungen betrifft.

Natürlich erfuhr damit auch die Arbeit am WUNDERTÄTER II eine Unterbrechung. Und auch das war vielleicht nicht schlecht.

Die Schmerzen waren nicht unerheblich, weil sich unter den zweimal gewechselten Gipsverbänden eine Venenentzündung herausbildete. Viel Medikamente. Da bockte der Magen danach: Ich war ein Klotz auf den Wegen der guten Eva. Sie hat mich wunderbar bemuttert und gepflegt, hat die Familie in Stimmung gehalten und vergrössert. (Jakob und Erwin siedelten von N. nach Schulzenhof über.) Eine erstaunliche Frau, diese meine Eva, ein harmonisierendes Wesen.

LESEN

Ich las viel, las und lag.

Shakespeare, mehrere der Tragödien (Wiederhlg.)

Tolstoi, »Kosaken« u. a.

Emerson

Viel Bücher moderner Autoren, die mir erst wieder einfallen müssen:

Brezan, »Reise nach Krakau«

Kaufmann, »Stefan«

Braun, »Kipper Paul Bauch«

ARBEIT

Ich arbeitete aber auch nicht schlecht auf meinem Lager unter der Dachschräge, glaub ich. Um Weihnachten schrieb ich die

Geschichten »Ponyweihnacht« und »Der Tod meiner Fliege«. Ponyweihnacht las ich im Bett (der Rundfunkwagen stand auf dem Hof) für den Rundfunk. Sodann schrieb ich die Erzählungen KRAFTSTROM und MEINE ARME TANTE. Die Erzählung las ich unter Schmerzen hier in meiner Arbeitsstube für das Fernsehn. Die Sendung war (10 Männer rannten auf dem Gehöft umher) scheusslich gemacht. Nichtskönner waren am Werk.

Schon vor dem Unfall hatte ich die Erzählung SAODA, die mir gar nicht mehr gefiel, aufgebrochen. Ich arbeitete die letzten Wochen wieder daran, arbeitete sie so um, dass sie jetzt nichts mehr mit der damals in der WOCHENPOST veröffentlichten Fassung zu tun hat. Sie heisst jetzt »Damals auf der Farm«.

24. April (Montag)
Der VII. Parteitag ist vorüber. Ich war dort Gast. Eine Woche lang täglich mit dem bösen Bein unter dem schmalen Pultbänkchen zwischen den Frauen der Politbüromitglieder. Ich hielt's jeweils nur bis Mittag aus. Das Bein war geschwollen und schmerzte.

Jeden Abend hatten wir Gäste. [...]

PARTEITAG   *(17.–22. April)*
Man war recht stolz auf die ökonomischen Erfolge seit dem letzten Parteitag; man durfte es auch. [...]

Was mich störte, waren die Phrasen am Anfang und am Schluss eines jeden Beitrages. Man hörte zuviel »unverbrüchlich« und »ewig« und »unerschütterlich«. Da musste man natürlich an die augenblicklichen Differenzen mit China denken, die vor acht Jahren nicht abzusehen waren, und auch damals hiess es »unverbrüchlich«.

Die ganze Parteitag-Liturgie empfand ich als kurios. Wieviel Drumherum haben wir Atheisten doch von Kirchenfeiern übernommen!

Über viele Grossbauten wurde lobend gesprochen. In der Kunst, in der Literatur leider nur über Kleinbauten oder über Fassadenputz. [...]

15. März – 27. April

Aufgewühlt war ich nicht, nein. Ich war gelassen und nachdenklich. So geh ich in den Wettbewerb und versuch Hochhäuser auf meine Art und nach meinem Vermögen zu bauen, Hochhäuser aus Worten, in denen hier und da Ewigkeitswerte wohnen sollten. Und ich will weiter versuchen, Bedürfnisse meiner Mit- und Nebenmenschen zu erfüllen, die nicht nach den herrschenden Moden wechseln.

[...]

Während der KRANKHEIT erhielt ich unvermutet den
FONTANE-PREIS
für den KRAMKALENDER:

Ich lag im Bett – das rechte Bein eingegipst –, und die Überbringer des Preises vom Bezirk und vom Kreis hielten Ansprachen auf mich herab, und ich konnte ihnen in die Naslöcher sehen.

Nein, viel wichtiger als dieser Preis waren die Briefe von Lesern. Ich konnte erkennen, dass ich ihnen mit dem KRAMKALENDER Mut gemacht hatte, öffentlich auch wieder von der Liebe zur Landschaft, von den Jahreszeiten und den kleinen Freuden des Alltags zu reden.

Freund Brecht hatte das Reden von Bäumen und Blumen ja (freilich auf andere Zeiten gemünzt) zum Verbrechen erklärt. Und da waren wir denn auch stehen geblieben, und nur die Tauben unter den Schriftstellern liessen da und dort spiesserlich-wandervogelige Phrasen über NATUR hören.

27. April (Donnerstag)

[...]

NEUES VOM HAUBENTAUCHER

Seine Henne brütete, und er kam mir so einsam vor, der Haubentaucher, einsam und ein wenig verkommen mit seinem schlecht verschnittenen Bubikopf aus Federn.

NEUES VOM BLESSHUHN

Es ist ein sehr fleissiges Hühnchen, schwimmt umher, seiht Wasser durch den Schnabel, schnappt nach fliegenden Insekten.

Den Schwanz nach unten. Es taucht und kommt an der gleichen Stelle wieder hoch, an der es verschwand. Seine weisse Blesse lässt es freundlich erscheinen. Es reisst den Schnabel weit auf, als müsste es gähnen und »uuaah« rufen, doch es macht »iep«. Ein so dünnes Tönchen aus so weit aufgerissenem Schnabel!

HEIDELERCHE ÜBERM HOF

Wir hatten hart miteinander geredet, und die Auseinandersetzung liess die Lust an ungerechten Worten aufkommen, und ich verliess die Küche, fing die ungerechten Worte ab und trug sie ungesagt auf den Hof.

Überm Hof stand eine Heidelerche und sang ihre traurigsüsse Strophe, stieg hoch und sang, flog waagerecht und sang, liess sich fallen und sang, liess sich in keiner Lage beirren in ihrem Gesang. Und ich rief durch's offene Fenster ins Haus: »Eine Heidelerche, eine Heidelerche singt überm Hof.« [...]

28. April (Freitag)

[...]

ABGEORDNETER DER VOLKSKAMMER

Ich wusste es schon am vorletzten Tag der Parteiberatungen. Der Kulturminister hatte gefragt, ob ich in der Nazipartei gewesen wäre, und als ich ein wenig überrascht und empört verneinte, deutete er an, dass man das »kadermässig« für die VOLKSKAMMER wissen müsse.

In solchen Augenblicken, wo mir ein Amt angetragen wird, das ich nicht bewältigen könnte, ohne meine eigentliche Arbeit, das Schreiben, zu vernachlässigen oder aufzugeben, werde ich unglücklich, so unglücklich, dass ich lieber sterben als weiterleben möchte.

Nun wartete ich sieben Tage und versuchte meiner Furcht vor dem Amt, das mir angetragen werden sollte, mit Konzentrationsübungen und Meditationen Herr zu werden. In den letzten zwei Tagen zog Ruhe in mir ein und ich wusste, dass ich das grosse Nein würde zustande bringen, koste es, was es wolle. Ich will schreiben, ich muss schreiben, ich muss mir Mussestunden erhalten, ich darf mich nicht für Dinge verausgaben, die ein anderer ohne Kraft- und Nervenaufwand sozusagen mit der linken Hand bewältigen kann.

Trotzdem lauerte ich, lauerte drauf, von welcher Seite und wie das Ansinnen auf mich zukommen würde.

Es kam in der Gestalt des Sekretärs der Zentralen Kulturbundleitung, Stuhlmeister, am Frühabend auf den Hof, als ich eben Fensterblumen umtopfen wollte.

Das Wunder, mit dem ich in den letzten Tagen, da es ruhiger in mir geworden war, gerechnet hatte, geschah: Es machte keine übergrossen Schwierigkeiten, St. davon zu überzeugen, dass ich nicht Volkskammerabgeordneter sein könne, ohne die Verfolgung meiner schriftstellerischen Pläne aufzugeben.

Wieder einmal überzeugte ich mich, dass Dinge, die meiner Lebensaufgabe hinderlich sind, durch die Konzentration auf das, was zu machen ich mich zutiefst gedrungen fühle, abwendbar sind. Die Kraft, die mich zu eigenen Aufgaben befähigt, hilft mit, dass ich sie ungestört ausführe, wenn ich mich ihr, ohne nach allen Seiten zu schielen, überlasse. Die Wunder sind jederzeit bereit, zu geschehen. [...]

30. April (Sonntag)

[...]

TAGLAUF

[...] Nachm.: Fahrt nach Berlin. Premiere des Strittmatter-Abends in der VOLKSBÜHNE. Eva geht allein. Ich suche in meinem Pultschrank einen Ausweis. Stosse auf alte (Spremberger) Aufzeichnungen von vor 15 Jahren. Lese mich fest. Bin angewidert von dem KATHOLIKEN-Verhältnis, das ich damals zur Partei hatte.

Eva kommt gegen 12^h zurück. Ich kann nicht genau erfühlen, ob die Str.-Veranstaltung gut aufgenommen wurde.

18. Mai (Donnerstag)

TAGLAUF

Sentenzen f. bes. Buch

Tagebuch: IN DER GROTTE zu Ende und diese Erstschrift Eva aus dem Tagebuch vorgelesen.

Da kommt der Genosse *Oberforstmeister Kurt*. Fachgespräche: Waldwirtschaft, Pferde. Er bleibt bis zum Mittag.

Nachm.: Eben will ich wieder an die Arbeit, da kommt der *LPG-Vors. Degebrodt* und breitet seine Sorgen aus. Auch er bleibt einige Stunden, so dass auch der Nachmittag hin ist. Pferde longiert. Stallarbeit. Auf *Wieland* gewartet, der den Araberhengst bringen wollte. Spät Telefonanruf: W. kommt nicht. Hengst ABDULLAH hat sich an einer Drahttür im Stall schwere Verletzungen beigebracht.

Etwas flaue Stimmung durch den zur Arbeit verlorenen Tag. Am Fernseher gesessen, um das Mass voll zu machen. [...]

5. Juni (Montag)

[...]

Fernsehn: Über den Ausbruch des Krieges zwischen Arabien und Israel. Man schlägt wieder einmal einander tot unter dem Motto der Vaterlandsliebe und in Wirklichkeit stecken Geschäfte dahinter. Wir (als Staat) sind gegen Israel. Ich kann es nicht. Wie soll ein politischer Laie begreifen, dass wir gegen Israel sind, obwohl wir (echt) keinen Antisemitismus haben? Auch Jugoslawien wurde einst von uns befehdet, weil es seine Wirtschaft mit amerikanischen Hilfen in Gang brachte. Es muss nicht immer mit einem Seelenverkauf enden, wie wir an Jugoslawien sahen. Heute wird geküsst, wo wir einst verleumdeten.

Gel.: Zeitschriften

Proust »Suche nach d. verl. Zeit«

14. Juni (Mittwoch)

TAGLAUF

Sentenzen f. bes. Buch

Tagebuch: DIE CHOLERA 10 Seiten

Arbeit mit den Pferden.

Fahrt nach Berlin.

Bei der Oelschlägel. Hermann Kant 41. Geburtstag. Dort auch Kohlhase, Mutter der Oe. mit ihrem Manne, einem Arzt aus Leipzig.

Zweite Hälfte des Abends Gespräche über Literatur. Spät zu Bett. Wohl $2^{30\,h}$

15. Juni (Donnerstag)

TAGLAUF

Spät aufgestanden.

Sitzung in der Akademie.

Redaktionsbeirat SINN UND FORM

Nachm. Benno Besson und Ursula Karusseit.

Benno B. in Schwierigkeiten. Hat Angebote als Theaterleiter nach Zürich und Florenz. Hier bei uns macht man ihm keine Zusagen in bezug auf die Verbesserung seiner Position. Viel Kabale anderer Theaterleiter dahinter.

Benno reist nach der Aussprache direkt nach Zürich. Wir raten ab wegzugehen.

Abends: Kammerspiele. Ostrowski »Wie man Karriere macht«. Lustig. Man kann lachen. [...]

16. Juni (Freitag)

Ein wenig erkältet.

Wagen früh zur Reparatur. Einkäufe. Marsch durch die Allee, damit ich schwitze. Wagen a. d. Reparatur geholt.

Am späten Nachmittag gelesen und geschlafen. Bein war sehr geschwollen. Evchen allein in die Parteiversammlung.

Abends: Deutsches Theater. Benno Bs. Inszenierung des DRACHEN von Jewgeni Schwarz. Nicht besonders berührt davon.

Aber die KARUSSEIT zum ersten Male auf der Bühne gesehen. Hat Talent und Ausstrahlungskraft.

Gel.: Chaplin, Memoiren.

1967

29. Juni (Donnerstag)

Morgens nach Berlin.

Besorgungen

11ʰ Essen für FEDIN in der MÖWE.

Merkwürdige Feier. FEDIN, alt und geplagt, unterzieht sich dieser EHRUNG mit Widerwillen. Weshalb reist er her und lässt seinen letzten Rest Lebens aufbrauchen?

Die Schriftsteller schwiegen beharrlich, weil einige ZK-Mitglieder die FEIERSTUNDE bewachten und sich bereithielten zuzuspringen beim ersten Wort, das ihnen UNRICHTIG erscheinen würde.

Die zwei Stunden hatten etwas Peinliches für FEDIN, für uns, nur für eben jene Leute nicht. Anna S. war giftig, und das war zu verstehen.

Den Rest des Tages lesend verbracht. (Chaplin-Biografie) Zwischendurch zur Wahl gegangen. Sonderwahllokal. Man bekommt einen Zettel in die Hand und hat nichts weiter zu tun, als ihn durch einen Schlitz in einen Kasten aus Pressstoffplatten fallen zu lassen. Wahl gleich Anwesenheit.

1. Juli (Sonnabend)

Sentenz f. bes. Buch

Erzählung DER KLEINE GOTT zu Ende auf Tonband umdiktiert und mit dem Abschreiben begonnen.

Nachm. Der Schmied kam. Wir schnitten 12 Pferde aus. Es war ein schöner Sommertag. Im Waldschatten war's erträglich. Es wurde mir die Romantik meines Lebens mit den Pferden bewusst, und es war eine grosse Ruhe in mir, die ich schon am Vormittag beim Abschreiben der Geschichte (s. o.) spürte. Es muss alles viel spielerischer geschehen, was du tust, dachte ich, und alles schien mir leicht, und ich fragte mich, woher die Spannungen kommen und der dem Schöpferischen so zuwidrige Ernst, der die letzte Zeit in mir vorherrscht. Niemand drängt mich doch und es wird eben soviel, wenn nicht mehr fertig, wenn ich alles mit Leichtigkeit tue.

Am Abend badete ich, und die Glieder waren müde, und ich sass vor dem Televisor und liess mir was vormachen und ärgerte mich über das, was mir vorgemacht wurde.

4. Juli (Dienstag)
Vorbereitungen zur Fahrt
Nach Berlin (Erwin, Jakob, Eva)
In der Akademiebibliothek Bücher getauscht. Erwin dabei. Ihm einige Plätze gezeigt, wo wir mit Brecht zusammen waren.
Nachm. Ein indischer und ein irakischer Journalist. Machen ein Interview von 3½ Stunden. Alles geht langsam, weil's erst ins Englische übersetzt werden muss.

Abends kam Sohn Uwe vorbei. Unterhaltung mit ihm. Etwas schleppend. Wir haben (noch?) zu wenig Gemeinsames.

Gel.: Monografie (ro-ro) über Hermann Hesse.

9. Juli (Sonntag)
Um 6^h losgeritten. (DESERTA) Verhangener Morgen zwischen Regen und Nichtregen. Kein Mensch. Der Wandertrieb hatte mich gepackt, zumal wir mit Eva nicht ganz einig waren. [...]

Über 4 Stunden unterwegs. Kurze Rast am Wittwe-See. Dort Idee für autobiographischen Roman. (Buch?) ER. Im Sinne von »Dichtung und Wahrheit«.

[...].

10. Juli (Montag)
Sentenzen f. bes. Buch. Und das waren die drei letzten. Der BLINDBAND vom Aufbau-Verlag ist gefüllt. Er enthält jetzt 276 Aphorismen.

[Notiz am Rand:] Das ist also der zweite Band, und den ersten schenkte ich Eva zu Weihnachten.

11. Juli (Dienstag)
$3^{\underline{30}h}$–$5^{\underline{30}}$ geritten. RAWANAH. Konnte nicht schlafen. Fliederort, Jammertal, Rheinsberger Wiesen, Rheinsberger Weg zurück.

Auf dem Zechow-See viele Wasservögel im Morgendunst. Wenn sie die Flügel heben, trifft sie die aufgehende Sonne, und die Unterseite der Flügel leuchtet rosa auf. Rosa Blitze im dünnen Nebel, der über dem See steht.

Kraniche, eine Dammhirsch-Ziege weidet im Jammertal, zwei Störche froschen.

Das rot-violette Spiel der Windhalme. Eine Gedichtzeile springt mich an: Der Windhalm wogt ... –

Bis ich daheim bin, ist das Gedicht DER WINDHALM WOGT ... auf Lew Sheinin fertig.

Ich schreibe es sofort nieder, schlafe nach dem Frühstück eine Weile und mach mich an die Geschichte HASEN ÜBER DEN ZAUN.

Besuch: Ich muss die Arbeit unterbrechen. Kurz vor Mittag kommt *Otto Gotsche* im TSCHAIKA vorgefahren. Was er eigentlich will, weiß ich nicht recht. Ich liess ihn die letzte Zeit ziemlich links liegen, weil er hinter meinem Rücken gegen den BIENKOPP wütete. Er schien darob ein schlechtes Gewissen zu haben. Wir sprachen nicht über die Sache. Er prahlte mächtig mit den Erfolgen »seines« Staates, und man kam sich dabei vor wie ein geduldeter Gast dieses Staates. [...]

27. Juli (Donnerstag)

[...]

Besuch: André Wurmser mit Frau Louise, Dolmetscherin und Fahrer.

Sie sollen ein Reisebuch (?) über die DDR schreiben. Wohl nicht ganz ohne unsere Initiative. Wer ihnen das Programm machte, weiss man nicht. Wieso ich eine »Sehenswürdigkeit« in diesem Programm zu sein habe, weiss man nicht. [...]

Wurmser ist mit seinen 68 Jahren noch recht temperamentvoll. Beide Wurmsers (sie die Schwester des franz. Schriftstellers Cassou) rannten wie alte Hühnerhunde im Wohnzimmer umher und betrachteten die Bilder und waren beglückt als sie Utrillo und Rousseau und Picasso und van Gogh neben unserem Naiven Paul Schultz-Liebisch fanden. [...]

Schon als Frau Wurmser-Cassou aus dem Auto stieg, war ich am Überlegen, wo ich sie gesehen hatte. Es stellte sich heraus: In Moskau beim 3. Allunions-Kongress der sowj. Schriftsteller.

Sie ist sehr angetan (schüttelt sich ein übers andere Mal vor Begeisterung) von der Einrichtung und dem (wirklich doch schlichten) Schmuck unseres Häuschens. Und tatsächlich: Wenn man es so mit den Augen des Fremden, des zufälligen Besuchers (also verfremdet) sieht, gewahrt man, was Eva da in den

Jahren mit ihren Bilddrucken, den Originalen, den bunten Gläsern, Büchern, Teppichen, Läufern, Blumen und Gardinen zusammengezaubert hat. Dazu kommt die Grossartigkeit, mit der die Wiesenlandschaft mit den Baumgruppen vor den Fenstern das Häuschen umspielt und in es hineinspielt. Das alles wirkt fast unwirklich in dieser technisch so unproportionierten Welt der modernen Städte und macht unseren Wohnsitz zu einer Insel, deren harmonischer Wirkung sich nur der Gast ohne musische Antennen entziehen kann. [...]

11. August (Freitag)

Das erste Kapitel vom WUNDERTÄTER II gänzlich in die »neue Melodie« gebracht. Mit der ersten Seite gelang's erst nach drei Versuchen. Das könnte sie vielleicht sein, die neue Melodie. So denke ich jedenfalls heute. Es ist schon eine Plage mit der WUNDERTÄTEREI. Nur eines scheint gewiss zu sein, an dem neuen (?) Stil, der allmählich beim Schreiben von etwa fünfzehn Erzählungen sein Recht (?) verlangte, wird auch der WUNDERTÄTER nicht vorbeigehen können.

Kurzer Mittagsschlaf im Ohrensessel – Beine auf dem Tisch!
[...]

14. August (Montag)

Ich ritt um 5^h morgens aus dem Hof, ritt an den Nehmitz-See und es war mir dort in den dunklen Stuben unter den alten Buchen sehr wohl.

Überall spürte man den vergehenden Sommer, aber sehr sacht. Die Spechte klopften, und die Stute ging gut, und ich war wie ganz allein auf der Welt. Ich entdeckte den Reiz der langen Ritte neu und mir war wohl dabei und es war wie beim Nussessen: Man kann nicht aufhören, wenn man begonnen hat. Ich war fünf Stunden unterwegs und war glücklich bei dem Gedanken, dass mir die zu erwartenden Gäste diese fünf Stunden des Alleinseins nicht nehmen konnten.

Besuch:
Zwei Autos standen schon vor dem Häuschen, als ich heimkam [...].

Leute von der Bezirksleitung der Partei trafen ein, das Telefon klingelte immerzu. Telegramme wurden durchgesagt, die Post brachte einen Stoss Briefe, und der Rundfunk brachte eine Sendung, in der Kopelew aus Moskau, Kakabadse aus Tbilissi, Kant, Rücker und Wiens gratulierten.

Leider hörte ich die Sendung nicht, war am Nachmittag wieder [...] zu Pferd unterwegs.

Am Abend kamen die Baumerts, Frl. Dr. blieb über Nacht. Eva las ihre Gedichte. Die Freunde waren beeindruckt. Sie las auch »Hasen über den Zaun« und »In einer alten Stadt«. So retteten wir den letzten Zipfel des Tages noch, um unsere Produktion der letzten Wochen an unseren Freunden auszuprobieren.

Der Tag war wie ein Rausch ohne Alkohol, und als ich mich spät abends legte, sehnte ich mich schon wieder nach Arbeit, nach dem Machen.

18. August (Freitag)

Ich stand auf nicht sehr früh, aber ich blieb, abgesehen von der üblichen Mittagspause auf und schrieb viele Briefe, und so hatte ich das Gefühl, etwas getan und den Tag nicht nutzlos verbracht zu haben. Dieses verfluchte Pflichtgefühl! Aber habe ich nicht auch eine Arbeit, die mir niemand, niemand abnehmen kann!
[...]

20. August (Sonntag)

Es war nach 8ʰ und alles noch still in Haus und Hof, da ritt ich auf RAWANAH los und umritt den NEHMITZ-See, der immer mehr mein Lieblingsee wird. [...]

Besuch:

Und als ich heimkam, waren *Pferdekäufer* auf dem Hof, aber die wurde ich bald los, doch es sassen noch andere Sonntagsgäste im Haus: *Schwager Udo mit Frau und zwei Kindern* und *Edith Beseler und zwei Kinder*.

Und eine Weile später rief *Hermann Kant* an und kam dann mit *Vera Oehlschlägel* zu einem Nachmittagsbesuch, und als sie eine Weile da waren, kam *Minister Skodowski mit seiner Frau und einer Tochter*, und da war das Haus so voll wie ein Bienenkorb.

Edith Beseler hatte ihre westdeutsche »Wunderkamera« mitgebracht, und sie fotografierte die KANTSCHLÄGELS und den Minister und seine Frau in Jagdanzügen mit Flinten und Hand in Hand am Rande des Hochwalds hinter dem Garten. Na, auf die Bilder kann man sich freuen.

Es wurde ein lustiger Nachmittag, und wir lachten viel und übertrumpften einander im Erzählen komischer Erlebnisse und Bruno Skodowski war keinesfalls der Geringste unter uns.

Das Zusammensein mit den KANTSCHLÄGELS wirkte jedenfalls so anregend auf mich wie das Zusammensein mit Benno Besson. Es wirkt, vorsichtig gesagt, produktiv.

Wenn Bruno Skodowski allein da ist, höre ich nur zu, sauge auf, was er zu erzählen weiss, aber selber produziere ich mich da nicht, nein.

Die KANTSCHLÄGELS fuhren gegen Abend nach Berlin zurück, aber die Ministers gingen natürlich, mit unseren Söhnen als Zuschauern und Bewunderern, jagen, und sie schossen einen Rehbock. Der Vollmond kam unter weissen Wolkenstreifen von hinterm Wald herauf, als sie den toten Rehbock auf dem grasbewachsenen Hof aus dem Autokoffer zerrten und das Blut des Bockes schimmerte rot auf, wenn das Licht der Hof-Lampe in seinen aufgeschlitzten Leib fiel. Die Kinder, die Hunde und der Minister hantierten ein bisschen wie blutrauschig mit dem toten Rehbock, und der Minister betastete das Gehörn des Bockes am abgeschittenen Kopf wie ein Goldzähler die gerippten Ränder seiner Taler.

Ja das war einer unserer Sonntage!

24. August (Donnerstag)
$5^{\underline{h}}$ Fahrt nach Berlin (Eva, Erwin, Matthes).
Besorgungen.
Lese Erzählung KRAFTSTROM im Funkhaus.
Fehlfahrten nach (vom Werk) zugesicherten Schläuchen für die »schlauchlosen« Autoreifen.
Nachm.: Besorgungen.
Zu Gast: Dr. Jochen Schäfers. [...] Sch. erstattet, da er den 1. Sekr. Henniger vertritt, Bericht über »FÄLLE« im Schriftstellerverband.

Anna Seghers ist verreist, also bin jetzt ich der, der Entscheidungen (leidigerweise) zu treffen hat. Wieviel unnütze Affären müssen da von Angestellten bereinigt werden, und das ist dann die ARBEIT dieser Angestellten, und sie halten diese ARBEIT für wichtig; wie sollten sie sonst leben! [...]

25. August (Freitag)

[...]

WEISSE WALDREBE

Obwohl's noch zeitig war, noch nicht sechs Uhr, war der Morgen schon fertig, der Nebel schon fort, und die Gräser schon perlig, und die Wasserperlen waren bereit, mit der Sonne zu spielen. Kein Tag ist wie der andere, also, weshalb sollte ein Morgen so sein wie der andere, es gibt nichts auf der Welt, überhaupt nichts, was einander gleicht; die Gleichmacher sind wir mit unseren unzulänglichen Sinnen und je weniger wir sie schärfen, desto eintöniger wird uns die Welt.

Zwei Rehe standen in den Wiesen, standen so, wie man sie hundertmal gemalt sah, aber auch das war eine Täuschung, denn sie waren ja damit beschäftigt, zu ergründen, was es mit dem Tier auf dem Wiesenweg auf sich hatte, dem Tier mit vier Beinen und den zwei Köpfen, einem Menschen- und einem Pferdekopf.

Ein Vogel im Strauch. Es war als ob er Rhabarberstengel oder Bohnen schnipperte: Schnipp, schnipp, schnipp.

Ein Hopfenstock hinter der Buschbrücke hat während des Sommers eine junge Kiefer erreicht. Nun umarmt er sie, rankt sich an ihr hoch, zeigt was er unter solchen Bedingungen an Höhenwuchs leisten kann, und vielleicht wird er die junge Kiefer mit den Jahren erdrosseln, aber das kümmert ihn nicht; ihm kommt's drauf an, zu zeigen, was *er* kann!

Im dunklen Grund, wo die Wildschweine ihre ständige Suhle haben, hält mir die Weisse Waldrebe, die sich an einem Faulbaum hochrankte, ihre letzte Blüte hin, dass ich nicht umhin kann, sie vom Pferderücken aus für die Liebste zu pflücken als einen letzten Gruss dieses Sommers, der ein Sommer war, als wäre er von einem Dichter erdacht worden.

26. August (Sonnabend)

[...]

Die schreckliche Nachricht, dass Alfred WELLM mit dem Motorrad beim Überholen eines Lastwagens auf der Strasse nach Templin schwer verunglückte. Viele Knochenbrüche, das Becken beschädigt. Diese Schmerzen und das lange Krankenhauslager! Und schreiben wird er nicht können, weil der rechte Arm mehrmals kompliziert gebrochen ist. Was will das Leben mit ihm erreichen?

Zwei von Bruno Skodowskis Jägergeschichten zu redigieren und zu lektorieren versucht. Da kann man ermessen, wieviel Erfahrung nötig ist, um fesselnd und flüssig aufzuschreiben, was man weiss und erfahren hat. [...]

2. September (Sonnabend)

Ritt auf SABAH zu den Shetl. am Zechow-See. [...]

Nachm. Alfred WELLM im Krankenhaus Gransee besucht.

Besuch: Die *Gigas* – dienstlich. Unser schönes Fuchsfohlen aus der DUSSJA hat Lungenentzündung.

Ritt auf *Raya* in den Hochwald rechts vom Tietzen-See. Es beginnt stark zu regnen, und es ist so dunkel, dass man im Wald die weniger ausgeformten Wege nicht mehr erkennen kann. Aber die Stute geht geduldig. Ich reite vom Thörn-See her unser kleines Vorwerk an, und da wirkt es in der Finsternis der Wälder ringsum wie eine Licht-Oase.

Gel.: Fühmann, »Judenauto«

16. Septr. (Sonnabend)

Die letzten zwei Tage in Schulzenhof. Mir ist nicht, als sollt' es auf eine vier Wochen lange Reise gehen, sondern als müsste man Abschied für immer von hier nehmen.

Es widerstrebt mir, Gedanken darauf zu »verschwenden«, was alles einzupacken sei, und es ist mir unbehaglich bei dem Gedanken allein, dass wir stundenlang Koffer packen werden, um sie vier Stunden später in Moskau wieder auszupacken, zwei Tage weiter wieder einzupacken, in Leningrad wieder auspacken usw.

Wenn man beim Betrachten von Menschen und Landschaften

genug in die Tiefe dringt, hört man auf zu hoffen, dass man in Ländern, in denen Menschen eine von der unseren verschiedene Sprache sprechen, besondere oder gar entscheidende Eindrücke für sein Schaffen erhalten könnte. [...]

17. September (Sonntag)

Trödelarbeiten. Sachen herausgepackt für die Abreise.

Mit einem Male schlägt Eva vor, eine Woche später und nicht nach Leningrad, nur nach Jalta zu fahren.

Wie das ist! Alle Abschiedsstimmungen sind umsonst gewesen. Vertane Gefühle. Man findet sich nicht sogleich wieder im ALLTAG zurecht, den man, wenn auch widerwillig, bereits verabschiedet hatte. [...]

18. September (Montag)

Morgens nach Berlin.

Zu Sterns. Kurt 60. Geburtstag. [...]

In die Akademie Bücher tauschen. Dort Fühmann, der mir als Neuigkeit berichtet, dass Eva und ich sich scheiden lassen wollen.

In der Karl-Marx-Buchhandlung Christa und Gerhard Wolf. Christa skeptisch in bezug auf die Lage in der Kulturpolitik wie seit langem.

Andere Besorgungen. Dann in den entliehenen Büchern herumgelesen. So vergeht der Tag – nutzlos, ohne wirkliche Freude über etwas Gemachtes.

19. September (Dienstag)

Schlecht gestimmt. Lebensüberdruss. Suche die Gründe, wie oft, bei meinem vertrautesten Freund, der Eva.

In dieser Stimmung um 7^h *nach Bohsdorf.* Eva traurig.

Unterwegs wird mir wohler. Der »Nebel«, der zunahm, seit ich meine letzte Erzählung schrieb, mal dick, mal dünn war, aber immer zunahm, begann sich zu zerteilen. Es begann mit der Erkenntnis, dass Nihilismus sowohl im Kapitalismus als auch im Sozialismus aus Sattheit, aus der Befriedigung äusserlicher Bedürfnisse entsteht. Und er entsteht dort, wo das Überwechseln auf geistige Wünsche und Interessen nicht statt hat; infolge von »Verfettung«

16.–19. September

im Kapitalismus oder infolge von Furcht oder Bedenken, geistiges Neuland als Pionier ohne die Sanktionen der Gesellschaft zu betreten. Fernziele, wie die Sozialisierung des Erdballs oder die Landung von Menschen auf den Sternen, sind nicht imstande, Nihilismus niederzuhalten. Beim geistigen Anvisieren solcher Fernziele müssen zuviel Nahziele, die noch nicht erreicht sind, übersprungen werden, und dieser Umstand ist »Futter« für die Skepsis. Sie ist eine Blutsaugerin an kraftvollen Gedanken und schwächt sie, zieht sie herab.

Nach diesem Gedankenumweg an diesem Morgen sah ich sogleich das *Anliegen des* WUNDERTÄTER II klarliegen.

Das scheint mir zu sein, was mein Unbehagen und die Lust zum Am-liebsten-nicht-mehr-sein in der letzten Zeit ausmachte. Nun scheint mir die imaginäre Achse gefunden, an der, bewusst und unbewusst, die Kristalle und Bausteinchen des Romans anschiessen dürfen.

An der ersten Raststelle nach Cottbus zu, halte ich an und teile meine »Entdeckung« Eva mit. Sie horcht, wie stets in solchen Fällen, sofort auf, sieht auch sofort, was ich sah, macht ihre ergänzenden Bemerkungen, doch sie weint und weint zwischendurch, und das Weinen hält noch eine ganze Weile an.

[...]

Nach *Graustein*. Das Dorf meiner frühen Kindheit. [...]

Einen 70jährigen Bauer, den ich seit meinem sechsten Lebensjahr nicht mehr sah, erkenne ich an einer Narbe zwischen Kinn und Unterlippe. Ich kann ihm sagen, dass er sich diese Narbe bei einer Explosion in einer Karbidfabrik während des ersten Weltkrieges zuzog. Ich kann ihm sagen, dass seine Schwester beim Lieben am Waldrand im ersten Weltkrieg von einem alten Hilfsförster angeschossen wurde. Er staunt, staunt, und ich freue mich über mein Gedächtnis.

Einkehr bei der Stieftante Else und dem alten Matrosen Paul Schutzka in der Dorfkneipe. Entfernte Verwandte, damals junge Mädchen, jetzt alte Weiblein, stellen sich ein, um den unverhofften Besuch zu begrüßen. Sie betrachten zunächst argwöhnisch die so jung wirkende Eva. Aber Eva versteht solchen Bann durch ihren Liebreiz bald zu brechen. Die alte Tante mit dem bei einem

Schlaganfall verzerrt stehen gebliebenen Gesicht. Der alte Matrose und Prahlhans Paul mit dem zahnlosen Unterkiefer. Und die alten Eltern, die mit uns sind, tauschen Erlebnisse mit den alten Bekannten und Verwandten aus und sind stolz, dass einige von ihnen das eine oder andere Buch ihres »Schriftstellersohnes« gelesen haben. Die alte Stieftante kritisiert die Geschichte vom Tod des Grossvaters (»Kalenderbuch«). »Dass er auf dem Totenbett so grob zu der Grossmutter war, hättest du nicht verquatschen dürfen!«

20. September (Mittwoch)

6^h Rückfahrt nach Berlin.

[...]

Die innere Spannung und Unruhe steigerte sich. Unterwegs wieder Zank mit Eva. Der Grund ist klar: Die bevorstehende Reise. Meine Abneigung gegen sie lässt sich schon schlechter definieren. [...]

24. Septr. (Sonntag)

Letzter Tag vor der Reise in Schulzenhof

Trödelarbeiten.

Schwiegermutter vom Bahnhof abgeholt. [...]

Mit den Jungen (Ilja, Erwin, Matthes) das Heu der letzten Wiese eingesetzt. Noch sind die Wiesenfrösche da und dicke braune Raupen kriechen durch's Heu. [...]

Dann hat man gepackt. Nicht nur das Reisegepäck, auch alle Vorhaben, die sonst an den Abenden auf einen lauerten, sind in Schübe verstaut, ein Schnitt ist gemacht worden, und man sieht einen rosigen Ausschnitt von lauter Feiertagen, und das mag in der Jugend etwas bedeutet haben, aber nicht für den Mann meines Alters.

Sogar die lange ausgewählte Reiselektüre wird nicht angerührt um lange genug unterwegs was von ihr zu haben, wie von dem guten Pfeifentabak, den man mitnimmt. Und so lese ich denn, bis der Schlaf kommt, jene Betrachtungen, die mich im Winter, während meiner Bettzeit am meisten beeindruckten, nämlich Rilkes Betrachtungen über die Landschaft in seiner Worpswede-Monographie.

19.–29. September

26. Septr. (Dienstag)
KALENDARIUM
16^{30} russischer Zeit in Moskau an. Dort LYDIA, WOLODJA und zu unserem Erstaunen eine Betreuerin JULIA. [...]

Moskau/Jalta 29. Septr. (Freitag)
Koffer packen. Aber das besorgt glücklicherweise Eva allein. Ich kann noch einige Aufzeichnungen machen. [...]
KALENDARIUM
Am späten Nachmittag in Simferopol. [...]

Schon Abend. Von den Bergen herunter zum Meer mit seinen Buchten. In einer der Buchten – Jalta. Von unserer »Höhe« gesehen – ein vielfarbig glimmender Aschehaufen am Rastplatz eines Riesen. [...]

Da ist auch schon RAJA [...]. Begrüssung, Umarmung, Wangenküsse. Viele Zuschauer, wahrscheinlich Schriftsteller und solche, die sich dafür halten, mit ihren Frauen. Reserviertheit in den Gesichtern der Fremden. Waren sie es nicht oder ihre Väter, die diese grässlichen Deutschen vor zwanzig Jahren besiegen und mühselig ducken mussten? Und jetzt die Blumen und die Freude zwei ihrer Landsleute über zwei jener grässlichen Deutschen. Verständlich, alles verständlich.

Dann Lew: »Kinderrr, was hab ich euch alles zu erzählen.« Und das Erzählen beginnt sofort nach dem Abendbrot auf Bänken im halbdunklen Park des Schriftstellerheimes und in der Vorhalle unserer künftigen Wohnung.

Ich weiß nicht, was da in mir arbeitet und mich deprimiert: Der Klimasturz oder mehr noch die Befürchtung, dass ich hier werde keine Zeile schreiben können. Die Anwesenheit des gütigen, aber pausenlos redenden Lew mit seinen Geschichten von Literaturskandalen oder das, was er dafür hält?

Der Schreibtisch steht in einem trist beleuchteten Zimmer. »Hier werde ich nicht bleiben, nein, hier bleibe ich nicht.« Der Ärger, dass ich mich zu dieser Fahrt nach Jalta verleiten liess, frisst, frisst, frisst und die Kreislaufstörungen im linken Arm, im linken Bein werden stärker.

1967

2. Oktober (Montag)
KALENDARIUM

Morgens kann man schon schreiben, wie stets (?) etwas geschrieben. [...]

Auf die ABCHASIA, ein Urlauberschiff, das im Hafen liegt. 2½ Stunden Fahrt (in der Nähe der Küste) um den Südzipfel der KRIM herum.

Die grosse MITTAGSPAUSE mit Schlafen und Lesen. [...] Abends vermittelt uns Sergej Lwow, unser Tischnachbar bei den Mahlzeiten, ein Journalist und Übersetzer, die Bekanntschaft mit dem Genossen SUBOTIN, der hier im gleichen Heim arbeitet.

SUBOTIN gehörte zu der sowjetischen Einheit, die die rote Fahne auf den REICHSTAG (1945) des zerstörten Berlin hisste. Er lag damals eine Zeit verwundet in Neuruppin. Sein Lazarett war die Schule, die Eva besucht hatte.

SUBOTIN war vor kurzem wieder in Neuruppin und machte dort Lokalstudien für eine Liebesnovelle, an der er jetzt schreibt. Er zitterte vor Begeisterung, als wir ihm sagten, dass wir in der Nähe von Neuruppin wohnen. Eine wirkliche Liebesgeschichte mit einem deutschen Mädchen muss ihm die Landschaft um Neuruppin besonders lieb sein lassen.

Spät noch Lew, dann auch Raja bei uns auf dem Zimmer. »Also, wann ist deine Arbeitszeit?« fragt er mindestens zum zehnten Male. Das Programmmachen geht aber jedes Mal aus wie die Abrüstungskonferenz in Genf.

5. Oktober (Donnerstag)
KALENDARIUM

Morgens geschrieben. [...]

Abends hinunter ins Quartier der Kopelews. Lew übersetzt uns an dreissig Schreibmaschinenseiten der Memoiren seiner Frau Raja. Da ist von Frieda Victorowa die Rede, die eine Lehrerin war und einige (wahrscheinlich didaktische) Bücher über das Leben von Lehrerinnen schrieb. Den besten Teil ihrer Kräfte vertat sie wie Nechljudow im Tolstoi-Roman damit, das Leid, das Einzelnen durch die Bürokratie und den Schematismus einer Staatsmaschinerie zugefügt wurde, zu lindern. Die Victorowa ging ein

Schrittchen weiter und versuchte zu diesem Behufe einen Trust von Gleichgesinnten und Gleichtuenden zu organisieren. Ihr letztes Buch, das beste ihrer Bücher, wie die Freunde behaupten, wurde von der Victorowa, weil sie das Schreiben durch »Leidenslinderungsaktionen« immer wieder unterbrach, nicht zu Ende geschrieben. Ein Bauchspeicheldrüsenkrebs führte ihren Tod herbei.

Wir diskutieren bis in die Nacht: Soll, wer schreiben muss und das auch kann, es unabdingbar tun, oder soll er sich in Einzelaktionen gegen Ungerechtigkeiten, die ein Staatswesen durch die Seelenlosigkeit bezahlter Beamter zeitigt, seine schöpferischen Kräfte aufbrauchen?

Für uns ist diese Frage seit langem entschieden. Wir wundern uns, dass Lew mit seinem glänzenden Intellekt sie nicht zu entscheiden vermag. [...]

9. Oktober (Montag)
KALENDARIUM
[...]
Nachmittag. Lew und Raja kommen herauf. [...]

Lew liest zwei Kapitel seiner Autobiografie, und man hört's, dass er schreiben kann, und dass alles, was ihm fehlt, aber nicht fehlen müsste, Konzentration ist. Mich berühren die zwei vorgelesenen Kapitel aus Lews Kindheit so stark wie Tolstois Beschreibung seiner Kindheit.

Wir versuchen Lew in seinem Vorhaben, sein »Leben« und seine »Wandlungen« schriftlich niederzulegen, zu bestärken, doch wir sind nicht sehr sicher, ob er sich wird aus den Irrungen und Wirrungen, in die er sein Leben, sein Gefühl und seinen Intellekt hineintrieb, herausreissen können.

16. Oktober (Montag)
KALENDARIUM
Den ganzen Tag im Bett verbracht. Mich nur zu zwei Mahlzeiten ins Klubhaus hinüber geschwitzt.

Nun hat mich diese Halbgrippe mit dem Elefantenschnupfen, die ich von Schulzenhof an mit Tabletten und Pimpeleien in

Schach zu halten trachtete, doch gepackt. Der Schulzenhofer Herbst fordert seinen Tribut von mir auch hier.

Ich lieg also und lese im Schopenhauer-Band, den ich mitnahm. Die Belästigungen des Schnupfens halten sich in Grenzen. Schlaf vertilge ich fuderweis, und nach jedem Erwachen rede ich mir ein, dass ich dem Schnupfen schon eins ausgewischt habe.

Der Schopenhauer, ja. Er ist schon ein echter Philosoph. Er hat seinen Gott gefunden, nennt ihn »Willen zum Leben« und dem wird die Welt untergeordnet, wenn's dabei auch hin und wieder in allen Fugen kracht. Jetzt durchschau ich seine Zauberkunststücke besser als in der Jugend. Aber allen Respekt! Mit dem, was er zu seiner Zeit an Wissen vorfand, hat er schon eine anerkennenswerte Deutung des Lebens und der Welt zu Papier gebracht. Ganz ohne Selbstbetrug geht's bei keinem Philosophen ab. Er weiss es, erwähnt es sogar. Man liest es mit Schmunzeln, und man kann nicht anders, als ihn sympathisch finden. Es gibt eine Heerschar von ewigen Wahrheiten, die er uns vorführt, dass man gern bereit ist, die Halbwahrheiten mit Augenzwinkern passieren zu lassen.

Und drunten in der Stadt feiern sie Lews und Rajas Abschied von der lieblichen KRIM. Auch Eva ist drunten und nimmt an dem unumgänglichen Gelage mit Käse und Wodka, der auch dabei aus Mundspülgläsern getrunken wird, teil. [...]

18. Oktober (Mittwoch)
KALENDARIUM

Es bleibt beim Schnupfen, und er treibt's immer gewaltiger mit mir, verhöhnt mich im Luftkurort Jalta, wo eine der besten Lüfte der Welt herrschen soll. Und ich muss im Zimmer hocken, weil ich draussen nach ein paar Schritten schon in Schweiss gebadet bin.

Was macht ein Aufschreiber in meiner Lage? Er setzt sich hin oder hockt sich ins Bett und kritzelt in seinem Notizbuch.

Im Hinterkopf immer die Hoffnung, dass es vor der Abreise – nächsten Dienstag – doch noch ein, zwei schöne Jalta-Tage für mich geben sollte. [...]

30. Oktober (Montag)
KALENDARIUM

Man probiert Berlin aus, wie einen Mantel, den man vor Zeiten trug, und der Mantel will nicht mehr recht passen; man scheint hinausgewachsen zu sein. [...]

Am Abend die Baumerts, gute Freunde sonst hier in diesen Breiten, aber auch sie fühlen sich blass und zehrend an, im Verhältnis zu dem, was uns die Freunde in Moskau waren, die einen in ihren Gesprächen reizten, stets in Hochform zu sein.

Ich lese aus meinen Jalta-Tagebüchern, und ich fühle beim Vorlesen schon, wie das Erlebnis Jalta zu einem Stück Geschichte, zu einem bläulich schimmernden Punkt meines Lebens, zu einem Stück späten Frühlings geworden ist.

1. November (Mittwoch)
Nach Schulzenhof.

Die Kinder, die uns zuerst etwas verhalten umarmen, als müssten sie feststellen, ob wir uns in den fünf Wochen verändert haben, andere Eltern geworden seien.

Aber dann lockern sie sich, und das Gezwitscher beginnt. [...]

Ein Berg Post, in den ich mich sofort hineinscharre, um bis zum Abend nicht wieder aufzutauchen. [...] Zwanzig und mehr Anforderungen, Einladungen starren einen aus dem Postberg an, starren einem ins Gesicht, ob man ja oder nein zu ihnen sagen wird. Der einzige Mensch, der daran denkt, dass man sich an den Schreibtisch hocken und produzieren muss, ist man selber. Und dieses Alleinsein mit dem Wissen, was man zu tun hat, will die Forderer ins Recht setzen und einen unsicher machen. [...]

6. November (Montag)
[...]

VON MIR

Noch scheint das Jalta-Erlebnis heil in mir zu liegen, doch es ist, als hätte es sich mit einer Membran umgeben, wie es die Aufgusstierchen in wasserlosen Zeiten tun.

1967

Aber auch alle Schulzenhof-Vorgänge fallen in mich hinein wie Samen von Hybriden, von denen man hofft, dass die Blüten und Früchte Überraschungen zeitigen werden. Aber die Beweise – sie fehlen noch. [...]
An die grosse Arbeit, die der Roman sein wird, denke ich mit guten Gefühlen. Mir ist durchaus, als sollte, was ich mir mit dieser Arbeit vornahm, künstlerisch mit den Mitteln, die mir nach und nach zur Verfügung stehen, bezwingbar sein.
Aber zunächst will ich noch drei Erzählungen fertigmachen, um sie in die Sammlung einfügen zu können. [...]
Die gesammelten Erzählungen denk ich mir als ein Fundus, jederzeit druckbar und herausbringbar, wenn sich die Arbeit am Roman hinausziehen sollte, oder wenn der Roman, seiner rücksichtslosen Aussage wegen, nicht herausbringbar sein sollte.
Manchmal fühlt sich's an, als könnte der Roman verhältnismässig schnell auf's Papier fliegen. Beweise habe ich nicht. [...]

Berlin – Liebenwalde – Schulzenhof 10. November (Freitag) [...]
FERNSEHAUFZEICHNUNG mit dem neckischen Titel: KÖPFCHEN, KÖPFCHEN UND PROFIL. Eine Jugendsendung. Landjugend. [...]
Ich steh hinter einem Wandschirm aus dünnem Papier. Mein Schattenriss ist erkennbar (PROFIL!) Die Ratemannschaften sollen raten, wer ich bin. Sie raten, fangen mit der Frage an: »Sind Sie Akademiker?« – »Sind Sie Sportler, Schauspieler, Künstler usw.?« Letzte Frage: »Haben Sie den SCHULZENHOFER KRAMKALENDER geschrieben?«
Ich zerstöre die Papierwand, trete auf die Bühne. Hahahaa!
[...] Man fragt sich am Ende, ob dieser Auftritt als »Rateobjekt« nicht unwürdig war. Andererseits tut gut, während der Arbeit, der man sich alle Tage hingibt, mal wieder zu erproben, ob diese Arbeit auch zur Kenntnis genommen wird, ob es da Leute gibt, die von den Ergebnissen dieser Arbeit ein wenig zum Nachdenken angeregt werden. [...]

6.–15. November

Grossmenow/Schulzenhof 11. November (Sonnabend)
KALENDARIUM

Aufzeichnungen.
An der Erzählung AUF DEM KORSO VON JALTA weitergearbeitet.
Briefe geschrieben.
Schwiegermutter Hedwig zur Bahn gebracht.

Sobald meine wirkliche Arbeitszeit in Termine eingekeilt ist, die mir die Aufrechterhaltung des täglichen Lebens auferlegt, arbeite ich hastig und aufgeregt und verbrauche dabei unnötig viel Nervenkraft und Energie. Wirkliche Arbeit ist für mich nur: Beobachten, Betrachten, Aufzeichnungen machen, Fabeln erfinden und sie aufzeichnen. Befinde ich mich bei diesen Arbeiten also in Zeitnot, so ist der Kräfteverschleiss gross und die Konzentrationsfähigkeit gering.

Seit einiger Zeit versuche ich, die »drohenden« Termine des äusserlichen Lebens (das können auch Reise- oder Versammlungstermine sein, die während einer künftigen Woche in Aussicht stehen) zu ignorieren, und so mit ihnen umzugehen, als wären sie nicht vorhanden oder nicht im mindesten wichtig. Dem ist ja auch so, denn wirklich wichtig ist nur, was das Werk fördert.

Aber dieses Ignorieren der TAGESWICHTIGKEITEN gelingt mir bisher nurmehr mit mässigem Erfolg. [...]

Nachmittags: Zu Inge Wellms Geburtstag nach Grossmenow (Eva, Ilja, Matthes, Jakob). [...]

Schulzenhof – Berlin 15. November (Mittwoch)
KALENDARIUM

7^h nach Berlin.
Regen, Nebel, konstante Dämmerung.
Sitzung des DSV-Vorstands. Reife und unreife Männer strampeln sich ab, weil Beauftragte es verlangen, eine Konzeption für die Auslandsarbeit des Verbandes herzustellen. Die wievielte eigentlich in den 15 Jahren, da ich dem Verband angehöre? Nachher kommt das Auslandsministerium, weil Auslandskontakte von Künstlern plötzlich unerwünscht sind und für »gefährlich« ge-

halten werden und macht einen Strich durch die ganze Konzeption. Aber reife und unreife Männer haben sich abgestrampelt und Zeit vergeudet, in der sie hätten etwas Wirkliches machen sollen.

Kurios ist nach den jüngsten Verlautbarungen, dass Kontakte von Kulturschaffenden zum »Bruderland« Tschechoslowakei jetzt unerwünscht sind, während man Kontakte zu Frankreich und Italien als wünschenswert erachtet. Aber bis vor kurzem war Italien das »Teufelsland« für Kulturschaffende, weil die KP Italiens eine Kulturpolitik betrieb, die unseren Häuptern nicht genehm war. Kann man glauben, dass die KP Italiens ihre kulturpolitische Linie innerhalb weniger Wochen änderte, oder sollen die Kulturschaffenden Herolde für zu schaffende ökonomische und geschäftliche Vorhaben sein? [...]

Berlin – Schulzenhof 23. November (Donnerstag)
KALENDARIUM
[...]

Die in der NDL veröffentlichten fünf Erzählungen beginnen ihre Wirkung zu tun. Die ersten »Zustimmungsschreiben« gehen ein. Wie kommt das? Hat man wirklich geglaubt, die Kunstausübung sei durch falsche Ansichten über Kunst auf einem ZK-Plenum zu unterbinden?

Der KRAMKALENDER wurde in Westdeutschland in der Zeitschrift für Bibliothekare gut besprochen und zum Einstellen in die Bibliotheken empfohlen, da er »unpolitisch« sei.

Der katholische Paulus-Verlag in Recklinghausen will einen Teil des Kalenders in einer dort erscheinenden 90-Seiten-Buchreihe nachdrucken.

Briefe geschrieben.

Gel. Jack Kerouac, UNTERWEGS (Amerik. Prosa.)

Berlin 12. Dezember (Dienstag)
KALENDARIUM

Bis gegen Mittag daheim. Allerlei Murksarbeiten. [...]

In die Akademie. Bücher getauscht. Im Sektionsbüro und in der Redaktion (SINN UND FORM) eine Weile geplaudert.

Es kommt natürlich nichts dabei heraus. Man hört Klagen. Wer hat keine Klagen? Aber wie wenige sind so diszipliniert, sie für sich zu behalten und sie nicht über ihre Mitmenschen auszuschütten? [...]

Mit Eva philosophiert, der es so schwer fällt jetzt mitten im Winter in die Fremde zu fahren. Aber sie hatte sich jahrelang gewünscht, einen Winter (sei es auch nur für Tage) in Moskau zu erleben. Nun gab's die Gelegenheit, und sie war gar nicht mehr so erpicht, sie zu nutzen, weil sie es allein tun sollte, und weil wir beide nur richtig »erleben«, wenn wir uns an Ort und Stelle über die Eindrücke austauschen können, und so ist es! [...]

15. Dezember (Freitag)
KALENDARIUM

Besorgungen in der Stadt.

Ich suche nach einem Weihnachtsgeschenk für Eva. Es wäre auf einen Verlegenheitskauf hinausgekommen. Die Kamera, die ich E. schenken will, ist noch nicht auf dem Markt. Alles sträubte sich in mir, das deutsche Rennen nach Weihnachtsgeschenken mitzumachen. Die Leute kaufen, kaufen wie die Irrsinnigen, stehen Schlange in den Geschäften. Viele Leute von auswärts, die da glauben, in Berlin gäbe es besondere Angebote. In den Überpreisläden stehen die Menschenschlangen bis auf die Strasse. Kein kleiner Angestellter glaubt mehr, ohne West-Spirituosen und -Delikatessen zum Fest auszukommen. – Das gleiche Bild in den Läden, in denen Volkskunstgegenstände usw. verkauft werden.

[...]

Schulzenhof – Berlin 21. Dezember (Donnerstag)
[...]
Glatte Strassen – Schnee.

Weiter nach Berlin. Dort hastig zum Abendbrot eingekauft. Zum Ostbahnhof. Evchen kommt aus Moskau. Eine halbe Stunde warte ich auf den Zug, seh mir die Ladenstrasse an, die neuen Schliessfächer für Gepäck. Der Wartesaal (Ostbahnhof), der manche Nacht in meiner Redakteurzeit meine Schlafstätte war. [...]

Dann kommt der Zug, und Eva ist da, und ich bin nicht mehr allein; denn acht Tage war ich es.

23. Dezember (Sonnabend)
KALENDARIUM
Die vielen Essvorräte und die Weihnachtsgeschenke werden verpackt. Koffer und Taschen und nochmals Taschen und Beutel werden ins Auto verstaut.
[...]
Die Kinder freuen sich, dass die Mutter wieder da ist. Weihnachtsstimmung breitet sich aus. Ich fühle mich taub. Das macht wohl, weil ich schon seit vielen Tagen aus der intensiven Arbeit heraus, also dem eigentlichen *Machen* fern bin. Insofern war Evas Reise doch ein Einbruch. Ihre Anwesenheit und Nähe ist, wie sich immer mehr herausstellt, der Wurzeldung für mein Schaffen. [...]

24. Dezember (Sonntag)
KALENDARIUM
Eingeschrieben.

Weihnachtsbrief an Evchen.

Die Aufregung der Kinder spürt man durch die Wände hindurch. Aber von den Grossen hilft jeder bei den Vorbereitungen und beim Hausputz. [...]

Ich bin matt und lustlos. Der Weihnachtsabend zieht vorüber, als ob ich ihn träumte.

Gel.: Hemingway »Erzählungen«

31. Dezember (Sonntag)

[...]

Allmählich fahren die anderen Gäste ein: Hermann K. und Vera Ö. mit Tochter Nina. Dann die Dr. Gigas' mit Soldatensohn Joachim.

Der übliche Silvestertrubel mit Abbrennen von Feuerwerk auf dem Hügelchen vor dem Haus. Das meist der Kinder wegen. Hermann und Vera sind zu Idolen unserer grossen Söhne geworden. Jakob spielt mit Nina und schläft sogar mit ihr in einem Bett.

Vera spielt ein Band mit ihren Brecht-Songs vor. Ich würde sie lieber einmal in anderen Liedern hören. [...]

Hermann liest zwei Kapitel aus seinem neuen Roman IMPRESSUM. Zwei in der Diktion völlig unterschiedliche Kapitel. Ob das so gehen wird?

Ich lass AUF DEM KORSO VON JALTA vom Band ablaufen. Grosses Hinhören. [...]

1968

2. Januar (Dienstag)

[...]

Nachm. Zu Wellms. [...]

Da liegt er nun und lauert auf die Entscheidung, die über seinen Roman gefällt werden wird. Und die Beamten im Verlag, im Kulturministerium, auch in der Abteilung Volksbildung im ZK schieben den Roman einander zu, ohne eine Entscheidung über die Druckgenehmigung zu fällen. Alle fürchten beim Gemahl der Volksbildungsministerin, der als Nachfolger des Gen. Ulbricht vorgesehen ist, in den Fettnapf zu treten und am Ende ihren Sessel loszuwerden. Jetzt warten sie allesamt auf die Rückkehr des Genossen Hager aus dem Urlaub. Ihm haben sie die Rolle des »starken Mannes« zugedacht, der [sich] mit dem künftigen General-Sekretär der Partei anlegen soll. Was hat das noch mit Sozialismus zu tun? Man könnte es noch verstehen, wenn Alfreds Roman ein Wort enthalten würde, das unsere Gesellschaftsform oder unsern Staat in Frage stellen würde. Das ist nicht der Fall, aber wir sind jetzt so selbstverliebt (zu unserem Schaden natürlich), dass die leiseste Kritik an irgendeiner unserer Einrichtungen die Beamten des entsprechenden Ministeriums auf den Plan ruft, die diese Kritik (aus selbstischen Gründen, versteht sich) zu einem Angriff auf den Staat ummünzen. Wo wird das hinführen, und wie lange wird das ohne erhebliche Schäden für uns alle so gehen?

Gel.: Thomas Mann – Über Schopenhauer.

10. Januar (Mittwoch)

KALENDARIUM

Das war die grosse, lange geplante Besichtigungsfahrt der Akademie-Mitglieder nach Teltow in ihren Patenbetrieb, dem Reglerwerk.

2. Januar – 18. Februar

Wenige, leider nur wenige Akademiemitglieder nahmen daran teil. Rodenberg, Claudius, Hermlin, Apitz, Heller und dann war's schon aus. Den »Heerhaufen« stellen die wissenschaftlichen Mitarbeiter (etwa 15) der Akademie.

Wo waren all die Klugscheisser, die Kurellas, die Herzfeldes – diese ewigen Belehrer. Niemals sind sie verlegen um gute Vorschläge, stets wissen sie bei jeder Staatsratserklärung, wie die Mitglieder der Akademie »dazu beitragen könnten, sie in Leben umzusetzen«, und wenn es dann rangeht an's Leben, sind sie nicht da. [...]

20. Januar (Sonnabend)

KALENDARIUM

[...]

Noch mehr Besuch: [...] Ich hasse diese Spaziergänge mit Besuchern an irgend einen unserer Seen. Man sieht da nichts, man quatscht über die heterogensten Dinge. Ich longiere in der Zeit lieber die Stuten und bringe mich dabei in Schweiss. Das Evchen opfert sich für den Spaziergang. [...]

18. Februar (Sonntag)

[...]

Besuch:

Die Skodowskis bringen ihre Tochter Carmen. Sie will im Pferdestall helfen. Sie nehmen Matthes mit nach Berlin. Matthes fällt der Abschied schwer, aber er will Onkel Brunos Jagdtrophäen sehen. [...] Bruno [...] spricht nunmehr über Streitigkeiten mit seinen Amtskollegen aus dem Landwirtschaftsministerium, über Streitigkeiten um Prestigefragen bei der Jagd. Viele höhere Funktionäre haben die Jagd, vor allem das Erschiessen von Wild als die ihnen gemässe Sportart entdeckt. Die Jagdstreitigkeiten, die dabei ausbrechen, werden in's Ministerium getragen und dort sogar in der Parteigruppe behandelt. Der Teufel hole!

Erwin entfernt sich wieder ohne Erlaubnis, kommt bei tiefer Dunkelheit zurück. Er nutzte die Anwesenheit des Besuches, tat die Arbeit nicht, die ihm aufgetragen wurde.

Die strengen Ermahnungen von heute morgen fruchteten nicht. Ich vergass mich, schlug ihn.

Hernach setzte der Jammer über meinen Jähzorn und mein geistiges Versagen bei mir ein. Ich griff zur Schnapsflasche, um wenigstens ein paar Stunden schlafen zu können.

Ich war nicht klüger als ein Affe, als ich den Jungen schlug, um ihn zu erziehen.

Keine Konzentration zum Lesen. Die Entgleisung wuchs in mir zu einer Untat an.

Was ist da alles zerstört worden?

21. Februar (Mittwoch)

[...]

Es ist sehr sicher, dass ich mir nur ein Reitpferd halten würde, wenn ich alle 16 Ponies täglich selber versorgen müsste. Also, wozu und weshalb hältst du die vielen Pferde? frage ich mich. Die Antwort hat viele Varianten. Das Grundgefühl beim Unternehmen ist wohl das: Ich möchte etwas heranwachsen und sich vermehren sehen in meiner Umgebung. Ich möchte innigen Kontakt mit dem Werden haben. [...]

29. Februar (Donnerstag)

[...]

ÜBER MYSTIK

Beim Blättern in den Büchern von Meister Eckhart, Jakob Böhme, Angelus Silesius, Keyserling u. a. wurde ich gewahr, dass die Mystik für eine Art ketzerischer Geheimwissenschaft gehalten wurde und gehalten wird.

Ihre Gegner und Verpöner sind damals und heute die gleichen, nämlich eine Kaste von dogmatischen Wissensvermittlern, die auf dem Standpunkt steht, dass der Mensch ohne ihre Vermittlung von Wissen nichts wissen kann. Das hat einen ökonomischen Hintergrund.

Die Vermittelung von Wissen, das jene Dogmatiker von Vorläufern übernahmen, garantiert ihnen eine (meist von dogmatischen Staatsregenten honorierte) Lebensstellung, die sie vor Not und Hunger schützt.

Deshalb wird jede »Erfindung«, also jeder eigenständige Erwerb von Wissen durch Einzelne, beargwöhnt und bekämpft, sowohl in der Wissenschaft als in der Kunst, und manchmal, so verwunderlich das ist, sogar beim sogenannten »technischen Fortschritt«.

Und deshalb ist allen eingefrorenen Wissensvermittlern und Staatsmännern die Kunst bis auf den heutigen Tag »verdächtig« und sie versuchen sie, soweit es ihre Macht erlaubt, hintan zu halten. Zuweilen sehen sie sich dabei in den Gegensatz zur Masse der Regierten geraten, die nach den Erzeugnissen der Kunst verlangen, in der dumpfen Ahnung, dass der einzelne durchaus ohne Zutun von erstarrten Vermittlern Kenntnis von dem erhalten kann, was am Leben ewig ist.

6. März (Mittwoch)

TAGESLAUF

[...]

Von 8^h bis 1^h beim Ausschneiden der Pferde geholfen. In dieser Zeit wurden alle 16 Pferde ausgeschnitten. Das geschieht ca. aller vier Monate.

NEUE ROMANFORM?

Die Nacht zuvor mit wenig Schlaf verbracht. Viel über die Form des Erzählens nachgedacht, wie sie Paustowski praktiziert. Und Katajew geht in seinem KRAUT DES VERGESSENS noch weiter. Ich wittere da eine Möglichkeit, die einem erlaubt, zu historisieren und gleichzeitig aktuell zu sein, vor allem aber in jeder Passage TIEFEN aufzudecken. [...]

8. März (Freitag)

[...]

DIE ENKELTOCHTER

Der Augenblick, der mir im vorhinein Unbehagen verursachte: Ich stand meiner ersten Enkeltochter gegenüber. Das Dokument, das mich unwiderruflich zum Grossvater machte. Die Enkeltochter war jetzt über zwei Jahre, und ich hatte sie noch nicht gesehn.

Aber mit Evchens Hilfe ging das besser, als zu erwarten war. Unser Evchen bewältigt alles.

1968

Die Kleine sass schon essend am Küchentisch, als ich mir ein Herz gefasst hatte, hinunterzugehen, um den Sohn und die Enkeltochter zu begrüssen. [...]

Im übrigen ist's ja so, dass ich auf Kinder nie los gehe, nie versuche, mich ihnen unbedingt zu nähern. Sie müssen neugierig werden auf den alten Bären. Die Enkeltochter wurde es am zweiten Tage. Sie begann, die Knöpfe an meiner Pelzweste zu zählen, als ich in der Küche auf dem Sofa lag. [...]

9. März (Sonnabend)

[...]

MÄRZENSCHNEE

Es hatte den ganzen Tag geschneit, bald fein und bald grob, und die Luft war wie Milchgerinnsel, und der Winter legte sich noch einmal auf alles, was draussen war.

Aber auf Abend war der Himmel von gedankenzarter Bläue, und die Wolken waren kräuselige Bälle aus Essenrauch, und es ging ein Leuchten über die verschneite Erde. Himmel und Erde lächelten einander zu, als ob sie ein Geheimnis wüssten, und wer recht hinsah, wusste das Geheimnis, und wer es nicht sah, der hörte es von der Amsel. [...]

13. März (Mittwoch)

TAGESLAUF

Eingeschrieben.

Skizze: BIRKEN

Eine zweite Fassung der Erzählung DIE HAND zu Ende gebracht. Ungutes Gefühl. Der »Hieb« der damit entstand, ist zu scharf. Bis zum Abend bin ich noch der Meinung, dass mit einer Überarbeitung und Straffung was zu erreichen sei. Dann setzt eine Krise ein. Zweifel, ob ich überhaupt noch schreiben kann. Aber ich will ja nicht, ich muss. Diese Krankheit! Glücklich, wer sie nicht kennt? [...]

HAGER-SITZUNG

Umkleiden. In die erweiterte Sekretariatssitzung des Schriftstellerverbandes. Gen. Hager vom Polit-Büro. Die Zusammensetzung dieses ERWEITERTEN SEKRETARIATS ist merkwürdig. Auch solche Genossen wie Stephan Hermlin, Konrad Wolf, Christa Wolf, Hedda Zinner, Alfred Kurella gehörten plötzlich dazu. Das ist nicht zufällig. Die Eisernen und die Windigen paritätisch.

Gen. Hager sehr freundlich, sehr verbindlich, sogar zuweilen sehr persönlich und auch klug.

Paul Wiens fertigt neuerdings seine Sitzungszeichnungen, die aussehen wie Stickmuster für Kissenplatten, mit der Lupe an.

Gen. Hager entwickelt, sehr umständlich, wie es zunächst scheint, die parteigeschichtlichen Gründe für die Wirrnis, die jetzt in der Kommunistischen Partei der Tschechoslowakei herrscht.

Bruno Apitz hält die Hand, zum Schalltrichter geformt, ans Ohr, um besser hören zu können, was ihm Lilly Becher zulispelt.

Gen. Hager versäumt nicht, hervorzuheben, wieviel es wir die Jahre über besser, geschickter und klüger machten, als die tschechischen Genossen. Er gibt zu, dass er nicht kam, weil es ihm ein Bedürfnis war mit den Schriftstellern zu sprechen, sondern weil er beauftragt wurde.

Stephan Hermlin saugt an seiner Pfeife, sein Gesicht ist unbeweglich, man kann nicht erkennen, was er denkt. Bei uns hat's keine Not. Die Genossen im Polit-Büro fürchten umsonst, dass es unter den Schriftstellern beginnen könnte zu kriseln, dass sie sich mit der augenblicklichen »Pressefreiheit« in der Tschechoslowakei solidarisieren könnten. Sie sind viel vernünftiger, einsichtiger, klassenbewusster, als unsere Genossen im Polit-Büro denken. Aber die Konterrevolution in Ungarn, die Meutereien der Schriftsteller in Polen und in der Tschechoslowakei belasten unseren Berufszweig in den Augen der Genossen im Politbüro immer wieder auf's neue. Wir spüren das Misstrauen, das uns entgegengebracht wird, allerwegen.

Walter Gorish, der sich einmal das Rauchen abgewöhnte, die Zigarettenschachtel angeekelt aus dem D-Zugfenster warf, als wir von Prag nach Berlin fuhren, raucht eine Zigarette nach der anderen.

Genosse Hager gibt zu: Der 17. Juni 1953 bewies uns, wie weit wir uns als Partei von den Massen entfernt hatten. Er hätte sagen sollen: Wie weit sich die Führungskader von den Massen ent-

1968

fernt hatten. Trotzdem war's das erste Mal, dass man so ein Eingeständnis hörte.

Günther Deicke ist bleich bis in die Glatze hinein, die er noch mit ein paar übriggebliebenen Haaren zu verdecken meint.

Genosse Hager sagt: Sie schimpfen uns Stalinisten, sagen, die DDR sei das letzte Bollwerk des Stalinismus. Was mich betrifft, ich spreche hier stellvertretend, so habe ich mich mit Stalin auseinandergesetzt, sowohl mit seinem Nutzen, als auch mit seinen Fehlern. Sie nennen uns Stalinisten, Dogmatiker, weil wir ideologisch konsequent sind.

Hedda Zinner sitzt steif und wie im schwarzen Reitkostüm, eine aus einem Tolstoi-Roman entlaufene Adelsdame. [...] Paul Wiens arbeitet jetzt ein Kreuzworträtsel aus, auch mit der Lupe.

Genosse Hager meint, man könne nicht ewig in Fehlern, die man gemacht habe, herumstochern wie in einer heilenden Wunde. Das sei selbstzerstörerisch, auch für eine Partei. Man gibt also zu, wenn man Fehler gemacht hat, und dann müsse es weiter- und vorwärtsgehen.

»Goldrichtig«, lispelt Lilly Becher. Und ich meine auch, dass das so recht sei, aber leider vergass Genosse Hager zu erwähnen, dass in der Parteiführung seit dem 17. Juni 1953 grundsätzlich keine Fehler mehr gemacht werden oder nur Fehler, die schon korrigiert sind, und von denen man dann erst nach Jahren spricht, wenn sie schon Rost ansetzten. Eine kluge Taktik?

Eine erspriessliche Sitzung, recht familiär, und man ist ein bisschen stolz, einer so erfolgreichen Kommunistischen Partei anzugehören, aber diese Frage bleibt offen: Wenn die Führung der Partei der Kommunisten in der Tschechoslowakei Fehler machte, schwere Fehler, die jetzt zu dieser Wirrnis führten, sogar eine augenblickliche Reorganisation leise in Frage stellen, welche Möglichkeiten bestanden für den kleinen Genossen, sie zu verhindern?

Und befinden wir Genossen ohne Funktionen uns zum Beispiel in bezug auf die offenbar falsche Auffassung von der Kunst, die unsere Genossen im Polit-Büro vertreten, nicht in einer ähnlich ohnmächtigen Lage?

Sicher wird man in dieser Hinsicht in der Führung nach Jahren bekanntgeben, dass »damals« ein Fehler gemacht wurde, aber bis dann werden vielleicht viele Kunstwerke nicht entstanden sein, die hätten entstehen können. [...]

26. März (Dienstag)

TAGESLAUF

5^h hoch.

»Über das Singen von Liedern«
Begleitbrief für eine Schallplatte von Vera Oelschlegel.
Daran gleich morgens gearbeitet.
Eingeschrieben.
Um 11^h werde ich aus der Arbeit gerissen.
BESUCH: *Gen. Kurt* und der ehemalige *Revierförster* von Köpernitz, jetzt Kadermann im Staatl. Forstwirtschaftsbetrieb Gransee. [...]
Die Volkskammer beschloss einen VOLKSENTSCHEID zur neuen Verfassung, und der soll bereits am Sonnabend in acht Tagen stattfinden. Man hat es auf einmal merkwürdig eilig damit.

29. März (Freitag)

[...]
Abends. BESUCH: *Brigitte Reimann* und ihr *Hans*. [...] Brigitte wie immer. Man hat nicht das Gefühl, dass sie gereift ist, immer noch »Zopfmädchen« innerlich und äusserlich. Sie hat sich für einen Roman wohl, den sie schreibt, bei Architekten und Malern umgesehen, aber man wird das Gefühl nicht los, dieser »Bildungszuwachs« ist nur äusserlich.
Sie bleiben bis 1^h nachts.
Ein Angriff des Kulturbundes (Sekr. Stuhlmeister), mich in den Präsidialrat des Kulturbundes zu wählen, abgeschlagen. Man muss sich soviel Freiheit erhalten wie möglich. [...]

1968

22. April 1968

TAGESLAUF

Eingeschrieben.

Keine gute Verfassung. Die *Hitze* ist schon am halben Vormittag unerträglich. Zu Mittags sind es 30°. Viel zu warm für die Jahreszeit. Der Kirschbaum im Hof blüht. Die Schlehblüten an den Wegrändern springen auf. Sie blühen in normalen Zeiten zur Zeit der Eisheiligen.

Mein Kopf ist wie vernagelt. [...] Ich verbringe den Tag mit mechanischer Arbeit, beantworte Briefe. Ein Schubfach voll Post hat sich inzwischen angesammelt. [...]

25. April (Donnerstag)

[...]

SCHREIBEN

Arbeitstechnisch machte ich folgende Erhebungen:

Wenn ich täglich 3½ Seiten dieses Oktavheftes handschriftlich fülle, so ergibt das (umgesetzt) eine Schreibmaschinen-Seite. Jahresüber ergibt das 365 Schreibmaschinenseiten. Normalerweise fülle ich täglich 3½ Oktavheft-Seiten mit Tagesaufzeichnungen. Wenn ich nun täglich zusätzlich 3½ Oktavheft-Seiten fortlaufend mit einer Hauptarbeit (Roman oder Erzählungen) beschicken würde, so hätte ich am Jahresende 365 Schreibmaschinen-Seiten Rohmaterial. Das muss ich doch (unabhängig vom täglichen Befinden) leisten können! [...]

27. April (Freitag)

[...]

Nach dem Abendbrot kam *Besuch*, der LPG-Vorsitzende Degebrodt und berichtete von der Hektik und dem zunehmenden STALINISMUS, der sich (wenigstens in den internen) Parteieinheiten im Kreise angesichts der Lage in der Tschechoslowakei und der in Bälde stattfindenden zentralen Bauernkonferenz breitmache. Man gehe wieder mit drakonischen Mitteln vor, versuche POTEMKINSCHE DÖRFER zu bauen, um zu guten Berichten für »oben« zu kommen. Man verbünde sich mit Phrasenschwätzern und Asozialen, die jahrsüber in der Genossenschaft querulieren, um den einzelnen Leitungen in den Genossenschaften Rückschrittlichkeit unterschieben zu können und sie abzulösen, auszuwechseln. Beim Ablösen von Leitungen, die angeblich nicht auf der Höhe sind, scheint ein statistischer Wettbewerb ausgebrochen zu sein: Im Kreise A soundsoviel abgelöst, im Kreise B nur soundsoviele? Mit abgelösten Leitungen kann immer ein Vorwärts und Aufwärts demonstriert werden, wenigstens an einem Stichtag. Ob's nachher wirklich ein Vorwärts gibt, ist zunächst nicht wichtig. Wichtig ist, dass man sagen kann, man hat »verändert«.

Degebrodt glaubt nicht, dass er »unabgelöst« über dieses Jahr kommt.

Gel.: Tolstoi, »Krieg und Frieden«. Wie tröstlich. Auch bei uns gibt's Hofschranzen.

28. April (Samstag)

[...]

Ich lese sogar am Vormittag, was selten vorkommt. Ich lese Tolstois KRIEG UND FRIEDEN und lese, ich glaube zum ersten Male aufmerksam und mit Genuss, wie der Alte die Handlungen seiner Figuren psychologisch begründet. Früher langweilte mich das. Mir will scheinen, dass in diesem Psychologisieren das Erzähl- und Erfolgsgeheimnis steckt. [...]

1. Mai (Mittwoch)

TAGESLAUF

Zwar war das Wetter nicht allzu verlässlich und zum Liegen auf grünen Wiesen reichte es nicht aus, aber hier herum blühten (vor allem) die Apfelbäume und in Berlin zeigten wir uns unsere Panzerlein und Raketelein wie alljährlich. Seid nicht bange, Kinder und fürchtet euch nicht vor jenen Exemplaren von Menschen, die zuerst schiessen, wir schiessen zurück, und wir schiessen kräftiger als sie, ihr seht's ja!

Beim Lesen von KRIEG UND FRIEDEN: Damals war der Krieg für den gemeinen Soldaten, aber auch für den grössten Teil der aus dem Adel stammenden Offiziere, so unabwendbar wie schlechtes Wetter, vor dem man sich allerdings nicht einmal verkriechen konnte, um ihm nicht ausgesetzt zu sein.

Heutzutage sind sowohl Soldaten als Offiziere (wenigstens auf unserer Seite) nicht nur Kriegsmänner, sondern gleichzeitig Kriegsgegner, die nicht mehr glauben, dass der Krieg eine unbedingte Notwendigkeit sei.

Und spätestens seit Chruschtschows Zeiten sind bei uns im revolutionären Lager viele Marxisten davon überzeugt, dass nicht einmal eine Revolution (also die Ausschaltung der Kapitalisten aus einem Gesellschaftssystem) blutig verlaufen muss.

Die meisten unserer Soldaten wissen, dass man für ein Geschütz ein Wohnhaus, für ein Flugzeug eine Schule bauen könnte, usw.

Was für geistige Kräfte müssen aufgebracht werden, um diese Erkenntnisse im Ernstfall zu vergessen, um die Zweifel am SINN eines Krieges zu Boden zu kämpfen.

Man kann nur wünschen, und zwar so laut wie möglich, dass dieser Ernstfall nie eintreten möge!

3. Mai (Freitag)

[...]

Am Abend nach Schulzenhof.

[...] Ich versuche dabei den Druck loszuwerden, den *eine Zitierung ins Gesundheitsministerium* hervorrufen will. Ich soll mich dort meiner Erzählung (DIE CHOLERA) wegen »verantworten«. Die Leute können nicht lesen. Es ist doch keine Erzählung über Unzulänglichkeiten in unserem Gesundheitswesen.

Man muss das alles viel leichter nehmen, muss einfach lachen, weil man doch weiss (siehe zeitgenössische Kritik an KRIEG UND FRIEDEN!) dass solche Einwände von engköpfigen FACHVERTRETERN im Laufe einer verhältnismässig kurzen Zeit gegenstandslos werden.

In der Nacht 3^{20} *fohlt* endlich die Araberstute *SABAH*. Ein schönes Hengstfohlen. [...]

1.–10. Mai

5. Mai (Sonntag)
TAGESLAUF
[...]
Eingeschrieben.
Ein besonderes Buch angelegt, in dem ich fortan Charakteristika von Zeitgenossen einzuschreiben und zu sammeln gedenke. Gewissermassen einen Rohstoff-Vorrat von Lebensläufen, die man in der WERKSTATT verwenden kann. [...]

9. Mai (Donnerstag)
Tageslauf
[...]
Nach Berlin. Eva, Matthes, Jakob. Fliederlandschaft. Der Mai überzieht unsere kleine Welt. Die grosse Gelbheit der blühenden Rapsfelder. Sobald man anhält, um sich die zu warme Lederjacke auszuziehen – der vielfältige Gesang der Vögel, der singende Motor der Frühlingswelt.
Was erwartet mich in Berlin?
BESUCH: *Sekretär des Schriftstellerverbandes Henniger.* Seit Jahren Organisator von Kulturarbeit mittlerer Güte. Gestern Kulturbund, heute Schriftstellerverband, morgen wer weiss wo. [...]
Er sitzt zwischen Baum und Borke. Rechnet mit mir als künftigem 1. Vorsitzenden des Schriftstellerverbandes (Irrtum!). Hat andererseits die Auflage, mich zu bewegen, mich einer Diskussion (naturalistischer Art) mit dem Gesundheitsministerium zu stellen. Eine zweite Auflage, dass im Verband eine Diskussion (ideologischer Art) über und um meine Erzählung DIE CHOLERA geführt wird.

10. Mai (Freitag)
TAGESLAUF
Berlin. Verkehrslärm auf der Frankfurter Allee. Reisst auch nachts kaum noch ab. Hinten hinaus grosser Betonmischer. Geräusch, als ob das Leben erst bewältigt werden könnte, wenn alle Erde mit Zement vermischt zu Betonklötzen umgeformt ist.
[...]

1968

BESUCH: *Arno Hochmuth von der ZK-Kulturabteilung, Klaus Gysi, Kulturminister.* [...]

Wir plazieren sie. Gysi geht auf Sinn ihres Kommens los. Erst aber beide hohltönende Entschuldigungen, weshalb sie *so* spät kommen. Sie hätten beide fast gleichzeitig, fast in der gleichen Nacht beim Lesen der CHOLERA herausgefunden, dass »*sowas* nicht geht«.

Gysi: »So eine Geschichte hat keinen Platz in unserer literarischen Landschaft.«

Ich wiederhole das betont. Gysi wendig: »Nicht alles gleich protokollieren.«

Ich: »Doch!«

Sehr bald zu merken, dass sie sich nicht entschuldigen wollen, wie H. K. nach Gespräch mit Arno Hochmuth irrtümlich mitteilte. Ich soll »verurteilt« werden. Man merkt, sie haben Auftrag. Höchste, vielleicht allerhöchste Stellen. Man merkt, dass sie wenigstens meine Bereitschaft erreichen sollen (wenn's geht unter nicht zu grosser Beteiligung), mich bereit zu machen, mir die »ideologischen Leviten« lesen zu lassen.

Meine (unsere) Argumente, dargestellt an der »Geschichte« der meisten meiner Werke, die zunächst heftig bekämpft wurden, macht sie stutzen, sogar nachdenklich.

Desgleichen mein Argument, dass ich die Geschichte schrieb, weil man von uns fortwährend Geschriebenes über »Leiter und Planer« verlangte, und weil ich glaubte (und noch glaube), dass sie das stille Heldentum eines Staatsfunktionärs zum Inhalt hat.

Nach Lockerung durch zwei Gläser Wodka gibt's sogar (besonders bei Gysi) eine kleine Bereitschaft zuzugeben, dass ein mittlerer Funktionär wirklich ähnliche Gedanken, Reflexionen hat. Aber er darf das nicht laut werden lassen, und »so etwas« darf schon gar nicht schriftlich (und dann noch von einem Aussenstehenden) fixiert werden.

Solche Stimmungen stehen ausserhalb unseres mitreissenden Aufbaustromes, Vorwärtsdranges, sie sind nicht typisch. Heroismus in dieser Funktion sei ganz etwas anderes, nämlich was ein Funktionär auf dieser Ebene zu schlucken habe, ohne zu klagen,

10. Mai

ohne die Parteidisziplin zu brechen, ohne darüber zu »Aussenstehenden« zu sprechen.

Unsere Frage: Ja, glaubt ihr denn, dass man ohne Kenntnis dieser Umstände lebendig, mitreissend, für euch einnehmend schreiben kann? – Achselzucken.

Um einen Vergleich zu erzielen, ihnen zu einer Vollzugsmeldung zu verhelfen, versuche ich's mit einem Kompromiss. Ich werde nicht auf der Veröffentlichung der CHOLERA in meinem geplanten Band von Erzählungen bestehen.

Eine Weile scheint's, als ob sie das zufrieden stellen würde. Aber dann besinnen sie sich, dass ihr Auftrag anders lautet. Etwa: Diese CHOLERA ist aus einer unterschwelligen Haltung herausgeschrieben, feindlich. Da soll zersetzt werden. Das sind »tschechoslowakische« Einflüsse. Man muss tief durchgreifen, man muss, ehe es zu spät ist, Exempel statuieren.

Die Diskussion geht weiter, weiter. Argumente und Gegenargumente werden wiederholt. Sie wollen und wollen was. Aber was?

Gysi (der Schlaue) hat keine Zeit mehr. Er muss zu einer Sitzung, wie er sagt. [...]

Hochmut bleibt noch. Er hat einen Auftrag zu erfüllen. Er redet, redet. [...] Immer wieder fasst er zusammen. Bei der fünften Zusammenfassung unserer Gespräche kommt was Neues. Ich merke, wo er hin will, was sein Auftrag ist. Eine Aussprache mit den Leuten vom Gesundheitsministerium, in der es um die Klärung der »sachlichen Unrichtigkeiten« in dieser Erzählung gehen soll.

Zweitens, eine ideologische Auseinandersetzung (Seelenwäsche), deren »Rahmen« noch abzustecken wäre. Oder eine »Untersuchung« der »Cholera«-Erzählung in (einem?) Presseorgan.

»Wenn das, dann aber nur, wenn mir und anderen das Recht zur Erwiderung gegeben wird«, sage ich. Darauf Schweigen, weil man das natürlich unter keinen Umständen zulassen kann.

Jetzt packt mich die Wut. Ich frage, ob man sich leisten kann, die Sache wirklich zu einem »Fall« hochzuspielen. Will man mich zu einer »Fahne« für die Unzufriedenen machen? Ich habe kein Interesse daran.

Das scheint endlich ein wenig Eindruck auf H. zu machen.

Er geht endlich, um, wie er sagt, sich in den nächsten Tagen mit den Stellen zu besprechen, die die Auseinandersetzung fordern. Welche sind es?

Was wird das Ergebnis sein, das ich nächsten Donnerstag erfahren soll?

Ich bin erregt. Mein Herz schmerzt.

Was wird nächste Woche auf den Seiten dieses Heftchens stehen?

Statt in Schulzenhof umherzugehen, das aus allen Zweigen blüht, gehen meine Gedanken in den finsteren Labyrinthen der Politik umher.

27. Mai (Montag)

TAGESLAUF

Um drei Uhr aufgestanden.

Um vier Uhr mit Eva nach Berlin.

Müde und zerschlagen.

Eva zum Flugplatz gebracht. Sie reiste mit Wolfgang Joho zum Puschkin-Festival in die SU. – Zuletzt wurde ihr der Abschied doch schwer. Das ist nun das zweite Mal im letzten halben Jahr, dass sie ohne mich in die Sowjetunion reist.

[...]

Die Jungen erwarten mich. Alle drei sind nett. Jakob ist zu WELLMS gegeben worden. Ich sah ihn nach meiner Rückkehr von der Ostsee nicht mehr. Gel:Zeitschriften.

Müde. Müde

1. Juni (Sonnabend)

[...]

Gel.: Kusnezow, BABI JAR (zu Ende). Nach der Lektüre dieses Buches weiss man die finsteren Mienen der Kellner und Bedienungsmädchen, überhaupt die Verschlossenheit der Bevölkerung von Kiew zu deuten, wenn sie es mit Deutschen (gleich welcher politischen Einstellung) zu tun hat. Man weiss auch, dass man, so wie es aussieht, in seinem Leben nicht mehr nach Kiew fahren wird; denn dort haben die Deutschen sich nicht nur wie Barbaren sondern wie Tiere aufgeführt, und das mitten im zwanzigsten Jahrhundert. Und ob man dabei war oder nicht, man ist Deutscher und muss sich verantwortlich fühlen.

Andererseits hört man, dass in der Ukraine der Nationalismus, ja sogar der Antisemitismus von sich reden macht. Und auch das mitten im zwanzigsten Jahrhundert, und es bleibt einem nichts übrig, als den Kopf zu schütteln; denn wie nähme sich ein Deutscher in der Ukraine aus, der weise Lehren über die Gefährlichkeit und den Anachronismus des Nationalismus und Antisemitismus von sich geben würde?

6. Juni (Donnerstag)

[...]

Post von Eva. Sie teilt den Tag ihrer Rückkehr (9. 6.) mit. Die kleinen Verbitterungen, die aufkommen wollten, weichen. Man spürt wieder (obwohl die beiden Briefe acht Tage alt sind) ihre Nähe, spürt, dass man doch mehr geliebt wird, als man annahm.

[...]

Briefe geschrieben. Dabei Nachrichten gehört.

Nun auch der zweite *Kennedy* ermordet. Natürlich von den gleichen Leuten (im Hintergrund) die den Vietnam-Krieg um ihrer Geschäfte willen glaubten, nicht missen zu können. [...]

FORTSCHRITT

Neu (allerdings nicht für die Wissenden) jene Erkenntnis, die man jetzt (vom Westen aus) publiziert und in die Welt strahlt: In Amerika würden sich technischer und moralischer Fortschritt nicht die Waage halten. Man sagt »Amerika«, um zu verschleiern, dass es in der ganzen Sphäre des hochgezüchteten Kapitalismus so ist, ja, dass sogar wir in den sozialistischen Staaten auf der Hut sein müssen, dass beim technischen Wettlauf mit dem Westen nicht ähnliche Situationen platzgreifen.

Wir nähern uns der Zeit, wo vom kommunistischen Lager her ernstlich überprüft werden muss, welche technischen Errungenschaften der Menschheit zum echten Fortschritt gereichen und welche nicht. Das kann uns niemand abnehmen. Das müssen wir tun, oder wir werden auf Katastrophen zusteuern, die denen in der kapitalistischen Welt ähnlich sind. [...]

9. Juni (Sonntag)
TAGESLAUF
Zum Flugplatz.
Flugzeug von Moskau hat Verspätung. [...]
Dann *Evchen*. Frisch gebräunt. Glücklich, da sie mit ihren Gedichten, die an Ort und Stelle ins Russische übersetzt wurden, erste *grosse* Erfolge hatte. Die Männer (aber auch die Frauen) verehrten sie schwärmerisch. Das hat ihr Selbstgefühl nützlich angehoben.

Erzählen, erzählen. Alle russischen Bekannten passieren Revue in meiner Stube in der Frankfurter Allee. Die aufgeklappten Koffer, aus denen die Mitbringsel quellen. Der Duft der starken Moskauer Parfüms, der Reiselust und Fernendrang in mir wachruft und schürt.

Nach Schulzenhof durch das nachmittägliche Junigrün. [...]

25. Juli (Donnerstag)
[...]
Grosse »Kipper« fahren Bausand an. Der Maurermeister kreist uns ein. *Die Reparatur des Häuschens* soll am Montag beginnen. Nun gibt's kein Zurück mehr. Ohne zur Seite zu blicken, marschieren wir in das häusliche Durcheinander hinein, das vier (?) Wochen währen soll. Ich werd – so ist's Evchen lieber – nach Berlin gehen und dort arbeiten.

Augustäpfel gepflückt. Obst ernten, sehn, wie sich die Körbe füllen, den Apfelduft einatmen – das ist Freude für mich. Das Rascheln in den Blättern, die Wachshaut der reifen Äpfel zu fühlen, sehn wie die Bäume produzieren, wenn man ihnen nur ein wenig Raum anweist. [...]

26. Juli (Freitag)

TAGESLAUF

[...] Als wir zurückkamen, war *Galsan Tschinag* angekommen. [...] Auf dem Hofe übten alle Jungen Lassowerfen. Galsan Tschinag war bei allen »angekommen«. Und wirklich, wir beide (Eva und ich) haben in den letzten Jahren keinen Menschen mit so enormer AUSSTRAHLUNG wie G. T. erlebt. [...]

Es wurde ein kurzweiliger Nachmittag. Alle versuchten das Lassowerfen zu erlernen und tuwinische Strickknoten zu knüpfen, die ein Pferd nicht lösen kann, die aber vom Reiter leicht gelöst werden können. Auch ich beteiligte mich daran, das Lassowerfen als häuslichen (gleichzeitig für uns nützlichen) Sport einzuführen. [...]

Der Abschied war sehr schwer, und ich musste mir die Tränen, die ganz lose sassen, verbieten. Nun wird er also in die Mongolei zurückgehen, und wird dort der erste Germanist sein, ein Pionier auf seine Weise. Briefe werden hin und her gehen, und es wird vielleicht Jahre währen, bis wir uns wiedersehen. Aber wir werden uns wiedersehen!

In Berlin 29. Juli (Montag) bis 5. August (Montag)

In Schulzenhof begannen um 7^h die Reparaturarbeiten am Häuschen. Um 6^h fuhr [ich] mit Carmen Skodowski nach Berlin.

In der Berliner Wohnung igelte ich mich ein, sah die ganze Woche keine Freunde, ging nirgendwo zu Besuch, besuchte keinerlei Veranstaltungen und schrieb. [...]

Ich schrieb an der Erzählung, die draussen in Schulzenhof mit dem Titel KLEINSTADT begonnen hatte.

Hier in der Klausur, die ich nur unterbrach, um einkaufen zu gehen, fügte sich bald eines zum anderen. Der Fabelbau bereitete keine grossen Schwierigkeiten. [...]

19. August (Montag)

Den ganzen Tag Briefe geschrieben, um die Zeit trotz des Baugetümmels unter meinem Fenster »nutzbringend« zu verwenden.

Manchmal erscheint mir das Briefebeantworten wie die

Scheinarbeit mit der in gewissen Fällen Gefangene beschäftigt werden, wenn sie zum Beispiel einen Sandhaufen von einer Seite des Gefängnishofes auf die andere und von dort wieder zurück schaffen müssen usw.

Es gibt einen grossen Teil Briefschreiber, die fast postwendend antworten; nach einigen Tagen ist man schon wieder der Briefschuldner.

Andere, die zum ersten Male schrieben und eine Antwort erhielten, bedanken sich für die Antwort und stellen dabei schon wieder Fragen, die einen nächsten Antwortbrief erheischen. Hemingway tat sicher klug, wenn er auf Briefe von Lesern, die er erhielt, vorgedruckte Karten versandte, die da »habe keine Zeit Briefe zu beantworten« oder ähnlich lauten.

Ist es nun Eitelkeit, ist es Takt, ist es ein gesellschaftliches Verpflichtetsein, wenn ich stets unter meinen Briefschulden leide, sie abzutragen versuche, um damit doch nicht fertig zu werden bis an mein Lebensende?

Augenblicklich versuche ich, die Antwortbriefe äusserst kurz zu halten, um wenigstens meinen guten Willen zu bekunden. Natürlich gibt's auch Briefe, die aus seelischer Not heraus geschrieben sind. Auf sie nicht zu antworten, wäre Hartherzigkeit.

Viele Briefe enthalten Zustimmungen von Lesern meiner Bücher. Sie könnten diese Zustimmung wahrscheinlich auch ihren besten Freunden mitteilen, aber nein, sie teilen sie dem Verfasser mit, und das ist doch – so glaube ich – etwas Erfreuliches und Beflügelndes für einen Bücherschreiber unserer Breiten, wenn man weiss, dass die Schriftsteller in westlichen Ländern zum Teil auf diese »Ankunftbestätigungen« von ihren Lesern verzichten müssen. Vielleicht würden sie sie gern empfangen. [...]

Berlin 21. August (Mittwoch)
Besorgungen
  Müde. Zerschlagen.
  Nichts gearbeitet, keine Briefe geschrieben.
  Nachm. *Prof. Dietrich*, den ich in Weimar kennenlernte, wo er Lehrgangsteilnehmer war. [...]

19.–21. August

In der Nacht wurde die Tschechoslowakei von den Truppen der Warschauer Pakt-Staaten besetzt. Es betrübte mich, dass unsere Volksarmee (in alter preussischer Schneidigkeit!) dabei sein musste.

Die Genossen des Politbüros etc., die in der Emigration waren, mögen nicht ermessen können, wieviel Ähnlichkeit das rein stimmungsmässig mit dem »kampflosen« Einmarsch der faschistischen Truppen in die Tschechoslowakei habe. Leider wurde auch die Begründung des Einmarsches mit ähnlichen politischen Phrasen von der »Erhaltung des Friedens« usw. verbrämt.

Man muss sich ständig ermuntern die Situation zu durchdenken, muss sich vor Augen halten, dass bei aller Ähnlichkeit der Vorgänge die Vorzeichen unter denen besetzt wurde, gesellschaftspolitisch fortschrittliche sind, doch ein Rest Unbehagen bleibt, den man nicht »wegdenken« kann.

Die Begegnung mit Prof. Dietrich war geplant, bevor man von diesen neuesten Ereignissen wusste. Ich halte Dietrich für einen zwar politisch naiven, aber lauteren Mann. Eine Weile erwog ich, ob ich zu dieser Begegnung nicht »Zeugen« hinzuziehen sollte, denn nach allem, was in der Stalinzeit aus einer solchen Begegnung mit einem Amerikaner »gemacht« wurde, dürfte man wirklich Furcht haben. Aber ich kämpfte gegen diese Furcht an; denn ich war reinen Herzens, und ich traf mich doch allein mit ihm. Aber die ganze Zeit sass ich [neben] dem »sicher harmlosen« Manne auf dem Sprung, um das Gespräch sofort abzubrechen und entsprechende Massnahmen einzuleiten, für den Fall, dass sich nur leise zeigen sollte, dass man Dietrich für einen AGENTEN halten könnte.

Und da konnte ich gewahren, wie tief diese »Agentenfurcht« in mir sass, und wie mittelalterlich der ganze Stalinismus ist; denn er ist noch lange nicht überwunden. Wir, die Glaubenden sind die Engel, die Denkenden sind die Ketzer und die andere Ansichten haben als wir – sind die Teufel. Ins Gespräch mit dem Teufel kann man nur die schicken, die fest im Glauben sind und im rechten Moment geschickt mit dem Weihwasser umzugehen vermögen.

1968

Schulzenhof 24. August (Sonnabend)
Eingeschrieben.

Briefe geschrieben.

Die Gedanken sind mehr, als gut ist, bei den Vorgängen in der Tschechoslowakei. Man erwartet von Stunde zu Stunde, dass sich die Lage dort klären möge.

Vor allem muss man beständig fürchten, dass unsere »forschen« Publizisten sich in Schimpf-Kanonaden ergehen und solche tschechoslowakische Politiker diffamieren, die vielleicht gar nicht in Schuld an der augenblicklichen Lage dort sind, die morgen und übermorgen – nach Verhandlungen mit den sowjetischen Genossen – wieder als Politiker und Staatsmänner in die Tschechoslowakei einziehen.

Diese, unsere Voreiligkeit und Bereitwilligkeit den »ersten Stein zu werfen«, ist etwas Hässliches.

Unterwegs im Wald und versucht, die Aufgewühltheit ein wenig zu glätten. [...]

28. August (Mittwoch)
Der Schriftstellerverband hat eine »Zustimmungserklärung« verfasst, die allerdings keine »Schimpfereien« über die tschechoslowakischen Genossen enthält, die Voreiligkeit unserer Führung aber sanktioniert.

Der »Druck« vom ZK hat wieder einmal eingesetzt. Die Haltung: Wer die Zustimmung nicht unterschreibt, ist ein Konterrevolutionär.

Man bestürmt mich mit Telefongesprächen, hält mir vor, dass ich zum Unterschreiben nicht in der betreffenden Sitzung gewesen wäre. Kurzum für alle bezahlten Funktionäre und politischen »Pulsfühler« bin ich schon wieder ein Konterrevolutionär.

Wann hört diese Stalin'sche Mechanik auf?

Das also zu Goethes Geburtstag! [...]

29. August (Donnerstag)
Noch immer aufgewühlt. Das wird verstärkt durch die immer wieder herangetragenen Nötigungen.

Der Fernsehfunk kam mit der verlogenen Begründung: Zur

24. August – 9. September

Entlastung unserer Kommentatoren hätten wir gern, dass Schriftsteller, Regisseure usw. möglichst in individueller Form auftreten und die Ereignisse in der Tschechoslowakei kommentieren.

Ich lehnte ab.

Man kann nicht monatelang, jahrelang ganz allgemein in Parteikreisen von den »windigen, unzuverlässigen« Schriftstellern reden lassen und systematisch Misstrauen säen und undifferenziert »die Schriftsteller« misskreditieren, um diese »windigen Burschen« dann in politisch-kritischen Situationen als Kronzeugen für die »Richtigkeit« politischer Massnahmen zeugen zu lassen.

Mit Jakob und Eva morgens eine Stunde in die Pilze. Wir finden eine Mahlzeit Pfifferlinge, aber Ruhe finde ich auch im Walde nicht. [...]

Berlin 9. Septr. (Montag)
[...]
Den Tag vertrödelt. Besorgungen gemacht. Gelesen im Wesentlichen: Zmeck »Wunderwelt der Magie«.

Ein Weilchen überlegt, ob man nicht doch wieder zur Unterhaltung der Kinder und Freunde zaubern, sich darin vervollkommnen sollte.

Dann über diesen Gedanken gelacht. Es wäre eine Verzettelung. Ich habe die Pferde, und ich habe vor allem zu schreiben und gar so lang ist mein Leben nicht mehr. Und die Pferde, die Beschäftigung mit ihnen wirft viel mehr für die Schriftstellerei ab, als es die Illusionsspielerei tun würde. Die Hauptsache, man kennt das ihr innewohnende Prinzip jetzt ganz genau.

Diese Wünsche auf dies und das, z. B. auch sich eingehender der Photographie zu widmen, sind Relikte aus der Zeit, da man den Wunsch hatte, den künstlerischen Willen, der in einem steckte, irgendwie zum Ausdruck zu bringen.

Jetzt treten sie von Zeit zu Zeit als SIRENEN auf, die versuchen, einen vom endgültig gewählten Weg abzusingen, abzudrängen.
[...]

1968

[...]

Berlin 11. Septr. (Mittwoch)

Man darf beim Einschreiben in's Tagebuch nicht zwei, drei Tage aussetzen, um nachher nachzutragen. Man belastet durch diese Säumigkeit sein Gedächtnis unnütz und verschliesst sich selber den »Schreibraum«, in dem man alle Erlebnisse und Gedanken frisch und unmittelbar zu Papier bringen muss. Wenn der bunte Vogel ein Stück weit davongeflogen ist, verblassen und verschwimmen seine Farben und übrig bleibt ein Tier, dass sich mit Hilfe von zwei Flügeln, wie alle anderen Vögel durch die Luft und fortbewegt. [...]

Berlin 2. Oktober (Mittwoch)

[...]

Gel.: Ehrenburg »Memoiren«.

Aus der Bibliothek der Akademie. Memoiren erschienen in Westdeutschland. Bei uns wurden sie gedruckt, dann aber vor dem Verkauf eingestampft.

Die Memoiren enthalten Hinweise auf Intellektuelle und Künstler, die in der Stalin-Berija-Zeit »verschwanden«. Ausserdem werden in Ehrenburgs Erinnerungen enge, auch falsche Kunstauffassungen der Parteiführung sichtbar gemacht und an Hand der Kunstgeschichte, z. B. an der lächerlichen Bekämpfung der Impressionisten in Frankreich, historisch bewiesen.

Das alles passt unseren Parteiführern nicht. Man könnte fragen: Wo ist denn aber der und jener begabte Künstler geblieben? Man würde auf Stalin'sche Grausamkeiten stossen. Und in bezug auf enge und falsche Kunstauffassungen könnte man fragen: Ja, gibt es sie denn nicht noch heute?

Alles das wäre unangenehm für manche Genossen in der Parteiführung. Man hat, um all solche Fragen abzuschneiden, einen Teufel angestellt. Der Teufel heisst Fehlerdiskussion. Wer also fragt, begeht die Teufelei, Fehler zu diskutieren und ist mit »dunklen Mächten« im Bunde, ist rückwärts gewandt, ist ein Skeptizist (auch ein neues Schimpfwort für Intellektuelle, das an die Stelle von »Individualität« getreten ist).

Aber ist, so muss man fragen, dieses kirchliche Teufelaufrichten nicht ein Ausdruck einer innerparteilichen Taktik, der sich Stalin bediente? [...]

4. Oktober (Freitag)

[...]

ANFRAGE

Ihr lehrtet uns die Unmenschlichkeit des Faschismus begreifen. Ihr führtet uns vor Augen, was für Grausamkeiten wir mit Konzentrationslagern und dem Töten und Totquälen politischer Gegner durch unser Schweigen und durch Mangel an Aufbegehren duldeten. Wir sahen ein und waren den Genossen Lehrern, die ihr schicktet, uns einsehend und einsichtig zu machen, dankbar. Wir wirkten von Stund an in eurem Sinne.

Als wir uns nach einiger Zeit nach unseren Genossen Lehrern erkundigten, hiess es, sie seien in einem Lager, hiess es, sie hätten sich bei uns mit euch nicht genehmen Gedanken infiziert.

Was sollen wir denken?

Werdet ihr sie auch töten, unsere damaligen Lehrer?

Ihr seid nicht ungeübt darin, wie wir inzwischen erfuhren. Was sollen wir von euch denken, da ihr nicht politische Gegner umbrachtet, sondern gute und beste Genossen.

Seid ihr da nicht im Inhumanen über die hinausgegangen, die ihr uns hassen lehrtet?

7. Oktober (Montag)

[...]

FRAGE (Stanze)

Wie soll man seine Tage verbringen?

Im Gleichmass, wie der Bach vorm Fenster dahinfliesst? Wie die Bäume ihre Jahresringe setzen? Oder soll man Abwechselungen, Ortswechseln, Aufregungen und Erschütterungen nicht aus dem Wege gehen?

Die Fragen stellen sich ein, wenn ich alte Tagebücher durchblättere. Zu beantworten vermag ich sie noch nicht. Vermutlich ist der Wechsel zwischen beiden Lebensformen einem Aufschreiber, einem »Lebensprotokollanten« am gemässesten. [...]

1968

8. Oktober (Dienstag)

[...]

Geistige Windstille. Unbehagen. Tabula-rasa-Stimmung. Selbstmordgedanken. Was würde die Welt verlieren, wenn ich nicht mehr da wäre? Unsere Kulturpolitiker (oder jene Zeitgenossen, die sich dafür halten) würden allenfalls einen Opponenten weniger haben, würden mich mit erheuchelten Lobsprüchen zu Grabe tragen und hinterher drei Kreuze machen.

Sohn Ilja, der bis zu seiner Familiengründung eine »Höhle« für seine »Heiligtümer« benötigt, exmittierte mich aus der Gartenlaube, die mir zuweilen ein Refugium war.

Eine Schublade voll (meiner) Bücher stand im Nässelregen auf der Haustreppe. Empört begann ich darin zu kramen und fand einige Bücher, die ich vor Jahren als »uninteressant« in die Gartenlaube ausgelagert hatte. Jetzt interessierten mich zwei drei Bücher davon, in denen das Verhältnis künstlerisches Genie – Wissenschaft abgehandelt wird.

Es muss vor Jahren so gewesen sein, dass mich dieses Problem noch nicht bedrängte und [mir] diese Bücher uninteressant erschienen liess.

Die alte Erkenntnis brachte sich in Erinnerung: Um zu verstehen, muss man (ob innerlich, ob äusserlich) adäquate Erlebnisse gehabt haben.

Den ganzen Abend verbrachte ich, in diesen Büchern zu blättern und zu lesen. Es wurde mir wohler. Ich fand Bestätigungen und erhielt einen gewissen menschlichen Wert zurück. Die »Kapitulationsgedanken« schwanden.

9. Oktober (Mittwoch)

Noch eine Weile in den Büchern (siehe gestrige Eintragung!) gelesen. Dann ergriff mich dieses dumme »Pflichtgefühl«. Um mich her war Bewegung, die sich den Anstrich von Arbeit gab. Der Komplex aus der Kindheit war nicht zurückzudrängen: Du vertrödelst Zeit mit Lesen, während alle anderen arbeiten. Lesen war daheim und auch später als Arbeiter unter Ausbeutern ein persönliches Vergnügen, ein Arbeitszeit-Totschlagen.

Und dieser Komplex sitzt so tief in mir, dass ich ihn noch

heute, da die Beschäftigung mit Büchern und das Schreiben von Büchern mein Beruf wurde, nur unter unaufhörlichem Michzurecht-Denken, niederhalten kann.

Wie lange will ich diesen Komplex eigentlich noch mit mir herumschleppen? [...]

Berlin – Schulzenhof 11. Oktober (Freitag)

Zur Abschreibefrau Zellner. Abgeschriebene Geschichten geholt. Strassenbahn.

Mit der U-Bahn zum Männerbekleidungshaus am Alex. Wegen Lederhosen. Zu klein oder zu gross. Schade. Gutes Leder.

Im grossen Kaufhaus Tonbandbatterien. Schnellhefter gibt's mal wieder nicht. Ebenso sind zur Zeit wieder einmal Durchschlagpapier und Oktavhefte in doppelter Stärke nirgendwo aufzureissen. Man weiss nie, ob da die Planung nicht klappte oder ob zuviel exportiert wurde. Jedenfalls hat's immer was wie Kriegs- oder Sparwirtschaft an sich. Derartige Mängel sind jedoch niemals in sogenannten Dienststellen, die bevorzugt beliefert werden, sondern nur den »Normalverbrauchern« bemerkbar. [...]

18. Oktober (Freitag)

[...]

Dann war da die *Staatsratstagung zu Fragen der Kultur.*

Ich war nervös. Oft hat man sich gerade auf solchen Tagungen anhören müssen, was für unzulängliche Zeitgenossen die Künstler sind.

Und dann treten da in der Regel Auch-Künstler, Geschäftemacher, Karrieristen und Konjunkturisten auf, die sich für die symbolische Verprügelung bedanken.

Aber diesmal war man etwas »gnädiger«. Die Tschechoslowakei. Trotzdem wurde mit ziemlicher Anmassung von den Künstlern verlangt, verlangt. Und das ohne einen Augenblick zu erwägen, ob das, was man verlangte, von der Kunst zu leisten ist. Das alles – ohne sich mit den Künstlern wirklich zu beraten.

Ich kann mir vorstellen, dass man mit Physikern oder Chemikern nicht so »umspringen« kann. Die Anteile der Kunst am ökonomischen Aufschwung der Republik lassen sich nicht messen, sind nicht (werden es niemals sein) in Mark und Pfennigen auszudrücken.

Bei aller (oberflächlich) entgegengebrachten Freundlichkeit, wird man von morgens um 10^h bis abends um 18^h das Gefühl nicht los, eigentlich doch unwürdig behandelt worden zu sein. [...]

2. November (Sonnabend)

Eingeschrieben. Nachträge von der Reisewoche. Das nimmt fast den ganzen Vormittag in Anspruch. Und immer gibt's zu ordnen, etwas in die Reihe zu bringen.

Die Erde ist in die Positionen eines ungewöhnlich *wetterschönen Herbstes* hineingereist. Man brauchte bisher kaum Nebel hinzunehmen. Die späten Astern, denen sonst die ersten Fröste um diese Zeit bereits das Blühen vergällt hatten, entfalten sich füllig und löwenzahngelb. Die Clematis vor Evchens Fenster blühen noch, blühen etwas blasser als im Sommer, aber blühen noch.

Die Rosen bleiben etwas länger als in ihrem Juni, doch Tag für Tag springen noch neue Knospen auf, und unterm jungen Süsskirschenbaum im Hofe hat's ein Löwenzahn noch einmal gewagt, treibt eine gelb-gelbe Blüte aus dem Gras, die in jedem Frühling bestehen könnte. [...]

11. November (Montag)

[...]

Briefe geschrieben.

Seit langer Zeit wieder einmal mikroskopiert:

Das Blütenblatt einer Pelargonie scheint bei 70facher Vergrösserung aus roten Strassenpflastersteinen (»Katzenkopfpflaster«) zu bestehen. In den Zwischenräumen wahrscheinlich Wasser. (Pflanzensaft, der natürlich mehr ist als Wasser!)

Knickt man den Rand des Blütenblattes und betrachtet den umgeknickten Rand dann, so erweist sich die erste Feststellung als Sehfehler, der durch die direkte Draufsicht auf die Blattoberfläche entstand. Die Zellen (?) sind in Wirklichkeit Kegel (wie spitze Frauenbrustwarzen) mit verletzlichen Spitzen. Sie sind mit

Pflanzensaft gefüllt, der auch die rote Farbe enthält. Die Rotfärbung entsteht (sicher?) durch Sonnen- oder überhaupt Lichtbestrahlung, der Pflanzensaft wird hinter den besonders dünnen Blütenblattzellen chemisch verändert. Deshalb sind die Farben in der sich eben öffnenden Blumenknospe längst nicht so intensiv wie später in der geöffneten (sich der Bestrahlung dargetanen) Blüte.

Ist der Saft aus so einer Blütenblattzelle ausgelaufen, und das kann durch Quetschung, auch bei leisester Berührung geschehen, so bleibt ein weisses Zellhäutchen übrig, das die bisherige Form noch beibehält.

Die Blüte verblasst also durch intensive Berührung (etwa von Menschenhänden), behält aber noch ihre übliche Form eine Weile, aber die üblichen Funktionen in ihr sind gestört. Und bald tritt das ein, was wir Welken nennen.

Gel.: Prischwin, NORDWALDLEGENDE: Zum zweiten Male.

Schulzenhof – Berlin 21. November (Donnerstag)
[...]
Der alte Vater hatte über die Lausitzer Wälder hinweg in's Telefon gerufen: Mutter hatte wieder einen Blutsturz (vor vier Jahren schon einen). Der Arzt, der sie ins Krankenhaus einlieferte, hatte angeordnet, dass man die Kinder verständigt. All diese Umstände liessen den Schluss zu, dass sich die Mutter ans Sterben machen würde.

Wir fuhren nach Neuruppin. Evas Mutter, die uns zürnt, sollte bei den Kindern bleiben. Erwin liegt mit einer Rippenfellentzündung zu Bett.

Evas Mutter war verreist. Die Fahrt war umsonst. Wir mussten [...] Else F. bitten, wenigstens Matthes und Erwin ein wenig zu betreuen. Jakob nahmen wir mit. Nebel, Nebel auf den Landstrassen. Trübe Gedanken, die um den möglichen Tod der Mutter kreisten. [...]

1968

Berlin – Bohsdorf – Spremberg – Bohsdorf
22. November (Freitag)

[...]

Im Elternhaus scheint niemand daheim zu sein. [...]

Wir halten auf dem Hof. Endlich hat uns der Vater bemerkt, kommt heraus. Er setzt zum Weinen an, beherrscht sich aber. »Na wie ist's?« rufe ich ihm entgegen.

»Es wird alles gehen«, ist Vaters Antwort. Das kann immer noch bedeuten, dass Mutter tot ist.

Dann dreht sich alles in mir. Ich weiss nicht, wie ich erfahre, dass Mutter nicht gestorben ist. Jedenfalls zittern mir die Knie noch lange.

[...]

Mit Vater nach Spremberg. Der Vater mit seinen fast achtzig Jahren immer noch jung und forsch aussehend. [...]

Ein hinkender Arzt bringt mich zur Mutter. »Fünf Minuten!«

Mutter sitzt im Bett. Sehr bleich, sehr kantig im Gesicht, ohne die Rundungen der Brillengläser. Sie jubelt wie ein junges Mädchen.

»Ach, unser Erwin!«

[...]

MEINE HEIMATSTADT

Einkaufen in meiner Heimatstadt. Ich liebe sie nicht, kann sie nicht lieben. [...] Hier hat man mich gequält, bespöttelt, verkannt, ohne dass man es freilich wusste.

Für mich ist diese Stadt nur Studien-, Betrachtungsobjekt. Einige meiner Gefühle zu ihr legte ich in der Erzählung EINE KLEINSTADT AUF DIESER ERDE nieder. Ich überprüfe: Es stimmt, was ich in der Ferne über sie und ihre Menschen schrieb. [...]

Bohsdorf – Berlin 23. November (Sonnabend)
AUFSTEHEN IN DER FREMDE DES ELTERNHAUSES

Das Schlimmste ist das Aufstehen in diese trostlose Umgebung hinein, zumal der Tag bis in die siebente Stunde dunkel, dann aber das Familiengrau der Novembertage umtut.

Daheim fällt das Sich-Erheben, das Verlassen der überkommenen winterlichen Tierhöhle, leicht, weil man weiss: drei bis vier Gänge (mit Asche, Holz und Kohlen) über den Hof, und es wird warm; man selber und gleich drauf die Stube, vor allem, weil man weiss, was man tun wird, wozu man aufsteht. Hier steht man in eine Ungewissheit hinein auf, nein, man weiss sogar schon, dass ein guter Teil des Tages vertan sein wird. Das lähmt. Das bedarf starker optimistischer Gedanken, ehe man sich bereit findet, das mit eigener Körperwärme ausgestattete »Betthäuschen« zu verlassen.

EVA

Eva, die Frau nach der ich viele Jahre meines Lebens suchte (allerdings nicht mit der Konsequenz, die dieses Suchen erfordert hätte), hat mit ihrer grossen Wärme ihrem grossen Drang, alles in ihrer Umgebung zu harmonisieren, es fertiggebracht, dass mir das Elternhaus, das mir, zumindest bis in die Zeit des letzten Krieges hinein, Heimstatt und warme Höhle war (obgleich ich doch verheiratet war und eine Familie hatte), jetzt wie ein leerer Bienen-Korb dasteht. Und ich spüre, das ich in der muffigen Luft, in der dort herrschenden Unentschlossenheit, in dieser versöhnlerischen, dummguten Atmosphäre nicht einen Tropfen guten Honigs mehr produzieren könnte, zumal dem Hause jetzt auch das warme Herz, die Backstube, in die ich mich zu meinen Studien und Schreibversuchen zurückzog, fehlt. [...]

Berlin – Schulzenhof 24. November (Sonntag)
Am liebsten würden wir die Wärme der Berliner Wohnung nicht verlassen. Aber da liegt Sohn Erwin mit seiner Rippenfellentzündung in Schulzenhof und wartet auf die Mutter.
[...]
In Schulzenhof beendet man soeben das Ausschneiden der Pferde. Ilja sprang für mich ein. – Die übliche Abschlussunterhaltung (bei einem Schnaps) mit dem Schmied. Gespräch über die Bullenmast und die Qualität der diesjährigen Kartoffeln. [...]

1968

26. November 68 (Dienstag)
Ich sass, sass schon am frühen Morgen da und tippte die Erzählung, von der ich glaubte, dass sie gelungen wäre, ins Reine.

Kurz nach fünf Uhr war ich, ein wenig geschwitzt und beklommen, wach geworden, und ich heizte, wie alle Morgen, meine Stube ein. Um diese Zeit starb sie, meine Mutter, und in mir war nicht das kleinste Ahnen.

Ich schrieb und schrieb und gegen 10^{30} kam das Evchen, wie Tage zuvor, die Treppe herauf. Die Post, dachte ich, die Post ist gekommen. Es war die Nachricht vom Tod der Mutter. Der Vater hatte angerufen wie vor Tagen.

Und wir waren so sicher gewesen nach dem Besuch bei der Mutter, dass sie ihn auch diesmal überstehen würde, den Blutsturz.

Keine Träne, nur ein heftiger Faustschlag auf den Schreibtisch. Das war die Reaktion. Eine unerklärbare Reaktion.

Ich schrieb weiter, schrieb meine Erzählung zu Ende ab. Ich vertippte mich häufiger als sonst, aber ich schrieb. Natürlich irrten die Gedanken ab, aber ich zwang sie wieder an die Arbeit heran.

Am Nachmittag zu Pferde im Wald. Da packte es mich. Ich heulte, ich schrie nach der Mutter und tat alles, was Primitive tun, ihrer Schmerzen Herr zu werden.

Und auch ich wurde meiner Schmerzen Herr, wurde nüchterner, und mir will scheinen, als ob ein solcher Ausbruch etwas ganz Natürliches ist, etwa dem gründlichen Ausatmen gleich, wenn man Rauch geschluckt hat.

Mannigfaltig waren die Betrachtungen, die ich, durch den Tod der Mutter veranlasst, anstellte.

Ich will sie nicht aufschreiben, nicht jetzt. Ich will, dass sich alles Aufgerührte klärt und setzt, und wenn's mich dann noch gelüsten sollte, die Betrachtungen aufzuschreiben, so will ich es tun.

Nur ein Kuriosum sei angetippt. Eine der Brücken, um mir über den Schmerz hinwegzuhelfen, war, dass ich mir das Abträgliche am Wesen und am Charakter meiner Mutter zusammenrief, die Lebensaugenblicke wo sie nicht gut zu mir oder zu anderen war.

26.–28. November

Dann ist da der letzte Brief der Mutter. Er ist mit dem 12. November 68 datiert. Am 26. November, also vierzehn Tage später, starb sie.

Der Brief beginnt so: »Ein trüber, grauer Novembertag, so recht zum Abschiednehmen vom Sommer und allem Schönen, was er uns brachte; aber in Gedanken hofft man doch leise auf einen neuen Sommer; ob sich die Hoffnung erfüllen wird, steht auf einem anderen Blatt. Na, wir wollen's abwarten!«

Da war wohl doch ein wenig Todesahnen. Die Schrift war jedoch steil und jung. Es hatte schon zitterigere Briefaufschriften von der Mutter gegeben.

Nun ist das »andere Blatt«, von dem die Mutter schrieb, aufgeschlagen: Was draufsteht, können wir, die Lebenden, nicht lesen.

Berlin – Bohsdorf 28. November (Dienstag)
Es wird neun Uhr bis wir aus Berlin abfahren. Es ist ein Hinauszögern in all unserem Handeln. Wieviel Leid wird auf uns zukommen? [...]

Den *Vater* finden wir bereits »gefasster« vor, als wir erwarteten. Was heisst übrigens »gefasst«? Was fasst da? Der Mensch sich selber, oder fasst das Leben ihn, umrahmt ihn mit neuen Erfordernissen, fasst ihn neu ein, etwa wie ein neuer Ring den man an einen wertvollen Stein schmieden lässt?

[...]

Gegen Abend brachen wir auf, uns die *tote Mutter anzusehen*. Mit Bruder Heini heben wir den Sargdeckel herunter. [...]

Das *letzte Gesicht der Mutter* ist wie mit dem Beil aus weichlichem Lindenholz gehauen. Die grosse Nase! Und die grossen Ohren scheinen während des Sterbens noch gewachsen zu sein. Sie haben Herrschaft über das Gesicht angetreten, scheinen aus ihrem Kompetenzbereich herausgetreten zu sein. Das sind Ohren, deren Grösse für zehn Generationen ausreicht.

Die zierlichen Nähterinnenfinger der Mutter, die in den letzten Jahren freilich ein wenig gichtig geworden waren, hatte man gebrochen (oder zurechtgeknetet) damit sie in der Stellung »betende Hände« verharrten.

Das Gesicht der Mutter war nicht schmerzverzerrt, es war aber auch nicht freundlich. Sie hatte ihr Schlafgesicht angetan, ein Gesicht, das ich schon oft gesehen habe, wenn ich morgens bei zeitigem Aufbruch einen Blick in ihr Schlafzimmer warf. Ein wenig abweisender als das Schlafgesicht war dieses Totengesicht vielleicht.

Dann verbringen wir den Abend mit notwendigen aber auch unnützen Gesprächen. Wir reden uns über den Tod hinweg. [...]

Berlin 1. Dezember (Sonntag)
Geschlafen, gelesen, wieder geschlafen, ein wenig eingeschrieben und wieder geschlafen. So richtig ausgeruht nach allen Spannungen und Kummerigkeiten.

(Das war am Sonnabend, dem 30. November!)

Es geht mir schon alles durcheinander. Am Sonnabend, nachdem wir über den kalten (eben eröffneten) Weihnachtsmarkt gestakt waren, um dem wühlenden Leben nah zu sein und vom Tode abzurücken, rief Wolodja Steshenski an. Er war gerade (zur Zweig-Trauerfeier) aus Moskau gekommen.

Er kam sofort zu uns. [...]

Wir erfahren nach und nach die »Neuigkeiten« aus der literarischen Welt Moskaus: Lowa hat wieder Arbeit an irgendeinem der literarischen Institute Moskaus.

Twardowski, Simonow und Leonow haben ihre Unterschrift nicht unter jenes Dokument gesetzt, das die Besetzung der Tschechoslowakei durch die Armeen der Warschauer-Pakt-Staaten begrüsst. Jewtuschenko hat ein Protestschreiben an Kossygin gerichtet. Allen vier Schriftstellern geschah nichts. Keine Repressalien. Die Russen können sich ein paar Gegenstimmen von Schriftstellern leisten. Vielleicht waren sie sogar erwünscht. – Aber was, wenn diese Haltung beim nächsten »Fall« Schule macht? [...]

Berlin 3. Dezember (Dienstag)

Eingeschrieben.

Zum Funkhaus. Für meine traditionelle Weihnachtssendung gelesen: EINE KLEINSTADT AUF DIESER ERDE.

Dann sass schon *Wolodja* bei Eva in der Küche. Er war auf der Reise nach Leipzig, hatte seine Koffer dabei und liess sich erst einmal vollaufen. Bier und Schnaps, Zigaretten, Kaffee. [...]

Er beginnt immer mehr zum Inventar meiner Vergangenheit [zu werden]. Er und Lydia Gerassimowa waren meine ersten (verständnisvollen) Bekannten in diesem Lande »der unbegrenzten Möglichkeiten«, das mir inzwischen das zweite Heimatland wurde.

Wenn ich W. schmatzen und (beim Trinken) schlappen höre, ersteht der erste Zauber wieder, mit dem mich das Land der slawischen Mütter an sich fesselte.

Abends: *Theater*. Die umstrittene *Faustaufführung*. Es wurde mir klar, dass man in den Zeitungen (hauptsächlich im Zentralorgan) gegen die Regie wetterte, weil man die ewigen Wahrheiten, die Goethe in diesem Spiel unterbrachte, nicht mag, weil sie auf gewisse Schwächen unserer Staatsführung hindeuten.

Theater aber soll nicht gespielt werden, damit die Regierung sich lernend daran bereichere, sondern einzig und allein das Volk.

Kleiner Krach mit *Rodenberg*. Dabei (wahrscheinlich) den Mann getroffen, der als alter Mime und jetziger Verantwortlicher für kulturelle Fragen beim Staatsrat, die »Haare in der Suppe« fand und sie zu »Fallstricken« für die Regisseure aufseilerte.

Gel.: Capote, KALTBLÜTIG.

Berlin 4. Dezember (Mittwoch)

Eingeschrieben. *Die Zeit scheint zu rasen*. Lebt man nicht tief genug, wenn die Zeit zu rasen scheint? In der Kindheit hatte man nie das Gefühl verfliehender Zeit. Alles was man tat war auf Ewigkeit angelegt.

Rast die Zeit, weil wir (von der Mitte des Lebens an etwa) häufiger und später beständig auf das (imaginäre) Lebensende und

den unvermeidlichen Tod starren? Es ist wohl so: Immerzu den Berg anstarrend versäumen wir die Erlebnisse am Wege, die richtig betrachtet alle in die Tiefe und zur Ewigkeit des Lebens weisen.
[...]
Nachm. Sekretär Henniger vom Schriftstellerverband. Bericht über das, was in den letzten Sitzungen des Sekretariats und des Schriftstellerverbandes, die ich versäumte, verhandelt wurde.

Sein Hauptanliegen war natürlich wieder, mir nahezulegen, dass ich Präsident des Schriftstellerverbandes werden sollte.

Ich schlug folgende Konzeption vor: Anna S. bleibt nominell Präsidentin, ich führe die »Geschäfte«, Hermann Kant und Jurij Brezan müssten meine Stellvertreter sein, die den Verband (bei Auslandsfahrten usw.) zu repräsentieren hätten.

Wenn diese Bedingungen erfüllt werden könnten, würde ich evtl. kandidieren. [...]

Berlin 5. Dezember (Donnerstag)
[...]
Am späten Nachmittag zur Abschreibe-Frau Zellner. Fahrt in der überfüllten Strassenbahn. Nicht ein Gespräch, nicht einmal eine Andeutung von den Fahrgästen, die auf's Politische zielt. Was alles musste man da vor Jahren noch anhören! Was für eine Art von Zufriedenheit ist das da in der Bevölkerung? Wohlstandszufriedenheit? Zufriedenheit, dass im Zusammenhang mit der Besetzung der Tschechoslowakei kein Krieg ausbrach, wie orakelt wurde? [...]

9. Dezember (Montag)
[...]
SCHREIBEN
Eva ging die Erzählung durch, machte Striche: Manche der Striche erschienen mir willkürlich, einige sah ich sofort ein, einen (das Weglassen naturalistisch-lehrhaften Dialogs über Kunst) fand ich genial.

Über die mir willkürlich scheinenden Striche gab's Streit. Man ist ja immer noch (wie bei neugeborenen Kindern) gleich verletzt, wenn Verwandte an ihnen herumnörgeln.

4. – 12. Dezember

Aber ich habe meine Streitlust diesmal sehr bald besiegt.

Es stellte sich heraus, dass einige Passagen, die willkürlich gestrichen schienen, nur schlecht formuliert oder zu wenig mit dem ständig nachdenkenden Helden verknüpft waren. [...]

10. Dezember (Dienstag)

[...]

Briefe geschrieben. Der Stapel mit unbeantworteter Post ist angewachsen. Diese gleichförmigen Anfragen zum TINKO aus den *Schulen*! Eine Zeitlang hat man das Musische aus den Schulen verbannt. Und die musisch veranlagten Lehrer wurden wie Anormale behandelt. Jetzt hält's schwer das Musische wieder einzupfropfen. Man strebt es an, aber mehrere Generationen Lehrer sind bereits steril und verspiessert. [...]

11. Dezember (Mittwoch)

[...]

Nach Neuruppin. Die Grossmutter abgeholt. Auch in der Kleinstadt dieses Weihnachts-Einkaufs-Gehabe der Leute. Weihnachtsameisen. Auch die Frauen der russischen Militärs, die im Strassenbild nicht selten sind (sie fallen durch ihre praktische russische Winterkleidung um diese Zeit besonders auf) scheinen von der vorweihnachtlichen deutschen Einkaufspsychose erfasst zu sein.

Nach Schulzenhof zurück. Der kleine Jakob leidet: »Kaum seid ihr gekommen, da fahrt ihr wieder weg. Ich fühle mich nicht gut, wenn ihr nicht da seid.«

Nach Berlin. [...]

Berlin 12. Dezember (Donnerstag)

[...]

17^h *Parteiversammlung*. Ein *ungehobelter Managertyp* von Generaldirektor eines neu entstandenen Kombinats für Präzisions-Apparate breitet sein enges Spezial-Fachwissen vor uns aus. [...]

Der Manager ist Kandidat des ZK und glaubt zu Beginn seiner dorfjungen-stolzen Auslassungen, der derzeitigen »Mode« gehorchend völlig summarisch über die Werke der Schriftsteller urteilen, sie abwerten und diffamieren zu müssen.

Das ist der Punkt, an dem ich mit diesem widerlichen Typ unweigerlich zusammengerate. (Weshalb kein anderer? Halten die Kollegen schon für »gottgegeben«, dass man sie diffamiert? Haben sie den sogen. Praktikern gegenüber wirklich ein so schlechtes Gewissen? Sind viele schon korrupt, denken, lass den man reden, wenn ich sonst meine Ruhe hab? Sind sie hypnotisiert und glauben die meisten wirklich schon von sich selber, dass sie nichts als »Parasiten« der Gesellschaft sind? Wie fern sind wir da denn eigentlich noch von chinesischen Verhältnissen.) [...]

Natürlich hatte ich eine schlechte Nacht. Aber nicht aus Reue. Wann lerne ich, diese Dinge nicht bis in das Herz vorzulassen? [...]

Berlin 17. Dezember (Dienstag)
Briefe geschrieben. Oft habe ich einen geheimen Ekel davor, Routinebriefe zu beantworten. Jetzt nun in diesen Tagen, glaube ich einen Trick gefunden zu haben, das Beantworten von Briefen etwas interessanter und produktiver zu machen: Man muss sich nicht von der Konventionalität der Briefschreiber beeinflussen lassen, muss sie wegschieben, auf kein Gejammer, keine Phrasen achten, sondern etwas (und sei es auch etwas ganz Heterogenes) als Antwort gelten lassen; so als ob man etwas, was einem wichtig erscheint, im Tagebuch festhält. [...]

24. Dezember (Dienstag)
Eingeschrieben.

Um $10^{\underline{h}}$ mit den Stuten in die Wälder. Zu meinem liebsten See, dem *Nehmitz-See*. Rehe äsen schon am Vormittag auf den Roggenschlägen. Die Luft ist nass. Die Wege sind noch gefroren. Von Zeit zu Zeit schneit es ein wenig. Zwei Eisangler auf dem Nehmitz-See. Die sowjetische Armee hält ein Kleinmanöver ab. Kraftwagen-Kolonnen auf der Rheinsberger Chaussee. In der Ferne hört man Artillerie schiessen.

12.–31. Dezember

[...]
Bescherung bei uns. Die Kinder platzen fast vor Freude und Fröhlichkeit. Alle haben sich festlich geschmückt. Jakob mit einem hellgelben Lederschlips von mir. [...]

31. Dezember (Dienstag)

[...]
Silvesterabend. Die ersten Gäste kommen um siebzehn Uhr. [...] Aus diesen zusammengewehten Menschen hole nun einer eine gehaltvolle *Silvesterfeier*! Man trinkt, man isst ausgiebig von Evchens (mir zur Liebe, wie ich schuldig fühle) grossartig hergerichteter Esstafel. [...]

Ich glaube, bis auf's Essen hatte niemand etwas von dieser Silvesterfeier [...] Und nach drei Uhr legten wir uns mit dem Gelöbnis zu Bett: »Nie wieder Jahresende in dieser Form!«

[...]
Im ganzen waren es also (Postscheckbriefe und solche, die Eva für mich schrieb, ausgeschlossen) 487 Briefe, die ich jahrsüber zur Post gab. Es war mir wichtig, das einmal festzustellen. Ich wähnte stets, es kämen im Laufe des Jahres mindestens 1000 Briefe zustande. Mag sein, dass es in früheren Jahren mehr Briefe waren, auf keinen Fall wohl über mehr als 700.

Um die Post also reibungslos und ohne grossen Stau zu bewältigen, wäre es also nötig, täglich zwei Briefe zu schreiben. Ich nehme es mir vor.

1969

6. Januar (Montag)
Tag der Heiligen drei Könige. Im Leben des Grossvaters spielte er eine Rolle. Er vergass in keinem Jahr, auf ihn hinzuweisen. Die Wintersonnenwende war vor Weihnachten, im alten Jahr, nicht ernst zu nehmen, aber Dreikönigstag – war neues Beginnen: Der Tag wurde einen Hahnentritt länger. Hahnentritt – war das, ein Bein vor das andere setzen, oder war es der Ritt auf der Henne?

Mit dem künftigen Wetter hatte er wohl auch zu tun, dieser Dreikönigstag.

Woher die Wichtigkeit? Aus dem Sorbischen?

Am Dreikönigstag ging die Zeit des Zwölf-Nächte-Träumens zu Ende. Was man von Weihnachten bis zum Dreikönigstag träumte, ging in den darauffolgenden zwölf Monaten in Erfüllung.

Achtung, die Nächte nicht durcheinanderbringen! [...]

22. Jan. (Mittwoch)
[...]

DER LADEN (Entwurf für ein Stück Autobiographie)
Der Laden war nicht nur etwas, womit meine kaufmännisch naiven Eltern Geschäfte zu machen trachteten, er war auch ein Institut, das den Berg- und Gutsarbeitern und den Kleinbauern Wege, Schuhsohlen und Zeit ersparte. Freilich den Bergarbeitern half er zuweilen, Zeit zu vergeuden. Sie soffen sich, wie die Blattläuse voll Pflanzensaft, voll Bier. Damit wichen sie einer zweiten Arbeitsschicht auf den sandigen Pacht-Äckern aus und überliessen die Schinderei (nur zu gern) ihren Frauen.

Im Laden standen zwei alte Stühle für die kohleverschmierten Hosenhinterteile der Flaschenbierverzehrer. Um zwei Uhr nachmittags war Schichtschluss und eine halbe Stunde später waren die beiden Ladenstühle in der Regel besetzt. Kam noch ein dritter, ein vierter Biersäufer hinzu, so setzten sie sich auf die Stufen, die vom Laden zur »Alten Backstube« hinunterführten. In der »Alten Backstube« gab's eine schablonierte Schriftkante, das Meisterwerk eines Dorfstubenmalers. Der »Sinnspruch« lautete: »Wo Brot – keine Not. – Wo Brot – keine Not«, an allen vier Wänden der »Alten Backstube«, immer wieder: »Wo Brot – keine Not.« [...]

Berlin 24. Jan. (Freitag)
[...]
10^{30} Schriftstellerverband. Ein Sack Orden soll zum Jubiläumsjahr der Republik über die Mitglieder ausgeschüttet werden. Mir ist das wirklich gleich, wer welche Orden bekommt. Aber ich musste (in Vertretung von Anna) die Liste durchgehen.

Die Rede zum Kongress werde ich nicht halten müssen. Meine Weigerung hatte Erfolg! Präsident werde ich nicht werden müssen. Anna wird (wenigstens nominell) Präsidentin bleiben. Auch da zahlte sich meine harte Weigerung aus. [...]

Berlin – Schulzenhof 25. Jan. (Sonnabend)
Zurüstungen zur Abfahrt. [...]
Nach Schulzenhof. Eine dünne Decke Neuschnee auf dem Glatteis der Nebenstraßen. Man fährt wie mit einem Eiertransport über einen mullverhangenen Spiegel. Trotz allem: Das Auto ist eine gute Erfindung. Beim Kampf gegen Witterungsunbilden sitzt man (im Auto) in einem warmen Stübchen. [...]

SCHREIBEN

Kurzes, gutes *Gespräch mit Eva*. Es zeigte, dass wir in den letzten Tagen in bezug auf meine künftigen literarischen Pläne Gleiches dachten: [...] Und weshalb nicht doch den WUNDERTÄTER schreiben, selbst wenn er nicht gedruckt werden kann?

Sollte es nicht möglich sein, ihn von so »hoher philosophischer Sicht« und so dialektisch zu schreiben, dass er sich den Zugriffen von Kleingeistern entzieht? [...]

1969

9. Februar (Sonntag)
[...]
Briefe geschrieben. (Entwürfe dazu in Stenographie!)

Eine Stunde ins Fernsehen geglotzt. U. a. ein Film über den grossschnäuzigen *Herrn Grass* drüben. Was ich vor Jahren vermutete und in einem Offenen Brief an ihn aussprach, wird jetzt allen sichtbar. Mit seiner mittelmässigen literarischen Produktion ist auf die Dauer keine Sensation zu machen. »Gut Ding braucht Weile«, Sensation braucht Eile. Herr Grass zieht nach Bonn. Er hat sich vorgenommen, Entwicklungsminister zu werden. Viel Spass auf der Reise in die obere Unterwelt, Herr Grass.
[...]

13. Februar (Donnerstag)
Eingeschrieben.

SCHREIBEN

An der Geschichte DER SOLDAT UND DIE LEHRERIN gearbeitet. Langsam beginnt sie sich vor alle anderen Arbeiten zu schieben. Das ist allemal der Zustand, auf den ich warte, denn wenn ich mit einer Arbeit beginne, wenn meine (perfekten) Vorstellungen sich anfangen sollen, auf dem Papier zu realisieren, wird mir das Schreiben zur Last. Mühsam und mit grosser Kraftanstrengung bringe ich es täglich auf ein, zwei Schreibmaschinenseiten. Von den (neugeborenen) Figuren und vom Fluss der Geschichte her wird mir keinerlei Hilfe. Allemal ists so, dass ich mich erst mit viel Willenskraft und körperlich spürbarer Anstrengung zu einem »Scheitelpunkt« hinaufquälen muss. Von dort an jedoch hilft mir dann eine Art von Gefälle.

Mit den Stuten unterwegs.

Täglich mehr Schnee. Wie Staub aus fernen und von ausgeblichenen Welten, die wer (oder was) zermahlen hat. Und es ist als ob uns dieses Was langsam ersticken lassen wollte. Dazu vierzehn, fünfzehn Grad Kälte, die einem durch die Lederhandschuhe fährt. Mein Bart fühlt sich an wie ein Reiserbesen, und die Pferde gehen einher, als hätten sie die Mäuler vor dem Ausritt in Mehlbrei getunkt, der nun erstarrt.

Briefe geschrieben. (Entwürfe dazu in Stenografie!)
Englisch-Übungen.

Wie all die letzten Abende – ein, zwei Stunden die Bücher in der Arbeitsstube umgruppiert, und die wenig benutzten, die nicht unmittelbar zur Handbibliothek gehören, ins Bodenzimmer des Wohnhauses transportiert. Nun herrscht wieder einigermassen Klarheit in den Regalen und ich weiss, *wo* ich *was* finde. [...]

17. Februar (Montag)

Hauptsächlich Stallarbeit.

[...]

Aus aller Welt kommen Nachrichten vom *Schneenotstand*. Die zivilisatorischen »Errungenschaften« werden von ein paar Tagen irregulärer Witterungsverhältnisse lahmgelegt, mit Schnee zugeschüttet. Man stelle sich vor, solche Schneestürme hielten einen Monat lang an! Das liegt doch im Bereich des Möglichen: Die Verkehrsmittel werden unbeweglich, Telefon- und Funkverbindungen werden gestört, die Flugzeuge werden flügellahm, die Produktion von Elektrizität stockt.

Aber der Mensch ist Optimist, baut Häuser und Städte stets aufs neue am Hang von Vulkanen, die sich vorübergehend beruhigten. In den Stimmen der Rundfunk- und Fernsehsprecher ist Triumph, wenn sie verkünden, dass da oder dort die Fernzüge wieder verkehren oder die Rollbahnen der Flugplätze benutzbar sind. [...]

20. Februar (Donnerstag)

[...]

Mit den Stuten *unterwegs*.

Die Pferde kommen schwer vorwärts. Der Schnee reicht ihnen stellenweis bis an die Sprunggelenke.

Aber in den Vögeln scheint die Vorahnung von einem Witterungsumschlag zu sein. Hie und da probiert eine Meise ihre (noch unvollkommene) Frühlingsstrophe. Das Geschilpe der Spatzen wird aufdringlicher frecher. [...]

Man muss sich hüten wieder in die Fernsehsucht hinein zu rutschen. Obwohl es gestern einen interessanten Beitrag gab. *Selbstportät des Bildhauers Marks*, der achtzigjährig in Köln lebt. In der Art des Selbstporträts gemacht, das wir (vor zwei Jahren wohl) von KOKOSCHKA sahen. Es ist merkwürdig, das Endprodukt eines Lebens davon erzählen zu hören, wie es wurde und dabei dieses »Endprodukt« wohl eine Stunde lang (en face) vor sich zu sehen. Eine gelungene, aufschlussreiche Art, über Menschen zu berichten, vor allem über Menschen, die ihr Leben nicht nur abhaspelten, sondern über Menschen, die etwas wollten, etwas in den Topf brodelnder Suppe hineintaten, das zu schmecken ist. [...]

24. Februar (Montag)
Eingeschrieben.
[...]

SCHREIBEN

Das »Stück Geschichte« vom Tonband abgeschrieben. Dann die ersten Seiten der Arbeit »gefeilt« und wieder abgeschrieben. Jetzt ist die 9. Fassung der ersten Seite, und sie beginnt mir langsam zu gefallen.

Einige Briefe geschrieben.

In Bobrowskis »Litauischen Clavieren« herumgelesen. Etwas Verwandtes zu der »Machart«, um die ich mich jetzt bemühe, entdeckt. Es geschieht wenig: Zwei Männer, die an einer Oper arbeiten, fahren mit der Kleinbahn von einem Ort in den anderen, suchen dort einen dritten Mann auf und gehen mit dem spazieren. Das ist die reine Handlung. Interessant wird sie durch die Art, wie darüber geschrieben wird, wieviel Umwelt und deren Verästelungen auf kürzestem Wege mit hineingerissen und dem Leser zum Überdenken angeboten werden.

Schulzenhof – Neuruppin – Berlin 25. Februar (Dienstag)
Eingeschrieben.

Fahrtvorbereitungen. Auto gewaschen.

Nach Neuruppin über neu verschneite Strassen, durch dichtes Schneetreiben. Schwiegermutter Hedwig abgeholt. [...]

Jakob sehr schweigsam, weil die Eltern fortfahren werden.

[...]
Gleich nach dem Mittagessen wieder ins Schneetreiben hinaus. Nach Berlin (Eva, Erwin). Wir fahren fast drei Stunden.

Abends im Theater. Hermann Kants dramatisierte »Aula«. Es geht, geht sogar gut. Man lacht viel. Über Politisch-Gestriges, was natürlich heute noch in borniertien Funktionärsköpfen herumspukt. Aber das Stück (wie schon das Buch) profitiert von der Tatsache, dass es keine Arbeiter- und Bauernfakultät mehr gibt. Es gibt folglich auch keine Funktionäre mehr, die sich kritisiert, lächerlich gemacht fühlen. Wollte man »Bienkopp« oder Wellms »Wanzka« dramatisieren, würden Landwirtschafts- und Volksbildungsministerium aufheulen. Dort sitzen zum Teil noch die gleichen Leute von damals, die niemals bereit sind über sich zu lachen, auch über ihre alten Dummheiten nicht.

Kants »Aula« kommt einer Dramatisierung überdies sehr entgegen. Es wird schon im Buch ausgiebig und pointiert und witzig und geistreich geredet. [...]

Berlin 28. Februar (Freitag)

Eingeschrieben.

Keinen Marsch. Keine Atemübungen. Keine Gymnastik. Die Grossstadt mit ihren grau, grausamen Sitzungen versucht allemal die Grundvoraussetzungen für alle schöpferischen Grundhaltungen und Voraussetzungen umzustossen. Man muss, so schnell wie möglich, zurück in die Wälder. [...]

7. März (Freitag)

Eingeschrieben.

Seit Erwin jr. in Rheinsberg bei Dr. Gigas in Winterpension ist, habe ich die Fütterung und Wartung der Kaninchen wieder übernommen. Das sind täglich zwei Arbeitsgänge.

SCHREIBEN

An der Geschichte (gestern!) gearbeitet. Keine Geschichte, an der man nicht stilistische und erzählerische Erfahrungen macht: Neuerdings scheint mir, dass eine Geschichte, die mit Konjunktionssätzen (also im »feierlichen« Bibelstil) gebaut ist, keine direkten Dialoge verträgt. Das heisst, sie verträgt sie schon; die Bibeltexte beweisen es, aber es entsteht eine recht eigenartige (hinhorchen machende) Melodie, wenn die Dialoge als Konjunktiv-Sätze erscheinen. [...]

9. März (Sonntag)

[...]

APHORISMEN

Wo ein Plus ist, ist ein Minus. Wenn wir das nur stets bedenken wollten. Aber sobald wir es mit einem Plus zu tun haben, sind wir von ihm so fasziniert, dass wir das Minus erst bemerken, wenn es sich uns in Form von Tatsachen nähert und uns Unbehagen verursacht. [...]

10. März (Montag)

[...]

ZU TOLSTOI

Gel.: Immer noch den letzten Teil von Tolstois KRIEG UND FRIEDEN. Dazu die Berichte von Zeitgenossen Tolstois über seine Arbeit an diesem grossen Werk.

Es erhebt, sich mit T. zu beschäftigen. Es ist ermutigend. Man ist als Schriftsteller wieder wer, wenn man auf ihn blickt. Er hat's nicht leichter gehabt als wir mit den Zeitgenossen und mit der Zensur. Als Schriftsteller wird man erst ernst genommen (im feindlichen und im wohlwollenden Sinne) wenn man einen Berg von einem literarischen Werk aus sich herausgestellt hat, der unübersehbar ist.

Schulzenhof – Neuruppin – Berlin 11. März (Dienstag)

[...]

Nach Neuruppin. Schwiegermutter Hedwig abgeholt. Wieder schneit es. Wieder sind die Leute mürrisch. Vom Frühling keine Rede mehr. Jakob darf vorn bei mir sitzen und freut sich über diese Tatsache. Sein Glück ist für eine Weile vollkommen. Was schiert ihn, dass es noch nicht Frühling wird. Er nimmt, was der Tag ihm bietet.

7.–12. März

Nach Berlin im Schneetreiben. Anstrengend. Man ist froh, wenn man die Fahrt hinter sich gebracht hat.
Eva fühlt sich nicht wohl. Ein Grippeanfall. Sie muss zu Bett.
[...]

Berlin 12. März (Mittwoch)
Eva muss zu Bett bleiben.
Bei mir: Eine Art von *Depression*. Ich weiss, dass die Sitzungen, die ich in den nächsten Tagen zu absolvieren habe, im Grunde nutzlos, Verschwendung von Lebenszeit sind.
Eine solche Depression drängt mich stets nach einer Gelegenheit zu suchen, mich in einer Art Jähzorns- oder Kurzschlusshandlung zu entladen.
Die Gelegenheit ist in diesem Falle eine Dose (schwarzen) Schuhkrems, die mir im Bad auf die Fliesen fällt. Der schwarze Brei auf den Fliesen ist wie der Blick in eine Hölle. Ich brülle (völlig unzurechnungsfähig) die kranke Eva an, die mir bei der Beseitigung des schwarzen Kleisters behilflich sein will.
Glücklicherweise (ein Fortschritt gegen sonst oder früher) bekomme ich mich bereits nach zwanzig Minuten wieder in die Hand. Zerknirscht stelle ich fest, dass da etwas unberechenbar Fremdes in mir tobte.
Ich bring die Kraft auf, mich, noch bevor ich aus dem Haus gehe, bei Eva für die »Entgleisung« zu entschuldigen.
Bisher war's so, dass ich nach einem solchen Vorkommnis ein, zwei Tage lang grollte und die Schuld für den »dämonischen« Ausbruch in meiner Umgebung (meist bei den mir liebsten Menschen) suchte.
[...]
Gel.: Zeitschriften.
Tolstois Tagebuch aus den neunziger Jahren. Die Zeit, zu der er AUFERSTEHUNG schrieb. Diese Anrufungen eines personifizierten schmalen Christengottes. [...] Als Künstler, so kommt mir vor, hat Tolstoi mit Erdteilen, Sternen und Völkern jongliert, und als Mensch kroch er (reumütig) in eine plagenbedeckte »Gotteshütte« zurück.

Berlin 13. März (Donnerstag)

[...]

WAS WIR ALLES DÜRFEN

Die sogenannten *Sekretariats*mitglieder des Schriftstellerverbandes halten eine *Sitzung* ab. Was wir so alles sind: In einer Sitzung Sekretariats- in der anderen Vorstandsmitglieder, in wieder einer anderen Sitzung nur einfach Mitglieder und wenn wir etwas entscheiden sollen, was kein anderer entscheiden möchte, dann sind wir sogar Vize-Präsidenten. Also bald gewöhnlicher Kirchgänger, bald Abendmahlsempfänger, bald Messknabe.

In dieser Sitzung geht es um den Kongress der Schriftsteller im Mai, im Mai, da die Dichter besser dichten und nicht Schauspieler sein sollten.

Denn ein Schauspiel wird der Kongress, ein noch besser einstudiertes, mit noch strafferen Regieanweisungen, als es gleichartige Kongresse bisher waren.

Was da alles vorberaten werden muss: Statuten und die Anzahl der Präsidiumsmitglieder, die Sitzordnung der Präsidiumsmitglieder und die Redezeit der Redner. Schaut an, was wir schon alles ganz allein und so machen dürfen wie die Grossen. [...]

Der ganze Nachmittag bis in den Abend hinein wird für diese Sitzung verbraucht. Man ist so hohl davon geworden, dass der ekle schneestöbernde Ostwind auf einem pfeift wie auf einer Okarina. [...]

13. März (Donnerstag)

Eingeschrieben.

HUNDE

Die Jahrgänge der Hundezüchter-Zeitung auf Anschriften von DALMATINER-Züchtern durchgesehen. Wir haben die Absicht uns vielleicht einen DALMATINER ins Haus zu holen; denn wir sind augenblicklich hundelos. [...]

Berlin 14. März (Freitag)

Besorgungen für den Haushalt, denn wir richten uns (Evas Krankheit wegen) drauf ein, übers Wochenende in Berlin zu bleiben.

13.–14. März

Wir wollten uns mit der *Weigel* treffen. *Die Weigel* war über Nacht an Grippe erkrankt.

Wenn ich den Theaterhof betrete, stürmen die Erinnerungen an *Brecht* auf mich ein. Dann denk ich, es ist gut, dass ich mit »liebender« Wehmut an die Zeit zurückdenken kann, da er mich mitten in seinem »steigenden Ruhm« sozusagen in der Welt der Intellektuellen wie seine Entdeckung vorzeigte. Aber die Leute dieser Welt werden mich wohl kaum je akzeptieren, wie ich mich nie (das weiss ich bestimmter) in deren einseitiger Welt zu Hause fühlen werde. Und wer weiss, was wir bereits für Kontrahenten wären, wenn Brecht noch lebte! Ob er sich wohl enttäuscht gesehen hätte, wenn er gewahr geworden wäre, dass ich nicht schmalgleisig wie er (wider sein besseres Wissen) der Zukunft zufahre?

Er hat seine Dichterideale hurtig verscharrt; aus zeitgemässer Notwendigkeit, wie er glaubte, und sicher hat er, für die Zeit, in der er lebte, recht gehabt. Aber schon als die Klasse, der er diente, vom Opponieren zum Regieren übergehen konnte, stand er mit seinen harten Pinseln und der schmalen Palette, die er sich (aus gesellschaftlichem Zwang, wie er meinte) zugelegt hatte, einigermassen hilflos da.

KATZGRABEN

Ich sass mit *jungen Theaterstudenten* in der Kellerkantine des Theaters, wo ich auch des öfteren mit ihm gesessen hatte. (Er immer nur auf halber Stuhlfläche und auf dem Sprung entweder zur Bühne oder zu seinen drei Stuben in der Chausseestrasse.)

Die jungen Leute wollen in einer Studio-Aufführung KATZGRABEN spielen. Sie fragten leise an, ob ich ihnen wohl ein paar (erläuternde, wie sie meinten) Zwischentexte schreiben würde. Ich lehnte ab, gab ihnen aber meinen »Segen« zur Versuchsaufführung des Stückes.

DRUCKGENEHMIGUNG

Im AUFBAU-Verlag. Das Manuskript meines »Geschichten«-Buches habe die Zensurstelle beim Kulturministerium ohne Beanstandungen passiert, wurde mir gesagt.

Diese Tatsache hob meine Laune für ein paar Stunden an. Immerhin sind in den fünfzehn Geschichten eine Anzahl meiner »unerlaubten Privatanschauungen« von Politik und Leben enthalten. Und wenn das Buch erst einmal gedruckt ist, stehen diese Anschauungen den Lesern zu Überprüfung oder gar zur Aneignung zur Verfügung. Mit der Drucklegung des Buches gehen diese Anschauungen nicht nur über die Wände meines Arbeitszimmers hinaus, es sind ihnen auch die Landesgrenzen geöffnet.

Das gehört zu den modernen Wundern. Man hat allen Grund froh zu sein, wenn einem ein solches Wunder widerfährt. [...]

[...] Berlin 16. März (Sonntag)

SCHREIBEN

Kurz und gut, nach aussen hin mag das, was ich zur Zeit hier in der Berliner Wohnung tue, wie Faulenzen (oder gelinder gesagt, wie ein Entspannen) wirken. Dem ist aber nicht so: Ich überdenke beständig meine künstlerische Situation, und es reifen Entschlüsse. So entstand schon nach der Beendigung der Lektüre von KRIEG UND FRIEDEN der Entschluss nunmehr (nach der Fertigstellung des begonnenen Kinderbuches) an die Fortführung des Romans DER WUNDERTÄTER zu gehen.

Fast bin ich froh, dass sich das Projekt Zeiss-Jena, oder genauer gesagt, die Behandlung des Themas ERDE – KOSMOS zerschlug, aus irgendwelchen Gründen der Geheimhaltung (bei Zeiss) zerschlug. Am Erkalten meines Willens in dieser Richtung lag es jedenfalls nicht. »Was gut ist, kommt wieder«, heisst es in meiner Heimat, und so bin ich, was die Verzögerung meiner Arbeit in dieser Richtung betrifft, ruhig.

In bezug auf die Fortarbeit am WUNDERTÄTER ist gerade eine Quelle von Zweifeln über das Gelingen in diesen Berliner Tagen versandet: Ich bin nunmehr entschlossen, den Roman ohne Rücksicht auf die tagespolitischen Wünsche (einer Parteileitung) ganz so, wie ich glaube, dass ich *muss*, niederzuschreiben.

Da wird das ewige Jonglieren und das (tagespolitische) Austarieren fortfallen. Es wird sich, so fühle ich augenblicklich, leichter schreiben. Der Roman(teil) wird ein Bericht über den derzeitigen Stand meiner Erkenntnisse sein. Das muss er, das soll er, und anders geht es nicht!

Die Fortarbeit am Kinderbuch wird vielleicht nicht ganz behaglich sein, weil sie mehr oder weniger eine Wiederholung des KRAMKALENDERS sein wird, die Beschäftigung mit einer »Haut« also, die ich, wie ich fühle, bereits abgelegt habe. [...]

Berlin 17. März (Montag)

[...]

In alten Zeitschriften herumgelesen: SINN UND FORM. Aufschlussreich die *EISLER-FAUSTUS-Diskussion*. Die Thesen Brechts zu der Sache.

Es waren übrigens die gleichen Leute, die gegen die moderne Faust-Inszenierung vom Vorjahr zu Felde zogen. Hier wie dort zetern sie über die »Zerstörung des nationalen Faustbildes«.

In Wirklichkeit spukt ihnen eine durch und durch bürgerliche »Faust-Auffassung« im Kopfe herum, die sie sich in ihren Jünglingsjahren aneigneten. [...]

Berlin 18. März (Dienstag)

[...]

Entsetzen packt mich, wenn ich daran denke, dass es auch mir hätte widerfahren können, die Welt das Leben lang durch den Schlitz eines festen Berufes betrachten zu müssen. Als Bäcker zum Beispiel auf die Menschen zu sehn und sie einzuteilen in solche, die meine Backwaren kaufen und in jene, die an meinem Laden vorübergehen.

Berlin 24. März (Montag)

[...]

ÜBER UNS

Nun sitzen wir vierzehn Tage hier im dritten Stock der Frankfurter Allee 22. Trotz Evas Krankheit waren es gute, sogar produktive Tage.

Unsere Maxime: Es ist nicht wichtig, wo man sich befindet, wenn nur die Umgebung die geistige Produktion nicht behindert – hat sich als richtig erwiesen.

Draussen in Schulzenhof bezahlen wir das »gesündere, körperlich zuträglichere Landleben« mit der Tatsache, dass wir uns geistig oftmals tagelang nicht gründlich austauschen. Die Verhältnisse: Kinder, Haushalt, Tiere und die grosszügigeren Raumverhältnisse schieben sich trennend zwischen uns. Das aber ist unserem Verhältnis zueinander abträglich. Wir brauchen uns dringend, haben uns nötig, um aneinander hochzuranken.

Das hört sich pathetisch an, doch ich nahm mir nicht die Zeit, es »ungestanzter« zu sagen. [...]

Berlin – Schulzenhof 29. März (Sonnabend)
[...]
Berlin – das heisst jedesmal, sich verausgaben. Mal mehr, mal weniger. Von Tag zu Tag spürt man, dass sich Nervenkraft vermindert, weil sich in der Grossstadt kaum Möglichkeiten ergeben, die Nervenkraftreserven zu ergänzen. Das Gehör z. B. wird Tag und Nacht von Geräuschen berannt, die Luft, die man atmet, ist überall von Abgasen durchsetzt, kaum eine Nacht erquickenden Schlafs.

Dann die vielen Eindrücke, ihre Flüchtigkeit, die vielen Begegnungen mit Menschen. Das alles zieht vorüber wie ein tagelanger Film. Kaum macht man sich daran, ein Erlebnis, einen Eindruck tiefer zu durchdenken, da werden sie von neuen Erlebnissen und Eindrücken zur Seite geschoben.

Nun ist man ausgehungert nach dem Rhythmus ruhiger, gleichmässig verlaufender Tage. Aber tief drinnen (in einem) ist alles noch so aufgerührt und wirbelig, dass man Zeit braucht, sich in die alt-neue Gegebenheit zu schicken. [...]

4. April (Freitag)
[...]
Unterwegs mit den Stuten. Der Schnee auf den Waldwegen scheint endlich Wasser werden zu wollen. Das Eis der Seen schieferblau. Von »oben« gesehn scheints sich nicht zu rühren, aber unterirdisch geht natürlich etwas vor sich, denn das Wasser korrespondiert heimlich mit der wärmer werdenden Luft. Das Eis begünstigt das Komplott zwischen Wasser und Luft: Es hat in

seiner Starrheit die Funktion des Fensters übernommen, lässt wärmende Strahlen passieren und hält die Wärme vom Wasser zurück.

[...]

Gel.: Christa Wolf, NACHDENKEN ÜBER CHRISTA T. Die ersten fünfzig Seiten. Bei soviel vorgegebenem Tiefsinn bekomme ich Kopfschmerzen.

[...]

7. April (Montag)

Eingeschrieben. *Das Einschreiben* nimmt augenblicklich mehr Zeit in Anspruch als in den Zeiten, da ich an einer grösseren Arbeit sitze. Es vermittelt mir die Befriedigung, mein Tagestun ein wenig durchdacht zu haben und den Eindruck (der natürlich Täuschung sein kann) täglich etwas (auch wenn es noch so wenig ist) getan zu haben. [...]

8. April (Dienstag)

Eingeschrieben.

In *alten Tagebüchern* aus dem Jahre 1966 geblättert. Nach dem Namen des Ortes in KACHETIEN (Kaukasus) gesucht, der dieses Jahr unser Reiseziel werden soll: SIGNARI. (Mit Kehllaut zu sprechen!)

Bei dieser Gelegenheit festgestellt, dass es nützlich ist, ein Reisetagebuch im Telegrammstil zu führen. Selbst aus einzeln hingeworfenen Worten, Details, Feststellungen lassen sich die entsprechenden Erlebnisse mühelos rekonstruieren. Leider habe ich den Telegrammstil 1966 nicht durchgehalten. Dieses Jahr muss das unbedingt geschehen!

Wieder begonnen, Rohstoff für das geplante Kinderbuch aus den Notizheften herauszuschreiben. [...]

11. April (Freitag)

Eingeschrieben.

[...]

Zur Zeit habe ich keine Lektüre, in der ich leben kann wie in einer Stube. In vielen Büchern herumgelesen; vornehmlich in Eckermanns Aufzeichnungen. Dort findet man immer Interessantes. Das heisst, es ist eines jener Bücher, bei deren Lektüre man gewahren kann, ob man zwischen Lesen und Wiederlesen Erlebnisse hatte, die einen für früher überlesene Passagen aufnahmebereit machten. [...]

16. April (Mittwoch)
BESUCH: Unangemeldet am Nachmittag *Bruno und Mike Skodowski*, die bis 9^h abends bleiben. [...] Für mich interessant: Der ehemalige Minister, der wieder im Volk untertaucht und jetzt mit »grossen Augen« feststellt, wie sehr er durch Berichte bezahlter Funktionäre über das Volksleben und die Methoden, mit denen man einen einheitlichen »Volkswillen« herstellte, getäuscht wurde. Bruno: »Ich dachte wirklich, wir wären schon weiter, und diese Methoden gäbe es nicht mehr.« [...]

21. April – 10. Mai
[...]
Die DEFA wollte die Erzählung BEDENKZEIT verfilmen. Gestern brachte Dr. Karl den Entwurf des Szenariums. Unmöglich. Die Figur des Eddi Kienast war verschwunden. Ein ländlicher Clown, aber ein ganz mieser Clown, stand da.

NOTIZEN AUF DEM KRANKENBETT
Es begann schon in der Kindheit, dass ich anfing Menschen, Dinge und Verhältnisse so eingehend zu betrachten, dass sie mir Seiten zeigten, deren Vorhandensein mir von meiner Umgebung nicht bestätigt wurde. So kam's, dass ich diese Art, meine Umwelt zu betrachten, als etwas Abseitiges, etwas nicht Wünschenswertes empfand.

Ich gab mir Mühe, endlich ein »reifer Mensch« zu werden und die Umwelt so zu betrachten, wie es die Menschen um mich her taten: Nüchtern! Es gelang mit trotz der Anstrengungen, die ich investierte, selten. Das wurde mein geheimer Kummer.

Als ich mit dem Schreiben begann, wagte ich aus diesem Grunde nicht, die Umwelt so zu beschreiben, wie ich sie sah. Nein, ich legte Wert darauf, zwang mich geradezu, die Welt so zu beschreiben, wie ich glaubte, dass sie »normale Menschen« sähen.

Viel Zeit verging, bis ich erkannte, dass man in der Kunst nur Eigenständiges, noch »Niedagewesenes« leisten kann, wenn man den Mut in sich heranzieht, die Welt so zu beschreiben, wie man sie wirklich sieht. Ich wurde gewahr, dass das, was ich für meine Schwäche gehalten hatte, meine Stärke war.

Alles das ist schneller und leichter gesagt als getan, denn man darf nicht auf Vorgeprägtes zurückgreifen, sondern man muss alles »neu« schaffen. Aber man kommt nicht drum herum, und bis man diese Erkenntnis nicht in die Tat umsetzte, ist man kein wirklicher Künstler.

16. Mai bis 27. Juni

Es war heute (27. Juni) ein grosser Augenblick, als ich das *Tagebüchlein* wieder aus der Tischschublade zog. Seit dem 21. April hatte ich nichts Eigentliches geschrieben; es sei denn jenen Brief, den ich an den Schriftstellerkongress (29. Mai) schrieb. Er wurde – nach anfänglichem Widerstreben der »Weisheitspächter« im Fachgebiet Kunst und Literatur – nun doch verstohlen und versteckt im »SONNTAG« abgedruckt. Überschrift: BRIEF VOM KRANKENBETT. Das sollte wohl ein bisschen zum Ausdruck bringen, dass der Verfasser für »nicht ganz normal« genommen werden dürfe.

Obwohl ich schon wieder umhergehe, sogar reite und auch einmal (unter Anstrengung zwar) auf der Wiese beim Heuen half, verspürte ich weder Drang noch Zwang an eine »eigentliche« Arbeit zu gehen.

Heute war nun der Tag, da ich *die erste Geschichte für das neue Kinderbuch*, eine, die ich schon für einigermassen fertig gehalten hatte, umschrieb.

Deshalb beginne ich auch hier im Groschenheft wieder dies und das einzutragen.

[...]

Alle Leseverpflichtungen und Fahrten werden für dieses Jahr abgesagt.

1969

6. – 12. Juli

HAUBENTAUCHER

Wir sind grosse Glücksspieler, die Haubentaucher und ich. Sie tauchen. Ich such mir auf dem See einen Punkt aus, an dem ich sie auftauchen sehen möchte. Bis heute habe ich dreimal gewonnen. Ich spiele weiter, und manchmal scheint mir: Nicht nur der Mensch, auch das Leben zeigt Spiellust. [...]

BETRACHTUNG

Manchmal bin ich glücklich, wenn ich dem Leben ein kleines Geheimnis ablausche und bilde mir ein, dass ich vielleicht auch andere (auch solche, die nach mir kommen) glücklich mache, wenn ich meine kleinen Entdeckungen aufzeichne. An *die* Zeitgenossen, die mich einen Aussenseiter heissen, weil ich ihre Fussballplätze meide, denke ich dabei nicht. [...]

1. – 2. August

[...]

MONDLANDUNG

In acht Tagen wird man wieder über ausserordentliche Kriminalfälle auf der Erde reden.

Menschen auf dem Mond – die Tatsache konnte doch nur alle die in Erstaunen versetzen, die da glaubten, dass Menschen nur auf der Erde leben.

Die nächsten Staunenden werden die sein, die den Erdenmenschen für das einzige vernunftbegabte Wesen im Weltall halten.

Es könnte ja sein, dass Wesen aus anderen Welten auf unserem Planeten eintreffen um mit uns zu experimentieren, mit uns wie wir mit den Delphinen.

Wer überhaupt garantiert uns, dass etwas ähnliches nicht bereits geschieht?

Es könnte ja sein, dass wir mit Hilfe der Technik in absehbarer Zeit auf einen von menschenähnlichen Wesen bewohnten Stern stossen. Dann werden wir den Stern zu unserer Kolonie und seine evtl. geistig unter uns stehenden Menschen zu Sklaven machen. [...]

3. – 14. August
DÜRRE

Das, womit sich jedermann in irgendeiner Weise in den letzten vierzehn Tagen beschäftigt, ist die Tatsache, dass nur (örtlich bei uns z. B.) ein kurzer Nachtgewitterregen fiel.

[...]

Leise Furcht vor Versorgungsschwierigkeiten (das Tarnwort für Nahrungsmangel oder Hungersnot!) beginnt sich unter den Menschen auszubreiten. Unsere Politiker schauen betroffen drein: Ein abnormer Winter, ein abnormer Sommer zum 20. Jahrestag der Republik, einem Tag, da das Selbstlob seine höchsten Wellen erreichen sollte.

DER VATER ist seit vier Wochen im Haus. Ich habe Zeit genug, zu erkunden, was von ihm in mir ist, denn in solcher »Reinheit« habe ich ihn mir noch nie über eine so lange Zeit ansehen können. Sonst war, wenn er hier zu Besuch war, noch die Mutter dabei, die seine Schwächen überspielen half, ihn mit ihrer Kritik zu einer gewissen Aktivität brachte.

Daheim im Heimatdorf sehe und sah ich ihn stets im Kreis der Familie und in der Nähe des aktiven Bruders Heini.

Eitel war er stets, aber seine Alterseitelkeit wirkt grotesk. Ein Maulheld war er stets, aber jetzt mit seinen achtzig Jahren und dem Kranz weisser Haare reist er auf Kosten des Respekts, den man dem Alter angeblich schuldig ist.

(noch) 15. August (Freitag)

Mir fällt auf, dass die Häufigkeit und Intensität, mit denen ich dieses Tagebüchlein beschicke mit dem Auf und Ab meines Gesundheitszustandes kommunizieren.[...]

21. und 22. August (Donnerstag und Freitag)
DER VATER

Eigentlich war der fünfwöchige Besuch des Vaters eine Wiederholung meiner schwersten, bedrückendsten Jugendzeit. Jener Zeit, da ich als »ausgelernter« Bäckergeselle ohne Lohnzahlung in der Bäckerei des Vaters arbeitete. Ich hatte mir damals vorgenommen, mit meiner Handarbeit zurückzuerstatten, was der Vater für mich verausgabte, als ich das Reformrealgymnasium der Kreisstadt besuchte. Es handelte sich um drei Jahre, die Zeit vom 14. bis zum 17. Lebensjahr, da der Vater für meinen Lebensunterhalt und meine Bekleidung aufkommen musste.

Natürlich hatte ich nach der Bäckerlehre, in der ich mir meine Kleidung nachts als Café-Kellner verdiente, bereits alles Interesse an meinem Beruf verloren. Ich kannte und konnte, wie mir schien, bereits alles, was zum Beruf gehörte. Was mir begegnen konnte, waren nurmehr Varianten.

Während ich vormittags (nur gegen das Essen) die Arbeit in der Bäckerei des Vaters verrichtete, verdiente ich mir das Geld für Bücher und Kleidung mit der Zucht von Angorakaninchen und dem Verkauf ihrer Wolle und als Zeitungsexpressbote. Am Spätnachmittag holte ich auf dem Bahnhof in Spremberg die Zeitungspakete (»Cottbuser Anzeiger«) für 14 oder 15 Dorfgemeinden ab. Ich transportierte sie auf einem Motorrad. Grosser Zeitungsrucksack, Gepäckträger. Für die Fahrt benötigte ich wohl 2½ bis 3 Stunden. Je nach Witterung. Im Winter bei verschneiten oder glatten Landstrassen wars nicht leicht. Ich kam aus der warmen Backstube und fror. Das Motorrad hatte einen Riemenantrieb. Der Riemen rutschte bei Nässe und Schnee. Vor allem zerriss er oft. Viele Male stürzte ich. Ein Schwein lief mir ins Motorrad. Ein Salto. Eine Gehirnerschütterung. Ein Reh sprang mir ins Vorderrad. Ich überschlug mich, lahmte einige Zeit. Ein andermal bei Schneeglätte, stürzte ich beim Bremsen. Das grosse Rad eines mit Ziegeln beladenen Lastwagens wurde kurz vor meiner Brust herumgerissen. Unvergesslich: Den Tod, als Lastwagenrad verkleidet, auf sich zurollen zu sehen! Der Lastwagen prellte, dadurch dass mein Leben geschont wurde, gegen die Apfelbäume am Strassengraben. Ich musste von meinem geringen Zeitungsausfahrer-Lohn nicht nur die Reparaturen am Lastwagen, sondern auch der Chausseeverwaltung die lädierten Obstbäume bezahlen. Versicherung? Wie hätte ich sie mir leisten können!

Aber das alles machte mir das Leben nicht sauer und schwer. Viel schwerer war der Umstand, dass der launische Vater mein

22. August

Tun (alles, was ich auch immer tat!) mit Misstrauen verfolgte. Versteckte Andeutungen zur Mutter über die Tatsache, dass aus mir »nichts geworden sei, ja überhaupt niemals etwas werden würde«. Wenn ich schon in Büchern herumlas, auch die dem Vater vom Finanzamt abverlangte Buchführung fürs Geschäft versah! – weshalb bemühte ich mich da nicht um die Stelle eines Buchhalters?

Alle Hoffnungen das Vaters galten dem vier Jahre jüngeren Bruder Heinrich (meinem Lieblingsbruder übrigens!). Er lernte inzwischen, weil der Vater sich kaum bemühte, dem technisch Begabten eine entsprechende Lehrstelle zu verschaffen, ebenfalls Bäcker in der Kreisstadt. Sohn Heinrich war der von Kind an vorgesehene Hof- und Geschäftserbe.

Bruder Martin lernte Friseur, schnitt schon als Lehrling an den Sonntagen den Dorfleuten die Haare. Auch er ein »tüchtiger Mensch«, dieser Martin! Nur ich, in den der Vater, trotz meiner unentgeltlichen Arbeit in seinem Geschäft, nach wie vor behauptete, Geld investiert zu haben, verzinste mich nicht. (Auf der Schule hatte ich eine sogenannte Freistelle!)

Dann kam die Zeit, da ich von daheim wegging, in Tierzuchtbetrieben und Fabriken arbeitete, echt verproletarisierte, unter den Ärmsten der Armen, unter Asozialen lebte (Saalfeld!).

Der Vater rümpfte die Nase. Ich war eine Null für ihn. Der Kontakt mit dem Zuhause beschränkte sich auf den spärlichen Briefwechsel mit der Mutter. Nie eine Zeile vom Vater. Nicht die geringsten Ansätze, mich materiell zu unterstützen. Die wohlbestallte Bäckerfamilie hatte in ihrem Leben nie Not kennengelernt. Das Höchste ein spärliches Geburtstags- oder Weihnachtspaket mit etwas Kuchen. Auch die Mutter glaubte damit, das Äusserste getan zu haben.

Heute weiss ich, dass das alles für meine Entwicklung (auch später zum Schriftsteller) günstig war. Ich wurde auf die eigenen Kräfte verwiesen, schrieb und schrieb in jeder freien Minute, liess mich auch von der Frau (erste Ehe!) belächeln: Ein nicht ganz Normaler, der winters in einer bereiften Kammer schrieb und schrieb, ohne Erfolg.

Es würde zu nichts führen, wollte ich all die Beleidigungen

und Erniedrigungen [aufzählen?], die ich (auch nach dem Kriege, da ich aus sentimentaler Heimatliebe ins Elterndorf zurückging) über mich ergehen lassen musste.

Nun nachdem ich den Vater fünf Wochen allein »genoss«, frage ich mich, wie ich das alles vergessen konnte. Wie ich als fast Sechzigjähriger so naiv sein und annehmen konnte, dass der Vater, der nie an seiner Entwicklung arbeitete, sich gewandelt haben könnte.

Es war nichts als die Quittung für meine Naivität, die ich in den letzten Wochen erhielt. [...]

5.– 8. September

IM ALLGEMEINEN

Noch immer scheint der Schaden, den die HONKONG-Grippe-Viren verursachten, nicht ganz behoben. Die Bronchitis will nicht weichen, und der Schnupfen liegt tief drin in der Nasenhöhle auf der Lauer.

Ich will es mit Luftveränderung versuchen und ein, zwei Wochen (mit Eva) nach Thüringen fahren.

Ich arbeite am neuen Kinderbuch, mache jeden Tag ein, zwei Geschichten nach Notizen aus dem Groschenheft »literarisch«, korrigiere sofort und schreibe ab. Meist sind die »Einblatt-Geschichten« nach der vierten Fassung so, dass sie mir zu gefallen beginnen. Ich darf sie liegen lassen und warten, bis ihre fünften und sechsten Fassungen nötig werden.

Sogleich versucht sich ein Tagesrhythmus einzustellen: Morgens die Arbeit an den Geschichten, nachmittags ein Ritt und notwendige Arbeiten bei den Pferden und im Kleintierhof. Erwin ist nach Rheinsberg ins Internat gegangen. Die Versorgung der Kaninchen (augenblicklich 32 St.) habe ich übernommen. [...]

Während früher ein Tagesrhythmus mein Wohlbefinden förderte, schlich sich im Vorjahr eine Aversion gegen derlei Rhythmen bei mir ein. Ich fürchtete, dass bestimmte Tagteile und die Anregungen, die sie mir bringen würden, ungenutzt am Fenster meiner Arbeitsstube oder während der Hofarbeit vorüberströmen, dass Unwiederbringbares auf dem Strome der Zeit fortgeschwemmt wird.

22. August – 21. September

Andererseits – was nutzen Eindrücke, aus denen man nichts gemacht, die man nicht durch Schreiben bleibend gemacht hat.

Was mich wieder einmal stark beschäftigt: Erlebtes beim Einschreiben ins Tagebuch auf Anhieb so zu entnaturalisieren, dass es sofort, wenn es niedergeschrieben ist, auf das »Eigentliche« des Lebens hinweist. [...]

16.–18. September
Weimar

Wir sind also gefahren, sind den Schulzenhofer Vorherbst-Wiesen-Nebeln entflohen, haben unsere verständigen Söhne unter den Kapotthut von Schwiegermutter Hedwig gestellt.

In Berlin hatten wir smog, und den atmeten wir zwei Tage lang ein und liessen tausende von Autos durch unseren Schlaf dröhnen und schaben.

Wir sahen die *Kants*. Vera Oe. übermüdet von Proben, aber nicht ohne Vorfreude auf Fernsehaufnahmen, zu denen sie nach Moskau flog. [...]

Hermann nervös und als ob er gleich losheulen möchte wie ein Junge. Das Intrigenspiel um die Verzögerung der Drucklegung seines zweiten Romans übertrifft alles in Stalinzeiten Dagewesene. [...]

Weimar 21. September
NOTIZHEFT

Sobald ich mit meinen Gedanken in dieses Notizheft (oder seine Vorgänger, sicher auch Nachfolger) krieche, fühle ich mich recht eigentlich wohl. In diesen Heftchen versuche ich Kieselsteinchen für Kieselsteinchen, die Welt so aufzubauen, wie sie sich *mir* darstellt. Nicht in jedem Falle gelingts.

ZUSAMMENSEIN

Es kommt nicht drauf an, dass wir uns – wer weiss was – ansehen bei unserer Thüringenfahrt, auch der Zustand meiner Bronchien wird zweitrangig. Wichtig ist unser ungestörtes Zusammensein, die Gespräche, die bereits beim Frühstück beginnen, die wir, ungestört von häuslichen Verpflichtungen, fortsetzen und bis zu einem gewissen Resultat führen können. Wie Schiffe auf hoher See (Menschen im Meer der mannigfaltigen Eindrücke) ermitteln wir unsere Position und die Inseln, die gedanklich und mit unserer Arbeit anzusteuern sind.

[...]

In einer Gastwirtschaft assen wir je eine Bratwurst, deren Röstung auf Holzkohlenfeuer fast eine halbe Zeitstunde währte. In dem blonden, gut gescheitelten Wirtssohn, der uns mit halbstädtischem Wesen und abgeguckter Kellner-Routine bediente, sah ich mich plötzlich mit mir selber konfrontiert, mit jener Zeit, da ich in einem kleinen Moorbadeort an der Elbe als junger Bäcker und Konditor im Caféhaus in einer Manier die Gäste bediente, wie ich sie für weltmännisch hielt. Das Merkwürdigste aber war, dass nicht nur ich diese Assoziation (?) hatte, sondern auch die liebe Gefährtin, der ich aus jener Zeit meines Lebens manches erzählt hatte.

Dieses Nahbeieinandersein mit der Geliebten war die schönste Erschütterung dieser Fahrt über den Rennsteig hinweg, und es war mir, als ob es der Glücks-Extrakt dieses Tages war, eines Tages, den wir ganz zwecklos und ziellos begannen. [...]

30. September
ESTE UND SEIN NACHBAR

Zeitgenosse ESTE schrieb zuweilen Bücher. Es waren wohl schon an zehn Bücher, die ESTE geschrieben hatte. Die Bücher wurden viel gekauft und gelesen und ESTE erhielt viele beifällige Zuschriften von Lesern, sogar begeisterte Zustimmungen. Die Bücher von ESTE erschienen in 25 Sprachen und wurden sogar in Indien und Japan gelesen.

Der Nachbar aber, mit dem ESTE Zaun an Zaun lebte, nannte ihn ein Arschloch.

»Ich kann zufrieden sein, dass mich Frau und Kinder nicht ein Arschloch heissen«, sagte ESTE, »denn ein Bücherschreiber ist nicht zu jeder Stunde ein Dichter; er ist eigentlich häufiger ein Mensch als ein Dichter.«

6. – 8. Oktober

[...]

DIE FEIERLICHKEITEN

Es rappelt und trappelt, schmückt sich, beglückt sich, einer lobt den anderen für seine zwanzigjährige Treue zum Staat, aber der Staat selber will am meisten gelobt sein. Es genügt nicht, dass man einander lobt, der Staat scheint noch etwas ausser uns (oder äusserlich von uns?) zu sein. Die Vergottung eines Begriffs.

Wie bei einer prahlerischen Grossbauernhochzeit wurde schon das ganze Jahr auf diese »Hochzeits-Tage« hingearbeitet, »keine Wurst zu teuer«, kein Lob und Eigenlob zu geschmacklos.

Ein Wunder, wie man ausserhalb all der »feierlichen Hektik« bleiben konnte! Die Schriftsteller stellten sich zu einem Jubiläums-Basar. Ihr »guter Wille« wurde weder mit einem Foto noch mit einer gedruckten Zeile in den Festberichten der Tagespresse erwähnt. Sie marschieren am Schwanze als grosszügig von den Ökonomen geduldete Rotte »unsicherer Kantonisten«. Ach, könnte man sie doch entbehren oder auf Computer-Arbeit umpolen! Mit einigen gelang es. Sie fungieren als Zulieferer für die Fernsehprogramm-Maschinerie, liefern ein paar bunte Knöpfe, die sie in ihren Heimwerkstätten drechseln für die Staatsanzüge, die in den Fernseh-Ateliers nach Mass gefertigt werden.

Wir verlebten die »Wirbeltage der Republik« jedenfalls unangefochten und unangefordert in Schulzenhof. Für meinen Gesundheitszustand konnte ich mir Besseres nicht wünschen. Ich gab Herbert »einen Feiertag« und übernahm den Pferdestall. [...]

11. Oktober

[...]

Es war ein stiller, stiller Abend. Die Luft war lau, die Luft war seidig. Ein Abend, an dem irgendwo in der Welt etwas Gutes geschehen müsste.

Ein Augenblick, in dem sich die Spannungen in [der] *Weltpolitik* zu vermindern scheinen.

Die Amerikaner werden von Gegenströmungen im eigenen

Lande gezwungen, sich mit vorgetäuschter Haltung aus dem Vietnam-Krieg herauszulösen.

Die sowjetischen und die chinesischen Genossen haben verlautbart, dass sie sich an einen Tisch setzen werden, um die Grenzstreitigkeiten beizulegen oder zu vermindern.

In Westdeutschland dürfte durch die Koalition der Sozialdemokraten mit den Freien Demokraten eine linke, zumindest antifaschistische Regierung zustande kommen.

Nur die Araber und die Israelis liefern sich täglich kleinere Schiessereien.

12. Oktober

Unsere beiden letzten Fohlen (zwei Hengste) werden abgeholt.

Der *Schriftstellerverband* hat es fertiggebracht, eine Sonder-Partei-Schule für die Genossen einzurichten. Zunächst soll ein »Lehrgang« von acht Tagen in Rahnsdorf stattfinden. Auch ich soll teilnehmen. Es heisst so schön, dass wir aus »berufenem Munde« die Tagespolitik – die Linie erklärt bekommen sollen. Die berufenen Münder sehen dann so aus wie Gysi oder Hochmut oder irgendwelche ökonomischen Manager. Man weiss aus Erfahrung, wie schnell die sogenannte Linie zur Kurve wird. Man darf gespannt sein, wie diese Kurve jetzt in bezug auf Westdeutschland aussehen wird. Die sowjetischen Freunde haben scheinbar ernsthaftes Interesse an einer Entspannung. Werden wir ihnen dabei im Wege stehn und unseren Bruderzwist weiter betreiben können?

Nein, ich geh nicht zum Lehrgang!

14.–17. Oktober

[...]

WAS ICH WIRKLICH FÜHLE

Was sich äusserlich an meinem Leben auch verändern mag, ob in zwei Jahren neue Arbeitsräume im Wohnhaus entstehen, ob ich Schulzenhof aus Gesundheitsrücksichten aufgeben, ob mir alle Pferde davonlaufen, ob Unglück in der Familie oder das grösste Unglück, ein unvorhergesehener Krieg, ausbrechen [würde] – an meinem eigentlichen Leben wird sich, solange ich die Finger zum

11.–21. Oktober

Schreiben krümmen kann, nichts ändern. Ich werde aufzeichnen, was ich erlebe, beobachte, analysiere, fühle und ahne und was an Lebenserfahrungen in mir ist.

Worauf es ankommt, ist, dass zu diesem Zwecke, alles, was mir die Zeit wegfrisst, bis auf die, die ich zur Erhaltung der Arbeitsfähigkeit verausgabe, mit Diplomatie, Energie, auch Willensanstrengung abgeschnitten, aus meinem Leben ausgemerzt wird! [...]

21. Oktober

Zum Thema: *THOMAS MANN UND BRECHT*

Vor zwanzig Jahren las ich Thomas Manns »Dr. Faustus«. Ich fand keinen Zugang zu seiner Art. Etwas später begann meine Zusammenarbeit mit Brecht. Er erklärte mir, dass es keinen Sinn hätte, die Bücher Manns zu lesen. »Des weibischsten aller Männer«, sagte er, und er kenne keinen, »weiblicheren Mann als Thomas Mann«.

Die Gründe für diese wurstige Ablehnung lagen im Persönlichen, wie ich später bemerkte. Da gab es einige Ungehörigkeiten von Brechts Seite in der Emigrationszeit. Sie sind aus Thomas Manns Briefen zu erkennen.

In den letzten Jahren näherte ich mich Thomas Mann über seine Essays und seine (bei uns unvollständig) veröffentlichten Briefe. Und im Frühjahr dieses Jahres las ich seinen Erstling »Die Buddenbrooks«.

Und auch das geschah in den letzten Jahren: Brecht rückte für mich in die Ferne einer zunehmenden Ablehnung. Th. Mann rückte mir näher durch zunehmende Sympathie für seine Art, alles Für und Wider der Gegenstände, die er beschrieb (auf seine Weise), wohl zu durchdenken.

Früher schreckte mich die Geschraubtheit seines Stils, die langen Perioden, die Schachtelsätze. Er hat Goethe in dieser Hinsicht beerbt. Es brauchte eigentlich zu lange, bis ich das feststellte.

Einmal hat Brecht Thomas Mann sogar verehrt. Das war Anfang der zwanziger Jahre. Da spricht er (Brecht) von »fein ziselierter, zartfarbener Wortkunst« Th. Manns, und zum Schluss mahnt Brecht die Veranstalter eines Th. Mann-Abends (wohl in Augsburg?)» ... vielleicht vergäben sie sich nicht zuviel, wenn sie ein andermal ihre GEISTIGEN Mitarbeiter um Belehrung bäten, wer der Gast ist, den sie einladen.« Wenn daraus keine Verehrung spricht!

Aber das war vor Brechts Bekanntschaft mit dem Marxismus, den er später als Draperie oder als Grundlage – ganz wie es ihm passte – für seine anarchistischen Gelüste benutzte. Die verliessen ihn bis in die letzten Lebensjahre nicht. Jedenfalls begann damals Brechts Bilderstürmerei. Sein SCHEISSEN aufs kulturelle Erbe, seine »Bürgerschreckzeit«.

Wie konnten da Th. Mann, Rilke, Tagore und alles, was er vorher nicht ohne Ehrerbietung vorbeiliess, noch etwas gelten? Es wurde »Kahlschlag« gemacht. In Deutschland blieb (von ihm aus gesehen) als Dichter – nur er (Brecht) übrig.

Keiner seiner Biographen hat allerdings (bis jetzt) begriffen; noch viel weniger erlebt, was in den letzten Lebensjahren mit ihm geschah, als er plötzlich erkennen musste, wie langsam und auf welchen Umwegen die wirklichen Revolutionen erreicht werden. Der bewaffnete Kampf und die Herstellung gerechter Machtverhältnisse zugunsten der unterdrückten Klassen, erwies sich auf einmal nur als (einer gewissen Romantik nicht entbehrendes) Vorspiel. [...]

Man muss wohl wirklich mit ihm Umgang gehabt haben, um bemerkt zu haben, mit welcher »Frechheit« er zuweilen auf den unhaltbarsten Behauptungen bestand, man muss zugesehen haben, wie leicht er sich selber etwas vormachte oder vormachen liess. Darin lag seine Naivität, die alle seine Verehrer heute (!) wie eine Gotteslästerung zurückweisen würden.

Bei Brecht war es häufig so: Ob etwas wohldurchdacht war und einer strengeren Prüfung standhielt, war ihm gleich. Die Hauptsache war, dass eine gewisse Umkehrung bisheriger Betrachtungsweisen entstand, die er zuweilen sogar fälschlicherweise als Dialektik bezeichnete, eine verblüffende Umkehrung. Das Bürgerschrecken und eine gewisse pennälerhafte Unreife und Missweisheit liessen ihn bis in sein fünzigstes Lebensjahr nicht los.

In den letzten Jahren mochten ihm einige seiner Fehler be-

21. Oktober

wusst geworden sein. Man spürte es aus gewissen Äusserungen im vertrauten Kreise, auf die ich später einmal eingehen werde. Aber da befand er sich in der Lage des Wissenschaftlers, dessen Hypothesen und Thesen sich als überholt und für das Fürderhin als unbrauchbar erwiesen. Konnte ein Brecht das (öffentlich) zugeben? Nein, da starb er lieber.

Ich schweife ab. Ich wollte von Thomas Mann reden. Seine alle acribistischen Literatur- und sonstigen Wissenschaften annullierende Naivität scheint mir aus einem gesünderen, unverkrampfteren Leben zu kommen. Er ist nicht auf unbedingte Umkehrung alles bisher Gedachten oder Bedachten über einen Gegenstand aus. Er lässt gelten, was nach seiner Meinung Geltung hat und lässt uns auf dem Wege feiner und feinster Ironie wissen, wie er (Thomas Mann) über den gewissen Gegenstand auf Grund eigener, wirklicher Erfahrungen und als Persönlichkeit denkt. Diese Art eines Dichters an, im bürgerlichen Leben feststehenden und ausgemachten »Heiligtümern« den Goldbelag herunterzukratzen, scheint mir eine dichtergemässe, würdigere Art zu sein. Sie verrät Weltgeist und ein gewisses Vertrautsein mit den letzten, unumstösslichen Wahrheiten und Weltbedingtheiten. [...]

Jedenfalls bereitet mir das Lesen von Thomas Manns inoffiziellen Goethe-Essays, versteckt in der LOTTE IN WEIMAR, Vergnügen und bringt verwandte Gedanken zum Klingen.

»Goethe, der alte Säuferrr«, sagte Brecht, und etwas anderes hörte ich in der Zeit unseres Zusammenseins von ihm über Goethe nicht. Ich bin nicht im Bilde, nicht gebildet genug, um zu wissen, ob Brecht sich sonst noch irgendwo, wenigstens negativ über Goethe ausliess, aber dieser leichtfertige Satz, den ich selber von ihm hörte, gibt mir zu denken, gibt mir immer mehr zu denken über Brechts mangelnden Ernst – nicht nur auf das Gestern bezogen.

Steine sterben langsam, aber sie sterben.
[...]

1969

23.–26. Oktober
ICH und DIE BETRIEBSAMKEIT
Die Tage haspeln sich nicht ab; es ist was in ihnen, etwas Bleibendes, wie ich hoffe:

Mit der Arbeit am Kinderbuch gings voran und immer mehr dem befriedigenden Ende zu.

Noch halte ich mich vom Rummel der Geschäftigkeit, der vorgegebenen und nur statistisch wichtigen Sitzungen und Versammlungen in Berlin fern. Noch führe ich für mein Fernbleiben meinen Gesundheitszustand ins Feld, und sicher würde mich die Teilnahme an jenen Pflichtveranstaltungen gesundheitlich wirklich zurückwerfen; denn noch immer ist mein augenblickliches Wohlbefinden doch, mehr oder weniger, die Wirkung des Ceglunats und des Curantils, jener Medikamente, die ich dreimal täglich schlucke.

Wohl werden die Zweifel, ob ich richtig daran tue, mich der Berliner Betriebsamkeit fernzuhalten, rarer, weil mir die kontinuierliche Arbeit (und sei es täglich nur ein kleines Stück) recht gibt.

Aber, ob ich schon genügend gegen die Suggestion gefeit bin, die die Teilnahme an solchen Zusammenkünften in sich birgt? Die Verlockung und der Reiz, den dort zu Worten geprägten Dummheiten entgegenzutreten, ist gross – und futsch – steckt man in Problemen (oder, was so genannt wird) drin, die einem nicht zugehören. [...]

31. Oktober bis 1. November
Neues Buch ...
Am 1. November, vormittags 11^h, war ich mit dem Niederschreiben der letzten Geschichte für das neue Kinderbuch fertig. Es sind siebzig Geschichtchen und Geschichten geworden. Die »Anlässe« hatte ich im Notizbuch gesammelt. Ausgearbeitet wurden die meisten an »windstillen Tagen« während der Krankheit.

Ich ging hinüber in die Küche, um Eva »die Geburt« des neuen Buches mitzuteilen und war froh gestimmt. Ich nahm scherzhaft die Mütze ab und sagte: »Eine stille Gedenkminute«.

In der Küche herrschte Sonnabend-Putz, die Wäscheschleuder surrte. Ich fand mich ziemlich dämlich und kindisch mit meiner Freude, ein bisschen vereinsamt.

Aber Eva hatte den »Klatsch«, den meine Freude erhielt, wohl doch erfühlt. Etwas später kam sie hoch zu mir in die Arbeitsstube, und ich spürte, dass ich mit meiner Freude nicht so allein war, wie ich wähnte. [...]

10. November

[...]

UNSERE GEORGIER

Freunde von fernher sind in der Stadt. Sie kommen zu dir und breiten in ihren Erzählungen ihr Land, an das du gute Erinnerungen hast, vor dir aus. Die kleinen Veränderungen im Leben (auch die Tode) vieler Menschen, die du dort in der Ferne kennenlerntest, werden dir erzählerisch vorgeführt. Du siehst das Leben wie in einem Film – in Ausschnitten.

Die Freunde gehen weg. Sie werden tags drauf wiederkommen, und du kommst in die Situation, den Tag in Erwartung ihrer Wiederkehr und neuer Erzählungen von Lebensausschnitten zu verbringen.

Aber das eben sollst du nicht und darfst du nicht. Das Leben ist kurz, du musst deine Tage nutzen und Neben- nicht zu Hauptsachen machen. Du musst, wie ein Kapitalist im Geistigen, immer den Profit im Auge behalten, der für dein Hauptdasein, das Aufzeichnen, das Schreiben, aus solchen Begegnungen zu schlagen ist.

IM AUTOSALON

Du darfst dir für dein Geld, das du mit Kopf und Händen verdientest ein Auto (eine Maschine von begrenztem Nutzen für deine Produktion) kaufen.

Wenn du schon ein Auto gekauft hast (früher einmal), dann bist du Autobesitzer und hast erst nach sieben Jahren Anspruch darauf, für das Geld, das du nicht gestohlen hast, ein neues Auto zu erwerben.

Wenn du aber nach dem Ermessen von diesem oder jenem Staatsangestellten ein »wichtiger Mann« bist, darfst du aus der

Reihe tanzen, und man erlaubt es dir, nach dreijähriger Wartezeit bereits ein neues Auto zu erwerben.

Da gehst du dann (mehr oder weniger) demütig in den Autosalon, wo du avisiert bist, und wo man dich als Käufer, laut staatlicher Anweisung, so behandelt, als hättest du nicht nur drei sondern sieben Jahre drauf gewartet, dein Geld in ein Auto umzuwandeln.

Im Autosalon geht es feierlich zu wie auf dem Standesamt. Die Ehepaare sitzen auf Kunstledersesseln dem »Vertragsausfertiger« gegenüber. Sie sitzen züchtig, den Hut auf den artig zusammengehaltenen Knien. Manchmal haben sie schüchterne Wünsche auf eine Autofarbe, die sie bevorzugen würden oder so etwas. Sie stellen diese Fragen so behutsam, als bäten sie um einen Posten in der Regierung. Sie wollen den Vertragsausfertiger auf keinen Fall erzürnen oder etwa mit unerfüllbaren Sonderwünschen ungnädig stimmen. Nein, nein – dann lieber ein froschgrünes Auto für ihr nicht gestohlenes Geld, als gar keines.

Im Autosalon gehen Damen treppauf und treppunter: Autosalon-Hostessen. Man weiss nicht, was sie eigentlich tun, vielleicht sind sie etwas ähnliches wie Ministranten bei der katholischen Trauungszeremonie. Alles geschieht gedämpft. Lautlos bewegt sich die Flügeltür des Salons. Neue Ehepaare treten ein, holen noch einmal tief Atem; vielleicht um gewappnet zu sein für das, was ihnen bevorsteht; denn oft genug ist es ein Achselzucken der Auto-Salon-Beherrscher, eine Absage: »Sie sind leider, leider noch nicht an der Reihe.« Indes führt eine Hostess ein Ehepaar, das schon avisiert ist und erwartet wird, zu dem Vertragsausfertiger, der für Herrschaften, die sich ausserhalb der Reihe befinden, zuständig ist.

Aber jeder Autosalon-Angestellte scheint gleichzeitig, auch wie in der Kirche, so etwas wie einen Küster abzugeben, der das Glockenläuten während des festlichen Aktes veranlasste und nun unmissverständlich den Hut so in der Hand hält, dass man ihn unschwer als Klingelbeutel für eine Sonderkollekte erkennt.

15. November

NACH SCHULZENHOF zurück. Die Ruhe, die Zuversicht, die die noch unasphaltierte Erde, die Felder, die Wiesen, die Bäume und die Wälder ausstrahlen, erreichen uns.

Wie uns sonst, wenn wir nach tagelanger Abwesenheit heimkehren, die Kinder entgegenkommen – ein wenig vergraut, mit leisen Spuren des Verkommens – so springt uns der neue, von allen geliebte Hausgenosse, der DALMATINER-Rüde entgegen.

Aber alle Spuren beginnenden Verkommens sind reparabel und in wenigen Stunden behoben.

Wenn hier auf den Seiten der Groschenhefte auch zuweilen lange nicht von unseren Hausgenossen, den Tieren, die Rede ist, so sind sie doch nach wie vor um uns, verlangen unsere Pflege, bereiten uns Freude, gehören zu unserem Landleben, ob es nun die Arabischen- oder die Shetlandpferde, der Hund, die Zwerghühner, die Kaninchen, die Tauben, die Kanarienhähne oder die Sittiche sind.

Wir ließen ein Hühnerhäuschen schicken. Es wurde rot gestrichen wie die Kaninchenhäuser und wird demnächst auf dem Hofe stehen und ihn auf seine Weise zieren. [...]

16. November

DIESE NOTIZEN in den Merkheften sind, wie ich nach und nach feststelle, Proben auf den Zustand, in dem ich mich in den nächsten Jahren befinden werde: Meine Befriedigung und mein Glück werden darin bestehen, aufzuschreiben, aufgeschrieben zu haben, was ich sehe, fühle und denke. Auf das Quant Glück, das davon ausging, wenn meine Arbeiten gedruckt, vor allem gelesen wurden, lerne ich, bei den Notizen in diesen Groschenheften hier, bereits verzichten. [...]

17.–19. November

[...]

IM HAUSE

Eva ist zum Lehrgang in Berlin. Ich versorge die Kinder. Matthes muss mit seiner Bronchitis wieder den halben Tag im Bett stecken.

1969

Ich versuche, die Mutter zu ersetzen, bin freundlich, zeige mich, obwohl es manchmal schwerfällt, ausgeglichen. Zwar weiss ich, dass ich Mutter Evchen, wie ich's auch treibe, nicht und niemals ersetzen kann, doch ich versuche, das mir mögliche Optimum an Fürsorge aufzubringen. Daher kommts, dass ich zuweilen wie ein Schizophrener umhergehe, denn ich denke an LEW KOPELEW, den etwas unsteten Freund in Moskau. Raja hat mich wissen lassen, dass er nach dem Parteiausschluss nun auch aus dem Sowjetischen Schriftstellerverband ausgeschlossen werden soll. Seine neuerliche »Verfehlung« ist mir unbekannt, doch R. bat mich, einen Brief an Fedin zu schreiben und ihn zu bitten, Ks. Ausschluss aus dem Verband noch einmal zu erwägen.

Das will ich tun, denn K. war ein anregender Geist, mit dem wir manche fruchtbare, aber auch manche harte Diskussion in Moskau, Tiblissi, Suchumi und Jalta hatten. Dabei ist er so täppisch und dumm, dass er den Elogen westdeutscher Literaten glaubt, die mit ihm ihr verglosendes Feuerchen schüren möchten, ob sie nun Enzensberger, Peter Weiss oder gar Heinrich Böll heissen. Früher war K. ein ebenso glühender Stalinist bis zur Inhumanität, wie er heute Anti-Stalinist bis zur Inhumanität ist. Wenn ich richtig sehe, hat sich bei ihm im stalinschen Straflager ein Komplex herausgebildet. Bei Stalins Tod weinte er noch in seiner Zelle und hielt sich für das Opfer eines Irrtums. Nach den sogenannten Enthüllungen am XX. Parteitag ging ihm auf, was wirklich geschehen war, und er begann in der umgekehrten Richtung zu eifern und sich hinreissen zu lassen. Er besitzt einfach (nicht mehr?) die erforderliche Nüchternheit um die Problematik zu durchdenken.

Dieser Brief also war es, den ich entwarf, während ich die Kinder wartete. Es musste ein sehr ausgewogener Brief sein. Dabei sträubte sich etwas in mir. Bin ich ein Diplomat? Ist es wirklich so gefährlich bei uns, einer »Hexe« auch etwas Gutes nachzusagen, ohne dass man selber zur »Hexe« wird und zum Anbraten neben den Scheiterhaufen gesetzt wird?

25. November
DER ERSTE VERSUCH zur alten Frühaufsteherei zurückzukehren, die mir in der Vergangenheit zwei bis drei Stunden ungestörten Schreibens ermöglichte.

Schon der erste Versuch glückte. Ich schaffte eine ganze Menge mehr an Schreiberei und war gelassen, weil ich mein »Fuder« schon in der Scheuer hatte, bevor die Hausgenossen aufstanden und ehe die täglichen Hof-, Haus- und Pferdezuchtprobleme andringen und einen reizbaren Schizophrenen aus mir machen konnten.

SOLSCHINITZIN soll die Erlaubnis erhalten haben, die Sowjetunion verlassen zu dürfen.

Möglich, dass L. K., für den ich mich in dem Brief an Fedin verwende, wieder etwas mit dem Fall S. zu tun hat. Vielleicht hat er wieder Unterschriften (Protestunterschriften) gesammelt, weil man S. aus dem sowjetischen Schriftstellerverband ausschloss.

Ich halte die Lösung, mit der die Partei in der Sowjetunion den Fall S. zu bereinigen versucht, was den Augenblick anbetrifft, für geschickt. Jedenfalls werden allzugrosse Härten und Ungerechtigkeiten durch diesen »Ratschluss« nicht vermehrt.

Niemand kann S. verdenken, dass er über seine Erlebnisse im stalinistischen Straflager schreibt, schreiben muss.

Niemand kann aber auch einer Regierung verdenken, dass sie sich durch die Veröffentlichung von Solschinitzins Lagererlebnissen nicht neue Unruhe im Lande schaffen will. Eine Regierung rechnet stets mit der Vergesslichkeit der Regierten. (Es ist ja auch etwas dran: Das Leben verlangt, dass man Grausamkeiten, die einzelnen Menschen widerfuhren, vergisst. Man kann nicht leben, wenn man beständig gebannt auf solche Grausamkeiten starrt!)

Nun liegts also bei der Weisheit von S. Kann er seine Heimat nicht verlassen, weil er in fremden Ländern nicht leben kann, so wird er auf eine journalistische Forderung, dass man seine Lagererfahrungen jetzt und sofort druckt, verzichten müssen. Und das müsste er können, wenn er gross genug ist und weiss, dass die

Zeit seine Verbündete ist; denn was geschrieben ist, ist geschrieben und alles Geschriebene, was gut ist, wird seine Wirkung tun und früher oder später veröffentlicht werden.

29. November
BRIEF AN FEDIN in Sachen K. nahm Lydia G. mit nach Moskau.
[...]

MEIN SCHREIBTISCH
Manchmal wenn ich die sterilen Schreibtische von manchen Kollegen oder von Wissenschaftlern sehe, packt mich der Wunsch, auch an einem so aufgeräumten Schreibtisch zu arbeiten, wie ein einzelner Pflüger auf einem planen Feld, das bis zum Horizont reicht.

Aber das gelingt mir nicht. Herrscht in meiner Seele ein solcher Krimskrams wie auf meinem Schreibtisch? Ach, was steht da alles! Eine kupferne kaukasische Schale, in der Brieföffner, Stempel und Stempelkissen, verschiedene Schreibstifte, Lineal, Scheren, Lupe, Schreibmaschinenpinsel, Klammerhefter und eine Blechschachtel mit Büroklammern, Stecknadeln usw. liegen. Dann links neben der Schale ein massiv-gläserner Briefbeschwerer, das Gesellenstück meines etwas albernen Stiefonkels, der nicht mehr lebt; ein kleiner russischer Drehkalender aus Plaste (kitschig, aber eine Erinnerung an russische Schulkinder); die Schreibtischlampe, ein Weihnachtskaktus im Topf, eine farbige (so schöne) massive Vase aus böhmischem Glas. Sodann mein kleines Tonbandgerät, der sogenannte Taschenrekorder, nicht zuletzt die Schreibmaschine. Auf der rechten Seite der Schreibtischplatte die Tabaksdose aus chinesischem Bambus, Aschenbecher mit Tabakpfeifen, eine kleine Truhe in Halbkeramik, ein Geschenk von L. K., sie enthält meine Herzmedizin, die ich schon seit dem Frühjahr schlucken muss; der kleine handtellergroße Rundfunkapparat, einen Notizblock, ein Adressbuch und die Post, die jeweils am Vortage einging und die Stehhülse für den Füllhalter, wenn ich ihn aus der Hand lege.

Nein, ich glaube doch nicht, dass diese Ansammlung von Dingen und Werkzeugen etwas mit dem Zustand in meinem Kopfe zu tun hat! Mir scheint, dass ich viele umständliche Bewegungen,

z. B. das Aufziehen von Schubladen, einspare, wenn all diese Dinge griffbereit (ausser der Vase und dem Weihnachtskaktus natürlich!) auf dem Schreibtisch liegen, stehen und sich umherfläzen, auch umherwandern.

6. DEZEMBER

[...]

BRECHT
Die Natur ist noch nicht fertig

Das war, als ich in Weissensee bei ihm wohnte. An die Villa (im Landhausstil) schloss sich hinten ein Garten, der so breit wie das Haus war, und der (etwa 50 m lang) bis an den Weissen See ging. Der See war ausgezäunt, aber man konnte durch eine (von Helene Weigel wachsam verschlossen gehaltene) hintere Gartenpforte an das Seeufer treten.

Das war einer der Gärten, in denen BRECHT seine »Spaziergänge« anfertigte. Auch dabei konnte er nicht gut allein sein. [...] Kleine Menschenansammlungen aus Schülern, Verehrern, geistigen Antipoden waren ihm notwendig, waren für ihn der Wasserbottich für den Fisch.

So bewegte sich eines Vormittags in einer sogenannten Arbeitspause, die aber niemals eine war, eine ganze Karawane von Dramaturgen und sonstigen Theaterleuten spazierengehend mit dem Meister durch den Garten. Ich erinnere mich der Anwesenheit von Palitzsch, Monk, Hubalek, der Rülicke. Jemand fragte BRECHT nach seinem Verhältnis zur Natur. BRECHT fühlte sich (wie die meiste Zeit) gedrungen, eine geistreiche und verprellende Antwort (im Stile »Bürgerschreck«) zu geben.

»Natur ist noch nicht fertig«, sagte er. Das war alles, und ich gewahrte, wie er diabolisch lächelte und die Gesichter der Gruppe mit seinen »Schlitzverschluss-Blicken« streifte.

Er war stets neugierig auf das, was seine kühnen (auch frechen) Behauptungen bei anderen auslösten, liess sich das aber kaum anmerken.

Um diese Zeit war er schon so sicher, dass einer seiner Scolare seine Bemerkung aufschreiben würde, und jemand muss das wohl auch getan, zumindest sie sofort kolportiert haben. Es kam keine Gegenfrage, auch von mir nicht. Ich dachte nur insgeheim: Red was du willst, Brecht, mein Verhältnis zur Natur wirst du mir nicht zerstören!

Aber jenen jungen Leuten, die damals anwesend waren, ging der Ausspruch ein wie Balsam. Alle waren Grossstädter, Urbanisten, fürchteten sich schon auf Grund ihrer Konstitution (ich habe das an Palitzsch später erprobt) vor der Natur.

Seit diesem Vormittag im Weissenseer Garten gibt es keinen Brecht-Adepten und Brecht-Nachahmer oder Brecht-Interpreten, für den Natur fertig ist. Alle bedienen sich mit gefurchter Stirn der launischen Feststellung ihres Meisters und sind mit der Natur eins, fix, drei fertig, weil sie noch nicht fertig ist und merken nicht, wie unfertig sie dabei selber bleiben.

Es ist für mich stets belustigend, wenn mir ein Brecht-Jünger heute diese scharlatanhafte These entgegenschleudert, besonders, wenn man behauptet, ich hätte von BRECHT nichts gelernt, hätte mich von ihm entfernt, hätte ihn womöglich nie verstanden. Wie in aller Welt hätte ich sonst den »Schulzenhofer-Kramkalender«, ein Hermann-Löns-Buch, schreiben können?

Ich lernte freilich auch einen anderen BRECHT kennen, als den Scharlatan BRECHT, den er zuweilen (mit Lust) vor seinen »Jüngern« herauskehrte. Schliesslich ist auch etwas in seine Spätgedichte (die »Buckower Elegien«) von seinem Verhältnis zur Natur eingegangen, das ich gekannt zu haben glaube, aber darüber an anderer Stelle. [...]

11.–14. Dezember
BILDERBUCH DER TAGE
[...]

Reiten durch die schneebehängten Wälder. Laufen – das Pferd am Zügel – damit die Füsse wieder warm werden. In der Morgengräue und abends – manchmal erst nach 11^h – ein bis zwei Kilometer Marsch mit ASSAN, dem DALMATINER, der schon Familienmitglied ist. Alle lieben ihn; alle haben Sehnsucht nach ihm, wenn sie in der Stadt sind. ASSAN ist schon ein Synonym für Schulzenhof. Neuerdings hat sich Evchen den Morgen- und Nachtgängen angeschlossen. Harmonie. [...]

6.–31. Dezember

Alle diese Umstände halten einen dicht am Leben. Ein Pferdebein anheben für die Behandlung; das Leben in diesem Bein spüren, die Reaktionen des behandelten Tieres beobachten – alles das ist unentbehrliche Lebensnähe. Auch das Reiten – das tägliche Fühlen des Pferdeleibes, das Erfühlen der täglich wechselnden Pferdepsyche – wie notwendig brauche ich es! Dazu das Füttern und Versorgen der Kaninchen, der Zwerghühner, der Tauben und der Waldvögel. Ich würde welken wie eine ungegossene Fensterblume, wenn ich das alles nicht hätte. [...]

28. Dezember

BILDERBUCH DER TAGE

[...]

Film

Gestern abend sahen wir uns wiederum alte Schulzenhof-Schmalfilme an. Wir konnten deutlich am Wachstum der Kinder, an unseren Gesichtern von vor Jahren, an Bäumen, Sträuchern und Wegen, an Gebäuden, Hof und Garten erkennen, wie alles ständig in Bewegung ist. [...]

31. Dezember

[...]

SILVESTERBESUCHE:

Die wenigen Zeilen hatte ich am Silvestertage geschrieben, da kam Hans Mörlein, der Kreisplaner und wir sprachen über das augenblickliche Wirtschaftstief, in das unsere Regierung (mit uns als Verantwortliche; in solchen Fällen sind wir immer die Hauptverantwortlichen) hineinprasselten: Kohlennot wie 1946. Das ist das Primärste und Einschneidendste. Ausserdem sind eine Anzahl von Waren vom Markt verschwunden, nach denen Bedürfnis zu haben, man der Bevölkerung zehn Jahre lang Mut machte. Jetzt werden Sparmassnahmen an allen Ecken und Enden notwendig.

Die Gründe für diesen »Einbruch« sind mannigfaltig: Die Anerkennung als Staat und DDR durch einige, in der Weltpolitik nicht allzuwichtige Staaten, sogenannte östliche Entwicklungsländer, hat uns viele Milliarden Mark in Waren- und Maschinenlieferungen gekostet. Viele Maschinen, die bei uns hätten laufen müssen, produzieren jetzt für die Länder, die uns anerkannten, wie Joseph einst die Maria anerkannte.

2. Die eingeplanten sowjetischen Öllieferungen blieben aus. Auf Grund dieser zu erwartenden Öllieferungen wurden bei uns einige Braunkohlenförderungsbetriebe zu zeitig stillgelegt.

3. Wahrscheinlich sind wir von der Sowjetunion mit hohen Beträgen an deren Kosmonautik beteiligt. (Ein bisschen unfreiwillig vielleicht.)

4. Ein hoher Milität-Etat für unser kleines Land. (Ein »neutrales Land« zu sein, wäre schön, aber das geht wohl auf Grund der Konstellationen nach dem Zweiten Weltkrieg nicht! Geht es wirklich nicht?)

5. Unsere Fabriken sind zum Teil veraltet und werfen nur bei grossen Anstrengungen der sie bedienenden Arbeiter eine einigermassen zufriedenstellende Produktivität ab. Und wo es Industrieanlagen mit modernen Maschinen gibt, da können sie nicht rund um das Zifferblatt (im Dreischichten-System) ausgenutzt werden, weil uns die Arbeitsleute dazu fehlen.

Und wieder muss ich sagen: Ich sehe kein Ende dieser von Zeit zu Zeit auftretenden Verknäulungen und Wirtschaftskrisen (eigener, besonderer Art), wenn wir den Wettlauf mit den westlichen Monopolen nicht aufgeben, die die Menschheit in Veräusserlichung und in ethische, moralische und kulturelle Verrohung treiben.

[...]

ALLEIN

Um zehn Uhr war ich mit Assan draussen unter den Sternen. Ich sah Vergnügungsraketen in Rheinsberg aufsteigen. Sie lugten über den Waldwipfel hinweg, schüttelten sich vor Kälte und hatten es eilig als leere Hülsen in die Strassen der kleinen Stadt und deren muffige Wärme zurückzufallen. Auch aus dem Dorfe Dollgow kamen jene Luftschwingungen herüber, die das Ohr als Knall empfindet: Knallpunkte hinter dem Satz, den das vergangene Jahr im Buche des Lebens ausmacht. Aber was ist ein Satz in einem Lebensroman?

1970

3.–6. Januar
BILDERBUCH DER TAGE

Der Winter zeigt, was er kann, und dass er durchaus zwei Jahre hintereinander kann, dass er sich von Computern noch nicht errechnen lässt.

Unserer Regierung kommt er jedenfalls zu Hilfe: Sie kann ihre Verplanungen und ökonomischen Hilflosigkeiten oder Unfähigkeiten (?) auf ihn schieben. Es fehlt nur noch das Wort »General«, ihn zu charakterisieren, damit man an ein »tausendjähriges Reich« erinnert wird.

Hilflosigkeit oder Unfähigkeit, man sieht nicht durch, und es ist auch nicht erwünscht, dass naseweise Regierte da durchsehen.

Die Ferienzeit der Söhne geht zu Ende. Es war eine gute Zeit für sie. Sie wärmten sich am Schulzenhofer Herd auf – und das nicht nur physikalisch. Wir taten auch dies und das, sie auszustatten, den unsteten Blick, das Augenflattern der Umwelt zu ertragen. Wir versuchten, ihnen zu erklären, dass die guten Feen nicht hinter bombastischen Worten und Erklärungen stecken, sondern dass sie häufiger hinter Wortkargheit und wirklichen Taten zu finden sind. [...]

18. und 19. Januar
BILDERBUCH DER TAGE
DRAUSSEN

Das rote Weingeistsäulchen des Aussenthermometers sinkt und fällt innerhalb des Minusbereiches. Noch immer liegt die unterste Schicht des *Schnees vom November* auf dem Erdgesicht, das frostig versteint ist und ihn abweist.

Bei meinen Ausritten am Nachmittag kann ich gewahren, dass die Lichtzeit der Tage sich längt. Alle Seen sind zugefroren. Ich könnte sie überqueren, aber die Tatsache, dass ich nicht schwimmen kann, hält mich davon ab.

[...]

Ich schreibe, rumore in meiner Kinderzeit herum, versuche sie von hier und heute aus zu bewerten. Das Unternehmen, das erst ganz unverbindlich und ganz zu meiner Selbstverständigung begann, ertrotzt sich allmählich Konturen. Es ist nicht abzusehen, ob aus dem Loch, das ich da in meine Kindheit zu kratzen begann, eine Höhle entsteht, in der auch Platz, Geborgenheit und Lust zum Lesen und Nachdenken für andere vorhanden sein werden. [...]

25. Januar bis 2. Februar

BILDERBUCH DER TAGE

[...]

EIN GEHEIMNIS

Seit dem 29. 1. rauche ich nicht (mehr?).

Plötzlich ekelte mich abends, als ich mich schon zu Bett gelegt hatte, die obligatorische Nacht- und Einschlafpfeife (gestopft mit dänischem Tabak) an.

Aber von ganz ungefähr kam dieser Ekel wohl nicht: Es geschah in der letzten Zeit immer häufiger, dass mir mitten im Satz ein Wort oder ein Begriff nicht mehr zur Verfügung stand. Anzeichen von Arteriosklerose also, die vom Tabakgenuss, wie man hört und liest, begünstigt wird.

Jedenfalls tat ich keinen grossartigen Schwur, als mir der Name Leskow am Abend nicht einfallen wollte, nachdem ich tagsüber in dessen Erzählungen gelesen hatte. Ich probierte so für mich mal: Willst doch sehn, ob du's schaffst, morgen nicht zu rauchen! Unverbindlich, alter Junge; denn du weißt, dass du mit solchen merkwürdigen »Einfällen« schon gescheitert bist!

Ich kann nicht sagen, dass ich es ohne Anfechtungen schaffte: Am ersten Tag nicht, alle Tage nicht und auch heute am fünften Tag nicht.

Besonders wenn ich in diesen Groschenheften hier so vor mich hinkritzelte, rauchte ich eifrig. Deshalb wohl beschäftigte

19. Januar – 2. Februar

ich mich sieben Tage nicht mit diesem Büchlein. Ich muss sagen, die Verlockung ist auch im Augenblick gross.

Dabei bin ich völlig frei. Niemand weiss was von meinem unverbindlichen Vorhaben. Aber gerade das (vor sich selber versagen!) scheint die Sache besonders kompliziert, aber auch rückfallsicherer zu machen.

Zweiundvierzig Jahre, mit zeitlich ganz belanglosen Unterbrechungen, habe ich geraucht.

Ich stelle mir vor (als Anreiz), was ich mit dem Aufgeben des Rauchens gewönne: Ein paar Jahre Leben? Das ist ungewiss und nicht nachprüfbar, ebenso wenig nachprüfbar wie der Nutzen der Poesie. Geld sparen? Das ist nicht wichtig. Aber der Gier nicht mehr ausgeliefert zu sein – die Aussicht ist angenehm. Nicht mehr an die Taschen klopfen müssen, bevor man ausgeht: Streichhölzer, Tabak, Pfeife, (Zigaretten, Zigarren) dabei? Kein Ärger mehr über Nichtrauchereinrichtungen. Das Gefühl gesünder zu leben, nicht mehr vorsätzlich gegen die Gesundheit zu sündigen.

Vielleicht fallen mir nach und nach noch einige Annehmlichkeiten ein, die mir das Nichtrauchen verschafft.

Allerdings muss man auf der Hut sein, dass man sich keine »Ersatzleidenschaft« zulegt, Bonbons lutscht, die das Körpergewicht anheben, Tabletten kaut, die der Gesundheit auf andere Weise als der Tabak schädlich sind; dass man nicht beginnt Coffein oder Alkohol in höherem Masse zu sich zu nehmen.

Gefährlich sind folgende Tageszeiten: Morgens nach dem Frühstück, überhaupt nach allen Mahlzeiten. Die Zeit, zu der man sich zum Schreiben oder zum Lesen zurechtsetzt und die Zeit des Zubettgehens, die man stets mit einer massiven Pfeife Tabak feierte.

So, nun lassen wir das Thema und lenken uns ab, beschäftigen uns mit etwas anderem, sonst kommen wir noch in die Zwangslage, uns sofort »eine anstecken« zu müssen.

3. Februar

[...]

DER »BRISCHENKAUM«

Im Traum hatte ich es mit Brecht zu tun. Der Inszenierungs-Stab hatte sichs unter der Bühne, also im Bühnenkeller, bequem gemacht. Man konnte trotzdem die Aufführung auf der Bühne verfolgen. Alle (auch Brecht) benahmen sich, als zelebriere man auf der Bühne einen Gottesdienst. Ich ass indes ziemlich unbeeindruckt, und Brecht, der mein Desinteresse spürte, sagte: »Na, du schiebst ja mächtig ein!«

Ich versicherte ihm, dass ich die »geistigen Genüsse«, die er mir auf der Bühne böte, trotzdem gut wahrnehmen könne. Er schien mir zu misstrauen. Auf der Bühne stand ein Kirschbaum. Seine reifen Kirschen glänzten. Stare flogen in den Baum. Brecht gab den Staren, die sich nicht eifrig genug auf die Kirschen stürzten, eine Regieanweisung, die sie verblüffen und ihnen schlagartig das Verhalten klarmachen sollte, das er von ihnen wünschte. »Für die Stare ist das Leben nichts als ein einziger Brischenkaum«, rief Brecht den Vögeln zu. Gleichzeitig suchte er festzustellen, ob dieses Umkehrwort auch auf mich den »überwältigenden« Eindruck gemacht hätte, den er sich von ihm wünschte. Ich gab lediglich kund, dass mir das Wort nicht entgangen sei. Er aber sagte: »Darauf bin ich stolz. Das gibt's auf der Welt nich noch amal!«

Ich fand das zwar ein wenig »hochgegriffen«, da die anderen, seine Jünger, aber nur so dahinschmolzen, als sie die Bedeutung dieses Wortes Brischenkaum abschmeckten, erklärte ich sachlich, dass man so etwas wohl machen und verwenden könne, aber nicht zu häufig. Man müsse genug Raum zwischen zwei solchen »Wortüberraschungen« lassen und dem Zuhörer Zeit zubilligen (Identität von Raum und Zeit!) das Wort aufzuschliessen, einzuordnen und zu verarbeiten.

Brecht sah mich überrascht und unwillig an. Überrascht, weil er eine solche »Weisheit« bei mir nicht vermutet hatte; unwillig, weil ich die Stirn hatte, ihn zu belehren. Man spürte eine sich anbahnende Feindschaft zwischen uns.

Der Traum gibt in etwa mein heutiges Verhältnis zu Brecht

wieder. Mich kann er mit seinen »Brischenkäumen« nicht mehr schocken, schrecken oder verblüffen.

Der letzte Teil des Traumes, meine Lehrhaftigkeit, bezog sich auf die »philosophischen Arien« in meiner Prosa, über die ich am Abend zuvor nachgedacht hatte, als ich die Erzählung »Grossvater geht wieder durch die Küche« von Band abgehört hatte.

5. Februar

TOLSTOI

Ein wenig in seinen Tagebüchern gelesen. Oft schon hatte ich es begonnen; dann aber bleiben lassen. Das Wort »Gott«, das wieder und wieder auftauchte, war mir zuwider.

Ich liess mich, wie ich feststelle, aus Antipathie gegen dieses zerplapperte Wort davon abhalten, nachzusehn, in welcher Weise T. dieses Wort als »Dachbegriff« für »die letzten Dinge« oder »das Ursächliche« oder wie wir es immer nennen, gebraucht.

Wie Rilke, scheint er das zerplapperte Synonym für den »Christengott« nur der Einfachheit halber noch zu verwenden. (Sekt in einer Kaffeetasse!)

Ich fand in den Tagebüchern Gedanken aus den Jahren 1896/98, vor deren Aktualität ich erschrak. [...]

Es gibt viele Intellektuelle, Snobs in aller Welt, leider auch Russen und sozialistische Snobs, die Tolstoi gern zu einem wissenschaftsfeindlichen anti-intellektuellen Bauern zu machen versuchen. (Ähnlich wie es einige Kukurellisten und vor allem westdeutsche Intellektuellen-Hänflinge mit mir versuchen!)

Aber sie haben Tolstoi nie richtig gelesen. Und wenn sie ihn gelesen haben, dann haben sie ihn nicht verstanden, weil sie ausserstande sind, der Tiefe seiner Gedanken zu folgen. [...]

13. Februar

[...]

DRUCK

»Der Druck«, der für mich befohlen war, scheint zur Zeit aufgehoben zu werden. Man darf in den Zeitungen meinen Namen wieder nennen. »Die WOCHENPOST« brachte ein Interview, das ich vor mehr als einem Jahr gab. Der Rundfunk, die Leute dort natürlich tragen sich mit der noch nicht ganz festen Absicht, eine Sendung mit und von mir zu machen. Alles kommt wieder in Bewegung, wie im Märchen von Dornröschen.

[...] Vielleicht ist die Tatsache, dass mir die Redaktion des »Ogonok« in Moskau einen Preis für die Erzählung KRAFTSTROM verlieh, der Anstoss für die TOTSCHWEIGER, meine öffentliche Existenz wieder durch ihren stinkenden Odem zu beleben. Vielleicht haben sie Furcht, dass einer ihrer VORGESETZTEN bei uns fragen könne: Weshalb wurde die Erzählung bei uns nicht »gewürdigt, ausgezeichnet« oder »genügend beachtet«? – eben alles, was in solchen Fällen gesagt wird.

»Er sitzt zur Zeit in der Tinte, Euergnaden.«

»Weshalb sitzt er in der Tinte, wenn er doch in der brüderlichen SU preisiert wurde?«

»Wir wissen nicht, weshalb er in der Tinte sitzt, Euergnaden.«

»Ihr wisst es nicht?«

»Doch, eben fiel es uns ein, Euergnaden. Die Parteitante Braemer gab zu bedenken, dass er ein Vertreter der Entfremdungstheorie ist.«

»So? Wann denn? Wo denn?«

»In seiner Erzählung KRAFTSTROM – hat die Tante Braemer behauptet.«

»Die Braemer soll mal zu mir kommen!«

»Das geht nicht, Euergnaden, weil sie ist gestorben.«

16., 17. und 18. Februar
REGISTRATUR

Da ich tagsüber im Stall arbeite, hielt ich die Situation für günstig und zog zwei Schubfächer aus meinem Schreibtisch, und die Schubfächer waren mit beantworteten Briefen gefüllt, kurzum mit dem gefüllt, was man »erledigte Post« nennt, zum Unterschied zur unerledigten Post, die sich in einem anderen Schubfach befindet.

Sofort geriet ich, wie stets bei solchen Aufräume-Arbeiten, in

Gewissenskonflikte: Was durfte (sollte) ich wegwerfen und was nicht.

Oft wünsche ich, es soll nach meinem Tode zu sehen sein (die Frage ist nur, ob sich jemand dafür interessiert!), wieviel ich tat bzw. wieviel getan werden musste (ausserdem!), ehe man daran denken konnte, das zu schreiben, was schliesslich zwischen Buchdeckeln auf die Nachwelt kommt und (vielleicht?) ein wenig länger lebt als man selber.

Zwei Tage lang (auch Abende lang) war ich damit zugange, zwischen der Stallarbeit, die »Belege« in eigens dafür angelegte Mappen zu verstauen. Eva lachte mich aus, als sie die Briefe und ihre Antworten »zu Gruppen angetreten« vor ihren Mappen auf dem Schreibtisch liegen sah. Besonders belustigten sie die Stichworte, mit denen »die Gruppen« in den Truhen verschwinden. »Die Stichworte sind so eigensinnig wie du selber«, sagte sie. [...]

23.–27. Februar

IN BERLIN

[...]

Man besucht eine *Plenartagung der Akademie*, frisst vorher Beruhigungspillen, damit man sich nicht angereizt fühlt, etwas zu sagen. Man war fast ein Jahr auf keiner Sitzung mehr, benutzte den Wind einer Krankheit, um sich (mit einigem Recht) an dieser Betriebsamkeit vorbeitreiben zu lassen.

Jetzt zeigt man sich also das erste Mal wieder, stellt fest: es fiel kaum auf, dass man unsichtbar war. Man ahnt Schlimmes, ahnt, dass sich Schematismus, Selbst- und Oberhauptbelügerei gesteigert haben werden. Alle Ahnungen werden von der Wirklichkeit übertroffen:

Der kleine Minister quatscht das Blech, das man von ihm verlangt, herunter. Es fällt ihm nicht schwer. Sagt man ihm morgen, er soll nicht Blech sondern Klosettpapier reden, so wird er auch das tun: Die SCHRITTMACHER in der Produktion – das sind die Leute (Revolutionäre, Helden) unserer Zeit, nur durch sie kommen wir zu Waschmitteln, die so weiss waschen wie jene, die die Kapitalisten produzieren! [...] Richtiges Denken und eigenes

Denken sind verpönt. Falsches Denken und das Nachplappern von Falsch-Vorgedachtem ist erwünscht, wird honoriert.

Die Fernsehkameraleute sind da. Wir sind das Volk des kleinen Ministers. Ton wird nicht aufgenommen. Vielleicht würden denkende Fernsehzuschauer doch die Blechstreifen erkennen, die aus dem flinken Maul des kleinen Ministers schlängeln.

Die Kameraleute suchen nach Gesichtern, die Beifälligkeit ausdrücken, und sie warten auf den (rituellen) Schlussapplaus. Den brauchen sie, und den zerschneiden sie und verteilen ihn auf die ganze Spielszene (jawohl Spiel!), damit den denkenden Zuschauern, die nichts vom Blechgerassel zu hören bekommen, wenigstens visuell eingeredet wird, es sei eine interessante, von spontanem Beifall unterbrochene Rede gewesen. [...]

Aber das Fernsehn – da guckt der Parteichef rein, weil er sich selber gern im Film sieht, und weil er wahrscheinlich, wie unser Nachbar Emil Schmidt, nicht genug davon kriegen kann, und da sieht er dann, ohne die Blechschlangen aus dem Mund des kleinen Ministers rascheln zu hören, dass sich die Akademie der Künste des stellvertretenden Ministerpräsidenten BEBUSCH auch mit der »Auswertung des 12. Parteiplenums«, das das Parteioberhaupt angeschafft hat, beschäftigt hat, und der stellvertretende Ministerpräsident BEBUSCH hat die parteikirchliche Norm erfüllt, sein Staatsbegräbnis ist für den Augenblick nicht gefährdet.

28. Februar

WEITER AUS BERLIN
DER JUNGE HOLZSCHNEIDER SELL

Die Erzählungen, EIN DIENSTAG IM SEPTEMBER, liegen immer noch nicht in den Buchhandlungen.

Aber die Leute vom Aufbau-Verlag haben den Ehrgeiz, sie illustrieren zu lassen. Es gibt da jährlich einen Wettbewerb um das SCHÖNSTE BUCH DES JAHRES. Daran will man sich mit den illustrieren Erzählungen beteiligen.

Zum Illustrator »erkor« man einen jungen Holzschnitzer. Lothar Sell. Ein noch junger Mann. Gutes Kindergesicht. Aber schon recht eigenwillig. Er kommt in einem dünnen Konsummäntelchen, das so alt und abgetragen ist, dass die Malerarme zu lang erscheinen. Die starken Arbeitshände mit den groben Gelenken (Holzschneider!) hängen, bis zu den Pulsen entblösst, aus den Ärmeln.

Sell gehört zu jenen Malern, die sich bei uns durchhungern, weil sie nicht bereit sind, Aufträge zu übernehmen, deren Ausführung Leute »überwachen, lenken und leiten«, die keinerlei Ahnung von Kunst haben. Es gibt von diesen Malern eine ganze Menge in unserer Republik. Sie leben versteckt wie die gewerbsmässigen Huren. Es gibt offiziell weder solche notleidenden Maler noch gewerbsmässige Huren bei uns.

Sell philosophiert originell über diesen Zustand: »Es hat seinen Vorteil«, sagt er, dass nur eine bestimmte Clique von Malern die grossen Staatsaufträge einheimst. Da haben wir die Möglichkeit, uns zu orientieren, was unkünstlerisch ist, was man nicht machen darf.« [...]

6. März

[...]

WICHTIG ist nicht so sehr, was man in Berlin tut, sondern welche Erkenntnisse man aus solchen Fahrten gewinnt.

An jeder Sitzung im Schriftstellerverband, und wenn der geladene Personenkreis noch so klein ist, nimmt jetzt ein Vertreter der Kulturabteilung des Zentralkomitees und ein Vertreter des Staatssicherheitsdienstes teil. Es können also nie »ungelenkte« Beschlüsse gefasst werden. Jede abweichende Meinung eines Mitgliedes, und sei sie noch so geringfügig, wird sofort von den beiden SPANNERN (anders kann ich diese Leute nicht mehr bezeichnen) registriert. Die Genossen im Politbüro trauen grundsätzlich nur jenen Schriftstellern, die alles, was Politbüromitglieder von sich gaben, wie ein Echo wiederholen. Jede abweichende Meinung ist verdächtig, gibt Anlass zu Befürchtungen.

Die Macht muss etwas Süsses sein. Sie zu verlieren, muss schrecklich sein!

Der Vertreter der STAATSSICHERHEIT im Schriftstellerverband – ist der Redakteur der Zeitschrift NEUE DEUTSCHE LITERATUR. Er heisst Neubert. Ein Mann, der nie im praktischen Leben stand, ein Pseudowissenschaftler. Man hat ihn zum Dr. gemacht, damit die Sache unauffälliger ist. Neubert ist noch verhältnismässig jung, ein schmieriger Charakter, ein echter WADENBEISSER.

DOCH es ist ja wichtig, nicht nur Erkenntnisse zu haben. Man muss ja seine Schlüsse daraus ziehen und sich danach verhalten.

8. März

Vertrödele ich die Tage? Sieht es nur so aus?

Mir scheint in den letzten zwei Wochen häufen sich die Augenblicke, in denen ich teils bewusst, teils unbewusst die Unbeschwertheit der frühen »pflichtenlosen« Kindheit heraufzubeschwören vermag.

Das ist doch viel.

Wenn ich darin nur Fortschritte machen würde!

20. März

Den ganzen Tag: Die blaue Nachtigall aus dem Notizbuch über Tonband in Maschinenschrift übertragen.

Nachm. geritten. Noch viel Glatteis auf den Wegen, Schnee auf den Feldern und in den Wäldern.

ERFURT

Das geteilte Land und jeder der beiden Teile gehört zur Interessensphäre einer Grossmacht. Die beiden von den Grossmächten geduldeten Unterpräfekten, die sich fünfundzwanzig Jahre lang kalt bekriegten, und die diesen KALTEN KRIEG schon als Lebensaufgabe betrachteten, wurden von jenen beiden Grossmächten mehr oder weniger dringlich ersucht, sich zu treffen, einander zu begegnen, miteinander zu verhandeln. Die Vertreter der Weltmächte schauten auf Deutschland und auf den Punkt Erfurt wie auf das Experiment in einem Probierglas für Weltpolitik.

[...]

Ähnlich wie 1953 wurde bei diesem Treffen der Unterpräfekten sichtbar, dass unsere Funktionäre an das glaubten, was sie sich selber und ihresgleichen, in der Hauptsache aber den Mitgliedern des Politbüros und dem Staatsoberhaupt vortäuschten. (In Berichten und schöngefärbten Meldungen mit Selbstbetrug im Rundfunk und im Fernsehen.)

Als Brandt das Hotel gegenüber vom Erfurter Bahnhof betreten hatte, durchbrach die Menge die Absperrketten der Polizei, stellte sich vor dem Hotel auf und rief und rief nach Brandt, bis der sich gezwungen sah, an das Balkonfenster zu treten und sich zu zeigen. Er tat das, soviel man auf dem Bildschirm erkennen konnte, selbstbewusst, aber kurz und ohne anmerkbares Triumphgefühl.

Die Massen, die Brandt die Ovation darbrachten, wurden von der »Volkspolizei« vom Hotelvorplatz getrieben.

Das dürfte das Ende der politischen Laufbahn meines Kontrahenten, Alois Bräutigam, dem Parteibezirkssekretär für Erfurt, der eine Art Hassliebe für mich hegt, bedeuten.

Er glaubte allzu kräftig an die Loyalität seines »Bezirksvolkes«, glaubte an das, was er sich und seinen vorgesetzten Genossen vormachte: Haben sie nicht ihre Wurst, ihre Waschmaschinen und vieles, was sie sich wünschen? Sie wissen schon, was sie an uns haben. Sie schwören auf ihren Arbeiter- und Bauernstaat. Und wir haben auch an diesem Tage keine Mühe gescheut und haben Bananen herangeschafft, bitte!

Ja, die Banane, jene ausländische Südfrucht, deren Vorhandensein allen Festtagen der Partei und der Republik erst die volle gastronomische und versorgungsmässige Runde gibt! Ein merkwürdiges Symbol für so stramme Sozialisten, wie unsere ZK- und Politbürogenossen! [...]

Jedenfalls mussten in Erfurt für die Mittagspause und für den Nachmittag »Gegendemonstrationen« organisiert werden. So kam der schlichte Willi Stoph unversehens zu Ovationen, die nicht eingeplant waren, und mit denen er nicht gerechnet hatte, als er Tags zuvor von Berlin abfuhr.

Unser Fernsehn brachte die Ovationen der Erfurter Einwohner für Brandt nicht. Der Rundfunk verschwieg sie, die Zeitungen übersahen sie, und damit wurde eine neue Dummheit begangen und einmal mehr bewiesen, dass man an das glaubt, was man sich vormacht; denn unsere Genossen Funktionäre tun so, als würden alle Bürger nur unser Fernsehn benutzen, weil sie (die Funktionäre) es zu einem »interessanten Fernsehen« heraufgeredet, -geschrieben und -propagiert haben.

Aber das Gegenteil ist der Fall: Wem es nur (technisch) möglich war, der sah sich die Television-Sendungen aus Erfurt über den Westkanal an, und nicht wenige schon deshalb, weil sie einmal einen handfesten Beweis dafür haben wollten, wie unsere Genossen Funktionäre sich, ihre Vorgesetzten und sie (die Bürger) hinters Licht führen.

15. April

Mit Matthes und Ilja allein im Haus.

Ilja hat seine Lehre in der Forst beendet und arbeitet bis zum Eintreffen des sogen. Einberufungsbefehls als Waldarbeitergehilfe in der Gegend von Wolfsruh.

Einberufungsbefehl. Immer, immer wieder. Was haben wir Sozialisten da nun am Sterben als Soldat geändert? Einen Begriff ausgetauscht?

Man hört die gleichen geschraubten Wendungen von »Ehrendienst«, von der »Verteidigung der Heimat«, vom »Schützen unserer Grenzen« undsoweiter, undsoweiter. Das eine ist eben der Traum von der »Veränderung der Welt« gewesen, und jetzt stecken wir in der Realität, aber wir tun voreinander so, als hätten wir diesen Traum verwirklicht oder als wären wir auf dem besten aller Wege zu seiner Verwirklichung.[...]

25. April

[...]

Sohn Erwin begehrt gegen seinen Vater auf, hasst ihn, möchte ihn wahrscheinlich lieber tot als lebend sehn. Der Lauf der Dinge, und wahrscheinlich haben wir etwas falsch gemacht, als wir ihn bestimmten, das Abitur zu machen. Vielleicht wären gewisse Einsichten bei ihm schneller gewachsen, wenn man zugelassen hätte, dass sein »Freiheitsdrang« sich ein wenig an der Wirklichkeit verwundet.

27. April bis 5. Mai
ARBEIT
Fast alle Tage in der »Berichtszeit« arbeitete ich an der Geschichte aus der Kindheit, die erst DER PFERDERAUB ZU HORNOW, dann WIE ICH EIN PFERDERÄUBER WURDE hiess, und jetzt nur der PFERDERAUB heisst.

Die ganze Sammlung habe ich mich entschlossen, DIE BLAUE NACHTIGALL ODER DER ANFANG VON ETWAS zu nennen.

Das kann sich natürlich ändern, aber im Augenblick ist der Stand der Dinge in dieser Hinsicht so, und ich notiere ihn.

In der Geschichte DIE BLAUE NACHTIGALL scheint mir die Art (Methode?), mit der ich im Augenblick versuche, die Welt, das Leben in ihr und noch mehr, von vielen Seiten und von mehreren Sicht- und Zeitebenen literarisch einzufangen, einen Stand erreicht zu haben, der mich für eine (kurze oder lange?) Weile befriedigen wird, weil ich eben glaube, dass sie meiner Prosa (bis jetzt) den grössten Spielraum und (zahlenmässig) die umfangreichsten Möglichkeiten gibt. [...]

Das neue Buch, das wohl endgültig »¾ HUNDERT KLEINGESCHICHTEN« heissen wird, ist gestern von mir »verabschiedet«, denn ich hatte noch fünf Geschichten hinzugeschrieben, damit es 75 Stück waren, und damit das Büchlein den Titel (s. o.!) erhalten konnte. [...]

Das Buch wird (nach dem Stand der Verhandlungen bis heute) im Kinderbuch- und im Aufbau-Verlag erscheinen.

In der Ausgabe des Kinderbuch-Verlages soll es von Hans Baltzer mit Zeichnungen versehen werden.

Das alles beschäftigte mich und machte meine eigentliche Arbeit all die Tage aus. Es war ein grosses Glücksgefühl, als sich »die Methode« in verschiedenen Genres bewährte, und es ist eine Ruhe in mir und das Gefühl in mir, als wäre ich mit dem »Ringen um meine Form« zu einem gewissen Abschluss, zu einer »Generallinie« gekommen, auch als hätte ich meine »Meisterschaftsmethode« gefunden, mit der ich bei entsprechender Handhabung und bei entsprechender Arbeit und entsprechender Suche nach immer grösseren Verfeinerungsmöglichkeiten alles ausdrücken werde können, was ich zu sagen habe, aber es wäre zuviel »gejubelt«, wenn ich verschwiege, dass die Angst vor der möglichen Routine bereits an diesem Glückszustand herumnagt. [...]

16.–19. Mai
EIN PFINGSTEN wie aus einem Reiseprospekt ausgeschnitten, und es blieb alle drei Tage lang so. Alles, was sonst Ende April oder Anfang Mai in Garten, Wäldern und Feldern geschieht, geschah in diesem Jahr Mitte Mai und zu Pfingsten [...].

EIN IDEAL nach dem anderen zerbröckelt. Sohn Ilja berichtet aus seinem Rekrutenleben, und man kann sehen, dass in der »sozialistischen Volksarmee« bewährter preussischer Militärdrill gepflegt wird.

Aber wenn man beklagt, dass politische Ideale »zerbröckeln«, so ist das eben ein Zeichen, dass man noch nicht reif genug war und an solche »Ideale«, die es nicht geben kann, glaubte; denn sobald eine Sekte, eine Partei, eine Interessengemeinschaft zur Trägerin eines Staatswesens wird, muss sie auf die verwaltungs- und militärtechnischen Mittel zurückgreifen, die sich bei ihren vormaligen politischen Gegnern bewährten, und sie muss die Methode, [die] einst der Gegner (Klassengegner – oder wie immer) benutzte, jetzt benutzen, um den Gegner zu unterdrücken.

Schulzenhof – Berlin – Schulzenhof 1. Juni (Montag)
Eva krank. [...]
Ich fahre nach Berlin zur Parteigruppensitzung. Eigentlich wollte Eva dorthin fahren, aber nun fahre ich, und ich tue es nicht ungern, denn seit Tagen, nein, fast seit Wochen hege ich Widerwillen gegen den Schreibtisch. [...]

PARTEIVERSAMMLUNG
Ein Genosse, ein Abteilungsleiter aus dem Zentralkomitee, Abteilung Internationale Verbindungen hielt uns einen Vortrag über die Kommunistischen Parteien aller Länder. Danach sind wir (neben der sowjetischen) die beste Kommunistische Partei der Welt. Der Genosse hatte einen Ton an sich und eine chauvinistische Haltung, die einem Nationalsozialisten zur Ehre gereicht haben

würde. [...] Unsere »Überlegenheit« im jetzigen, im sozialistischen Falle leiten wir von unseren ökonomischen Erfolgen ab und die Bezeichnung, die DDR, das zweite »deutsche Wirtschaftswunder«, geht den führenden Genossen und den »bellenden« Unterkadern ein wie Seim. Leider, leider sind nicht alle, längst nicht alle Erfolge auf eine überaus kluge Führungstätigkeit dieser Genossen zurückzuführen, sondern auf Fleiss und Kadavergehorsam der Arbeiter. Die Faschisten haben sie zwölf Jahre lang zum Gehorsam geknutet; sie sind an harte Diktatur gewöhnt, und jetzt wächst eine Generation heran, die nicht nur das westliche Ausland, sondern nicht einmal das westliche Deutschland mehr kennt, und unsere führenden Genossen halten es für empörend, wenn diese Generation nur Wünsche auf Reisen in den Westen laut werden lässt. Die führenden Genossen halten es für selbstverständlich, dass sich die jungen und jüngsten Generationen ihren Vorstellungen vom Leben beugen. Ich glaube, das wird nicht gut ausgehen.

Berlin – Schulzenhof 8. Juni (Montag)

[...]

Lese seit etwa einer Woche, nachdem ich in allen möglichen Büchern und bei allerlei Autoren ein wenig »herumlas«, selbst in Fontanes FRAU JENNY TREIBEL blieb ich stecken, Tolstois ANNA KARENINA (Wiederholung) und ich lese in TOLSTOIS TAGEBUCH von 1903 und stosse dort fast bei jeder Eintragung auf Gedanken, die auch mich seit langem bewegen.

Das hat den Erfolg, dass ich mehr und mehr Lust bekomme, mit dem Romanschreiben (mit der Fortsetzung des WUNDERTÄTERS) zu beginnen. [...]

9. Juni (Dienstag)

ARBEIT

Die Erzählung DER PFERDERAUB zu Ende geschrieben. Am Abend schon daran ziseliert. Wahrscheinlich wird sie jetzt heissen: ALS ICH NOCH EIN PFERDERÄUBER WAR. (Rosegger, Als ich noch der Waldbauernbub war.)

Einige Briefe geschrieben. [...]

1970

16. Juni (Dienstag)
[...]

Wir erhielten 60 Ztr. *Kohlen*, und dass wir sie erhielten, war ein Akt der Gnade, den uns der Mann [...] von der Einkaufsleitung bei der VdgB (BHG) angedeihen liess, denn der freie Verkauf von Braunkohle (ohne Bezugskarten) wird in diesem Jahr (im Land, das die höchste Braunkohlenproduktion der Welt hat) so gut wie ganz eingeschränkt. Es wird also auch im nächsten Winter Kohlennot herrschen, aber man wird sich mit der Tatsache, dass alle Bezugskartenbesitzer und -empfänger mit Kohlen beliefert wurden, ins Rechte reden können. Das sind die berüchtigten staatsbürokratischen Zauberkunststücke, über die man nicht nachdenken kann, ohne bitter zu werden. Wenn sie nicht so prahlen würden bei jeder Gelegenheit! [...]

19.–28. Juni (Freitag bis Sonntag wochdrauf)
ZEHN TAGE nicht eingetragen, und das hat seinen Grund, denn ich machte mich am 17. Juni wieder an die Arbeit, schon um die Flauheit, die man sich in der Regel wie einen Schnupfen aus Berlin mitbringt, auszubeizen.
[...]

ICH NUTZE DIE HITZE, um dieses Jahr energisch schwimmen zu lernen, und ich hänge in der Schwimmweste und übe mal Arm- und mal Beinbewegungen, lerne mit meinem jüngsten Sohn Jakob zusammen das Schwimmen, und will zu meinem sechzigsten Geburtstag mein Freischwimmer-Zeugnis ablegen, um die Redensart zu widerlegen: »Was Hänschen nicht lernt, lernt Hans nimmermehr.« [...]

VERLEIHUNG
Am Mittwochabend (24. 6.) fuhr ich wieder nach Berlin, denn Tags drauf sollt ich mir die Joh.-R.-Becher-Medaille abholen. Es war mir peinlich, und ich weiss nicht, womit ich sie verdiente, und ich halte seit einigen Jahren überhaupt nichts mehr von Medaillen und Auszeichnungen und früher hielt ich nicht viel davon.

Auf der Verleihungsurkunde steht etwas von »kulturellen Leistungen«, aber hauptsächlich erhielt ich diese Medaille wohl, weil sie tausend und mehr Leute, die etwas mit der »gebündelten Kultur« im Kulturbund zu tun haben, bereits erhielten, und weil man mich bisher »übersehen« hatte, aber ich fühlte mich gar nicht übersehen. Jetzt nun hatte der Kulturbund als Institution ein Jubiläum und da musste, wollte, sollte man neben den vierzig Kulturfunktionären, die man vor allem dabei im Auge hatte, auch ein paar Künstler auszeichnen.

Wie gesagt, das alles war mir unangenehm, und ich wäre am liebsten nicht hingegangen, aber ich habe erlebt, dass Leute Auszeichnungen (allerdings aus Eitelkeit, weil sie nicht hoch genug waren) ablehnten; sie kamen jahrelang nicht »wieder auf die Beine«, denn viele, viele Staatsvertreter fühlten sich von ihnen beleidigt, und in einem Staat, in dem die Bürokratie ein so »gewichtig Gewicht« hat wie in unserem, kann ein »In-die-Tinte-treten« das »Totschweigen« nach sich ziehen. [...]

5.–13. Juli

WIEDER NICHT EINGESCHRIEBEN, und wieder *eine ganze Woche nicht* eingeschrieben. Herbert, der Pferdepfleger, sollte eine Woche seines dreiwöchigen Urlaubs im Sommer haben. Ich versorgte also die Pferde und Sohn Matthes, der ZWÖLFJÄHRIGE, half mir dabei.

[...]

ES SIEHT SO AUS, als ob ich dieses Jahr wirklich noch das Schwimmen erlernen sollte. Ich übte mit der Schwimmweste eine Weile, legte sie dann ab und schwamm ohne Weste und siebzig Stösse freies Schwimmen ist augenblicklich mein »Rekord«.

Ich war nie wasserscheu, aber wann einmal (?) ist mir der Aufenthalt im Wasser verleidet worden, doch habe ich wieder Zutrauen zum Wasser bekommen, bewege mich sicher in ihm, geniesse vor allem die Stimmungen am See, der jetzt MEIN SEE ist, zu dem ich eine Beziehung bekam wie zu einem Pferd, wenn es mich trug.

Die Waldwände ringsum, der grosse Himmel über dem Wasser, das leise Glickern der Wellen am Ufer, die kreisenden Rohrweihen und der Harzduft aus den Wäldern!

[...]

ALLERLEI MENSCHEN, sogenannte Besucher zogen in der Zeit, da ich wenig in dieses Büchlein schrieb, durch Schulzenhof.

Da war GUSTAV VON WANGENHEIM, der in der Stadt Berlin häufig auf einen Besuch hier draussen hingezielt hatte. [...]

DREI JUNGE LEUTE umschlichen am Nachmittag des nächsten Tages (6. 7.) unser Anwesen. Schliesslich fassten sie sich ein Herz und klopften. [...] *WIR SASSEN WIE AUF KOHLENGLUT,* und wir mussten die Leute fast hinauswerfen, denn wir erwarteten angemeldeten *Besuch aus Bulgarien.*

Es kam der Prosaschriftsteller STOJAN DASKALOW [...], und er versprach, dass er uns nach Bulgarien einladen würde. [...]
UND SO GING ES WEITER. [...]

18. Juli (Sonnabend)

ICH HÄTTE IN WEIMAR vor ausländischen Germanisten (Hochschullehrern) lesen sollen, wie ich's schon oft in der Ferienzeit getan habe. Die Veranstalter von der Schiller-Universität in Jena sind zwar eine Bande von überheblichen Literaturerklärern, doch es kam mir stets drauf an, Neugeschriebenes vor Ausländern, denen unsere DDR-Hausbackenheit und Familiengenügsamkeit fernliegen, auszuprobieren.

Aber dieses Jahr konnte ich den herablassenden Ton der Veranstalter nicht mehr ertragen und schrieb ihnen einen entsprechenden Brief. Auf den Brief hin luden sie mich aus, obwohl meine Veranstaltung im Lehrgangsprogramm bereits ausgedruckt war. Sechsunddreissig Stunden vor meiner Abfahrt nach Weimar erhielt ich meine »Ausladung«. [...]

19. Juli (Sonntag)

WEHMUT kriecht mir ins Herz, und ich weiss nicht, woher sie kommt, ob von der Kühle, die sich über's Sommerland senkte und Herbstgerüche, Herbstgeräusche, Herbststimmungen laut werden lässt.

Ich bitte Eva, weil ich mit meiner Wehmut nicht allein sein möchte, mich auf meinem Morgengang mit dem Birkenhund zu begleiten, und ich lasse mir von ihr unterwegs am Waldrand das

Gedicht vom SANDLAND, aus dem wir kommen, zum zweiten Male sagen. Ein grosses Gedicht, und das erste Mal bei unserem Nebeneinanderherdichten empfinde ich Neid (EDELNEID), weil ich das Gedicht nicht gemacht oder noch (?) nichts Gültiges in dieser Richtung gemacht habe; andererseits ist auch ein Korn Glück in diesem Gefühl: Ich brauchte nichts Derartiges mehr zu machen, alles, was ich fühle, was in mir nicht Wort wurde, in bezug auf unseren Heidesand, ist hier gültig gesagt, von einem Menschen, der mir nahsteht, der zuweilen ich ist, wie ich zuweilen er bin, aber das Neue: Ich bin zum ersten Male der Nehmende, der Beschenkte. [...]

(noch) 31. Juli bis 8. August

ICH LERNE LASSO WERFEN und ich bin stolz drauf, dass ich es schon über eine Woche lang mit Ausdauer übe. Rechts und links von mir werfen die jüngsten Söhne Matthes und Jakob und wir üben an den Abenden stundenlang und eifern dabei (wie ich früher als Kind) beim Kartenspielen.

Ein bisschen treibt mich die Romantik, ein wenig treibt mich die Notwendigkeit beim Lassowerfen an. Es ist allemal schwer, alle Vierteljahrsfohlen für das Ausschneiden der Hufe einzufangen.

[...]

ICH FAHRE WIEDER MOTORRAD.

Zuerst glaubte ich, ich würde mich an die Maschine nicht mehr gewöhnen. Es sind fünfunddreissig Jahre her, seit ich zuletzt auf einem Motorrad fuhr. Damals waren die Maschinen noch ungefüger und hatten grössere Räder, mit denen der Mahlsand auf den Heidwegen leichter zu bewältigen war; man schleuderte nicht so sehr.

Jetzt musste ich mich erst mit HANDGAS und FUSSGANGSCHALTUNG vertraut machen. Bei der HANDGASSCHALTUNG entdeckte ich, wie mir schien, einen grundlegenden Fehler: Das Handgas (die Menge) dürfte sich nicht beim Drehen des Griffes zum Fahrer zu erhöhen, sondern in entgegengesetzter Richtung. Wenn der Fahrer mit der Maschine in eine schwierige Lage gerät, so wird er notgedrungen den Griff umklammern und das Gasgemisch und die Zunahme der Motorendrehzahl erhöhen. Das darauf bisher niemand kam!

Jedenfalls fahre ich wieder Motorrad, fahre zu den Shetländern auf die Fliederort-Koppel und habe Jakob oder Matthes als Sozius-Sitzer hinten drauf, und die Sache macht mir (wenigstens im Sommer) Spass. [...]

9. August (Sonntag)

[...]

DER ZAUN, DER DEN OBSTGARTEN unterteilt hatte, war überflüssig geworden, und er wurde abgerissen, und die Pfosten blieben noch stehen.

Ich nagelte eine Stange zwischen zwei Pfosten und legte die alte »Heeresplane«, ein Erbstück aus Bohsdorf, drüber, und es entstand ein Zelt, und die Jungen (Matthes und Jakob) bezogen es, und sie statteten es sich innen aus nach Vermögen, und ich lieferte ihnen Decken und ein Rehfell, und nun spielen sie dort EREWENKEN.

Sie machen ihre Raubzüge in den Apfelgarten, und dort duftet es jetzt nach Augustäpfeln, die sich aus den Zweigen lösen, obwohl kein Häuchlein Wind geht. Sie scheinen vom Geflimmer der Hundstagswärme niederzufallen und mit ihrem Duft Menschen und Tiere anzulocken, damit sie ihre reifen Kerne verbreiten mögen.

Es ist dumpf und heiss im Zelt, aber es ist ein Unterschlupf, eine Bleibe, ein Versteck, eine Heimlichkeit, und die Zeit, bis die Mutter zurückkehrt, vergeht den Kindern schneller. [...]

10.–12. August (Montag – Mittwoch)

MONTAG WAR'S, DA FUHR ICH mit Ilja nach Berlin, und er sass sehr schmal neben mir und war traurig, dass seine drei Tage Sonderurlaub schon herum waren, und er rührte sich in Berlin keinen Schritt aus der Wohnung, weil sein Urlaubschein nicht für Berlin galt, und so schüchtern wir Sozialisten die jungen Menschen ein, und wir behaupten, es geschähe aus Notwendigkeit, aber ich sehe in diesem Falle die Notwendigkeit nicht, und ich will für diesen Fall als Antisozialist gelten, denn alles, was »sich« unser »Militarismus« und unser Bürokratismus zum Sozialismus erklären, ist es längst nicht.

14. August (Freitag)

ES WAR MORGENS VOR ACHT UHR und die Sonne wärmte schon sehr, und es war wohl der letzte grosse Sommertag dieses Jahres. Die Familie machte sich fertig, denn wir wollten zum Bootsfahren an die Seen und ich musste (wie stets) auf die anderen warten, und ich setzte mich auf die Bank, die auf dem mit Blumen bepflanzten Eckchen Erde steht, das ich mein »Klostergärtchen« nenne, und ich sass dort eine Weile und der Duft der Blumen, der Duft des weissblühenden Steinbrechs und des Phlox strömte in meine Naslöcher, und die Hummeln säuselten und ein ganz leiser Sonnenwind ging, und da wähnte ich im Nikdski Cad (oberhalb von Jalta) zu sitzen, und was dort das Meer »zu meinen Füssen« gewesen war, das waren hier die besonnten Wiesen, und das waren die gewellten Kronen der Waldbäume im Hintergrund.

In diesem Augenblick wusste ich sehr fest, was ich lange ahnte, das alles Reisen und aller Platz- und Ortswechsel mehr eine innerliche als eine äusserliche Angelegenheit ist. Es ist nichts nötig, als deine Pflichten (und ganz besonders deine eingebildeten Pflichten!) von dir abzuschütteln und dich zu einer Stunde, da du sonst angespannt arbeitest (oder so tust, als tätest du's), still an einen Fleck deines Hofes zu setzen und entspannt die Luft, die Sonne, den Wind, das Baumrauschen und das Blumenduften auf dich einwirken zu lassen – und du bist »verreist«.

16. August (Sonntag)

UND DAS WÄRE NOCH VOM GEBURTSTAG nachzutragen: [...] Zum ersten Male befuhren wir im Schlauchboot den Nehmitz-See, und ich erfüllte mir damit einen mindest zehn Jahre alten Wunsch und ich badete und schwamm sogar im Nehmitz-See, und das hätte ich von mir nicht mehr erwartet, überhaupt war, dass ich zu meinem Geburtstag ein Bad in einem Waldsee nahm, ein Ereignis, das es in den achtundfünfzig Jahren meines Lebens bisher nicht gegeben hatte.

Und wenn wir die Bootsfahrt auf dem Nehmitz-See nie wiederholen sollten, so werde ich sein klares, süss schmeckendes Wasser, werde ich die hellgrünen Gründe, über die unser Boot trieb, werde ich die Wälder aus Wasserpflanzen im See-Innern, das Säuseln des Windes in den Ufer-Buchen, werde ich den Duft der Fichten, der übers Wasser hinzog, und die Rast auf der vorgärtchengrossen Insel, die in ihrer Silhouette so ceylonesisch anmutete, werde ich den Geschmack des Butterbrotes und den Geschmack der reifen Augustäpfel, die wir dazu assen, werde ich die beiden Schulmädchen im Angelkahn mit ihren Kleidern in Gelb und Zartrot, die fast stumm über das Wasser und an uns und der kleinen Insel vorüberglitten, und werde ich die Rufe der Bussarde, die der scharf einfallenden Sonnenstrahlung verwandt schienen, und werde ich die jungen noch wenig befiederten Haubentaucher und den grossen Himmel mit den Wolkenbooten, die wie das unsere dahintrieben, für den Rest meines Lebens nicht vergessen.

21. August (Freitag)
ALS OB MAN IN DEN ABGRUND menschlicher Verworfenheit blicken würde, so war einem, als Genosse Nowoiski, der in einem WOLGA-AUTO vorfuhr, vom Gebaren und Gehabe der Clique von Genossen berichtete, die jene Institution, die man den Fernsehfunk der Republik nennt, regiert.

Fernsehen, das Spielzeug des Genossen WALTER, der in seinem Leben, ausser politischen Schriften, kaum ein schöngeistiges Buch gelesen haben dürfte.

Aber das Fernsehen, das Fernsehen! Es nimmt WALTER die Mühe des Lesens ab. Eine ganze Clique ist damit beschäftigt, die Beschlüsse, die WALTER fasste, um sie dann scheindemokratisch auch von den sogenannten Staatsorganen, Parteiorganen usw. fassen zu lassen, in Unterhaltung umzuformen, und sie dann einem Publikum, vor allem aber WALTER vorzuführen. Fernsehdramatisierte Parteibeschlüsse eines alterseitlen Parteiführers. Mit der Dramatik ist es dabei nicht weit her, aber mit der Langweile. [...]

Ich hätte das nicht in dieser Ausführlichkeit hier aufgezeichnet, wenn ich nicht dächte, dass es sich um einen demonstrativen

Fall in bezug auf die Diktatorenzeit des »grossen WALTER« handelt. Wehe, wer in seine Ungnade fiel, aber noch mehr Weh für den, der in seine Gnade fiel!

Ich meine also, dass man gerade diese Episode dürfte in einen Roman »über uns« hineinarbeiten können und nur deshalb ging ich hier so ins Detail. Man vergisst ja so leicht, vergisst das Unangenehme, das man zu konsumieren hatte, so leicht. [...]

24. August (Montag)

WIR FUHREN NACH STRASBORG, Eva, Matthes, Jakob. Es war eine 7jähr. trächtige Kleinstute angeboten. [...] Stute schon weg. [...]
Schön war die Fahrt.

Mecklenburg, die Wahlheimat, wird mir immer vertrauter. Manchmal fühl ich schon so, als ob diese Landschaft mich geboren hätte. Wird man nach einer Reihe von Jahren ein Teil der Landschaft (durch die Spezifik der Luft und durch die Früchte und die Nahrungsmittel), in der man lebt?

Wenn ich meine Erinnerung ohne Anstrengung bemühe, so war die Landschaft um Fürstenhagen und dem vertrauten Carwitz die mir gemässeste. Nur würde mir für die Dauer der grosse Wald fehlen.

Was find' ich inspirierend an dieser Landschaft?

Die Strenge. Die Kargheit, die kahlen Hügel mit ihren nackten Findlingen. Der wohlverteilte Wechsel zwischen Wasser und nicht ganz ebener Erde. Die Möglichkeit, mühelos ein »grosses Stück« Erde zu überschauen. Der grosse Himmel über diesem überschaubaren »Stück Erde«.

25. August (Dienstag)

DEN TAG VERBRINGEN WIR (Eva und ich) damit, uns vorzustellen, wie ein neues Haus, in dem ich arbeiten soll, und das gleichzeitig ein Archiv und ein »Alterssitz« (für mich und Eva) sein soll, wie so eine Behausung aussehen würde.

Im nächsten Jahr soll es wirklich (wirklich nun *wirklich*) zwischen die Obstbäume gepflanzt werden, etwa dort, wo der Obstgartenteil des Grundstücks seine Mitte hat.

Und das geplante Haus wird das rechteckige Holzhäuschen, das mir nur wenig Wohnung bot, weil sein einziger Raum im Sommer schlecht belüftbar und deshalb zu warm war und im Winter zu kalt war, weil man ihn nicht beheizen konnte, ein wenig zur Seite und tiefer in den Baumgarten hineinschieben.

Den Vormittag verbringen wir damit, eine Umrisszeichnung der (Haus)-Räumlichkeiten mit Bleistift auf ein Stückchen Papier von einem Schreibblock zu hauchen.

Am Nachmittag kommt der Architekt (Böttcher, Vorsitzender der PGH Bau aus Fürstenberg), und wir atmen auf, als er einige unserer unabdingbaren Forderungen akzeptiert: Eine Loggia, den Schornstein (wie bei alten englischen Landhäusern) an der Giebelseite, keine landesübliche Diele mit jenem MARKTPLATZ DER TÜREN, alles unterkellert und der Keller licht, eine freistehende Treppe, die aus dem Raum aufsteigt, den man zuerst betritt, kleine Katenfenster mit Fensterläden usw.

29. August (Sonnabend)
AM SPÄTNACHMITTAG ZURÜCK nach Schulzenhof. Jakob wird stets so von der Wiedersehensfreude überwältigt, dass ihm die Tränen kommen, und dass er sich zu verstecken trachtet, wenn wir in den Hof einfahren, aber er »versteckt« sich so, dass wir ihn gleich sehen müssen. Auf diese Weise muss er glauben, seinen Gefühlen besser Herr werden zu können. [...]

31. August (Montag)
[...]

HEIMAT
ES MAG VIELLEICHT MANCHEM UNSERER Kollegen so erscheinen, als ob wir mit der Wahl unseres Wohnplatzes, am Rande von Mecklenburg, besonderes Glück hatten, aber was heisst hier Glück? Es kommt allmählich mancherlei Gutes zueinander, wenn man einem Platz und einem Stück Erde treu bleibt, wenn man einwächst, aber elastisch dabei bleibt, wenn man nicht bei jeder Misslichkeit und Unzulänglichkeit (jeder Platz hat solche) sich ausrupft und die Wurzeln, die leise zu wachsen begannen, zerreisst.

(noch) 8. September (Dienstag)
VERLEGER – LEKTOREN
CASPAR UND SCHUBERT vom AUFBAU-Verlag: Sie kamen hauptsächlich, um darzutun (in der Hauptsache Caspar) weshalb er Evas Gedichte (die Sammlung) nicht drucken lassen könne. Seine Einwände waren lächerlich formaler Art, und es versteckte sich seine Feigheit hinter diesen Argumenten. Er glaubt, man würde die Gedichte nicht durch die ZENSUR bringen, weil sie die einfachen Dinge und Gefühle loben, die ja in Wirklichkeit die tiefsten sind und die einzigen, die da zählen.

Er sprach von »enger Thematik«, vermochte die philosophische Tiefe dieser Gedichte nicht aufzuschliessen und wünschte sich (auch wenn er es nicht direkt aussprach) mindestens einige Gedichte mit DDR-Zylinder, also zum Lobe der Republik, der Partei und ihrer Hauptfunktionäre, und wenn das alles nicht, dann sicher einige Gedichte zum Lobe der Grossstadt, der Technik, der Maschinen und das, was er und viele für »den Fortschritt« halten.

Nein, es hatte keinen Sinn mit einem Manne wie Caspar, über Gedichte zu diskutieren, die gewachsen sind in den Regen und Schnees und den Winden, die durch unser Wiesental zogen.

Eva hat den grossen Wesensvorzug, dass sie warten kann!

9. September (Mittwoch)
DAS NEUE HAUS
DER ARCHITEKT BÖTTCHER BRACHTE die Bauzeichnung für das neue Haus, das bisher nur aus unseren Vorstellungen und aus einer, von uns angefertigten, Grundriss-Zeichnung bestand.

Es gibt mit diesem Haus bereits ein zehnjähriges Hin und Her, und es existieren auch schon einige Bauzeichnungen, die anzufertigen wir dem jeweiligen Architekten überliessen.

Hier bekamen wir es nun mit einer Umsetzung unserer Vorstellungen zu tun, die uns sofort zusagte, und die unsere Ungeduld auf dieses neue Haus steigerte.

Allerdings hatten wir so gut wie alles, was dieses Haus enthalten sollte – bis zu den Abmessungen der Fenster (im Katenstil), vorausbestimmt.

1970

22. September (Dienstag)
BERLIN
WIR (EVA UND ICH) FUHREN NACH Berlin, denn es gab dort allerlei zu besorgen.

Evas Gedichte (40) gedruckt, verfremdet in der NDL. Ich bin froh, stolz, glücklich? Nein, nicht die richtigen Bezeichnungen für meinen Zustand. Ich fühle mich stärker mit der Kraft neben mir, die nun (mehr und immer mehr) in die Menschheit und in die Ferne zu wirken beginnt. [...]

1. Oktober bis 9. Oktober
[...]
ARBEIT
ENDLICH WURDE ICH MIT DEM Umschreiben jener Geschichte fertig, die zuerst hiess ER HAT SIE GEBRAUCHT. Nun heisst sie SCHNEEWITTCHEN, und sie war geschrieben worden, bevor ich die BLAUE NACHTIGALL geschrieben hatte, die dann in ihrer Art bestimmend für einen Zyklus wurde.

Wie stets in solchen Fällen war es schwer, die alte Form dieser Erzählung zu zerbrechen. Es ähnelt dem Aufbrechen von Kokosnüssen.

Nun jedenfalls gelang es, und es sind jetzt vier jener halbautobiographischen Erzählungen (für den Zyklus) fertig, und es wäre noch Stoff für mindestens drei Geschichten vorhanden, aber jetzt lasse ich das alles zunächst auf sich beruhen, weil die Lust, mit den neu erworbenen technischen und künstlerischen Möglichkeiten am zweiten Teil des WUNDERTÄTERS zu arbeiten, anwuchs.

Noch bin ich ganz durchwirkt von dem Gedanken, diesen II. WUNDERTÄTER sehr schnell und ohne mich um irgend etwas zu kümmern, niederzuschreiben.

Vielleicht tritt die Ernüchterung schon ein, sobald ich in den nächsten Tagen das vor mir liegen haben werde, was ich da schon vorgearbeitet habe.

Nun, ich nehme mir auch vor, einen getreulichen Arbeitsbericht anzufertigen, wenn möglich von jedem Arbeitstag.

Und hoffentlich nahm ich hier den Mund nicht zu voll!

31. Oktober (Sonnabend) bis 2. November (Montag)
ARBEIT

Die ganze Zeit arbeitete ich am WUNDERTÄTER II: Die Hochstimmung hielt bis zum Donnerstag voriger Woche (29. X.) an. Sie war das Ergebnis einer Täuschung, wie sich herausstellte. Natürlich war's Eva (in bewährter Unbestechlichkeit), die sofort spürte, wo das Geschriebene unzulänglich zu werden begann.

Ich schrie nicht und ich tobte nicht, als ich Evas Unzufriedenheit gewahrte. Es scheint, dass ich mit den Jahren (und den Wiederholungen) besser mit den »Geburtswehen« fertig werde. Ich fiel tief, wie ich früher auch fiel, aber ich liess von dem Drama wenig nach aussen. Ich »versteinerte«, wie Eva sagte. Auch die alten Martergedanken waren da: Ich kann nicht mehr schreiben. Ich will überhaupt keinen zweiten Teil WUNDERTÄTER schreiben. Weshalb soll ich es denn, weil andere es wollen und fordern? Ich sehe da nichts mehr zu schreiben für mich. Ich weiss nicht, was ich mit den Figuren in einem zweiten Band anfangen soll.

So ging's fort. Wohl an zwei Tage, ein bisschen Selbstmordstimmung als Würze.

Dann holte ich das Unterbewusstsein zu Hilfe. Irgend wohin musste doch entschwunden sein, was ich über den zweiten Teil des WUNDERTÄTERS schon gedacht und gewusst hatte.

Ich schlief also mit dem Wunsche ein, es möge sich im Schlafe wenigstens ein Zipfel der Fabel zeigen. Mitten in der Nacht erwachte ich und es hiess: ›Von einem der auszog, den Sinn des Lebens zu ergründen!‹

Das gab schon etwas her und beim Nachdenken über Tage schossen an diesen »Leitsatz« Fabelteile an.

Die nächste Nacht brachte – auf die gleiche Weise – den Leitsatz: ›Wozu bin ich auf der Welt?‹ – Das musste der Gedanke sein, unter dem mein Held Stanislaus Büdner weiter durch's Leben zu wandern hatte. Das konnte meiner Haupterkenntnis der letzten Jahre literarischen Raum verschaffen: Jeder Mensch, der hier ist, hat seine Aufgabe, er muss sie suchen und sich nicht mit der nächstbesten Aufgabe zufriedengeben, dann ist sein Glück, dann ist seine Harmonie gesichert, dann steht er mit dem Leben im Einklang.

Es gab mehrere Gründe, weshalb ich mich in den verflossenen Tagen – ziemlich zufriedenen Herzens – in die Irre schrieb. [...]

Merkwürdig, dass man von Roman zu Roman vergisst, dass so ein grosses Geschreibe die beste Gelegenheit ist, alte Häute abzustossen. Allwie man etwas in sein Notizbuch schreibt, um es nicht als Gedächtnismarter immer und immer weiter im Kopf herumschleppen zu müssen.

Gestern abend, auch heute am Morgen sassen wir mit Eva zusammen. Beim Fabelbauen haben wir unsere schönste »Liebeszeit«. Da zeigt uns die gemeinsame Erfindung so manche Details, wie nötig es war, dass wir uns fanden. [...]

22. November (Sonntag)

HERBERT ging nach Woltersdorf, seinen toten Vater ehren. Es war der Tag der Toten, und in meinem Heimatorte wird man mir übel vermerken, dass ich nicht dorthin kam, um meine tote Mutter zu ehren.

Mir hat diese Art von Totenkult etwas von der Mechanik des katholischen Sünden-Ablasses an sich.

Wer am TOTENSONNTAG seine verstorbenen Angehörigen sichtbar und mit prunkvollen Kränzen und Blumensträussen ehrt, ist für ein Jahr vom Totengedenken befreit. [...]

27. November (Freitag)

[...]

DIE KARTAUSE VON PARMA
UNSERER AUSGABE BEI RÜTTEN UND LOENING, 1960, schliesst sich ein Briefwechsel zwischen Balzac und Stendhal an, der sich auf DIE KARTAUSE VON PARMA bezieht. Balzac lobt Stendhal für die KARTAUSE, und er klopft ihm dabei, wie ich glaube (mit einer gewissen Berechtigung, wie ich auch glaube) auf die Schulter. Jedenfalls ist dieser Briefwechsel auch für den Romanschreiber des »WISSENSCHAFTLICHEN JAHRHUNDERTS« beachtenswert. [...]

Und wo stehe ich? Im Augenblick in einer Krise, weil mir seit einiger Zeit scheinen will, als hätte ich die Form und den Stil in meinen früheren Arbeiten überschätzt.

Eine gelungene Wende scheint mir die Erzählung DIE BLAUE NACHTIGALL zu sein.

29. November

A

DER GEDANKE, DASS ES KEIN Ende gibt, dass nichts zu Ende geht, scheint mir fruchtbarer als der Gedanke: Nutze die Zeit! Vergeude keine Zeit! Hab stets die Kürze deines Lebens vor Augen! – Die Geisteshaltung: DENKE AN DIE KÜRZE DEINES LEBENS! kann zu Verkrampfungen führen, die das Schöpferische in einem blockieren.

Die Geisteshaltung: DU HAST ZEIT. NICHTS GEHT ZU ENDE – wird uns allenthalben von der Natur demonstriert, und sie bezieht aus dieser Tatsache etwas Beruhigendes, Gelöstes.

[...]

24. Dezember (Donnerstag)

[...]

REITER ZU FUSS

Seit vierzehn Tagen gehe ich morgens mit der hochträchtigen ARABERIN RAWANAH am Reitzügel. Die anderthalbjährige Stute SULEIKA folgt mit ASSAN, dem DALMATINER.

Seit über einem Jahr ist diese Morgenzeit mein HUNDESPAZIERGANG. Nun nehme ich die Stuten mit, weil sie Bewegung brauchen. Ein Reitpferd habe ich zur Zeit nicht. RAWANAH und SALKA sind hochträchtig, und der Hengst GALBA ist noch zu jung, um mein Gewicht zu tragen.

Es ist noch morgendämmerig, wenn ich mit meiner Karawane losziehe. Das Gras ist frostgrau. Die Buntspechte sind noch nicht erwacht. ASSAN schnüffelt am Ufer des Rhins nach Wildenten. Wenn wirklich ein Schof auffliegt, schaut ASSAN drein wie ein Junge, der aus Versehen einen Teller zerschlug. Die regelmässigen Morgengänge bewirken, dass ich mich nicht mehr mit kalten Füssen am Schreibtisch zu plagen habe.

25. Dezember (Freitag)

[...]

ES GAB HEUTE MORGEN EINE GUTE HALBE STUNDE.

Eva sagte mir Gedichte (auf) zwischen Bettenrichten und Stubefegen, Gedichte, die sie in den letzten Wochen gemacht hat, und es waren grosse Gedichte; besonders ein Septembergedicht.

Nun hat Eva, meine ich, alle in Deutschland zur Zeit lebenden Lyriker (soweit ich das überblicke) hinter sich gelassen.

[...]

1971

[...]
                        2. Januar (Sonnabend)

ARBEIT

Man sitzt und schreibt und probiert und experimentiert, und manchmal glaubt man, die Einsamkeit müsste einen postwendend zermalmen. Du siehst die meisten Menschen deiner Umwelt etwas ganz anderes tun, als du tust, und das was sie tun, stellt sich dem Augenscheine in wenigen Minuten manchmal, in einigen Tagen manchmal als »nützlich« dar. Kein normaler Mensch bezweifelt die »Nützlichkeit«, die »Unentbehrlichkeit« aller solcher »normalen« Tätigkeiten.

»Schreiben«, so fragt ein grosser Teil deiner Zeitgenossen, »was ist das schon?« Eine Feierabendbeschäftigung. Ja, Geschäftsbriefe, Bilanzen – das ist eine Tagesarbeit, aber etwas in kleine Büchel schreiben? Das macht ein rechtwinkeliger Mensch doch nebenbei.

Wieso auf die Tätigkeit eines Bücherschreibers Rücksicht nehmen. Er legt seinen Federhalter weg und ist verfügbar. Da läuft keine Maschine leer und heiss, wenn er weggeht, da stockt keine Arbeit, an der mehrere Zeitgenossen beteiligt sind, deren Handgriffe von seinen Handgriffen abhängig sind. Da warten keine Kinder in der Schulklasse auf ihn, wenn man ihn aus der Arbeit reisst, da verfallen keine Anrechtstheaterkarten, wenn man ihn von der Bühne fernhält usw.

Es gehört nicht nur Kraft und Konzentration dazu, sein Werk in aller Unsichtbarkeit zu erfinden, niederzuschreiben, immer wieder zu bearbeiten, nein, ein grosser Teil Kraft wird verzehrt beim täglichen Gegensteuern und Sichstarkmachen gegen alle viel nützlich und notwendig scheinenderen Tätigkeiten der Zeitgenossen.

1971

[...]

5. Januar (Dienstag)

ANGST UM ANGEHÖRIGE

Eva fährt mit dem Postauto und ab Gransee mit der Eisenbahn nach Berlin. Unser Auto versagte. Batterieschaden. Eva fährt in der Hauptsache, um in Berlin die Formulare für die Volkszählung auszufüllen und zu unterschreiben.

Mit Evas Abreise werden Haus und Hof leer, in allen Stuben und am Verhalten der Kinder spürt man die Abwesenheit der Mutter.

Ich bemühe mich, Eva ein wenig zu ersetzen, besonders für die beiden jüngsten Söhne. Es gelingt nur mühselig.

Gleichzeitig stehe ich, bevor Eva zurück ist, Ängste aus. Ich werde von Vorstellungen bedrängt, es könnte der Mutter unterwegs (ohne meine Anwesenheit) etwas geschehen. Ähnliche Vorstellungen stellen sich auch ein, wenn die Jungen den Vormittag über in der Schule und unterwegs sind. Auch da bezieht sich die Angst vor allem auf die jüngsten Söhne und ganz besonders, wenn Eva nicht daheim ist. Als ob den Jungen nichts geschehen könnte, wenn die Mutter im Hause ist!

Wenn ich diese Angst analysiere, so stellt sich heraus, dass sie ein Erbteil meiner Grossmutter väterlicherseits ist. Was diese Angst in der Tiefe auslöst, ist Egoismus.

Meine Vorstellungen sind so: Wenn was geschieht, wenn Eva etwas zustösst, wenn sie mir entrissen wird, werde ich sehr allein und unverstanden im Leben zurückbleiben. Ich werde der Trauer nicht Herr werden und deshalb auch nicht arbeiten können. Wenn einem Kinde etwas geschieht, so wird mein Leben in Trauer ersticken. Die Gedanken an den Umgekommenen werden mich zu keiner konzentrierten Arbeit kommen lassen.

Nun, da ich diese Gefühle hier schreibend einzufangen versuche, wird mir inne: Nicht Egoismus im engen Sinne steckt hinter den quälenden Vorstellungen. Es ist das Werk, die Arbeit an ihm, also die mir vom Leben zugeschobene Aufgabe, die mir diese egoistisch schimmernden Vorstellungen aufdrängt.

Merkwürdigerweise bin ich wenig getröstet, wenn ich mir vorstelle, ich würde das Leid, das mir widerfahren könnte, innerhalb meines Werkes produktiv werden lassen, was ja wohl auch wirklich geschehen würde.

Hier nun hat, wie ich erkenne, unbedingt Weisheit einzusetzen, indem ich den Vorstellungen, sobald sie mich beschleichen wollen, mit dem Willen zurückprügele, oder dass ich mir einen Schutzmantel aus konzentrierter Arbeit umtue.

8. Januar (Freitag)

A

Heute bin ich ein Mensch, und in einem Jahr bin ich vielleicht schon Teil eines Baumes, ist ein Teil von mir im Knospenauge einer Fichte, und ich weiss nicht, dass ich je Mensch war, wie ich heute nicht weiss, dass ich Erde war, und ich schaue als Knospenauge in unser Wiesental und wähne, es würde ewig so bleiben.

[...]

DER HENGST GALBA

Heute ritt ich das erste Mal auf Galba einmal um die Manege. Das hört sich so unkompliziert an, und es war auch unkompliziert, aber die Vorbereitungen wurden mit Ausdauer und Langmut betrieben.

Zuerst schwitzte Galba nach zwanzig Runden an der Longe. Nach einer Woche steigerte ich Tag für Tag das Pensum. Jetzt waren 40 Runden gestreckter Galopp (2 km), 40 Runden Trab (2 km) und 40 Runden an der Longe (1600 m), sodann Longieren am Doppelzügel (rechte Hand, linke Hand) und ein Marsch an der Fahrleine von 1½ km die Tagesarbeit.

Von der dritten Woche an arbeitete ich mit dem Voltigiergurt, den ich nach und nach enger schnallte, um auf den Sattelgurt vorzubereiten, ab und an liess ich Galba auch 20 Runden ausgebunden auf den 13 m-Zirkel laufen.

Vor drei Tagen legte ich den Sattel auf. Kein Widerstreben. Auch keine Schwierigkeiten beim Anziehn des Sattelgurtes.

Seit zwei Tagen stellte ich mich in einen Steigbügel, legte mich auch bäuchlings auf den Hengstrücken. Galba liess sich alles geschehen, nur er trat (durch den mit dem Mähnenzopf zusammen stramm gehaltenen Zügel) zurück, immer zurück.

Gestern am Schluss des Trainings hatte ich ihn soweit, dass er stehen blieb, wenn ich im Steigbügel stand und ihn belastete.

Heute ging ich von dieser Position aus und setzte mich (nach dem Ablongieren) behutsam in den Sattel. Keine Abwehr, keine Gegenwehr, kein Buckeln. Aber dann ging's Schrittchen bei Schrittchen rückwärts. Ich liess gewähren. Es ermüdete ihn. [...]

Nach dem fünften Anlauf hatte Galba begriffen, was er zu tun hatte und trug mich, vorsichtig nach seinem Gleichgewicht haschend, einmal um die Manege.

Die Liebe zu einem Pferd kann gross sein, aber fest wird sie erst, wenn das Pferd einen getragen hat!

Schulzenhof – Berlin 14. Januar (Donnerstag)
[...]

SITZUNG BEIM STAATSRAT

Etwa 25 Schriftsteller und 25 Bildende Künstler. Die Diffamierung der Schriftsteller wurde gebremst. Das hatte nun einige Jahre vorgehalten. Jeder kritische Satz, den ein Schriftsteller schrieb, wurde als »Angriff auf den Bestand der Republik« gekennzeichnet. Viele Bücher mit kritischen Passagen wurden überhaupt nicht gedruckt.

Aber eines Tages fragt man auf dem Weltmarkt nicht nur nach Schiffselektronik, sondern auch nach kulturellen Leistungen. Da hat man nichts zum Vorzeigen als Hausback. Fernsehspiele, die beweisen, wie herrlich überlegen unsere Oekonomen allen anderen sind, nachdem es kräftige oekonomische Misserfolge gab, kann man dem Ausland nicht gut auftischen.

Es hat zwei, drei Jahre länger gedauert, als ich glaubte, aber schliesslich traf meine Voraussage doch ein. Man braucht uns wieder, und man sucht nach Prügelknaben, denen man das Fehlen von Literatur in die Schuhe schieben kann. Man lenkt den »Volkszorn« auf die Lektoren bei den Verlagen, nicht auf die Leute im Politbüro, nicht auf die in der Kulturabteilung des ZK, nicht auf den Kulturminister. [...]

8. Januar – 7. Februar

BEI KANTS

Die Sitzung ging bis gegen 10^h abends. Mit Hermann im Auto zu Kants. Vera liebenswürdig. Ihr jüngster Bruder zu Besuch. Hermann stolz, weil Ulbricht ihn in der Pause ansprach und ihn fragte, ob er nicht über Schiffselektronik schreiben wolle.

Die Vorstellungen der Leute im Politbüro von Kunst sind katastrophal. [...] Sie zweifeln keinen Augenblick dran, dass sie besser wüssten, was Kunst ist als die Künstler.

VON DEN PFERDEN

In Schulzenhof fohlt, während ich in der Sitzung vom Staatsrat hocke, die Araberstute Rawanah. Herbert kommt zu spät. Rawanah liegt mit der Scheide dicht an der Krippe. Das Fohlen erstickt auf dem halben Wege zur Welt.

Telefonanrufe gehen hin und her. Zunächst möchte man sich dem Kummer ergeben, dann bedenkt man, dass das Leben wieder eine Konstellation anfertigte, mit der es erkunden wollte, oder mit der es einem Gelegenheit geben wollte selber zu erkunden, ob man schnell genug Wichtiges vom Unwichtigen trennen kann, wie ich es vor kurzem in den Aphorismen beschrieb.

7. Februar (Sonntag)

MUTTERS GEBURTSTAG

Erinnerungen an die Kindheit. Zu Mutters Geburtstag war es schon halb Frühling manchmal, wie es heuer schon halb Frühling ist, aber manchmal war der Winter um diese Zeit dick und fordernd, und Tante und Onkel kamen mit dem Waschkorb über die Felder. Der Schnee knirschte, und die beiden Ausbauernleute hatten den Waschkorb je an einem Henkel, und wenn ihre Finger an den Henkeln steif wurden und durchfrostet waren, so wechselten sie ab und die Tante, die erst mit der rechten Hand getragen hatte, trug jetzt mit der linken Hand und umgekehrt der Onkel.

Im Wäschekorb lag ein fast kubischer Kasten, ein Holzkasten, und im Inneren des Holzkastens war das gut geölte Gehwerk eines Grammophons. Der Grammophonkasten war mit dem sogenannten Umschlagetuch der Tante bedeckt. Neben dem vermummten Grammophonkasten lag der abgezogene blecherne Grammophontrichter im Korb, und der Trichter war mit Farben bemalt, und die Farben waren ineinandergelaufen und manche Stellen des Bleches leuchteten wie Perlmutt und andere wie Erinnerungen an sommerliche Regenbögen, und der Trichter war wie die Blüte einer Riesenwinde, die Blüte einer Winde, die nicht am Gartenzaun der Tante, sondern im tropischen Urwald gebrochen worden war.

Später spielte das Grammophon, und wir Kinder schlürften gierig jeden Ton und jedes Wort, jeden Schlager, jedes Couplet, jede Plattheit und jede Zote.

Das Blech des Grammophontrichters war noch mit einer Girlande dekorativer Blechbeulen verziert. Ohne diese Girlanden als Ausklang der Jugendstilzeit (die schon wieder da ist!) ging es damals noch nicht. Eine dieser Ausbuchtungen aber hatte eine Kerbe nach innen zu, und sie hatte dadurch Ähnlichkeiten mit einer Frühpflaume, mit einer gelb-rot gemaserten Frühpflaume, und für mich war diese blecherne Frühpflaume wie ein Sommersymbol, und mein Blick blieb an ihr hängen, wenn ich in das Trichterdunkel hineinstarrte, denn wir starrten alle in das Trichterdunkel, und vielleicht war es die unbewusste Hoffnung, die uns das tun liess, die Hoffnung, dass vielleicht doch in einem günstigen Augenblick etwas von den Sprechern, Sängern oder Musizierern sichtbar werden könnte, oder vielleicht war's auch nur, wie ich gerade denke, der uns anerzogene Respekt, der da verlangt, dass man die Person, die sich mit einem unterhält, straff ansieht. [...]

Berlin 15. Februar (Montag)
WAGEN WASCHEN LASSEN

Das bedeutet eine Stunde Spaziergang am Oranke-See und in der Gartensiedlung dort. Der Mond blendet aus und das Morgendämmern hat's schwer über der verrussten Stadt, und ein schmutziges Morgenrot wird sichtbar, und die rote Sonnenkugel kommt wie aus einem verschmierten Putzlappen.

Ich gehe in Vorfreude dahin, denn wenn das Auto gewaschen

sein wird, werde ich in die Stadt hineinfahren, und ich werde vor dem Haus des AUFBAU-VERLAGES halten und werde einen Karton abholen. Es ist ein Karton, auf den ich schon über ein halbes Jahr warte. Er wird einen kleinen Apparat enthalten (neben anderen Sachen), den man das »sprechende Notizbuch« nennt. (Die Firma Philips nennt diesen Apparat natürlich, wie ich später sehe: POCKET MEMO.)

Auf dieses »sprechende Notizbuch« bin ich gespannt, und ich freue mich drauf wie ein Kind auf das Weihnachtsgeschenk, das es dem Namen nach kennt, das zu besitzen aber sein unruhstiftender Wunsch ist.

Nun aber bin ich kein Kind, sondern ich bin gleich sechzig Jahre alt, und ich kann gewisse Erfahrungen nicht der Vorfreude zuliebe unter dem Tisch lassen. Ich weiss, dass mich herbe Enttäuschungen befallen können, sobald ich das Paket geöffnet und dieses »sprechende Notizbuch«, das mir die schriftstellerische Arbeit und das Sammeln von Eindrücken, die sich später literarisch verwenden lassen, erleichtern soll. [...]

Diese Spannung blieb bis zum letzten Augenblick. Man muss bedenken, dass auch die Entstehung des Romans, an dem ich gegenwärtig schreibe, von diesem »Notizbuch« abhing – nicht ganz und gar, aber etwas doch; denn ich hatte mir so gut vorgestellt, wie ich mit dem Hund oder zu Pferde im Wald umherstreifen und jeden Einfall, jeden einigermassen brauchbaren Gedanken ohne alle Umstände einfangen, ihn einfach in das »sprechende Notizbuch« murmeln würde.

Die Spannung war also perfekt, und ich schwitzte, als ich das Paket, das von Westdeutschland her so lange unterwegs gewesen war, auf den Tisch meiner Arbeitsstube stellte. [...]

Eine halbe Stunde nach dem Öffnen war mein »sprechendes Notizbuch« in Betrieb und es befriedigte alle Anforderungen, die ich seit Monaten in Gedanken und Wünschen an es gestellt hatte, nur, dass ich es mir ein wenig flacher vorgestellt hatte.

1971

19. Februar (Freitag)

[...]

ICH BETRACHTE ALTE FOTOS, ich lese alte Briefe, die mir der Vater übergab, und aus ihnen weht mich meine Vergangenheit an, aber ich sehe weder mit Beschämung noch mit Wehmut auf die in den Fotos und in den Briefen gespeicherten Momente der Vergangenheit. Ich empfinde sie als Bausteine, Elementarteilchen, die an meinem jetzigen Leben und an dem, was ich jetzt bin, was ich jetzt denke und tue, ihren Anteil haben.

3. März (Mittwoch)

DER BACH

Nicht nur über die Kraft der Gänseblume (s. KRAMKALENDER) möchte ich verfügen, sondern auch über die Eigenschaften eines Baches:

Gestern wirbelte der Schnee und es sah aus, als sollte [sich] aus den sich umhertummelnden gefrorenen Wasserpartikelchen eine neue Welt bilden, doch der Bach floss unbeirrt dahin, und die Schneekristalle fielen in ihn hinein. Er floss gestern im Schneewirbel als dunkles Wasserband durch die wintergrauen Wiesen, und er fliesst heute als dunkles Wasserband durch die schneeweissen Wiesen. Alles spiegelt sich in ihm: die Sommerblumen und der Winterschnee, und wenn es sehr kalt wird auf dieser Erde, überzieht er sich mit einer Eisschicht, aber unter der Eisschicht ist er das dunkle Wasserband, und er fliesst weiter und weiter, und seine Eisdecke bricht auf, sobald die Bedingungen günstig sind. [...]

9. März (Dienstag)

[...]

DAS NEUE HAUS

Eine andere Freude, die mir (uns) widerfuhr: Heute, am 9. März, fiel die Entscheidung: Es wird ein neues Wohnhaus im Garten gebaut und das soll noch dieses Jahr fertiggestellt werden.

Wir wollten unsere Arbeitszeit nicht vergeuden und nach Baumaterial umherbetteln, und deshalb liessen wir den Bau (vor drei Jahren wohl schon) in den Kreisplan aufnehmen.

19. Februar – 16. März

Zwei Jahre lang wurden wir von einem Jahr auf das andere vertröstet. Im letzten Jahr aber wurden allenthalben (und natürlich auch im Bauwesen) Fehler gemacht. Wieder war's ungewiss, ob aus unserm Hausbau etwas werden konnte. Privates Bauen wurde (weil man nichts mehr übersah) in panischer Furcht vor Stürzen von Bürosesseln untersagt.

Wir haben es dem Langmut und der Dreistigkeit unseres Freundes Hans Mörlein zu verdanken, wenn wir nun doch (für unser eigenes Geld!) bauen dürfen. [...]

Jedenfalls war uns eine grosse Freude, dass wir die Bauerlaubnis erhielten. Man soll nicht vergessen, die Freudenpunkte des Lebens zu verzeichnen.

Das Haus im Garten wird das Haus werden, in dem ich, sofern uns nicht Krieg oder Konterrevolution aus unserem Garten treiben, meine letzten Lebensjahre verbringen werde, das Haus, in dem ich noch viele, viele meiner literarischen Pläne verwirklichen will.

Mir zittert mein Herz vor Freude.

16. März (Dienstag)

»GAMMLER«

Noch glauben wir uns den sogenannten Gammlern und Haschisch-Rauchern [gegenüber] im Recht, weil wir glauben, mit unserer Zivilisation den rechten Lebensweg eingeschlagen zu haben und das Dasein an allen vier Zipfeln gepackt zu haben.

Eines Tages werden wir einsehen müssen, dass wir das Dasein nicht einmal an drei Zipfeln gepackt haben und dass die »Gammler« und Haschisch-Raucher uns zeitig genug auf die Katastrophe, in die wir mit unserer Zivilisation hineintreiben, aufmerksam machten.

TOLSTOI

Mit Tolstoi fing ich an, mit Tolstoi hört ich auf – dazwischen lag mein Lebenslauf.

1971

29. März (Montag)

ZUSPRUCH VON INNEN

(Im Auto.) Kurz vor Berlin sagt's in mir: Du musst Vertrauen haben zum, Vertrauen vor allem zu deinem Leben. Du bist bestimmt, ein Werk zu vollbringen, das niemand vollbringen kann als du, und dazu braucht dich das Leben, und es wird dich gegen und durch alle Widerstände hindurch immer wieder zu diesem Werk hinleiten, und die dich schmähen, werden verstummen und du wirst gerächt werden, ohne dass du, ausser deiner Arbeit an deinem Werk, [etwas] dazu tun musst.

Ausharren, ausharren, ausharren. [...]

6. April (Dienstag)

[...]

HAUSBAU-BEGINN

Heute (6. April) kam der Bagger, und er wurde von einem Traktor über den Hof und hinunter in den Obstgarten geschleppt, und die Shetlandpferde staunten die metallene Giraffe an.

Um 10^h vormittags hob der Bagger das erste Maulvoll Gartenerde, den ersten SPATENSTICH für das Haus, in dem sich unsere und wer weiss wessen Zukunft abspielen wird.

7. April (Mittwoch)

MEIN ARBEITSTAG läuft in letzter Zeit so ab:

5^h auf.

Heizung besorgen, Kaninchen füttern.

Frühstück Tee kochen usw.

Tagebuch

Arbeit am Roman.

Gegen 9^h eine Stunde reiten (Stuten bewegen!)

Bis Mittag weiter am Roman.

12^h Mittagessen

bis 14^h Mittagsschlaf, lesen

Den Junghengst GALBA trainieren. In der Regel eine Stunde. Zuweilen länger.

Kaninchen versorgen

29. März – 9. April

Waschen, umziehen
Lesen
Nach dem Abendbrot Korrekturen im Manuskript, auch hin und wieder eine Stunde am Televisor.
Abendgang mit dem Hund.
Unterwegs meist kleine Diktate (Aphorismen) ins poketmemo.
Gegen 11^h in der Regel zu Bett – noch eine Weile lesen.

8. April (Donnerstag)

[...]

TELEGRAMM VON EVA

Soeben traf per Telefon ein Telegramm aus Sarajewo ein: KOMME ERST AM MONTAG. LIEBEN GRUSS EVA.

Das Telegramm veränderte meine Stimmung und zwang meine Gedanken in eine Richtung, die sie vorher nicht hatten. Wie denn? Ein Telegramm aus Sarajewo veränderte meine Gedanken? Wer bin ich denn, wenn ein Telegramm aus Sarajewo meine Gedanken verändern kann? [...]

9. April (Freitag)

[...]

RESIGNATION

Ich spüre: Dass das Alleinleben mit den Kindern, das Verantwortlichsein und das Wirtschaften für sie, neben der Verantwortung für das Wachsen meiner Arbeit, meines Romans, vom Willigsein zum Unwilligsein hinübergleitet.

Ich bin nicht der Mensch, der es vermag: Verantwortung für das tägliche Wohlsein seiner Mitmenschen zu übernehmen. Ich habe mich dieses Unvermögens in meinem sechzigjährigen Leben versichert, aber immer wieder rede ich mir ein, dass dieses Unvermögen vielleicht auf Nichtwollen, auf Ungeduld mit den Mitmenschen, auf meinen zu jach herbeieilenden Unwillen zurückzuführen ist, die ich zu überwinden hätte.

Ich überwand sie keinmal, und ich überwinde sie auch diesmal nicht.

1971

Der Zwang zur Verantwortung für das Menschheitsganze (in Form meiner künstlerischen Arbeit) nimmt Stunde um Stunde zu. Er belagert mich wie ein bösartiger Dämon, und wenn ich mich nicht sehr in die Willensgewalt nehme, wird die Folge schliesslich eine Affekthandlung sein. [...]

11. April (Ostersonntag)
[...]

EIERFÄRBEN

Dieser alberne Ehrgeiz, den Kindern die Mutter ersetzen zu wollen! Wann wirst du vernünftig und einsichtig, Strittmatter?

Gestern Nachmittag versahen wir gekochte Eier mit Wachsmustern und färbten sie, so wie ich es als Kind von den alten Sorbenfrauen erlernte.

Es ist lange her, dass ich Ostereier auf diese Art schmückte. (Wohl als Knut und Christa bei uns waren zum letzten Male!) Nun wollte ich meinen beiden jüngsten Söhnen wenigstens das Prinzip zeigen.

Es brauchte einige Zeit, bis meine Hand wieder ruhig genug war, die Muster stetig und sauber auf die Eischalen aufzutragen.

Als die Kinder sahen, wie die weissen Ornamente der Eier in der Farblauge hervortraten, packte auch sie der schöpferische Wille, und sie trugen ihrerseits mit angehaltenem Atem Wachsmuster auf die Ostereier. Es traten jene schönen Augenblicke ein, in denen man beim schöpferischen Tun Zeit und Raum vergisst. Es war längst Abendbrotzeit, doch weder ich noch die Kinder verspürten Hunger, und wir hätten wohl, wenn genügend Material vorhanden gewesen wäre, bis in die Nacht sitzen und Eier schmücken können. [...]

13. April (Dienstag)

EVA kam aus Jugoslawien zurück, schön und bestätigt. Man hat auch dort in der Fremde ihre Gedichte verstanden, und man hat sie gefeiert. Sie erhielt eine Bestätigung der Tatsache: Wer sich beim Schreiben nur immer selber treu bleibt und aufschreibt, was er sieht und fühlt und nicht das, was er sehen und fühlen sollte, der geht in die Welt hinaus, ohne dass er sich von seinem Fleck rühren muss.

[...]

HERMANN KANT platzte in unsere Vormittags-Arbeitszeit hinein. Er brachte einen Fragebogen der Partei, und den hatte seine Frau Vera ausgefüllt, denn sie hat beschlossen, der Sozialistischen Einheitspartei beizutreten. Sie hatte mich gebeten, ihr Parteibürge zu sein. Ich schrieb meine Bürgschaftsbemerkungen in jene Spalte des Fragebogens, die für diesen Zweck vorgesehen ist. Es fiel mir nicht leicht, weil ich nicht mehr weiss, ob es richtig ist, einem geistig-lebendigen Menschen behilflich zu sein, in diese geistig-erstarrte Institution einzutreten und ihn in die gleichen Gewissenskonflikte zu stossen, in denen man selber steckt. [...]

18. April (Sonntag)

WELTANSCHAUUNG

Nach meinem Übertritt zur marxistischen Religion (denn anders kann ich das, was bei uns als Marxismus praktiziert wird, nicht nennen) hielt ich für eine Weile meine frühere Beschäftigung mit den klassischen und sogenannten bürgerlichen Philosophen für eine Sünde, und ich klagte mich (sogar öffentlich) dafür an. Das war gleich nach dem Kriege und zu einer Zeit, in der ich wirklich glaubte, die Beschäftigung mit der klassischen, mit der bürgerlichen Philosophie habe mich geistig eingelullt und mich vom Kampf gegen das Barbarentum der Nationalsozialisten abgehalten. Ausserdem wusste ich zu dieser Zeit noch nicht, welches Barbarentum sich unter Stalin in den Mantel des Marxismus hüllte.

Seitdem weiss ich, dass der Marxismus sich genau wie die Kirche (besser die Religion) zu allen möglichen Schandtaten verwenden lässt.

Und so sehe ich auch meine Beschäftigung mit der klassischen Philosophie anders, und ich verurteile sie nicht mehr.

Hätte ich mich zur Regierungszeit der Nationalsozialisten nicht mit dem Philosophie-System, das Schopenhauer in die Philosophie einbrachte, beschäftigt, so wäre meine Skepsis gegen das Tun und Treiben der Nationalsozialisten nicht so angewachsen und gross geworden, wie es der Fall war. Schopenhauer, überhaupt die Philosophie hat mich in jeder Weise vor den Barbaren geschützt. [...]

19. April (Montag)
DAS NEUE HAUS
Der Grundstein wurde gelegt. Die Bauleute mauerten eine bauchige Weinflasche ein, und dahinein hatten wir die Urkunde gesteckt, deren Text wir hier dem Tagebuch beilegen. Die sechs Maurer, Eva und ich tranken eine Flasche WODKA und plauderten (um den Grundstein herumstehend) eine halbe Stunde. Dann holten sich die Männer in der Kate einen Kasten Bier ab. Der Erfolg: Am Feierabend stürzte ein Maurer mit dem Motorrad und verstauchte sich den Arm. Er kam tags darauf nicht zur Arbeit. [...]

22. April (Donnerstag)
BRECHT
Ich lese (vor allem nachts, wenn ich nicht schlafen kann) den Lebensbericht der SALKA VIERTEL. Sie traf in der Emigration in Santa Monica auch mit Brecht zusammen.

BRECHT ging es in Hollywood finanziell miserabel. Man mochte nicht (natürlich nicht!), was er literarisch produzierte. Der Galilei-Aufführung mit LAUGHTON brachten die Amerikaner kein Verständnis entgegen. (Wie hätten sie sollen!)

Jedenfalls schlug Brecht Salka Viertel vor, zu zweit oder zu dritt Hollywood-Filme »nach Mass« zu schreiben.

Die VIERTEL, als Mit-Autorin einiger Garbo-Filme, war natürlich über die »Wünsche« der Holywood-Filmproduzenten gut informiert. Das wusste der pfiffige BRECHT. Er benutzte ja sein Leben lang solche Bienen.

Sie schrieben also einen Film »nach Rezept«, und da dieser Film in Frankreich spielte, zogen sie VLADIMIR POZNER als dritten (milieukundigen) Teilhaber hinzu, und als der Film fertig war, wurden sie ihn nicht los.

Die Angelegenheit belustigte mich, denn BRECHT hatte vor, mit Eva und mir Gleiches auf dem Gebiete der Romanschriftstellerei zu »veranstalten«. Unsere Romane (so BRECHT damals) sollten die Forderungen der Partei (gehobene Agitation) und die ästhetischen Forderungen von Durchschnittslesern erfüllen. Die Fabeln wollten wir zusammen »ausdichten«; einer sollte die Dialoge machen (da dachte Brecht natürlich an sich!), einer sollte die Landschaft, überhaupt das jeweilige Milieu und die Situationen beschreiben und einer (dabei dachte BRECHT damals wohl an Eva, weil sie Kritiken schrieb) sollte alles, was wir schreiben würden, auf »Stichhaltigkeit« überprüfen.

Wir als (damals noch junge) Schriftsteller nahmen die Sache stets nicht ganz ernst, hielten nichts von in dieser Weise industriemässig hergestellte Romane, doch BRECHT war die Sache sehr ernst. Wir begriffen damals nicht recht, wie ernst ihm das war. Einmal wollte er wirklich helfen, schnellstens »zweckmässige« Literatur für die DDR-Bürger herzustellen, zum anderen steckte dahinter auch eine seiner Teufeleien: Er wollte beweisen, dass die Schematisierung in der Kunst bereits so perfektioniert war wie in Holywood.

Ich schätze, mit den Erzeugnissen unseres Roman-Triumvirats wär's uns nicht besser ergangen, als es BRECHT mit seinen Mass-Filmen in Holywood erging. [...]

2. Mai (Sonntag)

[...]

BESUCH

Hermann Kant war am Nachmittag da, und er berichtete (ein wenig geheimnisvoll) von grossen (den allergrössten überhaupt) Umwandlungen im ZK bzw. im Politbüro der Partei. Kommende Woche fände ein Plenum statt, auf dem die Ablösung des »Meisters aller Meister« beschlossen werden würde.

Er sprach auch von anderen personellen Veränderungen im Partei-Vatikan. Er behauptete, alles sei ziemlich sicher, und er freute sich ein wenig drauf, dass dann auch die »Schosskinder« des Meisters (in der Akademie) Gotsche, Rodenberg, Abusch usw. abtreten müssten. [...]

1971

3. Mai (Montag)

[...]

WALTER ULBRICHT ist von der Funktion des Generalsekretärs unserer Partei zurückgetreten. Jawohl, »zurückgetreten« lautete die Meldung.

Der neue Generalsekretär heisst Honnecker. Ich kenne ihn nicht von Angesicht zu Angesicht.

Es dürfte keine lange Zeit verstreichen, bis die Machtkämpfe unter denen ausbrechen, die sich ebenfalls für »gut genug« und berechtigt halten, Ulbrichts Nachfolger zu werden.

7. Mai (Freitag)

[...]

DER TOD DER WEIGEL

[...] Der Tod der WEIGEL liess mich nicht unangerührt, aber ich lehnte ab, einen Nachruf zu schreiben. (Eine Stunde später bat die Redaktion der WOCHENPOST um einen Nachruf.)

Ich werde und ich muss über die WEIGEL schreiben, aber dann will ich es dialektisch tun. Am offenen Grabe wird seit altersher aller Dialektik gehöhnt, und sogar die Lumpe werden zu durch und durch guten Menschen heraufgeredet, und das muss damit zu tun haben, dass der Tod ein Ereignis von kosmischer Bedeutung und Tragweite ist, ein Ereignis, vor dem die menschlichen Begriffe und Moralkategorien von GUT und BÖSE ineinander verschmelzen.

16. Mai (Sonntag)

BÜCHER

Würde mich (heute) jemand fragen, die Bücher welcher Autoren ich bei mir haben wollte, wenn man mich auf der vielverspotteten einsamen Insel aussetzte, oder wenn man mich verurteilte, mit einer Eisscholle durch die Nordmeere zu treiben, so würde ich sagen: Die Bücher von:

Tolstoi
Goethe
Rilke

Shakespeare
und Schopenhauer,
auch die Reden Buddhas.

Die Autoren-Reihenfolge, in der ich die Bücher aufführe, ist keine Rangordnung. Ich bräuchte sie alle.

Sodann käme eine Abteilung von Autoren, die ich wahrscheinlich mit der Zeit vermissen würde:

Prischwin

Tagore

Paustowski

Thomas Mann

Puschkin

Laxness

und vielleicht sogar Hemingway, und sicher habe ich etliche vergessen aufzuführen, aber schon die Tatsache, dass ich einen vergass, zeigt, dass er mir nur halb so wichtig wäre wie die Autoren der ersten Gruppe.

Hamsun nahm mich lange Zeit gefangen, aber seit Jahren bemerke ich, dass es nur sein Verhältnis zur Natur und die artistische Seite seines Schaffens war (und ist), die mich fasziniert(e). Ähnlich ist's mit Hemingway. Wie Hamsun und Hemingway *was* machten, ist mir jetzt geläufig, und diese und jene »artistischen Tricks« habe ich übernommen, im Grunde aber blieb ich, der ich war, vom OCHSENKUTSCHER an.

19. Mai (Mittwoch)

[...]

BÜCHER

Als ich während des letzten Krieges mit anderen Deutschen Männern in den Karelischen Wäldern lag und darauf wartete, in Schweden einzufallen, las ich Rilkes GESCHICHTEN VOM LIEBEN GOTT.

Meine damalige Freundin, Monette Schober (später Monette Büchele), eine Österreicherin, nahm daheim in Reutte in Tirol einen Inselband auseinander und schickte mir die Geschichten (weil sogenannte Päckchensperre herrschte) Blatt für Blatt in Feldpostbriefen. Damals erfuhr ich zum ersten Male, was eine

Frau alles tut, die einen wirklich liebt. Bis dahin war mir, obwohl ich verheiratet war und schon zwei Söhne hatte, dergleichen nicht begegnet.

Ich gesteh noch heut' traurig über mein Unvermögen, dass ich die Liebe dieser um acht Jahre älteren Frau Monette nicht so erwidern konnte, wie sie es verdient hätte.

Wir fielen jedenfalls nicht in Schweden ein, und damals wussten wir auch nicht, dass wir zu diesem Zwecke in den Karelischen Wäldern lagen, wir erfuhren es erst nach dem Kriege und zwar aus den Aussagen der FÜHRER, die bald darauf gehenkt wurden.

Gut, ich las damals Rilkes GESCHICHTEN VOM LIEBEN GOTT, und ich verstand sie im Gegensatz zu seinen Gedichten, im Gegensatz zu seinem STUNDENBUCH etc. nicht. Seitdem las ich die Geschichten nicht wieder. Ich besass sie auch nicht mehr und ich erwarb sie erst vor einem halben Jahr antiquarisch wieder.

Vorgestern begann ich sie also zum zweiten Male zu lesen. Sie wurden Anfang des Jahrhunderts zum ersten Male gedruckt.

Es stellt sich nun (für mich) heraus, dass Rilke in diesen GESCHICHTEN VOM LIEBEN GOTT bereits wurzeltiefe Erkenntnisse vom Weltganzen niederlegte, auch wenn er sich des Synonyms GOTT für das WELTGANZE bedient.

Aber ungeschickt (Brecht hätte gesagt: unelegant!) und didaktisch mutet die Prosa[Wortfortsetzung unleserlich], muten die Dialoge an, die der grosse Gedichtemacher benutzt, um seine Erkenntnisse an die Leser heranzubringen. Ich vermute, diese dilettantische Form ist schuld, wenn diesen Geschichten bis heute nicht der Wert beigemessen wird, der ihnen innewohnt.

Bis hierher war ich mit dem Schreiben gekommen, da erschien Eva und brachte die Post und sagte: »Ein Paket aus dem Jenseits.« – Was war es? Ein Paket von jener oben erwähnten Monette Schober (jetzige Monette Büchele) mit Briefen und Tagebüchern aus der Kriegszeit.

Seit dem Erscheinen des WUNDERTÄTER I hatten wir keine Verbindung mehr miteinander, die Monette und ich; nein, eigentlich seit 1946 oder 1947 nicht mehr. 1956 schickte ich ihr lediglich den WUNDERTÄTER, aber Monette antwortete mir nicht

19. Mai

darauf. Sie schickte damals einen Karton alter Fotos, ohne der Sendung den geringsten Gruss beizufügen.

Dieses Mal ist auch ein ausführlicher Brief von Monette dabei, der Brief einer alten, zumindest einer alternden Frau.

Ich zittere innerlich, aber ich zittere weniger über die Tatsache, dass ich diese verlorenen und vernichtet geglaubten Tagebücher und Briefe zurückerhielt; denn sie sind abgestossene Seelenhäute, die man halb neugierig, halb ängstlich betrachtet, obwohl man – wie ich irgendwo schrieb – nicht wäre, was man ist, wenn das Vorausgegangene nicht gewesen wäre.

Nein, zittern macht mich die Tatsache, dass ich also die Ankunft und die Nähe dieses Paketes und des Briefes über die Weite hinweg erfühlte. In den letzten Tagen musste ich so häufig an eben jene Monette denken, dass ich schon glaubte, sie läge in schwerer Krankheit oder im Sterben.

Vor einigen Tagen erwog ich ernstlich, dieser Monette einen Brief zu schreiben, einen Aussöhnungsversuch zu wagen, auch wenn er durch Schweigen ausgeschlagen werden sollte. Dann liess ich den Gedanken wieder fallen. »Wozu die schlafende Vergangenheit wecken, mit der nichts mehr anzufangen ist?« hiess es bei mir.

Gestern musste ich an die Tochter dieser Monette denken, von deren Existenz ich nur aus einem Brief aus den vierziger Jahren weiss. Ich erwog, ob das wohl eine zweite, verjüngte Monette sein könne.

Und heute nun diese Notiz zu einer Zeit, als das Paket schon in unserem Dorfe war und auf dem Postbotenfahrrad herzugebracht wurde.

O, wie sehr wünschte ich, dass dieser Fingerzeig aus den Bereichen des unsichtbaren Lebens so stark wäre, dass ich nichts und nichts mehr unternähme, ohne mir bewusst zu sein, dass ich diesen und nur diesen Kräften des unsichtbaren Lebens verpflichtet bin und zu gehorchen habe.

1971

9. Juni (Mittwoch)

ARBEIT

[...]

Die unerledigte Post macht mir zu schaffen. Immer einmal gebe ich mir einen Ruck und erledige einen Stoss Briefe. Aber ehe ich mich umsehe, ist der Schreibtischkasten wieder mit neuer Post gefüllt. Die Briefschreiber sind rücksichtslos. Selbst die, denen man mitteilte, dass man einen Roman schreibt und wenig Zeit hat, schreiben wieder und fordern Antwort. Jetzt laufen die ersten Leserbriefe zu den KLEINGESCHICHTEN ein. Kann man sie unbeantwortet lassen? [...]

23. Juni (Mittwoch)

[...]

AUF DER FAHRT NACH BOHSDORF (22. 6. 71)

Noch immer das Gefühl: Ich bin der Junge, der nach langer Abwesenheit heimkehrt. Das Gefühl halten die vielen Ersterlebnisse wach, die ich an diesem Fleck Erde hatte. Es ist die Zelle, aus der ich kroch.

Ich gründete im Laufe meines Lebens eine zweite Zelle, in der ich arbeite, in der ich wirklich zuhause bin, aber noch immer verbindet mich etwas mit dieser ersten Zelle, in die ich schlüpfe, sobald ich die ersten heimatlichen Sprachlaute höre, es befällt mich eine irreguläre Müdigkeit. Ich möchte einschlafen. Die »Stimmen meiner Mütter« lullen mich ein.

8. Juli (Donnerstag)

[...]

ARBEIT

Ich beginne mich wieder in den WUNDERTÄTER II hineinzupürschen, und der Pürschgang beginnt, wie könnte es anders sein, mit der Umarbeitung des letzten Kapitels.

Sogleich ist auch die Freude am Unternehmen wieder da. Abends, in der einen Freistunde, stehe ich den Werk-Gebirgen von Beethoven und Michel Angelo gegenüber, und es stösst mich der Wunsch, von meinem sechzigsten zum siebzigsten Lebensjahr ein Romanwerk zu schaffen, das wenigstens wie ein Berg, der vorher nicht da war, in der Literaturlandschaft liegt. [...]

17. Juli (Sonnabend)

ARBEIT

Murks und immer wieder Murks. Briefe schreiben. Die Stunden rinnen einem unter den Händen weg wie Glasmachersand. Man müsste schwermütig und unzufrieden werden, wenn man nicht langsam gelernt hätte: Die eine Hälfte der »Dichterei« besteht aus Wartenkönnen.

Es will mir scheinen, als hätte ich Angst vor Störungen, und als würde ich dieserhalb nicht geradeaus in den Roman hinein und drin weitergehen. Aber das ist Ausflucht. Das sind Gespenster. Die Schreibhemmung muss anderswo liegen, und sie liegt auch gewiss anderswo. Bin ich zu sehr auf den eleganten Fortgang der Romanfabel aus? [...]

Schulzenhof – Berlin 26. Juli (Montag)

[...]

GELESEN

Endlich zu Ende: Rilkes Briefe an Benvenuta. (Magda von Hatingberg.)

Diese Furcht vor der »Vermischung« mit anderen Menschen! Dieses Bedachtsein auf das Bewahren der Einsamkeit! Das sind schon Bezirke von Heiligen.

Aber wie auch immer: Man erfährt viel, viel aus Ober- oder Unterwelten, »aus Wirklichkeiten«, wie Rilke selber sagt. Man muss es ihm bestätigen.

Hier hat niemand das Recht, von Dekadenz zu sprechen. Hier hat einer das gerühmte Familienglück geopfert, um die ganze Menschheit mit neuen Einsichten zu beglücken. Wieviele Menschen vollbringen das?

Ich werde diese Briefe bald wieder und dann wieder lesen. [...]

10. August (Dienstag)

[...]

Es geschieht in der Familie kaum etwas, in das ich nicht einbezogen bin, so dass ich jetzt, da mich der Stoff des Romans wieder zu bedrängen beginnt, den starken Wunsch habe, über eine Zeit allein, unabhängig und unvermischt zu leben und frei über meine Zeit verfügen zu können.

Es ist ein Teufelskreis, in dem ich stecke, ein Teufelskreis, der durchbrochen werden muss.

Einerseits benötige ich die enge Bindung an die Familie, benötige ich Haus, Hof, Garten und Pferde als Humus für meine künstlerische Arbeit, andererseits droht dieser »Humus« beständig, sich zu verselbständigen. Man braucht nur eine Weile nicht auf das unbedingte Gleichgewicht zwischen den materiellen Voraussetzungen und der geistigen Arbeit zu achten und schon überwiegt die materielle Seite und überwuchert einen.

11. August (Mittwoch)
Gestern: *ARBEIT*

Als die verschiedenen häuslichen Probleme sich auf Menschenbeinen mir mehr und mehr näherten, um mich meiner eigentlichen Arbeit fernzuhalten, flüchtete ich mit meinem Tonband-Taschenbuch (was für ein liebes handliches Gerät!) in den Wald.

Da war es still. Ich ging umher auf den sommerlichen Waldwegen, setzte mich auch hin und wieder, bis die jetzt besonders eifrigen grossen Waldameisen mich wieder aufstehen hiessen. Es gelang mir, die verstopften Hirnzellen, aus denen bis vor Wochen der Stoff für den WUNDERTÄTER II floss, wieder anzuzapfen. Ich diktierte ein Spulchen (¼ Stunde Laufzeit) voll und hatte seit Wochen endlich wieder einmal das brave Gefühl, gut gearbeitet zu haben.

Das Diktieren strengte noch sehr an, doch ich denke, dass sich wieder leichter über diese imaginäre Welt, die fertig in mir liegt, plaudern und aussagen lassen wird, wenn ich dort wieder heimischer geworden sein werde, wenn ich wieder weiss, wo die Dinge dort stehn oder gestapelt liegen, und wo und wie ich meine Figuren aufzustobern habe. [...]

10. August – 1. September

12. August (Donnerstag)

[...]

DAS HAUS steht da, und es steht jetzt schon da, als ob es immer dagestanden hätte. Sein Anblick macht uns Freude, und wir empfinden bereits die Poesie, die sich in seinen Winkeln bildet.

Jetzt warten wir auf Schlosser, die Heizung legen sollen. (Man hört, es gibt keine Heizkörper!) Die Wasserleitungsverleger sollen gleichzeitig mit den Heizungsklempnern arbeiten. Dann kommen die Zimmerleute und legen die Dielen, setzen die freistehende Treppe ein. Die Maler, die Möbeltischler. Es werden noch einige Monate dahingehen.

17. August (Dienstag)

ARBEIT

Es geschieht nichts, als dass die Tage nun seit langem endlich wieder im Rhythmus dahinzufliessen beginnen, im Rhythmus der eigentlichen Arbeit, im Rhythmus der Arbeit, auf die allein es ankommt.

Und auch das war dann immer so: Je mehr ich draussen in der eigentlichen Arbeit war und mein Getu und meine Auseinandersetzungen mit den von mir erfundenen Figuren hatte, kam ich weniger häufig und weniger lange in die kleine Heimat meiner Tagebücher.

20.–22. August (Freitag–Sonntag)

[...]

Das Tagebuch muss sehen, wie es mit den wenigen Zeilen zurecht kommt. Ja, nun sind die Zeiten für eine Weile vorüber, in denen ich mir hier täglich zwischen den Zeilen die Füsse abtrat. Nach ganz unnützen Wegen womöglich, die weder mir noch anderen Menschen etwas einbrachten.

1. September (Mittwoch)

EVAS RÜCKKEHR AUS MAZEDONIEN

Ich fuhr morgens nach Berlin.

Kurz vor Mittag war ich auf dem Flugplatz. Eva kam nicht mit dem Mittagsflugzeug. [...] Nach vierzehn Uhr kam Eva. Sie kam nicht allein. Sie war mit einem Lyriker nach Skopje gefahren, den ich nicht kannte. Das irritierte mich, denn ich wähnte sie die ganze Zeit allein unter den Serben, Kroaten und Mazedoniern.

5. September (Sonntag)
HAUSBAU. Zwei drei Wochen sah es aus, als sollten wir mit dem dreiviertelfertigen Haus einfrieren. Es erschienen keine Heizkörper auf dem Markt. Da die Heizungsmonteure nicht an die Arbeit gehen konnten, mussten die Wasserleitungsleger warten, und ehe die nicht dagewesen waren, konnten die Zimmerleute die Dielen nicht legen, die Treppe konnte nicht eingebaut werden, die Maler und der Ofensetzer konnten nicht kommen und die Innentischler mussten warten.

Montag beginnt nun der Heizungsmonteur mit der Arbeit. Die Heizkörper sind endlich eingetroffen.

6. September (Montag)
ÜBRIGENS lasse ich mir einen Vollbart wachsen, doch er ist noch keine acht Tage alt, und es steht nicht fest, ob ich diesen Versuch nicht wegrasiere.

Es gehört etwas Kraft dazu, so unrasiert vor die Menschen hinzutreten. Man muss sich verbieten, dass man sich allerwärts und alleweil entschuldigt. Diesen Kraftaufwand hatte ich nicht einkalkuliert, als ich (diesmal unterstützt von Eva) den Vollbart-Entschluss fasste. Aber hinweg damit, mit diesen Bedenken. Das sind Spiessbürgereien.

Interessant wird sein, wenn bei den Leuten der Umschlag in der Betrachtung eintreten wird, wann aus dem Unrasierten einer wird, der sich einen Bart wachsen lässt oder hat wachsen lassen.

16. September (Donnerstag) bis 4. Oktober (Montag)
[...]
TAGEBUCH. Freilich geschieht mir äusserlich allerlei, und ich tue das, was nötig ist, mein Leben zu erhalten, und ich bin freundlich zu meinen Angehörigen, und ich versorge die Tiere. Ich freu

mich, wenn ich sehe, wie das neue Haus heran wächst. Es kommen Leute zu mir (und zu uns), z. B. eine ganze Fuhre von Verlagsredakteuren (Verlag KULTUR UND FORTSCHRITT). Es kommen Bruno und Mike aus der Försterei Schönhorn, auch Hermann und Vera Kantschlegel kommen vorbei. Und die Leute reden mit mir, und ich gebe ihnen Auskunft, aber der für mich mit ihnen redet, ist ein anderer als der, der ich für mich bin. Für mich bin ich ein Mann, der einen Roman schreibt, ein Mann, der glücklich über das ist, was er jeden Tag aus sich herausholt. Eva ist der einzige Mitmensch, der das mit weiss und sie freut sich über das, was ich niederschreibe, als ob sie es selber schreiben würde.

So vergehen jetzt meine Tage. Ich gebe zu, dass mich das Gewissen zwackt, weil ich dieses Büchlein jetzt so spärlich mit Nachrichten aus meinem Leben versorge.

Aber das grosse Leuchten in meinem Leben ist jetzt der Roman, an dem ich schreibe, und alles, was mit ihm zusammenhängt.

[...]

MEINE MUTTER. In diesem Raume (meine Stube über dem Pferdestall) besuchte sie mich einst, als sie noch lebte. In diesem Raume besucht sie mich jetzt in meinen Träumen, und ich rede im Traume mit ihr; wir reden so miteinander, wie wir es früher taten.

7. Oktober (Donnerstag)

BEIM STAATSRAT. Oktoberfest, Fete, fête. Auch wir eingeladen. Vielleicht waren wir turnusmässig an der Reihe. Vielleicht lagen gerade keine Klagen und Beschuldigungen gegen uns vor.

Wir gingen nicht hin: Wer bei den Herren geht speisen, muss auch mit ihnen reisen. (Sprichwort von mir erfunden, wenn jemand fragen sollte!) [...]

16. Oktober bis 16. November

[...]

18. OKTOBER (auf der Autobahn unterwegs nach Sangerhausen).

Wenn ich zur Zeit Lust verspüre, etwas ins Tagebuch zu schreiben, denke ich sogleich: Lass es, ja, lass es bleiben, denn alle diese kleinen Gedanken, die dir gegenwärtig kommen, bringst du ohnehin neben den etwas grösseren in deinem Roman unter, und dort bringst du sie sogar häufig gleich an der Stelle unter, wo sie hingehören.

Und dass ich so denke, hat seine Berechtigung. Ich bemerke, wie viele verschiedenartige Gedanken mir morgens im Walde beim Romandiktat zufliessen, und sie stellen sich dort ein, wo ich sie wirklich verwenden kann.

Das bedeutet für die Zukunft: Ich werde Tag für Tag an einem grösseren Werk arbeiten müssen und meine fünf bis sechs Seiten Entwurf liefern müssen.

[...]

1972

20.–22. Jan. (Donnerstag bis Sonnabend)
Der 20. Januar war also der grosse Tag. Um 10^{30} wurde ich mit der ersten Niederschrift vom WUNDERTÄTER II fertig.

Das heisst, ich diktierte das letzte Kapitel in mein »treues« Philipps-Tonband-Gerätchen.

Eine grosse Spannung (Anspannung) ist von mir genommen. Nun geht's ans Feilen, ans Umschreiben.

Das Erstmanuskript ist 900 Schreibmaschinenseiten lang. Wenn ich täglich 10 Seiten überarbeite, müsste ich in drei Monaten mit der ersten Überarbeitung fertig sein.

Ich habe zwei Arten von Rundschreiben für meine vielen Briefschreiber angefertigt. Bis jetzt gelang mir nicht, die Rundschreiben, wie sie sind (Durchschläge) abzuschicken.

19. März (Sonntag)
EINSCHREIBEN. Mir ist im Augenblick das Gefühl dafür abhanden gekommen, was hier aufzuschreiben sich lohnt und was nicht, aber das sollte nicht unerwähnt bleiben:
DIE ERSTE NACHT IM NEUEN HAUS
Ilja war am Sonnabendabend überraschend gekommen. Wir konnten am Sonntagmorgen dies und das für die Einrichtung des neuen Hauses tun.

Ich schlief also die erste Nacht im neuen Haus. Eva kam zum Anfang der Nacht auf Besuch. Wir spielten die PASTORALE. Das Holz duftete. Später las ich eine Weile in Thoreaus WALDEN.

Nein, zur Hauseinweihung war, was ich gerade lese, »Das Impressum« von Hermann Kant, ein Buch mit wenig Tiefe und Ewigkeitsanspruch.

Das Duften des gefirnissten Holzes war so stark, dass ich diese erste Märznacht in den Frühling hinein bei geöffneten Fenstern schlief. Dieses Jahr beginnt der Frühling ausnahmsweise am 20. März. An diesen Umstand hatte ich beim ersten Übernachten im neuen Haus nicht gedacht. Es fügte sich so. Kein schlechtes Symbol!

21. März (Dienstag) bis 26. März (Sonntag)

[...]

Viel Freude habe ich am neuen Haus. Diese Stille. Die Geräusche des Wirtschaftshauses sind nicht zu hören, die Geräusche der Pferdewirtschaft dringen nicht ins Bewusstsein. Man fühlt sich wie auf einem Schiff, das sich auf See befindet, man glaubt sich von der Umwelt unerreichbar.

Jeden Tag nehmen die Bücher und Gerätschaften in meiner früheren Pferdestallstube ab, und sie siedeln sich hier, in der nach Kiefernholz und Firnis duftenden Neustube an, nur dass sie hier mehr Raum für ihr stilles Dasein haben und nach vielen Seiten hin wirken können. [...]

30. *März (Donnerstag)*

ARBEIT

Briefe geschrieben, Sachen und Einrichtungsgegenstände geschleppt. Arbeitsplätze installiert und ausprobiert. Auch zur Schriftstellerei gehört Technologie und Ökonomie!

Zwei Seiten von der abgeschriebenen Fassung durchgesehen. Erstaunlich, was sich noch streichen lässt!

Besuch: [...] Ilja auf Osterurlaub.

7. April (Freitag) bis 30. April (Sonntag)

Alles verhärtet sich bei mir im Umsehen zur Pflicht.

Das ungeschriebene Tagebuch peinigt mich. Während der FASTEN scheint sich eine neue Form herauszubilden.

ARBEIT

Das Straffen der zweiten Bandabschrift. Stundenlang, zu allen Tageszeiten. Schinderei, aber es macht Freude. Berge von Wortspreu werden herausgeworfen.

19. März – 23. Mai

Daneben noch immer das Umdiktat der ersten Bandabschrift. Nicht so anziehend. Viele dramaturgische Änderungen nötig. Man hat nichts vor Augen. [...]

1. MAI (MONTAG)
[...]
WIR MÖCHTEN SCHON, DASS UNSERE MUTTER EVA zum Poesiefestival nach Russland fährt. Wir gönnten es ihr. Gleichzeitig bebangen wir, dass wir werden vierzehn Tage ohne sie sein müssen. [...]

Pfingsten 21. Mai (Sonntag)
[...]
WOHER KOMMT DER WIND?
Grossvater: Da musst früh, ganz zeitig, uffstehen, und da wern sich dir die Wolken vonander schieben, und du wirst ein grosses Maul sehen. Der liebe Gott bläst in die Bäume, und wenn er mal reingeblasen hat, machen die Bäume den Wind weiter.

Wenn ich früh aufstand und Gottes grosses Maul sehen wollte, schien die Sonne und kein Zweig bewegte sich. [...]

23. Mai (Dienstag)
IN DIE KLEINEN WERKSTUBEN von Bruno Schulz und Isaak Babel trete ich oft ein. Da sind Regale und Fächer gestopft und dahinter ist immer noch etwas, und man wird nicht fertig mit Betrachten und Entdecken; und wenn man glaubt, man hätte schon alles gesehen, findet man wieder etwas.

EVA
Sobald sie ein paar Stunden abwesend ist, packt mich die Sehnsucht nach ihr. Ich darf nur einen ihrer Räume betreten, die Kammer hinter ihrem Stübchen etwa, da werd ich wehmütig. Die Kammer voll Schränke und Regale. In den Schränken Evas Kleider, die Kleider der Kinder, die Wäsche für die Familie. In den Regalen: Zeitschriften, Bücher, die nicht täglich benutzt werden, Schnäpse und Naschereien – ein Duftgemisch von drei Schreibmaschinen Länge. Alles, was Eva eine Weile in Gebrauch hat, was sich in ihrer Umgebung aufhält, wird historisch. Wie dieses Duft-

gemisch in der Kammer entsteht, entstehen die unausrottbaren Gerüche von Häusern und Familien. [...]

26. Mai (Freitag) und 27. Mai (Sonnabend)
EVA REISTE ZUM PUSCHKIN-Festival. »Zehn Tage«, sagte sie. Wir glaubten es nicht.
[...]

30. Mai (Dienstag)
[...]
WENN ICH JETZT aus der Partei austreten würde, wonach mir ist, weil ich die letzten Jahre meines Lebens gern ausserhalb einer Sekte zubrächte, wie ich es vom vierzehnten bis zum fünfunddreissigsten Lebensjahr tat, würde man ein Hextreiben gegen den »abgefallenen« Str. eröffnen. Meine Nerven wären dem nicht gewachsen, jedenfalls würde ich lange Zeit nicht schreiben können, müsste mein Werk unterbrechen. Niemand wäre geholfen. Wieder würde sich zeigen, dass jedes Prinzip tödlich ist.
EIN TELEGRAMM: Eva kommt am 8. Juni zurück.

3. Juni (Sonnabend)
BESUCH (2. 6.):
Jedesmal, wenn die Abendzeit kam, zu der ich [mich] zum Briefschreiben zurückziehen wollte, kam jemand und verlangte mit seinem Erscheinen, dass ich meinen Abend mit ihm verbrachte.
Welcher von den Briefen, die zu schreiben ich beabsichtigte, sollte verhindert werden? [...]

5. Juni (Montag)
[...]
IN LETZTER ZEIT RÜHREN MICH Pflanzen, Zustände und Stimmungen, wie sie sich in der freien Landschaft her- und darstellen.
Wenn ich diese Rührung früher bei Thoreau oder Hamsun gewahrte, hielt ich sie für »Literatur«.

23. Mai – 24. Juni

Jetzt werde auch ich gerührt, wenn ich sehe, wie ein Baumsämling still aber zäh in einem Winkel heranwächst, oder wenn in den moderigen Betten austrocknender Pfützen der Kiefernblütenpollen zurückbleibt und mit unregelmässigen Linien anzeigt, dass sich das Wasser in gleichmässigen Intervallen gleich Atemzügen in die Erde zurückzog.

Von solcher Art sind die Ereignisse, die mich rühren und zugleich trösten: Ich stehe der Ewigkeit gegenüber. [...]

6. Juni (Dienstag)

[...]

ARBEIT

Wenn ich mich in den letzten Wochen auch nicht über sie ausliess, so war ich doch fleissig. Jeden Tag zehn Seiten Romankorrektur. Nicht [nur] grammatische, orthographische und stilistische Korrektur; auch neue Einfälle werden eingearbeitet, neue Übergänge geschaffen, überflüssige Passagen – Längen und Breiten – gestrichen. [...]

Die glücklichste Zeit während der Arbeit an einem Roman!

24. Juni (Sonnabend)

[...]

BANNER DER ARBEIT, ein Orden, den ich kriegen soll, wird mir mit einem Ministerialschreiben angekündigt. Dunkler Anzug. Orden und Ehrenzeichen sind anzulegen. Es wird vorausgesetzt, dass man schon welche hat!

Der Staat dekoriert mich, weil ich gleich sechzig Jahre alt bin. Ist Altwerden ein Verdienst?

»Nein, aber eine Gelegenheit, um Verdienste zu würdigen«, belehrt mich der lispelnde Sekretär des Schriftstellerverbandes Henniger. Ich scheiss auf so Orden, aber es gibt ungute Leute bei uns, die vor Ordensträgern katzbuckeln, und dieser Umstand kann einem nützen. Vielleicht wird der Orden mein Leben für die nächsten Monate erleichtern. Er wird hoffentlich auch meine Feinde etwas abhalten, sich wie Wölfe auf den WUNDERTÄTER II zu stürzen. Amen. [...]

1972

28. Juni (Mittwoch)
FAHRT NACH BERLIN mit Eva. [...]

GEHEIMNISKRÄMEREI. Man schliesst mir zum ersten Male den sogenannten Giftschrank in der Bibliothek der Akademie auf. Ich entleihe Bücher von SOLSCHINIZYN, Trotzki und Pasternak. Weshalb man Pasternak »sekretiert«, ist nicht begreifbar. Nach Jahren wird man sich des schämen, aber dann werden es wieder »die anderen« gewesen sein.

SOLSCHINYZIN wird für mich zu einer Überraschung. Hoffentlich bleibt mir Zeit, im Tagebüchlein darauf zurückzukommen. [...]

29. Juni (Donnerstag)
ORDENSVERLEIHUNG.

Die übliche Nervosität. Lieber eine Woche stramm arbeiten als diese drei Verleihungsstunden!

Mit dem Orden versöhnt mich die Tatsache, dass er für Arbeit verliehen wird. Gefaulenzt habe ich nicht.

SCHEUSSLICHE ZEREMONIE im Staatsratsgebäude. Man lässt uns eine halbe Stunde – aufgereiht wie Backpflaumen – sitzen. Angeblich sind wir alle Leute (Männer und Frauen), die sich Verdienste um den Staat erwarben!

Keiner wagt zu flüstern. Wie vor dem katholischen Gottesdienst. Ich ertrag's nicht, fange an Witze zu machen [...].

Kurzes Gespräch mit Ulbricht auf dem Korridor. Wahrscheinlich das letzte. Man bekommt Mitleid mit dem altersschwachen Tyrannen, den jetzt die treten, die ihm am eifrigsten den Arsch leckten.

U. bewegt die Zunge nur noch mit Mühe. Atrophische Füsse, dünner Hals. Der Kopf wirkt dadurch gross. Das Gesicht ist sonnverbrannt und lederig. [...]

noch 8. Juli (Sonnabend)
ICH SCHRIEB den ganzen Tag »Dankeschön-Schreiben für die Ordensgratulationen«.

Was für eine Scheisse! Muss man sein Leben wirklich so verbringen?

18. Juli (Dienstag)

[...]

DIE STAATSSICHERHEIT schickte schon wieder jemand. Weil es mit dem Burschen, der sich als »Erntearbeiter« in der Genossenschaft einnistete, nicht klappte, diesmal ein pickliges junges Mädchen. An ihrem ungeschliffenen-selbstsicheren Auftreten erkannte man sogleich, woher sie kam. [...]

Ich sprach nur wenige Sätze mit ihr. Eva unterhielt sich mit ihr, ertappte sie bei Widersprüchen und schob sie ab. [...]

Wann hört das auf? Was wollen die Schnüffler von mir? [...]

21. Juli (Freitag)

[...]

Proust

Ich mache einen dritten Versuch, seinen grossen Roman (?) »Auf der Suche nach der verlorenen Zeit« zu lesen. Es scheint, ich finde Zugang. DER MALTE von Rilke scheint unter dem Einfluss von Proust geschrieben zu sein. Mir gefällt das Eindringen in die nur leis spürbaren (für manche überhaupt nicht vorhandenen) Gefühle und Lebensvorgänge.

Was ich beim Lesen aber schwer vergessen kann: Die Homosexualität von Proust.

17. Oktober (Dienstag)

Dann schrieb ich kein Tagebuch mehr.

Der Vater kam auf Besuch. Eva hatte Schmerzen. Krampfadern. Ich war überreizt, weil die Arbeit am Roman halb und halb unterbrochen werden musste.

Es gab Krach. Missverständnisse. Zank mit Eva. Einige Tage nicht miteinander gesprochen. Ich brachte den Vater nach Bohsdorf zurück. Lebte einige Tage für mich im neuen Hause. Dann ein Brief von Eva. Alles klärte sich.

Mein 60. Geburtstag. Erst wollten wir flüchten. Dann merkten wir, dass sich die Gratulationen über die ganze Woche erstrecken würden. Wir blieben. Liessen es uns geschehen. Eva hatte alles flott organisiert. Die Frauen der Freunde halfen. Von morgens bis spät in die Nacht kamen die Gäste, kamen, gingen, blieben. Wir feierten an weiss gedeckten Tischen unter der Hofbirke. Kaukasische Bauernhochzeit.

Neben den Kaninchenställen war's den amtlich-offiziellen Gratulanten aus Berlin unmöglich, salbungsvolle Reden zu halten. [...]

Zu meinem Geburtstag kamen die vier Geschichten »*Die Blaue Nachtigall*« heraus. Ende August hielt ich mit dem Büchlein eine Autogrammstunde in der neuen Buchhandlung »Internationales Buch« ab. Die Leute warteten 1½ Stunden, bis sie zu ihrem Autogramm kamen. Ein gutes Gefühl: Man wird gebraucht.

An die heikle »Blaue Nachtigall« traute sich die offizielle Kritik nicht heran. Es gab wohl dieses Mal keine Richtlinien aus dem Parteiapparat. In den letzten Tagen (zwei Monate waren vergangen) brachte »Neues Deutschland« eine ungehässige, fast positive Kritik. Nun werden die anderen Blätter und Blättchen folgen.

Daneben arbeitete ich (nein, ausschliesslich) am Roman »Wundertäter II«. Zweite und dritte Korrektur. Natürlich, wie stets, Verzweiflungsstimmungen im Wechsel mit Glücksaugenblicken.

Mit Eva wurden wir wieder wie zwei Verschworene. Jetzt gefällt mir der Roman sogar. Wer weiss, wie lange es vorhält.

Am 10. Oktober oder so wurde ich endgültig fertig mit den Überarbeitungen. Sofort kam ich mir wie ein nutzloser Mensch vor.

Nun rüsten wir zu einer Reise (Eva, Matthes, Jakob) nach Moskau und in den Kaukasus.

1. Dezember (Freitag)
Nun gibt's keine Ausreden mehr; man muss wieder einschreiben: Am Mittwoch gab's die letzte Besprechung mit Lektor Schubert. Es ging um Kleinigkeiten am WUNDERTÄTER II.

Muss man einschreiben? Weshalb hat sich dieses Einschreiben als eine Pflicht bei mir eingeschlichen?

Weil ich wähne, die Eintragungen sind (neben dem Werk) eine zweite Spur; weil ich wähne, die Eintragungen sind Finger-

17. Oktober – 14. Dezember

übungen, auch Gelegenheiten zur Entdeckung von Mach-Möglichkeiten; weil ich wähne, schneller Klarheit über Durchlebtes zu erhalten, wenn ich's (auch noch so gedrängt) niederschreibe.
[...]

4. Dezember (Montag)
[...]
NUN IST AUCH DIE FAMILIE INS NEUE HAUS GEZOGEN. Das geschah vor etwa zwei Wochen.
ICH SOLL WIEDER BEI DER KÖRKOMMISSION für die Ponyhengste mitwirken: 18.+19. Dezember. Auch dabei handelt es sich um Zeiträuberei. Aber sie verstimmt mich nicht. Es beglückt mich. Ein aus der Kinderzeit herübergeschleppter Stolz tut sich in mir auf, wenn ich bei Pferden mitzureden habe: Ich zähle endlich zu den »Erwachsenen«.

7. Dezember (Donnerstag)
IN FIEBERTRÄUMEN kommen Berge (von etwas) auf einen zu, die man bewältigen soll. Man weiss im voraus, man wird sie nicht bewältigen, ängstigt sich, möchte lieber sterben und wacht drüber auf, schüttelt den Traum ab. Nach einer Weile schläft man wieder ein, und das Spiel beginnt neu.

So ist es mit meinem Berg unerledigter Post, der immer wieder anwächst. Das geht nun schon über zwanzig Jahre, so lange ich »Freier« Schriftsteller bin. [...]

8. Dezember (Freitag)
DAS TAGEBUCHSCHREIBEN wird wieder zur Pflicht. Mich plagen die guten Gewohnheiten nicht weniger als die schlechten. [...]

13. und 14. Dezember (Mittwoch und Donnerstag)
[...]
SEKTIONSSITZUNG IN DER AKADEMIE
Auch in der Akademie herrscht, wie überall bei uns in Verbänden und ähnlichen Institutionen, Betriebsamkeit. Überall in diesen

Einrichtungen stecken gutbezahlte Sekretäre. Sie sorgen für Betriebsamkeit, um der Statistik zu gefallen. [...]

Der neue Betriebsamkeitspunkt in der Akademie heisst Nachwuchsförderung.

Alle, die bewusst beobachten, wie Künstler entstehen, sind misstrauisch gegen solche gemeingesellschaftlichen »Förderungen«.

Wieder sind's die Unschöpferischen, die von hier alles Heil erwarten.

GESPRÄCHE MIT ERNST BUSCH UND STEPHAN HERMLIN. Beide sind Antistalinisten. Jeder denkende Kommunist *muss* es sein. Auch B. und H. halten sich für hintergangen. Als »erledigt« betrachten nur die SCHEISSFRÖHLICHEN den Fall STALIN, jene, die an äusserlichen Fortschritt glauben und die anarchische Zivilisation vergöttern. Andere werden für's »Drüberwegsehn« gut bezahlt und führen ein Leben, das sie für angenehm halten. [...]

31. XII. 72

Ohne Entschuldigungen, Ausreden oder sektierische Selbstanklagen wird das Büchlein geschlossen, um ein neues zu beginnen, in dem ich vorhabe etwas kurzatmiger, aber nicht weniger »gehaltvoll« zu berichten.

Tagebuch-Metamorphosen!

1973

1.–17. Jan.
Und beginne mitten im Januar ohne Ausreden und Entschuldigungen.

Wir begannen mit Eva bald nach Neujahr, die *Fabel* für den III. WUNDERTÄTER zusammenzusetzen.

Gegenseitiges Abfragen.

Dialektischer Bau.

Verhinderung von Selbstbetrug.

Allerdings gibt's auch Selbstdoppelbetrug. Nicht so häufig!

[...]

23. Januar (Dienstag)
BRECHTS 75. GEBURTSTAG naht. Man hat das Zeitstück einer ganzen Woche »beschlagnahmt«, um ihn zu feiern, den deutschen Diderot.

Nichts dagegen. Aber was mich wundert: Die Weigel ist tot, alle Mitarbeiter der Theatertruppe davongelaufen. Die Feiermaschine läuft trotzdem. Sie wird vom Staat in Bewegung gesetzt. Als er lebte, hätte die Staatsführung zu Zeiten vielleicht lieber gesehen, er hätte nach seiner Emigration in einem anderen Lande Fuss gefasst.

Jetzt freilich gönnt man ihn keinem anderen Lande. Er bringt politische Devisen. [...]

26. Januar (Freitag)
[...]

ICH BIN KEIN MARXIST MEHR, aber auch kein Gegner des Marxismus. Diese Alternative (Gegner) ist eines denkfähigen Menschen unwürdig.

Bevor ich Marxist wurde, hatte ich instinktiv erkannt, dass der

M. für mich keine zureichende Philosophie abgibt. Alsdann unterlag ich unter der Wucht der deutschen Kriegsschuld den Suggestionen der Vereinfacher. Wie stark sie doch ist, diese Suggestion, zumal die Völker der halben Welt sich darin einig waren, die Deutschen Verbrecher zu nennen, die sich der tiefen Reue und Umkehr zu befleissigen hätten. Wenn man ehrlich zugibt, dieser politischen Suggestion gefolgt zu sein, hat man kaum ein Recht mehr, die Mitläufer Hitlers zu verdammen.

Nunmehr habe ich am eigenen Leben erprobt, dass der Marxismus niemals eine Weltanschauung abgeben kann. Höchstens für Kleinbürger. Er ist ein ökonomisch-soziologisches System mit uneingeschränktem Vertrauen in die Naturwissenschaften.

ROMAN
Ich probiere Anfänge. Gestern versuchte ich's mit dem zweiten. Nach jedem Anfang muss ich etwas warten, bis er mir missfällt.

28. Januar (Sonntag)
NEUSCHNEE
Die Menschen haben Gelegenheit, für kurze Zeit saubere Spuren zu hinterlassen.

EINE HALBE STUNDE GYMNASTIK und die Hausheizung beschicken; eine halbe Stunde Frühstück; eine halbe Stunde Duschen und Fertigmachen; eine halbe Stunde Morgenspaziergang mit dem Hund und dem gleichzeitigen Abdiktieren der Tagebuchaufzeichnungen. – So sehen jetzt meine Morgen aus, bevor ich an die Arbeit komme. Sie bleiben nicht immer gleich. Man muss variieren. Gewiss bringt schon der Frühling einen veränderten Morgenrhythmus. [...]

29. Januar (Montag)
[...]
FISCHKONZERT, der Roman von Laxness, wurde verfilmt. Das westdeutsche, das dänische, das norwegische und das isländische Fernsehen dran beteiligt. Nebenrollen spielen isländische Intellektuelle.

26.–31. Januar

Die Übertragung des Epischen gelang. Gute Fotografien. Die Dialoge des Romans blieben erhalten. Laxness wirkt als Statist mit. Da er die ganze Zeit beratend mitwirkte, dürfte man die Gewähr haben, dass alles so getroffen ist, wie er es sich vorstellte, als er DAS FISCHKONZERT schrieb, und nicht so, wie man sich's vorstellte, als man's las.

30. Januar (Dienstag)

VON JETZT AB will ich versuchen, einige Aufzeichnungen für das Buch zu machen, das DER LADEN heissen soll.

DER LADEN.

Der alte Metho. Keuchender Husten. Ständiger Wartetropfen an der Nasenspitze. Lässt Afterwind gehen, sagt: »Raus muss er, er zahlt keine Miete!« Sieht Mutter erwartungsvoll an. Sie soll ihn loben. Die witzige Bemerkung! Mutter durchaus für Zweideutigkeiten. Lobt aber nicht, hat Bange: Nasentropfen des alten M. droht auf Ladentisch zu fallen. Fällt er doch, nimmt sie Papier, wischt angeekelt Nasentropfen von Wachstuchdecke des Ladentisches. M. unbeeindruckt. [...]

[...]

31. Januar (Mittwoch)

WIEDER »FISCHKONZERT«.

»Dieser Film hat die Würde der Literatur erhalten«, sagte Eva. Ich war mehrmals kurz vor dem Aufheulen, obwohl – wie im Roman – nichts Sensationelles geschieht, nur von den ewigen menschlichen (nicht einer bestimmten Staatsform freundlichen) Tugenden die Rede ist.

Die Mitteleuropäer (auch die Russen) reden viel zu viel über das Literaturmachen, ohne es mit allzu grossen Erfolgen auszuüben. Besonders flott sind die Franzosen in dieser Sache. Wo sind sie, die maulflinken französischen Literaten, die Sartres, Aragons, Baisettes? Nirgendwo werden die Literaten so von den Intellektualisten gemacht und getragen wie in Frankreich. Die Hauptsache, ihre Günstlinge geben sich intellektualistisch genug.

Aber da sitzt auf einer Insel, die gar nicht recht zu Europa gehört, ein Aussenseiter auf den kargen Klippen, spricht vom

Hering wie von einer grossen Sache und macht hinter den Literatenjahrmärkten mit seinen bestaunten »Ausverkäufen« Weltliteratur, ohne sich darum zu kümmern, ob es zur Zeit Mode ist, den Roman zu Grabe zu tragen, oder über die »nicht mehr heile Welt« zu polemisieren, einer, der unerlaubt und unkonzessioniert durch die Intellektualisten, von den ewigen Dingen der Erde und des Lebens und von den ewigen Untugenden und Tugenden der Menschen schreibt. [...]

16. Februar (Freitag)

[...]

GALSANS WEGEN bei zwei Lektorinnen des Lektorats II beim Verlag VOLK UND WELT. [...]

Es geht mir darum, den Start von Galsans erstem Buch (es soll 1974 in der SPEKTRUM-Reihe erscheinen) gut vorzubereiten, vor allem drüber zu wachen, dass jene Cognak-Damen Galsans Arbeiten stilistisch nicht vergewaltigen. Auch muss die Exotik, die den Geschichten innewohnt, erhalten bleiben.

Wir vereinbarten, dass ich ein Nach- oder Vorwort schreibe, wenn mir die Redaktion gelungen erscheint. [...]

18. Februar (Sonntag)

[...]

WANN BIN ICH EIN FAMILIENMENSCH GEWORDEN? Es ist so beruhigend, zusammen mit der Restfamilie unterwegs zu sein. Sollte mir etwas geschehen, kurzum, sollte ich sterben, habe ich die Menschen, die ich am meisten liebe, bei mir.

Woher kommt das Verlangen? Aus den Zeiten der Horde? [...]

24. Februar (Sonnabend)

ROMAN

Der Anfang, wie er bis nun dasteht, hält schon den zweiten Tag stand. Ich kann weitergehen und neue Szenen erfinden. Der Fehler der bisherigen Anfänge war: Handlung und Milieubeschreibung waren zu wenig kontrapunktisch.

31. Januar – 27. Februar

[...]
KREBSSTATION von Solschinitzyn. 1. Teil im Fernsehen. Die Stärke des Buches blieb erhalten wie bei FISCHKONZERT von Laxness. Wann werden wir lernen, Prosa filmisch umzusetzen?

Ich finde keine politische Gehässigkeit im Buch und im Film, aber die Wahrheit.

Mein Eindruck, dass S. sich den russischen Klassikern würdig beigesellt, bleibt unangetastet. [...]

25. Februar (Sonntag)

[...]

ERINNERUNGEN AN EINE REISE
Jewtuschenko brachte mich nicht durch Gedichte, aber durch seinen äusseren Aufputz zum Nachdenken. Er trug eine grobbunte Hose; kariert konnte man sie nicht mehr nennen, gescheckt vielleicht. Die Hose hatte pyramidenförmig geschnittene Beinlinge. J. trug dazu ein aufdringlich kariertes Jackett und eine gehäkelte weibisch wirkende Mütze. Eine Kleidung, die er aus Amerika mitbrachte, ein Aufputz, in dem wahrscheinlich auch kein solider Amerikaner umhergeht. Jewtuschenko, der Halbdörfler (die meisten grossstädtischen Russen sind Halbdörfler, die Urbanisten spielen!), musste diese Kleidung haben, musste mit ihrer Hilfe ohne Worte zu beweisen versuchen, wie weit er gereist war.

Ich dachte: Auch du hast solche Phasen hinter dir, in denen du glaubtest, deine Umwelt schockieren zu müssen, und wenn du auf diese Phasen zurückblickst, so nennst du sie Phasen der Unreife! Es kostet viel Kraft, als weisses Huhn in einer Herde schwarzer Hühner einherzugehen und umgekehrt, und diese Kraft entziehst du deinem Werk. Du kannst nicht konzentriert nachdenken, wenn du zu beobachten hast, wie dein Äusseres auf die Mitmenschen wirkt. [...]

27. Februar (Dienstag)
RUNKELN UND BRIEFE
Um 5^h heize ich das Haus, um 5^{30} h hocke ich im Rübenkeller, schneide Runkeln und verteile sie auf dem frostglitzernden Hof

an die Kaninchen. Meine Finger, die es eben noch mit Runkeln zu tun hatten, packen die Briefe, die ich am Vortage schrieb und mit in den Pferdestall nahm; ich stecke sie in den Briefkasten am Nachbarhaus. Briefe an Leser in alle Welt. Runkeln und Briefe – eine Gewähr, dass ich bleib', was ich bin. [...]

1. März (Donnerstag)
DIE HERREN VON DER TELEGRAFIE waren da, in Wintermänteln, die Hände tief in den Taschen, aber fünf Minuten zuvor war mit der Post ein Schreiben ihres Chefs gekommen, dem wir zum zweiten Male bittend geschrieben hatten. In dem Schreiben des Chefs stand: Die Telefonverlegung bei Ihnen wird stattfinden, jawohl, aber wir wissen nicht wann, irgendwann jedenfalls o. ä.

Was war geschehen, dass die Herren fast gleichzeitig mit dem Vertröstungsschreiben eintrafen? Sie waren aufgescheucht vom Bezirkstelegrafenmeister, oder wie er sich immer nennen mag. Mein alter Freund von der Zeitung her, unser Bobby ist mit diesem »Bezirksmeister« bekannt und hatte dem den Wink gegeben, dass wir fürs neue Haus einen Telefonanschluss brauchen. Die Oberbürokratie räusperte sich, die Unterbürokratie hustete. [...]

2. März (Freitag)
[...]
ERINNERUNGEN AN EINE REISE
Am letzten Tag. Eine Stunde vor der Rückfahrt. Hotel »Peking«. Das dritte Mal, dass ich ihn sah, Lowa. Drei kurze Begegnungen. Diesmal war's eine Stunde. Eva, Lydia und die Kinder gingen noch ein Mal mahlzeiten.

Es muss ein ansehnliches Bild gewesen sein, wie wir vollbärtig miteinander auf dem Sofa im Hotelzimmer, unter der üblichen Reproduktion eines Kolossalgemäldes sassen, uns in die Augen schauten und uns mitteilten, wohin uns Erlebnisse und Gedanken der vergangenen fünf Jahre geführt hatten.

Sicher war hinter eben der Gemäldereproduktion ein Abhörgerät eingebaut. Wozu leben wir im politisch modernsten Staat der Erde? Sollten sie, sollten sie!

Wir sprachen über Gedachtes und Erkanntes, nicht über zu unternehmende Konterrevolutionen. Was sollten uns die!

Es war eine gute Stunde. Dann stand er vor dem Portal des Wolkenkratzer-Hotels, als wir abfuhren. Das schwarze vornehme Auto! Wir waren Gäste des Schriftstellerverbandes, Staatsgäste.

Er stand da – breit in den Schultern, mächtig, ein wenig bebaucht, die Otterpelzmütze auf dem Kopf, den geschälten Baumast, die Keule, den Knüttel in der Hand; der graue Vollbart und die gütigen dunklen Semiten-Augen.

Er war das letzte Eigentliche von Moskau, was wir sahen. [...]

3. März (Sonnabend)

ROMAN

Jetzt »stehen« die ersten fünfzehn Seiten. Es kann sich nur um einzelne Worte handeln, die hie und da ausgetauscht werden müssen. – Ich war zufrieden, als ich mir den Text vom Band entgegenspielte.

[...]

UM NEUN UHR NACH GRANSEE

Leiser Regen und die Landstrasse ohne Verkehr. Der Sonnabend-Abend musste seine Eigenschaften nach der Einführung der Fünf-Tage-Woche an den Freitag-Abend abtreten.

Ich hole Eva und die Kinder von der Bahn ab. Alle sind glücklich, wieder nach Schulzenhof zu kommen. [...]

8. März (Donnerstag)

DIE MÄNNER LAUFEN MIT WEIBERSCHÜRZEN HERUM, schenken Kaffee aus und bezeichnen sich als »fortschrittlich«. Das ist die am meisten in die Augen fallende Symbolhandlung am Internationalen Frauentag in der Kleinbürger-Republik Deutschland.

[...]

ROMAN

Einige Tage nicht dran gearbeitet. Das VORSPIEL befriedigt mich noch immer.

Mit dem Diktieren des 1. Kapitels begonnen. Von jetzt ab will ich nicht mehr selber vom Band abschreiben, sondern ein Band besprechen und es in Berlin abschreiben lassen. Die erübrigte Zeit will ich benutzen, um Briefschulden abzutragen. [...]

15. März (Donnerstag)
SOHN JAKOB
In der übermässigen Bewertung der »Pflicht« weist er sich als mein Sohn aus. Sobald die Ferien vorüber sind und die Schule wieder beginnt, ist er nicht mehr das freie, glückliche Kind. Man sieht ihn da und dort sitzen und sinnen, und wenn man ihn fragt, galten seine Gedanken der Schule.

Er ist ein guter Schüler, aber die stets verhandene Möglichkeit, ein schlechter Schüler zu werden, macht ihm zu schaffen. [...]

17. März (Sonnabend)
[...]
DIE ERINNERUNGEN AN EINE REISE betrachte ich als beendet. Es war ein Experiment. Auf früheren Reisen führte ich täglich Tagebuch, etwas zu naturalistisch, wie ich verdächtige. Das »Tagebuch aus der Erinnerung« sollte wie ein Filter wirken. Nur die Eindrücke, die nach Monaten nicht vergessen waren, sollten gelten. Ob die Zeit zwischen Reise und Aufzeichnungen lang genug war? Ob es sich überhaupt lohnte, etwas aufzuschreiben? Ob die Aufzeichnungsart nicht zu konventionell war? Alles das kann ich noch nicht beurteilen.

19. März (Montag)
HERZMÜDIGKEIT
DRAUSSEN
Ich sehe mir die Knospen an den rosa rugosa an. Die Hecke wächst. Werd ich's noch erleben, dass sie uns mit ihren unprotzigen Rosen einhegt?

Himbeeren und Brombeeren in der Manege müssen ausgelichtet und verschnitten werden. Alles will ich tun, nur besser soll es mir sein, als es mir heute ist.

8. März – 7. April

Eine Drossel flötet Zuversicht aus den Erlen am Bach. Beim Morgentee sah ich aus dem Küchenfenster unser Kranichpaar niedrig über dem Hochwald auf unseren Obstgarten fliegen. Und sie flogen nicht höher als unser Haus hoch ist. Und nachher sah ich die Tauben. Sie machten sich durch kräftiges Flügelschlagen bemerkbar. Die Ringeltauben sind also in der Nacht gekommen. Ach, wer sieht schon beim Teetrinken aus seinem Fenster heraus Kraniche fliegen! [...]

27. März (Dienstag)
HERMANN KANT
Nachmittags 5^h Blitzbesuch. Ohne Anmeldung. Ruhelos. Mit einer Erzählung nicht weitergekommen, in einem Romananfang steckengeblieben. Von seiner Frau Vera verpflichtet, vier Tage, wenigstens vier Tage an keiner Sitzung teilzunehmen.

Vielleicht konnte man ihm ein bisschen helfen, aber ihm ist schwer zu helfen. [...]

6. und 7. April (Freitag und Sonnabend)
ZWEI TAGE SITZUNGEN im Schriftstellerverband. Man bekam junge Autoren zu sehen. Ziemlich anmassend. Vielleicht machen sie sich auch aus Notwehr gegen die »erdrückenden Alten« schwer. Sie sind Produkte unserer Belehrungssucht, unseres Aufklärungseifers, denn sie haben bemerkt, dass wir in vielen Dingen (vor allem mit unseren Voraussagen von der sozialistischen Zukunft) Unrecht hatten.

[...]

WIEDER IN SCHULZENHOF
Eva ist jetzt von der Stadt mehr angeekelt als ich. Sie geht glücklich umher, liebkost die Kinder und nimmt von jedem Tier und jedem Baum, jedem Ausblick und jeder Himmelsfärbung auf's neue Besitz.

Alles was wir sind, sind wir aus unserem Winkel Schulzenhof heraus.

ICH SCHREIBE heute so widerlich pathetisch. Ich muss aufhören.
DER ROMAN blieb natürlich liegen und auch die nächsten Tage ist seine Förderung ungewiss. [...]

1973

8. April (Sonntag)
DIE POST, die sich immer wieder anzustauen droht, weggearbeitet; es auch fast geschafft. Briefe mit Anfragen aus dem westlichen Ausland (Italien, Frankreich) häufen sich. In Italien wurde bis nun nichts von mir gedruckt, aber den Germanistik-Studenten wird aufgegeben, Diplomarbeiten über mich und mein Werk zu schreiben.
[...]
ROMAN
Nichts daran getan. Die Figuren werden sich meiner entwöhnen. [...]

10. April (Dienstag)
[...]
PICASSO STARB, ein Zeitgenosse, an dem ich meine Möglichkeiten mass und weitermessen werde.

Auch das Wohlbefinden meines Vaters, der gleich 84 Jahre alt wird, stellt eine (wenn auch keine künstlerische) Möglichkeit für mich dar. [...]

20. April (Freitag)
ROMAN
Korrektur lesen – aber vom WUNDERTÄTER II.
Am Frühabend brachte ein Autobote die ersten 128 Seiten Fahnenabzug vom Verlag.
Der grössere Rest soll nach Ostern (d. h. am 25. April) folgen. Am 2. Mai aber wollen wir nach Ungarn. (Leider, leider habe ich's übernommen, für die Akademie dorthin zu reisen!)
Ich weiss nicht, ob ich die gesamte Korrektur vor der Ungarnfahrt schaffe. [...]

24. April (Dienstag)
[...]
DER LADEN
Morgen will ich ins Heimatdorf fahren, aber ich schiebe es von Stunde zu Stunde auf, den alten Vater mit einem Telegramm von meinem Kommen zu benachrichtigen, nachdem ich weiss, dass

man die Eichen vor dem Elternhause abholzte, unter denen ich aufwuchs wie ein Pilz. Es ist mir so unbehaglich, als sollte ich zu einem Begräbnis fahren. Der Vater lebt zwar noch, aber auch diese Eichen waren mir wie Eltern.

26. April (Donnerstag)

RASCH NACH BOHSDORF

Jakob mit mir.

Der Vater unzufrieden. Die Söhne besuchen ihn nicht oft genug. [...]

UNTER EECHEN

Eine der Eichen liess man stehen. Der Dorfanger sieht aus wie von Bombenexplosionen zerwühlt. Auch die Baugrube für das Konsumgeschäft ist ausgehoben.

Sohn Jakob turnt auf den Riesenwurzelstücken herum. Für ihn ist Gegenwart, was für mich Vergangenheit ist. Er bekommt für seine Spiele hingehalten, was für uns unsichtbar blieb – den unteren Teil der Eichen. Das war versöhnlich. Schon jetzt vermochten wir (Vater, Bruder und ich) nicht mehr zusammenzuzählen, wieviele Eichen es ursprünglich waren. Wir zählten bis neun. [...]

27. April (Freitag)

[...]

DER LADEN

Vor zwei Tagen stand ich mit meinem jüngsten Sohn Jakob, mit dem Vater und Bruder Heini in dem Laden, von dem auf den Seiten dieses Oktavheftes dies und das notiert wurde.

Ausser dem Schaufenster und der in der oberen Hälfte verglasten Ladentür und ihren Roll-Jalousien war von der ursprünglichen Ladeneinrichtung nichts mehr vorhanden.

Allerdings – das Guckloch in der Tür zur alten Backstube war noch da, wenn auch ohne die kleine schützende Glasscheibe. (Bruder Heini guckte hindurch und sagte: »Mama, komm vor, die mausen!« Er meinte damit eine Episode aus seiner Kindheit.)

Das Guckloch war jetzt mit einem Fetzen blauen Tuches zugestopft. Von der Ladentür aus gesehen links – stand jetzt ein

Kachelofen. Ein Überbleibsel von der Bürgermeisterei, die sich jahrelang im Laden befand.

Die alten Fussbodenkacheln waren, damit's die Gemeindesekretärin warm an den Füssen hatte, mit Holzzement übergossen worden. Auf dem Fussboden standen kranke Fernsehapparate. In der Alten Backstube hatte sich der Neffe VOLKER eine primitive Fernsehmechanikerwerkstatt eingerichtet.

Die Klinkersteine des Fussbodens im Hausflur waren noch die von eh und je. [...]

16. Mai (Mittwoch)

ANKUNFT AUS BUDAPEST IN BERLIN
Auspacken der Koffer.
Besorgungen.
Das Auto fahrfertig gemacht.
Telefonieren.

UM 16 UHR NACH SCHULZENHOF
Die Kinder ein wenig verschlumpt und verschmutzt, aber heiter und wohlauf.

An Herberts Gesicht erkenne ich sofort, dass im Pferdestall nicht alles in Ordnung ist: SOLJA hat sich ein Hinterbein verletzt. [...]

17. Mai (Donnerstag)

DRAUSSEN
Wir erleben den Frühling ein zweites Mal. In Schulzenhof ist weder der Flieder noch sind die Apfelbaumblüten offen. Das Gras ist noch kurz und vollgrün. Noch gibt's Nachtfröste. Der Wendehals klagt doch noch. Hier ging's mit dem Frühling mehr als langsam voran.

ROMAN
Ich entschloss mich, ihn vorläufig liegen zu lassen, weil in der nächsten Zeit noch einige Abhaltungen zu erwarten sind: Fahrt nach Polen, Urlaubsvertretung für Herbert. Besuch des Vaters.

Wenn ich mich jetzt auf's Weiterschreiben einlasse, bin ich unglücklich, wenn ich wieder herausgerissen werde. [...]

20. Mai (Sonntag)
Beschaulicher Sonntagvormittag
Ich dekorierte eine Ecke meiner Arbeitsstube mit der Czikos-Peitsche aus der Puszta, mit der Dreifussfessel und dem Lasso aus Yakhaut, die der Vater von Galsan Tschinag flocht. Dazu hängte ich eine Umhängetasche aus buntem Leder (eine Arbeit von Afrikanern) und einen schwarzen Feinledergürtel mit talmigoldenen Ketten, eine (kunstgewerblich-romantische) Arbeit aus Polen.

Ich pfiff und sang dabei, und das gab es seit langem nicht; ich pfiff und sang ohne einen besonderen Grund – aus innerer Zufriedenheit.

So sollte es oft sein, wünschte ich mir.

Nach Stavenhagen mit Eva, Matthes und Jakob. Das offene Mecklenburg, weniger seine Städte, aber auch die zuweilen, machen, dass meine Seele zittert. (Ich weiss es nicht anders zu sagen.)

Ich fürchte, Mecklenburg ist die Landschaft, in der ich hätte leben sollen. Oft wähne ich, dort schon einmal gelebt zu haben.
[…]

21. Mai (Montag)
Ein Tag, von dem ich nicht weiss, wie er verging.
Es war mir unlieb, wieder verreisen zu müssen. […]

Das weiss ich noch: Ich schrieb Briefe, packte Päckchen und telefonierte um den Pferdetransport, der nach meiner Rückkehr vonstatten gehen sollte.

26. Mai (Sonnabend)
UM MITTERNACHT IN WARSCHAU ABGEFAHREN
Um 4^h wach. Dann gab's keinen rechten Schlaf mehr. Routinemässige Grenzkontrollen.

Wiedersehen mit der einstigen Muss-Heimat Frankfurt/Oder. An einem Maimorgen voll Sonne ist die graueste Stadt schön.

9^{30} Uhr IN DER BERLINER WOHNUNG.

Besorgungen.

Das Auto flott gemacht.

Flucht, damit uns nicht die FRIEDENSFAHRER den Weg auf's Land hinaus versperren.

16³⁰ Uhr in SCHULZENHOF

Finden alles in Ordnung vor. [...]

SIE WOLLEN MICH ALTEN MANN zu einem dreitägigen »Parteilehrgang« einziehen. Natürlich sind sie in Nöten und wollen in etwa erklären, dass sie mit den Westdeutschen und den Sozialdemokraten natürlich Politik mit Augenzwinkern machen.

Nichts wird! Sind wir Schäferhunde, die man scharf halten muss, während unsere »Herren« mit den »Feinden« in Freundschaft machen?

Sie sollten sich schämen. Irgendein kleiner, ungehobelter Funktionär in der Partei-Bezirksleitung in Berlin bestimmt, dass ich zum Lehrgang gehe. [...]

27. Mai (Sonntag)

KLEINE ARBEITEN in der Werkstatt, im Haus und auf dem Hofe, bei den Pferden und im Garten.

Obwohl man nur einige Tage unterwegs war, muss man erst wieder mit allem eins werden; weniger äusserlich als innerlich. Jedes Blatt und jede Blüte haben sich inzwischen verwandelt. [...]

5. Juni (Dienstag)

[...]

PFERDE

Nun reite ich wieder. Endlich! Vorgestern den Hengst, gestern Rahwana. Suleika folgte frei und hatte ihr Hengstfohlen SALON bei sich. [...]

UM DEN HENGST GALBA WEINTE ICH IM TRAUM

Ich hatte ihn verkauft und wusste nicht mehr, aus welchem Grund ich es getan hatte. Der Verkauf war nicht rückgängig zu machen.

Aus diesem Kummer im Traum erfuhr ich, wie sehr ich an diesem Pferd hänge.

BEIM REITEN beginnt es mir wieder leichter zu werden wie vor

Jahren. Der grüne Juni. Mein Monat. Ein hoher, blauer Himmel. Nicht ganz wasserleere Wolken davor!

Was ist schon Neues dran? Und doch ... [...]

Berlin 7. Juni (Donnerstag)

[...]

ERNST BUSCH geht vor der Akademie auf und ab, lernt Text. Soll er aufsagen beim Begräbnis des Krebs-Professors Gummel. Wieder verabreden wir, dass wir uns treffen werden.

Er ist die letzte Zeit so anhänglich geworden. »Mach, dass wir uns noch sehen und sprechen, bevor wir sterben!« Das klang bittend. [...]

IN DER AKADEMIE

Hermlin stellte im Auftrag der Sektion ein »Deutsches Lesebuch« zusammen. Texte und Gedichte von Luther bis 1918 (Becher). Eine gute Sache. Es war klar, dass man es in der Sektionssitzung versuchen würde zu zerdiskutieren [...] – alle wollten sie mit ihrer germanistischen Bildung protzen und ein Lesebuch nach ihrem Schnabel draus machen.

Ich machte mich lustig über die Besserkönner. Anna sagte: »Der Erwin stänkert immer so ...« [...]

16. Juni (Sonnabend)

[...]

DER VATER KAM AUS DEM HEIMATDORF.

[...] Von dieser Minute an ist der Ablauf unseres täglichen Lebens gestört, aber wir rechnen von vorn herein damit. Wir sind alle drauf vorbereitet, auf den alten Herrn Rücksicht zu nehmen. Es soll in ihm nicht das Gefühl aufkommen, dass er sich den Söhnen zur Last macht, wenn er die Möglichkeit dieser Tatsache schon nicht selber erspürt. [...]

24. Juni (Sonntag)

DRAUSSEN

Der Sand richtet sich auf Wüstenzeiten ein. Er zerfällt und zerfällt. Grosse Staubwolken hinter jedem Fahrzeug, kleine Pulverwolken hinter den Pferden, kleine Wolken hinter Radfahrern, und auch der Hund hat sein Pulverwölkchen hinter sich, wenn er auf den Waldwegen entlangrennt.

Die Luft hat den Staubgeruch der Wüste. Man spürt das Sandmehl zwischen den Zähnen.

Das Rotkehlchen singt leise. Ich ziehe das rot-weiss karierte Taschentuch aus dem Hosensack und wickele das kleine Philips-Bandgerät aus, schlendere und diktiere.

Ich wickle den Apparat (nicht grösser als zwei Zigarettenschachteln) in mein Bauerntaschentuch, um ihn vor den scharfen (trockenen) Brotkrumen in meiner Hosentasche zu schützen. Und die Brotkrumen habe ich in der Hosentasche, weil ich in der Regel Brotstückchen umher trage. Ich brauche sie zum Zähmen und Dressieren der Pferde. [...]

29. Juni (Freitag)

DA FLIEGT ER HIN, DER JUNI, aber sehen wir ihm gelassen nach und bedenken wir, dass wir dies und das aus ihm herausholen.

Schon seit Mai, auch bevor wir nach Ungarn fuhren, LESE ICH LAOTSE, lese langsam, bedenke die Sätze und benötige gegenwärtig keine andere Lektüre als die Aussprüche des LAO über sein TAO und sie schliessen sich mir auf.

Wie das so ist: meine Erfahrungen mit dem Leben brachten mich in seine geistige Nähe. [...]

4. Juli (Mittwoch)

[...]

ICH DACHTE AN DIE ERSTE GESCHICHTE, die ich mit dreizehn Jahren schrieb. Als sie veröffentlicht wurde, war ich vierzehn Jahre alt.

Tiergeschichten von Hermann Löns hatten mich beeindruckt. (Mit Hermann Löns' Tiergeschichten machte uns der deutschnational eingestellte Biologie-Studienrat Martin bekannt. Wer von uns fragte, wenn er eine Tiergeschichte las, nach der politischen Einstellung ihres Autors?)

Auch ich schrieb eine Geschichte über einen Hund. Bei einem echten Epigonen hätte diese Hundegeschichte in der Lüneburger

24. Juni – 4. Juli

Heide spielen müssen. Ich war nie ein zuverlässiger Epigone. Ich schrieb über einen Hund, der uns daheim zugelaufen war. Ich zerbrach mir den Kopf und stellte Vermutungen über die Herkunft des Hundes an und schrieb diese Vermutungen an mehreren Winterabenden nieder. An das Oktavheft mit braunem, gemasertem, hartem Deckel erinnere ich mich noch. Nebenbei imponierte mir meine Arbeitsleistung. Es war schon was, ein Oktavheft vollzuschreiben, ohne in der Schule dazu aufgefordert worden zu sein.

Die Geschichte hatte also einen realen Kern. Ich verwendete für die Dialog-Charakterisierung einer Magd, die in der Geschichte vorkommt, den sorbisch gefärbten Dialekt meiner Heimat.

Ein Jahr verging, da wurde die Geschichte im »Kunstblatt der Jugend« (Union-Deutsche-Verlagsgesellschaft, Stuttgart) abgedruckt. Ich hatte sie unserem Zeichenlehrer gegeben, der zuweilen Beiträge von uns, die er für »aussichtsreich« hielt, an die Redaktion sandte.

Das »Kunstblatt der Jugend« war eine bemerkenswerte Monatszeitschrift. Sie war über ganz Deutschland verbreitet. Sie veröffentlichte Mal- und literarische Versuche von Schülern, leider fast ausschliesslich von Schülern sogenannter höherer Lehranstalten.

Ich habe die Gefühle vergessen, die da in mir waren, als ich die Zeitschrift mit meiner gedruckten Geschichte in der Hand hielt. Ich weiss aber, dass ich sie stolz im Keller meiner Pensionseltern vorzeigte, als Besuch da war. Der Besuch verdächtigte mich, die Geschichte abgeschrieben zu haben. Meine Pensionsmutter, die nicht viel von mir hielt, weil ich nach ihrem Dafürhalten kein rechter Junge war (eben deshalb wollte ich vor ihr mit meiner Geschichte triumphieren), verteidigte mich und teilte nicht ohne Stolz mit, dass sie mit mir am gleichen Familientische gesessen hätte, als ich mehrere Abende hintereinander an der Geschichte schrieb. Und das war das einzige Mal, dass mich meine Pensionsmutter verteidigte und stolz auf mich war, und das gönnte ich ihr, und daran erinnere ich mich.

1973

16. Juli (Montag)

WIEDER LASSE ICH MICH TREIBEN und versuche die Leichtigkeit zu erlangen, die man an Ferientagen produziert, weil mir das MUSS zuwider wurde, mit dem ich mich täglich traktierte.

ARBEIT

Wieder mit dem Roman-Anfang begonnen. Auf Evas Ausstellungen eingegangen. Ich versuche – wenigstens jetzt am Anfang – etwas weniger knapp zu sein. Vielleicht gelingt's, das Aussehen von UNGEMACHTHEIT zu erlangen.

[...]

ICH LESE WIEDER EINMAL TAGORE. Essays über die Kunst und Persönlichkeit. Ich habe in letzter Zeit nur Verlangen, Philosophie zu treiben, und ich lese die Essays von Emerson, wie ich schon schrieb, dieses Jahr mit anderen Augen. Jetzt erst scheinen sie sich mir (nachdem ich mich vorher wieder einmal mit Laotse beschäftigte) ganz aufzuschliessen.

Wenn ich mich nicht täusche, bin ich nach meinem sechzigsten Geburtstag ein gut Stück vorangekommen, wirklich voran, innerlich nämlich.

17. Juli (Dienstag)

[...]

AITMATOWS SCHAUSPIEL »Fudschijama«, das er mit einem Partner verfasste, als »Zensor« für unsere Akademie-Zeitschrift SINN UND FORM gelesen.

Ich bin für die Veröffentlichung der Arbeit, weil darin einiges deutlich über die Aufgaben der Künstler ausgesprochen wird und das ohne Furcht vor den Ideologen.

Auch ist darin einiges Unabdingbare über Humanismus gesagt, und auch das ohne Furcht vor jenen Genossen, die da glauben, der Kunst Befehle erteilen zu müssen.

Weshalb nicht bei uns veröffentlichen? Weshalb soll bei uns weniger erlaubt sein zu philosophieren als in der Sowjet-Union?

18. Juli (Mittwoch)

ARBEIT

Ein Stückchen weiter mit dem Roman.

Wieder einmal sind Briefe an der Reihe.

[...]

MIT DEM HENGST über zwei Stunden unterwegs. Es ist augenblicklich so ruhig in mir. Einzelne Bäume und landschaftliche Gegebenheiten, auch Wegstellen fangen an, mich wieder zu rühren. Ich fühle mich eins mit all dem und befinde mich für Sekunden in dem Zustand, den die Christen wahrscheinlich mit ihrem Himmelreich meinen.

Eva hat es schlicht und gültig in einem ihrer Gedichte gesagt: »Mich rühren die sandigen Wege ...« [...]

25. Juli (Mittwoch)

[...]

WELTFESTSPIELE der Jugend und Studenten. Wenn man die mit Zweckoptimismus vollgestopften Zeitungen liest und die Feierlichkeit heuchelnden Sprecherstimmen im Rundfunk hört (in den Televisor seh ich lieber nicht), muss unser Teil der Hauptstadt jetzt ein Festhaus sein, in dem Jubel, Gesang, Leckerbissen und Zirkusspiele ohne Ende sind.

[...]

DER EINSTIGE TYRANN ULBRICHT aber legte sich zum Sterben hin und fertigte Konstellationen an, die einer Shakespeare-Tragödie würdig wären.

Sein Nachfolger und seine Mannen liessen vorige Woche in einem Bulletin vom Schlaganfall berichten, der den Genossen U. getroffen hätte. U. läge besorgniserregend darnieder.

Nach diesem Bulletin erfuhr man aus den Zeitungen tagelang nichts mehr, und viele (auch wir) glaubten U. bereits gestorben, und man würde seinen Tod des Festivals wegen verheimlichen. Diese Vermutungen scheinen (auf bewährten Wegen) die Regierenden erreicht zu haben; denn nach tagelanger Pause gab es wieder Bulletins, aus denen unbezweifelbar hervorgeht, dass der Alte im Sterben liegt, und er legte sich mit Absicht dazu hin, so absurd sich das auch anhören mag.

Alle Machtlüstigen, wie U. einer war, sind Hysteriker und fähig, sich selber zu töten, ohne Hand an sich zu legen, und das führt er nun aus, er, den seine Vertrauten und alle, die es sein wollten, WALTER nannten.

Diesen Ärger macht er seinen Nachfolgern: Er stirbt vor sich hin und seine Lunge fängt an zu versagen, und seine Nieren fangen an zu versagen, ein Körperteil nach dem anderen stirbt in ihm.

Es wäre wohl sein schönster Tod, wenn er beim Abscheiden sagen könnte (sofern ihm das noch möglich ist): Aber diesen Ärger hast du ihnen noch gemacht, diesen undankbaren Nachfolgern, die dich aus der Funktion drückten, als du sie noch nicht aufgeben wolltest.

27. Juli (Freitag)

ARBEIT

Ein entscheidender Tag!

Das Vorspiel, das erste Kapitel und die ersten Seiten des zweiten Kapitels sind überarbeitet.

Eva las am Abend vor. Meine letzte Überprüfungsmöglichkeit!

Die Melodie ist gefunden. Der Stoff schien wirklich die Melodie der NACHTIGALL-Geschichten zu verlangen, oder es ist die Melodie meiner jetzigen Lebensperiode.

Glücksgefühl für einige Stunden.

WIR SITZEN UM MITTERNACHT eine Stunde lang in der halberhellten Diele und mir wird der SEGEN des weiten Innenraumes dieser Diele bewusst. Wir reden vom Glück und seiner Kehrseite, der Unzufriedenheit, die uns unsere Arbeit verschafft.

Eva sitzt an der Fensterwand, ich sitze an der Verandenwand, und Eva sagt mir ihre neuesten Gedichte, grosse Gedichte, die von anderen Menschen lebendig erhalten werden, wenn wir tot sind.

Es hat so sein sollen, dass wir uns trafen, es hat. Und ich hadere nachträglich mit mir, weil ich einmal mit ihr die Geduld zu verlieren anfing, als die Dichterin noch in der Verpuppung steckte und nicht und nicht heraus wollte. [...]

30. Juli (Montag)

MIT JAKOB NACH BERLIN

Eva hatte bereits den ersten Tag der Weltfestspiele hinter sich. Für mich war's, als fände das Fest, obwohl ich mitten in war, in der Ferne statt. Nein, mit diesem Rummel hatte ich nichts mehr zu tun. Ich verliess den Platz der Beobachtung keinen Augenblick. Nichts versetzte mich in Begeisterung. Was mich erregt, kommt jetzt anderswo her. Das 61. Lebensjahr war ein entscheidendes Jahr.

Etwa 750 AUTOGRAMME schrieb ich in meine Bücher ein, und ich war hernach verwirrt vom Starren und meine rechte Hand gehorchte mir nicht mehr.

Eva hatte in einer Stunde ihren ganzen Büchervorrat (wohl 300 Exemplare) verkauft. [...]

31. Juli (Dienstag)

FRÜHSTÜCKSGESPRÄCHE MIT EVA

Wir tauschen Eindrücke vom Vortage aus. Eva ist überrascht, wohl auch ein bisschen verwirrt von ihrem Erfolg. Sie kostet vom Ruhm, schmeckt ihn ab, wird sich aber, wie es aussieht, das Schlemmen in dieser Hinsicht nicht angewöhnen.

RÜCKFAHRT MIT JAKOB

Zuerst wollte er bei der Mutter in Berlin bleiben, aber schon abends war er ermüdet vom Getümmel. »Ich muss zu meinen Hühnern und zu Beere, ich habe in Schulzenhof so viel zu tun.«

Unterwegs sang er mir alle kleinen Lieder vor, die er in seinem runden Kopfe auftreiben konnte.

Er ist nun zehn Jahre alt, doch man ist noch immer gerührt, wenn man ihn in seinen Handlungen und Äusserungen beobachtet.

1. August (Mittwoch)

[...]

DER HERRSCHER IST ALSO GESTORBEN und sein Tod ist von Lüge umrankt, wie sein Leben es oft war: Die Weltfestspiele sollen fortgesetzt werden, hätte er auf dem Totenbett gesagt. Wie gut auch; denn was hätte man tun sollen, alle ausländischen Nationen seines Todes wegen nach Hause schicken, ohne den politischen Effekt der Spiele einzustreichen?

Der Sterbende hat also bis in seinen Totentanz hinein an die Tänze auf dem Marx-Engels-Platz gedacht? Makaber!

Aber im Grunde gelang's dem Alten doch, seine unehrerbietigen Nachfolger in Verwirrung und zeitweilige Ratlosigkeit zu stürzen und das MEMENTO MORI an den Weltfestspiel-Himmel zu schreiben. [...]

10. August (Freitag)

EIN WIDERLICHER TAG

Ich war wieder ein Giftpilz, ein Rumpelstilzchen aus dem Grimm-Märchen.

Was wird aus mir? Werde ich verrückt? Alterswahnsinn?

Alles ärgert mich. Nicht nur die bewusste Fliege an der Wand, sondern auch Fliegen, die noch nicht geschlüpft sind. Ich verbrauche stündlich eine Menge Kraft, mich zusammen zu halten, nicht zu explodieren. Mein geistiger Innenraum ist wie mit Essig gefüllt. Es macht mir Mühe, Fragen, die mir von Hausgenossen gestellt werden, gelassen zu beantworten.

DIE EINZIGE, DIE MIR HELFEN KANN, ist Eva. Sie redet mir zu wie man einem bösartigen Kinde zuredet. Sie analysiert unsere gegenwärtige Familienlage (mit den grossen Söhnen im Haus, die sich der Familiengemeinschaft nicht mehr fügen), sie weiss, dass ich nicht bös und verstockt sein will, sondern dass ich bös' bin, um etwas zu schützen, was noch nicht sichtbar ist, was eines Tages als ein Roman herausgestellt werden wird.

Auch ich begreife, dass es so ist und dass ich trotzdem mein tägliches Leben zur Zeit so giftig dahinbringen muss, das macht mich auf's neue fuchtig.

Immer wieder flüstert's: Da ist ein Ausweg, da ist ein Ausweg. Bring dich um, bring dich um! [...]

[...]

12. August (Sonntag)

JETZT SIND DIE SEEN BESONDERS BLAU

Hier wirkt der Nachmittagsstand der Sonne um diese Jahreszeit. Also, sollte ich mir merken: Um meine Geburtstagszeit sind die Seen besonders blau, der Sternhimmel besonders klar, und es sind die schönsten Schmetterlinge unterwegs, aber der Sommer, der Sommer geht zu Ende.

MIT EVA EINGEHAKT, AUCH UMARMT im Abendgoldrot unterm heraufziehenden Vollmond durch die Torfwiesen spaziert. Wir philosophieren, und Eva teilt mir Gedichte mit. Geküsst. Ein Abend aus unserer Jugendzeit war zurückgekommen, sich nach unserem Befinden zu erkundigen.

[...]

DIESES JAHR BLÜHEN DIE WOLLBLUMEN besonders schön. (Grossblütige Königskerze, grossblütiges Wollkraut)

Weshalb notiert man das? Um zu dokumentieren (vor sich selber?), dass man's nicht übersah?

WENN WIR UNS MORGENS in der Diele begegnen (ich gehe hinaus und Eva in's Bad) teilen wir uns im Telegrammstil mit, wie unsere Nacht war, und was wir träumten. Es ist immerhin fast die Hälfte eines Tages, die wir nicht miteinander verbrachten.

21. August (Dienstag)

ARBEIT

So sollte ein »erfüllter Tag« aussehen: Ich will's festhalten, falls mir diese Ordnung wieder entgleiten sollte:

Freiübungen

Kaninchen füttern

Morgengang mit dem Hund (dabei Diktat der Tagebuchaufzeichnungen)

Frühstück

Niederschreiben der Tagebuchaufzeichnungen

3–5 Briefe schreiben

1–2 Stunden reiten

Kaninchen und Tauben füttern

Mittagsstunde

Arbeit am Roman

Spätnachmittag Arbeit bei den Pferden oder an den Blumen, auch im Garten

Abendbrot

Nachrichten hören

Die Dämmerstunde bis zur völligen Dunkelheit – Schallplattenmusik
Pferde tränken
Abendgang mit dem Hund
Je eine Seite aus dem Englischen und Französischen ins Deutsche übersetzen (Wieder fliessend lesen lernen!)
Bettlektüre nach Lust und Laune. (Im Augenblick die »Odyssee«.)
[...]

30. August (Donnerstag)
[...]

ICH BIN VIEL IN MEINER KINDHEIT und die Erinnerungen sind so stark und zwingend, dass sie mir das Buch aus der Hand drängen, in dem ich lese.

Klänge, Düfte, Halbschatten, das Gehämmer vom Schmiedehans, der seine Werkstatt gegenüber vom Elternhaus hatte, ziehen heran, und der starke Wunsch kommt auf, in die Heimat zu fahren, still und unerkannt durch das Dorf der frühen Kindheit oder durch die Kleinstadt der Gymnasiastenzeit zu gehen, um da und dort einen Winkel, eine Treppenstufe oder den Schatten unter einem Nussbaum wiederzufinden, die die Erinnerung so verstärken, dass einem die damaligen Gefährten leibhaftig entgegentreten.

Mehr als einmal war mir jetzt auch die letzte Zeit, als ob ich weinen sollte, ja weinen müsse, um mich zu erleichtern, wenn ich in Gedanken in jene Zeit, besonders in die Jünglingszeit zurückkehre, die doch eine egoistische Zeit war, in der niemand anders für einen galt als man selber. Rätsel über Rätsel! [...]

2. September (Sonntag)
ZU WELCHEN BETRACHTUNGEN EINEM EIN NIERENSTEIN VERHILFT!
Wenn ein »Anfall« vorüber ist, dringt alles wieder auf einen ein, was man vorher nicht mehr sah: Die Baumblätter vor den Fenstern, die Gräser im Garten, die Blumen unten in den Beeten und oben auf den Fensterbrettern.

Man war in der ZWISCHENWELT des Schmerzes, in der sich nichts konturiert, die alles verschwimmen macht. Man bekommt eine Ahnung von dem, was wir als DA DRÜBEN bezeichnen. Man wird zum Bewohner ZWEIER ZUSTÄNDE und wird sich des Irrtums bewusst, dass man sie vorher als nicht zusammengehörend betrachtete. (Der Sinn dieses Satzes ging mir beim Abschreiben vom Tonband, ein paar Tage später, nicht mehr auf.)

Ich diktiere das, während ich in meiner Arbeitsstube umhergehe, immer im Kreis laufe, viele hundert Male den gleichen Kreis, und während ich mit dieser Gehbewegung und dem Vorwärtsdrängen den Stein beweglich zu machen versuche. Ich bekomme vor Schmerz die Zähne kaum auseinander, um das zu diktieren.

Aber ich will mir beweisen, dass mein Intellekt trotz allem funktioniert, und dass ich mich einigermassen zusammen zu halten vermag.

WENN ICH DIE KURVE NACH MEINEM BETT ZU NEHME, gehe ich an Tolstois Foto vorüber und darunter hängt das Foto von Eva.

Nie wurde mir so bewusst, wie jetzt unter den Schmerzen, dass diese beiden Menschen, der eine nicht mehr in der sichtbaren Welt, der andere mein körperlicher Nachbar,- die beiden Pole sind, die mein Leben einfassen. (Es kann sein, dass die Begriffe POLE ein unstimmiges Bild ergeben.)

Tolstoi, mit dem ich aus dem Instinkt heraus in meinem vierzehnten Lebensjahr Bekanntschaft machte.

Auf der anderen Seite die Dichterin, zu der ich mich an meinen Lebensenttäuschungen hinhangelte. [...]

8. September (Sonnabend)
MIR WAR, ALS GINGE ES NICHT WEITER, und das blieb den halben Vormittag so. Ich fuhr mit Eva ins Dorf zum Einkaufen und ich fühlte, als würde ich über ein kleines einen Punkt erreichen, an dem das Auto mich zu lenken anfangen würde.

Mehrere Konstellationen vereinigten sich, mir das Leben zum Ort des Ekels werden zu lassen.

Da war die Tatsache, dass die antigeistige, antihumane Clique in unserem Politbüro wieder einmal die Oberhand gewann, begünstigt durch eine neostalinistische Phase bei Regierungskräften in der Sowjetunion. Dazu kam meine körperliche Schwäche durch das Nierensteinleiden und der Mangel eines wirklichen Echos bei den Lesern auf den »Wundertäter II«.

Wirklich, es war eine Lebensstelle erreicht, an der kein Lüftchen Zuversicht wehte.

DA ENTSANN ICH MICH (oder wurde ich veranlasst, mich zu entsinnen) auf das, was die Mutter der frühen Kinderjahre, auf das, was die alten Christen BETEN nannten.

Natürlich tat ich's nicht plappernd und mit gespielter Inbrunst, wie man es in sogenannten Gotteshäusern zu sehen bekommt.

Ich habe des öfteren mit einer Art Wissenschaftlichkeit zu ergründen versucht, was BETEN bedeutet, was für ein Vorgang in diesem Begriffe steckt, und ich fand, dass es sich beim rechten BETEN um ein Sich-Hinwenden zur letzten Ursache aller Erscheinungen handelt.

Ich versuchte es damit. Ich erflehte nichts, ich demütigte mich nicht (wie es im Christenvokabular genannt wird). Ich liess mich einfach fallen, gab meinen Willen auf, ignorierte ihn, bis ich sein Gerüttel nicht mehr spürte.

Ich verfolgte, ohne das mindeste Gefühl von Christlichkeit, eine Verhaltensart, die dem Nazarener an einer bestimmten Stelle seines (erfundenen oder stattgehabten) Lebens nachgesagt wird: Aber nicht wie ich will, sondern wie du willst, Herr, o. ä.

BEI MIR HIESS DAS SO: Wenn's eine Wahrheit und ein Gesetz ist, dass jeder Mensch, der hienieden erscheint, seine bestimmte Arbeit zu tun hat, so muss das auch für mich gelten, und es muss für mich und meine Arbeit Raum sein, und es muss ein Loch, einen Fehler, ein Missverhältnis im Gewebe der Welt geben, wenn ich und meine Arbeit ausfallen.

Und es muss für mich und meine Arbeit Raum hier sein, ohne dass ich mich willentlich abmühe, den Raum einzunehmen, der mir zusteht, der mir gesetzmässig zufallen muss. Es ist eitel, nach dem Gefühl zu lechzen, das mir anzeigen kommen soll: Sieh, du wirst im Weltgewebe, wirst von deiner Umwelt, wirst von deinen Mitmenschen gebraucht!

Und ich verhielt mich so, wie es mir richtig erschien, und es wurde mir besser. Arbeitslust stellte sich ein, und ich begann Briefe zu schreiben (mechanisch zunächst), dann mit wachsender Anteilnahme und schliesslich ging ich an meine seit Tagen anstehenden Tagebucheintragungen. [...]

10. September (Montag)

[...]

DER ZWEITE WUNDERTÄTER scheint nun langsam doch Bewegung auszulösen. Die innere Haltung, die sich mir anempfahl, beginnt sich als richtig zu erweisen. Ein Christ würde sagen: Gott hat mein Gebet erhört und tut seine Wunder an mir.

Obwohl sonntags keine Briefpost ausgetragen wird, erhielt ich einen Brief, einen Eilbrief. Das Weiblein von der Kulturredaktion der »Berliner-Illustrierten-Zeitung« hat's mit eins eilig, das Interview mit mir zu machen, das bereits für den Juni vorgesehen war und von dem ich annahm, es wäre mit Absicht oder auf Weisung vergessen worden.

Das andere Wunder: Zur halben Nacht rief der Redakteur (Hilbich) vom Kulturmagazin des FERNSEHENS an und bat mich, vor den Fernsehzuschauern aus dem WUNDERTÄTER II zu lesen.

Mein Verlagsleiter (Dr. Voigt) meldete sich und erklärte, es wäre nötig, dass ich die Jubiläums-Lese-Veranstaltung beim Zentralen Kulturbundklub in Berlin am 27. September übernähme.

Na gut, na gut, aber keine Hoffart, bitte, alter gerüttelter und geschüttelter Mann, der du bist! [...]

12. September (Mittwoch)

[...]

IN CHILE WURDE DIE VOLKSFRONTREGIERUNG von Militärs (die ja meist nahe am Faschismus gebaut haben) gestürzt. Im Hintergrund standen die Geheimdienste der Kapitalisten. In diesem Falle wohl hauptsächlich die von Amerika. Die Lust der Kapitalisten auf die Kupfervorräte bezw. das Geld, das sie darstellen. Vor einem Jahr hatte der Volksfront-Präsident in einer Rede gesagt:

»Den Regierungspalast verlasse ich nur in einem hölzernen Anzug.«

Nun ist's geschehen. Wahrscheinlich brachte man ihn wirklich im Regierungspalast um.

Ein Shakespeare-Drama! Ich frage mich, ob man sich nicht doch an einem solchen Stoff versuchen sollte, oder wird's wirklich erst nach fünfzig oder hundert Jahren der Fall sein?

Man müsste einen solchen Fall (in einem Land wird der Sozialismus auf parlamentarischem Wege zur Staatsform gemacht) versuchen sehr objektiv darzustellen, nur mit einem kleinen Schuss Parteilichkeit, mit jenem Gramm, das die linke Waagschale herunterdrückt. [...]

28. September (Freitag)

[...]

GEDACHT

Die Tiere beissen, forkeln und schlagen sich, um einander von ihrem Machtvermögen zu unterrichten. Das ist üblich, und der Mensch nahm diese primitive Art, seinesgleichen zu überzeugen, mit auf seine Ebene. In der Jugend schlug auch ich mich herum, schlug andere, und sie schlugen mich; nicht viel und nicht oft, aber immerhin ...

Heute möchte ich jedem Schlag nachlaufen und ihn zurückholen, besonders die Schläge, die ich Kindern verabreichte in meiner Unwissenheit.

2. Oktober (Dienstag)

EIN BRIEF VON HERMANN KANT

In einer Art, wie ich sie von ihm nicht erwartet hätte. Endlich äussert er sich freimütig zu unserem Freundschaftsverhältnis und zu meiner Arbeit.

Es scheint sich gelohnt zu haben, immer wieder auf ihn einzugehen und seine Absonderlichkeiten zu ertragen. Wer von uns hat keine, der hebe die Hand! Schon das Handaufheben würde beweisen, dass er zu vorsichtig mit sich umgeht.

6. Oktober (Sonnabend)

[...]

FREUND HERMANN KANT erhielt den Nationalpreis 1. Klasse. Genosse Prof. HAGER bezahlte mit der Höhe dieses Preises die Unterdrückung von Hermanns zweitem Roman IMPRESSUM.

Freilich hatte HAGER den Roman auf Befehl des Diktators U. und seiner Sektiererklique einziehen und einbehalten lassen, und sogleich nach der ENTMACHTUNG des DIKTATORS U. durfte der Roman erscheinen.

Wenn aber dieses IMPRESSUM staatsgefährdend gewesen sein soll, was sind dann BIENKOPP und WUNDERTÄTER II?

Diese Lächerlichkeiten, dieses sich Lächerlichmachen der Partei auf Befehl von ein paar amusischen Sektierern in der Parteispitze, die sonst (und auf ihrem Fachgebiet) ihre Verdienste haben mögen!

Über all unsere Fehler in der Kulturpolitik aber schweigen wir, sobald sie besseren Einsichten wichen. Aber ich werde bei jeder Gelegenheit darüber sprechen.

Das Auto wurde repariert.

10. Oktober (Mittwoch)

[...]

ENDLICH SCHRIEB GALSAN

DER WUNDERTÄTER II scheint ihn beeindruckt zu haben.

Einige Wendungen meines Nachworts für sein Buch, das ich ihm zum Ansehen schickte, erscheinen ihm zu wahr für die mongolischen Parteibürokraten (die wohl augenblicklich die besten PB der Welt sind!).

Galsan würde gern sehen, wenn ich diesen PB mehr schmeicheln würde, damit sein in Deutsch geschriebenes Buch vor ihnen Gnade findet. Abscheulich! [...]

16. Oktober (Dienstag)

ARBEIT

Ich weiss (nach 3 Tagen) schon nicht mehr, was ich arbeitete. Eigentliches (fast) selbstverständlich – nichts, aber jedenfalls gearbeitet.

DANN RITT ICH DEN HENGST. Es regnete, und ich kletterte immer wieder aus dem Sattel und sammelte Pilze, schleimige Butterpilze vor allem.

Durchnässt wie Gras nach dem Landregen kam ich nach Hause und fütterte die Kaninchen. Gerade als ich gehn, die durchnassen Kleider abwerfen [wollte, um] mich unter das warme Wasser aus der Dusche zu stellen, rief die Nachbarin Hoffmann: »HERR STRITTMATTER – BESUCH!«

Es war der Gen. Sladzik, als REITENDER BOTE von der Kulturabteilung des Zentralkomitees. [...] Wir gingen zum neuen Haus hinunter, und er sagte: »Die Sache ist die: Du sollst mit zum Friedenskongress nach Moskau!«

Schnelle Computer-Operationen in meinem Hirn: Sie haben deinen Roman toleriert. Du hast für unsere politischen Verhältnisse viel gesagt und viel gewagt, und sie liessen es hingehen, waren nicht einmal beleidigt, sondern sie nahmen sich sogar noch für ein Lob zusammen. Nun musst du deinerseits – in diesem Falle – guten Willen zeigen!

17. Oktober (Mittwoch)
SO KAM ES, dass [ich] am Vormorgen und bei Dunkelheit nach Berlin fuhr, vor allem, weil ich meinen Reisepass dort liegen hatte. Er wurde für's Visum benötigt.

ICH DACHTE AN MOSKAU, und dass ich es dieses Jahr nun wider Erwarten um eine Jahreszeit wiedersehen werde, in der ich es oft sah.

DIE GENOSSEN DER PARTEIGRUPPE dieser Friedens-Kongress-Delegation treffen sich im Hause des Zentralkomitees. Die Mitarbeiter des ZK gehen umher wie Unteroffiziere und Feldwebel der preussischen Armee. Jeder (von aussen) Kommende ist für sie ein mit den Normen des ZK-Lebens unvertrauter Rekrut. Wir, die freischaffenden Künstler und die Wissenschaftler (besonders die bürgerlich-loyalen) sind für diese ZK-Mitarbeiter Zivilisten. Jeden Augenblick erwartet man, angeschrien oder mit Herablassung und Ironie behandelt zu werden.

Selbst den Genossen NORDEN schützt seine Intelligenz nicht vor undemokratischen Ausfällen. Seine Einweisungen oder

Empfehlungen (wie mans umschreibt) sind zuweilen unkaschierte Befehle.

Ich krieg das kalte Grausen. »Konterrevolution der Gefühle«, sagt Babel. [...]

MIR IST UNBEHAGLICH zumut, wirklich stark unbehaglich! Dass ausser diesen Partei-Offizieren und Feldwebeln ein paar vertrautere Genossen mitreisen, wie STERN, DRINDA oder VERA OELSCHLEGEL, tröstet wenig.

Ich beruhigte mich erst einigermassen, als ich fast eine Stunde mit Eva telefonierte. Ihre liebe Stimme, ihr grosses Verstehen, ihre klugen Ratschläge. [...]

21. Oktober (Sonntag) bis 2. November (Freitag)
NICHT EINGESCHRIEBEN

Ich kam nicht dazu.

Die Verabschiedungszeremonien in Berlin.

Die Reisevorbereitungen.

Eva und die beiden Jungen fuhren mit nach Berlin und blieben die Ferienwoche über dort.

In Moskau war schon gar nicht daran zu denken, kleine Aufzeichnungen zu machen. Reden und Reden anhören, Empfänge und Banquette absolvieren. Müde, müde. Keinen Mittagsschlaf – der längste Nachtschlaf fünf Stunden. Die Nerven durch das Einnehmen von Kaffee und Kaffee in einem ewigen Zittern.

Ein paar Anschriften und Telefonnummern – das war alles, was ich in diesen Tagen schrieb. Schandbar!

Die verschiedenartigen Gespräche. Mehr als hundert neue Bekanntschaften. Das Beobachten spezieller Leute aus unserer Delegation. Die kurzen Besuche bei Moskauer Freunden, die ich dem Kongress ablistete. [...]

Ich werde versuchen, in den nächsten Tagen meinen Aufzeichnungen einige Impressionen vom Kongress beizufügen.

1973

6. November (Dienstag)
NACH SAAROW mit Eva. Auto und Fahrer vom AUFBAU-VERLAG.

Junge Autoren des Verlages werden dort von Zeit zu Zeit für einige Tage zusammengezogen und lesen ihre Erzeugnisse vor und kritisieren einander die MACHWERKE. Lektoren und Autoren, die schon länger für den Verlag schreiben, nehmen teil und setzen Punkte. [...]

WIE VOR FÜNFUNDZWANZIG JAHREN in der Arbeitsgemeinschaft Junger Autoren. Jetzt sitz ich als NESTOR drin [...].

Man hört sich nur an, was so ein verkalkter Autodidakt (wie ich), der konventionell schreibt, zu sagen hat, weil es unumgänglich ist. [...]

10. November (Sonnabend)
[...]
SAKOWSKI [...] Ich hörte ihn (gestern abend) aus seinem neuen Roman lesen. Betrachtungen über den Tod. Genossen sterben einen seligeren Tod. Sie sterben im Bewusstsein ihrer gesellschaftlichen Leistungen. Sie sterben als Helden.

Man hört die willfährigen Kritiker schon: Sakowski gestaltete den parteilichen Tod. Eine Lücke in unserer Literatur wurde geschlossen.

Schmalspur-, Pseudophilosophie. Viel Worte. Aber den Tod zu kennzeichnen heissts wenig und starke Worte setzen.

Jetzt passen sie sich an, die sich über das Sterben von BIENKOPP das Maul zerrissen. Sterben (in der Literatur) ist jetzt parteibehördlich erlaubt.

Letzten Schriftstellerkongress konnten meine Worte (vom Krankenlager) nicht gedruckt werden, weil ich darin (in Zusammenhang mit der Christa Wolfschen Verfemung (»Christa T.«) dem Tod einen Stellenwert auch in der sozialistischen Gesellschaft einräumte. [...]

12. November (Montag) bis 18. November (Sonntag)
EIN SCHRIFTSTELLERKONGRESS ist gewesen. Er hat mich sieben Tage lang gehindert, eine Zeile zu schreiben.

6. November – 3. Dezember

Ein Paradoxon:
Ich werde nach dem Kongress nicht anders schreiben; vielleicht ein wenig besser, aber das wird nicht auf den Kongress zurückzuführen sein. Ich werde (wie es bisher in der Regel nach solchen Kongressen war) zu beweisen haben, dass viele der »Kunstnormen«, die auf diesem Kongress als »unabdingbar« aufgestellt wurden, wenig mit wirklicher Kunst zu tun haben.
[...]
JETZT GEHE ICH IM MORGENDÄMMER durch den Wald am Törn-See. Ein Rehbock springt ab und bellt. Er hat den Birkenhund wahrgenommen. Der Wind geht hoch und hohl, er treibt Regen heran.
NOCH WIRD'S NICHT GELINGEN ganz heimzukehren. Noch eine von Fahrten zerschlissene Woche wird folgen: Mittweida zum Lesen (mit Eva). Zur Hengstkörung nach Bismark. [...]

1. Dezember (Sonnabend)
[...]
Besuch:
Volksgut-Direktor KNÖRK mit seinem Zootechniker aus dem benachbarten Wendefeld. Zootechniker Gütte will auf KNÖRKS Volksgut einen Reitstützpunkt einrichten. Sie sind nach entsprechenden Pferden für die künftige Reitgruppe unterwegs. Ich soll sie beraten.
Wie kann ich das! Ich will's auch nicht.
[...]

3. Dezember (Montag)
[...]
ICH DENKE AN DIES und das, aber alles ist so kraus, dass es sich nicht lohnt, es aufzuschreiben.
Viele »Denkereien« beziehen sich jetzt wieder auf den Roman.

1973

4. Dezember (Dienstag)

[...]

FAHRT NACH HEILIGENDAMM
[...]

In einem Sanatorium alle Verleger der Republik versammelt. Mit ihnen Cheflektoren und Cheflektorinnen. Sie hören eine Woche lang gesellschaftspolitische Vorträge, um für's nächste Jahr funktionsfähig und geschäftstüchtig zu sein.

Die Leute fühlen sich nicht schlecht dabei. Lustigkeit, Witze hin und her. Poussagen. Man ist ohne Ehefrauen gefahren. Die Frauen sind ohne Ehemänner.

Wir lesen. Noch nie haben wir ausschliesslich vor Verlegern und Lektoren gelesen. Eva liest neue Gedichte, ich aus dem Anfang vom WUNDERTÄTER III.

Man will nicht diskutieren, wie es sonst üblich ist, man will mehr hören. Das macht uns ein wenig stolz.

Hinterher entsteht etwas, was man einen Gemütlichen Abend nennt. Wir sitzen mit Goldammer, Ruth Glatzer, Günter Caspar, Leo Kossuth, Fred Rodrian, Höpcke zusammen und besprechen dies und das. Es wird viel gelacht. Ich fühle mich wohl. [...]

5. Dezember (Mittwoch)

[...]

ZU HAUSE wird nicht mehr viel von Arbeit. Herumgelesen, geschlafen. Nachgedacht.

Ich erfuhr von Peter Goldammer in Heiligendamm, dass Helmut Holtzhauer seine letzten Tage (von Krebs befallen) auf der Erde verbringt.

Es war wohl vor zwei Jahren, als er hier bei uns in Schulzenhof sass. Da sah ich ihn das letzte Mal, und ich war ihm böse, war bestürzt über seinen Antisemitismus. Ich hatte ihn überraschenderweise vor Jahren in Moskau auch bei Otto Gotsche festgestellt. Es scheint ein Kennzeichen unverbesserlicher Stalinisten zu sein, dass sie Antisemiten sind.

7. Dezember (Freitag)

ARBEIT

Die gestern geschriebenen 2 Seiten WUNDERTÄTER fertiggemacht. Wenn ich's bedenke, komme ich jetzt auch auf das Pensum: 1 Seite pro Tag, die dann fast fertig ist.

Ganz früher (WUNDERTÄTER I) schrieb ich zehn Seiten am Tag, später fünf (OLE BIENKOPP). Damals sah ich das jedoch statistisch und kalkulierte die Zeit nicht ein, die zum Korrigieren und Ablagern nötig war.

Also dürfte ich wohl auch früher nicht mehr als eine Seite pro Tag geschrieben haben. (Etwas, worüber ich mich im Falle Thomas Mann früher belustigte!)

HERMANN KANT VERUNGLÜCKT

Diese Tatsache beherrscht unseren ganzen Tag, unsere Gespräche, unsere Gedanken.

[...] Erst in drei oder vier Tagen werden die Ärzte wissen (so sagen sie), ob Hermann weiterleben wird.

Er hatte nachts einen Wagen überholt (sportlicher Ehrgeiz oder Eifersucht), der in neunzig Kilometer Stundengeschwindigkeit vor ihm fuhr. (Ein Fahrzeug der Staatssicherheit.)

[...] Meine Gedanken kreisen um den Tod, kreisen und kreisen.

Ich zwinge mich zur Arbeit.

19. Dezember (Mittwoch)

[...]

SEKTIONSSITZUNG in der Akademie. Wieder ging's um das von Hermlin zusammengestellte poetische Lesebuch. Es soll mit dem Luther-Choral »Ein feste Burg ist unser Gott ...« beginnen. Da heulen die Sektierer auf: Religion ist Opium. Sie können nicht über ihren Schatten, sie bleiben Kleingeister, [die] historisch erledigte Phrasen aus sich herauslassen.

Nunmehr wirkt so eine Sektionssitzung gegen eine Sitzung des Schriftstellerverbands-Präsidiums matt und überaltert. Die Greise wollen immerzu reden und etwas aus ihrer Vergangenheit zum besten geben.

1973

Es steht für mich fest, dass ich mit 65 Jahren nicht mehr zu solchen Sitzungen, sondern lieber in den Wald gehen werde. [...]

24. DEZEMBER (Montag)

[...]

Harmonie im Haus

Keine Abnormität in einem deutschen Haus am Weihnachtstage. [...]

ICH SANG MAL WIEDER, sang für Matthes und Jakob in meiner holzenen Stube Weihnachts- und Volkslieder zur Mandola. Meine Stimme ist untrainiert. Ich muss wieder häufiger singen! [...]

31. Dezember (Montag)

GLEICH WIRD EIN NEUES JAHR anfangen. Die Tatsache nur nicht zu einer Zeit- oder Lebenszäsur herauffrisieren. Die Zeiten sind vorbei!

Keinen Tag aus dem sogenannten Jahreswechsel machen, von dem man möchte, dass er einem tief ins Bewusstsein dringt.

EVA UHD ICH trinken je ein halbes Glas Wermutwein und sehen uns (damit auch das nicht zu bedeutsam werde) flüchtig in die Augen.

[...]

OB ICH NICHT von nun an täglich meinen Morgengang mit dem Hund bis ans Ufer des Thörn-Sees mache?

Da hätten wir schon so eine Neujahrszäsur.

Aber es hat was Verlockendes, täglich für einige Minuten am Rand dieses Gewässers zu stehen und zu meditieren, am Rand dieses Erdauges, das von der Eiszeit her in unsere Zeit hinein blickt.

Sagen wir also, wir gehen an den Seerand zum Meditieren, so oft es die Umstände erlauben.

Anhang

Nachwort

Erwin Strittmatter liebte seine Tagebücher, aber manchmal hasste er sie auch. Sie waren seine Geheimwelt, seine innere Existenz, wie Eva Strittmatter es formulierte. Doch sie forderten auch Zeit und Zuwendung, und ein solcher Druck konnte mitunter zur Qual werden. Dieser Zwiespalt begleitete ihn, solange er Tagebuch führte. Ihn auszuhalten war die Konsequenz seines Selbstverständnisses als »Aufschreiber«, als »Lebensprotokollant«.

Wann hat er begonnen, Aufzeichnungen zu machen, Gedachtes festzuhalten, Beobachtungen zu notieren? Eva Strittmatter meinte, seit seiner Kindheit. Davon ist nichts erhalten. Es gibt aber Hefte in seinem Nachlass, in die er als Schüler – außer der Geschichte »Flock« – Versuche literarischer Skizzen und Gedichte eintrug, erste Spuren des anhaltenden Bedürfnisses, sich durch das geschriebene Wort zu fixieren und sich mitzuteilen.

In seinem Nachlass stammen die frühesten, sporadisch geführten Tagesaufzeichnungen aus den dreißiger Jahren (ESA 829). Sie sind handschriftlich auf einzelnen Blättern oder in Heften notiert. Anfang Januar 1931 fasst der Neunzehnjährige den Entschluss, »viel zu studieren und genau Buch darüber zu führen« und »ein selbstständiger Mann mit gefestigtem Charakter« zu werden. Von 1930/31 gibt es ein Heft mit dem Titel »Tagebuch nach der Methode ›Verbuche dein Leben!‹«. Wie dieses Heft enthält auch ein »Statistisches Tagebuch« von 1933 Rubriken, in die Strittmatter Tagesvorgänge notierte, die Spalte »Arbeit« unterteilt in »geistige« und »körperliche«. Er trägt Ein- und Ausgaben ein, empfangene und abgesandte Post, Schlafzeiten, aber auch Bewertungen wie »Tag der positiven Arbeit«, »Tag des Jähzorns und der inneren Wut«, »Tag des Dichtens« oder: »Viel gesungen, sehr leutselig.« Ein Medium der Selbstzensur und der Rechenschaft blieb das Tagebuch für Strittmatter sein Leben lang.

Mit »Tagebuchfragment aus der Zeit im Tierpark DIWA« – also aus dem Jahr 1935 – beschriftete Strittmatter später ein Heft von 13 Seiten mit handschriftlichen Notizen, »Stiller Anfang nach langer Unterbrechung«, wie es zu Beginn heißt. Hier reflektiert er seine Unzufriedenheit mit den Arbeitsbedingungen, seine Wünsche nach einem anderen, selbständigen Leben und die Beziehung zu Waltraud, seiner späteren ersten Ehefrau. Eingebunden darin sind Beobachtungen der Natur und der Tiere, mit denen er zu tun hat. So unterschiedlich die Form seiner weiteren Tagebücher auch ist, das Nebeneinander im Beschreiben von Lebensumständen, Alltagssituationen, Beobachtungen von Menschen und poetischen Betrachtungen der Natur oder Reflexionen über Aufgaben und Sinn des Lebens bleibt erhalten. Eingestreut sind immer wieder literarische Versuche, Ansätze, Entwürfe, Konzeptionen, mitunter auch Gedichte. Gerade diese Mischung aus Realem und Fiktivem, Erlebtem und Erdachtem wird bezeichnend für Strittmatters Tagebücher.

So geben auch die wenigen Aufzeichnungen aus der Kriegszeit mehr oder weniger verschlüsselt bzw. literarisiert Auskünfte über Strittmatters Lebensumstände in dieser Zeit (vgl. dazu Leo, Die Biographie). Erhalten sind Notate, die sich möglicherweise in jenem Paket der Tiroler Freundin Monette Schober befanden, als sie ihm 1971 alles Schriftliche zurückschickte, das er ihr während des Krieges zur Aufbewahrung übergeben hatte (Privatarchiv Jakob Strittmatter). Hier ist wenig über äußeres Geschehen notiert, festgehalten sind vor allem innere Befindlichkeiten, Naturbeobachtungen und literarische Versuche. Einen Ersatz für kontinuierliches Tagebuchschreiben, zu dem wahrscheinlich auch die nötige Zeit fehlte, boten Strittmatter offensichtlich Briefe an seine Familie. In ihnen beschrieb er Tagesereignisse, auch seine militärischen Einsätze, bis solche Mitteilungen offiziell untersagt wurde (vgl. Leo, Die Biographie).

Vom Ende des Krieges stammt ein Heft mit Aufzeichnungen aus der Zeit in Berlin-Spandau, nachdem Strittmatter 1944 von Griechenland dorthin versetzt worden war (Privatarchiv Jakob

Strittmatter). Der Schreiber gibt vor, Auskünfte für die Nachwelt geben zu wollen, damit es »dem oder dem, der Fragen an mich haben sollte leichter sei, sich ein Bild vom Ablauf mancher meiner Stunden zu machen« (24. 8. 1944). Er beschreibt Details seines Alltags, seiner Lebensrealität, dennoch streben diese Eintragungen mehr stilisierte Überhöhung an als die Beschreibung realer Ereignisse, denn der Anspruch ist nicht »die objektive Schau auf das Leben«, sondern »mit jeder ehrlichen Aufzeichnung über das eigentliche Leben« hinauszuwachsen.

In der Nachkriegszeit gewann für Strittmatter das Festhalten von Tagesereignissen zunehmend an Bedeutung. Er beginnt damit als Heimkehrer in Saalfeld und als Gärtner auf dem Obstgut in Gehlen (Juni bis Oktober 1945), wo er den Wechsel der Besatzungsmacht von der US-Army zur Roten Armee erlebt und sich wieder energisch seinem Lebensziel, Schriftsteller zu werden, widmet (Privatarchiv Jakob Strittmatter). Die fragmentarischen Notate setzt er in Bohsdorf fort, zunächst nicht kontinuierlich, wozu ihm als Bäcker, Neubauer, Kleintierzüchter, Amtsvorsteher, Redakteur und Romanschreiber offensichtlich auch die Zeit fehlt. Dennoch: Vom 8. 11. 1945 bis 3. 10. 1946 gibt es chronologische Aufzeichnungen (EAS 182), die sich auf sein neues Leben in Bohsdorf beziehen, wo er im Laden der Eltern den Milchverkauf übernimmt, eine Kleintierhaltung betreibt, Beziehungskonflikte auslöst, Skizzen, Aphorismen und Erzählungen schreibt, die er – meist vergeblich – Zeitungsredaktionen anbietet, und vor allen am »Ochsenkutscher« (zu der Zeit noch »Lope Kleinermann«) arbeitet. Aber die Verzweiflung, nicht genug zum Schreiben zu kommen, sitzt tief: »Mein Lebenswerk hat noch keine Fortschritte gemacht.« Seit Mai 1946 ist Anna Angermann bei ihm, am 20. 8. heiraten sie. Sie besuchen gemeinsam Gottesdienste, und Strittmatter scheint von Annas Gläubigkeit beeindruckt zu sein.

Vom 26. März bis 18. April 1947, mit fünf vorwiegend maschinenschriftlichen Seiten, versucht Strittmatter einen »Neubeginn« seiner Tagesnotate. Er beschreibt sich als »glücklichen« Menschen, wobei das Glück vor allem mit dem Pensum der geschriebenen Romanseiten zusammenhängt und dann mit der geleisteten Arbeit auf dem Feld und der gemeinsam mit Ehefrau Anna betriebenen Hühnerzucht. Er beschäftigt sich mit Literatur, studiert stilistische Techniken. Und wieder die Sorge um den Fortgang seiner schriftstellerischen Arbeit: »Ich lechze nach meinem Werk«. Sein Anspruch: »eine kleine Spur auf dem Erdball« zurückzulassen. (ESA 484).

Weitere Aufzeichnungen notierte Strittmatter verstreut auf Zetteln, in Blöcken unterschiedlicher Größe, teils in Stenografie, teils handschriftlich (ESA 829, 830, 831). Es gibt einige wenige Notizen aus seiner Zeit als Amtsvorsteher und Standesbeamter (wie z. B. ein Zitat von Emerson, das er als Trauspruch auswählte). Anfang der fünfziger Jahre sind es Mitschriften von Versammlungen im Schriftstellerverband oder in der Parteigruppe, Notizen über die Arbeitsgemeinschaft Junger Autoren. Nach dem Erscheinen von »Ochsenkutscher« und seinem Entschluss, als freier Autor zu leben, werden die Aufzeichnungen häufiger und dichter, bleiben aber sporadisch. Im Zeitraum vom 8. 3. 1951 bis 3. 4. 1952 schrieb er mit der Schreibmaschine ca. 150 Seiten »Notizen zwischen den Tagen« – auf den leeren Rückseiten des SED-Pressedienstes von 1949 (ESA 181). Er hat seine Redakteurstätigkeit bei der »Märkischen Volkszeitung« in Senftenberg beendet und lebt wieder bei der Familie in Spremberg. Mitunter liegen Zettel mit handschriftlichen Notizen dabei, die er offensichtlich für die Aufzeichnungen ausgearbeitet hatte. Er schreibt über Diskussionen zum »Ochsenkutscher«, die ihn ärgern, wenn er sie als zu eng und orthodox empfindet, weil z. B. die Figurenzeichnung als nicht parteigetreu kritisiert wird. Der aktuellen »Formalismus«-Diskussion stimmt er prinzipiell zu, obwohl er sich in diesen Auseinandersetzungen unsicher fühlt und eingesteht, die Gegenposition, den sozialistischen Realismus, zwar zu beherrschen, aber nicht erklären zu können. In den Notizen über seine Arbeit als Leiter der Arbeitsgemeinschaft Junger Autoren ist viel von Begegnungen mit anderen Autoren, wie Irma Harder, Charlotte Wasser u. a., die Rede, von literarischen Projekten, eigenen und denen anderer, oft mit Agitprop-Charakter. Er erwähnt seinen ersten Kontakt mit Helene Weigel, die sich von ihm Material für eine Stunde junger Autoren im Berliner Ensemble erbeten und sich begeistert über den »Ochsenkutscher« geäußert hatte. Ein durchgehendes Thema dieser Notizen sind die zunehmenden Konflikte in der Ehe und Schwierigkeiten mit den Kindern, besonders mit denen aus der ersten Ehe, die zwischen ihren Eltern hin und her gerissen sind. Den Typoskriptseiten beigelegt sind handschriftliche Briefe und Mitteilungen seiner Frau Anna.

Am 5. 6. 1952 begann Strittmatter handschriftliche Eintragungen in ein Diarium (ESA 829), dem er das Motto gab: »Wenn ich allein bin«. Er hat sich von der Familie in Spremberg getrennt, lebt mit dem Freund und Autor-Kollegen Boris Djacenko in einer Försterei in Schmalenberg (Mark). Die Entscheidung, ein Diarium zu benutzen, begründet er so: »Von jetzt an wird diese Kladde alle Notizen wahllos enthalten. D. h. also zur alten Methode zurückgekehrt. Notizen in Gruppen-Büchern nicht praktisch. Man hat immer nicht das entsprechende zur Hand. Später vergisst man doch nachzutragen oder trägt erst gar nicht ein, weil ...« (25. 9. 1952).

Von Schmalenberg fuhr Strittmatter bei Bedarf nach Berlin zu Bertolt Brecht ins Berliner Ensemble, um an der Inszenierung von »Katzgraben« mitzuarbeiten und Brechts Wünschen nach Ergänzungen und Umarbeitungen an Ort und Stelle nachzukommen. Von Brecht ist dementsprechend häufig in diesem Tagebuch die Rede, Aussprüche von ihm werden festgehalten. Zwischen Aphorismen, Notizen zu literarischen Einfällen, Skizzen und Naturbetrachtungen ist der andere Schwerpunkt dieses Heftes Eva Braun, seine neue Partnerin und spätere Ehefrau. Sie ist ihm – offensichtlich zum ersten Mal – bei einer Kommissionssitzung des DSV am 5. 2. 1952 aufgefallen (EAS 469). »Der Umgang mit ihr veredelt mich«, schreibt er am 29. 9. 1952. Er bewundert ihre Sicherheit im Urteil, »dem man sich gern beugt«, auch habe sie ihn gelehrt, sich »geschmacklich und in Kunstdingen zu entwickeln«. Sie hat sogar das Privileg, seine Tagebuchnotizen eigenhändig zu ergänzen (so am 9. 1. 1953 bei seiner Schilderung einer Straßenszene). Er fällt tief, als sie schwanger wird, fühlt sich verraten und im Stich gelassen. Noch am Ende des Heftes, am 15. 7. 1953, räsoniert er über den »Mutterdrang des Weibes«, der stärker sei »als seine Liebe zum Mann«.

Über Stalins Tod äußert er sich am 10.3.1953 – im Vergleich zu den pathetischen Gefühlsausbrüchen anderer Zeitgenossen – relativ gelassen: Sein Tod wirke »zunächst lähmend in unserer Welt. Es scheint, als würden unsere Schritte im weiteren Kampf ohne ihn zunächst zögernd und tastend getan«. Dann erzählt er eine Geschichte aus Spremberg, wo eine Bäuerin ihre schwarze Kirchenbluse zerriss, um daraus einen Trauerflor für die Hausfahne am Tag von Stalins Beerdigung zu nähen.

Da Strittmatter keine offizielle Genehmigung für den Zuzug nach Berlin und damit keine Wohnung hatte, lebte er zeitweise bei Brecht und im Künstlerclub »Die Möwe«. Im März 1953 erhielten Eva und Erwin Strittmatter dann die Einweisung für eine gemeinsame Wohnung in der Berliner Stalinallee. Aus dieser Lebensepoche gibt es ein handschriftliches Tagebuch in DIN-A4-Format vom 6.1. bis 16.5.1954 (EAS 204), das von Eva – in schwer lesbarer, verblasster Bleistiftschrift – als »Hauspostille« begonnen wurde, Strittmatter ergänzte es vor allem mit Brecht-Anekdoten, Geschichten aus dem Berliner Ensemble und Menschenbeobachtungen.

Ab Juli 1954 war dann das brandenburgische Schulzenhof der Lebensmittelpunkt der Familie. Seitdem Strittmatter diesen festen Ort hatte, entstanden kontinuierlich Tagebücher, die systematisch geordnet und archiviert wurden. (Eine kurze Zeit, vom 14. bis 25.8.1954, führte Strittmatter zusätzlich noch ein mit der Schreibmaschine getipptes »Schulzenhofer Tagebuch«, ESA 829, doch hielt er diese parallele Art der Aufzeichnungen nicht durch und konzentrierte sich auf die Hefte.) Die neuen Tagebücher nannte er »Groschenhefte«, weil er gern die kleinen blauen DIN-A6-Hefte benutzte, wie sie Schüler für Vokabeln verwendeten. Die Größe blieb immer gleich, es änderte sich nur der Umfang und das äußere Aussehen, weil Strittmatter auch gern in dickere Hefte schrieb mit farbigen Deckeln oder Wachstuchumschlag. Bis zu seinem Tod füllte er ca. 488 solcher »Groschenhefte«, hinzu kamen diverse Sonderhefte zu Reisen, Kongressen, mit literarischen Notizen u.ä. Außerdem richtete er Pferdetagebücher ein, in denen er die Entwicklung seiner Pferde beschrieb,

Nachwort

und Fototagebücher mit eigenen Fotos vom Alltag in Schulzenhof.

Auf den Umschlägen der Hefte notierte er die Daten vom ersten und vom letzten Eintrag. Später kamen Vermerke dazu, wenn er die Hefte für bestimmte Projekte durchgesehen hatte (z. B. »Ausgewertet für Reiterbuch« oder »Nichts für Reiterbuch«, der Arbeitstitel von »Schulzenhofer Kramkalender«). In den ersten Jahren, bis 1958, schrieb er Zitate auf die Heftdeckel, auch eigene Sentenzen wie z. B. auf das Heft vom 19. 12. 1954 bis 22. 1. 1955: »Andauernde Scham wirkt lähmend« – ein Satz, den er 1959 leicht variiert in der Erklärung benutzte, die er für die SED zu seinen Kriegseinsätzen abgab.

Die Form der Eintragungen veränderte sich oft. Die ersten Hefte sind zunächst noch ein Sammelsurium von Notizen (z. T. auch in Stenografie), Adressen, Russischübungen, Listen für den Einkauf, Eintragungen auf der Moskau-Reise, Mitschriften von Tagungen des Schriftstellerverbandes usw. Strittmatter konzentrierte sich dann mehr und mehr darauf, das Substantielle eines Tages festzuhalten. Adressen oder Einkaufslisten schrieb er auf die letzten Heftseiten. Außerdem benutzte er Termin- oder Taschenkalender, in denen er Tagesverpflichtungen notierte. Diese Kalender entlasteten seine Tagebücher, und gleichzeitig konnte er sie als Gedächtnishilfe bei nachzuholenden Tagebucheintragungen nutzen.

Ab 1955 kommt ein wesentlicher Aspekt der Tagebücher hinzu: Strittmatter entwickelte in ihnen seine literarischen Projekte, mitunter noch nicht zweckbestimmt, wie es anfangs mit den Pony-Notizen geschah oder später mit den Kindheitserinnerungen, die teilweise oder modifiziert in die »Nachtigall«-Geschichten bzw. in den »Laden« eingingen. Auch viele Fassungen und Entwürfe späterer Erzählungen und Romane sind in den Tagebüchern festgehalten und vermitteln eine ungefähre Vorstellung von der Arbeitsleistung, die Strittmatter sich abverlangte, bis das Werk in den Druck gehen konnte.

Einige Texte aus den Tagebüchern übernahm Strittmatter direkt für Publikationen, natürlich nicht ohne sie zu bearbeiten, sie literarisch zu feilen, zu kürzen oder zu ergänzen, Namen zu anonymisieren. So entstanden die Bücher »Schulzenhofer Kramkalender«, »3/4hundert Kleingeschichten«, »Wahre Geschichten aller Ard(t)«, »Die Lage in den Lüften«.

Alle diese Tagebücher seit 1954 sind – außer den maschinenschriftlichen Seiten von 1960/61 – mit der Hand geschrieben. In der schönen, gleichmäßigen und klaren Schrift Strittmatters, auf die er stolz war und die er sich in der Schule in mühseligen Exerzitien angeeignet hatte. Warum er statt »ß« konsequent »ss« schrieb, wusste auch Eva Strittmatter nicht. Dass er es aus graphischen Gründen tat, vielleicht um die Schrift fließend zu gestalten, wäre denkbar. Denn das ästhetische Bild der Seiten scheint ihm wichtig gewesen zu sein. Meistens schrieb er alle Worte aus, Abkürzungen sind selten. Auch gibt es kaum Korrekturen, höchstens nachträgliche bei Texten, die er später für Veröffentlichungen vorbereitete. Dieser Arbeitsweg war aber Ausnahme, gewöhnlich schrieb er aus dem Tagebuch ab und bearbeitete die Texte dabei oder danach. Oder er sprach sie auf Tonband und ließ sie abschreiben, um dann erneut zu korrigieren, wieder abzuschreiben bzw. abschreiben zu lassen, um von Neuem daran zu feilen. Es gab auch den umgekehrten Weg, seitdem Strittmatter ein Diktiergerät besaß, das er ständig bei sich trug. So konnte er z. B. beim Reiten und beim Spaziergang sofort Gedanken festhalten und sie später ins Tagebuch übernehmen. In dieser korrekten, bewusst gestalteten Form sind die Tagebücher ein Dokument außergewöhnlicher Disziplin und hoher Selbstansprüche.

Ohne festes Schema für das Einschreiben benutzte Strittmatter zeitweilig Rubriken wie »Tagwerk«, »Stimmungsbild«, »Was ich ohne Fernglas nicht wüsste«, »Gedacht«, »Draußen« u. a. Er hob Stichworte hervor, die er in Großbuchstaben schrieb und/oder mit Unterstreichungen versah. Auch Personennamen behandelte er so. Das half ihm bei der eigenen Orientierung, denn er benutzte die Eintragungen gern selbst als Chronik, schon um Tagesereignisse nicht als »Gedächtnismarter immer und immer weiter im Kopf herumschleppen zu müssen« (31. 10. bis 2. 11. 1970). Aber in erster Linie waren die Notate für ihn Arbeitsmaterial, das mittelbar oder unmittelbar dem Werk zugutekam. Insofern waren sie, zumindest zum größten Teil, von vornherein mit dem Gedanken an eine Publikation verbunden: als integrierte Teile eines Romans, einer größeren Erzählung oder als selbständige Texte. Dafür spricht z. B. auch, wie er Umstände oder Personen, die ihm selbst vertraut sein mussten, Außenstehenden erklärt, oder die mitunter stark betonte Stilisierung einer Textform oder der eigenen Person, was Distanzierung nach außen signalisiert, aber auch ein Sichverstecken möglich macht.

Mitunter kommen Strittmatter Zweifel am Sinn seines Tagebuches: »Wozu eigentlich dieses tägliche Kassabuch? Hat es überhaupt Sinn? Wo steckt der Nutzen?« Gleichzeitig weiß er aber auch die Antwort, denn kurz darauf schaltet sich die Pflicht ein, »die man sich mit dem Tagebuchschreiben selber auferlegt hat« und »stösst einen innerlich« (28. 11. – 14. 12. 1957). Rechenschaft vor und für sich selbst abzulegen ist seit den frühen Tagebüchern bis in die späteren Jahre ein Motiv für das Einschreiben geblieben und vielleicht auch dafür, dem Schreibdrang – »Diese Krankheit! Glücklich, wer sie nicht kennt?« (13. 3. 1968) – ein alltägliches Gesicht zu geben.

In der Regel schrieb Strittmatter morgens unter dem Datum des Vortages ein. Mitunter fasste er auch einige Tage zusammen oder holte die Niederschrift nach. Das Datum des Eintrags ist dann nicht mit dem Tag des beschriebenen Ereignisses identisch. Nur bei allergrößtem Zeitdruck setzte er das Tagebuchschreiben aus. Das geschah während seiner Verbandsfunktion 1959/60 oder wenn ihn die Romanarbeit vollständig in Anspruch nahm. Dann bedauerte er, nicht »in die kleine Heimat meiner Tagebücher« zu kommen (17. 8. 1971). Nicht einmal auf Reisen oder bei Krankheit verzichtete er auf das Tagebuch. Aber die vielen Besucher, die, angemeldet und unangemeldet, in Schulzenhof eintrafen, hielten ihn ab. Andererseits profitierte er auch von den Gästen, denn vieles über die DDR-Realität erfuhr er von ihnen aus erster Hand. Unterbrechungen, wenn auch nur kurzfristig, gab es ebenfalls, wenn die Eltern in Schulzenhof waren, obwohl der Sohn ihnen gern vorführte, was trotz vermeintlicher Skepsis von Vater und Mutter aus ihm geworden war. Und dann die Post, die Berge von Leserbriefen, die Anfragen für Lesungen, Einladungen, Freundesbriefe aus dem In- und Ausland. Sie zu bewältigen,

Antworten zu schreiben, denen sofort neue Briefe folgten, war eine Sisyphosarbeit, über die Strittmatter im Tagebuch des Öfteren stöhnt.

Die »Tagwerk«-Notate geben einen Eindruck von dem, was Strittmatter mit großer Disziplin täglich absolvierte. Das Nebeneinander von körperlicher und geistiger Arbeit war notwendig, es war ihm aber auch recht und »eine Gewähr, dass ich bleib', was ich bin« (27. 2. 1973). Auch die Arbeit mit den Pferden und die Pferdezucht machten ihm Freude, und ausgiebig schreibt er über sie in den Tagebüchern, meist mit der Absicht, nach »Pony Pedro« ein weiteres und anderes »Pferdebuch« daraus zu entwickeln, wozu es nicht kam.

Wenn er außerhalb des Hauses arbeitete, auf der Pferdekoppel, dem Acker oder der Wiese, und wenn er ausritt, spazieren ging: immer war diese herbe Landschaft um ihn, die er so liebte. Für ihn war die Natur Partnerin, nicht Objekt der Betrachtung. Das macht auch das Besondere der poetischen Reflexionen aus, zu denen sie ihn inspirierte. Dabei scheint auf den ersten Blick nicht aufwändig und gezielt an ihnen gefeilt worden zu sein, aber in einem wie flüchtig notierten Satz kann sich Strittmatters komplexe Naturphilosophie in sprachlicher Brillanz verdichten.

»Sobald ich mit meinen Gedanken in dieses Notizheft (oder seine Vorgänger, sicher auch Nachfolger) krieche, fühle ich mich recht eigentlich wohl. In diesen Heftchen versuche ich Kieselsteinchen für Kieselsteinchen, die Welt so aufzubauen, wie sie sich *mir* darstellt. Nicht in jedem Fall gelingts«, schrieb Strittmatter am 21. 9. 1969. Es gibt in den Tagebüchern keinen Anspruch auf Objektivität, sie sind keine historischen Dokumente. Aber sie sind ein persönliches Zeitzeugnis, wenn Strittmatter die Situation in der DDR beschreibt, wie er sie erlebte. Diese Reflexionen sind der Hintergrund seiner eigenen politischen Biographie, die sich in diesen Tagebüchern wie ein Entwicklungsroman liest. In den fünfziger Jahren – als junges Parteimitglied und erfolgreicher Romandebütant – fühlt er sich im vollen Einverständnis mit den Bedingungen der DDR und dem ursprünglichen Programm einer antifaschistisch-demokratischen Ordnung. Dafür engagiert er sich mit agitatorischen Texten und Diskussionen. Besonders interessieren ihn die Vorgänge in der Landwirtschaft und die Kulturpolitik, deren enge Realismusauffassung er zunächst teilt und verteidigt. Eine erste große Erschütterung erhält sein Weltbild mit den Enthüllungen über die Verbrechen Stalins. Aber noch glaubt er an die Möglichkeit von Fehlerkorrekturen. Denn: »Sozialismus – das ist für mich etwas Gutes, etwas, wofür ich mit freudigem Herzen kämpfen will.« (4. 10. 1956) Was ihn stört und aufregt, sind die Leute, die die Beschlüsse der Partei, oder was sie dafür halten, mechanisch ausführen, die Funktionäre aller Couleur, die »Parteikatholiken«, wie er sie nennt. Als er selbst eine Funktion übernimmt und 1. Sekretär des Schriftstellerverbandes wird, will er es besser machen, aber er scheitert mit seinen selbstgesetzten Ansprüchen und bricht in diesem Konflikt gesundheitlich zusammen. Danach zieht er sich zunehmend von öffentlichen Ämtern zurück und wird zum kritischen Beobachter. Ein offener Bruch kommt für ihn nicht in Frage. Er gehört zu jener Generation, die die Gründungsutopie der DDR mitgetragen hatte und sich mit ihr identifizierte, solange es die DDR gab. Seine Enttäuschung und seinen Zorn über die erstarrten Verhältnisse entlädt er in den Tagebüchern. Was er über Sitzungen in der Akademie der Künste oder im Schriftstellerverband schreibt, hat kabarettistische Qualitäten, das macht es ihm leichter, damit umzugehen, ohne aber die weitere Entfremdung aufzuhalten. Die geht bis zur Überlegung, aus der SED auszutreten. Dass er dies nicht tut, ist eine rein pragmatische Entscheidung. Er weiß, dass sich dann der Druck der Partei, den er bei »Ole Bienkopp« und der Geschichte »Die Cholera« schon erlebt hatte, bei weiteren Projekten noch verstärken, Veröffentlichungen und das Arbeiten selbst behindern würde. Er entscheidet sich für das Werk, wie er es in Konfliktsituationen sein Leben lang gemacht hat. Denn das ist, wie er meint, die ihm »vom Leben zugeschobene Aufgabe« (5. 1. 1971).

Parallel zu seiner politischen Distanzierung vollzieht sich die zu Bertolt Brecht. Strittmatter verstand sich nie als dessen »Schüler«, wusste aber die Förderung durch Brecht und seine Anregungen hoch zu schätzen. Je sicherer er sich selbst als Schreibender und Denkender wird, umso kritischer fällt sein Blick auf

Brecht aus. Von der fast schwärmerischen Verehrung bleibt, zumindest in diesen Tagebüchern, nicht viel übrig.

Kritisch bleibt auch Strittmatters Verhältnis zu einigen Autorenkollegen. So offen und hilfsbereit er für junge Schreibende ist, so skeptisch verhält er sich Autoren gegenüber, die er – durchaus pejorativ gemeint – als Intellektuelle bezeichnet. Er, der Autodidakt, der sich ein großes Reservoir an Literaturkenntnis angeeignet hatte, blieb in diesem Punkt immer empfindlich und reagierte dementsprechend. Wenn noch politische Differenzen hinzukommen, wie im Fall von Peter Huchel oder Hans Magnus Enzensberger, fallen seine Urteile besonders krass aus. In den Tagebüchern unverblümter und grober, als es seine Art in der Öffentlichkeit war.

Strittmatter war immer ein notorischer Beobachter und Sammler menschlicher Eigenarten. Die Tagebücher sind voll von solchen Beispielen. Dazu gehört mitunter auch das, was ihm vertraulich erzählt worden war – für Strittmatter vermutlich kein Widerspruch, weil ihm alles als legitimer Rohstoff erschien, was sich literarisch verarbeiten ließ. Wo immer er sich aufhält, ob zu Hause in Schulzenhof, bei den Nachbarn, in Berlin, auf Reisen, auf Veranstaltungen, ständig speichert er Vorgänge, die er später ins »Groschenheft« überträgt. Auf diese Weise kam ein Kompendium skurriler, dramatischer oder alltäglicher Lebensgeschichten zusammen. Meistens gestaltet er sie bereits beim Schreiben, z. B. wenn er Dialoge verwendete. Auch bei den komischsten Geschichten gibt es keine Versuchung, über die Leute zu lachen, man amüsiert sich über die Situation. Mit besonderer Freude beobachtet und beschreibt Strittmatter im Zeitraum dieser Tagebücher seinen Sohn Matthes. Dessen kindliche Phantasie und Kreativität entzücken ihn, und er findet zu diesem Kind einen besonderen Zugang wie zu keinem anderen der älteren Söhne. Etliche der »Matti«-Texte nahm er in die Auswahl seiner publizierten Tagebuchauszüge auf.

In erster Linie richtet Strittmatter aber die Beobachtungen auf das eigene Erleben. Seine Frau Eva ist in besonderem Maße darin einbezogen. Ihr Anteil am Zustandekommen seines Werkes – in vielerlei Facetten – ist enorm, und Strittmatter nimmt ihre Hilfe dankbar in Anspruch. Sie ist die Partnerin, die die literarische Arbeit begleitet und unterstützt, sein »Seismograph«, sein »literarisches Gewissen«. Seinem okkupierenden Anspruch an diese Partnerschaft (»Eva ist ich, und ich bin Eva«, 30. 10. 1955) wird das Alltagsleben mit allen Verpflichtungen und Bedürfnissen untergeordnet, besonders den Kindern gegenüber. Daraus entstehende Konflikte thematisiert Strittmatter im Tagebuch vor allem als Störungen seiner Arbeit. Für Eva Strittmatter werden sie zum Auslöser des eigenen Schreibens: Ihr Zwiespalt zwischen den Bindungen durch die selbst auferlegten Pflichten und dem Drang nach Unabhängigkeit ist ein kontinuierliches Motiv ihrer Gedichte.

Strittmatters kritischer Blick auf sich selbst gilt besonders seiner Unbeherrschtheit, seinem Jähzorn. Die Folgen stürzen ihn oftmals in eine tiefe Depression. Er hat das Bild seines labilen Vaters vor Augen, dem er keinesfalls ähnlich werden will. Und hier ist es immer wieder Eva, die ihn aus der Verzweiflung holt, so wie sie ihm auch aus den Schreibkrisen, aus diesen Abstürzen in schwarze Tiefen, hilft.

Angesichts der tabulosen Offenheit, die Strittmatter in solchen Zusammenhängen praktiziert, fällt die fehlende Reflexion seiner Kriegsvergangenheit auf. Es scheint, als funktioniere deren Verdrängung so perfekt, dass er selbst im Tagebuch (für wen?) die Behauptung wagt, nie einen Schuss abgegeben zu haben (6. 8. 1963). Solche Stilisierung macht einige Selbstaussagen Strittmatters in gewisser Weise doppelbödig, so auch die Reflexionen seines politisch-philosophischen Denkens während und nach der NS-Zeit. Aber wie wohl jeder Tagebuchschreiber vermittelt auch Strittmatter das, was er für seine Wahrheit hält oder halten möchte. Es ist ein Selbstporträt.

Die Tagebücher sieht Strittmatter neben dem literarischen Werk als »eine zweite Spur«, die er hinterlassen will (1. 12. 1972). Für ihn, den manischen Schreiber, zählt nur das festgehaltene Wort: »Einen Tag nicht geschrieben – einen Tag nicht gelebt« (15. 1. 1955). Wirkliche Arbeit ist für ihn »Beobachten, Betrachten, Aufzeichnungen machen, Fabeln erfinden und sie aufzeichnen« (11. 11. 1967). Dies alles kommt in den Tagebüchern zusammen. Deshalb auch konnten sie ihm, unabhängig von allen äußeren Bedingungen, eine Gewissheit vermitteln: »Meine Befriedigung und mein Glück werden darin bestehen, aufzuschreiben, aufgeschrieben zu haben, was ich sehe, fühle und denke. Auf das Quant Glück, das davon ausging, wenn meine Arbeiten gedruckt, vor allem gelesen wurden, lerne ich, bei den Notizen in diesen Groschenheften hier, bereits verzichten« (16. 11. 1969).

Almut Giesecke

Anmerkungen

Folgende Personen-Siglen werden verwendet:
ES   Erwin Strittmatter
EvaS   Eva Strittmatter
Weitere Siglen sind im Abkürzungsverzeichnis angegeben.

7   *[1. Juli 1954]* – Die Eintragungen dieses Heftes sind nicht datiert. Beschriftung auf dem Umschlag: »Notizen//ab 1.VII. 54//bis 18.VIII. 54«. Die hier wiedergegebene Notiz ist die erste des Heftes. Auf der Seite befindet sich senkrecht der Vermerk »Noch 3 DM von Eva«.
Schulzenhof – Zur Gemeinde Dollgow gehörendes Vorwerk. Am 1.6.1954 (»Geschäftstagebuch« 1954, ESA 771) kaufte ES ein Grundstück mit einer Kate, das zum Hauptwohnsitz der Familie wurde; vgl. auch »Ein Grundstück bei Rheinsberg kaufen« in »Geschichten ohne Heimat«. – Als Ortsangabe verwendete ES sowohl Dollgow als auch Schulzenhof.
Fahrradscheine – Vermutl. für den Transport eines Fahrrades mit der Bahn. ES besaß bis 1956 kein Auto. Die Fahrt von Berlin nach Dollgow erfolgte mit der Bahn bis zur Station Köpernitz; von dort gelangten ES und EvaS zu Fuß oder mit dem Fahrrad, später gelegentlich auch mit einem Pferdewagen bis Schulzenhof. – EvaS und ES behielten eine kleine Wohnung in der Berliner Stalinallee 292 (jetzt Frankfurter Allee 22), in der sie sich während ihrer Berlin-Aufenthalte aufhielten.
Hella – Chow-Chow-Hündin, die ES bereits in seiner Spremberger Zeit besaß.
Buckow – Ort in der Märkischen Schweiz; Helene Weigel und Bertolt Brecht hatten hier seit 1952 ein Haus am Scharmützelsee als Sommersitz.
Katzgraben – ESs Stück »Katzgraben« wurde von Brecht mit Manfred Wekwerth am Berliner Ensemble inszeniert; die Premiere fand am 23.5.1953 statt, eine zweite, überarbeitete Aufführung folgte am 12.5.1954.
»Tinko«-Fahnen – Korrekturabzüge des Romans »Tinko«, der vom Berliner Kinderbuchverlag zur Publikation vorbereitet wurde.

8   *Frau Hoffmann* – Gerda Hoffmann, Nachbarin aus Schulzenhof.
    Ensemble – Berliner Ensemble; am 1. 4. 1949 auf Beschluss des ZK der SED als Theater für Bertolt Brecht gegründet, Intendantin: Helene Weigel; zunächst im Deutschen Theater, ab 19. 3. 1954 im Theater am Schiffbauerdamm.
    Volkswahl – Wahl zur Volkskammer der DDR am 17. 10. 1954.
    Ilja – Sohn von EvaS aus ihrer ersten Ehe mit Marco Wernitz, 1965 von ES adoptiert; er lebte zunächst vorwiegend bei Hedwig Braun, der Mutter von EvaS, in Neuruppin (vgl. zweite Anm. zu S. 24).
    Pit – Kater von EvaS.
9   *Der Apfeldieb* – Im Tagebuch erste Notiz zum Projekt des späteren Buches »Pony Pedro«; ab 22. 1. 1955 gibt es zahlreiche Einträge dafür unter dem Stichwort »Pony-Buch«.
    Brandy – Originalname für die literarische Version von Pony Pedro. – ES kaufte das Pferd am 13. 8. 1954 (ESA 829) und erfüllte sich damit einen Wunsch aus der Kindheit und der Jugendzeit.
    Christa – Christa Grytsch; kam als Flüchtlingskind nach Dünamünde bei Neuruppin; Hedwig Braun vermittelte sie 1953 als Haushaltshilfe und Kindermädchen an EvaS; in »Pony Pedro« als das Mädchen Christa dargestellt.
    Rat des Kreises – Staatliche Verwaltungsebene in der DDR; mit der Verwaltungsreform vom 25. 7. 1952 wurden anstelle des Ländersystems 14 Bezirke geschaffen, die in 189 Kreise untergliedert waren.
    Nationalpreisträger-Ausweis – ES erhielt 1953 für »Katzgraben« den Nationalpreis III. Klasse. Das Geld verwendete ES für den Kauf der Kate in Schulzenhof.
10 *meines Bruders* – Heinrich Strittmatter, genannt Heini.
11 *im Flugzeug* – ES flog als Delegierter des DSV zum II. Unionskongress des sowjetischen Schriftstellerverbands (15.–26. 12. 1954) nach Moskau; es war seine erste Flugreise. Zur DDR-Delegation gehörten weiter Anna Seghers, Willi Bredel, Stefan Heym. – ES veröffentlichte »Tagebuchnotizen vom sowjetischen Schriftsteller-Kongress« in »Sinn und Form« 7/1955.
    Stefan Heyms Frau – Gertrude Heym.
    Willi B. – Willi Bredel.
12 *Betriebsgruppen-Sitzung* – SED-Parteigruppe im Berliner Ensemble, der ES angehörte.
13 *16. und 17. Juni 1953* – Nachdem es seit April 1953 in vielen Orten der DDR zu Arbeitsniederlegungen und Demonstrationen gekommen war, streikten am 16. 6. die Bauarbeiter der Ost-Berliner Stalinallee gegen die Erhöhung der Arbeitsnormen, die noch am gleichen Tag zurückgenommen wurden. Am 17. 6. gab es in weiteren Städten der DDR Streiks und Demonstrationen; sie wurden durch sowjetische Panzer und die Verhängung des Ausnahmezu-

standes bis zum 18. 6. niedergeschlagen. – In der NDL 7/1953 wurden Stellungnahmen zu diesen Ereignissen publiziert; im Beitrag von ES, der ursprünglich für das ND geplant war, wurde ein Absatz vor der Veröffentlichung gestrichen, in dem ES die mangelnde Verbundenheit der SED mit den Arbeitern als eine Ursache der Konflikte benannte; vgl. Archiv DSV (131). In einem Leitartikel des ND vom 9. 7. 1953 wurde ES vorgeworfen, »den provokatorischen, faschistischen Charakter der Ereignisse« zu verharmlosen.

13 *17. Juni 1953* – Vgl. vorangehende Anm.
14 *[Ende August 1955]* – Undatierter Eintrag.
    Revolutionäre Situation in Westdeutschland – Vermutl. Bezug auf die Protestbewegung gegen die sogen. Pariser Verträge, die u. a. den Beitritt der BRD in die NATO regelten. Die Proteste richteten sich besonders gegen die damit verbundene Remilitarisierung.
    Jugoslawien – 1948 kam es zwischen der Föderativen Volksdemokratie Jugoslawien und der UdSSR zum Bruch; der von Tito eingeschlagene Kurs der Unabhängigkeit wurde in den Ostblock-Staaten als »revisionistischer Titoismus« verurteilt. – Möglicherweise bezieht sich ES mit dem notierten Stichwort auf den Besuch von Chruschtschow und dem sowj. Ministerpräsidenten Bulganin 1955 in Jugoslawien, der der Wiederannäherung in den politischen Beziehungen dienen sollte.
    Fall Nico Rost – Nachdem Ende 1948 sein Tagebuch aus dem KZ »Goethe in Dachau« im Verlag Volk und Welt erschienen war, folgte eine massive Kampagne gegen Rost, dem »Völkerhass und Rassismus« vorgeworfen wurde. Außerdem gab es Gerüchte um angebliche Spionagetätigkeit und Veruntreuung. 1951 wurde Rost verhaftet und aus der DDR ausgewiesen. Von Holland aus versuchte er vergeblich, den Kontakt zu Autoren der DDR aufrechtzuerhalten.
    Pony Pedro – Gemeint ist das Pony Brandy; vgl. zweite Anm. zu S. 9.
    Knut – Knut Strittmatter, zweiter Sohn von ES aus seiner ersten Ehe. – Nachdem sich ES zur Trennung von seiner zweiten Frau entschlossen hatte, wurden die Söhne aus seiner ersten Ehe, die in seiner zweiten Familie gelebt hatten, in einem Kinderheim in Cottbus untergebracht; 1953 begann Ulf eine Lehre als Geflügelzüchter, folgte kurz darauf seiner Mutter nach Westdeutschland; Knut kam in das Kinderheim Königsheide in Berlin-Johannisthal, 1954 in ein Heim in Treptow, wo er die Oberschule besuchte; ab November lebte er in Schulzenhof und fuhr täglich mit dem Fahrrad zur Oberschule nach Rheinsberg, ab September 1955 bezog er das dortige Internat und war nur noch an den Wochenenden und in den Ferien in Schulzenhof.

14 *Klipper-Klapp* – Pferdewagen, benannt nach dem »Fuhrmannslied« in »Pony Pedro«.
16 *Wir haben uns über acht Tage nicht gesehen* – EvaS hielt sich in der Berliner Wohnung auf; vermutl. hatte sie Besprechungen, u. a. bei der NDL, wo sie Mitglied des Redaktionsbeirates war, außerdem schrieb sie viele Rezensionen für die Zeitschrift.
17 *»Der Ball fand nicht statt«* – Später »Das große Fest« (Fragment, ESA 138).
Abschrift ... für die NDL – In NDL 1/1956 wurde das Anfangskapitel des »Wundertäter« abgedruckt.
»Die Liebe ist hart« – Roman in zwei Erzählungen von Knut Hamsun.
»Empiriokritizismus« – »Materialismus und Empiriokritizismus. Kritische Bemerkungen über eine reaktionäre Philosophie«, Schrift (1908) von Wladimir I. Lenin.
»Der Hauptmann von Köln« – DEFA-Spielfilm (1956); R: Slatan Dudow, DB: Henryk Keisch, Michael Tschesno-Hell, Slatan Dudow.
18 *Rilkes Ausspruch* – Möglicherweise Bezug auf Rilkes Reflexion über die Einsamkeit und ihre bitteren Zeiten: »Aber vielleicht sind das gerade die Stunden, wo die Einsamkeit wächst; denn ihr Wachsen ist schmerzhaft wie das Wachsen der Knaben und traurig wie der Anfang der Frühlinge«; vgl. Rainer Maria Rilke: »Briefe an einen jungen Dichter« (»Rom, am 23. Dezember 1903«), Insel-Bücherei Nr. 406, Wiesbaden: Insel-Verlag 1951.
Preisbegründungen für die Jury – Vermutl. im Zusammenhang mit der im Eintrag vom 27. 10. 1955 erwähnten Jury.
»Stanislaus« – Für »Der Wundertäter« nach der Zentralfigur Stanislaus Büdner.
»Tinko«-Film – DEFA-Film (U: 25. 3. 1957, Szenarium Eva und Erwin Strittmatter, R: Herbert Ballmann) nach dem gleichnamigen Buch von ES.
mit dem ... aus Westdeutschland gekommenen Dramatiker Peter Hacks – Hacks übersiedelte 1955 von München nach Ost-Berlin und arbeitete zunächst am Berliner Ensemble.
19 *Brecht* – Der Eintrag trägt das Datum »10. XII. 55«, steht aber nach hier nicht aufgenommenen Notizen vom 11. und 12. 12. 1955.
zu einer Gesellschaft bei Feuchtwanger – Lion Feuchtwanger lebte von 1941 bis zu seinem Tod in Kalifornien, ab 1943 in der »Villa Aurora« in Santa Monica, wo sich 1941 auch Brecht auf der letzten Station seines Exils niederließ.
Kardinal Paccelli – Eugenio Pacelli, ab 2. 3. 1939 Papst Pius XII.
Paulus – Apostel Paulus.

Anmerkungen

19 *Literaturinstitut in Leipzig* – Am 30. 9. 1955 eröffnetes Institut für Literatur, seit 1959 mit dem Namen »Johannes R. Becher«, dem Ministerium für Kultur unterstellt; erster Leiter: Alfred Kurella.
»Courage« – »Mutter Courage und ihre Kinder«, Stück (1939) von Bertolt Brecht.

20 *Markthalle* – Zentralmarkthalle in der Nähe des Berliner Alexanderplatzes; erbaut 1893, abgerissen 1969. – Unter »17. 12. 55« notierte ES Beobachtungen in der Markthalle.
»Jugend« – Illustrierte Wochenschrift für Kunst und Leben; erschien 1896–1940 in München, wurde prägend für die Kunstrichtung des Jugendstils.
Michel Angelo – Michelangelo; ES behielt in den Tagebüchern diese Schreibweise des Namens bei.
Bohsdorfer – Die Familie von ES in seinem Heimatort Bohsdorf.
die Kinder in Cottbus – Uwe und Thomas Strittmatter, die Söhne aus der zweiten Ehe von ES, die bei ihrer Mutter in Cottbus lebten.
Vortrag für Schriftstellerkongress – IV. Kongress des DSV (9.–14. 1. 1956); ES plädierte in seinem Beitrag für ein komplexes Kunstverständnis; vgl. Archiv DSV (329).
Tagore »Sadhana« – »Sâdhanâ. Der Weg zur Vollendung«; Essay (1921) von Rabindranath Tagore.
»Das grosse Fest« – Vgl. erste Anm. zu S. 17.
»Paul und die Dame Daniel« – Erzählung, EV: Verlag Das Neue Berlin 1956.

21 *»Salka Valka«* – Roman (1931/32) von Halldór Laxness.
»Eulenspiegel« – Satirisches Monatsmagazin in der DDR.

22 *zur Post* – Das öffentliche Telefon befand sich in der Post von Dollgow; ein Telefonanschluss im Haus wurde erst nach einer Dringlichkeitsbestätigung durch den DSV im Herbst 1965 gelegt.
Seine alte Krankheit – Kurt Stern musste sich wiederholt wegen einer Lungenkrankheit behandeln lassen.

23 *Sache Tschesno-Hermlin* – Der Vorgang war weder im Bundesarchiv noch im Archiv des DSV zu ermitteln.
Am Abend Djacenkos bei uns – Boris Djacenko; ES war mit ihm seit Sommer 1952 befreundet; beide wohnten in der Försterei Schmalenberg (Mark). Sie blieben auch danach in engem Kontakt; in die Freundschaft waren auch die Ehefrauen einbezogen. Die Beziehung brach u. a. nach dem negativen Urteil von ES und EvaS zum 2. Teil von Djacenkos Roman »Herz und Asche« ab; vgl. Einträge 13. 2. und 16. 3. 1958.
Schriftstellerkongress – Vgl. sechste Anm. zu S. 20.
mein Roman – »Der Wundertäter«.
zu seiner Mutter – Waltraud Lemke, gesch. Strittmatter, war wieder verheiratet und lebte in Duisburg.

24 *mein kleiner Sohn* – Erwin Strittmatter, gen. Abbes, später Erwin jr., wurde am 25. 6. 1953 geboren.
immer und immer bei ihr – Nachdem Hedwig Braun in Neuruppin 1951 zunächst die Pflege von EvaSs erstem Sohn Ilja übernommen hatte, weil er an Ernährungsstörungen litt, wuchs Sohn Erwin bis Februar 1967 ebenfalls vorwiegend in Neuruppin auf, Matthes und Jakob lebten im Kleinkindalter zeitweise bei der Großmutter; vgl. dazu EvaS in LuL, S. 29 f.
(Organon) – »Kleines Organon für das Theater«; Abhandlung zum epischen Theater (ED: 1949) von Bertolt Brecht.
Film – Vgl. vierte Anm. zu S. 18.
mit seiner Frau – Ursula Hauptmann.
25 »*Schreib das auf, Kisch!*« – »*Schreib das auf, Kisch!* Das Kriegstagebuch« (ED 1930) von Egon Erwin Kisch.
Friedenstagung – Vermutl. das Treffen europäischer Schriftsteller (2.–5. 4. 1954) in Zoute bzw. Brüssel; Teilnehmer waren u. a. neben Brecht Anna Seghers, Elsa Triolet, Konstantin Fedin.
Königin-Mutter – Elisabeth, Mutter von Leopold III.; engagierte sich pazifistisch, reiste entgegen dem Wunsch der belg. Regierung in die UdSSR, nach Polen und China, erhielt deswegen den Spitznamen »Rote Königin«.
MTS – Maschinen-Traktoren-Station; von der »Zentralvereinigung der gegenseitigen Bauernhilfe« (ZVdgB) 1953 geschaffene Einrichtung für die gemeinschaftliche Nutzung landwirtschaftlicher Geräte.
26 *im Bett verbracht* – ES schrieb am Vorabend von einer Herzschwäche.
XX. Parteitag – Der XX. Parteitag der KPdSU (14.–25. 2. 1956) in Moskau proklamierte die Revision der Stalin-Diktatur sowie des Personenkultes und sprach sich für die friedliche Koexistenz beim Kampf um Frieden und Demokratie aus. Die Geheimrede Chruschtschows, in der er die Verbrechen Stalins enthüllte, gelangte erst Wochen später über Polen und Israel in die Öffentlichkeit; vgl. Eintrag 1. 5. 1956.
27 *2. März 56* – Ergänzung hs. über der 1. Zeile: »1 Seite Roman«.
Henrik Bereska – Henryk Bereska.
30 *Spanienkämpfer* – Nach dem nationalistischen Putsch gegen die gewählte republikanische Regierung in Spanien (ab 17. 7. 1936) kam es zum Bürgerkrieg, an dem sich auch viele Freiwillige aus anderen Ländern in den Internationalen Brigaden für die Verteidigung der Republik engagierten. Der Bürgerkrieg endete mit der Niederlage der Republikaner und wurde am 1. 3. 1939 von Franco für beendet erklärt.
Berl. Ensemble – Berliner Ensemble; vgl. zweite Anm. zu S. 8.

Anmerkungen

30 *zusammen nach China* – Die Reise kam nicht zustande.
    Parteikonferenz – 3. Parteikonferenz der SED (24.–30. 3. 1956) in Ost-Berlin. ES nahm als Gast teil.
    Seelenbinder-Halle – Werner-Seelenbinder-Halle; entstand 1950 durch den Umbau eines Teils des alten Zentralvieh- und Schlachthofes als größte Halle in Ost-Berlin für politische und sportliche Veranstaltungen sowie für Konzerte.
31 *W. U.* – Walter Ulbricht.
32 *eine neue menschliche Komödie* – Vermutl. als Pendant zu Dantes »Divina commedia« (Göttliche Komödie) gemeint.
    Wir kauften das Auto – Es war das erste eigene Auto (»Wartburg«) von ES; am 18. 3. 1956 hatte er seine Fahrerlaubnis geholt, die sich noch bei seinen Sachen in der Wohnung in Cottbus befand. – 1936 war ES u. a. auch als Chauffeur tätig; vgl. Eintrag 8. 7. 1966.
33 *Ein Dichter hat auf der Konferenz gesprochen* – Willi Bredel sprach als einziger Schriftsteller auf der 3. Parteikonferenz der SED (vgl. Eintrag 23. 3. 1956); er konstatierte als Folge des Dogmatismus in der Kulturarbeit »Lebensfremdheit, Unsicherheit in politischen und künstlerischen Fragen« bei jungen Schriftstellern; vgl. Protokoll in: SAPMO-BArch DY 30/IV 1/3/1–8, hier Mappe 4 sowie Bulletin Nr. 4.
    Auto-Ausreiseschein – Die DDR-Behörden kontrollierten die Ausreise aus Ost-Berlin ins Umland auf der Basis des Viermächte-Status der Siegermächte des Zweiten Weltkrieges, wonach die vier Sektoren Berlins verwaltungsorganisatorisch als selbständig galten.
34 *»Jugend«* – Vgl. zweite Anm. zu S. 20.
    Charité – Im 18. Jh. gegründetes Krankenhaus; in Ost-Berlin führende medizinische Einrichtung.
    Berta Waterstratt »Die Buntkarierten« – Berta Waterstradt: »Die Buntkarierten« (DEFA-Film 1949), DB: Berta Waterstradt, R: Kurt Maetzig.
35 *am Film gearbeitet* – Vgl. vierte Anm. zu S. 18.
    Umzug – Tradioneller Vorbeimarsch von Belegschaften Berliner Betriebe, Vereinen und Verbänden an der Tribüne mit den Spitzen-Politikern der DDR zum 1. Mai.
    Otto Rohde – Keine Angaben ermittelt.
    Käthe – Käthe Rülicke.
    Geheimbericht über Stalins Misstaten – Vgl. zweite Anm. zu S. 26.
    Heini und Martin – Heinrich und Martin Strittmatter, Brüder von ES.
    Alex – In Berlin übliche Abkürzung für Alexanderplatz.
36 *Igel Popidor* – Vgl. auch EvaS »Der Igel«, Berlin: Der Kinderbuchverlag 1978; mit Illustrationen von Paul Schultz-Liebisch.

37 *unsere Jungen aus Neuruppin* – Ilja und Erwin; vgl. zweite Anm. zu S. 24.
Evas Mutter ... eine gewisse Harmonie – Zwischen ES und Hedwig Braun gab es erhebliche Spannungen; vgl. LuL, S. 29.
an meinen Roman – »Der Wundertäter« (Erster Teil).
Meine Grossmutter – Helene Kulka.
38 *Filmszenarium* – Vgl. vierte Anm. zu S. 18.
39 *W. U.* – Walter Ulbricht.
Popidora – Vgl. Eintrag vom 11. 5. 1956.
40 *»Gefährtinnen der Nacht«* – »Les compagnes de la nuit« (1953), franz. Spielfilm, R: Ralf Habib.
Bobby und Erna – Erna und Erich Reimer, gen. Bobby; ES war mit Reimer seit der gemeinsamen Redakteurszeit in Spremberg befreundet; Reimer hatte sich 1950 erfolgreich für den Abdruck des »Ochsenkutscher« in der »Märkischen Volksstimme« eingesetzt, ES erwähnt in den Tagebüchern diese Hilfe wiederholt.
42 *XX. Parteitag* – Vgl. zweite Anm. zu S. 26.
43 *Film* – Vgl. vierte Anm. zu S. 18.
Irvin Stone »Zur See und im Sattel« – Deutsche Übersetzung der Jack-London-Biographie »Sailor on Horseback« (1938) von Irving Stone.
45 *Rilkes »Requiem für Paula Becker-Modersohn«* – Rainer Maria Rilke: »Requiem für eine Freundin« (1908); das Gedicht bezieht sich auf Paula Modersohn-Becker, die 1907 starb.
47 *Urgrosseltern* – Fritz und Agnes Berner, Großeltern von EvaS, die in Frankendorf bei Neuruppin lebten.
Urlaubstage – Im Tagebuch folgen ausführliche Naturbeobachtungen und Reflexionen während des Urlaubs.
Bei Brecht – In Buckow; vgl. fünfte Anm. zu S. 7.
48 *im jugoslawischen System* – Vgl. dritte Anm. zu S. 14.
50 *Brecht ist tot* – Bertolt Brecht starb am 14. 8. 1956.
Nach dem 7. August – In der Notiz vom 7. 8. 1956 beschreibt ES ein Sommergewitter, dass er zusammen mit EvaS, Boris und Ingeburg Djacenko erlebte.
51 *Brechts Grabrede* – Einen Tag nach der Beerdigung Brechts, auf der keine Reden gehalten wurden, fand am 18. 8. 1956 im Berliner Ensemble eine Trauerfeier statt; ES hielt hier eine Ansprache (»Lieber Brecht«), die in der »Wochenpost« 34/1956 (u. d. T. »Es ist noch immer Zeit, von dir zu lernen«) abgedruckt wurde.
52 *Ullbrichts* – Ulbrichts.
(Gottschee) – Otto Gotsche.
53 *Schirdewan* – Karl Schirdewan war 1953–1957 Mitglied des ZK der SED und des Politbüros der SED; vgl. auch dritte Anm. zu S. 107.

Anmerkungen

54 *Rakosci ... Rakoszi* – Mátyás Rákosi.
Pol.-Büro-Leuten – Mitglieder des Politbüros des ZK der SED.
Evchens Grosseltern – Vgl. erste Anm. zu S. 47.
55 *nach Zernikow* – Hier fanden einige Außenaufnahmen für den Film »Tinko« statt.
56 *Thälmann-Darsteller Simon* – Günther Simon, Hauptdarsteller in den DEFA-Filmen »Ernst Thälmann – Sohn seiner Klasse« (1954) und »Ernst Thälmann – Führer seiner Klasse« (1955), R: Kurt Maetzig. – Simon spielte im »Tinko«-Film die Rolle des Ernst Kraske.
Krasnodemskaja – Ewa Krasnodebska.
Tinko – Im Film dargestellt von Max Reichhoff.
der alte Kraske – Im Roman Großvater von Tinko; Darsteller im Film: Josef Sieber.
57 *Fototagebuch* – Fotos mit kurzen erklärenden Texten von Mai 1956 bis 2. 2. 1957; die Motive beziehen sich auf das Alltagsleben in Schulzenhof (ESA 205).
58 *Anna Seeghers* – Anna Seghers.
59 *Zimmering* – Max Zimmering war als Nachfolger von Eduard Claudius 1956–1958 1. Sekretär des DSV.
Sitzung – Die am 2. 10. 1956 beschlossene Sitzung.
60 *Hengstkörung* – Verfahren zur Auswahl von Zuchthengsten.
62 *in Babelsberg* – Die Filmstudios der DEFA befanden sich in Potsdam-Babelsberg.
SS – Von ES mit Runenzeichen wiedergegeben.
Evchens Grossmutter – Agnes Berner.
63 *Grossvater Berner* – Fritz Berner; er war ohne seine Frau Gast in Schulzenhof.
64 *Die Zellwollfabrik* – Von Oktober 1938 bis Februar 1941 arbeitete ES in der Thüringischen Zellwolle AG Schwarza.
Beulwitz – Vom 1. 9. 1936 bis 1. 6. 1937 arbeitete ES als Angestellter von Hedwig Ruetz auf dem »Edelhof« in Beulwitz; vgl. Einträge 8. – 11. 7. 1966.
Reschwitz-Hühnerfarm, Mauxion-Gut – Vom 1. 11. 1937 bis 31. 5. 1938 arbeitete ES als Geflügelzüchter auf dem Mühlgut Reschwitz, das zur Saalfelder Schokoladenfirma »Mauxion« gehörte.
die Saalwiesen – Nach der ersten Eheschließung lebte ES mit seiner damaligen Familie von 1938 bis 1940 in Saalfeld, Saalwiesen 2.
»Obstgut Gehlen« – Von Juni bis November 1945 war ES als Gärtner auf dem Obstgut Gehlen in Saalfeld angestellt.
65 *Referat* – Vermutl. Bezug auf den Auftrag vom DSV; vgl. Eintrag 19. 10. 1956.
die Ereignisse in Ungarn – Im Oktober 1956 forderten Studenten in Ungarn freie Wahlen, Pressefreiheit u. a.; der sich daraus entwickelnde spontane Aufstand im Land führte zum Fall der Regie-

rung Rákosi, die neue Regierung unter Imre Nagy verkündete am 1. 11. 1956 den Austritt aus dem Warschauer Vertrag und die Neutralität Ungarns. Mit Hilfe der UdSSR übernahm am 4. 11. János Kádár mit einer Gegenregierung die Macht, bis 11. 11. waren die Aufstände im Land durch sowjetische Truppen niedergeschlagen. Während der folgenden Repressalien kam es zu zahlreichen Verhaftungen sowie Verbannungen und zu Todesurteilen. – ES und EvaS befürchteten für die DDR wegen ihrer Westgrenze noch gravierendere Ereignisse als in Ungarn; vgl. LuL, S. 68.

66 *in Boris »Herz und Asche«* – Fortsetzung des 1954 erschienenen Romans »Herz und Asche« von Boris Djacenko.

69 *Verhaftung von Prof. Wolfgang Harich* – Harich wurde am 29. 11. 1956 verhaftet, im März 1957 zu 10 Jahren Zuchthaus verurteilt. Ihm wurde die Bildung einer staatsfeindlichen Gruppe und Kontakte zum Ostbüro der SPD vorgeworfen. Harich hatte ein Programm für die Gründung einer »Plattform für einen besonderen deutschen Weg zum Sozialismus« konzipiert. In Zusammenhang mit Harichs Inhaftierung wurden auch Walter Janka, Gustav Just und Heinz Zöger verhaftet und verurteilt; vgl. dazu Mittenzwei, »Die Intellektuellen«, S. 144–163.
Berianismus – Nach Lawrenti P. Berija, der als Chef der Geheimdienste der UdSSR unter Stalin für die Ausführung des Terrors verantwortlich war.
U. – Walter Ulbricht.

70 *Explosion wie in Ungarn* – Vgl. zweite Anm. zu S. 65.
Herbert N. – Herbert Nachbar.
Walter Janka – Am 6. 12. 1956 wegen des Vorwurfs einer konterrevolutionären Verschwörung verhaftet.
Anna Seeghers – Anna Seghers; sie schrieb am 10. 12. 1956 an Ulbricht (SAPMO–BArch, NY 4182) und bat im Namen ihrer »Genossen Schriftsteller« um eine Unterredung, die vermutl. am 17. 12. stattfand; vgl. Seghers, Briefe 2, S. 381.

71 *Nachbar Füllster* – Willi Fülster, Nachbar in Schulzenhof. ES schrieb den Namen durchgängig mit Doppel-l.

72 *»Literaturnaja Gazeta«* – Literaturnaja gaseta; sowjet. Literaturzeitschrift.

76 *Brechts-Galilei-Aufführung, die … Engel fortsetzte* – Premiere von Brechts Stück »Das Leben des Galilei« mit Ernst Busch in der Hauptrolle am 15. 1. 1957; Erich Engel führte die von Brecht begonnene Inszenierung nach dessen Tod fort.

77 *P. W.* – Paul Wandel; 1953–1957 Sekretär für Kultur und Erziehung des ZK der SED.
nur zwei Funktionen – ES hatte sich bereits in einem Brief an den Vorstand (23. 10. 1956) darüber beschwert, dass ihm in jeder Prä-

sidiumssitzung vorgeworfen würde, »nichts« getan zu haben; er verwies auf seine Roman-Arbeit und kündigte an, vor ihrer Beendigung keine Sitzungen mehr zu besuchen; vgl. Archiv DSV 373.
77 *Dritter Sitzungstag* – Wahl des Vorstands des DSV.
Loest ... vor seinem dritten Parteiverfahren – Erich Loest wurde wegen seiner oppositionellen Haltung, u. a. auch wegen seiner Mitarbeit am Leipziger Kabarett »Die Pfeffermühle«, im November 1957 aus der SED ausgeschlossen, verhaftet und zu 7½ Jahren Zuchthaus verurteilt; 1964 auf Bewährung entlassen.
Partei-Bezirks-Sekretär – Paul Fröhlich.
78 *Sitzung der Parteigruppe* – Im Berliner Ensemble.
Der Artikel – ES schrieb für die »Wochenpost« eine Reportage über das Brecht-Archiv: »Besuch bei Brecht heute«; in: »Wochenpost«, 4 (1957) 15, S. 10 f. In »Wochenpost«, 5 (1958) 32, S. 10 f., erschien auch Strittmatters Bericht »Gesellenjahre bei Brecht«.
Johannisthal – Einige Produktionsstätten der DEFA, u. a. die Synchronisationsabteilung, befanden sich auf dem ehemaligen Tobis-Gelände in Berlin-Johannisthal.
»Tinko«-Film – Vgl. vierte Anm. zu S. 18.
79 *Edith Rimkus* – Edith Rimkus-Beseler, seit Anfang der 1950er Jahre mit ES und mit EvaS befreundet; allein oder mit ihrem Mann Horst Beseler und mit ihren Kindern war sie häufig zu Besuch in Schulzenhof und fotografierte dort. – ES schrieb Texte zu ihrem Fotobuch »Erntesommer«, Dresden: Sachsenverlag 1954.
80 *Augsburger Theaterkritiken* – Brecht schrieb Ende 1919 bis Anfang 1920 Theaterkritiken für die Augsburger Tageszeitung »Volkswille«; ES las vermutl. den Band Bertolt Brecht: »Schriften zum Theater«, hrsg. von Peter Unseld, Frankfurt a. M. 1957.
81 *Verfilmung von »Katzgraben«* – Aufgenommen wurde eine Aufführung von »Katzgraben« in der Inszenierung von Bertolt Brecht (1953); Regie für den Film Max Jaab, Manfred Wekwerth.
»Psalm unserer Tage« – ES schrieb nach eigenen Angaben (Eintrag vom 28. 12. 1957) den Text 1955; er wurde u. d. T. »Handzettel für einige Nachbarn« in der Weihnachtsausgabe 1957 im ND veröffentlicht. – Die Veranstaltung gehörte zur propagandistischen Vorbereitung der Volkskammerwahl am 23. 6. 1957.
Begräbnis in Weimar – Louis Fürnberg war am 23. 6. 1957 in Weimar gestorben.
82 *Nach Pretzsch* – Vom 15. 4. 1931 bis 15. 4. 1932 war ES Bäckerlehrling bei Karl Knötzsch in Pretzsch; er schloss die Lehre mit der Gesellenprüfung ab.
»Königin Eberhardine von Pretzsch« – Christiane Eberhardine von Brandenburg-Bayern; sie lebte zurückgezogen in ihrem Schloss in Pretzsch, wo sie auch starb.

83 *mit unserem »Wartburg«* – Vgl. zweite Anm. zu S. 32. – »Wartburg«: ab 1956 im VEB Automobilwerk Eisenach hergestellter Pkw-Typ.
84 *der Janka-Prozess* – Die Verhandlungen gegen Walter Janka fanden in einem Schauprozess (23.–26. 7. 1957) statt; er wurde zu fünf Jahren Zuchthaus verurteilt; vgl. erste Anm. zu S. 69 und dritte Anm. zu S. 70.
Umsturz-Ideen – Nach dem XX. Parteitag der KPdSU (vgl. zweite Anm. zu S. 26) und den Ereignissen in Ungarn (vgl. zweite Anm. zu S. 65) gab es in der DDR intensive Diskussionen über mögliche Reformen zur Demokratisierung, sie fanden u. a. im Donnerstag-Club des Aufbau-Verlages statt und wurden in den Prozessen gegen Harich und Janka diesen als leitenden Mitarbeitern des Verlages in besonderer Weise angelastet. – Nach persönlichen Mitteilungen von EvaS hatte Janka sie aufgefordert, ES zu überreden, einen Artikel in der »Wochenpost« zu veröffentlichen, in dem er Ulbricht massiv kritisieren und damit das Signal zum Sturz der Regierung geben sollte; vgl. auch LuL, S. 67 f.
die abgesetzte Molotow-Guppe – In den internen Machtkämpfen der sowj. Führung verlor Molotow alle Partei- und Staatsämter und wurde als Botschafter in die Mongolei abgeschoben.
85 *Nachbarssohn* – Manfred Fülster.
86 *Alfred Kantorowiez* – Alfred Kantorowicz; entzog sich im August 1957 einer drohenden Verhaftung durch Flucht nach West-Berlin.
»Ochsenkutscher« ... *Besprechung* – Alfred Kantorwicz: »Der Roman eines jungen Erzählers«, in: »Tägliche Rundschau«, 31. 1. 1951. Kantorowicz wertete den Roman als »Bewährungsprobe einer sehr kräftigen schöpferischen Begabung, die mit diesem Erstlingswerk sich einreiht unter den zeitgenössischen deutschen Schriftstellern von Geltung«.
»Tagesspiegel« – »Der Tagesspiegel«, 1945 mit amerikanischer Lizenz in Berlin und Brandenburg vertriebene Tageszeitung, ab 1948 nur in West-Berlin.
W. U. – Walter Ulbricht.
88 *»Wochenpost«* – Seit 1953 auflagenstärkste Wochenzeitung der DDR. Am 16. 8. notierte ES den Besuch von Herbert Bergner, einem Mitglied der Chefredaktion der »Wochenpost«, der die Absage für den bereits zugesagten Abdruck vom »Wundertäter« überbrachte, da der Roman für Fortsetzungen nicht geeignet sei. EvaS verlangte daraufhin Schadenersatz.
Boris – Boris Djacenko; vgl. zweite Anm. zu S. 23.
89 *»Bockums Höllenfahrt«* – Nicht ermittelt.
W. U. – Walter Ulbricht.

89 *Schuld Jankas* – Vgl. zweite Anm. zu S. 84.
90 *Pilzeverschieben* – Um den illegalen Verkauf von Waren in West-Berlin zu verhindern, wurden in den Zügen nach Berlin Kontrollen durchgeführt.
kinderkrank – EvaS war mit Matthes schwanger.
Fahnen – Abzüge der für den Druck vorbereiteten Seiten.
Idee zum Genossenschaftsroman – Erste Erwähnung eines Projektes, aus dem der Roman »Ole Bienkopp« entstand.
91 *der zweite Sputnik mit einem Hund* – Nach dem ersten sowjetischen Satelliten (gen. »Sputnik«) auf der Erdumlaufbahn (4. 10. 1957) wurde von der UdSSR am 3. 11. 1957 ein zweiter mit der Hündin Laika gestartet.
Voliere – Im Mai 1956 hatte ES eine Voliere für die Vögel und Kleintiere gebaut.
Der Rundfunk kommt – ES hatte eine Sendereihe an vier Sonntagen für Radio DDR (Redaktion Landwirtschaft) übernommen. Die Sendung hieß »Sonntägliche Dorfrunde«; ES las aus Romanen und aus seinen Tagebüchern.
92 *40. Jahrestag der Oktoberrevolution* – Am 7. 11. 1917 (nach dem Julianischen Kalender 25. 10.) verkündete Lenin in Petrograd den Sturz der Provisorischen Regierung, nachdem dort am Tag zuvor ein von der Roten Arbeitergarde geführter Aufstand begonnen hatte.
Plan eines Romans über das Genossenschaftsproblem – Vgl. vierte Anm. zu S. 90.
Stück über den Kirchenkampf – Nicht realisiert.
94 *Sendehaus Oberschöneweide* – Der Rundfunk der DDR hatte seit 1956 seinen Hauptsitz in der Nalepastraße in Berlin-Oberschöneweide. – Lesungen von ES aus neuen Werken wurden seitdem zu einer traditionellen Weihnachtssendung im Rundfunk.
»Katzgraben«-Film – Vgl. erste Anm. zu S. 81.
95 *Die Wassers* – Arthur und Charlotte Wasser; mit EvaS und ES in den 1950er Jahren befreundet.
eine kurze Zeit des Liberalismus – Als Folge des XX. Parteitages (vgl. zweite Anm. zu S. 26) entwickelte sich nach der Wiederwahl von Gomułka zum Generalsekretär der PVAP in Polen ein relativ selbständiger Kurs (»polnischer Oktober«), zu dem die Lockerung der Kollektivierung von Agrarbetrieben gehörte, die Bildung von Arbeiterräten und Reformen in der Partei und in der Verwaltung. Ab Mitte der 1960er Jahre gab es erneut Spannungen in der Beziehung zur katholischen Kirche und in der Kultur. Im Zusammenhang mit dem sogen. Sechstagekrieg Israels (vgl. dritte Anm. zu S. 286) setzte eine massive antisemitische Propaganda ein, der Repressalien gegen Künstler und Intellektuelle folgten. 1970 führ-

ten Preiserhöhungen von Lebensmitteln zu Unruhen in den Werft- und Industriezentren, die mit Militäreinsatz niedergeschlagen wurden.

95 *der kleine Köhler ... Tochter* – Erich Köhler und Tochter Renate aus Dollgow.

97 *LPG-Vors.* – Ewald Walther, Vorsitzender der LPG »Frohe Zukunft« in Dollgow.

98 *Freund Bobby* – Erich Reimer; vgl. zweite Anm. zu S. 40.

99 *Hoffmanns* – Hans und Gerda Hoffmann, Nachbarn aus Schulzenhof.
Frau Hundt – Pauline Hundt, Nachbarin aus Schulzenhof.
Emil – Emil Schmidt.
Günter Caspar ... eine gute Kritik – »Von einem, der lange unterwegs ist. Zu Erwin Strittmatters Roman ›Der Wundertäter‹« in: »Sonntag«, 1/1958, S. 3.

100 *im »Guten Menschen von Sezuan«* – »Der gute Mensch von Sezuan«, Stück (U: 1943) von Bertolt Brecht; R: Benno Besson, mit Käthe Reichel, Ekkehard Schall u. a.
Dritter Konferenztag – Landwirtschaftskonferenz (24.–26. 1. 1958) in Güstrow mit 1300 Delegierten (Angabe nach ES im Tagebuch).
Erich-Weinert-Ensemble – Künstlerensemble der Nationalen Volksarmee der DDR; benannt nach dem Schriftsteller Erich Weinert.

101 *»Traktorenwäsche«* – Gereimter Text im Agitprop-Stil, vertont von Alexander Ott, mit Noten veröffentlicht in: »Landjugend«, Zeitschrift des Zentralrates der FDJ für die werktätige Jugend in der Landwirtschaft, 1 (1953) 10; vermutl. wurde das Lied bei der Veranstaltung in Güstrow von einem Chor gesungen.
Stacheltierfilm – Vgl. Eintrag 17. 1. 1958; ES und Evas schrieben das Szenarium »Darf der das denn?« (ESA 141/1).

102 *Roman von Boris Djacenko* – »Herz und Asche«, 2. Teil; vgl. zweite Anm. zu S. 23 und Anm. zu S. 66. Der Roman hatte das Ende des Zweiten Weltkrieges zum Thema und schilderte u. a. den Einmarsch der Roten Armee in Deutschland und in dem Zusammenhang die Vergewaltigung einer deutschen Frau durch sowjetische Soldaten, ein Tabu-Thema in der DDR, dessen Folgen ES selbst beim Widerstand gegen die Veröffentlichung seines »Wundertäter« III 1979/80 erlebte.
»Berl. Illustr.« – »Neue Berliner Illustrierte«, Wochenzeitschrift (gegründet 1945).
Dudinzew im Ausland – »Der Mensch lebt nicht vom Brot allein«, Roman von Wladimir D. Dudinzew; der Roman wurde in der Monatszeitschrift »Nowy mir« (Neue Welt) von August bis Okto-

ber 1956 abgedruckt, danach stark kritisiert, im westlichen Ausland ab 1957 in großen Auflagen veröffentlicht.
102 *(Pasternak in Italien.)* – »Doktor Schiwago«, Roman von Boris L. Pasternak, erschien erstmals bei Feltrinelli Editore in Mailand in ital. Übersetzung, in der UdSSR erst 1987.
Chefredakteur der Berl. Illustr. – Rudolf Reinhardt, Chefredakteur der »Neuen Berliner Illustrierten«.
Druckerlaubnis – Die gesamte Buchproduktion der DDR benötigte zur Veröffentlichung eine Druckgenehmigung, die vor allem ideologische Zensur bedeutete. Seit 1946 war dafür zunächst der Kulturelle Beirat für das Verlagswesen zuständig, 1951 das Amt für Literatur- und Verlagswesen, seit 1956 das Ministerium für Kultur; 1963 wurde für dieses Genehmigungsverfahren die Hauptverwaltung Verlage und Buchhandel im Kulturministerium geschaffen.
103 *Nun will uns unsere Christa endgültig verlassen* – Christa Grytsch wollte eine Ausbildung als Heimerzieherin beginnen.
Die Fahnen von Boris Djacenkos Roman – Nach dem Ausdruck der Korrekturseiten von »Herz und Asche« II wurde die Buchherstellung abgebrochen. Ein handgebundenes Exemplar der Korrekturfahnen befindet sich im Archiv der AdK (Autographensammlung Literatur/Djacenko, 170).
104 *Brief an Boris* – ES wiederholte sinngemäß seine im Tagebuch genannten Vorbehalte und sprach von seiner Enttäuschung; vgl. ESA 508; auch Werner Liersch: »Unerwünschte Vergewaltigungen«, in: »Berliner Zeitung«, 25. 1. 2003.
105 *Christa ... wieder da* – Vgl. erste Anm. zu S. 103; sie blieb bis Sommer 1959 in Schulzenhof.
den neuen Wohnungsplan – Nicht realisiert, dagegen wurde das Haus in Schulzenhof ausgebaut, vgl. Einträge vom 11. 9. 1958 sowie [Ende 1960] und erste Anm. zu S. 150.
die neue Frau Völkel – Seit Februar 1958 kurzfristige Haushaltshilfe in Schulzenhof.
106 *Das Kükengepiepse* – Am Vortag war eine Lieferung von Küken eingetroffen, von denen viele wegen der anhaltenden Kälte starben.
107 *Katzgraben 1958* – Als Spiel für das Erich-Weinert-Ensemble (vgl. dritte Anm. zu S. 100) geschrieben, es sollte mit einem Auszug aus »Katzgraben« gespielt werden; vgl. »Katzgraben. Szenen aus dem Bauernleben. Mit einem Nachspiel Katzgraben 1958« (Die Reihe 7), Berlin: Aufbau-Verlag 1958.
aus dem grossen Stück – Aus »Katzgraben«; ES nannte den Auszug »Katzgraben 1948«.
Schirdewan-Wollweber – Karl Schirdewan (vgl. Anm. zu S. 53) und Ernst Wollweber, Leiter des Ministeriums für Staatssicher-

Anhang

heit; sie wurden im Februar 1958 wegen angeblicher »Fraktionstätigkeit« aus dem ZK der SED ausgeschlossen.

109 *zwei meiner Söhne* – Uwe und Thomas Strittmatter, Söhne aus der zweiten Ehe.
Eine ehemalige Frau – Anna Strittmatter.
Die kleinen Kerle – Die Kinder Ilja und Erwin.

110 *»Katzgraben 58« beendet* – Vgl. erste Anm. zu S. 107.
das Bühnenstück – »Die Holländerbraut«.
Fahrtvorbereitungen – Zur Delegation der Reise nach Ungarn gehörten u. a. Helmut Hauptmann, Hans Koch und Willi Bredel. – ES verfasste ausführliche Notizen im Tagebuch über Besuche und Veranstaltungen; vgl. Eintrag 12. 5. 1958.
Friedensfahrer – Amateurradrennfahrer bei der Internationalen Friedensfahrt, die ab 1948 zunächst durch Polen und die ČSR, seit 1952 auch durch die DDR führte.

111 *Tochter-Bauch* – Vgl. zweite Anm. zu S. 90; ES wünschte sich eine Tochter.
Vorstandssitzung ... Reisebericht – Die Teilnehmer der Delegation gaben im DSV einen ausführlichen Bericht; vgl. »Besuch bei den Budapester Schriftstellern« (ESA 141).
Fernsehfunk – Nach einem Versuchsprogramm (seit 1952) wurde im Januar 1956 das offizielle Programm des Deutschen Fernsehfunks (DFF) gestartet, 1972 umbenannt in Fernsehen der DDR.

112 *Frankreich ... Generalstreik* – Vermutl. Bezug auf die Ereignisse nach dem Putsch in Algerien, in deren Verlauf Charles de Gaulle an Macht gewann.
Verbesserung der Lebenshaltung – Ab 29. 5. 1958 wurden in der DDR die Lebensmittelkarten abgeschafft und der freie Einkauf ermöglicht; als Ausgleich für damit verbundene höhere Preise wurden für niedrige Gehälter Zuschläge gezahlt und Monatseinkommen unter 380,– DM erhöht; weiter wurden staatliche Finanzzuschläge für Kinder sowie für Geburten beschlossen.
Der Vorsitzende der LPG – Ewald Walther.
Theoretische Konferenz – Konferenz des DSV (5.–8. 6. 1958) zu Problemen des sozialistischen Realismus in der Literatur.

113 *der längsten öffentlichen Rede meines bisherigen Lebens* – ES wandte sich scharf gegen »naive Vereinfacher« in der Kritik an der Gesellschaftsentwicklung, die entsprechende »Fehlersuche« wäre überholt, es ginge nun darum, die Identität zwischen den Forderungen der Partei und den Wünschen der Bevölkerung wahrzunehmen, und er bekannte sich zu der »Notwendigkeit«, »gewissen liberalen Tendenzen«, die sich eingeschlichen hätten, »Einhalt zu gebieten« (DSV 353).

113 *Die Sterns* – Jeanne und Kurt Stern. – Am 8. 6. 1958 notierte ES, dass eine Aussprache zwischen ihm und Sterns »klare Fronten« geschaffen habe.
Der ... Opa in Frankendorf – Fritz Berner.
114 *17. Juni von 1953* – Vgl. erste Anm. zu S. 13.
115 *Die Schwiegermutter* – Hedwig Braun.
116 *Fragebogen ausfüllen* – Fragebogen der SED, von ES ausgefüllt und unterschrieben am 9. 7. 1958, in: SAPMO-BArch, Kaderakte SED Erwin Strittmatter DY 30/IV 2/11/v. 5185. – Die Frage nach seiner Truppenzugehörigkeit im Zweiten Weltkrieg beantwortete er mit der Angabe des Polizei-Bataillons 325 und der Bildstelle der Ordnungspolizei in Berlin-Spandau, als Rang nannte er Oberwachtmeister. Nach besonderen Einsätzen (z. B. gegen Partisanen) befragt, gab er an: »Griechenland, Ägäische Inseln«. Im hs. Lebenslauf vom 10. 7. 1958 wiederholte er diese Angaben. – Diese Befragungen wurden vermutl. im Zusammenhang mit dem beabsichtigten Einsatz von ES als 1. Sekretär des DSV durchgeführt, von dem ES, zumindest offiziell, noch nichts wusste.
Parteitag – V. Parteitag der SED (10.–16. 7. 1958); ES nahm als Gast teil.
Ein Pferdetagebuch eingerichtet – Pferde-Tagebuch, 2 Bde. ab »Ende Juli 1958« bis 20. 10. 1993 (ESA 848); ES führte eine Chronik über seine Pferdezucht, über die Entwicklung und das Verhalten einzelner Tiere usw.
Ein Buchenwald Lied – Pathetischer Text in Jamben, Tagebuchheft 9. 8.–26. 8. 1958. – Buchenwald: 1937 bis April 1945 NS-»Schutzhaftlager« bei Weimar, größtes KZ in Deutschland, in dem etwa 56 500 Menschen umkamen.
Zeichnungen für das Pony-Buch – Das Buch »Pony Pedro« erschien mit Illustrationen von Hans Baltzer im Kinderbuchverlag, Berlin 1959.
Rekonvaleszenz – ES litt seit 30. 7. an einem fiebrigen Infekt.
117 *endgültige Fabel für das Stück* – »Holländerbraut«.
Bennos Frau Yva – Iva Besson.
Ilja adoptieren – Vgl. vierte Anm. zu S. 8.
das Gartenhäuschen – Seit Juli arbeite ES am Fundament eines zusätzlichen Häuschens im Garten, in dem er ungestört schreiben wollte, es war allerdings nicht beheizbar und hatte kein elektrisches Licht; vgl. Einträge 16. 9. 1958, 25. 8. 1970.
118 *Irma Harder* – ES lernte sie 1951 bei einem Seminar des DSV für junge Autoren in Berlin kennen. Harder führte nach dem Tod ihres Mannes seit 1946 einen Bauernhof, begann Theaterstücke für eine Laiengruppe zu schreiben und war ab 1956 freie Autorin. Sie

war öfter zu Besuch in Schulzenhof und betreute dort auch die Kinder, wenn ES und EvaS auf Reisen waren.

118 »*Der Araber und sein Pferd*« – Vermutl. gleichnamiges Buch von Carl R. Raswan, Stuttgart 1930.

Faulenzerei – Am 14. 8. hatte ES Geburtstag.

119 *Novellen-Kapitel* – ES schrieb zunächst als Vorarbeit für »Die Holländerbraut« parallel Prosafassungen als Roman und als Novelle; vgl. ESA 72 bzw. 69.

Das sind ... Fünf Sheties – Zugunsten der Verständlichkeit wurden hier Wortumstellungen vorgenommen.

120 *Lehrstelle* – 1958/59 absolvierte Knut St. eine Lehre zum Facharbeiter für Acker- und Pflanzenbau im VEG Wentow, Kreis Gransee.

121 *bei der Oma* – Zusammen mit Ilja und Erwin bei Hedwig Braun in Neuruppin.

Dorfbarbier – Otto Mews, Friseur in Dollgow. ES notierte im Tagebuch einige seiner Geschichten, vgl. auch Eintrag 5. 4. 1962.

122 *zwei Genossen vom Ministerium des Innern* – Das Treffen zwischen ES und den MfS-Mitarbeitern Paroch und Voigt wurde in deren Aktenvermerk vom 18. 9. 1958 als erste inoffizielle Kontaktaufnahme zwischen ES und dem MfS beschrieben, in deren Folge ES als Geheimer Informator (GI) angeworben werden sollte. In der MfS-Personalakte von ES sind Kontakte bis 1961 verzeichnet, die das Ziel hatten, »Informationen über die Lage im Führungsgremium des DSV, der Situation unter namhaften Schriftstellern zu erarbeiten und mit Hilfe des Ansehens und des Einflusses des GI die politisch-operative Lage unter diesen Persönlichkeitskreisen zu verändern« (»Abschlußbericht« vom 20. 7. 1964, in: BStU, Personalakte MfS AIM 11 000/64). Die Zusammenarbeit wurde schließlich mit dem Hinweis aufgegeben, dass sich ES von der Verbandsarbeit zurückgezogen habe und Instruktionen von der Partei erhalte (ebd.). Bis auf dieses erste Gespräch sind in den Tagebüchern keine weiteren Kontakte zum MfS erwähnt. – Im MfS-Bericht wird als Vorwand des Treffens Fragen zu Heinrich Knolles Republikflucht angegeben (ebd.).

Heinrich Knolle nach dem Westen – Knolle (Ps. Peter Jokostra) kehrte nach seiner Entlassung aus der brit. Kriegsgefangenschaft zunächst in seine Heimatstadt Spremberg zurück, wo er als Lehrer und Kulturreferent des Kulturbundes arbeitete; zu der Zeit und später als Lehrer in Chemnitz war er mit ES befreundet. Nach der Veröffentlichung seines Gedichtbandes »An der besonnten Mauer« 1958 wurde er der Dekadenz bezichtigt; auch ES distanzierte sich in einem Brief an Jokostra (11. 6. 1958, ESA 509) von dessen Lyrik. Jokostra flüchtete in die BRD, wo er scharfe Polemiken gegen Schriftsteller der DDR, u. a. gegen ES, veröffentlichte; vgl. Eintrag vom 19. 12. 1958 sowie zweite Anm. zu S. 157 und LuL, S. 77.

123 *Tag der Republik* – Am 7. 10. 1949 wurde die DDR gegründet.
Beitrag für die PRAWDA – »Prawda« (russ.: Wahrheit), seit 1917 bis 1996 Organ der KPdSU; ES schloss den Artikel am 28. 9. 1958 ab, er wurde auch in der NDL (11/1958) veröffentlicht.
Der neue Mensch – Schlagwort in der ideologischen Propaganda der DDR, bezog sich auf das Ideal einer von sozialistischen Verhältnissen geprägten humanistischen Persönlichkeit und wurde für die künstlerische Gestaltung als Vorbildfigur gefordert. – ES berichtet in seinem Text »Der neue Mensch« (vgl. vorangehende Anm.) von Verhaltensweisen, die er im Alltag beobachtet hatte und die er als Anzeichen dafür wertete, dass »da ein neuer Mensch in unserem Sinne heranwächst«.
Wahlkommission – Zur Vorbereitung der Volkskammerwahl am 16. 11. 1958. ES nahm ab 29. 9. an drei Sitzungen in verschiedenen Gremien zum gleichen Thema teil.

124 *am Sarge Bechers* – Johannes R. Becher war am 11. 10. 1958 gestorben.

125 *Fahrt durch die Republik* – Vom 20. bis 30 10. 1958 absolvierte ES eine Lesereise durch Thüringen und Sachsen, EvaS begleitete ihn. – Zuvor besuchten sie ESs Eltern in Bohsdorf.

126 *geschf.* – Abkürzung von ES für »geschäftsführend«.
Fall Pasternak – 1958 wurde Boris L. Pasternak der Nobelpreis für Literatur zugesprochen, den er aus Furcht vor der Verweigerung seiner Wiedereinreise und einer Ausbürgerung nicht persönlich entgegennahm; er wurde unter dem Vorwurf des Landesverrats aus dem SV der UdSSR ausgeschlossen.
Fall Lucacs – Nach der Niederschlagung der Aufstände in Ungarn (vgl. zweite Anm. zu S. 65) wurde Georg Lukács, der Mitglied der Regierung Nagy war, nach Rumänien verbannt und hatte bis Mitte der 1960er Jahre Lehr- und Publikationsverbot.
Anna S. – Anna Seghers.
Resolution – Die Resolution gegen die Verleihung des Nobelpreises an Pasternak wurde im Namen des Präsidiums des DSV von der Vorsitzenden Anna Seghers sowie von Jurij Brězan, Hermann Kant, Fritz Selbmann, Max Walter Schulz und Erwin Strittmatter unterschrieben.
Ein Funktionär ... vom Atomkraftwerk – Vermutl. ein Mitarbeiter vom Vorbereitungsteam für das Kernkraftwerk bei Rheinsberg, das 1956 beschlossen worden war; nach der Erschließung der Infrastruktur wurde 1960 mit dem Bau begonnen. Das Werk war 1966–1990 in Betrieb.

Anhang

126 *Imma* – Imma Lüning, später verh. Besson. Ihr Vorname ist eine Abkürzung von Immaculata.
mein Stück – Benno Besson inszenierte »Die Holländerbraut« am Deutschen Theater, Berlin; die Premiere fand am 6. 10. 1960 im Berliner Ensemble statt, da das Deutsche Theater von 1959 bis 1962 umfassend rekonstruiert wurde. Käthe Reichel spielte die Titelrolle.

127 *Jeanne ... ins Kunstseidenwerk* – Jeanne Stern interessierte sich für die Produktionsbedingungen, unter denen vor allem Frauen arbeiteten, sie folgte damit der kulturpolitischen Forderung an die Künstler, sich mit dem Leben der sogen. Werktätigen vertraut zu machen, und arbeitete drei Monate im Kunstseidendenwerk »Friedrich Engels« in Premnitz.
Parteigr. beim Berl. Ensemble – Parteigruppe beim Berliner Ensemble; vgl. Anm. zu S. 12.
die Chrustschow-Rede – Nikita Chruschtschow kündigte am 10. 11. 1958 den Vier-Mächte-Status für Berlin und forderte eine entmilitarisierte Freistadt West-Berlin sowie den Abzug aller Truppen innerhalb von sechs Monaten, ultimativ drohte er mit der Übergabe der Zufahrtskontrollen an die DDR, lenkte aber nach der Ablehnung durch die Westmächte ein. Die sogen. Berlin-Krise, in der die UdSSR einen Friedensvertrag mit Deutschland und die Neutralität von West-Berlin forderte, die Westmächte dagegen einen gestuften Friedensplan und freie Wahlen, erzeugte internationale Spannungen und gipfelte in den Grenzbefestigungen der DDR ab 13. 8. 1961.
Das Potsdamer Abkommen – Verabschiedet auf der Potsdamer Konferenz (17. 7.–2. 8. 1945), auf der die drei Hauptsiegermächte des Zweiten Weltkrieges (USA, England, UdSSR) u. a. die Aufteilung Deutschlands in Besatzungszonen sowie die gemeinsame Besetzung und Verwaltung Berlins regelten.
Der Spiegel – Monatlich erscheinendes Nachrichtenmagazin; in der Nachkriegszeit erstmals am 4. 1. 1946 in Hamburg (brit. Besatzungszone). – Der Artikel zu ESs »Wundertäter« erschien in der Ausgabe vom 12. 11. 1958.
(Lemmersche Kontakte!) – Ernst Lemmer war Mitbegründer der CDU in der SBZ, lebte seit 1949 in West-Berlin und gründete die Exil-CDU als Interessenvertreterin der Ost-CDU; 1957–1962 Minister für Gesamtdeutsche Fragen.

128 *Hausversammlung* – Vor allem in den 1950er Jahren häufige Form politischer Einbindung der Bevölkerung; für die Agitation wurden vor allem SED-Mitglieder herangezogen.
Kandidaten der Nationalen Front – Die zu wählenden Delegierten für die Volkskammer der DDR standen auf einer Einheitsliste als sogen. Kandidaten der Nationalen Front.

128 *stellvertr. Kulturminister* – Der Minister für Kultur Alexander Abusch hatte drei Stellvertreter: Erich Wendt, Karl Hagemann und Hans Pischner. Wer von ihnen an der Film-Abnahme teilnahm, konnte nicht ermittelt werden.
129 *Arbeit am Roman* – Vorarbeit für »Die Holländerbraut«; vgl. erste Anm. zu S. 119.
Shirley ... – Bezug nicht ermittelt.
»hard-boiled« – In der Kulturpolitik der DDR wurde zu der Zeit eine scharfe Diskussion zur sogen. »harten Schreibweise« geführt, weil sich diese am amerikanischen »hard boiled style« bzw. an Autoren wie Ernest Hemingway und Norman Mailer orientiere. Sie galt als Ausdruck einer feindlichen, revisionistischen Ideologie. – Auf der Theoretischen Konferenz der SED (vgl. vierte Anm. zu S. 112) unterstützte ES mit seiner Forderung nach Bekämpfung »gewisser liberaler Tendenzen« die offiziellen Positionen. In seiner ersten Vorstandssitzung als 1. Sekretär des DSV (23. 2. 1959) forderte er die strikte Abgrenzung gegenüber »objektivistischer und dekadenter Schreibanmaßung« und kritisierte Verlage, die »Dekadenzliteratur« verbreiteten (ESA 138/7). In diesem Zusammenhang wurde während einer Veranstaltung des Vorstandes und des Berliner Bezirksverbandes des DSV (11. 6. 1959) u. a. ein unfertiges Romanmanuskript von Siegfried Pitschmann als Beispiel für die »harte Schreibweise« kritisiert (vgl. -ski. in: »Berliner Zeitung«, 26. 6. 1959); Brigitte Reimann bezog sich in ihrer Tagebuch-Notiz vom 22. 6. 1959 auf diese Veranstaltung und bezeichnete die Diskussion über die »harte Schreibweise« als »eine fixe Idee von Strittmatter«; vgl. Reimann, Tagebücher 1955–1963, S. 116 f. – ES revidierte später seine Einschätzung Hemingways und dessen literarischer Methode; vgl. bes. Eintrag 3. 6. 1964.
130 *unser Häuschen im kommenden Sommer auszubauen* – Dieser Plan wurde nicht realisiert.
Die Wahlen in Westberlin – Bei der Wahl zum Abgeordnetenhaus von West-Berlin erhielt die SED 1,9 % der Stimmen (1954 2,7 %), die absolute Mehrheit errang die SPD mit Willy Brandt; ihr Wahlkampf stand unter dem Motto »Berlin bleibt frei«.
131 *Heinrich Knolle hat ... einen widerlichen Hetzartikel ... geschrieben* – Peter Jokostra: »Schriftsteller in der ›DDR‹«, in: »Deutsche Fragen. Informationen und Fragen aus der Zone des Unrechts«, hrsg. vom Untersuchungsausschuss Freiheitlicher Juristen, 4 (1958) 11, S. 11–13.
»Mann ist Mann« – Stück (UA 1926) von Bertolt Brecht.
132 *unsere Ponys ... eingefangen* – Vgl. die Erzählung »Ponyweihnacht«.
133 *schöne Märchen und einen guten Kinderfilm* – EvaS schrieb neben ihren Rezensionen und Gutachten auch Texte für Kinder; ihre

erste Veröffentlichung war »Vom Kater, der ein Mensch werden sollte«, mit Illustrationen von Hans Baltzer, Berlin: Der Kinderbuchverlag 1960.

134 *Michael Tschesno* – Michael Tschesno-Hell; in der SED-Kaderakte von ES befindet sich eine Aktennotiz (6. 6. 1974) mit einer telefonischen Information vom Sekretär der SED-Bezirksleitung, Konrad Naumann, an die Kaderabteilung des ZK, wonach Tschesno-Hell gegenüber Naumann die Vermutung geäußert habe, dass die persönlichen Angaben von ES sowie zwei weiteren Autoren gefälscht sein könnten. Vermutl. ging es dabei um ESs Kriegszeit, denn es folgen in der Akte Vergleiche entsprechender Angaben von ES in den Parteiunterlagen mit denen im Schriftsteller-Lexikon, wobei Abweichungen unkommentiert blieben. Vgl. SAPMO-BArch Kaderakte Erwin Strittmatter DY 30/IV 2/11/v. 5185.

137 *Ich gebe zu bedenken* – Außer diesen psychischen Aspekten nannte ES später als weitere Belastung für die künftige Funktion seine Zugehörigkeit zu einem NS-Polizeibataillon, die »immer eine willkommene Angriffsfläche bieten« würde, »ganz abgesehen von den eigenen Hemmungen«; vgl. ES: »Nachtrag zu meinem Fragebogen. Erläuterungen zu meinem Militärverhältnis« vom 11. 5. 1959, in: SAPMO-BArch, Kaderakte Erwin Strittmatter, a. a. O.

139 *W. V.* – Walther Victor.

»Das Schwitzbad« – Satirisches Stück von Wladimir Majakowski (UA 1930 in Moskau, danach verboten). Die Aufführung in der Ost-Berliner Volksbühne (R: Nikolai Petrow) mit Musik von Hanns Eisler wurde nach der Premiere abgesetzt.

140 *zum 70. Geburtstag* – Helene Strittmatter war am 7. 2. 1889 geboren worden.

141 *Nach anderthalb Jahren wieder Tagebuch* – Die Eintragungen von 1959 enden mit Notizen vom 7.–9. 2. und dem Datum vom 10. 2. ohne Eintrag. Die in der vorliegenden Edition folgenden Tagebuch-Auszüge sind einer Klemm-Mappe entnommen, in der ES vor allem Tagesnotizen, aber auch Briefe und Entwürfe für Erzählungen sammelte. Im Unterschied zu den sonst verwendeten DIN-A6-Heften sind diese Notizen ms. mit Ausnahme der im Krankenhaus hs. geschriebenen. Die Mappe hat ein aufgeklebtes Etikett mit dem gezeichneten Kürzel »T«.

die Übernahme der Funktion – ES war seit Februar 1959 1. Sekretär des DSV; am 20. 5. erfolgte die Billigung seines Einsatzes durch das ZK der SED.

Kulturabteilung – Abteilung des ZK der SED.

142 *Mahlow* – Vom 9. bis 29. 7. 1960 war ES im Krankenhaus in Mahlow. Die Notizen aus dieser Zeit sind hs und auf DIN-A4-Blättern aufgeklebt. – Mahlow: Gemeinde südlich von Berlin.

Anmerkungen

142 *DIES KÖNNTE ... DÜRFEN* – Mit verschiedenfarbigen Stiften (blau, rot, grün) geschrieben.
Mein »Marokkanisches Pferd« – Angaben dazu nicht ermittelt.
mein kleiner Junge – Sohn Matthes.

144 *nicht mehr Sekretär ... sein zu müssen* – Die endgültige Entbindung von der Funktion erfolgte auf dem V. Kongress des DSV im Mai 1961; vgl. Eintrag vom 1.6.1961. Nachfolger von ES wurde Otto Braun.
Artur – Arthur Wohlgemuth.

145 *Proben zur HOLLÄNDERBRAUT unter Benno Besson* – Vgl. achte Anm. zu S. 126.
Tag der Republik – Vgl. erste Anm. zu S. 123.
ENTENSUCHE – Arbeitstitel für »Ole Bienkopp«.

147 *Der ehemalige LPG-Vorsitzende* – Ewald Walter.
ich wünschte ihre Dummheiten ... mit abzudrucken – Vgl. »Die Holländerbraut. Schauspiel in fünf Akten«, Berlin: Aufbau-Verlag 1961 (Reihe 58); auf der Cover-Rückseite sind Zitate aus Rezensionen zum Stück von Henryk Keisch (ND) und Walther Pollatschek (»Berliner Zeitung«) wiedergegeben.

148 *ENTENSUCHE* – Vgl. dritte Anm. zu S. 145.

149 *KONGRESS DER SCHRIFTSTELLER* – Der V. Kongress des DSV (25.–27.5.1961); ES sprach am 25.5.
Meine Sekretärszeit ist nun auch offiziell erledigt – Vgl. erste Anm. zu S. 144.
Unliebsame Auseinandersetzungen mit Hermlin – Bezug in den veröffentlichten Diskussionsbeiträgen nicht ermittelt; vgl. »V. Deutscher Schriftstellerkongress«, hrsg. vom DSV, Berlin: Aufbau-Verlag 1961. Vgl. aber Leo, Die Biographie.

150 *Richtfest* – Gebaut wurde ein Pferdestall mit Scheune und im Obergeschoss ein separates Appartement für ES.
[1. bis 15. Oktober 1961] – Die folgenden Tagebuch-Auszüge sind wieder den DIN-A6-Heften mit hs. Eintragungen entnommen. Das Heft (»1.–15. Okt. 1961«) enthält undatierte Notizen zur Arbeit in Schulzenhof, zu Proben der »Holländerbraut« in Neustrelitz und Potsdam, zur Diskussion um das Stück im Kultursaal der Berliner Stadtreinigung sowie zur Arbeit am Roman, ab hier unter dem Titel »Ole Bienkopp«. – Zur Schließung der Grenzen gegenüber West-Berlin (der sogen. Berliner Mauer) seit 13.8.1961 existieren keine Tagebuchaufzeichnungen. Ein kurzes Statement von ES veröffentlichte das ND im Zusammenhang mit den Stellungnahmen vieler Schriftsteller; ES begrüßte hier die Beendigung des Aufkaufs von Konsumartikeln durch West-Berliner und verwies auf die Notwendigkeit eines Friedensvertrages (ND, 20.8.1961). Vgl. Anm. zu S. 350 und seine Argumentation zur Mauer gegenüber Günter Grass.

Anhang

150 »*Jedes Prinzip ist tödlich.*« – ES schließt diesem Zitat seine Kritik am Bühnenbild der »Holländerbraut« in Potsdam (vgl. fünfte Anm.) an, das »mit seinen ›Prinzipien‹« den Text dominiere.
Eine solche »Ehrung« wie gestern – ES hatte den Lessingpreis erhalten. – Der Lessingpreis wurde vom Ministerium für Kultur für Verdienste um das Theater- und Kunstschaffen in der DDR verliehen.
Premiere Holländerbraut in Potsdam – In der Inszenierung von Gerhard Meyer am Hans-Otto-Theater, Potsdam; Premiere am 7. 10. 1961.
Meine alte Wirkungsstätte – ES gehörte seit 1950 dem Landesvorstand des DSV Brandenburg (Sitz Potsdam) an und war Leiter der Arbeitsgruppe »Junge Autoren«.
Bobby R. und seine Erna – Erich und Erna Reimer.

151 *[25. Oktober bis 13. November 1961]* – Pauschale Datierung auf dem Heftumschlag: »25. Okt. bis 13. Nov. 1961«, keine Datierung der Tageseinträge. In besonders umfangreichen Heften wie diesem nummerierte ES die Seiten und verwies bei Unterbrechungen einer Eintragung auf die Fortsetzungsseite. – Aus dem zeitlich vorangehenden Heft mit der Aufschrift »16. – 24. OKTOBER 1961«, das nicht vollständig beschrieben ist, sind keine Notizen übernommen.
der neue Stall – Vgl. erste Anm. zu S. 150.
Gen. Götte – Genosse Götte; Horst Götte war Direktor des Volksgutes Klein Kreuz.

152 *Die drei Jungen* – Ilja, Erwin, Matthes.
MATTI – Erlebnisse mit seinem Sohn Matthes notierte ES besonders häufig.

153 *dass ich nicht Geschonneck bin* – ES und der Schauspieler Erwin Geschonneck wurden oftmals verwechselt; vgl. ES: »Geschonneck und ich«, in: »Schulzenhofer Kramkalender«.
»AUFRUHR DES GEWISSENS« – »Gewissen in Aufruhr«, Fernsehfilm (1961), R: Hans-Joachim Kasprzik.
[14. November bis 3. Dezember 1961] – Pauschale Datierung auf dem Heftumschlag: »14. Nov. 1961 bis 3. Dez. 1961«.
1. Sitzung für Büste bei Prof. Cremer – Nach zwei weiteren Tagebuch-Notizen (23. 11. 1961, 25. 10. 1962) wird das Porträt-Projekt in den Tagebüchern nicht mehr erwähnt. Weder im ESA noch im Nachlass von Fritz Cremer, soweit er sich im Archiv der AdK befindet, lassen sich Hinweise zum Fortgang der Arbeit ermitteln. Allerdings notierte ES in den Tagebuchheften vom 3. 2. bis 24. 3. 1963 auf den letzten Seiten unter den Stichworten für Erledigungen in Berlin den Namen Cremer, was auf weitere Besuche schließen lässt.
Inge, Gerhard – Inge und Gerhard Holtz-Baumert. ES kannte Gerhard Holtz-Baumert, der seit 1959 Sekretär für Nachwuchsarbeit

war, bereits durch den DSV, später waren beide im Vorstand des Verbandes; die Familien waren befreundet. 1962 richteten sich Holtz-Baumerts in Hammelstall, in der Nähe von Schulzenhof, ein Feriendomizil ein. ES brach die intensiven freundschaftlichen Beziehungen Mitte der siebziger Jahre ab, als bekannt wurde, dass Gerhard Holtz-Baumert für das MfS tätig war (vgl. auch Sicherungsbereich Literatur).

153 *im Zirkus* – ES besuchte gern Zirkusveranstaltungen; 1932 und 1934 hatte er sich beim »Cirkus Krone« um eine Anstellung beworben, wurde aber abgelehnt.

XXII. Parteitag der KPdSU – 17.–31. 10. 1961 in Moskau; mit dem neuen Parteiprogramm wurde der seit dem XX. Parteitag der KPdSU eingeschlagene Kurs der Entstalinisierung bestätigt; der Leichnam Stalins wurde aus dem Lenin-Mausoleum entfernt und an der Kreml-Mauer bestattet.

Stalin-Denkmal an der Sporthalle – 4,80 m hohe Statue Stalins von Grigori Postnikow, am 3. 8. 1951 enthüllt, in der Nacht vom 13. zum 14. 11. 1961 abmontiert. Der Standort war gegenüber der Deutschen Sporthalle, die 1951 eingeweiht, 1958 geschlossen, 1971 abgerissen wurde.

Stalin-Allee – Die Stalinallee wurde ab 13. 11. 1961 umbenannt in Karl-Marx-Allee (vom Alexanderplatz bis Frankfurter Tor) und in Frankfurter Allee.

154 *Internationales Schriftstellertreffen* – Auf dem Treffen von Delegationen aus vier Ländern (ČSSR, Polen, UdSSR, DDR) 20.–25. 11. 1961 in Ost-Berlin wurde ein Appell verabschiedet (»An die Schriftsteller der Welt«), der zum Abschluss eines Friedensvertrages mit beiden deutschen Staaten und zur Regelung der West-Berlin-Frage aufrief.

einen »familiären« Satz der Anna Seghers – Im Appell vermutl. der auf »Schutzmaßnahmen der DDR« folgende Nebensatz: »die für manche Berliner Unbequemlichkeiten und auch menschliche Härten enthalten« (ASA 610). – Obwohl Seghers in öffentlichen Stellungnahmen zur Berliner Mauer die offizielle Argumentation der DDR benutzte, in der auf eine aktuelle Kriegsgefahr hingewiesen wurde, bestand sie darauf, dass auch die menschlichen Konflikte durch die Grenze angesprochen würden (vgl. SAPMO-BArch, DY30/23063).

Bus- und Bettag – Buß- und Bettag; Feiertag der evangelischen Kirche; als arbeitsfreier Tag in der DDR im Zusammenhang mit der Einführung der 5-Tage-Arbeitswoche 1967 abgeschafft.

ZK-Plenum – 14. Plenum des ZK der SED 23.–26. 11. 1961. – Während alle anderen Notizen undatiert sind, schrieb ES vor dieser Eintragung »23. 11.«.

Zweite Sitzung bei Cremer – Vgl. vierte Anm. zu S. 153.

154 *eine Gruppe junger Maler* – In der DAK lief seit 15. 9. 1961 eine Ausstellung »Junge Künstler«, die Fritz Cremer initiiert hatte; er wurde für diese Ausstellung ideologisch angegriffen.
Mahnmal für Mauthausen – Fritz Cremer arbeitete seit 1961 an der Bronzeskulptur »O Deutschland, bleiche Mutter«, sie wurde 1965 als Mahnmal für das KZ Mauthausen errichtet.
155 *XXII. Parteitag* – Vgl. siebente Anm. zu S. 153.
Bruno Skodowski – ES hatte ihn 1957 auf der Tagung »Schriftsteller hinein in die Landwirtschaft« kennengelernt. Skodowski war Funktionär in der Landwirtschaftsabteilung im ZK der SED, seit 1958 Staatssekretär und 1. Stellvertreter des Ministers für Landwirtschaft. Von ihm erfuhr ES über Vorgänge in der Landwirtschaftspolitik, er schätzte ihn als Geschichtenerzähler und ermunterte ihn zum Schreiben. – Der Geschichte »Die Cholera« lag ein Bericht von Skodowski zugrunde; vgl. fünfte Anm. zu S. 286.
Frau ... Tochter – Maria (Mike) und Carmen Skodowski.
156 *[4. bis 23. Dezember 1961]* – Pauschale Datierung auf dem Heftumschlag: »4. – 23. Dez. 1961«.
Lesestunde im Rundfunk – Vgl. erste Anm. zu S. 94.
157 *Wagenbach* – Klaus Wagenbach war von 1959 bis 1964 Lektor für deutsche Literatur im S. Fischer Verlag, Frankfurt a. M.
den WUNDERTÄTER aus politischen Gründen zurückgezogen – Der S. Fischer Verlag hatte die Veröffentlichung des »Wundertäter« vorbereitet und stoppte dann die Auslieferung des bereits gedruckten Romans. Vorausgegangen war ein Brief von Peter Jokostra an den Verlagsleiter des S. Fischer Verlages, Rudolf Hirsch, in dem er gegen die Absicht protestierte, den Roman zu publizieren. (Der Vorgang lässt sich z. Zt. nicht recherchieren, da das Archiv des S. Fischer Verlages im Literaturarchiv Marbach wegen Erschließungsarbeiten noch gesperrt ist.) Allerdings bezog sich Jokostra ein Jahr später selbst auf diese Aktion, als er nun gegen das Vorhaben des Luchterhand Verlages, eine Werkausgabe von Anna Seghers zu veröffentlichen, protestierte. In seinem »Offenen Brief an einen Verleger« erwähnte er, dass er 1961 Rudolf Hirsch sein »Material über den Zonenfunktionär und Schriftsteller Erwin Strittmatter zur Verfügung stellte« und der S. Fischer Verlag habe daraufhin »in Solidarität mit den unterdrückten Kollegen in der Zone auf die Veröffentlichung des Romans« verzichtet (»Die Welt«, 1. 8. 1962). – Klaus Wagenbach war mit dieser Entscheidung des S. Fischer Verlages nicht einverstanden.
Canossa-Gang – Umgangssprachlich für eine Entschuldigungsgeste; nach dem Bußgang Heinrichs IV. 1077 nach Canossa, wo sich Papst Gregor VII. aufhielt, der den kirchlichen Bann über ihn verhängt hatte.

Anmerkungen

157 *ein Gedicht* – Vgl. dazu EvaS in LuL, S. 114.
158 *[24. Dezember 1961 bis 7. Januar 1962]* – Pauschale Datierung auf dem Heftumschlag.
159 *die Beselers* – Horst Beseler, Edith Rimkus-Beseler.
160 *Neubau* – Vgl. erste Anm. zu S. 150.
 Immer noch geht's um den Bruder – Udo Braun, jüngerer Bruder von EvaS; er wurde als Journalistikstudent in Leipzig 1961 wegen politischer Witze denunziert und zu einer Gefängnisstrafe verurteilt, zunächst auf Bewährung entlassen, dann aus anderen Gründen erneut verhaftet, nach der Entlassung wurde er Mitarbeiter im Verlag Philipp Reclam, absolvierte ein Fernstudium zum Dipl.-Historiker, 1987 stellte er einen Ausreiseantrag, der im Oktober 1989 genehmigt wurde; vgl. LuL, S. 88 ff.
161 *dem nächsten Pony-Buch* – Nicht realisiert.
 Christa ist tot – Christa Grytsch begann 1961 eine Ausbildung als Heimerzieherin; sie starb bei der Geburt ihres ersten Kindes in Bautzen.
 Unsere beiden letzten Jungen – Erwin und Matthes.
163 *Verbleib von Christas Kind* – Das Kind wurde von einer Familie adoptiert.
164 *BRECHT* – ES nahm etliche der Erinnerungen an Brecht, die er zu dieser Zeit schrieb, in den »Schulzenhofer Kramkalender« auf, nicht diese vom 15. 3. 1962.
 Egon Monk – 1949–1953 Mitglied des Berliner Ensembles, danach Arbeit beim RIAS, NDR, ab 1968 freier Autor.
165 *die Zeitschrift SINN UND FORM* – 1949 von Johannes R. Becher und Paul Wiegler gegründet, hrsg. von der DAK; erster Chefredakteur: Peter Huchel.
 Bredel soll neuer Präsident ... werden – Willi Bredel war als Nachfolger von Otto Nagel 1962–1964 Präsident der DAK.
 »der ideologische Tanz« ... mit Fritz Cremer – Vgl. Eintrag S. 154 und sechste Anm. dazu.
166 *»Wollt ihr den TOTALEN KRIEG?«* – Zitat aus der Rede von Joseph Goebbels während der Großkundgebung am 18. 2. 1943 im Berliner Sportpalast.
167 *Rinder-Offenstall* – Von DDR-Funktionären für die Tierzucht propagierter offener Stall nach Vorbildern in südlichen Regionen der UdSSR.
 Der alte Mews – Vgl. zweite Anm. zu S. 121.
168 *mein kleiner Sohn* – Matthes.
 in meine neue Stube – Vgl. erste Anm. zu S. 150.
169 *Die Wellms* – Alfred und Inge Wellm; sie wohnten zu der Zeit in Rüthnik, waren mit ES und EvaS befreundet.
 in den kleinen Zirkus – Vgl. sechste Anm. zu S. 153.

170 *LANDSTREICHER* – Erster Teil einer Roman-Trilogie (1927) von Knut Hamsun.
171 *Sohn Uwe* – Erster Sohn von ES aus seiner zweiten Ehe.
Zehn Jahre habe ich nichts mit diesem Sohn zu tun gehabt – Der Sohn Uwe lebte bei seiner Mutter in Cottbus; es gab aber Briefkontakt.
Schäfer-Sohn Knut – Knut Str. erlernte den Beruf eines Facharbeiters für Schafzucht im VEG Hammer, Kreis Oranienburg.
172 *Evchens Bruder wieder frei* – Udo Braun; vgl. zweite Anm. zu S. 160.
173 *Familien-Geburtstagsfeier* – Geburtstag von Erwin jr. am 25. 6.
SINN UND FORM ... PETER HUCHEL – Vgl. Eintrag 19. 3. 1962. Der Chefredakteur Huchel war bei der Kulturabteilung des ZK der SED wegen der weltliterarisch orientierten Programmatik der Zeitschrift in die Kritik geraten, ihm wurden »Tendenzen ideologischer Koexistenz« vorgeworfen, er musste zurücktreten. Die Kritik an »Sinn und Form« bezog sich auch auf die DAK als Herausgeberin.
175 *Sohn UWE ... Krankenhaus* – Vgl. Eintrag 4. 6. 1962 sowie erste und zweite Anm. zu S. 171.
Maria – Anna; ES nannte seine zweite Ehefrau seit ihrer Bekanntschaft 1945 Maria.
176 *Imkerei* – Die Bienenzucht entwickelte sich in Dollgow zu einem wichtigen Bestandteil der Genosssenschaft.
zur »geheimen Geburtstagsfeier« – ES wollte offiziellen Gratulationen zu seinem 50. Geburtstag am 14. 8. entgehen.
178 *Gerhard B.* – Gerhard Holtz-Baumert.
Erdbeben von kaum bekannten Ausmassen – Bei dem Beben wurde eine Fläche von 33 000 Quadratkilometern mit 31 Dörfern im Nordwesten Persiens (Irans) zerstört, es gab 10 000 Tote.
179 *HANNS EISLER starb dieser Tage* – Eisler starb am 6. 9. 1962. ES schrieb die Anekdote »Bal i mal stirb«; vgl. »Schulzenhofer Kramkalender«, Nr. 77, veröffentlicht in: ND 37/1962 (Beilage).
180 *23. September (Sonntag)* – Mit diesem Heft beginnen Vermerke von ES auf der Umschlagseite: »Für Reiterbuch ausgewertet«; aus dieser Sammlung entstand »Schulzenhofer Kramkalender«. – In der folgenden Zeit experimentierte ES mit der Form seiner Eintragungen und schrieb z. B. in gebrochenen Zeilen.
in seinem neuen Roman – Als nächster Roman erschien nach »Nackt unter Wölfen« (1958) erst »Der Regenbogen« (1976).
Bei Fritz Cremer – Vgl. vierte Anm. zu S. 153.
181 *TAGEBUCH-ETÜDEN ... in der NDL* – Veröffentlicht in NDL 1/1963; es handelt sich um Sentenzen zum Thema Schreiben und Naturbeobachtungen, wobei ES die Prosa in gebrochenen Zeilen darstellte.

182 *unseren zur Zeit kleinsten Jungen* – Matthes.
183 *zu W. U. befohlen* – Walter Ulbricht hatte zu einer Beratung am 29. 11. 1962 eingeladen, bei der es im Hinblick auf den VI. Parteitag der SED (15.–21. 1. 1963) um eine Disziplinierung der Künstler ging. Vgl. auch die Beschreibung der Veranstaltung von Brigitte Reimann in Tagebücher 1955–1963, S. 266–269.
Helmut Beierl – Helmut Baierl.
Irm Minetti – Irma (Irm) Münch; sie und ihr Mann Hans-Peter Minetti waren mit ES und EvaS seit den Arbeiten zum »Tinko«-Film befreundet und trafen sich in Berlin und Schulzenhof. Hans-Peter Minetti spielte im Film den Lehrer Kern.
in einem gewissen Städtchen – Seit 1960 lebten die wichtigsten Politbüromitglieder der DDR in der Waldsiedlung Wandlitz außerhalb Berlins, zuvor in Berlin-Pankow. Sie wurden dort abgeschirmt und bewacht durch das MfS.
184 *Die oberste Dame* – Lotte Ulbricht.
H. – Herbert Warnke.
Parteitag – Der VI. Parteitag der SED (15.–21. 1. 1963) verabschiedete ein neues Parteiprogramm für ein flexibleres Wirtschaftssystem und bereitete das »Neue ökonomische System der Planung und Leitung der Volkswirtschaft« (NÖSPL) vor. Auf den Beratungen kam es zu massiver Kritik an der Gegenwartskunst, an einzelnen Autoren und an Institutionen.
185 *Freund Bobby* – Erich Reimer; vgl. zweite Anm. zu S. 40.
Bezirkssekretär – Kurt Seibt; 1952–1956 und 1957–1964 1. Sekretär der Bezirksleitung der SED Potsdam.
186 »*49 Geschichten*« – »49 stories« von Ernest Hemingway, ES begann am 17. 11. mit der Lektüre.
188 *Stimmung zum Selbstmord* – ES litt zu der Zeit unter schweren Depressionen.
Kultur-Abt. – Abteilung Kultur beim ZK der SED.
Chruschtschow – Chruschtschow war Gast des Parteitages und sprach in seiner Rede über die Koexistenz-Konzeption und die Deutschlandpolitik der UdSSR.
189 *Offenstallhaltung* – Vgl. erste Anm. zu S. 167.
190 *DIE LANGE SITZNG* – Vermerk von ES: »Ausgewertet 23. 7. 65 f. Sammlung HEISSE EISEN«.
Der Feind soll Bazillen ausgestreut haben – Im Zentrum der Kritik standen vor allem Peter Huchel, Stephan Hermlin, Peter Hacks, Günter Kunert. Zu Huchel vgl. zweite Anm. zu S. 173; Stephan Hermlin wurde wegen einer von ihm initiierten Lesung junger Lyriker in der DAK (12. 12. 1962) angriffen; Peter Hacks wegen seines Stücks »Die Sorgen und die Macht« am Deutschen Theater, das Stück wurde abgesetzt; Günter Kunert wurde wegen der Vor-

Anhang

lagen für die Fernsehoper »Fetzers Flucht« (Musik: Kurt Schwaen) und »Monolog eines Taxifahrers« (Film zus. mit Günter Stahnke, UA 1990) kritisiert, beide Werke wurden als »formalistisch« verboten. – Nach dem Mauerbau (vgl. zweite Anm. zu S. 150) und der damit verbundenen Abgrenzungspolitik der DDR nahmen reglementierende Kampagnen gegen Künstler zu, wobei es vor allem um Vorwürfe des »Formalismus« und der »Dekadenz« ging. Die auf dem VI. Parteitag (vgl. dritte Anm. zu S. 184) erhobene Kritik wurde in den darauffolgenden Beratungen und Stellungnahmen des DSV und der SED fortgeführt und bekräftigt.

190 *einige Redner* – Walter Ulbricht, Kurt Hager, Willi Bredel, Alfred Kurella u. a.
Opern-Experiment – »Fetzers Flucht«, vgl. zweite Anm. zu S. 190.
Schostakowitsch ... Diplom – »Fetzers Flucht« war zunächst als Rundfunksendung entstanden (Ursendung: Radio DDR, 30. 7. 1959) und wurde im Juni 1959 bei einem internationalen Rundfunkwettbewerb unter dem Vorsitz von Schostakowitsch mit einem Diplom ausgezeichnet.
im Fernsehen aufgeführt – Am 13. 12. 1962.

191 *Der andere »Dichter« ... hat die Bazillen von jenseits der Mauer mitgebracht* – Peter Hacks; vgl. fünfte Anm. zu S. 18.
nach dem Parteitag – Nach dem VI. Parteitag; vgl. dritte Anm. zu S. 184.

192 *Görlich* – Günter Görlich, 1961–1964 Sekretär des DSV, Mitglied des Vorstands.
Gen. Wagner – Genosse Wagner; Siegfried Wagner, Leiter der Abteilung Kultur des ZK der SED.
Kopelew ... SOWJETLITERATUR – Lew Kopelew: »Der Dichter des Volkes«, in: »Sowjet-Literatur« 1/1963; die deutschsprachige Monatsschrift wurde vom SV der UdSSR herausgegeben. – Lew Kopelew verfolgte die literarische Entwicklung von ES, nachdem er unmittelbar nach seiner Lagerentlassung ein Gutachten zu »Tinko« geschrieben hatte; seit 1961 waren sie befreundet; vgl. Raissa Orlowa/Lew Kopelew: »Wir lebten in Moskau«, München, Hamburg: Albrecht Knaus Verlag 1987, S. 118.

193 *Baumerts ... Kinder* – Kolja und Constanze Holtz-Baumert.
Bredel ... formale Selbstkritik – Willi Bredel musste sich als Präsident der DAK für die von Fritz Cremer (vgl. siebente Anm. zu S. 154) bzw. Stephan Hermlin (vgl. zweite Anm. zu S. 190) in der DAK durchgeführten Veranstaltungen rechtfertigen.
H. schweigt – Hermlin schweigt; Stephan Hermlin legte später sein Amt als Sekretär der Sektion Dichtung und Sprachpflege in der DAK und seine Funktionen im DSV nieder, nachdem er Fehler zugestanden hatte. – ES notierte mehrere Gespräche über Herm-

Anmerkungen

lin mit Gerhard Holtz-Baumert, Willi Lewin und Siegfried Wagner, in denen er sich von Hermlin distanzierte.
194 *LPG-Imker* – Ewald Walther.
Hermlin kein Sekretär mehr – Vgl. dritte Anm. zu S. 193.
195 *Die grossen Jungen* – Ilja und Erwin jr.
196 *Caspar* – Günter Caspar; 1956–1963 amt. Cheflektor im Aufbau-Verlag, danach bis 1982 Leiter des Lektorats zeitgenössische deutschsprachige Literatur.
Voigtländer – Annie Voigtländer, Lektorin.
vor dem VI. Parteitag – Vgl. dritte Anm. zu S. 184.
sogenannte IDEOLOGISCHE KOEXISTENZ – In den aktuellen kulturpolitischen Diskussionen der DDR wurde die Abgrenzung gegenüber der Kunst des Westens gefordert und eine »ideologische Koexistenz« strikt ausgeschlossen.
198 *Delegierten-Konferenz des Deutschen Schriftstellerverbandes* – 23. bis 25. 5. 1963. ES wurde in den Vorstand des DSV gewählt.
Konter-Revolutionär Heiner Müller – Bezug auf die Diffamierung Heiner Müllers nach der Uraufführung seines Stücks »Die Umsiedlerin oder Das Leben auf dem Lande«, das er mit B. K. Tragelehn 1961 an einem Ost-Berliner Studententheater inszeniert hatte; Müller wurde aus dem DSV ausgeschlossen.
die Parteibuch-Szene – Aus »Ole Bienkopp«.
199 *Offenställe* – Vgl. erste Anm. zu S. 167.
Schlusswort von Hans Koch – »Die Arbeit des Deutschen Schriftstellerverbandes in der Periode des umfassenden Aufbaus des Sozialismus«.
200 *Prof. Kratz* – Helmut Kraatz; war u. a. Leiter der Universitätsfrauenklinik der Charité.
201 *Ernst Busch ... ungerecht behandelt* – Busch, berühmt als Interpret der Lieder von Hanns Eisler und als Schauspieler, verwickelte sich wiederholt in Streitigkeiten mit SED-Funktionären; dabei ging es u. a. um seine Rechte an der von ihm gegründeten Schallplattenfirma »Lied der Zeit« und die kommerzielle Nutzung seiner Liedproduktionen.
L. U. – Lotte Ulbricht.
202 *Guste Wieghardt* – Auguste Wieghardt-Lazar.
den hängenden Gärten – Abwandlung des Begriffs »Hängende Gärten der Semiramis« in Babylon, gilt als eines der sieben Weltwunder.
BILLARD UM HALB ZEHN – Roman (1959) von Heinrich Böll.
Christa Wolfs GETEILTER HIMMEL – »Der geteilte Himmel«, Erzählung (1963) von Christa Wolf; die Erzählung wurde im »Forum« (Organ des Zentralrats der FDJ) vorabgedruckt (Nr. 47 bis 51/52 1962) und seitdem im Zusammenhang mit der allgemeinen

Kritik an der Gegenwartsliteratur u. a. wegen der Gestaltungsmittel angegriffen.
202 *WIR SIND NICHT STAUB IM WIND* – Roman (1962) von Max Walter Schulz.
Tolstoi, AUFERSTEHUNG – »Woskresenie« (dt. »Auferstehung«), Roman (1899) von Lew Tolstoi.
203 *(siehe voriges Heft)* – Vgl. Eintrag 24. 5. 1963.
204 *EINE GEBURTSTAGS-ADRESSE* – Zum 70. Geburtstag von Walter Ulbricht am 30. 6. 1963.
206 *eine Frau* – Walentina W. Tereschkowa startete am 16. 6. 1963 als erste Frau zu einer dreitägigen Erdumkreisung.
207 *im beschriebenen Sinne* – Vgl. Eintrag 17. 6. 1963.
208 *Die ursprüngliche Fassung wird beim Manuskript niedergelegt* – Beim aktuellen Zustand des Archivs konnte diese Fassung z. Zt. nicht ermittelt werden.
209 *Anja* – Bis Ende Oktober im Haushalt der Strittmatters, die seit Mai 1963 über Annoncen ein Kindermädchen suchten, damit die Söhne in Schulzenhof bleiben könnten. Der Plan scheiterte nach mehreren Kontakten mit jungen Frauen, denen die ländliche Abgeschiedenheit Probleme machte; vgl. LuL, S. 38.
Pankow – Stadtbezirk in Berlin; ES und EvaS hatten den erkrankten Jakob zur ärztlichen Untersuchung in die Berliner Charité gebracht, wo er bis zum 27. 7. blieb.
Die Reise – Über Moskau nach Leningrad zur Comes-Tagung (5.–8. 8. 1963). – Comes (Comunità europea degli scrittori), europäische Autorenvereinigung, 1958 auf der Basis des verbindenden Antifaschismus gegründet. Thema des Symposiums war »Probleme des zeitgenössischen Romans«, Teilnehmer u. a. Jean-Paul Sartre, Simone de Beauvoir, Pier Paolo Pasolini, Michail Scholochow, Ilja Ehrenburg, Hans Magnus Enzensberger, Hans W. Richter; vgl. »Sonntag« 35 und 36/1963.
das neue Kalenderbuch – Vorläufiger Arbeitsbegriff für »Schulzenhofer Kramkalender«; ES wählte dafür Eintragungen aus seinen Tagebüchern aus.
210 *Stehenski* – Wladimir Steshenski (gen. Wolodja) war Leiter der Abteilung für westeuropäische Länder im SV der UdSSR; in der DDR hatte er besonders enge freundschaftliche Kontakte zu ES und Anna Seghers (vgl. AS, Briefe 1953–1983).
Bashan – Mikola Bashan; Leiter der sowj. Delegation.
Zwei Stunden Vorträge – ES verfasste unter 1. 8. bis 13. 8. 1963 ausführliche Notizen zur Tagung.
Bruno – Bruno Apitz.
Kurt – Kurt Stern.

210 *Genrich Gene* – Heinrich Heine.
Peterhof – Schloss- und Parkanlage vor Sankt Petersburg (Leningrad), 1723 als Zarenresidenz eingeweiht.
Godar – Vermutl. Gábor Goda.
Tibor Dery aus dem Zuchthaus – Tibor Déry, einer der geistigen Wegbereiter des Ungarn-Aufstandes von 1956, wurde 1957 zu neun Jahren Haft verurteilt, 1960 entlassen, erhielt Publikationsverbot bis 1962.
Dymschitz – Alexander Dymschiz; Literaturprofessor am Maxim-Gorki-Institut in Moskau, war 1945–1949 Leiter der Kulturabteilung der SMAD und hatte seitdem viele Kontakte zu Autoren in der DDR

211 *Millionenfriedhof* – Friedhof der während der deutschen Blockade Leningrads (8. 9. 1941 – 27. 1. 1944) umgekommenen Einwohner. – Nachdem die Heeresgruppe Nord der deutschen Wehrmacht die Stadt fast vollständig eingekreist hatte, waren die Versorgungslinien für die Bevölkerung abgeschnitten; die Zahl der Toten wird auf 1,1 Millionen geschätzt.

212 *dass den ganzen Krieg über keine Gewehrkugel meinen Gewehrlauf verliess* – Diese Aussage steht im Widerspruch zu den Angaben von ES im Fragebogen der SED, die seine Beteiligung an der Partisanenbekämpfung betreffen (vgl. erste Anm. zu S. 116). Vgl. auch Leo, Die Biographie.

213 *Beselers* – Edith Rimkus-Beseler, Horst Beseler.
Baumerts – Gerhard und Inge Holtz-Baumert; vgl. fünfte Anm. zu S. 153.

215 *COMES-Tagung* – Vgl. dritte Anm. zu S. 209.

216 *Riesenkraftwerk* – Braunkohlekraftwerk in Lübbenau (1959–1994) mit 5000 Arbeitsplätzen.
Dann nach Schulzenhof – Mit den Eltern, die bis 27. 9. in Schulzenhof blieben.

217 *Schwester MARGA* – Marga Strittmatter, verh. Hoffmann.

218 *Pferdestall-Stube* – Vgl. erste Anm. zu S. 150.

219 *aus dem schönen Carwitz* – In Carwitz (Mecklenburg) erstand Hans Fallada 1933 ein Grundstück mit einem Haus am Carwitzer See; nach der Trennung von Fallada wohnte seine Frau Anna Ditzen mit den Kindern weiter dort und vermietete ab Ende der 1940er Jahre Ferienzimmer mit Vollpension. Jeanne und Kurt Stern gehörten zu den festen Gästen, die dort jährlich ihren Urlaub verbrachten; Strittmatters besuchten sie dort und waren ebenfalls Gäste von Anna Ditzen. – ES erwog kurzzeitig, das Pfarrhaus in Carwitz oder das Fallada-Anwesen zu kaufen, konnte sich aber nicht dazu entschließen: »Der Ort ist belastet durch Fallada. Die Wälder würden uns fehlen. Die Kargheit der Land-

schaft würde uns auf die Dauer deprimieren.« (Notiz vom 24. 8. 1958); vgl. auch Eintrag 24. 8. 1970 sowie LuL, S. 151. – Das Fallada-Haus wurde 1965 vom Kinderbuchverlag der DDR gekauft.

219 *Hilfsmädchen* – Vgl. erste Anm. zu S. 209.
Reiten will er wieder – Matthes hatte sich am 12. 5. bei einem Sturz vom Pferd einen doppelten Unterarmbruch zugezogen und war seitdem nicht mehr geritten.
Christas Tod – Tod von Christa Grytsch; vgl. Eintrag 11. 1. 1962.

220 *Walter D.* – Walter Dachwitz.
HOFÉ verhaftet – Günter Hofé, Leiter des Ost-Berliner Verlags der Nation, wurde auf der Frankfurter Buchmesse mit der Anschuldigung verhaftet, seit 15 Jahren für den Nachrichtendienst der UdSSR und für das MfS zu arbeiten; er kehrte nach einem Jahr Untersuchungshaft in die DDR zurück.
Im Nebel über die Grenze – Außer ES waren Günter Görlich und Wolfgang Joho an der Fahrt beteiligt; sie wurden von Walter Dachwitz gefahren.

221 *Gagarin* – Juri Gagarin; flog am 12. 4. 1961 als erster Mensch mit dem sowj. Raumschiff Wostok 1 in den Weltraum.
Wahlstimmung – Zur Vorbereitung der Wahl zur Volkskammer der DDR am 20. 10. 1963.
Der Kulturminister – Hans Bentzien.
sein Stellvertreter – Erich Wendt.
Gorkis Mutter – »Die Mutter« (»Matj«, Roman 1906) von Maxim Gorki.

222 *Hans Koch* – Seit 1961 Mitglied des Vorstandes des SV, 1963 – 1966 Sekretär und stellv. Vorsitzender des DSV; ES distanzierte sich zunehmend von ihm, nachdem er seine Erwartungen enttäuscht sah.
Kuhnert – Günter Kunert.
Eric Neutzsch – Erik Neutsch.

223 *mit seiner freien Hand* – Matthes hatte einen gebrochenen Arm; vgl. dritte Anm. zu S. 219.
mein Grabstein – Der Stein steht seit 1994 auf dem Grab von ES in Schulzenhof.
Olch – Zwergschnauzer-Rüde; vgl. »Schulzenhofer Kramkalender«, Nr. 118.

224 *WOCHE DES BUCHES* – Von Kulturinstitutionen der DDR jährlich (in der Regel im Mai) durchgeführte Veranstaltungen zur Propagierung der Literatur.
Graphiker – Das Cover der Erstauflage gestaltete Werner Schinko.

225 *Der Tod des BIENKOPP … bewusst eingeengt* – Die genannten Aspekte kehrten in den lang anhaltenden Diskussionen um »Ole Bienkopp« immer wieder, besonderes scharfe Kritik bezog sich

auf den Tod des Romanhelden, der den gesellschaftlichen Verhältnissen der DDR angeblich nicht entspreche. Die öffentliche Kritik begann mit dem Artikel von Eduard Zak »Ein Held des Übergangs. Erste Bemerkungen zu Erwin Strittmatters neuem Roman ›Ole Bienkopp‹«, in: »Sonntag« 48/1963.

225 »*Königsebene*« – Schlagwort in der Literaturpolitik der DDR; bezog sich auf die Forderung nach Darstellung der führenden politischen Kräfte, der sogen. »Planer und Leiter«; vgl. ESs Argumentation für seine Erzählung »Cholera«, Eintrag 10. 5. 1964.

Girnus – Nach dem Rücktritt von Peter Huchel als Chefredakteur der Zeitschrift »Sinn und Form« wurde zunächst Bodo Uhse sein Nachfolger, nach dessen Tod Wilhelm Girnus.

in den GESAMMELTEN WERKEN – Johannes R. Becher: Gesammelte Werke in 18 Bänden, hrsg. von der AdK, Berlin: Aufbau-Verlag 1966–1981.

226 *Alex* – Vgl. siebente Anm. zu S. 35.

internationales Schriftstellertreffen – 14.–22. 5. 1965 in Berlin und Weimar; es nahmen Autoren aus 52 Ländern teil.

»*Dichterpaar« Kirsch* – Sarah und Rainer Kirsch.

Bitterfelder-Weg – Auf der als Autorentagung des Mitteldeutschen Verlages in Bitterfeld durchgeführten Konferenz (24. 4. 1959) wurden die Künstler aufgefordert, in Betriebe zu gehen und sich mit den Bedingungen der Produktion bekannt zu machen, die Arbeiter, sich mit Literatur und Kunst zu beschäftigen. – ES hielt als Sekretär des SV eine Rede.

230 *Evas Bruder* – Wolfgang Braun, lebte in Kassel.

Bunge – Hans Bunge; war Hauptmann und Regimentsadjutant der Wehrmacht; 1953–1956 Regie- und Dramaturgie-Assistent im Berliner Ensemble; verfasste wesentliche Publikationen auf der Grundlage von Gesprächen mit Brecht und seinen Mitarbeitern sowie mit Hanns Eisler.

die Rülicke – Käthe Rülicke-Weiler; war seit 1950 Mitglied des Berliner Ensembles, 1951–1958 Regie-Assistentin und Dramaturgin.

231 *eine BDM-Führerin* – ES bezog sich vermutl. auf ein im Berliner Ensemble verbreitetes Gerücht, von dem offensichtlich auch Brecht u. a. wussten (vgl. Mittenzwei, Die Intellktuellen, S. 156). Eine führende Funktion von Rülicke in der NS-Organisation Bund Deutscher Mädel (BDM) kann wegen fehlender Unterlagen im Bundesarchiv weder bestätigt noch dementiert werden. – In seinen Journal-Notizen äußerte Brecht eine ähnliche Bemerkung, bezogen auf drei ungenannte Mitarbeiter der Dramaturgie, von denen er annahm, dass sie ihn vor »zehn Jahren … schnurstracks der Gestapo übergeben« hätten; vgl. GBFA, Bd. 27, S. 350.

231 *der ECKERMANN* – Johann Peter Eckermann veröffentlichte »Gespräche mit Goethe in den letzten Jahren seines Lebens« 1836 (Teil 1 und 2) und 1848 (Teil 3).
PARTEIHOCHSCHULE – Parteihochschule »Karl Marx« beim ZK der SED (1946–1989), Schulungsstätte zur Aus- und Weiterbildung führender Parteifunktionäre.
DIE LANGE – Marianne Lange, Leiterin des Lehrstuhls Literatur und Kulturpolitik an der Parteihochschule.
Hilfe W. Us. – Hilfe Walter Ulbrichts.

233 *Ilja, Erwin und Matti zur Bahn gebracht* – Die Kinder fuhren wieder nach Neuruppin zur Großmutter Hedwig Braun.

234 *BAUERNZEITUNG ... Parteifeind und Lügner* – Am 7. 2. 1964 druckte die »Neue Deutsche Bauernzeitung« eine Äußerung von Bernhard Grünert zu »Ole Bienkopp« ab, in der der Partei-Darstellung im Roman jeglicher Realitätsbezug abgesprochen wurde. Im Kommentar der Redaktion heißt es: »Es drängt sich die Frage auf, wo lebt und steht Erwin Strittmatter eigentlich, daß ihm das Leben nicht jene blutvollen Gestalten aufzwang, wie sie heute in vielen Dörfern leben und von denen Bernhard Grünert nur einer ist.«
RETTAM – ES spielte in den Tagebüchern seit Mitte Januar 1964 als Möglichkeit der Verfremdung mit dem Namen Tirst Rettam, den er als Anagramm aus seinem Nachnamen bildete.
Lew Kopelew ... hat seine Ankunft ... angezeigt – Kopelew und seine Frau Raissa trafen am 20. 2. 1964 in Berlin ein; sie begleiteten ES auf seiner Fahrt nach Weimar zu einer Diskussion über »Ole Bienkopp«; vgl. Raissa Orlowa/Lew Kopelew: »Wir lebten in Moskau«, a. a. O., S. 118 ff.
Bauernkongress – VIII. Deutscher Bauernkongress (28. 2.–1. 3. 1964) in Schwerin.

235 *SCHWARZE PUMPE* – VEB Kombinat Schwarze Pumpe; Europas größter Braunkohleveredlungsbetrieb, 1959 in der Gemeinde Terpe bei Spremberg errichtet.
Brigitte Reimann – Lebte 1960–1968 in Hoyerswerda. – Sie berichtete von diesem Besuch in ihren Tagebüchern, Eintrag 12. 3. 1964, und erwähnte die Hilfe von ES während seiner Zeit als Sekretär des DSV. ES hatte sie und ihren Mann Siegfried Pitschmann unterstützt, als dieser im Sommer 1959 nach einer vernichtenden Kritik an seinem neuen Romanmanuskript einen Selbstmordversuch unternahm; die Vorwürfe gegen Pitschmann standen im Zusammenhang mit der Diskussion um die »harte Schreibweise« (vgl. dritte Anm. zu S. 129). ES half Reimann auch gegen Verleumdungen im Verband; vgl. Reimann, Tagebücher 1955–1963, S. 117 ff., 146, 152; 1964–1970, S. 14 f.

235 *Nach Schulzenhof zurück* – Nach verschiedenen Diskussionsveranstaltungen zum »Bienkopp« hielt sich ES zwei Tage in Berlin auf, u. a. für einen Besuch beim Zahnarzt.
Dieser Kampf ... um die Fortexistenz des BIENKOPP-Romans – In den Tagebüchern gibt es zahlreiche Eintragungen zu Diskussionen um den Roman und zu Lesereisen, die aus Umfanggründen hier nicht aufgenommen werden konnten. Sie reflektieren die zunehmende physische und psychische Zermürbung von ES.
HAVEMANN – Robert Havemann; nach dem XX. Parteitag der KPdSU (vgl. zweite Anm. zu S. 26) wurde Havemann zum bedeutendsten Systemkritiker der DDR; er wurde 1964 aus der SED ausgeschlossen, nach Entlassungen durch die HUB und die DAW faktisch arbeitslos, vom MfS überwacht.
zu UNSEREN MENSCHEN – Von den Politikern der DDR oft benutzte Floskel, wurde häufig parodiert.

237 *RETTAM* – Vgl. zweite Anm. zu S. 234.
2. Bitterfelder Konferenz – 24. und 25. 4. 1964 im Elektrochemischen Kombinat Bitterfeld; knüpfte mit der Forderung nach engerer Verbindung zwischen Künstlern und Arbeitern an die Konferenz von 1959 an (vgl. vierte Anm. zu S. 226).
W. U. – Walter Ulbricht.
Meine Rede – ES notierte am 14. 4. 1964, dass er sich erst auf Druck der Kulturabteilung des ZK der SED zu dieser Rede bereit erklärt habe. In seinem Beitrag zitierte er einige unbearbeitete Tagebuchnotizen von 1958 und 1961 mit Alltagsbeobachtungen, um an diesen Beispielen, die für ihn lediglich eine Vorstufe zur Literatur darstellten, vor einem schematischen Realismusbegriff in der Kunstdiskussion und vor der Überschätzung von Schreibversuchen schreibender Arbeiter zu warnen.

239 *W. U. und seine Lotte* – Walter Ulbricht und seine Frau.
TAG DER BEFREIUNG – 8. 5.; in der DDR bis 1967 Feiertag zum Gedenken an die Unterzeichnung der bedingungslosen Kapitulation der deutschen Wehrmacht im sowjetischen Hauptquartier in Berlin-Karlshorst (am 7. 5. 1945 im amerikanischen Hauptquartier in Reims unterzeichnet). – ES befand sich zu der Zeit in Wallern (Böhmen); vgl. Leo, Die Biographie.
des ... Hitler-Generals Schörner – Ferdinand Schörner, seit 1945 Generalfeldmarschall; berüchtigt wegen seiner Brutalität, 1957 in der BRD Anklage und Haft bis 1960.

240 *DEUTSCHLANDTREFFEN* – 1964 fand nach 1950 und 1954 das 3. »Deutschlandtreffen der Jugend« in Ost-Berlin statt, veranstaltet von der FDJ.
der FREIEN JUGEND – Freie Deutsche Jugend (FDJ); gegründet 1946, Vorsitzender (bis 1955) Erich Honecker.

241 *Briefe auf Tonband diktiert* – Seit 15. 5. brachte ES die besprochenen Tonbänder zu einer Abschreiberin in Berlin.
der IDEOLOGISCHEN KOMMISSION – Ideologische Kommission (IK) beim Politbüro des ZK der SED.
242 *Grossmutters Haar* – Helene Kulka.
243 *mein Bein geschont* – ES hatte sich am 5. 6. beim Reiten eine Zerrung zugezogen.
244 *Plenartagung* – II. Plenartagung der DAK »Probleme des sozialistischen Realismus in der darstellenden Kunst behandelt am Beispiel des DEFA-Films ›Der geteilte Himmel‹«. – Zum Beitrag von ES vgl. »Arbeitshefte. Schriftenreihe des Präsidiums der Akademie der DDR«, 33/1979.
Film GETEILTER HIMMEL – Film (1964) von Konrad Wolf nach der Erzählung »Der geteilte Himmel« (1963) von Christa Wolf.
Babel – Isaak Babel; wurde im stalinistischen Regime verhaftet und ermordet.
Rückfahrt nach Berlin – Von einer Lesereise am 9. 7. nach Meißen in Begleitung von EvaS.
245 *Brief an Albert Norden* – ES antwortete auf einen Brief von Albert Norden (6. 6. 1964), der um Gedanken zur Verbesserung der journalistischen Arbeit gebeten hatte. ES kritisierte u. a. die Uniformität der DDR-Presse, die sich in den politischen Kampagnen mehr auf Quantität als auf Qualität orientiere. ES stellte den Brief am 20. 7. fertig (ESA 264).
SAODA – Vorläufiger Titel der Erzählung »Damals auf der Farm«, unter dem sie in vier Fortsetzungen in der »Wochenpost« 40 bis 44/1964 abgedruckt wurde. ES arbeitete den Text später stark um; vgl. Eintrag 6. Dezember 1966 bis 15. März 1967.
246 *KURT SEIBT ... neue Minister* – 1964 wurde Seibt Minister für Anleitung und Kontrolle der Bezirks- und Kreisräte (bis 1966).
248 *der kleine Sekretär-Professor* – Hans Koch.
Verlag Sigbert Mohn – Der Sigbert Mohn Verlag, Gütersloh, verlegte ab 1959 das belletristische Programm des C. Bertelsmann Verlages.
mit seiner jüngsten Tochter – Heike Wellm.
seine Lehrergeschichte – Bezug auf das Romanprojekt »Pause für Wanzka oder Die Reise nach Descansar«; vgl. erste Anm. zu S. 310.
MEMORANDUM des Genossen TOGLIATTI – Palmiro Togliatti verfasste ein Programm für kommunistische Parteien, in dem er u. a. für nationale Eigenständigkeit eintrat und vor der Zuspitzung des Machtkampfes zwischen der UdSSR und China warnte; das sogen. Manifest wurde erst nach seinem Tod bekannt.
249 *Nationalpreis* – ES erhielt zum dritten Mal den Nationalpreis III. Klasse.

Anmerkungen

249 *S. M.* – Nicht ermittelt.
STASI – Gängige Abkürzung für Staatssicherheit bzw. Staatssicherheitsdienst.
Vermutungen ... in Richtung G. B. – Gerhard Holtz-Baumert; vgl. fünfte Anm. zu S. 153; im Zusammenhang mit dieser Reise von ES ist eine MfS-Tätigkeit Holtz-Baumerts offensichtlich auszuschließen, da er sich, wie ES am 10. 10. 1964 notierte, auf einer Moskau-Reise befand.

250 *Abendveranstaltung* – Die Veranstaltung mit Max von der Grün und ES wurde als west-östliches Schriftstellergespräch thematisiert; vgl. »Der Tagesspiegel«, 11. 10. 1964.
Nationalpreis III. Klasse – Vgl. erste Anm. zu S. 249.

251 *Chruschtschow zurückgetreten* – Am 14. 19. 1964 wurde in Moskau Chruschtschow entmachtet und zum Rücktritt aus angeblich gesundheitlichen Gründen gezwungen; sein Nachfolger als 1. Sekretär des ZK der KPdSU wurde Leonid Breschnew.

252 *Seit dem 6. November ... rauche ich nicht mehr* – Endgültig gab ES das Rauchen 1970 auf.
verschiedene Bücher – Neben Biographien u. a. über Joyce, Kafka und Proust las ES von Thoreau: »Walden oder Leben in den Wäldern«; Dos Passos: »Der 42. Breitengrad«, »Die großen Tage«; Hemingway: »Wem die Stunde schlägt«; Musil: »Der Mann ohne Eigenschaften«.
wenngleich sich das nun zu Schreibende ... unterscheiden wird – Der Unterschied besteht vor allem in der zunehmenden Stilisierung der Texte. Anstelle der Notizen zum Tagesgeschehen dominieren in der folgenden Zeit Naturbeobachtungen (vgl. Eintrag 24. 12.), Aphorismen, Anekdoten über Menschen. Etliche dieser Texte weisen starke Korrekturen auf und sind für »Schulzenhofer Kramkalender« und »Ein Dienstag im September« verwendet worden. Kindheitserinnerungen werden immer häufiger und führen schließlich zu den »Nachtigall«-Geschichten und der »Laden«-Trilogie. Bei einigen Texten ist vermerkt: »Ins Grosse Tagebuch übernommen«, was auf weitere Bearbeitungsstufen schließen lässt, die bisher nicht ermittelt werden konnten.

255 *BEIM HAGEREN DICHTER* – Alfred Wellm.
seine schwangere Frau – Inge Wellm.

256 *Skizzen* – Vorarbeiten zu »Schulzenhofer Kramkalender«.

257 *in der Mauer ... wurden ein paar Durchlässe geöffnet* – Verbunden mit komplizierten Verhandlungen zwischen den Regierungen der BRD und der DDR, gab es seit 1963 das sogen. Passierscheinabkommen, nach dem West-Berlinern zu bestimmten Anlässen die Einreise nach Ost-Berlin gewährt wurde.

265 *durch Russland zu reisen* – ES und EvaS hielten sich vom 18. 9. bis 21. 10. 1964 zunächst in Moskau, dann u. a. in Kelassuri und Tbilissi, auf der Rückreise wieder in Moskau auf. ES schrieb seine Notizen in ein gesondertes Heft, das er mit »1965 Moskau Kaukasus« beschriftete; ab 26. 10. setzte er die Aufzeichnungen im Heft 18. 8. bis 30. 11. 1965 fort. – Erinnerungen an diese Reise sind in die Pieštʾany-Notizen eingeflossen; vgl. »Kalender ohne Anfang und Ende«, S. 129–148.

PASTERNAK; PASTERNAK – ES versah den Text mit dem Vermerk »Ins Imperfekt transponieren«, vermutl. für eine mögliche Publikation.

266 *Max* – Max Rochlin.
Lew – Lew Kopelew.

268 *nicht sein Vater* – Vgl. vierte Anm. zu S. 8.

269 *Beim Staatsrat ... eine Konferenz* – Ulbricht hatte Schriftsteller und Künstler zu einem Gespräch am 25. 11. 1965 im Staatsrat eingeladen.
Dr. Erich Apel – Apel hatte vergeblich vor den Folgen von Wirtschaftsverhandlungen mit der UdSSR nach dem Sturz Chruschtschows gewarnt, er nahm sich vor der Unterzeichnung des Abkommens das Leben.

270 *das 11. Plenum* – Das 11. Plenum des ZK der SED (15.–18. 12. 1965) hatte die umfassendsten Reglementierungen der DDR-Kunst zur Folge. Es kam zu Verboten von zwölf DEFA-Filmen, von Theaterstücken, Radio- und Fernsehsendungen und der Rücknahme bzw. Verweigerung von Druckgenehmigungen. ES nahm am Plenum nicht teil, da er erkrankt war; vgl. Eintrag 3. 1. 1966.

271 *PONYBUCH* – Hier für »Schulzenhofer Kramkalender«.
Eva hat mich von den Postbergen befreit – Um ES nach seinem gesundheitlichen Zusammenbruch zu entlasten, übernahm EvaS einen Teil seiner Korrespondenz; sie stellte aus ihren Briefen die drei Bände »Briefe aus Schulzenhof« zusammen (1977, 1990, 1995).
Wie am Vortage – ES las »Griff in den Staub« (»Intruder in the Dust«, 1948), Roman von William Faulkner.

272 *Sentenz f. bes. Buch* – Sammlung von Aphorismen, aus der der Band »Selbstermunterungen« mit dem Vermerk »Geschrieben 1966 und 1967« entstand; vgl. Eintrag 10. 7. 1967, mit dem ES die Sammlung beendete.
das zwanzigjährige Jubiläum der Partei – Die SED wurde mit dem Zusammenschluss von KPD und SPD auf dem Vereinigungsparteitag (21./22. 4. 1946) gegründet.

273 *der Chef* – Klaus Gysi.

Anmerkungen

273 *(Sigbert Mohn)* – Vgl. zweite Anm. zu S. 248.
WEIMAR – ES und EvaS wurden von ihrem georgischen Besuch Nodar und Schuschina Kakabadse begleitet, sie besuchten von Weimar aus Saalfeld, wo ES Zellwollarbeiter gewesen war.
zwei begüterte Damen – ES arbeitete 1936/37 in Beulwitz bei Saalfeld als Angestellter von Hedwig Ruetz und ihrer Schwester Elsa Ruetz.

274 *der »Dichterin« Toni Schwabe* – Toni Schwabe schrieb u. a. vier Goethe-Romane: »Ulrike. Ein Roman von Goethes letzter Liebe« (1920), »Der Ausbruch ins Grenzenlose. Ein Goethe-Roman« (1926), »Christiane. Ein Goethe-Roman« (1932), »Wandlung des Herzens. Ein Goethe-Roman« (1949); vgl. Jenny Bauer: »(K)ein Ausbruch ins Grenzenlose – Toni Schwabe zwischen Landhaus, Gespensterschiff und Subkultur«, in: Sabine Hastedt und Sarah Guddat (Hrsg.): »Geschlechterbilder im Wandel? Das Werk deutschsprachiger Schriftstellerinnen 1894–1945«, InterLit, Bd. 11, Frankfurt am Main 2011, S. 147–165.

275 *für den Wieland'schen TEUTSCHEN MERKUR* – »Teutscher Merkur«. Literaturzeitschrift, 1773–1789 in Weimar von Christoph Martin Wieland herausgegeben.

276 *Laxness FISCHKONZERT* – »Das Fischkonzert«, Roman (1961) von Halldór Laxness.
Salinger, FÄNGER IM ROGGEN – »Der Fänger im Roggen«, Roman (1951) von Jerome David Salinger.
Grossmutter Füllster – Elise Fülster. Dieser Eintragung folgt die Skizze »Der Tod im Thörnsee«, die eine Vorarbeit für die Beschreibung dieses Ereignisses in »Vor der Verwandlung« darstellt.
DER RING SCHLIESST SICH – »Der Ring schließt sich«, Roman (1936) von Knut Hamsun.

277 *Knut mit seinem Chef* – Knut St. war zu der Zeit wissenschaftlicher Mitarbeiter der Tierzuchtinspektion Potsdam.
Bobrowski, ERÄHLUNGEN – Vermutl. las ES den 1965 erschienenen Erzählungsband »Boehlendorff und Mäusefest« von Johannes Bobrowski.

278 *Ilja und Matthes bleiben in Schulzenhof* – Erwin und Jakob waren in Neuruppin bei Hedwig Braun.
Reisevorbereitungen – ES und EvaS reisten vom 4. 10. bis 24. 10. 1966 über Moskau nach Georgien.
in einem besonderen Heft – Beschriftet »SOWJETUNION 4. Oktober 66 bis 24. Oktober 66«; es enthält stichwortartige, nachträglich verfasste Notizen zu Begegnungen, Reisen, Besichtigungen, Gesprächen und zur georgischen Gastfreundschaft.
3. Konferenztag – 1. Jahreskonferenz des DSV in der Ost-Berliner Kongress-Halle (2.–4. 11. 1966). – ES nahm am 2. Tag nicht teil.

278 *seine Zwischenrufe auf dem 11. Plenum* – Vgl. Anm. zu S. 270. – ES war auf dem 11. Plenum zwar nicht anwesend, kannte aber vermutl. die veröffentlichten Diskussionsreden (ND, 19. 12. 1965, S. 7–12).
279 *KOKORO* – Entstanden 1896 (dt. Ü: 1909).
ohne Titel – Der endgültige Titel ist »Kraftstrom«.
Erzählung EINE FLIEGE – »Der Tod meiner Fliege«, in: »3/4hundert Kleingeschichten«.
281 »*Kosaken*« – »Die Kosaken«; Roman (1863) von Lew Tolstoi.
Brezan »*Reise nach Krakau*« – »Die Reise nach Krakau«, Erzählung (1966) von Jurij Brězan.
»*Stefan*« – »Stefan. Mosaik einer Kindheit«, Jugendbuch (1966) von Walter Kaufmann.
»*Kipper Paul Bauch*« – Eine von weiteren Textfassungen des Stückes »Die Kipper« (UA: 1965); vermutl. las ES den Abdruck in »Forum« 16/1966.
282 *SAODA ... WOCHENPOST* – Vgl. zweite Anm. zu S. 245.
Parteitag – VII. Parteitag der SED (17. – 22. 4. 1967). – ES notierte seine Eindrücke von der Veranstaltung und Beobachtungen auf der Straße in einem gesonderten Heft.
283 *FONTANE-PREIS* – Theodor-Fontane-Preis für Kunst und Literatur, verliehen vom Rat des Bezirkes Potsdam.
Brecht hatte das Reden von Bäumen ... zum Verbrechen erklärt – Bezug auf Brechts Gedicht »An die Nachgeborenen« (e. zwischen 1934 und 1938). Hier heißt es: »Was sind das für Zeiten, wo // Ein Gespräch über Bäume fast ein Verbrechen ist // Weil es ein Schweigen über so viele Untaten einschließt!«; vgl. GBFA, Bd. 12, S. 85.
284 *Parteiberatungen* – VII. Parteitag der SED; vgl. zweite Anm. zu S. 282.
Der Kulturminister – Klaus Gysi.
Nazipartei – Nationalsozialistische Deutsche Arbeiterpartei (NSDAP).
285 *Stuhlmeister* – Karl-Heinz Schulmeister, 1. Bundessekretär des Kulturbundes und Vorsitzender der Kulturbund-Fraktion in der Volkskammer der DDR.
Premiere des Strittmatter-Abends – Am 30. 4. 1967 im »Theater im III. Stock« der Ost-Berliner Volksbühne, Lesung mit Fritz Decho und Gisela Morgen.
alte (Spremberger) Aufzeichnungen – Vermutl. die ms. Notizen vom 8. 3. 1951 bis 3. 4. 1952 (ESA 181) mit der Überschrift »Notizen zwischen den Tagen«, die ES in Spremberg nach Beendigung seiner Mitarbeit in der Senftenberger Lokalredaktion der »Märkischen Volksstimme« begann. Er schrieb u. a. über die Anerkennung und

die Ablehnung, die er mit dem »Ochsenkutscher« erfuhr, über seine Tätigkeit als Leiter der Arbeitsgemeinschaft Junger Autoren Brandenburg und über zunehmende Familienkonflikte. Wichtig waren ihm auch kulturpolitische Diskussionen im Schriftstellerverband, wobei unter den Stichworten »Naturalismus« und »Formalismus« enge Grenzen gezogen wurden und ES bemüht war, ihnen zuzustimmen. Seine Beziehung zur Partei war noch distanzlos und vom Wunsch getragen, dazuzugehören und an die propagierten Ziele zu glauben. – Weiter enthält die Mappe unkommentierte Stichworte von ES aus der Zeit vom 11. 2. bis 2. 3. 1953, die bereits aus Berlin stammen.

286 *Oberforstmeister Kurt* – Erwin Kurt von der Försterei Morgenland, zu Fürstenberg gehörig.
LPG-Vors. Degebrodt – Gerhard Degebrodt.
Ausbruch des Krieges – Im sogen. »Sechstagekrieg« (5.–10. 6. 1967) besetzten die israelischen Truppen den Gaza-Streifen, die Sinai-Halbinsel, Westjordanland und die syrischen Golanhöhen. Die UdSSR und die Ostblockstaaten unterstützten in dem Konflikt die arabische Seite.
Proust »Suche nach d. verl. Zeit« – »Auf der Suche nach der verlorenen Zeit« (»À la recherche du temps perdu«, 7 Bde., 1917/25) von Marcel Proust.
DIE CHOLERA – ES begann am 12. 6. 1967 mit der Niederschrift der ersten Fassung im Tagebuch; die Erzählung beruht auf persönlichen Erlebnissen von Bruno Skodowski (vgl. zweite Anm. zu S. 155), der ES erzählt hatte, wie es ihm im indischen Ahmedabad und nach seiner Rückkehr in die DDR ergangen war. Nach einem Abdruck in der NDL 11/1967 erhielt der Text keine Druckgenehmigung für eine Buchpublikation (ED in »Geschichten ohne Heimat«). – ES wurde für den polemischen Text, in dem es um den Fall eines höheren Regierungsmitgliedes geht, in internen Gesprächen kritisiert und zu öffentlicher Distanzierung aufgefordert (vgl. Eintragungen vom 3. 5. und 10. 5. 1968); von Bruno Skodowski wurde eine öffentliche Stellungnahme gegen ES verlangt, die er ablehnte; nach seinem Herzinfarkt wurde ein Disziplinarverfahren gegen ihn eingestellt und er vorzeitig berentet.

287 *Bei der Oelschlägel* – Vera Oelschlegel, sie lebte mit Hermann Kant zusammen, 1971–1976 mit ihm verheiratet; ES nannte das Paar »Kantschlegel« (er schrieb auch »Kantschlägel).
Kohlhase – Wolfgang Kohlhaase.
Mutter der Oe. mit ihrem Manne – Ruth Oelschlegel und Heinz-Werner Senf.
Ursula Karusseit – Partnerin von Benno Besson, spätere dritte Ehefrau.

287 *Ostrowski, »Wie man Karriere macht«* – »Wie man Karriere macht (Klugsein schützt vor Torheit nicht)«, Komödie (1868) von Alexander N. Ostrowski. R: Wolf-Dieter Panse; Premiere war am 23. 11. 1966 in den Kammerspielen des Deutschen Theaters, Berlin.
des DRACHEN – »Der Drache«, Stück (1943) von Jewgeni Schwarz, in der Inszenierung von Benno Besson am Deutschen Theater, Berlin, ab 21. 3. 1965.
Chaplin, Memoiren – Charlie Chaplin – »Die Geschichte meines Lebens« (»My Autobiography«, 1964); ES las vermutl. die 1965 bei Koehler & Amelang erschienene DDR-Ausgabe.
288 *MÖWE* – Künstlerclub in Ost-Berlin; 1946 von der SMAD den Berliner Bühnenkünstlern zur Verfügung gestellt.
Anna S. – Anna Seghers.
Wahl – Wahl der Volkskammer der DDR mit der Einheitsliste der Nationalen Front, die 99,93 % Zustimmung erhielt. Die Wahl fand am 2. 7. 1967 statt, ES benutzte ein Sonderwahllokal.
289 *Monografie ... über Hermann Hesse* – Vermutl. Bernhard Zeller: »Hermann Hesse in Selbstzeugnissen und Bilddokumenten«, Rowohlt Verlag (rororo Monographien Nr. 85), Reinbek 1964 ff.
Idee für autobiographischen Roman ... ER – Ein Text mit dem Titel »ER« ist am 4. 8. 1967 eingetragen, er wurde überarbeitet und mit dem Titel »Mein Vater und Graf Tolstoi« in »Wahre Geschichten aller Ard(t)« übernommen. – Motive solcher autobiographischen Erinnerungen gingen in die Roman-Trilogie »Der Laden« ein.
die drei letzten – Vgl. erste Anm. zu S. 272. ES benutzte für die Eintragungen einen sogen. Blindband des Aufbau-Verlages, einen gebundenen, unbedruckten Band in Buchformat, der zur Coverpräsentation benutzt wurde. – Den ersten Band datierte ES mit »1. Febr. 66 [bis] 23. September 66«, und als Motto schrieb er: »Meine geschriebenen Worte sollen meine Spur sein«. Der zweite Band wurde am 24. 9. 1966 begonnen, die späteren Eintragungen folgen ohne Datierung.
290 *das Gedicht ... auf Lew Sheinin* – Nicht ins Tagebuch aufgenommen. – Lew Scheinin starb am 11. 5. 1967; ES kannte ihn von seinen Moskau-Besuchen und notierte am 20. 5. 1967 seine Betroffenheit über dessen Tod.
Paul Schultz-Liebisch – ES und EvaS waren mit dem Maler Schultz-Liebisch befreundet, sie kauften viele Bilder von ihm. Er illustrierte mehrere Kinderbücher von EvaS (vgl. z. B. erste Anm. zu S. 36), und ES hielt eine Rede zu Eröffnung seiner Ausstellung am 5. 1. 1968.
beim 3. Allunionskongress – ES nahm in seiner Zeit als 1. Sekretär des DSV am Allunionskongress der sowjetischen Schriftsteller im Mai 1959 in Moskau teil.

291 *14. August* – 55. Geburtstag von ES.
292 *viele Briefe* – ES begann mit der nummerierten Auflistung der Briefe; an diesem Tag waren es 26, am Ende des Jahres 230.
Schwager Udo mit Frau und zwei Kindern – Udo Braun mit seiner Frau Helga und den Kindern Kathrin und Uwe.
Vera Oehlschlägel – Vera Oelschlegel; vgl. erste Anm. zu S. 287.
295 *Alfred WELLM ... besucht* – ES verfasste den Bericht über seinen Besuch als literarische Skizze, in der er von sich in der 3. Person Singular spricht, unter dem Titel »Besuch bei einem Zerbrochenen«.
Die Gigas – Der Tierarzt Hans Gigas und seine Frau Helene aus Rheinsberg.
Fühmann, »Judenauto« – Franz Fühmann: »Das Judenauto. Vierzehn Tage aus zwei Jahrzehnten« (1962).
eine vier Wochen lange Reise – ES und EvaS flogen am 26. 9. nach Moskau, am 29. 9. von dort nach Jalta; sie kehrten am 30. 10 nach Berlin, am 1. 11. nach Schulzenhof zurück.
297 *Das Dorf meiner frühen Kindheit* – Graustein; vgl. auch Eintrag vom 10. 5. 1963.
298 *die Geschichte vom Tod des Grossvaters* – »Großvaters Tod«, in »Schulzenhofer Kramkalender«, Nr. 193.
Die bevorstehende Reise – Vgl. vierte Anm. zu S. 295.
Schwiegermutter – Hedwig Braun.
Worpswede-Monographie – Rainer Maria Rilke: »Worpswede« (1902).
299 *LYDIA, WOLODJA ... JULIA* – Lydia Gerassimowa, Wladimir (Wolodoja) Steshenski, Lydia Nekrassowa. ES kannte Gerassimowa und Steshenski vermutl. seit dem Unionskongress im Dezember 1954 in Moskau (ES gab im Eintrag vom 26. 11. 1969 als Jahr ihrer Begegnung 1953 an, was z. Zt. nicht belegbar ist); beide hielten sich auch oft in der DDR auf und waren dann zu Besuch bei Strittmatters in Berlin oder Schulzenhof; mit Nekrassowa blieben sie ebenfalls in freundschaftlichem Kontakt, auch sie besuchte Strittmatters privat.
einige Aufzeichnungen – ES schrieb während der Reise ausführliche Notizen in 3½ DIN-A6-Kladden (mit jeweils 94 Seiten, z. T. veröffentlicht in »Wahre Geschichten aller Ard(t)«, S. 29–73); darüber hinaus gibt es erste Fassungen zu den Erzählungen »Auf dem Korso von Jalta« und »Pferdehandel in Rossia«.
RAJA – Raissa Orlowa.
300 *Memoiren seiner Frau Raja* – Raissa Orlowa arbeitete seit 1961 an Essays, die Erinnerungen an eigene biographische Stationen, an Zeitereignisse und an Begegnungen mit Persönlichkeiten enthalten; vgl. Raissa Orlowa-Kopelew: »Eine Vergangenheit, die nicht vergeht. Rückblicke aus fünf Jahrzehnten«, München, Hamburg:

Albrecht Knaus Verlag 1985. – Ein Kapitel mit dem Entstehungsdatum 1966 ist Frieda Wigdorowa gewidmet.

300 *Frieda Victorowa* – Frieda Abramowna Wigdorowa; in der UdSSR gehörte sie zu den Ersten, die öffentlich gegen staatliche Willkür protestierten; Höhepunkt ihres Einsatzes für ungerecht Verfolgte war 1964 ihre Reportage über den Prozess gegen den Lyriker Josif A. Brodski, der zu Zwangsarbeit und Verbannung verurteilt wurde. – In der DDR erschienen von Wigdorowa pädagogische Bücher: »Meine Schulklasse. Aufzeichnungen einer Lehrerin« (Berlin: Rütten & Loening 1951) sowie »Heimkehr der Ausreißer« (Berlin: Verlag Kultur und Fortschritt 1961).
Nechljudow – Fürst Dmitri Iwanowitsch Nechljudow in Tolstois Roman »Auferstehung«.

301 *zwei Kapitel seiner Autobiografie* – Kopelews autobiographische Texte aus dieser Zeit gingen in den Band »Aufbewahren für alle Zeit« (1976) ein, der als 2. Band der Memoiren-Trilogie die Kriegsjahre beschreibt; Teil 1 (»Und schuf mir einen Götzen«, 1979) behandelt die Jugendzeit, Teil 3 (»Tröste meine Trauer«, 1981) die Lagerzeit.

303 *Jalta-Tagebüchern* – Vgl. zweite Anm. zu S. 299.

304 *noch drei Erzählungen fertigmachen* – Zwei Erzählungen wurden beendet: »Auf dem Korso von Jalta«, »Die Katze und der Mann«.
jederzeit druckbar – Aus der Sammlung entstand »Ein Dienstag im September« (1969).

306 *»Bruderland« Tschechoslowakei* – Die Forderungen einer breiten Volksbewegung in der ČSSR, die auf strukturelle Veränderungen von Wirtschaft und Politik zielten, wurden von den Ostblock-Staaten mit Misstrauen beobachtet. Nach der Wahl Alexander Dubčeks zum Parteichef (5. 1. 1968) und der Bildung einer neuen Regierung (5. 4. 1968) wurden in der ČSSR umfassende Reformen eingeleitet, u. a. Informations- und Reisefreiheit; am 21. 8. 1968 wurde der Demokratisierungsprozess (»Prager Frühling«) durch den Einmarsch der Truppen des Warschauer Paktes zerschlagen.
Die in der NDL veröffentlichten fünf Erzählungen – »Damals auf der Farm«, »Die Cholera«, »Saubohnen«, »Schildläuse«, »Hasen über den Zaun«, in NDL 11/1967.
Paulus-Verlag – Der Verlag (später Georg Bitter Verlag) interessierte sich für einen auszugsweisen Abdruck aus »Schulzenhofer Kramkalender«; vgl. Korrespondenz mit dem Aufbau-Verlag (Lizenzabteilung), November 1967 bis Januar 1968; das Projekt wurde nicht realisiert.
Jack Kerouac, UNTERWEGS – Deutsche Übersetzung von »On the Road«, (Roman, 1957); vermutl. las ES eine Ausgabe des Rowohlt-Verlags, in der DDR gab es das Buch erst 1978.

Anmerkungen

307 *Eva ... einen Winter ... in Moskau* – EvaS war vom 14. 12. bis 21. 12. zu einem Kolloquium in Moskau; vgl. BaS, S. 131.
Überpreisläden – Geschäfte mit Waren, die ursprünglich für den Export vorgesehen oder aus westlichen Ländern importiert worden waren.

308 *in meiner Redakteurzeit* – ES war 1948–1951 Redakteur in der Lokalredaktion der »Märkischen Volksstimme« in Senftenberg, die Hauptredaktion, die der SED-Bezirksleitung unterstand, befand sich in Potsdam.

309 *Hermann K. und Vera Ö.* – Hermann Kant und Vera Oelschlegel.
Tochter Nina – Tochter von Vera Oelschlegel aus ihrer ersten Ehe mit Günther Rücker.
IMPRESSUM – Der Roman »Das Impressum« erschien 1972 nach langer Verzögerung der Druckgenehmigung; vgl. Eintrag 16. bis 18. 9. 1969.

310 *Entscheidung ... über seinen Roman* – Im Roman »Pause für Wanzka oder Die Reise nach Descansar« vom Alfred Wellm geht es um Probleme der Volksbildung; er erschien 1968 nach internen Auseinandersetzungen und löste eine breite öffentliche Diskussion aus.
Gemahl der Volksbildungsministerin – Erich Honecker, entscheidend am Sturz Ulbrichts (1971) beteiligt; Margot Honecker war seit 1963 Ministerin für Volksbildung.
Über Schopenhauer – ES las vermutl. den Essay »Schopenhauer« von Thomas Mann, den dieser als Vorwort für eine 1938 erschienene Schopenhauer-Ausgabe im S. Fischer Verlag geschrieben hatte.
Patenbetrieb ... Reglerwerk – Sogen. Patenschaften zwischen künstlerischen Institutionen und Betrieben sollten einer engeren Verbindung zwischen Kunst und materieller Produktion dienen. Der Besuch der DAK-Mitglieder fand im VEB Geräte- und Reglerwerk Teltow statt. – ES schrieb im Tagebuch über das Verhalten der Schriftsteller eine satirische Skizze: »Eitelkeit«; vgl. »Wahre Geschichten aller Ard(t)«, S. 85 ff.

311 *tat die Arbeit nicht* – Nach der Erinnerung von Erwin Berner gab es für ES einen anderen Anlass für die Bestrafung.

313 *Katajew ... KRAUT DES VERGESSENS* – Die Erinnerungen von Valentin Katajew (russ. Buchausgabe 1967) wurden in dt. Übersetzung in »Sowjetliteratur«, 1968, Hefte 1 und 2, u. d. T. »Kraut des Vergessens« publiziert, so auch die dt. Buchausgabe (1968) im Verlag Rogner & Bernhard, München, im Ost-Berliner Verlag Volk und Welt (1969) hieß der Titel »Das Gras des Vergessens«.
meiner ersten Enkeltochter – Judka Strittmatter, Tochter von Knut Strittmatter.

315 *Wirrnis ... in der Kommunistischen Partei der Tschechoslowakei* – Vgl. erste Anm. zu S. 306.

315 *Ungarn ... Polen* – Vgl. zweite Anm. zu S. 65 und zweite Anm. zu S. 95.
Walter Gorrish – Walter Gorrish-Kaiser.
Der 17. Juni 1953 – Vgl. erste Anm. zu S. 13.
317 *für eine Schallplatte* – »Vom Singen. Kalenderblatt für Vera Oelschlegel«, nicht veröffentlicht (EAS 264).
VOLKSENTSCHEID zur neuen Verfassung – Am 6. 4. 1968.
ihr Hans – Hans Kerschek, von Reimann »Jon« genannt; sie war mit ihm in dritter Ehe 1964–1970 verheiratet.
für einen Roman wohl – Brigitte Reimann recherchierte für ihr Romanprojekt »Franziska Linkerhand«, das sie nicht vollenden konnte; es erschien 1974 postum in unvollendeter Fassung.
Stuhlmeister – Karl-Heinz Schulmeister; vgl. erste Anm. zu S. 285.
318 *Bauernkonferenz* – X. Deutscher Bauernkongress in Leipzig (13. bis 15. 6. 1968).
POTEMKINSCHE DÖRFER – Sprichwörtliche Bezeichnung für Vortäuschung, Scheindarstellung; nach dem russ. Feldmarschall Potemkin, der für Katharina II. bei ihrem Besuch im besetzten Krimgebiet 1787 angeblich Dorfattrappen errichten ließ.
319 *»Krieg und Frieden«* – Romanepos (russ. ED 1863/69) von Lew Tolstoi.
in Berlin – Demonstration zum 1. Mai, bei der die moderne Ausrüstung der Volksarmee vorgeführt wurde.
320 *nach Schulzenhof* – ES war zur ambulanten Untersuchung im Berliner Regierungskrankenhaus, weil bei ihm immer wieder Nierenkoliken und Herzbeschwerden auftraten.
Ich soll mich ... »verantworten« – Vgl. fünfte Anm. zu S. 286.
321 *Sekretär des Schriftstellerverbandes Henniger* – Gerhard Henniger war seit 1960 1. Sekretär des SV, zuvor hatte er verschiedene Funktionen im Kulturbund ausgeübt, zunächst auf Kreis- und Bezirksebene, zuletzt als Bundessekretär.
322 *Klaus Gysi, Kulturminister* – Seit 1966 war Klaus Gysi Minister für Kultur.
wie H. K. ... irrtümlich mitteilte – ES notierte am 4. 5. 1968, dass Hermann Kant in einem Telefonat mit EvaS vermutete, Gysi und Hochmuth wollten sich bei ES entschuldigen.
323 *Veröffentlichung ... in meinem geplanten Band* – ES hatte zuvor im Aufbau-Verlag erfahren, dass die Aufnahme der Erzählung »Die Cholera« in den Band »Ein Dienstag im September« bereits durch Bruno Haid, den Leiter der HV Verlage und Buchhandel, abgelehnt worden war; Notiz vom 10. 5. 1968.
324 *nächsten Donnerstag* – Der für den 16. 5. angekündigte Anruf blieb aus. Am 17. 5. erfuhr ES im SV, dass sich die Parteileitung des SV nicht hinter die Forderungen des Gesundheitsministeriums und

des Landwirtschaftsrates stellen würde; Notiz vom 17. 5. 1968. – Das Tagebuch enthält keine weiteren Notate zu dem Fall.

324 *Puschkin-Festival* – Jährliches Poesie-Festival, das Anfang Juni zu Ehren Puschkins in Michailowskoje und in Moskau veranstaltet wurde. EvaS nahm seit 1968 einige Male daran teil; vgl. Eintrag 1. 5. 1972 sowie den Essay von EvaS »Poesiefest in M.« in: »Poesie und andre Nebendinge« und BaS.
Alle drei – Ilja, Erwin jr, Matthes.
Rückkehr von der Ostsee – ES war vom 23. bis 26. 5. 1968 zunächst zu einer Lesung in Rostock, dann mit anderen Autoren zur Besichtigung eines Volkgutes mit besonderen Meliorationsvorhaben in Zingst.
Kusnezow BABI JAR – Vermutl. las ES die 1968 im Verlag Volk und Welt veröffentlichte Ausgabe: Anatoli Kusnezow: »Babi Jar. Ein dokumentarischer Roman«; ihr lag die 1966 erschienene russische gekürzte Fassung zugrunde. – BABI JAR (Babij Jar): Schlucht bei Kiew, in der 1941–1943 durch die Wehrmacht Massenmorde an Juden, sowjetischen Kriegsgefangenen und Zivilisten verübt wurden; die Zahl der Toten wird auf 200 000 geschätzt.

325 *der zweite Kennedy* – Robert F. Kennedy wurde am 6. 6. 1968 von einem palästinensischen Einwanderer wegen israelfreundlicher Aussagen angeschossen und erlag den Verletzungen. – Sein Bruder, US-Präsident John F. Kennedy, war am 22. 11. 1963 durch einen Attentäter ermordet worden.
Vietnam-Krieg – Auf Seiten Südvietnams begannen die USA am 2. 3. 1965 mit der Bombardierung Nordvietnams, das militärisch und wirtschaftlich durch die UdSSR und China unterstützt wurde. Der Krieg endete 1975 mit der Einnahme Saigons durch die Nationale Front zur Befreiung Südvietnams (Vietcong).

327 *Galsan Tschinag* – ES und EvaS lernten ihn in Leipzig anl. einer Lesung von ES kennen (Notiz vom 19. 7. 1968). Tschinag studierte 1962–1968 Germanistik in Leipzig und beendete das Studium mit einer Arbeit über ES. Da es im Tuwinischen keine Schriftsprache gibt, schreibt er deutsch. Seine literarischen Versuche schickte er an ES, der ihn, wie auch EvaS, für eine Begabung hielt, ihn unterstützte und sich für seine erste Publikation engagierte (vgl. Eintrag 16. 2. 1973). Bis zu seiner Heimkehr am 2. 10. 1968 war er nochmals Gast in Schulzenhof (vgl. »Wahre Geschichten aller Ard(t)« S. 134 ff., 140 ff.); später gab es Briefkontakte. ES notierte zunehmende Enttäuschung und Verstimmung.
übten alle Jungen Lassowerfen – Erwin jr. beteiligte sich nicht daran.
KLEINSTADT – Endgültiger Titel: »Eine Kleinstadt auf dieser Erde«.

327 *das Briefebeantworten* – Oft reflektiertes Thema in den Tagebüchern; vgl. auch »Wahre Geschichten aller Ard(t)«, S. 102.
329 *die Tschechoslowakei ... besetzt* – Vgl. erste Anm. zu S. 306.
unsere Volksarmee ... dabei – Die DDR war nicht direkt an dem Einmarsch beteiligt, unterstützte ihn aber und hielt Truppen der Volksarmee als Reserve an der Grenze bereit.
Einmarsch der faschistischen Truppen – Nach dem Einmarsch der Wehrmacht in die Tschechoslowakei (15./16. 3. 1939) wurde das »Reichsprotektorat Böhmen und Mähren« errichtet.
Die Begegnung mit Prof. Dietrich – Der Besuch fand in Berlin statt. ES hatte den Germanisten aus den USA 1968 bei einer Lesung während des jährlich stattfindenden Hochschulferienkurses in Weimar kennengelernt, zu dem ES und EvaS regelmäßig eingeladen wurden.
330 *herangetragenen Nötigungen* – ES notierte am 11. 7. 1980, dass er nach einem Gespräch mit Hermann Kant die Zustimmungserklärung des SV unterschrieb, allerdings unter der Bedingung, dass es zu keinen Reglementierungen gegen die Autoren käme, die nicht unterschrieben; zu ihnen gehörten u. a. Christa Wolf, Franz Fühmann, Anna Seghers; vgl. »Die Lage in den Lüften«, S. 222.
331 *Zmeck »Wunderwelt der Magie«* – Jochen Zmeck: »Wunderwelt der Magie«, Henschelverlag Kunst und Gesellschaft, Berlin 1965 ff.
332 *Ehrenburg ... Memoiren erschienen in Westdeutschland* – Die mehrteilige Autobiografie von Ilja Ehrenburg: »Ljudi, Godi, Shisn« (Moskau 1961, 1963, 1965) erschien in deutscher Übersetzung u. d. T. »Menschen. Jahre. Leben« im Kindler Verlag, München (1. Bd. 1962, 2. u. 3. Bd. 1965). Obwohl das Werk in der DDR erst 1978 bei Volk und Welt erscheinen konnte, gab es bereits seit dem VI. Parteitag (vgl. dritte Anm. zu S. 184) massive Kampagnen dagegen. – Die DDR-Ausgabe kam nur beschränkt in den öffentlichen Verkauf.
335 *Alex* – Vgl. siebente Anm. zu S. 35.
Staatsratstagung zu Fragen der Kultur – Sitzung des Staatsrates der DDR (18. 10. 1968) über »Die Aufgaben der Kultur bei der Entwicklung der sozialistischen Menschengemeinschaft«.
336 *Nachträge von der Reisewoche* – ES war zu Lesungen in Weimar, Jena und Erfurt.
337 *Prischwin, NORDWALDLEGENDE* – »Nordwald-Legende«, Roman (russ. ED 1954, dt. Ü 1961) von Michail Prischwin.
Else F. – Else Franke, von der Familie Strittmatter Tante Else genannt, war nach den missglückten Versuchen mit Kindermädchen (vgl. erste Anm. zu S. 209) halbtags als Hilfe im Haushalt angestellt; sie war darüber hinaus als Nachbarin in vielen Situationen behilflich.

Anmerkungen

342 *Zweig-Trauerfeier* – Arnold Zweig war am 26. 11. 1968 gestorben. Die Trauerfeier fand am 2. 12. im Deutschen Theater statt; ES nahm daran teil, aber nicht an dem Staatsbegräbnis.
Lowa hat wieder Arbeit – Lew Kopelew war 1960–1968 Mitarbeiter am Moskauer Institut für Kunstgeschichte Moskau, wurde entlassen und aus der Partei ausgeschlossen, nachdem er sich für Menschenrechte engagiert und gegen die Zerschlagung der Reformbewegung in der ČSSR protestiert hatte; vgl. auch Eintrag 17. – 19. 11. 1969.

343 *Wolodja* – Wladimir Steshenski.
Die umstrittene Faustaufführung – Die Inszenierung von Goethes Schauspiel »Faust I« durch Wolfgang Heinz und Adolf Dresen (Premiere 30. 9. 1968) am Deutschen Theater wurde von offizieller Seite als kulturpolitischer Skandal kritisiert, zumal die differenzierte Faust-Figur (Fred Düren) nicht dem von Ulbricht gern propagierten Typ des Nationalhelden entsprach. Das Stück lief nach Überarbeitungen bis 1973. – ES notierte am 6. 12., dass er Heinz angerufen und ihm »Mut zur Standhaftigkeit gegen die Besserwisser gemacht« habe.
mit Rodenberg ... den Mann getroffen – Hans Rodenberg war Mitglied des Staatsrates und in der Volkskammer stellv. Vorsitzender des Kulturausschusses.

344 *Präsident des Schriftstellerverbandes* – Nach Information von Gerhard Henniger an das MfS (2. 3. 1968) versuchte Anna Seghers ihr Amt als Vorsitzende des SV abzugeben; sie begründete dies mit ihrer Krankheit 1967/68 und ihrer Unzufriedenheit mit der unproduktiven Atmosphäre im Verband (vgl. Briefe 2, S. 500); das Ausscheiden wurde ihr jedoch erst 1978 gestattet.
Besetzung der Tschechoslowakei – Vgl. Eintrag 21. 8. 1968 und erste Anm. zu S. 306.
die Erzählung – »Ein Dienstag im September«.

345 *Die Grossmutter abgeholt* – Hedwig Braun aus Neuruppin. ES und EvaS waren vom 12. bis 18. 12. 1968 in Berlin.

347 *Im ganzen waren es also ... 487 Briefe* – Nach der Zählung am Ende eines jeden Heftes vom Jahr 1968.
die Eva für mich schrieb – Vgl. zweite Anm. zu S. 271.

348 *Hahnentritt* – Vgl. die Skizze »Der Hahnenschritt« in »Schulzenhofer Kramkalender«, Nr. 181.
ein Stück Autobiographie – Beginn autobiographischer Notizen, aus denen später die Roman-Trilogie »Der Laden« entstand.

349 *Jubiläumsjahr* – Der 20. Jahrestag der DDR am 7. 10. 1969.
in Vertretung von Anna – Anna Seghers war wiederholt im Krankenhaus.

349 *Rede zum Kongress* – VI. Kongress des DSV (28.–30. 5. 1969); Anna Seghers sprach die Begrüßungsworte, die Eröffnungsrede hielt Max Walter Schulz.
350 *in einem Offenen Brief* – Vermutl. Bezug auf den persönlichen Brief von ES an Günter Grass (Literaturarchiv der AdK, Grass 8987) vom 21. 8. 1961. Dem Schreiben ging ein offener Brief von Günter Grass und Wolfdietrich Schnurre voraus, den diese am 16. 8. 1961 im DSV für die Vorsitzende Anna Seghers übergeben hatten. Sie sprachen hier ihren Protest gegen den Bau der Berliner Mauer aus. Da sich Seghers zu der Zeit in Brasilien befand, nahm ES als Stellvertreter den Brief entgegen und verfasste das Antwortschreiben, in dem er die Argumentation der DDR-Führung wiederholte und die Grenzsicherung als Friedensmaßnahme darstellte, die von vielen Autoren in publizierten Beiträgen begrüßt worden sei; dagegen erhob er den Vorwurf, dass westdeutsche Schriftsteller u. a. nicht gegen das Verbot der KPD in der BRD protestiert hätten; der Brief ist mit dem 18. 6. 1961 datiert und endet »Mit kollegialem Gruß // Deutscher Schriftstellerverband« (ESA 138). Weder der offene Brief von Grass/Schnurre noch die offizielle Antwort wurden in der DDR-Presse veröffentlicht, stattdessen aber Reaktionen einiger Autoren auf den Brief, u. a. von Stephan Hermlin (»Sonntag«, 27. 8. 1961 und auszugsweise in ND, 20. 8. 1961). – ES verfasste am 21. 8. noch eine persönliche Antwort (Entwürfe dazu in ESA 138, ms. Durchschlag des Briefes in ESA 260). Er wiederholt hier z. T. wörtlich seine Argumentation des offiziellen Briefes, allerdings erweitert auf 3 Seiten, und warf Grass u. a vor, sich »publicity« verschaffen zu wollen. Der Brief trägt das Datum vom 21. 8. 1961 und ist nicht hs., sondern ms. mit »gez. Erwin Strittmatter« unterschrieben. Da der Brief auch unkorrigierte Tippfehler aufweist, ist es möglich, dass er ES nicht mehr vorgelegen hat, sondern von anderer Stelle abgeschickt wurde. (Möglicherweise erklärt sich daraus die Darstellung von Günther Drommer, die sich auf Informationen von EvaS stützt, ES habe den Brief nicht abgesandt; vgl. Drommer, Des Lebens Spiel, S. 150.) – Ein ms. Durchschlag des Briefes befindet sich in der Personalakte Strittmatter MfS/BStU AIM 11000/64.
352 *In Bobrowkis »Litauischen Clavieren«* – »Litauische Claviere«, Roman (1966) von Johannes Bobrowski.
353 *Hermann Kants dramatisierte »Aula«* – Das Stück »Die Aula«, nach dem gleichnamigen Roman (1965) von Hermann Kant, wurde in der überarbeiteten Fassung des Landestheaters Halle in den Kammerspielen des Deutschen Theaters aufgeführt (Premiere 18. 2. 1969).

353 *Arbeiter- und Bauernfakultät* – Ab 1949 an verschiedenen Universitäten der DDR eigenständige Fakultäten vor allem für Arbeiter- und Bauernkinder zur Erlangung der Hochschulreife.
Wellms »Wanzka« – Vgl. erste Anm. zu S. 310.
zurück in die Wälder – ES und EvaS fuhren am 1. 3. mit Mitarbeitern des Rundfunks zu einer Lesung nach Zeitz und kehrten am 3. 3. nach Schulzenhof zurück.
Erwin jr ... in Winterpension – Er besuchte die Oberschule in Rheinsberg, im Winter 1968/69 lebte er bei der Familie Gigas in Rheinsberg, danach im Internat und an den Wochenenden zu Hause, ab September 1970 fuhr er wieder mit dem Fahrrad von Schulzenhof nach Rheinsberg.
An der Geschichte (gestern!) gearbeitet – »Der Soldat und die Lehrerin«.
356 *Kongress der Schriftsteller* – Vgl. dritte Anm. zu S. 349.
übers Wochenende in Berlin – ES und EvaS blieben bis 29. 3. in B.
357 *Kellerkantine des Theaters* – Kantine des Berliner Ensembles.
Manuskript meines »Geschichten«-Buches – Manuskript von »Ein Dienstag im September«.
Zensurstelle – Vgl. sechste Anm. zu S. 102.
fünfzehn Geschichten – ES ergänzte den Band, der sich bereits im Druck befand, um die Erzählung »Der Soldat und die Lehrerin« und nannte den Untertitel »16 Romane im Stenogramm«.
358 *des begonnenen Kinderbuches* – »3/4hundert Kleingeschichten«.
das Projekt Zeiss-Jena – ES erwog nach Besuchen im VEB Carl Zeiss Jena (14. und 29. 9. 1968) sowie Gesprächen mit Wissenschaftlern und Technikern eine »durch und durch neue Arbeit«. Er notierte dazu unter dem Stichwort »Projekt Jena«: »[...] es geht mir vor allem um ein Experiment und um mir selber etwas zu beweisen, nämlich die alte Forderung von Emerson und Thoreau, die Technik als verwandelte (?) (als weitergeführte, vervollkommnetere) Natur in die Poesie einzubeziehen. Ich muss prüfen, ob das möglich ist!« (o. D.) Das Projekt mit dem Arbeitstitel »Jena und der Mond« scheiterte daran, dass ES bei Zeiss keinen Zugang zu Informationen erhielt, die ihm wichtig waren, und er befürchten musste, nicht frei über den Stoff verfügen zu können (Eintrag 25. 1. 1969). – Im VEB Carl Zeiss Jena wurden elektronische sowie optische Geräte hergestellt und eine Multispektralkamera für die Raumfahrt entwickelt.
359 *die EISLER-FAUSTUS-Diskussion* – Die scharfen Angriffe auf Hanns Eislers Opernlibretto »Johann Faust« (1952 im Aufbau-Verlag) bezogen sich vordergründig auf Fragen der Erbe-Rezeption, dienten aber der aktuellen Formalismus-Diskussion, die in diesen Debatten einen Höhepunkt erreichte. Ernst Fischer veröffentlichte

Anhang

dazu in »Sinn und Form« 1952, Heft 6, den Essay »Doktor Faustus und der deutsche Bauernkrieg«.

359 *Thesen Brechts* – »Thesen zur Faustus-Diskussion« von Bertolt Brecht in: »Sinn und Form« 1953, Heft 3/4; vgl. GBFA, Bd. 23, S. 246–249.
die moderne Faust-Inszenierung – Vgl. zweite Anm. zu S. 343.

361 *Christa Wolf, NACHDENKEN ÜBER CHRISTA T.* – Der Roman von Christa Wolf erschien nach langer Verzögerung der sogen. Druckgenehmigung (vgl. sechste Anm. zu S. 102) im März 1969 in beschränkter Auflage.
Das Einschreiben – U. a. notierte ES seit 3. 4. 1969 in einer Rubrik »Was die Dinge eigentlich sind. Mein Lexikon« Reflexionen zum Ursprung und zur Bedeutung von Begriffen aus dem Alltagsleben. Eine ähnliche Aufstellung hatte er bereits in den Spremberger Aufzeichnungen (vgl. dritte Anm. zu S. 285) vorgenommen.
Eckermanns Aufzeichnungen – Vgl. zweite Anm. zu S. 231.

362 *NOTIZEN AUF DEM KRANKENBETT* – Vorstufe für den gleichnamigen Text in »Wahre Geschichten aller Ard(t)«, S. 181. – Seit 21. 4. litt ES an einer fiebrigen Virusgrippe und war bettlägerig, zunächst in Berlin, ab 7. 5. in Schulzenhof, 13. – 15. 5. im Krankenhaus Gransee, wo seine Herz- und Lungenbeschwerden untersucht wurden.

363 *Brief ... an den Schriftstellerkongress* – Der Brief von ES an den VI. Kongress des DSV (vgl. dritte Anm. zu S. 349) wurde »als Gruß vom Krankenbett« mit der Dokumentation des Kongresses in »Sonntag« 25/1969 (Sonderbeilage) veröffentlicht. ES plädierte für ein reales Verhältnis von Trauer und Freude in Kunstwerken und polemisierte damit gegen kulturpolitische Kampagnen gegen Romane, in denen die Hauptfigur stirbt wie in »Ole Bienkopp« oder Christa Wolfs »Nachdenken über Christa T.«.

364 *Menschen auf dem Mond* – Am 21. 7. 1969 betrat der US-amerikanische Astronaut Neil Armstrong als erster Mensch den Mond.

366 *bis zum 17. Lebensjahr* – ES befand sich im 18. Lebensjahr, als er im März 1930 das Gymnasium verließ.

367 *von der Frau (erste Ehe!)* – Waltraud Strittmatter.

368 *Erwin ist ... ins Internat gegangen* – Vgl. fünfte Anm. zu S. 353.

369 *Vera Oe.* – Vera Oelschlegel.
die Verzögerung der Drucklegung seines zweiten Romans – Hermann Kants Roman, »Das Impressum«; vgl. dritte Anm. zu S. 309.
Weimar 21. September – Auszüge aus den Tagebuch-Notizen zur Weimar-Reise sind in »Wahre Geschichten aller Ard(t)«, S. 207 bis 210, enthalten.

370 *Zeitgenosse ESTE* – Weitere Tagebuch-Notizen mit der Figur Este lassen vermuten, dass ES eine autobiographisch geprägte Serie

beabsichtigte; vgl. auch »Wahre Geschichten aller Ard(t)«, S. 221: »Este und die vierte Dimension«.
371 DIE FEIERLICHKEITEN – Zum 20. Jahrestag der Gründung der DDR am 7. 10. 1969.
372 *Vietnam-Krieg* – Vgl. zweite Anm. zu S. 325. – Gegen die Kriegsführung der USA mit Einsatz von toxischen und chemischen Waffen gab es weltweit Proteste, auch in den USA.
Grenzstreitigkeiten – Im März 1969 kam es zu bewaffneten Zusammenstößen sowjetischer und chinesischer Armeeeinheiten im Grenzkonflikt am Fluss Ussuri; im September begannen Verhandlungen zur Lösung der Krise, die vertraglich erst 2005 beendet wurde.
Koalition – Nach der Wahl zum 6. Deutschen Bundestag (28. 9. 1969) wurde eine Koalitionsregierung aus SPD und FDP gebildet, die über eine schwache Mehrheit verfügte. Willy Brandt wurde als Bundeskanzler wiedergewählt.
die Araber und die Israelis – Nach dem sogen. Sechstagekrieg zwischen Israel und arabischen Ländern (vgl. dritte Anm. zu S. 286) gab es weitere Grenzzwischenfälle, besonders am Suezkanal, sowie Anschläge durch die Palästinensische Befreiungsorganisation (PLO).
373 »*Dr. Faustus*« – »Doktor Faustus. Das Leben des deutschen Tonsetzers Adrian Leverkühn, erzählt von einem Freunde«, Roman (1947) von Thomas Mann.
seine (bei uns unvollständig) veröffentlichten Briefe – Thomas Mann: »Briefe 1889–1936« (2 Bde.); »Briefe 1948–1955 und Nachlese«, Aufbau-Verlag, Berlin/DDR 1965 bzw. 1968.
»*Die Buddenbrooks*« – »Buddenbrooks. Verfall einer Familie«, Roman (1901) von Thomas Mann.
375 LOTTE IN WEIMAR – »Lotte in Weimar«, Roman (1939) von Thomas Mann.
377 *Freunde von fernher* – Nodar Kakabadse, Reso Karalaschwili; vgl. »Wahre Geschichten aller Ard(t)«, S. 212.
379 *der DALMATINER-Rüde* – Vgl. Eintrag 13. 4. 1969; der Hund hieß Assam, ES nannte ihn in den Notizen mitunter auch »Birkenhund«.
380 *Lew Kopelew ... Parteiausschluss* – Vgl. zweite Anm. zu S. 342.
XX. Parteitag – XX. Parteitag der KPdSU; vgl. zweite Anm. zu S. 26.
381 SOLSCHINITZIN *soll die Erlaubnis erhalten haben* – Alexander Solschenizyn; er wurde 1969 aus dem SV ausgeschlossen, reiste 1970 nicht zur Entgegennahme des Nobelpreises nach Helsinki aus Furcht, an der Wiedereinreise gehindert zu werden.
dass L. K. ... etwas mit dem Fall S. zu tun hat – Lew Kopelew engagierte sich wiederholt für Solschenizyn; beide waren 1947–1950 Häftlinge im gleichen Lager.

381 *im stalinistischen Straflager* – Alexander Solschenizyn verbrachte die Jahre 1945–1953 in Arbeitslagern, danach in der Verbannung zu, bis er 1957 rehabilitiert wurde. Über seine Lagererfahrung schrieb er mehrere Bücher, u. a. den Roman »Der Archipel Gulag«, nach dessen Veröffentlichung er 1974 aus der UdSSR ausgewiesen wurde.

382 *BRIEF in Sachen K. nahm Lydia G. mit* – Den Brief an Fedin, in dem sich ES für Lew Kopelew einsetzte, übergab er Lydia Gerassimowa. – Eine Kopie des Briefes befindet sich im ESA 264.
L. K. – Lew Kopelew.

383 *als ich in Weissensee … wohnte* – In der Zeit der Arbeit an der »Katzgraben«-Inszenierung lebte ES von Ende Februar bis Mai 1953 in der Wohnung von Bertolt Brecht und Helene Weigel in Berlin-Weißensee, Berliner Allee 190.

385 *Die wenigen Zeilen* – ES schrieb zuvor eine Glosse über mangelnde Verantwortungsbereitschaft von Kulturfunktionären sowie eine Fortsetzung der Serie von Kindheitserinnerungen unter dem Titel »Großvater geht durch die Küche«, die er später für die »Nachtigall«-Geschichten und für den »Laden«-Roman verwendete.

387 *Die Ferienzeit der Söhne geht zu Ende* – Jakob und Matthes besuchten die Schule in Dollgow, Erwin jr. in Rheinsberg, Ilja machte eine Lehre als Forstfacharbeiter in Kunstersprung bei Neuruppin.

388 *Ich … rumore in meiner Kinderzeit herum* – Vgl. Anm. zu S. 385.

389 *mit zeitlich ganz belanglosen Unterbrechungen* – Vgl. Eintrag 21. 12. 1964.

390 *DER »BRISCHENKAUM«* – In der für »Wahre Geschichten aller Ard(t)« überarbeiteten Fassung (Datum hier 3. 2. 1969) heißt es »Brischkenbaum«; a. a. O., S. 170 f.

391 *Kukurellisten* – Bezug auf Alfred Kurella.
»Der Druck« – Selbstzitat; in »Ole Bienkopp« heißt es: »Kreissekretär Wunschgetreu hat ›Druck‹ befohlen.«
»DIE WOCHENPOST« brachte ein Interview – Innerhalb der Serie »Schriftsteller der DDR über sich und ihre Werke« veröffentlichte die »Wochenpost« am 13. 2. 1970 ein Interview mit ES, das die Journalisten M. Thampi (Indien) und Mohammed Asadullah (Pakistan) führten. Außer nach der Arbeit mit Brecht wurde ES nach Autoren gefragt, die Einfluss auf ihn gehabt hätten; ES nannte Traven, Laxness, Prischwin und Tolstoi.

392 *Parteitante Braemer* – Edith Braemer.
Entfremdungstheorie – Nach der Theorie des sozialistischen Realismus galten künstlerische Darstellungen entfremdeter Beziehungen in der Gesellschaft nur für kapitalistische Bedingungen; vgl. Kulturpolitisches Wörterbuch, Berlin: Dietz Verlag 1978.

393 *Der kleine Minister* – Klaus Gysi.
394 *Bebusch* – Alexander Abusch; er war 1961–1971 stellvertretender Vorsitzender des Ministerrates der DDR.
das SCHÖNSTE BUCH DES JAHRES – Seit 1952 vom Ministerium für Kultur ausgerufener Wettbewerb; die Jury wurde vom Börsenverein der Deutschen Buchhändler bestimmt.
395 *Neubert* – Werner Neubert; er nahm als Chefredakteur der NDL und Mitglied des Vorstandes des DSV an den Sitzungen teil. Die A- und B-Promotion absolvierte er am Institut für Gesellschaftswissenschaften beim ZK der SED. – Ab 1969 arbeitete Neubert als IM für das MfS unter dem Decknamen Wolfgang Köhler (vgl. Sicherungsbereich Literatur); unter diesem Namen schrieb er am 16. 1. 1979 für das MfS ein negatives Gutachten zum »Wundertäter« III; vgl. BStU, MfS HA XX ZMA 4191.
396 *Treffen der Unterpräfekten* – Willy Brandt, Willi Stoph.
398 *Sohn Erwin begehrt gegen seinen Vater auf* – Erwin jr. verließ Anfang 1971 Schulzenhof; er studierte Schauspiel und legte sich 1972 den Künstlernamen Erwin Berner zu.
399 *DER PFERDERAUB ZU HORNOW* – Endgültiger Titel: »Als ich noch ein Pferderäuber war«; vgl. Eintrag vom 9. 6. 1970.
Geschichte DIE BLAUE NACHTIGALL – Bereits am 13. 3. 1970 hatte ES vom Tonband eine hs. Fassung in das Tagebuch übertragen; die Erzählung erhielt später den Titel »Die blaue Nachtigall«.
im Kinderbuch- und im Aufbau-Verlag – Der Band erschien 1971 im Kinderbuchverlag mit farbigen Illustrationen von Hans Baltzer und im gleichen Jahr in der Reihe Edition Neue Texte im Aufbau-Verlag.
400 *Rekrutenleben* – Sohn Ilja hatte sich freiwillig für einen dreijährigen Dienst bei der Nationalen Volksarmee (NVA) verpflichtet, u. a. weil er hoffte, damit leichter einen Studienplatz und ein Stipendium zu erhalten, um von den Eltern unabhängig zu sein; vgl. LuL, S. 162. Er absolvierte 1973–1976 ein Studium zum Forstingenieur.
Rossegger – Peter Rosegger.
402 *Joh.-R.-Becher-Medaille* – Johannes-R.-Becher-Medaille; Preis des Kulturbundes für besondere »kulturpolitische Leistungen«, benannt nach dem ersten Präsidenten des Kulturbundes Johannes R. Becher. Den Preis gab es in Bronze, Silber und Gold; ES erhielt die Medaille am 3. 7. 1970 in Gold (ESA 785).
403 *Kulturbund ... ein Jubiläum* – Als »Kulturbund zur demokratischen Erneuerung Deutschlands« am 8. 8. 1945 gegründet.
5.–13. Juli – Im Tagebuch »5.–13. Juni«; hier korrigiert.
404 *WEIMAR ... Germanisten* – Jährlicher Hochschulferienkurs in Weimar.

405 *das Gedicht vom SANDLAND* – Eva Strittmatter: »Mark«.
ICH FAHRE WIEDER MOTORRAD – ES fuhr ein sogen. Mofa (Motorfahrrad).
406 *EREWENKEN* – Ein Spiel der Strittmatter-Kinder; vermutl. nach dem Buch »Der böse Geist von Jambui« (Leipzig: VEB Brockhaus 1969) von Grigori A. Fedossejew, in dem Ewenken dargestellt sind. – Ewenken: indigene Volksgruppen, die verstreut u. a. in Sibirien, China und der Mongolei leben.
bis die Mutter zurückkehrt – EvaS war von Anfang August bis 10. 8. im Krankenhaus in Berlin.
Sonderurlaub – Vgl. Anm. zu S. 400.
407 *14. August (Freitag)* – Geburtstag von ES.
Nikidski-Cad – *Nikitski Sad;* botanischer Garten.
408 *Nowoiski* – Walter Nowojski; er hatte 1963 die Lesungen von ES aus »Ole Bienkopp« im Radio DDR trotz zuvor erfolgter Verweigerung der Druckgenehmigung für den Roman verantwortet und war dafür gemaßregelt worden.
des Genossen WALTER – Walter Ulbricht.
409 *Carwitz* – Vgl. erste Anm. zu S. 219.
410 *das rechteckige Holzhäuschen* – Auch Gartenhäuschen genannt, vgl. vierte Anm. zu S. 117.
ZURÜCK nach Schulzenhof – ES war in Begleitung von EvaS am 28. 8. nach Rostock gefahren, um im dortigen Zoo einen Araber-Hengst zu besichtigen, den er bereits seit zwei Jahren für seine Zucht vorgesehen hatte; er kaufte Galba ben Afas am 5. 11. 1970.
411 *dass sie warten kann* – Der Debütband von EvaS (»Ich mach ein Lied aus Stille«) erschien 1973 in einer Zusammenstellung, die im Wesentlichen von Günter Caspar veranlasst worden war; vgl. LuL, S. 119.
412 *Evas Gedichte ... in der NDL* – NDL 9/1970, zuvor erschienen einige Gedichte von EvaS in der NDL 2/1966 und 1/1968; danach weiter in unregelmäßiger Folge, aber kontinuierlich.
vier jener halbautobiographischen Erzählungen – »Wie ich meinen Großvater kennenlernte«, »Als ich noch ein Pferderäuber war«, »Schneewittchen«, »Die blaue Nachtigall«.
einen getreulichen Arbeitsbericht – Zu solchen Berichten kam es bei diesem Band nicht; eine detaillierte Werk-Dokumentation hielt ES aber später während der Arbeit am »Wundertäter« III in den Tagebüchern fest; vgl. »Die Lage in den Lüften«.
414 *DIE KARTAUSE VON PARMA* – Deutsche Übersetzung von »La Chartreuse de Parme«, Roman (1839) von Stendhal.
für den Romanschreiber ... beachtenswert – Am Beispiel der »Kartause von Parma« und der Korrespondenz zwischen Balzac und

Stendhal beschäftigte sich ES eingehend mit methodischen Fragen des Romanschreibens.

415 *A* – Von ES häufig als Kürzel im Sinne einer Überschrift für Aphorismen benutzt.

418 *Grossmutter väterlicherseits* – Dorothea Strittmatter, in zweiter Ehe verh. mit Gottfried Jurischka.

419 *A* – Vgl. Anm. zu S. 415.

420 *14. Januar* – Im Tagebuch »Dezember«; hier korrigiert.
SITZUNG BEIM STAATSRAT – Am 14. 1. 1971 fand im Staatsrat der DDR eine sogen. Ideenberatung mit Schriftstellern und bildenden Künstlern zum Thema »Neues im Leben – Neues in der Kunst« statt.

421 *Hermann ... Vera* – Hermann Kant, Vera Oelschlegel.
Ihr jüngster Bruder – Fried Oelschlegel.
Mutters Geburtstag – 7. Februar.
Tante und Onkel – Marga und Ernst Zech aus Hornow.

424 *Briefe, die mir der Vater übergab* – Während des Besuches mit EvaS, Matthes und Jakob am 17./18. 2. in Bohsdorf.
Kraft der Gänseblume – Vgl. »Schulzenhofer Kramkalender«, Nr. 96.
ein neues Wohnhaus – Vgl. Einträge vom 25. 8. und 9. 9. 1970.

425 »*GAMMLER*« – Seit dem Politbürobeschluss gegen das »Auftreten der Rowdygruppen« (Oktober 1965) und dem 11. Plenum des ZK der SED (vgl. Anm. zu S. 270) gab es drastische Repressalien gegen unangepasste Jugendliche, die Beatmusik hörten und lange Haare trugen.

426 *für das Haus* – Vgl. dritte Anm. zu S. 424.

427 *Telegramm aus Sarajewo* – EvaS war am 6. 4. zu einem Lyrik-Festival nach Sarajewo gereist.

430 *die Urkunde* – Ein ms. Durchschlag liegt im Heft 7. – 27. 4. 1971. – Im Text werden die Bestimmung des Hauses und die Lebenssituation kurz beschrieben, die Handwerker und der Architekt genannt sowie die politische Situation des Landes; er endet: »Wir geben dieses kleine Dokument in das Grundgemäuer des Hauses, und wenn es dereinst gefunden wird, weil das Haus durch einen Krieg vernichtet wurde, so wird die Generation, der die Kinder angehören, kein Recht haben uns zu verurteilen und verächtlich auf uns, unsere Zeit und unsere Generation zurückzublicken. // Wenn das Dokument gefunden wird, weil das Haus alterte, so wie wir und alle Dinge auf der Welt altern, so wird das ein Zeichen sein, daß die Vernunft in der Menschheit zunahm und die Finder des Dokuments mögen in diesem Falle bedenken, daß auch wir unseren Anteil am Wachsen der Vernunft haben.«
den Lebensbericht der SALKA VIERTEL – Salka Viertel: »Das unbelehrbare Herz« (1969); in Hollywood unterhielt Viertel einen

Salon, der von vielen Prominenten und Emigranten, u. a. Brecht, besucht wurde, und schrieb Drehbücher für Greta Garbo.
430 *Galilei-Aufführung mit LAUGHTON* – »Leben des Galilei«, Stück (1938/39) von Bertolt Brecht, Premiere der von Brecht und Laughton hergestellten engl. Fassung am 30. 7. 1947 im Theater von Beverly Hills mit Charles Laughton.
431 *Ablösung des »Meisters aller Meister«* – Walter Ulbrichts.
432 *WALTER ULBRICHT ... »zurückgetreten«* – Am 12. 4. 1971 forderte Leonid Breschnew Ulbricht auf, zurückzutreten, der dann am 3. 5. seinen Rücktritt von der Funktion des Ersten Sekretärs des ZK der SED erklärte und als seinen Nachfolger Erich Honecker vorschlug.
Honnecker – Erich Honecker.
Der Tod der Weigel – Helene Weigel starb am 6. 5. 1971.
433 *in den Karelischen Wäldern* – Vom November 1942 bis Juli 1943 war ES mit dem Polizei-Gebirgsjägerregiment 18 in Finnland stationiert.
Rilkes GESCHICHTEN VOM LIEBEN GOTT – »Vom lieben Gott und Anderes« (1900), ab 1904 »Geschichten vom lieben Gott«.
Monette Schober – Freundin von ES seit seiner Ausbildungszeit zum Polizeigebirgsjäger (1942) in Reutte (Tirol); der spätere Briefkontakt in der Nachkriegszeit endete nach der Vermählungsanzeige von Monette und setzte 1974 wieder ein.
434 *die bald darauf gehenkt wurden* – Bezug auf die Kriegsverbrecherprozesse in Nürnberg (November 1945 bis April 1949).
STUNDENBUCH – »Das Stunden-Buch«, dreiteiliger Gedichtzyklus (1905) von Rainer Maria Rilke.
an die Leser ... innewohnt – Diese Passage steht wegen der Unterbrechung der Notiz am Ende der Tageseintragung.
mit Briefen und Tagebüchern aus der Kriegszeit – Die Sendung enthielt Briefe der Eltern und Geschwister an ES sowie Tagesnotate, Aphorismen, Gedichte und Texte von ES sowie einen handgebundenen kleinen Band mit dem Titel »Lyrik und Prosa« (Privatarchiv Jakob Strittmatter). Monette Büchele hatte diese Dokumente während des Krieges für ES aufbewahrt.
437 *Rilkes Briefe an Benvenuta ... Hatingberg* – Magda von Hattingberg gab ihren Briefwechsel mit Rainer Maria Rilke unter dem Titel »Rilke und Benvenuta« (ED 1943) heraus.
439 *DAS HAUS steht da* – Vgl. Eintrag zur Grundsteinlegung am 19. 4. 1971.
EVAS RÜCKKEHR – EvaS nahm am Struga-Festival in Makedonien (25. – 29. 8. 1971) teil; vgl. BaS, 30. 6. 1971.
440 *MAZEDONIEN* – (auch: Makedonien); 1946–1991 Teilrepublik von Jugoslawien.

Anmerkungen

441 *Bruno und Mike* – Bruno und Maria (Mike) Skodowski.
Kantschlegel – Hermann Kant, Vera Oelschlegel; vgl. erste Anm. zu S. 287.
auf der Autobahn – ES fuhr in Begleitung von EvaS zu einer Lesereise nach Sangerhausen und Heiligenstadt. – Die Tagebuch-Eintragungen des Jahres 1971 enden am 21. 10. ES legte Kopien von zwei Briefen an den Vater (8. 11. 1971 und 4. 1. 1972) mit der Erklärung bei, dass sie »mit einigen äusserlichen Geschehnissen festhalten [sollten], was uns möglicherweise innerlich bewegte und geschah«. In den Briefen berichtete ES vom Hausbau, vom Zustand der Pferde und teilte mit, dass er am 4. 1. 1972 das Manuskript für den Band »Die blaue Nachtigall oder Der Anfang von etwas« abgeschlossen habe, der zu seinem Geburtstag erscheinen solle. Seine Hauptbeschäftigung gelte aber dem Roman.
443 *die PASTORALE* – Sinfonie Nr. 6 F-Dur op. 68 (Pastorale) von Ludwig van Beethoven.
»Das Impressum« von Hermann Kant – Vgl. dritte Anm. zu S. 309.
445 *Poesiefestival* – Puschin-Festival; vgl. zweite Anm. zu S. 324.
Grossvater – Matthes Kulka.
446 *am 8. Juni* – EvaS kam am 12. 6. zurück.
447 *BANNER DER ARBEIT* – Staatliche Auszeichnung (Orden) der DDR für Einzelpersonen oder Kollektive.
449 *DIE STAATSSICHERHEIT* – Ob es sich in den geschilderten Fällen tatsächlich um Mitarbeiter des MfS handelte, konnte nicht ermittelt werden, allerdings waren derartige Verunsicherungen vom MfS durchaus gewollt und wurden in bestimmten Fällen gezielt herbeigeführt; vgl. Sicherungsbereich Literatur.
einen dritten Versuch – Vgl. Eintrag vom 5. 6. 1967.
DER MALTE – »Die Aufzeichnungen des Malte Laurids Brigge« (1910) von Rainer Maria Rilke.
Dann schrieb ich kein Tagebuch mehr – Der letzte Eintrag davor war vom 21. 7.
Mein 60. Geburtstag – Am 14. 8. 1972.
450 *Buchhandlung »Internationales Buch«* – In der Spandauer Straße in Ost-Berlin.
Nun rüsten wir zu einer Reise – Über die Reise (20. 10. – 10. 11. 1972) schrieb ES in den Tagebüchern vom 6. 12. 1972 bis 17. 3. 1973 zwischen den aktuellen Eintragungen »Erinnerungen an eine Reise«; vgl. Einträge 25. 2., 2. 3., 17. 3. 1973 sowie auch BaS, S. 328–335.
452 *etwas kurzatmiger* – Außer den »Erinnerungen an eine Reise« begann ES mit einer neuen Serie »Aus der Kindheit«, die er später für die »Laden«-Trilogie verarbeitete. Auf Auszüge in dieser Edition musste aus Umfanggründen verzichtet werden; vgl. aber Leo, Die Biographie.

Anhang

454 *FISCHKONZERT ... verfilmt* – Die Verfilmung des Romans »Das Fischkonzert« (1957, dt. Ü 1961) von Halldór Laxness (Regie Rolf Hädrich) hatte 1973 im Fernsehprogramm des Norddeutschen Rundfunks Premiere; im DDR-Fernsehen wurde sie erst 1975 ausgestrahlt.

455 *einige Aufzeichnungen für das Buch zu machen, das DER LADEN heissen soll* – Dazu gehörten vermutl. bereits die Erinnerungen »Aus der Kindheit«; vgl. Anm. zu S. 452.

456 *GALSANS WEGEN* – Vgl. erste Anm. zu S. 327. – Das Buch von Galsan Tschinag (»Eine turwinische Geschichte und andere Erzählungen«) erschien 1981 mit einem Nachwort von ES im Ost-Berliner Verlag Volk und Welt.
Roman – Beginn der Arbeit am »Wundertäter« III.

457 *KREBSSTATION ... im Fernsehen* – Zweiteiliger Fernsehfilm (1970) nach dem gleichnamigen Roman (1968) von Alexander Solschenizyn (R: Heinz Schirk).

458 *unser Bobby* – Erich Reimer.
Lowa – Lew Kopelew.
Lydia – Lydia Gerassimowa.

459 *Einführung der Fünf-Tage-Woche* – In der DDR ab 28. 8. 1967; für diese Reform wurden einige Feiertage abgeschafft (Ostermontag, Himmelfahrt, Bußtag, »Tag der Befreiung«).
Eva und die Kinder von der Bahn – EvaS war zwei Tage mit den Kindern Matthes und Jakob in Berlin.

460 *DIE ERINNERUNG AN EINE REISE ... beendet* – Vgl. zweite Anm. zu S. 450.

461 *Vera* – Vera Oelschlegel.

462 *PICASSO STARB* – Pablo Picasso starb am 8. 4. 1973.
Fahnenabzug – Korrekturseiten vor dem endgültigen Druck.

464 *Neffe VOLKER* – Volker Strittmatter, Sohn von Heinrich Strittmatter.
ANKUNFT AUS BUDAPEST – ES und EvaS waren zu Lesungen in verschiedenen Städten, u. a. Debrecen, Szeged, Pécs, und besichtigten das Staatsgut in Bablona, wo Araber-Pferde gezüchtet wurden. In Budapest trafen sie u. a. die langjährigen Freunde Marianne Gábor und ihren Mann Mihai (Mitjú) Rónai.

465 *IN WARSCHAU ABGEFAHREN* – Vom 22. bis 25. 5. besichtigten ES und EvaS ein Gestüt mit Araber-Pferden in Janów Podlaski.

466 *FRIEDENSFAHRER* – Vgl. vierte Anm. zu S. 110.

467 *des Krebs-Professors Gummel* – Hans Gummel.
ein »Deutsches Lesebuch« – Die Anthologie »Deutsches Lesebuch. Von Luther bis Liebknecht«, die von Stephan Hermlin im Auftrag der Akademie der Künste der DDR herausgeben wurde, erschien 1978 im Verlag Philipp Reclam jun. Leipzig.

467 *Anna* – Anna Seghers.
468 *eine Geschichte über einen Hund* – »Flock« (ESA 829, 830).
469 *im »Kunstblatt der Jugend«* – »Kunstblatt der Jugend«, 3/1928.
470 AITMATOWS SCHAUSPIEL – »Begegnung am Fudschijama. Ein Dialog« von Tschingis Aitmatow und Daisata Ikeda. Ein Abdruck in »Sinn und Form« kam zu der Zeit nicht zustande; der Text erschien als Buch in deutscher Übersetzung 1992 im Unionsverlag Zürich. ES fertigte das Gutachten vermutl. als Mitglied des Redaktionsbeirats an.
471 *Eva ... in einem ihrer Gedichte* – Eva Strittmatter: »Mark«.
WELTFESTSPIELE – Die 10. Weltfestspiele der Jugend und Studenten fanden vom 28. 7. bis 5. 8. 1973 in Ost-Berlin statt.
Sein Nachfolger – Erich Honecker; vgl. erste Anm. zu S. 432.
473 *Beere* – Liliput-Stute; am 20. 5. 1973 in Stavenhagen gekauft.
DER HERRSCHER IST ALSO GESTORBEN – Walter Ulbricht starb am 1. 8. 1973.
476 *»Odyssee«* – Epos von Homer.
478 *dem Nazarener* – Jesus Christus, auch »Jesus von Nazareth«, nach seinem Herkunftsort, genannt.
479 *»Berliner-Illustrierten-Zeitung«* – »Neue Berliner Illustrierte«; vgl. zweite Anm. zu S. 102.
IN CHILE – Am 11. 9. 1973 putschte das Militär in Chile gegen den Präsidenten Salvador Allende; es kam zu massiven Menschenrechtsverletzungen und Ermordungen demokratisch gesinnter Chilenen. Der Vorsitzende der Militärjunta, Augusto Pinochet, regierte als Diktator bis 1990.
481 *Roman IMPRESSUM* – Vgl. dritte Anm. zu S. 309.
U. – Ulbricht.
meines Nachworts für sein Buch – Vgl. erste Anm. zu S. 456.
482 *Friedenskongress* – Weltkongress der Weltfriedenskräfte, 25. bis 31. 10. 1973 in Moskau.
483 *die beiden Jungen* – Matthes und Jakob.
einige Impressionen – ES schrieb ab 3. 11. Erinnerungen an den Kongress.
484 *Junge Autoren des Verlages* – Der Aufbau-Verlag führte regelmäßig im Herbst eine Arbeitstagung mit vorwiegend jungen Autoren durch; sie fand in Bad Saarow im Haus des Schriftstellerverbandes statt. Als Gäste wurden auch ältere Autoren des Verlages eingeladen.
SAKOWSKI ... *aus seinem neuen Roman* – Radio DDR II sendete am 10. 11. 1973: »Helmut Sakowski liest aus dem Manuskript seines neuen Romans ›Daniel Druskat‹«; der Roman erschien 1976.
meine Worte (vom Krankenlager) – Bezug auf den Brief von ES an den VI. Kongress des DSV; vgl. Anm. zu S. 363.

484 *der Christa Wolfschen Verfemung* – Christa Wolf wurde für ihren Roman »Nachdenken über Christa T.« (vgl. erste Anm. zu S. 361) massiv kritisiert, die Vorwürfe bezogen sich besonders auf den Tod der zentralen Figur Christa T.
EIN SCHRIFTSTELLERKONGRESS ist gewesen – Der VII. Kongress des SV fand vom 14. bis 16. 11. 1973 statt. Hier erfolgte die Umbenennung von »Deutscher Schriftstellerverband« in »Schriftstellerverband der DDR«. ES hielt in der Arbeitsgruppe »Schreiber und Leser« ein Referat über Leserbriefe.
486 *bestürzt über seinen Antisemitismus ... auch bei Gotsche* – Worauf ESs Meinung über Helmut Holtzhauer und Otto Gotsche basiert, lässt sich aus den Tagebüchern nicht erkennen.
487 *Lesebuch* – Vgl. zweite Anm. zu S. 467. Der Luther-Text blieb am Anfang der Anthologie stehen.

Chronik

1912 14. 8.: Geburt von Erwin Strittmatter in Spremberg. Vater: Heinrich Strittmatter, Mutter: Helene Strittmatter, geb. Kulka.
1919 Ostern: Einschulung in Graustein. Juni: Übersiedlung der Familie nach Bohsdorf.
1924 Realgymnasium in Spremberg.
1929 Abbruch der Schule.
1930 Bäckerlehre in Spremberg.
1931 Fortsetzung der Bäckerlehre in Pretzsch.
1932 April: Abschluss der Lehre als Bäckergeselle. Arbeit in der Bäckerei des Vaters in Bohsdorf. Zusätzliche Gelegenheitsarbeiten, u. a. Zucht von Angorakaninchen, Zeitungsausträger.
1934 Kurzfristige Inhaftierung durch SA in Döbern.
1935 April – Oktober: Leiter der Tierzuchtfarm »Diwa« in Dinslaken (Niederrhein), November (bis Januar 1936) Volontär in den Ortenburgischen Zuchtbetrieben Tambach (Oberfranken). Bekanntschaft mit Waltraud Kaiser.
1936 September (bis Mai 1937): Angestellter bei Hedwig Ruetz in Beulwitz (Saalfeld).
1937 Mai bis September: Pferdepfleger bei der Heeresstandortverwaltung Saalfeld, September bis Oktober: Hilfsarbeiter in der Thüringischen Zellwolle A. G. Schwarza, November (bis Mai 1938): Geflügelzüchter auf dem Mühlgut in Reschwitz bei Saalfeld. 4. 11.: Heirat mit Waltraud Kaiser.
1938 Geburt des Sohnes Ulf. Wohnung in Saalfeld, Saalwiesen 2. Juni bis August: Hilfsarbeiter in der Optischen Anstalt Saalfeld, August bis Oktober: Montagehelfer im Maschinenbaubetrieb Darmstadt, ab Oktober: Hilfsarbeiter in der Thüringischen Zellwolle AG Schwarza.
1939 Geburt des Sohnes Knut.
1940 Erster Bruch mit Ehefrau Waltraud. November: Wohnung in Bad Blankenburg. Facharbeiter in der Thüringischen Zellwolle AG Schwarza (bis 20. 2. 1941).
1941 1. 3.: Einberufung als Reserve-Polizist zum Polizeibataillon 325, Halle, das 1942 als III. Bataillon in das Polizei-Gebirgsjäger-

Regiment 18 integriert wird. Ausbildung in Eilenburg. Rang: Wachtmeister/Oberwachtmeister. Oktober: Stationierung und Einsatz zur Partisanenbekämpfung in Krainburg (Kranj/ Slowenien). Ende Oktober bis Ende Dezember Einsatz in Krakau.

1942 Januar: Wieder Stationierung in Krainburg und Einsatz in Slowenien. Seit März: Schreiber des Bataillons. Mai bis Juli und Oktober: Weitere Spezialausbildung des Bataillons als Gebirgsjäger in Reutte (Tirol). Strittmatter lernt Monette Schober kennen. Juli bis September erneuter Einsatz in Oberkrain. Ab November: Verlegung des Regiments nach Finnland (Karelien).

1943 Umbenennung von Strittmatters 1942 neu formiertem Regiment in »SS-Polizei-Gebirgsjägerregiment Nr. 18«, das Teil der Ordnungspolizei bleibt. Ab Juli Verlegung nach Griechenland. Oktober: Besetzung der Kykladen, Stationierung des Bataillonstabs auf die Insel Naxos.

1944 Januar: Abzug von Naxos, Verlegung des Regiments auf das Festland und Einsätze. Sommer: Strittmatter wird als Kriegsberichter für die Film- und Bildstelle der Ordnungspolizei nach Berlin-Spandau versetzt. Bekanntschaft mit Anna Angermann.

1945 Januar: Scheidung der ersten Ehe. Vermutl. April: Strittmatter taucht in Wallern/Südböhmen unter. Mai: Geburt des Sohnes Uwe (Mutter: Anna Angermann). Juni: Rückkehr nach Saalfeld. Arbeit als Gärtner auf dem Obstgut Gehlen. November: Umzug mit Sohn Knut zu den Eltern nach Bohsdorf. Arbeit als Bäcker, Neubauer, Kleintierzüchter. Erste Veröffentlichungen von Erzählungen.

1946 20. 8.: Heirat mit Anna Angermann. Beginn der Arbeit am *Ochsenkutscher*.

1947 Mitglied der SED. Amtsvorsteher und Standesbeamter für den Amtsbezirk Bohsdorf. Volkskorrespondent. Veröffentlichung von Kurzgeschichten und Reportagen.

1948 Anstellung als Lokalredakteur der »Märkischen Volksstimme« in Senftenberg und Frankfurt/Oder.

1949 Geburt des Sohnes Thomas. Umzug mit der Familie nach Spremberg, Leipziger Straße 5.

1950 Mitglied des Landesvorstands Brandenburg des DSV, Leiter der Arbeitsgemeinschaft »Junge Autoren«. Wohnung in Spremberg, Johann-Strauß-Str. 1. *Ochsenkutscher* (Roman).

1951 Beendigung der Tätigkeit als Redakteur; freier Schriftsteller. Laienspiel: *Die neue Straße von Katzgraben*.

1952 Seit Februar Bekanntschaft mit Eva Braun. Beginn der gemeinsamen Arbeit mit Bertolt Brecht am Stück *Katzgraben*. Strittmatter lebt zunächst in Schmalenberg (Mark), dann vorübergehend im Berliner Künstlerclub »Die Möwe«, später in der Wohnung von Helene Weigel und Bertolt Brecht in Berlin-Weißensee. Mitglied des Bezirksverbands Berlin des DSV, Mitglied des zentralen Vorstands des DSV und der Kommission für Nachwuchsförderung.

1953 Gemeinsame Wohnung mit Eva Braun und ihrem Sohn Ilja aus erster Ehe in der Berliner Stalinallee 107. 3. 5.: Premiere des Stücks *Katzgraben* am Berliner Ensemble. Geburt des Sohnes Erwin. *Eine Mauer fällt* (Erzählungen). Erster Nationalpreis der DDR von insgesamt fünf (1955, 1964, 1976, 1984).

1954 Juni: Mit Bertolt Brecht nach Amsterdam und Paris. Scheidung der zweiten Ehe. Ab Juli: Hauptwohnsitz von Erwin Strittmatter und Eva Braun wird Schulzenhof bei Gransee, Zweitwohnung in Berlin, Stalinallee 292. Ab November lebt auch Sohn Knut in Schulzenhof. *Tinko* erscheint im Kinderbuchverlag; *Der Ochsenkutscher* als Neuausgabe im Aufbau-Verlag, der Strittmatters Stammverlag wird.

1956 14. 6.: Heirat mit Eva Braun. Dritter Vorsitzender des DSV. Arbeit am Filmszenarium »Tinko« zus. mit Eva Strittmatter.

1957 »Tinko« (DEFA-Film). *Der Wundertäter* (Roman. Erster Teil).

1958 Mitglied der LPG Dollgow. Geburt des Sohnes Matthes. Anwerbung als Geheimer Informant durch das MfS, Kontakte bis 1961.

1959 Februar: 1. Sekretär des DSV. *Pony Pedro* erscheint im Kinderbuchverlag. Vaterländischer Verdienstorden der DDR in Silber. Mitglied der Akademie der Künste.

1960 Juli: Gesundheitlicher Zusammenbruch. Vorläufige Entbindung von der Verbandsfunktion. 6. 10.: Premiere des Stücks *Die Holländerbraut* am Deutschen Theater, Berlin.

1961 Mai: Offizielle Entlastung von der Funktion des 1. Sekretärs des DSV. Wegen Strittmatters öffentlicher Zustimmung zum Bau der Berliner Mauer stoppt der S. Fischer Verlag die Auslieferung seiner bereits gedruckten Ausgabe des *Wundertäter*.

1963 11. 3.: Abschluss der Arbeit am Roman *Ole Bienkopp*. Geburt des Sohnes Jakob. November: Nach intensiver parteiinterner Kritik erscheint *Ole Bienkopp*; kontroverse öffentliche Diskussionen um den Roman in den nächsten Monaten.

1964 Gesundheitlicher Zusammenbruch, lange Rekonvaleszenz.

1965 Adoption von Eva Strittmatters Sohn Ilja aus ihrer ersten Ehe. Im Sigbert Mohn Verlag, Gütersloh, erscheinen *Ole Bienkopp*, *Ochsenkutscher*, *Der Wundertäter*.

1966 *Schulzenhofer Kramkalender*. Fontane-Preis.

1967 Nach Abdruck der Erzählung *Die Cholera* in der Zeitschrift NDL 6/1967 Verbot der weiteren Publikation.

1968 Im Redaktionsbeirat von »Sinn und Form« (bis 1978).

1969 *Ein Dienstag im September. 16 Romane im Stenogramm.*

1971 *3/4hundert Kleingeschichten.*
1972 März: Beendigung der Bauarbeiten für ein neues Wohn- und Arbeitshaus. *Die blaue Nachtigall oder Der Anfang von etwas.* Auszeichnung mit dem Banner der Arbeit.
1973 *Der Wundertäter* (Roman. Zweiter Band). Beginn der Arbeit am Roman *Der Laden.* Stellvertretender Vorsitzender des DSV.
1974 Mai: Erstmals zur Kur in Piešťany, mit Eva Strittmatter jährlich bis 1998. Karl-Marx-Orden.
1975 Kunstpreis des FDGB.
1976 Nationalpreis der DDR für das Gesamtwerk.
1977 *Meine Freundin Tina Babe. Drei Nachtigall-Geschichten.* Mit Illustrationen von Hubertus Giebe: *Sulamith Mingedö, der Doktor und die Laus. Geschichten vom Schreiben.*
1978 Auf eigenen Wunsch aus dem Präsidium des SV ausgeschieden. Kunstpreis des FDGB. Oktober: Strittmatter übergibt dem Aufbau-Verlag das Manuskript des dritten Bandes des *Wundertäter.*
1979 September: Nach diversen Versuchen, das Buch aus politischen Gründen zu verhindern, wird die Druckgenehmigung für den *Wundertäter* erteilt.
1980 *Der Wundertäter* (Roman. Dritter Band) erscheint.
1981 *Selbstermunterungen* (Aphorismen).
1982 *Wahre Geschichten aller Ard(t). Aus Tagebüchern.* Vaterländischer Verdienstorden der DDR in Gold.
1983 *Der Laden* (Roman. Erster Teil).
1984 Nationalpreis der DDR für das Gesamtwerk.
1985 *Grüner Juni. Eine Nachtigall-Geschichte.*
1987 *Der Laden* (Roman. Zweiter Teil) – Ehrendoktor der Agrarwissenschaften an der Hochschule für Landwirtschaft in Meißen. Ehrenbürger von Dollgow. Begegnung mit Halldór Laxness in Island.
1988 Ehrenbürgerschaft der Kreisstadt Spremberg.
1990 *Die Lage in den Lüften. Aus Tagebüchern.*
1991 Austritt aus der Akademie der Künste.
1992 *Der Laden* (Roman. Dritter Teil). *Flikka. Eine Geschichte.* Beginn der Arbeit an *Vor der Verwandlung.* Letzte große Lesereise. Verfilmung der Roman-Trilogie *Der Laden.*
1993 Zunehmende Schwächung des Gesundheitszustandes.
1994 6. 1.: Tod des Sohnes Matthes.
31. 1.: Erwin Strittmatter stirbt in Schulzenhof.
5. 2.: Beisetzung auf dem Friedhof in Schulzenhof.

Die Angaben für die Zeit 1941 bis 1946 stützen sich auf Annette Leo: »Erwin Strittmatter. Die Biographie«.

Abkürzungsverzeichnis

Archive

Archiv DSV/ Archiv SV	Archiv des Deutschen Schriftstellerverbands/Archiv des Schriftstellerverbands der DDR im Literaturarchiv der Akademie der Künste, Berlin
ASA	Anna Seghers Archiv im Literaturarchiv der Akademie der Künste, Berlin
BStU	Behörde für die Unterlagen des Staatssicherheitsdienstes der DDR, Berlin
ESA	Erwin Strittmatter Archiv (Depositum) im Literaturarchiv der Akademie der Künste, Berlin
SAPMO BArch	Stiftung Archiv der Parteien und Massenorganisationen der DDR im Bundesarchiv, Berlin

Allgemeine Abkürzungen

AdK	Akademie der Künste
Anm.	Anmerkungen
BE	Berliner Ensemble
DAK/AdK	Deutsche Akademie der Künste (1950–1974) / Akademie der Künste der DDR (1974–1990)
DAW	Deutsche Akademie der Wissenschaften
DEFA	Deutsche Film AG
Drehbuch	Drehbuch
DSV/SV	Deutscher Schriftstellerverband / ab 1973 Schriftstellerverband der DDR
dt.	deutsch
e	entstanden
ED	Erstdruck
EV	Erstveröffentlichung
FDGB	Freier Deutscher Gewerkschaftsbund (der DDR)
FDJ	Freie Deutsche Jungend
HUB	Humboldt-Universität zu Berlin

Anhang

HV Verlage	Hauptverwaltung Verlage im Ministerium für Kultur der DDR
IM	Informeller Mitarbeiter (des MfS)
KPdSU	Kommunistische Partei der Sowjetunion
Kulturbund	Kulturbund zur demokratischen Erneuerung Deutschlands
MfS	Ministerium für Staatssicherheit der DDR
ms.	maschinenschriftlich
ND	»Neues Deutschland«, Tageszeitung, 1946–1989 Zentralorgan der SED
NDL/ndl	Neue deutsche Literatur/neue deutsche Literatur. Hrsg vom Deutschen Schriftstellerverband / Schriftstellerverband der DDR
o. D.	ohne Datum
PVAP	Polnische Vereinigte Arbeiterpartei
R	Regie
S.	Seite
SBZ	Sowjetische Besatzungszone Deutschlands
SED	Sozialistische Einheitspartei Deutschlands (1946–1989)
SMAD	Sowjetische Militäradministration
sowj.	sowjetisch
SU	Sowjetunion
SV	Schriftstellerverband
UA	Uraufführung
Ü	Übersetzung
u. d. T.	unter dem Titel
UdSSR	Union der Sozialistischen Sowjetrepubliken
VEB	Volkseigener Betrieb
VEG	Volkseigenes Gut
ZK	Zentralkomitee der Sozialistischen Einheitspartei Deutschlands
Zs.	Zeitschrift
//	Kennzeichnung für Zeilenbrechung bzw. Absatz

Bücher

BaS Eva Strittmatter: Briefe aus Schulzenhof Band 1 [1965–1975]. Berlin: Aufbau Taschenbuch Verlag 1996

Drommer, Des Lebens Spiel Günther Drommer: Erwin Strittmatter. Des Lebens Spiel. Eine Biographie. Berlin: Aufbau Taschenbuch Verlag 2000

GBFA Bertolt Brecht. Werke. Große kommentierte Berliner und Frankfurter Ausgabe. Hrsg. von Werner Hecht u. a. Berlin und Weimar: Aufbau-Verlag, Frankfurt am Main: Suhrkamp Verlag 1989 ff.

Leo, Die Biographie   Annette Leo: Erwin Strittmatter. Die Biographie. Berlin: Aufbau Verlag 2012 (benutzt wurde das Druck-Manuskript)

LuL   Irmtraud Gutschke: Eva Strittmatter. Leib und Leben. Berlin: Das Neue Berlin 2008

Mittenzwei, Die Intellektuellen   Werner Mittenzwei: Die Intellektuellen. Literatur und Politik in Ostdeutschland 1945–2000. Leipzig: Verlag Faber & Faber 2001

Reimann, Tagebücher, 1955–1963   Brigitte Reimann: Ich bedaure nichts. Tagebücher 1955–1963. Hrsg. von Angela Drescher. Berlin: Aufbau-Verlag 1997

Reimann, Tagebücher,1964–1970   Brigitte Reimann: Alles schmeckt nach Abschied. Tagebücher 1964–1970. Hrsg. von Angela Drescher. Berlin: Aufbau-Verlag 1998.

Seghers, Briefe 2   Anna Seghers: Briefe 1953–1983. Hrsg. von Christiane Zehl Romero und Almut Giesecke. Berlin: Aufbau Verlag 2010

Sicherungsbereich   Joachim Walther: Sicherungsbereich Literatur. Schriftsteller und Staatssicherheit in der Deutschen Demokratischen Republik. Berlin: Ch. Links Verlag 1996

Werkregister

Romane/Erzählungen

Der kleine Gott oder der Tölt (2002*)   288
Der Laden. Roman. Erster Teil (1983)   348 455 487
Der Wundertäter. Roman. Erster Band (1957)   17 f. 23 25 27 37
  43 f. 46 51 54 f. 57 f. 65 71 76 79 f. 82 84 88 90 f. 94. 98–101
  105 f. 127 129 131 143 157 175 192 248 434 487
Der Wundertäter. Roman. Zweiter Band (1973)   131 265 271 281
  291 297 304 349 358 401 412 f. 426 f. 436 ff. 441–445 447 449 f.
  462 478f 481 f.
Der Wundertäter. Roman. Dritter Band (1980)   453 456 459 461 f.
  464 470 ff. 485 ff.
Die blaue Nachtigall oder Der Anfang von etwas (1972)   399 450 472
  Als ich noch ein Pferderäuber war   399 401
  Die blaue Nachtigall   399 412 415
  Schneewittchen   391 412
Die Cholera (1967)   286 320–324
Die Hand (2002*)   314
3/4hundert Kleingeschichten (1971)   358 f. 361 363 368 376 399 436
  Birken   314
  Der Tod meiner Fliege   279 282
  Ponyweihnacht   282
Ein Dienstag im September. 16 Romane im Stenogramm (1969)   304
  323 357 f. 384 394
  Auf dem Korso von Jalta   304 f. 309
  Bedenkzeit   362
  Damals auf der Farm   245 247 282
  Der Soldat und die Lehrerin   350 352 f.
  Die Katze und der Mann   304
  Ein Dienstag im September   344
  Eine Kleinstadt auf dieser Erde   327 338 343
  Hasen über den Zaun   290 292
  In einer alten Stadt   292
  Kraftstrom   279 282 293 392
  Meine arme Tante   282

Werkregister

Entensuche s. Ole Bienkopp
In der Grotte (2002*)   286
Kalenderbuch s. Schulzenhofer Kramkalender
Kinderbuch s. 3/4hundert Kleingeschichten
Ochsenkutscher. Roman (1950)   86 97 248 433
Ole Bienkopp. Roman (1963)   90 93 145 148 f. 151 f. 155 ff. 160 f. 166–170 172 174 176 ff. 180 ff. 187 ff. 192–196 198 ff. 203 205 ff. 217 221 f. 224–227 231 f. 234–240 248 ff. 263 269 290 353 481 484 487
Paul und die Dame Daniel (1956) 20 f.
Pony Pedro (1959)   83 85 88 90 92 103 107 110 116 161
Pony-Buch s. Pony Pedro sowie Projekte
Reiterbuch s. Schulzenhofer Kramkalender
Schulzenhofer Kramkalender (1966)   209 215 223 f. 237 271 ff. 277 283 304 306 357 359 365 384 424
   Großvaters Tod   298
Selbstermunterungen (1981)   272 277 286 288 f.
Soada s. Damals auf der Farm
Tinko (1954)   7 15 43 85 146 205 345

Stücke

Katzgraben. Szenen aus dem Bauernleben (UA 1954)   7 60 81 94 107 179 271 357
Katzgraben. Szenen aus dem Bauernleben. Mit einem Nachspiel Katzgraben 1958 (UA 1958)   107 110
Die Holländerbraut. Schauspiel in fünf Akten (UA 1960)   110 118 f. 129 131 133 136 138 f. 145 147 f. 150 f. 179 263

Reportage

Besuch bei Brecht heute (1957)   78

Gedichte

Auch ein Reiterlied (1962, unveröff.)   173
Buchenwald-Lied (1958, unveröff.)   116 ff.
Der Windhalm wogt (1967, unveröff.)   290
Psalm unserer Tage. Atomkriegsgedicht (1955, EV u. d. T.: Handzettel für einige Nachbarn 1957)   81
Traktorenwäsche (1953)   101

Anhang

Filmszenarien zus. mit Eva Strittmatter

Darf der das denn? (DEFA-Kurzfilm für die Serie »Stacheltier«, 1958)
    100 f. 104 128
Tinko (DEFA-Film, 1957)   18 23 f. 27 f. 30 38 55 f. 62 78

Fragmente / Projekte

Pony-Buch (1962)   161
Jena und der Mond (1969)   358
Der Ball fand nicht statt / Das große Fest (1955)   17 20

Die mit *gekennzeichneten Titel wurden in dem von Eva Strittmatter 2002 herausgegebenen Band »Geschichten ohne Heimat« erstveröffentlicht.

Personenregister

Abusch, Alexander (1902–1982), 1954–1961 stellv. Minister für Kultur, 1958–1961 Minister für Kultur   35 198 225 237 394 431
Aitmatow, Tschingis (1928–2008), kirgis. Schriftsteller   470
Allende Gossens, Salvador (1908–1973, Suizid), Arzt, 1970–1973 Präsident von Chile   479
Angelus Silesius (1624–1677), Lyriker, Mystiker   312
Apel, Erich (1917–1965, Suizid), 1963–1965 Vorsitzender der Staatlichen Plankommission, Stellvertretender Vorsitzender des Ministerrates   269
Apitz, Bruno (1900–1979), Schriftsteller   180 198 210 311 315
Appen, Karl von (1900–1981), Bühnenbildner, ab 1953 Zusammenarbeit mit Brecht, bis 1981 Chefbühnenbildner des Berliner Ensembles   94
Aragon, Louis (1897–1982), franz. Schriftsteller   455
Armstrong, Neil (geb. 1930), US-amerik. Astronaut, erster Mensch auf dem Mond   364

Babel, Isaak E. (1894–1940, hingerichtet), russ. Schriftsteller, Opfer des stalinistischen Terrors   244 445 483
Baierl, Helmut (1926–2005), Dramatiker   183
Baisettes, Gaston (geb. 1901), franz. Arzt, Schriftsteller   455
Ballmann, Herbert (1924–2009), Film- und Theaterregisseur   18 23 f. 27 30 33 56
Baltzer, Hans (1900–1972), Grafiker, Buchillustrator   116 118 399
Balzac, Honoré de (1799–1850), franz. Schriftsteller   276 399 414
Barthel, Kurt (Kuba) (1914–1967), Schriftsteller; 1952–1954 Sekretär des DSV   35 58 f. 173
Bashan (Bažan) Mikola (1904–?), ukrain. Lyriker, Übersetzer   210
Baum, Werner, Mitarbeiter im Ministerium für Kultur   169
Baumert, Gerhard s. Holtz-Baumert, Gerhard
Becher, Johannes R. (1891–1958), Schriftsteller, Lyriker; Mitbegründer und erster Präsident des Kulturbunds, 1953–1956 Präsident der DAK, 1954–1958 Minister für Kultur   25 35 69 84 124 225 467

Becher, Lilly, geb. Korpus (1901–1978), Publizistin; verh. mit Johannes R. B.   315 f.
Beethoven, Ludwig van (1770–1827), Komponist   139 218 227 436 443
Bentzien, Hans (geb. 1927), 1961–1966 Minister für Kultur, 1966 bis 1975 Leiter des Verlages Neues Leben   221 237
Bereska, Henryk (1926–2005), Schriftsteller, Übersetzer   27
Bergner, Herbert (1907–1987), 1954–1972 stellv. Chefredakteur der »Wochenpost«   88
Berija, Lawrenti P. (1899–1953), sowj. Innenminister, 1938–1946 Chef des NKWD der UdSSR   69 332
Berner, Agnes, geb. Vogler (1885–1965), Großmutter von Eva Strittmatter; verh. mit Fritz B.   47 54 f. 62
Berner, Erwin, eigtl. Erwin Strittmatter (Abbes, Erwin jr.) (geb. 1953), Sohn von Erwin und Eva St.; Schauspieler, Autor   24 40 f. 44 47 79 85 96 f. 105 109 115 119 124 f. 130 132 138 145 149 152 158 161 169 171 f. 180 187 189 193 209 213 219 227 233 237 244 ff. 270 281 289 293 298 308 311 f. 324 337 339 347 353 368 387 398 474
Berner, Fritz (1880–1958), Großvater von Eva Strittmatter; Maurer, Stellmacher; verh. mit Agnes Berner   47 54 f. 63 113
Beseler, Edith s. Rimkus-Beseler, Edith
Beseler, Horst (1925), Schriftsteller; verh. mit Edith Rimkus-B.   159 177 182 191 213 229 270
Besson, Benno (1922–2006), Schweizer Regisseur, Intendant; ab 1949 bis 1958 Schauspieler, Regieassistent, Regisseur beim Berliner Ensemble, 1962–1968 Regisseur am Deutschen Theater, Berlin, 1968 bis 1974 Künstlerischer Oberleiter an der Volksbühne, Berlin, dort bis 1978 Intendant, Ausreise aus der DDR, Arbeit an verschiedenen Theatern Europas   117 126 f. 131 145 287 293
Besson, Imma (Immaculata), geb. Lüning; bis 1965 verh. mit Benno B.   126 131
Besson, Yva, Musikerin, Korrepetitorin; erste Frau von Benno B., kam mit ihm 1949 aus der Schweiz an das Berliner Ensemble   117
Bieler, Manfred (1934–2002), Schriftsteller; 1965 Übersiedlung nach Prag, 1968 in die BRD   222
Bobrowski, Johannes (1917–1965), Lyriker, Erzähler, Nachdichter   277 352
Böcklin, Arnold (1827–1901), Schweizer Maler, Grafiker, Bildhauer   20
Bode, Wilhelm von (1845–1929), Kunsthistoriker   218
Böhme, Jakob (1575–1624), Mystiker, Philosoph   312
Böll, Heinrich (1917–1985), Schriftsteller, 1972 Nobelpreis   202 380
Böttcher (Architekt)   410 f.
Braemer, Edith (1909–1969), Literaturwissenschaftlerin; Professorin in Rostock und Leipzig   392

Brandt, Willy (1913–1992), 1966–1969 Außenminister der BRD, 1969–1974 Bundeskanzler; 1971 Friedensnobelpreis 396 f.
Braun, Hedwig, geb. Berner (1904–1993), Mutter von Eva Strittmatter; Schneiderin 37 47 105 115 119 125 137 f. 148 152 172 180 185 224 277 298 305 337 345 352 354 369
Braun, Helga (geb. 1944), 1963–1991 verh. mit Udo B. 292
Braun, Kathrin (geb. 1963), Tochter von Helga und Udo B. 292
Braun, Udo (geb. 1939), Bruder von Eva Strittmatter; Diplom-Historiker; 1961 Verhaftung und Verurteilung wegen angebl. staatsgefährdender Hetze, ab 1961 Mitarbeiter im Verlag Philipp Reclam, 1987 Ausreiseantrag in die BRD; Oktober 1989 Ausreise 160 172 292
Braun, Uwe (geb. 1965), Sohn von Helga und Udo B. 292
Braun, Wolfgang (1926–2011), Bruder von Eva Strittmatter; Dolmetscher für Englisch und Französisch 230
Braun, Volker (geb. 1939), Schriftsteller 281
Bräutigam, Alois (1916–2007), SED-Funktionär, 1958–1980 Sekretär der Bezirksleitung der SED Erfurt 238 397
Brecht, Bertolt (1898–1956), Dramatiker, Lyriker, Erzähler, Theoretiker; nach dem Exil und Aufenthalt in der Schweiz ab 1948 in Ost-Berlin; seit 1929 verh. mit Helene Weigel 7 14 18 f. 22 24–29 32 34 f. 40 47–51 56 58 76 78 80 88 117 127 131 150 160 164 179 f. 230 f. 263 f. 283 289 309 357 359 373 ff. 383 390 430 f. 434 453
Bredel, Willi (1901–1964), Schriftsteller; ab 1962 Präsident der DAK 11 27 33 35 59 70 89 110 165 193
Brězan, Jurij (1916–2006), vorw. dt. schreibender sorbischer Schriftsteller 227 281 344
Buddha, eigtl. Siddhartha (etwa 550–480 v. u. Z.), indischer Religionsstifter 433
Bunge, Hans (1919–1990), Dramaturg, Regisseur, Publizist; 1956–1962 Leiter des Brecht-Archivs 230 f.
Busch, Ernst (1900–1980), Schauspieler, Sänger 117 201 452 467

Capote, Truman (1924–1984), US-amerik. Schriftsteller 343
Caspar, Günter (1924–1990), seit 1955 Lektor im Aufbau-Verlag; 1956 bis 1963 amt. Cheflektor, bis 1982 Leiter des Lektorats zeitgenössische deutschsprachige Literatur 84 99 196 205 f. 273 277 411 486
Cassou, Jean (1897–1986), franz. Schriftsteller 290
Chaplin, Charles (1889–1977), brit. Schauspieler, Regisseur 94 287 f.
Christa s. Grytsch, Christa
Christiane Eberhardine von Brandenburg-Bayern (1671–1727), Kurfürstin von Brandenburg-Bayern, Titularkönigin von Polen 82
Chruschtschow, Nikita S. (1894–1971), sowj. Politiker; 1953–1964 Erster Sekretär der KPdSU, 1958–1964 Ministerpräsident der UdSSR 29 84 127 188 251 320

Claudius, Eduard, eigtl. E. Schmidt (1911–1976), Schriftsteller, 1956 Sekretär des DSV 27 35 59 311
Cremer, Fritz (1906–1993), Bildhauer, Vizepräsident der DAK 153 f. 165 181 183

Dachwitz, Walter, Kraftfahrer beim Schriftstellerverband 165 220
Daisaku Ikeda (geb. 1928), jap. Schriftsteller 470
Daskalow, Stojan (1909–1985), bulgar. Schriftsteller 404
Degebrodt, Gerhard (1924–2003), 1962–1964 Vorsitzender der LPG »Rotes Banner« in Menz/Dollgow 86 286 318 f.
Deicke, Günther (1922–2006), Schriftsteller 316
Déry, Tibor (1894–1977), ungar. Schriftsteller 210
Dessau, Paul (1894–1979), Komponist, Dirigent; Vizepräsident der DAK 198
Dietrich (Professor), US-amerik. Germanist 328 f.
Djacenko, Boris (1917–1975), Schriftsteller lettischer Herkunft; nach Internierung im franz. Lager Le Vernet Deportation nach Deutschland und Flucht, seit Kriegsende in Ost-Berlin 23 32 35 50 58 62 63 65 ff. 88 f. 92 102 ff.
Dresen, Adolf (1935–2001), Regisseur 343
Drinda, Horst (1927–2005), Schauspieler, Regisseur 483
Dudinzew, Wladimir D. (1918–1998), russ. Schriftsteller 102
Dudow, Slatan (1903–1963), Regisseur, Drehbuchautor 17 f. 85 127
Dymschiz, Alexander L. (1910–1975), Germanist, Professsor für Literatur in Moskau 210

Eckermann, Johann Peter (1792–1854), Mitarbeiter und Vertrauter von Goethe 231 275 361
Eckhardt, Meister (Eckhart von Hochheim, um 1260 bis um 1328), Mystiker, Theologe, Philosoph 312
Ehrenburg, Ilja G. (1891–1967), russ. Schriftsteller, Publizist, Korrespondent 332
Einstein, Albert (1879–1955), Physiker; 1922 Nobelpreis für Physik 14 16
Eisler, Hanns (1898–1962), österr. Komponist, enger Mitarbeiter von Brecht 49 116 ff. 179 f. 359
Elisabeth Gabriele Herzogin in Bayern, belg. Königinmutter (1876 bis 1965) 25
Emerson, Ralph Waldo (1803–1882), US-amerik. Philosoph, Schriftsteller 178 281 470
Engel, Erich (1891–1966), Regisseur; ab 1948 am Berliner Ensemble 76
Enzensberger, Hans Magnus (geb. 1929), Schriftsteller, Herausgeber 211 f. 380

Faulkner, William (1897–1962), US-amerik. Schriftsteller; 1950 Nobelpreis   271

Fedin, Konstantin A. (1892–1977), russ.-sowj. Schriftsteller   210 288 380 ff.

Feuchtwanger, Lion (1884–1958), Schriftsteller; ab 1941 im Exil in Kalifornien   18

Flörchinger, Martin (1909–2004), Schauspieler, ab 1956 am Berliner Ensemble   81

Fontane, Theodor (1819–1898), Schriftsteller   401

Franke, Else, geb. Schmidt (1922–2007), Nachbarin in Schulzenhof, Haushälterin bei Strittmatters; verh. mit Herbert F.   144 150 157 169 195 244 237 278 337

Franke, Herbert (1918–1994), Nachbar in Schulzenhof, Waldarbeiter, seit 1964 bei Strittmatter angestellt als Pferdepfleger (»Pferdemeister«); verh. mit Else F.   117 150 152 169 ff. 195 207 238 f. 243 278 371 403 414 421 464

Fröhlich, Paul (1913–1970), Mitglied des Politbüros der DDR, seit 1952 Sekretär der SED-Kreisleitung Leipzig   77 237

Fühmann, Franz (1922–1984), Schriftsteller, Nachdichter   210 295 f.

Fülster, Elise (?–1966), Großmutter der Familie Fülster aus Dollgow   97 276

Fülster, Frieda (1921–2004), Nachbarin in Schulzenhof, 2. Ehefrau von Willi F.   97

Fülster, Manfred (geb. 1939), Sohn von Willi F.   85 97

Fülster, Willi (1910–1998), Nachbar in Schulzenhof   71 82 87 97 104

Fürnberg, Louis (1909–1957), tschechosl.-dt. Schriftsteller, Lyriker, Diplomat   81

Gagarin, Juri A. (1934–1968), sowj. Kosmonaut; erster Mensch im Weltall   221

Garbo, Greta (1905–1990), schwedische Filmschauspielerin   430

Geng (Frau), Stenotypistin, Abschreiberin für ES   104

Gerassimowa, Lydia I., im Zweiten Weltkrieg Offizierin der Roten Armee, Mitarbeiterin des SV der UdSSR   299 343 382 458

Geschonneck, Erwin (1906–2008), Schauspieler   153 238

Gigas, Hans, Tierarzt, verh. mit Helene G.   295 309 353

Gigas, Helene, verh. mit Hans G.   295 309 353

Gigas, Joachim, Sohn von Hans und Helene G.   309

Girnus, Wilhelm (1906–1985), 1964–1981 Chefredakteur der Zeitschrift »Sinn und Form«   225

Glatzer, Ruth (geb. 1928), 1966–1989 Cheflektorin im Aufbau-Verlag   486

Goda, Gábor (1911–1996), ungar. Schriftsteller, Theaterdirektor   110 210

Goebbels, Joseph (1897–1945, Suizid), seit 1933 Reichsminister für Volksaufklärung und Propaganda 166

Goethe, Johann Wolfgang (1749–1832), Dichter, Schriftsteller, Staatsmann 45 64 204 218 ff. 259 274 ff. 330 343 359 373 375 432

Gogh, Vincent van (1853–1890), niederl. Maler, Grafiker 266 290 357

Goldammer, Peter (geb. 1921), Leiter des Weimarer Lektorats Deutsches Erbe im Aufbau-Verlag; Herausgeber 486

Gorki, Maxim, eigtl. Alexej M. Peschkow (1868–1936), russ. Schriftsteller 156 221

Görlich, Günter (geb. 1928), Schriftsteller; Kultur- und Parteifunktionär 192 220 227

Gorrish-Kaiser, Walter (1909–1981), Schriftsteller 315

Gotsche, Otto (1904–1985), Schriftsteller; 1960–1971 Sekretär des Staatsrates, 1963 Kandidat, ab 1966 Mitglied des ZK der SED 52 143 227 290 431 486

Götte, Horst (geb. 1932), Direktor des Volksgutes Klein Kreuz; verh. mit Renate G. 151 f. 159

Götte, Renate (geb. 1935), verh. mit Horst G. 159

Götte, Uwe (geb. 1958), Sohn von Horst und Renate G. 159

Granach, Alexander (1890–1945), aus Ostgalizien stammender Schauspieler, ab 1938 USA 277

Grass, Günter (geb. 1927), Schriftsteller, Maler, Grafiker; 1999 Nobelpreis 350

Grotewohl, Otto (1894–1964), 1946–1954 mit W. Pieck paritätischer Vorsitzender der SED, 1949–1964 Ministerpräsident, ab 1960 stellv. Vorsitzender des Staatsrates 69 84

Grün, Max von der (1926–2005), Schriftsteller, Mitglied der Dortmunder Gruppe 61 250

Grundig, Lea (1906–1977), Malerin, Grafikerin; 1964–1970 Präsidentin des Verbandes Bildender Künstler der DDR 202

Grüneberg, Gerhard (1921–1981), Mitglied des Politbüros des ZK der SED, Sekretär für Landwirtschaft 231

Grytsch, Christa (Kitta) (1935–1962), lebte 1953–1961 als Kindermädchen und Wirtschaftshilfe im Haushalt der Familie Strittmatter, danach Ausbildung als Heimerzieherin 9 29 37 44 56 f. 63 71 83 85 92 f. 96 98 103 105 114 122 125 140 161 ff. 163 219 428

Gummel, Hans (1908–1973), Arzt; Direktor der Robert-Rössle-Klinik Ost-Berlin 467

Gysi, Klaus (1912–1999), 1957–1966 Leiter des Aufbau-Verlages, 1966 bis 1973 Minister für Kultur, 1973–1978 Botschafter in Italien und Malta, 1979–1988 Staatssekretär für Kirchenfragen 196 199 205 f. 273 277 284 322 f. 372 393 f.

Hacks, Peter (1928–2003), Dramatiker, Essayist, Lyriker, Erzähler 18 f. 58 190 f. 219
Hager, Kurt (1912–1998), Mitglied des Politbüros des ZK der SED, Leiter der Ideologischen Kommission 199 222 231 241 278 310 314 ff. 481
Hamsun, Knut (1859–1952), norweg. Schriftsteller 17 276 433 446
Harder, Irma (1915–2008), Schriftstellerin 118
Harich, Wolfgang (1923–1995), Philosoph; Lehrbeauftragter an der Humboldt-Universität zu Berlin, 1950–1956 Lektor im Aufbau-Verlag 69
Hattingberg, Magda von, Pianistin; Briefpartnerin von Rilke 437
Hauptmann, Helmut (geb. 1928), Schriftsteller, Redakteur; verh. mit Ursula H. 24 f. 110 113 134 162 194
Hauptmann, Ursula (geb. 1927), Verwaltungsangestellte; verh. mit Helmut H. 24 f. 111 194
Hauser, Harald (1912–1994), Schriftsteller 147 222
Havemann, Robert (1910–1982), Naturwissenschaftler, Gesellschaftstheoretiker; Systemkritiker der DDR 235
Hearn, Patricio Lafcadio Tessimo (1850–1904), Schriftsteller irisch-griech. Herkunft 279
Heine, Heinrich (1797–1856), Lyriker; ab 1831 in Frankreich 210
Heinz, Wolfgang (1900–1984), Schauspieler, Regisseur, 1963–1969 Intendant des Deutschen Theaters, Berlin 343
Heller, Bert (1912–1987), Maler 311
Hemingway, Ernest (1899–1961, Suizid), US-amerik. Schriftsteller; 1954 Nobelpreis 129 186 243 f. 308 328 433
Henniger, Gerhard (1928–1997), 1960–1990 Sekretär des Schriftstellerverbandes 293 321 344 447
Herbert s. Franke, Herbert
Hermlin, Stephan, eigtl. Rudolf Leder (1915–1997), Lyriker, Erzähler, Essayist 23 54 69 111 149 193 f. 311 315 452 467 487
Herzfelde, Wieland (1896–1988), Schriftsteller, Verleger 311
Hesse, Hermann (1877–1962), Lyriker, Erzähler; seit 1923 Schweizer Staatsbürger, 1946 Nobelpreis 289
Heym, Gertrude, geb. Gelbin (1900–1969), Redakteurin, Gründerin und Leiterin des Seven Seas Verlages; erste Ehefrau von Stefan H. 11
Heym, Stefan, eigtl. Helmut Fliege (1913–2001), Schriftsteller 11 111 123 f.
Hilbig, Klaus (1930–1986), seit 1972 beim Fernsehen der DDR, Gründer der Sendung »Kulturmagazin« 479
Hitler, Adolf (1889–1945, Suizid), Führer der NSDAP, 1933–1945 Reichskanzler 41 239 f. 454
Hochmuth, Arno (geb. 1930), 1966–1972 Leiter der Abteilung Kultur des ZK der SED 322 ff. 372

Hoffmann Hans (1930–1995), Nachbar in Schulzenhof; verh. mit Gerda H.   99
Hoffmann, Gerda (geb. 1935), Nachbarin in Schulzenhof; verh. mit Hans H.   8 99 482
Holtz-Baumert, Constanze (geb. 1955), Dipl.-Pädagogin; Tochter von Inge und Gerhard H.-B.; seit 1987 Mitarbeiterin von Eva St.   193
Holtz-Baumert, Gerhard (1927–1996), Schriftsteller, Kinderbuchautor; 1959–1961 Sekretär für Nachwuchsarbeit des DSV, 1969 bis 1990 Vorstandsmitglied des SV, 1981–1989 Mitglied des ZK der SED; verh. mit Ingeborg H.-B.   153 178 180 193 213 229 235 249 270 278 292 303
Holtz-Baumert, Ingeborg (Inge) (geb. 1930), Lektorin im Kinderbuchverlag; verh. mit Gerhard H.-B.   153 180 193 213 229 235 270 292 303
Holtz-Baumert, Kolja (geb. 1951), Sohn von Inge und Gerhard H.-B.   193
Holtzhauer, Helmut (1912–1973), Direktor der Nationalen Forschungs- und Gedenkstätten der klassischen deutschen Literatur in Weimar   486
Honecker, Margot (geb. 1927), 1963–1989 Ministerin für Volksbildung; dritte Ehefrau von Erich H.   310
Honecker, Erich (1912–1994), 1946–1955 Vorsitzender der FDJ, 1971 Erster Sekretär, ab 1976 Generalsekretär des ZK der SED, Vorsitzender des Staatsrates, 1989 Rücktritt von allen Ämtern; verh. mit Margot H.   310 432 471
Höpcke, Klaus (geb. 1933), 1973–1989 stellv. Minister für Kultur, Leiter der HV Verlage und Buchhandel   486
Hubalek, Claus (geb. 1926), Schriftsteller, Dramaturg   231 383
Huchel, Peter (1903–1981), Lyriker; 1949–1962 Chefredakteur der Zeitschrift »Sinn und Form«, 1971 Ausreise aus der DDR   16 173
Hundt, Pauline, geb Fülster, Nachbarin in Schulzenhof   99

Jakobs, Karl-Heinz (geb. 1929), Schriftsteller   222
Janka, Walter (1914–1994), 1952–1956 Leiter des Aufbau-Verlages, 1956 Verhaftung aus politischen Gründen, 1957–1960 Zuchthaus, 1962–1972 Dramaturg bei der DEFA   70 84 89
Jewtuschenko, Jewgeni A. (geb. 1930), russ. Schriftsteller, Lyriker   342 457
Joho, Wolfgang (1908–1991), Schriftsteller; 1960–1966 Chefredakteur der NDL   210 324
Jokostra, Peter, eigtl. Heinrich Knolle (1912–2007), Lehrer, Schriftsteller; nach Kriegsende in Spremberg, dann Cottbus, 1958 Flucht in die BRD   122 131
Jünger, Ernst (1895–1998), Schriftsteller   130

Kafka, Franz (1883–1924), deutschsprachiger Prager Schriftsteller   136
Kakabadse, Nodar (1923–2007), georg. Germanist, Professor an der Universität Tbilissi   292 377
Kant, Hermann (geb. 1926), Schriftsteller; 1978–1990 Vorsitzender des SV der DDR   287 292f. 309 322 344 353 369 421 429 431 441 443 461 480f. 487
Kantorowicz, Alfred (1899–1979), Literaturwissenschaftler, Publizist; 1957 Flucht nach West-Berlin   86f.
Karalaschwili, Reso (1940–1989), georg. Germanist, Goethe-Spezialist; Professor an der Universität Tbilissi   377
Karl, Günter, Hauptdramaturg bei der DEFA, Szenarist   362
Karusseit, Ursula (geb. 1939), Schauspielerin, Regisseurin; 1969–1995 verh. mit Benno Besson   287
Katajew, Valentin P. (1897–1986), russ. Schriftsteller   313
Kaufmann, Walter (geb. 1924), vorwiegend engl. schreibender dt.-austral. Schriftsteller   281
Kennedy, Robert F. (1925–1968, ermordet), 1965–1965 Senator von New York, Anwärter auf die Präsidentschaftskandidatur   324
Kerouac, Jack (1922–1969), US-amerik. Schriftsteller   306
Keyserling, Eduard Graf von (1855–1918), Dramatiker, Erzähler   312
Kilian, Isot (1924–1986), Schauspielerin, Dramaturgie- und Regieassistentin, seit 1949 am Berliner Ensemble   35 40
Kirsch, Rainer (geb. 1934), Lyriker; 1960–1968 verh. mit Sarah K.   226
Kirsch, Sarah, eigtl. Ingrid K. (geb. 1935), Lyrikerin, Erzählerin; 1960 bis 1968 verh. mit Rainer K.   226
Kisch, Egon Erwin (1885–1948), deutschsprachiger tschech. Schriftsteller, Reporter   25
Kitta s. Grytsch, Christa
Klein (Frau), Nachbarin aus Schulzenhof   115
Knolle, Heinrich s. Jokostra, Peter
Knörk, Horst, Direktor des VEG in Wendefeld   458
Koch, Hans (1927–1986, Suizid), Kulturwissenschaftler; 1963–1966 1. Sekretär des DSV, 1966–1969 Mitarbeiter im Ministerium für Kultur, 1969–1986 Lehrstuhlinhaber am Institut für Gesellschaftswissenschaften beim ZK der SED   199 210 222 225f.
Köhler, Erich, Nachbar aus Dollgow   95 279
Köhler, Renate, Tochter von Erich Köhler   95
Kohlhaase, Wolfgang (geb. 1931), Schriftsteller, Drehbuchautor   287
Kokoschka, Oskar (1886–1980), österr. Maler, Grafiker, Schriftsteller   352
Kopelew, Lew S. (1912–1997), russ. Schriftsteller, Germanist, Übersetzer u.a. von Romanen Strittmatters; nach Verurteilung zu Arbeitslager (1945) Rehabilitierung 1956, 1960–1968 Mitarbeiter am Institut

für Kunstgeschichte Moskau, 1968 Parteiausschluss und Entlassung, 1975 Auftritts- und Publikationsverbot, November 1980 Reise nach Köln, 1981 Ausbürgerung, 1990 Rückgabe der Staatsbürgerschaft; verh. seit 1956 mit Raissa Orlowa   192 234 263 266 292 299–302 342 380 ff. 458

Kopelewa (Orlowa, Orlowa-Kopelewa), Raissa (Raja) D. (1918–1989), russ. Schriftstellerin, Amerikanistin, Übersetzerin; seit 1956 mit Lew K. verh., mit ihm 1981 ausgebürgert   266 299–302 380

Kossuth, Leonhard (geb. 1923), ab 1958 Cheflektor für Sowjetliteratur im Verlag Kultur und Fortschritt, 1964–1989 Verlag Volk und Welt/ Kultur und Fortschritt   486

Kossygin, Alexej N. (1904–1980), sowj. Politiker, 1964–1980 Ministerpräsident der UdSSR   342

Kraatz, Helmut (1902–1983), Arzt, Gynäkologe   200

Krasnodębska, Ewa (geb. 1925), poln. Schauspielerin   56

Kuba s. Barthel, Kurt

Kulka, Magdalena (Helene), geb. Katusch (1871–1953), zweite Frau von Matthäus K., Schwester von Johanne K., der früh verstorbenen ersten Frau von Matthäus K. und Mutter von Helene Strittmatter   37 242 298

Kulka, Matthäus (Matthes) (1855–1945), Großvater von Erwin Strittmatter; Kutscher, Händler; verh. mit Magdalena K.   264 298 348

Kunert, Günter (geb. 1929), Schriftsteller   190 f. 222

Kurella, Alfred (1895–1975), Schriftsteller, Kulturfunktionär; 1954 bis 1957 Direktor des Instituts für Literatur, Leipzig, 1957–1963 Leiter der Kulturkommission beim Politbüro des ZK der SED, 1958–1975 Mitglied des ZK der SED   194 198 225 311 315

Kurth, Erwin, Leiter des Forstbetriebes, Fürstenberg   286 317

Kusnezow, Anatoli W. (1929–1979), russ. Schriftsteller; 1968 nach London   326

Lahmann, Heinrich (1860–1905), Arzt und Naturheilkundler   275

Lange, Marianne (1910–2005), ab 1950 Dozentin, dann Leiterin des Lehrstuhls für Literatur und Kulturpolitik an der Parteihochschule, 1963–1976 Mitglied des ZK der SED   231

Laotse (Laozi, Lao-tzu, Lao-Tse), chin. Philosoph im 6. Jh. v. u. Z.   266 468 470

Laughton, Charles (1899–1962), brit., später US-amerik. Schauspieler   430

Laxness, Halldór (1902–1998), isländ. Schriftsteller; 1955 Nobelpreis   21 276 433 454 ff. 457

Lemmer, Ernst (1898–1970), Politiker in der SBZ, später BRD   127

Lenin, Wladimir I., eigtl. Uljanow (1870–1924), Revolutionär, Gründer der UdSSR   17 31

Leonow, Leonid M. (1899–1994), russ. Schriftsteller, Dramatiker 342

Leskow, Nikolai S. (1831–1895), russ. Schriftsteller 388

Lewin, Willi (geb. 1920), 1963–1966 Mitglied des Vorstands des DSV 101 f.

Liebermann, Max (1847–1935), Maler 273 ff.

Loest, Erich (geb. 1926), Schriftsteller; 1957 Verurteilung zu Zuchthausstrafe, 1964 Entlassung auf Bewährung, 1981 Übersiedlung in die BRD 77

London, Jack (1876–1989), US-amerik. Schriftsteller, Journalist 43

Löns, Hermann (1866–1914), Schriftsteller, Naturforscher 384 468

Lukács, Georg (1885–1971), ungar. Philosoph, marx. Literaturtheoretiker 126

Lurçat, Jean (1989–1966), franz. Maler, Keramiker, Teppichkünstler 227

Lwow, Sergej (geb. 1922), russ. Schriftsteller 300

Majakowski, Wladimir W. (1889–1930, Suizid), russ. Lyriker, Dramatiker 139

Mann, Heinrich (1871–1950), Schriftsteller 107

Mann, Thomas (1875–1955), Schriftsteller; 1929 Nobelpreis 258 ff. 310 373 ff. 433 487

Mao Tse-tung (Mao Zedong) (1893–1976), seit 1949 Vorsitzender bzw. Staatspräsident der Volksrepublik China 48

Marchwitza, Hans (1890–1965), Schriftsteller 53 59 106 173

Marcks, Gerhard (1889–1981), Bildhauer, Grafiker 352

Marx, Karl (1818–1883), Philosoph, Begründer der marxistischen Gesellschaftstheorie 17

Maurer, Georg (1907–1971), Lyriker, Essayist 30

Meister s. Schmidt, Emil

Mertins, Siegfried (1928–2011), Direktor der Tierzuchtinspektion Potsdam 277

Mewes, Otto (?–1964), Friseur in Dollgow 123 167

Michelangelo Buonarroti (1475–1564), ital. Maler, Bildhauer, Architekt, Lyriker 20 181 204 436

Mikojan, Anastas H. (1895–1978), sowj. Politiker; 1955–1964 1. Stellv. des Vorsitzenden des Ministerrates, 1964–1965 Vorsitzender des Obersten Sowjets der UdSSR 84

Modersohn-Becker, Paula (1876–1907), Malerin 45

Molotow, Wjateslaw M. (1890–1986), sowj. Politiker; 1939–1949, 1953–1956 Außenminister der UdSSR 85

Monk, Egon (1927–2007), Theater- und Filmregisseur, Drehbuchautor 164 383

Mörlein, Hans, Mitarbeiter bei der SED-Kreisleitung Gransee, Vorsitzender der Plankommission und stellv. Ratsvorsitzender des Kreises Gransee 385 425
Mückenberger, Erich (1910–1998), 1958–1963 Mitglied des Volkskammerausschusses für Landwirtschaft u. a., Mitglied des Politbüros des ZK der SED 231 246
Müller, Heiner (1929–1995), Schriftsteller, Dramatiker, Regisseur 198 222
Münch (Minetti), Irma (geb. 1930), Schauspielerin; verh. mit Hans-Peter Minetti 183

Nachbar, Herbert (1930–1980), Schriftsteller, Dramaturg 27 70 79 107
Nekrassowa, Julia; Mitarbeiterin des sowj. SV 299
Nell, Peter, eigtl. Kurt Heinze (1907–1957), Kulturfunktionär 25
Neubert, Werner (geb. 1929), 1966–1974 Chefredakteur der NDL, 1969–1978 Sekretär des DSV/SV der DDR 395 f.
Neutsch, Erik (geb. 1931), Schriftsteller 222
Norden, Albert (1904–1982), Mitglied des Politbüros des ZK der SED 245 482
Nowojski, Walter (geb. 1931), 1966 Chefdramaturg des Staatlichen Rundfunkkomitees, 1969 Leiter der dramatischen Kunst des Fernsehens der DDR, 1974 nach politischen Differenzen Hausverbot, 1975–1990 Chefredakteur der NDL 408

Oelschlegel, Fried (geb. 1944), Krankenhausmanager 421
Oelschlegel, Ruth (geb. 1914), Leiterin der Konzert- und Gastspieldirektion Leipzig, verh. mit Heinz-Werner Senf 287
Oelschlegel, Vera (geb. 1938), Schauspielerin, Sängerin, Intendantin; Partnerin von Hermann Kant, 1971–1976 in zweiter Ehe mit ihm verh. 287 292 f. 309 317 369 421 429 441 461 483
Ostrowski, Alexander N. (1823–1886), russ. Dramatiker 287

Pacelli, Eugenio (1876–1958), seit 1939 Papst Pius XII. 19
Palitzsch, Peter (1918–2004), Regisseur; 1949–1961 am Berliner Ensemble, 1961 BRD 231 383 f.
Paroch, Benno (geb. 1932), leitender Mitarbeiter beim MfS; Deckname »Wegener« 122
Pasternak, Boris L. (1890–1960), russ. Schriftsteller 102 126 156 265 f. 448
Paulus, Apostel aus Tarus (gest. um 65), Missionar und Theologe des Urchristentums 19
Paustowski, Konstantin P. (1892–1968), russ. Schriftsteller 313 433
Picasso, Pablo (1881–1973), span. Maler, Grafiker, Bildhauer 290 462

Poltorak, Arkadi, Journalist, Reporter 270
Pozner, Vladimir (1905–1992), franz. Schriftsteller russ. Herkunft 430
Prischwin, Michail M. (1873–1954), russ. Schriftsteller 265 337 433
Proust, Marcel (1871–1922), franz. Schriftsteller 286 449
Puschkin, Alexander S. (1799–1837), russ. Dichter 433

Rákosi, Mátyás (1892–1971), 1952–1956 Ministerpräsident Ungarns 54
Raswan, Carl Reinhard, eigtl. Schmidt (1893–1966), Pferdeforscher, Autor 118
Reichel, Käthe (geb. 1926), Schauspielerin 100 126
Reichhoff, Max, Darsteller des Tinko im gleichnamigen DEFA-Film 56
Reimann, Brigitte (1933–1973), Schriftstellerin 235 317
Reimer, Erna; verh. mit Erich R. 40 150 f.
Reimer, Erich (Bobby) (1902–1976), Journalist; 1949–1951 stellv. Chefredakteur der »Märkischen Volksstimme«; verh. mit Erna R. 40 98 150 f. 185 f. 458
Reinhardt, Rudolf (1914–2004), 1957/58 Chefredakteur der »Neuen Berliner Illustrierten«; 1958 BRD 102
Renn, Ludwig, eigtl. Arnold Friedrich Vieth von Golßenau (1889 bis 1979), Schriftsteller 154 173 201 225
Rilke, Rainer Maria (1875–1926), Lyriker, Schriftsteller 18 45 156 298 374 391 432 ff. 437 449
Rimkus-Beseler, Edith (geb. 1926), Fotografin; verh. mit Horst Beseler 79 83 159 177 182 191 213 229 270 292 f.
Rivera, Diego (1886–1957), mexik. Maler, Grafiker, Mitbegründer des Muralismus 104
Rochlin, Max, russ. Chemiker in Moskau 266
Rodenberg, Hans (1895–1978), Intendant; 1954–1978 Mitglied des ZK der SED sowie 1960–1976 des Staatsrates 198 225 311 343 431
Rodin, Auguste (1840–1917), franz. Bildhauer, Grafiker 156
Rodrian, Fred (1926–1985), Kinderbuchautor; Cheflektor, ab 1975 Verlagsleiter des Kinderbuchverlags 486
Rónai, Mihály András (Mitju) (1913–1992), ungar. Dichter, Publizist; verh. mit der Malerin Marianne Gábor 110
Rosegger, Peter (1843–1918), österr. Schriftsteller 401
Rost, Nico (1896–1967), niederl. Schriftsteller, Übersetzer; 1951 Verhaftung und Ausweisung aus der DDR, Rückkehr in die Niederlande 14
Rousseau, Henri (1844–1910), franz. Maler 290
Rücker, Günther (1924–2008), Schriftsteller, Drehbuchautor, Regisseur 292

Rücker, Nina (geb. 1961), Fotografin; Tochter von Vera Oelschlegel und Günther Rücker 309
Ruetz, Elsa, Kammersängerin; Schwester von Hedwig R. 64 273
Ruetz, Hedwig (1879–1966), Malerin; 1936/37 Arbeitgeberin von Erwin Strittmatter 64 273
Rülicke-Weiler, Käthe (1922–1972), Dramaturgin, Filmwissenschaftlerin; 1951–1956 Mitarbeiterin von Bertolt Brecht 35 230f. 251 383

Sakowski, Helmut (1924–2005), Schriftsteller 484
Salinger, Jerome David (1919–2010), US-amerik. Schriftsteller 276
Sandberg, Herbert (1908–1991), Grafiker, Karikaturist 118
Sartre, Jean-Paul (1905–1980), franz. Schriftsteller, Philosoph 455
Schäfers, Jochen, Mitarbeiter des DSV 293
Schall, Ekkehard (1930–2005), Schauspieler 198
Scheinin (Schejnin, Sheinin), Lew R. (1906–1967), russ. Jurist, ab 1950 freier Schriftsteller 270 290
Schiller, Friedrich (1759–1805), Dichter, Dramatiker 45 154
Schinko, Werner (geb. 1929), Maler, Grafiker 224
Schirdewan, Karl (1907–1998), Mitglied des Politbüros und des ZK der SED, 1958 Ausschluss wegen angebl. Fraktionsbildung und strenge Rüge (1990 rehabilitiert), bis 1965 Leiter der Staatlichen Archivverwaltung in Potsdam 53 107
Schmidt, Emil (»Meister«) (1892–1981), Nachbar in Schulzenhof; Angestellter bei Erwin Strittmatter, vor allem für die Pferdepflege (»Pferdemeister«), verh. mit Marie Sch. 40 44 47 57 67f. 71 81 88 97ff. 104 109 119 121 139f. 150 163f. 169 171 187 203 205 207 246 394
Schmidt, Erika, verh. Lamprecht, Tochter von Marie und Emil Sch. 98
Schmidt, Marie (1896–1969), verh. mit Emil Sch. 44 57 97f. 169
Schober, Monette, verh. Büchele, Freundin von ES aus Tirol 433ff.
Scholochow, Michail A. (1905–1984), russ. Schriftsteller; 1965 Nobelpreis 26 101 241f.
Schopenhauer, Arthur (1788–1860), Philosoph 266 302 310 429f. 433
Schörner, Ferdinand (1892–1973), Generalfeldmarschall der Wehrmacht 239
Schostakowitsch, Dmitri D. (1906–1975), russ. Komponist 190
Schreyer, Wolfgang (geb. 1927), Schriftsteller 111
Schubert, Günter (geb. 1927), Lektor im Aufbau-Verlag, ab 1976 Lektoratsleiter im Eulenspiegel-Verlag 277 411 450
Schulmeister, Karl-Heinz (geb. 1925), 1957–1990 1. Bundessekretär des Kulturbundes 285 317

Personenregister

Schultz-Liebisch, Paul (1905–1996), Maler, Grafiker   290
Schulz, Bruno (1892–1942, erschossen), poln.-jüd. Schriftsteller   445
Schulz, Max Walter (1921–1991), Schriftsteller; 1964–1983 Direktor des Instituts für Literatur in Leipzig   202
Schwabe, Toni (1877–1951), Schriftstellerin, Verlegerin, Hrsg. u. a. der Zeitschrift »Das Landhaus«; schrieb als eine der ersten deutschen Autorinnen über lesbische Beziehungen   274 f.
Schwarz, Jewgeni L. (1896–1958), russ. Schriftsteller, Dramatiker   287
Seeger, Bernhard (1927–1999), Schriftsteller   23 77 235
Seghers, Anna, eigtl. Netty Radvanyi, geb. Reiling (1900–1983), Schriftstellerin; 1952–1978 Vorsitzende des DSV/SV der DDR   11 25 58 f. 70 126 154 183 241 288 294 344 349 467
Seibt, Kurt (1908–2002), 1952–1964 1. Sekretär der SED-Bezirksleitung Potsdam, 1964–1966 Minister für Anleitung und Kontrolle der Bezirks- und Kreisräte   185 f. 208 246 f.
Seidel, Philipp (1775–1788), Kammerkalkulator, Diener Goethes   275
Selber, Martin (geb. 1924), Schriftsteller   16
Sell, Lothar (1939–2009), Grafiker, Illustrator, Keramiker   394 ff.
Senf, Heinz-Werner, Arzt, verh. mit Ruth Oelschlegel   287
Shakespeare, William (1564–1616), engl. Dramatiker, Lyriker   281 432 471 480
Sieber, Josef (1900–1962), Schauspieler   56
Simon, Günther (1925–1972), Schauspieler   56
Simonow. Konstantin M. (1915–1979), russ. Schriftsteller   211 238 342
Skodowski, Bruno (geb. 1924), 1958–1968 Staatssekretär und 1. Stellvertreter des Ministers für Land- und Forstwirtschaft; verh. mit Maria S.   155 292 f., 295 311 362 441
Skodowski, Carmen (geb. 1953), Pferdezüchterin; jüngste Tochter von Maria und Bruno S.   155 292 311 327
Skodowski, Maria (Mike) (1925–2005), verh. mit Bruno S.   155 292 ff. 311 362 441
Solshenizyn, Alexander I. (1918–2008), russ. Schriftsteller; 1974 Ausweisung aus der UdSSR, 1994 Rückkehr nach Moskau   381 448 457
Stalin, Josef W. (1879–1953), seit 1922 Generalsekretär der KPdSU, 1941–1945 Oberster Befehlshaber der Roten Armee   28 32 34 f. 42 44 48 52 153 191 206 212 232 235 249 316 330 332 369 380 429 452
Stendhal, eigtl. Henri Beyle (1783–1842), franz. Schriftsteller   414
Stern, Jeanne (1908–1998), aus Frankreich stammende Publizistin, Übersetzerin; Drehbücher und Reportagen zus. mit Kurt St.; verh. mit Kurt St.   54 70 89 92 113 127 219 296

Stern, Kurt (1907–1989), Schriftsteller, Übersetzer; Drehbücher und Reportagen zus. mit Jeanne St.; verh. mit Jeanne St.   16 22 24 ff. 28 54 70 84 89 92 113 127 f. 210 219 227 277 296 483

Steshenski, Wladimir (Wolodja) (1921–2000), 1945–1948 Besatzungsoffizier in der SBZ; Mitarbeiter im SV der UdSSR, Germanist, Übersetzer   210 299 342 f.

Stone, Irving (1903–1989), US-amerik. Schriftsteller   43

Stoph, Willi (1914–1999), 1964–1973 Vorsitzender des Ministerrates der DDR, 1973–1976 Vorsitzender des Staatsrates   396 f.

Strittmatter, Anna (Maria), geb. Angermann (1920–2008), in zweiter Ehe verh. Ortlieb; Krankenschwester, SED-Funktionärin; 1946–1954 verh. mit Erwin St., Mutter der Söhne Uwe und Thomas   109 175 244

Strittmatter, Dorothea, geb. Lühr, Großmutter von Erwin St.; verh. mit dem Geigenbauer und Musiker Franz Josef St. (1851–1891, Suizid), in zweiter Ehe verh. mit Gottfried Jurischka, Schneider, Gastwirt   418

Strittmatter, Erwin jr. s. Berner, Erwin

Strittmatter, Eva, geb. Braun, gesch. Wernitz (1930–2011), Lyrikerin, Prosa- und Kinderbuchautorin; 1947–1951 Studium der Germanistik, 1951–1953 Mitarbeiterin beim DSV und bei der NDL, seit 1953 freie Autorin; seit 1952 Partnerin von Erwin St., seit 1956 mit ihm verh., Mutter der Söhne Ilja, Erwin, Matthes und Jakob   8 11 f. 12 14–16 18 20 22–25 27 29 f. 30 32 35–46 48–51 54 56 60–66 71–74 76 78–85 88 90 f. 93 96 ff. 101 103–107 111 113 ff. 117 121 124 f. 129 f. 132 ff. 137–140 142 ff. 147 f. 151 ff. 156 ff. 160 163 165 f. 170–176 181 f. 185 187 189 192 f. 193 195 200 203 206 f. 209 212 219 f. 224 f. 227–230 235 245 f. 249 251 f. 260 f. 267 271 280 f. 285 287 289–293 296–300 302 305 307 f. 311 321 325 ff., 331 336 339 f. 344 347 349 353 355 f. 359 368 369 f. 376 f. 379 f. 393 400 406 409 411–414 416 418 427 f. 430 434 439 f. 443 445 f. 449 f. 453 458 f. 462 ff. 471–475 477 483–486 488

Strittmatter, Gerda, geb. Moick (geb. 1923); verh. mit Heinrich St. (Bruder)   108 245

Strittmatter, Heinrich (1889–1981), Vater von Erwin St.; Bäcker, Kleinbauer   38 50 107 114 134 163 170 175 197 216 ff. 235 245 f. 265 298 337 f. 340 ff. 348 365–368 424 449 462 ff. 467

Strittmatter, Heinrich (Heini) (1923–1995), Bruder von Erwin St.; Bäcker und Konditor, Konsum-Verkaufsstellenleiter, Baumaschinist, Kranführer; verh. mit Gerda St.   10 14 35 50 108 163 170 216 218 235 245 341 365 367 463

Strittmatter, Helene (Lenchen), geb. Kulka (1889–1968), Mutter von Erwin St.; Näherin, Ladeninhaberin   38 50   107 163 170 175 197 216 ff. 235 239 245 f. 265 267 276 278 293 298 337 f. 340 ff. 348 365 367 414 421 441

Strittmatter, Ilja (geb. 1951), Sohn von Eva St. aus erster Ehe, von Erwin St. adoptiert; Forstingenieur, Keramiker   8 f. 79 96 f. 105 109 115 117 130 f. 138 145 149 152 158 171 f. 187 189 193 195 209 212 f. 214 219 227 f. 233 237 245 268 278 298 305 324 334 339 347 398 400 406 443 f. 474

Strittmatter, Jakob (geb. 1963), Sohn von Eva und Erwin St.; Bibliothekar, Sachbearbeiter   207 219 224 277 281 289 305 309 321 324 331 337 345 347 352 354 402 405 f. 409 f. 450 460 463 465 473 488

Strittmatter, Judka (geb. 1966), Tochter von Knut St.; Journalistin, Schriftstellerin   314

Strittmatter, Knut (geb. 1939), Sohn aus erster Ehe von Erwin Str.; mit Waltraud St.; Dipl.-Landwirt, Tierzuchtleiter (Schafe), Lehr- und Forschungstätigkeit auf diesem Gebiet   14 23 29 36 f. 39 43 56 66 ff. 75 92 f. 112 114 120 132 145 174 206 213 227 f. 277 314 428

Strittmatter, Marga (1913–1948), Schwester von Erwin Str.; verh. mit Rudi Heintz, 1946 gesch., zweite Ehe mit Otto Hoffmann; Glasschleiferin   217

Strittmatter, Martin (1918–1979, Suizid), Bruder von Erwin St.; Friseur, Gastwirt   35 38 55 108 163 218 367

Strittmatter, Matthes (Matti) (1958–1994), Sohn von Eva und Erwin St.; Forstingenieur, Bauunternehmer   114 f. 121 124 130 135 138 142 145 148 152 156 158 161 168 172 180 182 185 187 193 207 209 212 f. 219 f. 223 ff. 227 229 233 237 245 258 267 276 278 293 298 303 305 311 321 324 337 347 369 379 387 398 403 405 f. 409 418 450 458 f. 464 f. 483 488

Strittmatter, Thomas (geb. 1949), Sohn von Erwin St. aus zweiter Ehe mit Anna St.; Kulturwissenschaftler   20 109

Strittmatter, Ulf (1938–2009), Sohn aus erster Ehe von Erwin St. mit Waltraud St., lebte seit 1954 bei seiner Mutter; Finanzmakler   103

Strittmatter, Uwe (geb. 1945), Sohn von Erwin St. aus zweiter Ehe mit Anna St.; Dipl.-Biologe   20 109 171 175 244 289

Strittmatter, Volker (geb. 1944), Elektromonteur; Sohn von Heinrich St.   464

Strittmatter, Waltraud, geb. Kaiser, in zweiter Ehe verh. Lemke (1917 bis 1993), Verkäuferin; 1937–1945 verh. mit Erwin St., Mutter der Söhne Ulf und Knut; 1951 Übersiedlung in die BRD   23 367

Szulecka, Maria (geb. 1918), poln. Schauspielerin   95

Tagore (Thākur), Rabindranath (1861–1941), bengal. Dichter, Philosoph   16 20 28 266 374 433 470

Tereschkowa, Walentina W. (geb. 1937), sowj. Kosmonautin   221

Thoreau, Henry David (1817–1862), US-amerik. Schriftsteller, Philosoph   279 443 446

Togliatti, Palmiro (1893–1964), 1947–1964 Generalsekretär der KP Italiens   248
Tolstoi, Lew N. (1828–1910), russ. Schriftsteller   101 202 260 276 281 300 f. 316 319 354 f. 358 391 401 425 432 477
Trotzki, Lew D., eigtl. Leib Bronstein (1879–1940, ermordet), russ.-sowj. Volkskommissar; 1927 Ausschluss aus der KPdSU, 1929 Ausweisung aus der UdSSR   448
Tschechow, Anton P. (1890–1904), russ. Novellist, Dramatiker   155
Tschesno-Hell, Michael (1902–1980), Szenarist, Verleger; 1947 bis 1950 Leiter des Verlages Volk und Welt   23 134 f. 141 145 180
Tschinag, Galsan (geb. 1944), deutschschreibender Schriftsteller, Angehöriger der Volksgruppe turksprachiger Tuwiner, Stammesoberhaupt, Lehrer, Schamane   327 456 465 481
Turgenjew, Iwan S. (1818–1883), russ. Schriftsteller   265
Twardowski, Alexander T. (1910–1971), russ. Lyriker   342

Uhse, Bodo (1904–1963), Schriftsteller; 1963 Chefredakteur der Zeitschrift »Sinn und Form«   54 59
Ulbricht, Walter (1893–1973), 1950–1971 Generalsekretär bzw. Erster Sekretär des ZK der SED, 1960–1973 Vorsitzender des Staatsrates der DDR; seit 1950 verh. mit Lotte U.   31 35 39 52 ff. 69 f. 86 89 167 183 204 231 f. 237 ff. 310 394 408 421 431 f. 448 471–474 481
Ulbricht, Lotte (Charlotte), geb. Kühn (1903–2002), SED-Funktionärin; seit 1950 verh. mit Walter U.   201 239
Utrillo, Maurice (1883–1955), franz. Maler   290

Verner, Paul (1911–1986), 1959–1971 Sekretär der SED-Bezirksleitung Berlin, Mitglied des Politbüros des ZK der SED   239
Victor, Walther (1895–1971), Schriftsteller, Publizist, Herausgeber; 1957–1959 Sekretär des DSV   139
Viertel, Martin (1925–2005), Schriftsteller   113
Viertel, Salka (1889–1978), österr. Schauspielerin, Drehbuchautorin; lebte 1928–1953 in den USA, danach in der Schweiz   430
Voigt, Paul, Angehöriger des MfS   122
Voigt, Fritz-Georg (1925–1995), 1963–1965 Cheflektor, bis 1982 Leiter des Aufbau-Verlages   479
Voigtländer, Annie, Lektorin im Aufbau-Verlag   196

Wagenbach, Klaus (geb. 1930), Verleger; 1959–1964 Lektor im S. Fischer Verlag, Gründer und Leiter des Verlages Klaus Wagenbach in West-Berlin   157
Wagner, Siegfried (1925–2002), Leiter der Abteilung Kultur des ZK der SED   137 193

Walcher, Jacob (1887–1970), Gewerkschafter; 1946–1949 Chefredakteur der Gewerkschaftszeitung »Tribüne«   27

Walter, Ewald (1903–1978), 1957–1960 Vorsitzender der LPG in Dollgow, nach dem Zusammenschluss mit der LPG Menz 1960 Imker der LGP Dollgow/Menz   97 112 135 147 176 194

Wandel, Paul (1905–1995), SED-Funktionär; 1953–1957 Sekretär für Kultur und Erziehung des ZK der SED   58 77 89

Wangenheim, Gustav von (1895–1975), Schriftsteller, Regisseur, Schauspieler; 1947 Intendant des Deutschen Theaters, Berlin   404

Wangenheim, Ingeborg (Inge) von (1912–1993), Schriftstellerin, Schauspielerin, Regisseurin   35

Warnke, Herbert (1902–1975), 1948–1975 Vorsitzender des Bundesvorstandes des FDGB, seit 1958 Mitglied des Politbüros des ZK der SED, ab1971 Mitglied des Staatsrates der DDR; in zweiter Ehe verh. mit Lisa W.   184

Warnke, Lisa, geb. Senske (geb. 1926), verh. mit Herbert W.   183 f.

Wasser, Arthur (1912–2004), Lektor des Amtes Buch und Büchereiwesen im Ost-Berliner Magistrat, Lektor im Akademie-Verlag; verh. mit Charlotte W.   95 276

Wasser, Charlotte (1914–2001), Verlagslektorin, Mitarbeiterin beim DSV, Publizistin; verh. mit Arthur W.   95

Waterstradt, Berta (1907–1990), Schriftstellerin   34 52

Weigel, Helene (Helli) (1900–1971), aus Österreich stammende Schauspielerin; Intendantin des Berliner Ensembles; seit 1929 verh. mit Bertolt Brecht   49 78 94 183 357 383 432 453

Weiss, Peter (1916–1982), Schriftsteller, Grafiker, Filmregisseur; seit 1939 in Schweden   380

Wellm, Alfred (1927–2001), Schriftsteller, 1946–1963 im Schuldienst; in erster Ehe verh. mit Inge W.   169 180 194 248 f. 255 270 295 310 324 353

Wellm, Inge, erste Ehefrau von Alfred W.   169 180 194 251 305 310 324

Wellm, Heike, Tochter von Inge und Alfred W.   248

Wendt, Erich (1902–1965), 1947–1954 Leiter des Aufbau-Verlags, 1957–1965 stellv. Minister für Kultur   70 199 221 251

Westhoff (Rilke-Westhoff), Clara (1878–1954), Bildhauerin, Malerin   156

Wieghardt-Lazar, Auguste (Gusti) (1887–1970), Schriftstellerin   202

Wieland, Christoph Martin (1733–1813), Schriftsteller, Übersetzer, Herausgeber   275

Wiens, Paul (1922–1982), Schriftsteller, Lyriker, Übersetzer   183 210 292 315 f.

Wigdorowa, Frieda A. (1915–1965), Pädagogin, Schriftstellerin, Journalistin; Menschenrechtsaktivistin   300 f.

Wohlgemuth, Arthur, Nachbar in Schulzenhof, Bürgermeister von Dollgow; verh. mit Ernestine W.   55 95 ff. 144

Wohlgemuth, Ernestine (Ernstine) (?–1960), Nachbarin in Schulzenhof, verh. mit Arthur W.   40 55 95 ff. 144

Wohlgemuth, Wilhelm, Sohn von Ernestine und Arthur W.   144

Wolf, Christa (1929–2011), Schriftstellerin; verh. mit Gerhard W.   113 202 222 238 244 272 296 315 361 484

Wolf, Gerhard (geb. 1928), Schriftsteller, Lektor, Verleger; verh. mit Christa W.   272 296

Wolf, Hanna (1908–1999), Rektorin der Parteihochschule beim ZK der SED   232 238

Wolf, Konrad (1925–1982), Filmregisseur; 1965–1982 Präsident der DAK/AdK   183 315

Wollweber, Ernst (1898–1967), 1953–1957 Minister für Staatssicherheit, 1958 Ausschluss aus dem ZK der SED, strenge Parteirüge wegen angebl. Fraktionsbildung   107

Wurmser, André (1899–1984), franz. Schriftsteller, Journalist; verh. mit Louise W.   290

Wurmser, Louise, geb. Cassou, verh. mit André W.   290

Zech, Ernst, verh. mit Marga Z. aus Hornow   421

Zech, Marga, geb. Strittmatter, Tante von Erwin St., Schwester seines Vaters aus Hornow; verh. mit Ernst Z.   421

Zellner (Frau)   Abschreiberin für ES   335 344

Zimmering, Max (1909–1973), Schriftsteller; Nov. 1956 – Nov. 1958 Sekretär des DSV   59 241

Zinner, Hedda (1905–1994), Schriftstellerin   315 f.

Zmeck, Jochen, Zauberkünstler   331

Zweig, Arnold (1887–1968), Schriftsteller; 1950–1953 Präsident der DAK   92 342

Zu dieser Ausgabe

Die Edition ist der erste Teil einer auf zwei Bände geplanten Auswahl aus den Tagebüchern Erwin Strittmatters von 1954 bis 1994. Dieser erste Band umfasst den Zeitraum vom 1. Juli 1954 bis 31. Dezember 1973 und beruht auf den Tagebüchern, die sich z. Zt. noch im Privatarchiv der Erben befinden und zur Übergabe an die Akademie der Künste, Berlin, vorbereitet werden.

Es handelt sich um 245 Hefte im DIN-A6-Format sowie um eine Klemm-Mappe mit einzelnen DIN-A4-Blättern vom 9. Juli 1960 bis 1. Juli 1961. Die Hefte haben unterschiedliche Umfänge (von ca. 60 bis ca. 95 Seiten). Bis auf maschinenschriftliche Blätter in der Klemm-Mappe sind alle Eintragungen handschriftlich, in den ersten Heften von 1954 z. T. auch in Stenografie.

Aus Umfanggründen war es unumgänglich, eine Auswahl vorzunehmen. Bis auf einige Beispiele wurden Texte, die Erwin Strittmatter selbst zur Publikation brachte (»Schulzenhofer Kramkalender«, »3/4hundert Kleingeschichten«, »Wahre Geschichten aller Artd(t)«, »Die Lage in den Lüften«), nicht aufgenommen. Auch auf erste Fassungen literarischer Texte musste verzichtet werden. Die ausführlichen Reiseberichte wurden stark reduziert oder ausgelassen, ebenso die Aufzählung und Kommentierung der Lektüre. Die Dokumentation der Entstehung bestimmter Arbeiten musste verkürzt werden. Nicht aufgenommen wurden detaillierte Notizen zur Arbeit mit den Pferden und Passagen, die Erwin Strittmatter für eigenständige Pferdebücher-Projekte vorgesehen hatte.

Gekürzt wurde aus persönlichkeitsrechtlichen Gründen und bei intimen Details aus dem Privatleben der Familie und Freunde.

Auslassungen sind mit [...] gekennzeichnet. Sie mussten am Ende einer Tageseintragung aus technischen Gründen angehängt werden, stehen aber nicht für eine thematische Fortsetzung der Notiz, sondern für die Auslassung weiterer Passagen.

Die Wiedergabe der Tagebuchaufzeichnungen erfolgt buchstaben- und zeichengetreu. Offensichtliche Schreibversehen wurden stillschweigend korrigiert, falsche Namensschreibungen dagegen nicht berichtigt. Die konsequente Verwendung von ss statt ß ist eine durchgehende Eigenart Strittmatters in seinen handschriftlichen Texten.

Ergänzungen und Zusätze der Herausgeberin stehen in eckigen Klammern.

Hervorhebungen von Textstellen durch Unterstreichungen oder Einkästelungen sind kursiv wiedergegeben. Farbige Markierungen konnten nicht berücksichtigt werden. Absätze nach einer in Großbuchstaben geschriebenen ersten Zeile wurden nicht übernommen.

Die Anordnung von Ort und Datum in der Kopfzeile wurde normiert, die Schreibweise beibehalten.

Für die Kommentierung zeitgeschichtlicher Vorgänge wurde neben den im Abkürzungsverzeichnis genannten Büchern hauptsächlich benutzt:

Wer war wer in der DDR? Ein Lexikon ostdeutscher Biographien. Hrsg. von Helmut Müller-Enbergs u.a. In Kooperation mit der Bundesstiftung zur Aufarbeitung der SED-Diktatur. Berlin: Ch. Links Verlag 2010 (5. aktual. und erw. Neuausgabe, 2 Bde.).

Hartwig Bögeholz, Die Deutschen nach dem Krieg. Eine Chronik. Reinbek bei Hamburg: Rowohlt Taschenbuch Verlag 1995.

Ich danke Jakob Strittmatter, dem Erben der Urheberrechte Eva und Erwin Strittmatters, für den Zugang zu den Tagebüchern und für die großzügige Regelung bei der Nutzung des zur Zeit noch unaufgearbeiteten Nachlasses von Erwin Strittmatter sowie für seine Hilfe bei der Personen-Recherche. Besonderer Dank gilt Erwin Berner für die engagierte Unterstützung der Edition sowie für seinen Rat bei der Auswahl und der Kommentierung.

Weiter bedanke ich mich für Hilfe am Zustandekommen der Ausgabe bei Constanze Holtz-Baumert und Henry Thetmeyer, bei Margit Stragies, Helga Thron, Christian Löser, Walter Nowojski. Für Informationen und Hinweise danke ich Jenny Bauer (Kassel); Bernd-Rainer Barth (Berlin); Irene Böhme-Bartsch (Berlin); Udo Braun (Überherrn); Achim Ditzen (Dresden); Jürgen Engler (Berlin); Magdalena Frank (Berlin); Helmut Hauptmann (Berlin); Andreas Herbst (Berlin); Wolfgang Kielblock (Dollgow); Maria Klassen (Köln); Karl-Heinz Korn (Köln); Katja Kühler (Berlin); Karin Jesussek (Döbern); Annette Leo (Berlin); Maria Matschuk (Berlin); Ranghild Pannusch (Bohsdorf); Achim Roscher (Berlin); Regina Scheer (Berlin); Bruno Skodowski (Fürstenberg); Ilja Strittmatter (Sadelkow); Knut Strittmatter (Leipzig); Erdmut Wizisla (Berlin); Peter Voigt (Berlin).

Den Archivarinnen und Archivaren des Literaturarchivs in der Akademie der Künste, Berlin, danke ich für die freundliche Unterstützung, besonders Franka Köpp, Sabine Wolf, Maren Horn, Haiko Hübner, sowie den Mitarbeiterinnen des Besucherservices.

A.G.

Inhalt

Tagebücher 1954–1973

1.7.1954 – 19.12.1954	7
1.1.1955 – 29.12.1955	12
1.1.1956 – 19.12.1956	22
1.1.1957 – 31.12.1957	75
1.1.1958 – 31.12.1958	99
1.1.1959 – 6.2.1959	134
23.6.1960 – Ende 1960	141
6.1.1961 – 7.1.1962	147
9.1.1962 – 24.12.1962	160
7.1.1963 – 31.12.1963	188
2.1.1964 – 4.1.1965	230
22.1.1965 – 7.12.1965	255
3.1.1966 – 5.12.1966	270
6.12.1966 – 31.12.1967	281
2.1.1968 – 31.12.1968	310
6.1.1969 – 31.12.1969	348
3.1.1970 – 25.12.1970	387
2.1.1971 – 16.11.1971	417
20.1.1972 – 31.12.1972	443
1.1.1973 – 31.12.1973	453

Anhang

Nachwort	491
Anmerkungen	505
Chronik	569
Abkürzungsverzeichnis	573
Werkregister	576
Personenregister	579
Zu dieser Ausgabe	599

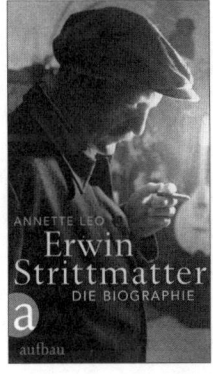

ANNETTE LEO
Erwin Strittmatter
Die Biographie
400 Seiten. Gebunden
Mit ca. 40 Abbildungen
ISBN 978-3-351-03395-8

Ein umstrittenes Leben

Erwin Strittmatter, 1912 im Kaiserreich geboren, starb 1994 im vereinigten Deutschland. Er erlebte zwei Weltkriege, zwei Revolutionen, die Weimarer Republik, das »Dritte Reich« und die DDR. Ein Jahrhundertleben, das geprägt war von historischen Brüchen, Katastrophen und Zwängen, eine Erfolgsgeschichte als Autor, die nach 1990 nicht zu Ende war. Die Autorin nähert sich Strittmatters Biographie mit Hilfe von Briefen, Tagebüchern, Erinnerungen von Zeitzeugen und Archivdokumenten. Sie rekonstruiert das bisher verschwiegene Kapitel seiner Mitgliedschaft in einem SS-Polizeiregiment während des Krieges und fragt nach seinem Platz als Schriftsteller und Verbandsfunktionär in den politischen Konflikten der DDR.

Mehr Informationen erhalten Sie unter www.aufbau-verlag.de
oder in Ihrer Buchhandlung

ERWIN STRITTMATTER
Ole Bienkopp
Roman
418 Seiten
ISBN 978-3-7466-5445-4

Ein eigensinniger Träumer

Der eigenwillige Held machte den Roman berühmt .Ole Bienkopp glaubt an Gerechtigkeit. Für ihn ist vernünftig, was Menschen nutzt. Voll Trotz und Zorn tritt er gegen den allmächtigen Parteiapparat an, der ihn im Stich gelassen und tödlich enttäuscht hat. Allein versucht er, einen Plan umzusetzen, der ihm gut, den anderen aber schädlich erscheint.

»*Renaissancehafte Lebenslust und scharfe politische Aktualität*«
LEW KOPELEW

Mehr Informationen erhalten Sie unter www.aufbau-verlag.de
oder in Ihrer Buchhandlung

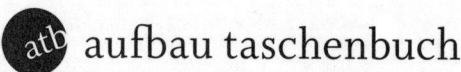

ERWIN STRITTMATTER
Der Laden
Roman-Trilogie
1535 Seiten
3 Bände im Schuber
ISBN 978-3-7466-5444-7

Ein Spiegel der Welt

Der magischen Punkt dieses berühmten Romans ist der Krämerladen der Familie Matt im Niederlausitzer Heidedorf Bossdom. Wenn Esau Matt von den Zerwürfnissen und Versöhnungen seiner eigenwilligen Familie erzählt und den Dorfalltag beschreibt, entstehen opulente Geschichten, spannend und komisch wie das Leben selbst.

»*Es ist die Dorfchronik eines großen Erzählers. Was Menschen irgend geschehen kann, geschieht ihnen hier.*« DIE ZEIT

Mehr Informationen erhalten Sie unter www.aufbau-verlag.de
oder in Ihrer Buchhandlung

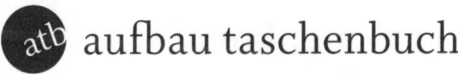

ERWIN STRITTMATTER
Vor der Verwandlung
Aufzeichnungen
171 Seiten
ISBN 978-3-7466-5446-1

»Ein feines Buch« DIE ZEIT

Herrlich skurrile Geschichten und bewegende Bekenntnisse sind in Strittmatters Abschiedsbuch vereint. Verknüpft mit lebensvollen Episoden und ironischen Zeitbetrachtungen, schildert er, wie er selbst seinen literarischen Ruhm erlebte und versuchte, das Altwerden zu lernen. Eine einzigartige Legierung aus Poesie, Humor und tiefer Menschenkenntnis zeichnet auch dieses Buch aus.

»*Eine Schule des Wahrnehmens.*« FRANKFURTER RUNDSCHAU

Mehr Informationen erhalten Sie unter www.aufbau-verlag.de
oder in Ihrer Buchhandlung

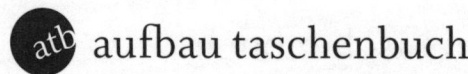

Dokumentarfilm mit Erwin und Eva Strittmatter in Schulzenhof kostenlos im Internet zu sehen unter:

www.zeitzeugen-tv.com/strittmatter-t

In einer zweiteiligen Dokumentation, entstanden in seinem letzten Lebensjahr, gibt Erwin Strittmatter detailliert Auskunft über Leben und Arbeiten in Schulzenhof. Er beschreibt seinen Tages- und Arbeitsrhythmus, die Arbeitsteilung in der Familie, äußert sich zu Poesie und Politik, Ideologien und Utopien, den Taoismus. Einen großen Raum nimmt die Begegnung und Zusammenarbeit mit Brecht ein. „(Um)wege zu Laotse" – Dokumentarfilm von H. A. Mück und T. Grimm.

Zeitzeugen TV – Das Biografienportal: www.zeitzeugen-tv.com

Das erste audiovisuelle Who is Who zeigt Lebensgeschichten, Porträts, biografische Interviews und Gespräche von vielen Hundert Künstlern, Autoren, Politikern, Unternehmern, Wissenschaftlern und Zeitzeugen der Geschichte. Sie geben Auskunft über ihr Leben, ihre Arbeit und vermitteln Erfahrungen aus fast 100 Jahren deutscher und europäischer Geschichte. Eine Suchmaschine verknüpft die Personen und ihre Erinnerungen, so dass der Nutzer nach Sachthemen, Orten und Namen suchen kann.

Ihr kostenloser Video-Gutschein im Internet unter:
www.zeitzeugen-tv.com/strittmatter-t